新世纪高等学校教材 | *NEW CENTURY*

U0646208

心理学基础课系列教材

心理学通史 （第2版）

普通高等教育"十一五"
国家级规划教材

"十二五"普通高等教育本科
国家级规划教材

普通高等教育精品教材

General History of Psychology

叶浩生 主编 / 霍涌泉 刘穿石 副主编

北京师范大学出版集团
BEIJING NORMAL UNIVERSITY PUBLISHING GROUP
北京师范大学出版社

图书在版编目（CIP）数据

心理学通史（第 2 版）/叶浩生主编 . —北京：北京师范大学出版社，
2019.9（2025.7 重印）

新世纪高等学校教材 . 心理学基础课系列教材
ISBN 978-7-303-24145-3

Ⅰ.①当… Ⅱ.①叶… Ⅲ.①心理学史－世界－高等学校－教材
Ⅳ.①B84－091

中国版本图书馆 CIP 数据核字（2018）第 201036 号

出版发行：北京师范大学出版社 https://www.bnupg.com
　　　　　北京市西城区新街口外大街 12-3 号
　　　　　邮政编码：100088
印　　刷：天津旭非印刷有限公司
经　　销：全国新华书店
开　　本：787 mm×1092 mm　1/16
印　　张：37
字　　数：885 千字
版　　次：2019 年 3 月第 2 版
印　　次：2025 年 7 月第 16 次印刷
定　　价：79.00 元

策划编辑：周雪梅　　　　　责任编辑：马力敏　梁民华　刘小宁
美术编辑：王齐云　　　　　装帧设计：王齐云
责任校对：李云虎　　　　　责任印制：马　洁

版权所有　侵权必究
读者服务电话：010-58806806
如发现印装质量问题，影响阅读，请联系印制管理部：010-58806364

序

为什么要探讨历史？历史的意义是什么？这是我们在编纂心理学历史时首先需要思考的问题。人类社会经历了石器时代、蒸汽社会、电磁世纪和量子世界，科学为人类社会演化提供了扎实的物质基础。但是，科学为我们提供的这幅画卷中并没有为我们的喜怒哀乐和美丑善恶预留位置，正如薛定谔所言："建构这个物质世界的代价就是把自我及心灵排除在其外。"关于真、善、美三个人生终极主题，科学率先抢占了"真"的席位，而将善美当作虚妄之谈。简言之，科学只谈"是不是"，而不管"该不该"，更遑论"美不美"。科学所揭示的宇宙是一个没有意义的"祛魅世界"。

回溯科学倾轧哲学并最终主宰世界之路，科学起源于希腊人将目光投入远离尘嚣的"浩瀚星空"的天文学兴趣。哥白尼的"日心说"、伽利略的天文望远镜，再到开普勒天体运行三定律，直至牛顿力学体系终建立起来一个用数理逻辑建构的纯理念"物理世界"。科学家所采用的是假设演绎法，即从假设出发推演出一种结论，并将此结论直接以实验观察加以证实或证伪，从而赋予了科学以循环往复完善自身的自治能力。可是假设又从何而来呢？是像自然哲学那样从常识经验中加以归纳，总结出一般规律并验之以经验吗？不是的。科学假设是来源于非自然概念的物理概念之间的互相定义，这些物理概念存在于人所建构起来的拔高现实的想象力中。自然与人的变化无关，也与时间变化无涉。在这个背景中，科学因消弭时间获得永恒才可常保价值中立原则，故而"真"方可以为"理念世界"的真。但是"善不善""美不美"却直接指涉了乡土气息和人间烟火。意义是镶嵌在"人"与"时间"的变化之中的。欲寻找意义，必找到"人"与"时间"。

历史与人毗邻而居，与时间须臾不可分离。历史的分类系统是基于人在时间中的作用与否，一是按照人类生活的历法和纪年标识出具体的"生活时间"，在此时间里，每个时刻都是一视同仁的似水流年。在此的基础上，人类基于贯穿始终的问题意识——永恒的问题、当下的问题和人性问题等，认定有的时刻比另一个时刻更重要，从而在人类所做万事之间建立了问题链，这个问题链也就是"人文时间"，就是所谓的"历史"。时间因其人文性所以被赋予了历史意义，历史不会因为其只管求证史实的知识而重要，只会因其承载着人类兴亡、盛衰和得失的经验而重要，因为此种经验事关生死。历史的根本问题就是人的生死和文明的存亡，而人的生死寓于文明的存亡之中。抛去上帝视角和信仰之门，人类通常是通过自己的历史叙事来界定自己的国家、民族、文化身份认同，并建立起一种布罗岱尔式的"国民意识"。历史的真正价值即在于此。诚如龚自珍所言："灭人之国，必先去其史；隳人之枋，败人之纲纪，必先去其史；绝人之材，湮塞人之教，必先去其史；夷人之祖宗，必先去其史"（《龚自珍全集·第一辑·古史钩沈二》）。失去历史，国将不国，人亦将难自处。在这个意义沦丧的世界里，历史的重要性是一个存在论问题，历史在，意义就在，历史就是意义。

历史给予我们的最直接的意义就是从历史中获得了历史感。历史蕴含着多种可能生活的时空，每个时空都预设了在无数方向中展开的可能性。在这里，历史是一个多维时空的概念，历史不能被总结为某种既定的线性因果关系规律，我们可以把握的是从多种历史可能性的现象中所习得的"历史感"，即把握历史宏观曲线的能力。李世民所说的"以史为镜，可以知兴替"的真谛不是以过去来理解今天，因为古人的语境非今人所处，古人的心思也非今人可以揣摩，甚至古人是否存在也可另当别论，当然过去也没办法预测未来，因为某种特定的未来不会必然发生，用蝴蝶效应解释，我们无法预测究竟哪只蝴蝶会在何时何地扇动哪只翅膀。可是，我们可以预知当下的多种可能走向并想象未来的多种可能性，并提前做好应对，历史启发我们的是对于未来的多种可能性。历史思维要求我们不仅要掌握历史事实，还要厘清事实之间的错综复杂的关系。完整的历史需要包括事件与事实之间的相互关系。这就是历史可把握的神秘之处，只要你真诚地靠近它，你就会获得任何你想要的东西，只要你有想象力，历史就给你可能性。

从心理学史的理论意义来看，心理学自冯特建立科学心理学至今，流派繁多、方法多样、理论芜杂，心理学研究一直弥漫着一股学科分裂、难以整合的非科学氛围。心理学流派上，小流派暂且不论，就论算得上当代心理学发展节点的就有四股势力，第一股当为精神分析，第二股当为行为主义，第三股当为人本主义，第四股即为如今炙手可热的认知神经科学等等。关于心理学研究的方法也是经历了最初的哲学思辨，到实验法，再到质化研究，再到混合研究，再到现象学法等等。心理学理论更是林林总总，不下一番苦功夫，难以贯通各家理论之所长。最有趣的是，心理学中的各流派、方法和理论都各自抢占了一定的位置，只是随时代精神偶尔东风压倒西风，却无流派消失殆尽被取代之虞。心理学至今为止还没有一个统一的"学科范式"。这正是"范式论"提出者库恩对心理学进行"非科学"攻击的肇始之源，也是心理学研究者底气不足、难以自信之根。究竟心理学有没有一个大家公认的、可以对话交流的基础平台？我相信有，而且应是心理学史。一种理论一定是以不让其他理论说话为立身之本，这是理论的排他性。但是当没有任何一种理论能以强硬的姿态拥有唯一的话语权时，心理学理论之间必然争吵不休。唯一能让争吵的理论安静之法就是要为多种多样的理论建构起来一个高于理论唯一性的理论共存平台，这必然是心理学史应有的功能。心理学史是允许多种现世共存的理论对话争吵的共存性平台，也是允许多种前后相继的理论交流磋商的一个共时性平台，一言以蔽之，心理学史就是心理学人的科学共同体，心理学的党争在心理学史这里趋于消解，合流为一。

从心理学史的学科意义来看，自物理科学的大获成功之后，心理学出于对物理学的殷羡与模仿，实证主义和唯科学主义一直处于执心理学话语权牛耳之地位。在努力追求其

"科学地位"的理想中，心理学研究者的目标往往是通过人类的理性去探究均质化的人的心理发生发展变化机制，而所谓人类理性的表现形式就是借用其他类似物理的学科的实证思维、实验仪器和统计测量工具等。在心理学科学化的语境中，人的意义即使没有完全隐退，也只不过是一个操作定义而已。这就是逻辑上的吊诡之处，心理学号称研究"人"的科学，却不见其"人"。缺乏人性关怀的心理学，必将无法安放具象的人的价值意义而以失去其立身的学科独立性为代价。当今心理学之大弊端在见"规律"而不见"人"，心理学是"人学"，相比于从心理学科学实验中归纳出抽象的一般规律，心理学更应该以人为主体，摆脱严肃的物理式的科学教条，揭示现实中的人性的复杂，而不是妄想以实验控制下的想象中的人来反映活生生的"人"。而心理学研究欲回归人性，聚焦"心理学史"体系，自当为目下心理学发展的应有之义。从心理学史应属于心理学科学共同体的意义上来讲，心理学人只有熟读各家各派历史的嬗变，才能建构出属于这个心理学共同体语境中的心理学理论，因为心理学理论是心理学理论之间互相定义的，科学理论不是日常经验的概括，而是前有理论对后有理论的基本演绎。正是在这个意义上，心理学史家波林才指出："一种心理学的理论若没有历史趋势的成分，似不配称为理论。心理学家只有知道了心理学史，才算是功行完满。"

历史是由活生生的人构成的，心理学史也是由活生生的心理学人构成的。心理学与历史学皆为"人学"，然二者区别为何？以我多年来研究心理学史的经验来看，心理学是研究人性的科学，欲以科学性来探究人性，而历史是研究人性的学科，其是以人性去探究人性。而心理学史的学科性质说到底当为"史学"，故心理学史的研究摆脱不了人的视角，必将成为日益唯科学化至上的心理学研究中一股"人文清流"，这也是心理学研究之于人的意义所在。

关于我们这本心理学通史，顾名思义，"通"字当为此本书之题眼。"通"字应作何解？心理学通史应属于历史研究的范畴，我们将从历史研究的规范来确定编写原则。历史研究的基本原则就是尊重史实的发生、发展和变化过程。本书题"通"字的基本之义应是一"全"字。所以我们这本教材涵盖了古今中外心理学思想的基本内容，包括不同国别、不同流派、不同理论的过去总结、现在研究和未来新进展。这就要求读者首先应该把心理学史看作一个多时空整合的"整体"，心理学既有不同地域之异，也有不同时代之别，但是我们必须以整体的观点看待世界心理学的发展，换言之，读者必须要明确每一个心理学的流派、理论或者方法都是以当时所处的地域、时代为文本背景的，所以当时的社会需求、历史阶段的价值观和所处时代的时代精神都是学习时重要的参考坐标。在宏大叙事的世界心理学史高度上，没有特殊的细节，也没有特殊的人物。时势造英雄，而非英雄造时势，这乃是时代精神说的真义。但是"通"字的"全"义并不代表着"平均主义"，"通"字的另一层含义应是"取"字，历史的编写的取舍原则就是不应依靠外在逻辑的主观臆断来随意对心理学史实进行取舍。欲取舍，必有因。即我们编写这本书的初衷就是以我们所处这个时代的视角和认知水平回看过去，根据对心理学整体的贡献来决定对心理学史上人物、事件和流派的取舍。特别是不应以方法论中心为取舍原则，只要对整体心理学产生了影响的，就会在本书中占有相应的版面。归根到底，心理学"通"史的意义就在于以人为工具来把握人性。

回顾我学习心理学史的过往人生经历，有这样一些心得想与读者分享。我的博士导师是心理学史大家高觉敷先生。在与高老相处之中，抛去温暖的生活点滴不论，高老留给我最大的遗产，当数他严谨的治学作风。最记忆犹新的几幕是，当我将有关班图拉观察学习理论的论文初稿交给高老审阅时，高老生气地将文章摔在地上，并斥令我重写；在我重写论文不顺时，高老又嘘寒问暖地将有用的资料提供给我；在循环往复修改了多稿之后，高老看了我的博士论文最后几章后终于笑逐颜开，肯定了我的论文质量。高老不仅有着严谨的治学作风，而且一直怀有中国传统知识分子的人文关怀。高老当时位居省政协副主席，工资乃高薪，并且著书立说颇多，稿费频有，但是高老从来没有想着为自己积累、为儿女留存财富。其所得大多都捐献给了有用之人、有用之处。毋宁说，其实高老是将自己所得都捐献给了自己热爱的事业。中国有着强烈的尊史、学史和治史的传统，正如高老展现给我的是老一辈心理学史家强烈的"史学"信仰。高觉敷先生从毕业于香港大学心理学专业开始，教授心理学于中山大学、西南联大和南京师范大学等多所大学，又历经十年"文革"之苦，最终以八十二岁高龄重返心理学，治学依然不改其老骥伏枥之作风……

最后，中国人的兴趣不像西方人对人之上的天学的兴趣，中国人的兴趣一直是存在于人之中的人间的兴趣。中国人不会想着回到天国，回到神的怀抱，到物理世界中去寻找永恒，但是中国人会想着青史留名，流芳百世，到历史中找寻自己的位置。在这个意义上来说，历史就是中国人的信仰。我希望我的学生们继承高老的"史学"信仰并时常鞭策自己的治学事业，亦希望致力于心理学的中国学者们能以心理学史为自己的学术信仰之魂，更希望想要入门心理学的读者们能在此书中收获历史的归属感，并度过更有意义的人生，让心理学史真正地裨益每一个人。

本书按《习近平新时代中国特色社会主义思想进课程教材工作要求实施细则》和中国共产党第二十次全国代表大会报告关于教育和文化的要求进行修订，本书的修订是作者们分工合作的结果，第二版(修订版)各章的执笔人是：绪论，叶浩生；第一章，杨鑫辉、郭斯萍、王艳喜、傅蓉；第二章，霍涌泉；第三章，霍涌泉；第四章，周宁；第五章，尤娜；第六章，王国芳；第七章，杨莉萍；第八章，杨莉萍；第九章，郭爱妹；第十章，郭爱妹；第十一章，刘穿石；第十二章，蒋京川；第十三章，马向真；第十四章，马向真、王国芳；第十五章，王国芳；第十六章，贾林祥；第十七章，麻彦坤；第十八章，蔡厚德；第十九章，况志华、叶浩生；第二十章，易芳；第二十一章，李炳全；第二十二章，杨莉萍；第二十三章，任俊。

叶浩生

2022 年 11 月于广州

目　录

下篇：心理学新发展

第一节 为什么要研究心理学史

心理学史是研究心理学发展历史的学科，是专门从历史的范畴考察心理学发展的科学。

历史的方法是科学研究的基本方法之一。所谓历史的方法，就是从事物演化、变化和发展变化过程的考察分析中，揭示事物运动的内在逻辑和发展规律的方法。人们对事物的认识活动，总是在内容和形式上经历着一个由比较简单到比较复杂、由不成熟到比较成熟、由不完善到比较完善的过程。我们今天所看到的比较复杂、比较成熟的研究成果，往往是从历史上相对而言比较简单、不那么成熟的研究成果发展进化来的，而当时历史上这种比较简单和不成熟的研究成果却又代表了当时人类智慧的最高成就。人类的一切文明进步，正是在不断积累的基础上使自己的认识不断得以拓展和发展的。事物运动和发展变化的规律则常常蕴含在这个不断拓展和发展的过程之中。因此，认识事物的本质不能脱离历史；发现真理，不能不重视历史经验；提高人们的认识理解水平，不能不运用历史的分析方法。培根说过，"读史使人明智"。通过历史的研究，我们可以从更广阔且具有深刻内涵的层面上去认识人类心理和行为的一般规律。历史既是包袱，更是财富。没有历史，没有过去，也就没有现在和未来。

科学心理学是一门很年轻的学科，从历史的视角探讨、总结心理学研究的经验教训便显得格外重要。因此，国内外许多学者对心理学的学科历史表现出十分浓厚的兴趣，以至于心理学史成为心理学的一个分支领域，有自己的学会组织和独立的刊物。早在 1920 年左右，美国一些大学的心理学系就开始讲授心理学史的课程了，现在这门课程仍然是本科生和研究生的必修课。美国心理学会规定，所有申请心理学博士学位的学生都必修完成心理学史课程的学习。登载心理学史研究论文的英文杂志《行为科学史杂志》在 20 世纪 60 年代就开始发行了，至今仍然是心理学史研究者出版研究成果的重要学术基地。另一本英文杂志《心理学史》在 20 世纪 90 年代创刊，成为心理学史研究的另一个重要阵地。1965 年，美国心理学会建立了心理学史分会，即第 26 分会。1967 年，美国新罕布什尔大学建立了心理学史博士点，专门培养心理学史的博士研究生。在我国，"文化大革命"结束后，心理学最早恢复的研究领域就是心理学史。1978 年，著名心理学家高觉敷先生在南京师范大学开始培养心理学史的硕士研究生，1983年开始培养心理学史的博士研究生。1979年，高觉敷先生受教育部的委托，召集全国的心理学工作者编纂了《西方近代心理学史》(1982)、《中国心理学史》(1985)、《西方心理学的新发展》(1986)，这三本书目前已成为我国心理学史课程的经典教材，也是"文化大革命"结束后心理学领域最早的心理学教材。现在，中国心理学会理论心理学与心理学史专业委员会，是负责心理学史研究的专门学术机构。这一委员会每年都召开学术年会，讨论心理学史研究中的新问题、新观点，交流心理学史研究的最新成果。这些事实都表明了心理学家对心理学史领域的强烈关注。

为什么心理学家对自己学科的发展史表现出如此浓厚的兴趣呢？著名心理学史家杜·舒尔兹的一段话似乎可以为破解这一谜团提供线索。舒尔兹指出，在各门学科中，为什么只有心理学对自己的历史背景表示有兴趣？据认为，在一切科学中，只有心理学几个世纪以来吸引了人们的兴趣和注意。从有记载的时候开始，人们便企图研究和了解自己的行为，并且获得了许多值得重视的见解和结论。当然，在从人类了解自己的早期尝试中，也留下了许多关于人类本性不正确的荒诞看法。由于人的极端复杂性，若干世纪以前提出的关于人类本性的许多问题现在仍然以各种不同的形式提出来。因此，像心理学中那样的问题连续性（即使没有方法方面的连续性）是在其他各门科学中找不到的。这样，

在心理学中存在着一种与过去更加直接和更明确的联系，这是许多心理学家有探索兴趣的一种联系。

换言之，较之其他学科，心理学的过去与现在有着更为紧密的联系，几千年前、几百年前提出的问题现在仍然没有得到解决。在其他一些学科中，历史上存在的各种问题基本得以解决，获得的结论已经成为现在学科知识体系中的基本组成部分，学习学科的基础知识就了解了历史上该学科所探讨的问题。但是心理学却不具备这样的性质，历史上探讨的问题现在仍然没有解决，如心身关系、人性的本质、遗传和环境对人的影响等。所以现代心理学同过去心理学的区别不在于研究的问题，而在于研究的方法：方法大大地改进了，但是研究的问题依然如此。例如，知识究竟是天赋的，即通过遗传获得的，还是通过经验获得的？早在古希腊罗马时期，这一问题就被提了出来，柏拉图的"回忆说"就是天赋论的早期代表。到了16、17世纪的时候，围绕这一问题出现了经验主义心理学和理性主义心理学。经验主义心理学主张心灵就像一块白板，后天的经验在上面写下各种各样的文字，一切知识来源于感觉经验；理性主义则主张天赋论，认为理性的形式是先天就有的，感觉经验得到的东西是不可靠的，先天的理性是获得可靠知识的根本保证。20世纪初，心理学中出现了各种各样的本能论，认为行为是本能决定的，通过遗传获得的本能是行为的根本动因。行为主义的兴起推翻了本能论的观点，环境决定论占了上风，认为行为

是环境刺激的产物。但是近年来西方心理学中生物学化思潮再次兴盛，社会生物学、进化心理学从基因决定论的观点看待人的行为，认为行为是遗传基因决定的。人类祖先为适应环境而产生的一些行为倾向通过遗传影响了现代人。总之，在遗传和环境孰是孰非的问题上，从远古到现代从来没有得到解决，这一问题依然摆在现代心理学家的面前。

心理学的过去与现在的这种更为直接的联系是心理学家重视学科发展史的根本原因。既然过去的心理学家与现代的心理学家面临的是同样的问题，那么我们在开始研究任何一个问题之前，有必要了解过去心理学家都做了些什么、提出了哪些观点、有什么样的进展，这样才能避免重蹈覆辙，避免出现与前人同样的错误，也才能避免重新发现前人已经得出结论的东西，节省有限的资源和精力。

对于学生来说，学习心理学史有着这样一些意义和作用：

首先，学习心理学史有助于了解当代心理学的全貌。心理学史不仅是联结心理学的过去、现在与未来的纽带，也是整合当代心理学各个领域、各种取向、各种理论流派的一种力量。心理学既是一个高度分化的学科，也是一个高度分裂的学科。从大的方面来说，心理学可以区分为"两种文化"，即科学主义取向和人文主义取向。两种取向的裂痕如此深刻，以至于一位科学主义取向的心理学家与一位人文主义取向的心理学家从事的研究可能是风马牛不相及的，两者之间可以没有任何实质

性的联系，所以才被称为"两种文化"。在心理学中的科学主义文化和人文主义文化的内部又存在着大大小小的流派和理论体系，如行为主义、认知心理学、进化心理学、精神分析、人本主义、积极心理学、后现代心理学等。在微观的水平上，还存在着各种理论模型的竞争。这种分裂状况如此严重，以至于有学者认为现代心理学如果还有什么共同点的话，那就是心理学的历史发展过程是不同心理学家所分享的历史。除此之外，再也没有什么可以分享了。在这个意义上，我们可以说心理学史是心理学整合的基础。心理学史家墨菲曾经指出，历史研究的目的是使一门学科具有联贯性和统一性。心理学史作为心理学系学生的一门基础课程，对于学生来说，是把握当代心理学全貌必不可少的知识。从历史的进程中发现当代形形色色的心理学派之间的内在联系，从所分享的历史发展过程中找到五花八门的理论观点之间的连贯性和统一性，是克服心理学的分裂困境，实现心理学统一的必要途径。心理学史将各种似乎毫无关联的心理学领域联系在一起，为心理学系的学生提供了综合性的经验，也为分裂的心理学提供了整合的动力。

其次，心理学史的学习有助于理论思维的培养。心理学是一门实证学科，对于心理学系的学生来说，掌握实证研究方法和技术无疑是十分重要的。因为只有掌握了心理学的实验方法和统计技术，才能投身到心理学的研究领域，探讨心理和行为的规律，创造心理学的新知识。但是，在

任何一门学科中，如果没有理论思维，仅凭经验实证方法是远远不够的。恩格斯指出："什么是从自然科学到神秘主义的最可靠的道路。这并不是自然哲学的过度理论化，而是蔑视一切理论、不相信一切思维的最肤浅的经验论……无论对一切理论思维多么轻视，可是没有理论思维，就会连两件自然的事实也联系不起来，或者连两者之间所存在的联系都无法了解。"[马克思恩格斯选集（第三卷）. 北京人民出版社，1972：481—482] 在当今的心理学界，一些人受实证主义的影响，把经验实证看作一种不可超越的教条，凡不能以实证方法验证的理论探讨都被认为是形而上学的，是一种哲学的思辨，总以为理论思维会导致回到传统哲学心理学的老路，对理论思维持怀疑的态度。这种思想倾向的直接结果是心理学研究的琐碎和分裂。从表面上看来，当代心理学成果丰富、繁荣昌盛，但繁荣景象的背后是理论的贫乏。不同的研究结果之间无法沟通，缺乏理论的整合，徒增心理学的分裂和破碎。这些都是忽视理论思维的结果。对于心理学系的学生来说，理论思维的训练同样是不可缺少的。如果仅仅懂得方法和技术，只知其然，不知其所以然，那么在选择研究的课题和分析研究的结果方面就会产生极大的困难。为什么要选择这一课题而不选择那一课题？哪些课题具有价值和意义？这需要理论思维的帮助。通过实证研究得到各种数据以后，怎样分析这些数据，能不能从中抽象出一般性的结论，能不能在更深的层次上讨论研究结论的意义等，都需要理论思维

的介入。一般情况下，科学家与工匠的基本区别就在于前者是在理论指导下的，不仅知道怎么做，而且知道为什么这样做；而后者就在于只知其然，不知其所以然，其工作局限在操作层面，缺乏理论的思考。所以，理论思维是必不可少的。实践证明，心理学史的学习是提高理论思维能力的有效途径。因为在学习心理学史的时候，我们通过对心理学史上形形色色的理论体系的分析，通过对各种心理学家是如何提出问题、论证观点的考察，通过对各种心理学流派来龙去脉的梳理，思维、判断能力得到有效提高，使理论素养得到较大提升。

最后，心理学史的学习有助于历史性思维的培养。历史性思维指的是一种站在历史的角度对历史事实进行综合分析的理论思维能力。历史是过去的客观存在，因此，对历史事件和历史人物的分析和评价必须放在特定的历史条件下进行，通过对历史资料的分析和研究，才能真正了解历史的本相，并由此掌握某一历史事件的本质和规律；历史虽然是过去的事情，但经过历史学家的陈述和解释，必然带有历史学家生活的时代的烙印。所以，时代不同，对同一历史事件或事实的诠释就有可能不同，这就要求我们以历史性思维的方式重新探讨和研究过去的客观存在，并通过对过去事情的探索和研究对我们认识当前的某些事件和现象有所帮助。一般来说，历史性思维具有如下几个特点。第一，历史性思维要求我们不仅要掌握历史事实，还要厘清事实之间错综复杂的关系。历史并不是各种历史事件或历史事实的简单罗列，

虽然历史离不开具体的事件和事实，但按照编年史的方式排列组合的事件和事实并不是一部完整的历史，完整的历史需要包括事件与事实的相互关系。第二，历史性思维要求我们多角度、多层次地对历史事件和事实进行分析，因为历史事件和事实的意义及关系往往是错综复杂的，如果仅从某一方面或某一角度去分析和理解某一历史事件或事实，就会造成以偏概全的错误，导致对历史事件和事实或某一历史人物的误解。第三，在对历史事实的解释上，历史性思维要求我们善于形成各种假设，并为证实假设提供证据。我们在学习和研究历史时，要广泛运用历史性假设，有些假设可以在当时论证检验，有的假设则因受条件限制而不能论证。但历史性假设必须与历史性论证配合起来，才有可能在创造性历史性思维的过程中形成一个活跃而渐趋成熟的阶段。第四，在历史事件的因果分析中，历史性思维要求我们不仅要把握事件的直接原因，还要把握事件的间接原因；不仅要分析近因，还要分析远因；不仅要认识事件的直接和明显的效应，还要认识间接和潜在的效应。历史事件的直接原因和效应是显而易见的，但历史事件的间接原因和潜在效应则需要充分发挥大脑的思维能力，这是一个比较艰苦的过程。正是这个过程，才能使思维得到升华。第五，历史性思维还要求我们以历史的眼光看待各种历史性人物、事件和事实。因为任何一种学说和理论、人物和学派都是一定历史条件的产物，都有其存在的合理性和值得肯定的地方，但也都有历史局限性和不足之处，因此只有以历史的眼光来看待这些现象和事实，才能客观、公正、全面地把握它们。历史性思维具有的特点，决定了历史性思维的培养必须在历史课程的学习中进行。在心理学史课程的学习中，通过对心理学历史知识的分析和领会，学会以历史的眼光看待问题，这对于研究的选题、问题的讨论和正确认识各种人物与理论是有帮助的。历史性思维不同于一般的思维能力，它既是一种思维方法，也是一种高层次的思维能力。我们应充分利用心理学史课程的特点和优势，在学习心理学史的过程中培养历史性思维的能力。

第二节 心理学的历史观

怎样看待心理学的历史发展过程？经过漫长的发展，如今的心理学能不能称为科学？如果心理学是科学，那它是否像物理学和化学那样，是一门成熟的科学？长期以来，心理学家一直为这些问题所困扰。这些问题的回答也影响到怎样编纂心理学史，影响到心理学史家选择历史题材，确定哪些人物和历史事件应该记录下来，哪些学说和理论应该略写或不写，因此有必要对这些问题进行深入讨论。

著名德国心理学家艾宾浩斯曾经指出，心理学有一个长期的过去，但仅有一个短期的历史。他的意思是说，从古希腊罗马时期至 19 世纪下半叶，心理学经历了 2000 多年的发展，可以说有一个长期的过去，但是科学心理学产生的时间却很短，因此心理学仅有一个短期的历史。艾宾浩斯的观点是一种非常具有代表性的心理学史观。这种史观认为 19 世纪下半叶出现的"新心理学"才是科学的心理学。在此之前有心理学的存在，但是没有科学的心理学。

科学哲学家托马斯·库恩的科学史观曾经在心理学领域引起较大的反响，也影响到心理学的历史编纂学。许多心理学史家依据库恩提出的"范式论"重建心理学史。这里，我们介绍他的学说，并分析心理学家对这一学说的反应。

在 1962 年出版的《科学革命的结构》一书中，库恩阐述了他的范式理论。在这一理论中，尽管范式是一个关键的概念，但库恩却从没有对它做出规定性的、简明扼要的解释，而是在不同的意义上使用范式这一概念。有人统计，在《科学革命的结构》一书中，库恩对范式的概念做出了 20 余种解释：有时他把范式看成是科学家共有的信念，有时他又把范式看成是科学家共同的研究倾向或理论、定律、模型、准则、方法，甚至研究工具和仪器。但一般说来，范式的基本含义有两个方面：第一，从心理方面来说，范式是科学群体的共同态度和信念，是科学家共同分享的立场和观点；第二，从理论方法上来说，范式是科学群体公认的"理论模型"或"研究框架"，如哥白尼的太阳中心说是古典天文学时期天文学家的范式，牛顿力学是古典物理学时期物理学家的范式，相对论是现代物理学家的范式。这些范式都是由特定时期的科学家所公认的理论框架构成的。库恩认为，范式的形成是科学成熟的标志。任何一门学科只有具备了稳定的范式，才能称为规范科学。

依据范式的概念，库恩阐述了科学发展的动态模式。这一动态模式包含了如下几个阶段。①前科学时期，在这一时期内范式还没有形成，学科内部学派林立，相互之间争吵不休。依据库恩的观点，大部分社会科学包括心理学目前都处在这一阶段。②规范科学时期，稳定的科学范式开始形成。大部分科学家依据范式进行研究，对共同的范式坚信不疑。在发现范式与经验事实不一致时并不怀疑范式本身，而是怀疑自身的观察能力。③反常与危机时期，当与范式不一致的现象亦即反常经常出现时，科学家对于范式的信心逐渐动摇，产生了分歧和混乱，学科由此丧失了共同的研究基础，争吵和争论再次出现，此时科学的发展进入了危机时期。④科学革命时期，反常导致革命，科学革命是以新的范式代替旧的范式，是科学面貌的根本改观。⑤新的规范科学时期，通过革命，新的科学范式得以确立，科学重新进入了一个稳定发展的规范科学时期。

库恩是通过物理学的发展而概括出科学发展的一般模式的。按照这一理论，心理学还处在前科学的历史发展时期，如今的心理学还不是一门规范科学。尽管库恩认为心理学还处在前科学时期，但一些心理学家还是依据范式的概念阐述了心理学史的动态发展过程。美国心理学家巴斯（Buss）在《心理学革命的结构》一文中，认为心理学早已进入规范科学阶段，并且已经历了四次科学革命。

①从构造主义到行为主义的革命。构造主义心理学以内省的方法研究意识的构造。它的科学范式有这样几个方面：第一，实验内省的方法；第二，以意识构造的分析作为心理学的研究对象；第三，由于需要把个体的内省作为研究的途径，内省的主体必然被看成是积极的、主动的。行为主义以新的范式取代了构造主义的旧范式。行为主义的科学范式包括的内容是：第一，客观实验的方法；第二，以可观察共证的行为作为心理学的研究对象；第三，由于把个体看成是受刺激和反应控制的，因而个体被看成是消极的、被动的。行为主义革命成功地推翻了构造主义的范式，确立了行为主义的统治地位。

②从行为主义到认知心理学的革命。无论是早期的行为主义还是新行为主义，都不把作为研究对象的人作为主体进行研究，而是把人作为一种客体，当成消极、被动的有机体。认知心理学的产生改变了这种状态，确立了一种新的范式。认知心理学的范式包括以认知过程作为研究对象，探索感知、记忆、思维等内部过程，并把人的心理过程看成是积极的、主动的，从而再次确立了作为研究对象的人的主体

地位。

③精神分析的革命。行为主义和认知心理学的革命产生于实验心理学的内部，而精神分析的革命却产生于实验心理学的外部。在弗洛伊德之前，理性和意识是人的突出特点，心理学家认为人的行为是受理性和意识支配的。然而弗洛伊德从根本上改变了心理学家对人的看法。在弗洛伊德那里，人成了本能冲动的牺牲品，人是受无意识支配的，是非理性的，人的一生决定于本能的力量和早期经验的作用。这一范式在某种程度上同行为主义的范式有着共同之处，因为两者都把人看成是消极的、被动的客体，是为某种力量所决定的。

④人本主义的革命。人本主义心理学自称心理学的"第三势力"，是不同于行为主义和精神分析范式的另外一种新范式。它反对精神分析和行为主义把人看成是客体的决定论模式，认为人是积极的、主动的、自主的，有能力控制自己的行为，决定自己的命运。在人本主义的范式中，人是自由的、有理性的和富有创造性的。总之，人不再是一种被决定的客体，而是一个积极行动的主体。这种对人的观点确立了一种新的范式，代表着心理学中的人本主义革命。

巴斯提出的心理学革命究竟能不能称之为革命是一个值得商榷的问题。肯德勒（Kendler）在《进化还是革命》一文中认为，上述所谓革命并不能称为革命，而只能称为进化，因为革命带有破旧立新的性质，是旧的范式的彻底推翻和新范式的建立。但在心理学中，从一个学派向另一个

学派的过渡并不带有这种性质。在从构造主义向行为主义的过渡中，行为主义并没有彻底抛弃构造主义，而是继承了构造主义的自然科学化倾向和元素主义的分析方法；认知心理学也没有彻底抛弃行为主义，只是从量的方面强化了新行为主义的某些观点，例如，认知心理学家接受了"刺激—中介因素—反应"的公式，所不同的只是认知心理学家不把中介因素看成是某种生理刺激，而是把它看成是知识或心理表征。因此从构造主义到行为主义又到认知心理学是一个渐进的发展过程，而不是破旧立新的革命。

根据库恩的观点，范式是某一学科内的所有科学家共同接受的。而巴斯提出的心理学的四次革命中所形成的范式没有一个具有这种特点。即使行为主义的范式也没有成为当时所有心理学家共同的基础。尽管它的影响遍及整个西方心理学，但它的内部就存在着明显的分歧；在它的外部，精神分析的存在则使心理学内呈现两极对立之势。因此，如果说在行为主义时期心理学确实形成过范式的话，那么心理学学科内的范式也不止一个，至少心理学中还应存在着另外一种范式，即精神分析的范式。显然，这种范式不是库恩意义上的范式。

所以，至少就目前为止的心理学来说，还不曾存在一个公认的科学范式。因此，如果从库恩的角度来看，心理学还不是类似于物理学那样的"规范科学"。但是，我们必须明白，库恩的科学史模式是物理学的模式，是对物理学历史发展过程的概括

与总结。如果我们照搬这种模式，就会陷入"物理主义"的泥坑。心理学家可以借鉴库恩的分析，但是必须考虑心理学科自身的特点。心理学虽然没有库恩所说的范式，却存在着某种"类似于范式的东西"，这个"类似于范式的东西"指导着心理学家的研究，规定着心理学家的思维方式。它就是"范畴"。

"范畴"（prescription）一词也可译为规定、规范和法规等，是心理学家采取的一种态度或价值观。这种态度和价值观决定着他对心理学基本问题的解释，使他的行为自觉地与范畴所规定的原则相一致。例如，量的研究或数量化是心理学的一个基本范畴，当持这一范畴的心理学家面临一个心理学的问题时，他会不加思考地去尝试把他的研究数量化，而不愿考虑这个问题是否适合数量化。

范畴与范式是一对既有联系又有区别的概念。从它们的联系方面来说，它们都是一种态度或信念，也都是一种具有导向性的理论框架；不同的是，范式在某个特定的历史时期只有一个，而范畴却可以有多个。就使用的范围来说，范式是某一学科的科学家所公认的，而范畴则是某个学派甚至学派内的某个群体所信奉的，其范围明显小于范式。就表现形式来说，范畴总是有它的对立面，往往以对立的形式呈现，如理性与非理性、中枢论对外周论等。

美国心理学史家沃特森认为，从心理学的历史发展上看，心理学内存在着18对以对立形式呈现的范畴。

①有意识的心理主义与无意识的心理

主义，或称意识与无意识。强调人能意识到自己的心理事件和心理活动，把研究的重心放在意识层面的心理活动上的观点构成了有意识的心理主义；而强调心理事件的无意识特性，以无意识的心理活动作为心理学的研究重心的观点则体现了无意识的心理主义。

②内容上的主观主义与内容上的客观主义。把心理学的研究内容或研究对象定义为个体主观的心理活动、心理事件或经验的观点属于内容上的主观主义，如冯特的内容心理学；而把研究对象限制在个体可观察的行为的观点则应属于内容上的客观主义，其典型的表现形式是行为主义。

③决定论与非决定论。决定论的观点认为所有的心理事件都是有原因的，都是由某种先行的因素所决定的，因而我们可以依照先行事件解释心理活动；非决定论的观点与此相反，认为人的意志是自由的，人可以独立自主地作出决定，不受外在因素的干扰。

④机能主义与构造主义。机能主义要探讨的是心理活动和心理的功能，而构造主义探讨的则是心理的内容或意识的构造。机能主义和构造主义在这里并不是指心理学史上的两大学派，而是指两种大的研究取向，机能心理学和构造心理学只是它们的两种极端表现形式。

⑤归纳主义与演绎主义。心理学的研究如何开始？是从个别到一般、从事实到概括，还是从一般到个别、从一般原理到个别结论？心理学的归纳主义认为应从个别的事实和观察入手，在积累足够资料的基础上形成一般性的假设；演绎主义则强调从一般性的心理假设着手，从已知的理论推论出未知的事实。新行为主义者赫尔是典型的演绎主义者。

⑥经验论与唯理论。经验论认为人的一切知识都起源于感觉经验，实证主义和逻辑实证主义都从属于经验论阵营；唯理论否认感觉经验的作用，认为知识来源于理性本身所固有的观念。在现代心理学中，行为主义者是典型的经验论者；而皮亚杰理论和乔姆斯基的语言理论则在一定程度上应属于唯理论了。

⑦机械论与活力论。机械论以机械的观点解释一切心理事件和心理现象，而活力论则反对这种倾向。哲学中的活力论认为生命、意识是物质的普遍属性，万事万物都具有生命、感觉和思维。心理学中的活力论强调意识的积极性、主动性和心理现象的有机性，认为对于心理与意识的机械分析无助于对其本质的认识。

⑧方法论的客观主义与方法论的主观主义。强调研究方法的可观察性、共证性、重复性构成了方法论的客观主义；强调研究方法应适合意识和心理本身的特性，认为自然科学的客观实验方法不适合心理学研究对象的观点构成了方法论的主观主义。这一对对立的范畴集中体现了实证主义和现象学这两种对立的方法论对心理学研究方法的影响。

⑨元素论与整体论。元素论主张以小的单位描绘研究对象，认为只要理解了组成整体的元素，就可以对整体有清楚的了解；整体论与之相反，它把整体的研究放

在首位，认为整体大于部分之和。构造主义和早期的行为主义主张把研究对象分析成小的单位，是心理学中的元素论者；格式塔心理学强调意识的整体特点，是典型的整体论者。

⑩一元论与二元论。一元论有唯物和唯心之分，唯物的一元论认为物质是世界的唯一本原，唯心的一元论认为精神是世界的唯一本原；二元论主张物质和精神是世界上两个独立存在的实体。两者之间要么是平行关系，要么是互动关系。心理学发展史上的心身平行论和心身交感论都属于二元论的范畴。

⑪自然主义与超自然主义。认为人的心理受到自然规律的制约，一切心理现象都不可能超越自然规律，都可以在自然的框架内得到解释的观点构成了心理学中的自然主义。大部分心理学家是自然主义者，但少数心理学家如超个人心理学家则认为自然原则并不足以解释所有的心理现象，如高峰体验、瑜伽现象等，他们主张以超自然的原则解释某些心理现象。

⑫一般规律的研究与特殊规律的研究。前者强调发现适合于所有人的、普遍的、一般性的心理规律，后者则把重点放在适合于个体特殊的心理规律上。

⑬外周论与中枢论。把心理事件的起因置于身体之内还是身体之外是划分外周论和中枢论的一个明显界限。行为主义主张行为是受外在的刺激所控制的，因而是典型的外周论者；而认知心理学把重心放在内部认知过程的探索上，明显代表了中枢论的观点。

⑭纯科学观与功利主义观。心理学的纯科学观起源于实验心理学的创始人冯特，并在其弟子铁钦纳那里达到顶峰。纯科学观反对心理学的应用研究，认为那并非心理学本门，而属技术范围；功利主义观追求心理科学的功用，强调心理学的研究应能服务于社会。

⑮质的研究与量的研究。由于受到实证主义与现象学两种方法论的影响，心理学界一直存在着重视质的研究与重视量的研究两种倾向。质的研究把区分心理现象在性质上的不同作为重点，而量的研究则强调心理过程的数量化。

⑯理性主义与非理性主义。理性主义强调人的理智、智慧和意志的主导作用，认为理性能战胜情感，意志能支配情绪；非理性主义的观点与之相对立，认为人的情绪和情感在人类的心理生活中起主要作用，理性处于从属的地位。弗洛伊德的精神分析理论强调了本能冲动对于人类行为的支配作用，是典型的非理性主义。

⑰静止观与发展观。怎样看待形形色色的心理现象？是以不变的模型分析不同发展阶段的心理事实，还是把心理事实置于发生和发展的过程中，以动态的眼光看待这些现象？前者是心理学中的静止观点；后者是心理学中的发展观点。

⑱静态论与动力论。静态论把研究的重点放在心理现象中持久的、恒定的一面；而动力论则注重行为与心理现象的动因方面，力求寻找深层次的原因。弗洛伊德探索了本能冲动对人类行为的影响，是心理学中最早的动力论者。

范畴的最明显特征是它的导向性。前述各种范畴既不是一种分类系统，也不是心理学史家分析历史的便利方式，而是心理学家形形色色的思想武器。心理学家在从事研究时，经常面临着各种各样的问题。他为什么选择这种方式而不是那种方式处理问题是受到他所信奉的范畴影响的。范畴往往使心理学家"先入为主"，信奉科学主义的心理学家往往对内省的内容和方法一概加以排斥，而不管这种内省的内容和方法是否具有实际价值。某些范畴的导向性对心理学家的影响是如此的巧妙和隐蔽，以致心理学家很难意识到它的影响和作用，而认为理应如此。例如，当代西方心理学家中的大部分人是一元论者，亦即大部分西方心理学家受到一元论的影响。但是，如果你称某个人是一元论者的话，他往往不会接受。原因是他已习惯于一元论的思维方式，并认为是理所当然的。同样地，经验论的范畴也已如此根深蒂固，以至于大部分心理学家在通过观察法研究人的行为时并没有意识到他受到经验论的影响。

范畴的多样性导致了心理学学科性质的复杂性，使心理学处于四分五裂的状态，难以实现统一。心理学自独立之日起，学科内部就存在着激烈的争论，信奉不同范畴的心理学家依据不同的理论相互攻击和指责。由于双方各执不同的范畴，谁也难以说服对方，因而陷于无休止的争吵之中。正如前面所指出的那样，每个心理学流派的理论基础都由不同的范畴所组成，学派的演变实际上是范畴的演变。巴斯在《心理学革命的结构》一文中阐述的心理学的四次革命实际上并非范式的革命，而是一种范畴的演变。所以，在分析心理学的历史发展过程时，我们不仅要注意这一时期的心理学有没有形成稳定的范式，还要分析这一时期心理学中流行的范畴，看看哪些范畴的组合形成了不同心理学流派的理论框架。这样我们才能理解心理学的历史发展线索，理解从一个心理学流派向另一个心理学流派演变的理论基础。

第三节 心理学的历史编纂学

撰写心理学的历史并不是对心理学的历史事实进行客观的和无偏见的记载和叙述，它涉及历史事实的选择和处理，也涉及对历史人物的分析与评价。怎样选择历史事实，从什么角度分析历史发展的线索，怎样组织材料，处理各种看似无关的档案和资料，是历史编纂学的有关问题。简单地说，历史编纂学是历史学科的方法和原则。记载历史事实、分析心理学的发展过程是心理学史的任务，而怎样记载历史事实、为什么选择记载这些事实而不是那些事实、从什么角度分析心理学发展的动因则是心理学史的编纂工作。

心理学史的编纂工作经历了两个阶段。从20世纪20年代开始至20世纪60年代，心理学史的写作是由心理学家完成的。通常的情况是，心理学家在年轻的时候从事心理学的一般研究，到了一定的年龄阶段，对心理学的发展过程有了自己的理解和亲身的体验，加之体力衰退，不能再活跃于研究的第一线，因此转向撰写心理学史，以自己的亲身经历记述心理学历史发展过程，如《实验心理学史》的作者波林（Boring E.）。波林早期是构造心理学家铁钦纳的学生，年轻的时候在实验心理学方面曾经做过许多研究，后期开始转向心理学史的研究。他的《实验心理学史》成为美国大学标准的心理学史教科书，影响了几代心理学家。

心理学史的这种编纂方式的优点是可以记载心理学许多研究的细节和鲜为人知的奇闻逸事的，但是这种方式的缺点是心理学家往往跳不出自己的圈子，仅仅从学科内部看待心理学的发展过程，过高估计心理学中"伟人"的作用，忽略了政治、经济、历史和文化因素对心理学发展的影响。所以，从20世纪60年代开始，出现了"新史"运动。相对于在此之前的"旧史"，新史的编纂方式更强调心理学中普通的人物和一般的事件，强调不仅要记述历史事实，更要分析人物的功过是非，评价其对心理学发展所作的贡献。新史抛弃了"伟人说"，更注重分析时代精神的作用和外部社会文化因素对心理学发展的影响。

心理学史家弗洛莫托（Furomoto L.）是这样描述新史的："新史倾向于批判性的，而不是纪念性的。它倾向于分析事件的来龙去脉，而不是仅仅记载观念的历史。新史更具有包容性，超越了'伟人'的研究。新史利用第一手资料和档案文件，而不是第二手资料。那些依赖于第二手资料的教科书写作者们往往以讹传讹，轶事奇闻代代相传。最后，新史力图从那个时代内部理解那个时代的思维，而不是为了寻找现实各种观念的先驱，或者从这一领域的现实情景撰写过去的历史。"（Furomoto，1989，p. 16）现在，新史的写作方式是历史编纂学的主流，本书更多采用的是这种写作方式。

历史编纂学中有一些基本问题，回答这些问题有助于我们理解编纂心理学史的原则和方法。最基本的问题是"什么是历史？"前面曾经提到，许多人把历史理解为人类心灵的研究或是人性的科学。这样的理解似乎把历史研究同心理科学混淆起来，因为两者研究的对象是同一的，但是两者是有区别的。心理学是一门经验科学，在探索心灵的过程中，使用的是实验方法。在研究过程中，心理学家选择适当的变量，对其中的目变量加以控制，操纵这些自变量，观察因变量的变化，从而得出两者之间的因果关系。历史研究同样寻求因果关系，但是历史研究并不能直接控制变量，因为它所研究的是过去的事件。史学家通过历史事件的推测与重建，从中推导出事件之间的因果关系。当然，在推导的过程中，历史研究者所依据的是历史事实。所以，历史编纂学的第二个问题是怎样选择历史事实。换言之，哪些历史事实具有历史意义？历史事实是客观的吗？实际上，历史事实的认定并不能脱离主观意识而存在。换言之，历史事实具有主观性。把什么事件认定为历史事实，什么事件不是历史事实，其认定过程依赖于一定的观念和理论，并没有客观的、公认的标准。历史事实的重要性就更带有主观性了。一些心理学史家认为，冯特在德国莱比锡大学建立的心理学实验室是科学心理学建立的标志，具有历史的意义，但是其他一些心理学家认为心理物理学家费希纳提出的心理物理法才具有真正重要的意义，标志着一门新科学的建立。至于冯特建立的实验室没有什么重要性，因为早在冯特之前，美国心理学家詹姆斯就已经在哈佛大学建立心理学的实验室了。所以，历史事实的认定带有主观的特性，并没有客观的标准。了解了历史编纂学的这些观点，就容易理解心理学的历史编纂学原则了。心理学的历史编纂学有这样一些原则。

第一，描述对反思。历史事件的描述和对历史事件的反思是历史编纂学中的一对对立范畴。任何历史的撰写，首先就是历史事件的描写，是一种历史叙事或故事。精确地描绘历史事件，勾画出事件的时间、地点、主人公，传达给他人事件的基本框架，是史学家的首要任务。在传统的"旧史"中，史学家往往就是当事人，精确地勾画自己亲身经历的事件，描述自己的认识和感受。这也是旧史引人入胜的地方。但是，这样的历史仅仅是一种观念和事件的记载。现代的史学家更强调反思，强调对历史人物的分析和批判。一部完整的心理学史不能仅仅记载时间、地点、人物和事件，应该超越描述，提供给读者更多的东西，让读者了解事件的深层原因。实验心理学家并非仅仅描述行为，提供行为发生的表面原因。史学家同样如此，他要解释为什么冯特在德国莱比锡大学建立了心理学实验室，为什么科学的心理学没有产生在工业更为发达的英国和法国。因此，历史编纂学要求我们超越历史事件的简单描述，进行更深层次的理论思索。本书采取的是描述与反思的辩证结合。第一步，我们要描述心理学史上的人物、事件、流派和理论。这是心理学史编纂的基础，没有这些人物和事件，就没有心理学史。因此，从事心理学史研究的第一步是搜集史实，占有资料，在此基础上对历史进行描述。第二步是回答为什么。我们不能满足于历史的描述，要分析历史事件的原因，找出事件背后的东西。由于历史事件发生在过去，对事件原因的推测不可避免地带有思辨的性质。第三步是评价事件的结果，分析人物和事件的影响。这是反思的阶段，最能体现出史学家的理论思维能力。

第二，客观性对主观性。历史并不是对过去事件的客观记录，而是选择和解释的产物。心理学史同样如此，反映了心理学史家的主观意识和见解。著名心理学史家波林在撰写《实验心理学史》时，力图写一本"客观"的心理学史，即公正地、无偏见地记录心理学发展过程中的各种人物和事件，但是后来他发现这是不可能的。

选择什么和不选择什么，为什么记述这个人物而不是那个人物，都需要有一定的指导思想，不可避免地掺入了个人的见解。所以，国外的心理学史都称自己为"一种心理学史"（a history of psychology），而不是"唯一的心理学史"（the history of psychology）。由于每个史学家的指导思想是不同的，因此每个人写出的心理学史都是不一样的。

历史的主观性首先表现在题材的选择上。在心理学史发展的过程中，有许多的题材，心理学史家从浩如烟海的历史题材中选择自己感兴趣的问题，其他大部分题材则被忽略或抛弃了。其次，对于历史事实的认定也表现出主观性。心理学史家根据一定的指导思想和原则，选择一些事件作为历史事实，把另外的事件排斥在历史事实的范围之外。最后，在历史资料的选择上，主观性也发挥着作用。即使对于第一手资料，如官方文件，当事人的口述，也存在着主观性和个人的偏见。官方文件可能有意忽略一些重要的事实，当事人可能为美化自己而说谎，或者记忆发生偏差。第二手资料的主观性就更明显了，在转述、翻译和介绍的义献中，个人的偏见早已渗透于其中。

但是我们不能因为历史的主观性而放弃对客观性原则的追求。认识到历史的主观性可以给我们撰写心理学史带来有益的启示。在本书的撰写中，我们承认主观性的存在，但是力求客观、公正，努力做到描述精确，评价合理，把主观性和客观性有机地统一在一起。

第三，现在主义对历史主义。现在主义（presentism）和历史主义（historicism）是历史研究中的两种倾向。现在主义根据现在的思想观念和意识形态来看待历史人物和历史事件，认为科学的现状是最佳的状态。科学处在一种不断进步的过程中，学科的现状是过去的事件直接导致的，是学科进步、进化和发展的结果。换句话说，现在主义不仅根据当前的态度和价值观解释过去，而且强调进步原则，认为以往的一切都是不完善的和有缺陷的，学科的今天才是最理想的状态。因此，现在主义在探讨历史的时候，总是倾向于认为现在的心理学是正确的，或者至少是优越于以往的心理学的；历史是由一系列朝向现在的进步而组成的，在评价某个伟人的时候，倾向于使用"超越了他的时代"，或者"预期了现代的观念"等术语，以今论古、厚今薄古，强调历史事件的现实意义和价值。以这种观点写出的历史经常被称之为"辉格史"（Whig history）。英国史学家布特费尔德（Butterfield）对辉格史提出了自己的见解，他认为，许多史学家中的一种倾向，他们站在新教徒和辉格人的一边进行写作，称赞他们的革命，认为他们是成功的。这些史学家强调过去到现在是进步的原则，写出的历史如果不是吹捧现在，就是对现在的认可。

历史主义同现在主义恰好相反，它从历史本身的角度理解过去，并不尝试说明过去与现在的关系。历史主义将历史人物和事件置于历史的情景中，根据那个时代的思想意识和价值观念来理解和解释历史事件。这样的史学家在评价历史人物的作用时，不是根据现在的要求和标准，而是把历史人物放到适当的历史背景中，根据那个时代的条件来分析历史人物的贡献。例如，英国心理学家高尔顿（Galton）1896年出版了《遗传的天才》一书，从今天的角度来看许多观点是错误的，充满着种族主义、性别歧视和遗传决定论的谬误。但是，从高尔顿所处在维多利亚时代来看，这些观点与那个时期的时代精神是一致的，且高尔顿所使用的方法具有科学的意义，他对心理学的贡献是应该肯定的。所以，历史主义主张抛弃现实的功利意义，还历史的客观性和真实性。

历史主义的客观态度是我们所推崇的，但是由于我们生活在当今的时代，时代的思想观念和意识形态很难不在我们身上留下深刻的烙印，所以我们或多或少地都带着现代主义的色彩，因此完全避免现代主义是不可能的。而且一门学科如果不能为当今的社会服务，仅仅钻入历史的象牙塔中孤芳自赏，那么这门学科的生存就成问题了。所以，正确的做法是走第三条道路，超越现在主义和历史主义的局限，既强调历史研究的现代价值，又不忘历史主义的客观态度，使心理学史的编撰有助于对当今心理学的理解，把心理学史变成一门既对现代心理学有用，同时又不失客观公正的学科。

第四，内在史观对外在史观。现在主义或辉格史是典型的内在史观。内在史观把科学看成是自我包含的，认为通过科学方法的合理应用，科学家集团可以解决自

己的一切问题。心理学的内在史观把心理学史的发展看作是心理学中的"伟人"凭借自身的天才和实力解决一个一个难题，实现了心理科学的进步，仿佛这些伟人生活在时代的"真空"之中，学科外部的社会文化、政治经济、意识形态对心理学的发展没有实质性的影响。早期的心理学史家大多信奉这种史观，注重学科内部理论观点和方法技术的演变，例如，以内在史观撰写心理学史，关注的往往是从内省法到实验法、从冯特的元素主义到格式塔的整体主义、从华生的行为主义到现代的认知心理学，从心理学中的科学主义到心理学中的人文主义等，对学科外部的影响往往忽略不计。波林的《实验心理学史》所代表的就是这种史观。虽然波林间或提到经济和文化因素，并且经常使用"时代精神"这个术语，但是波林关注更多的是心理学学科内部的发展线索。

现在，越来越多的心理学家意识到内在史观的不足，认识到尽管心理学家希望摆脱学科外部的影响，专心致志于学科内部的发展，但这是无法实现的。心理学本身就是社会结构中的一个部分，反映的是意识形态的影响和社会发展的需要。为什么心理学在德国是一门"纯科学"，更关注意识元素的分析？为什么心理学到了美国就变成了强调意识功用的应用学科？这是因为社会德国受理性主义哲学的影响，喜欢理论和思辨的学科，且德国的大学教授都是贵族出身，不需要为生计而焦虑；美国则是一个实用主义的社会，如果一门学科不能向社会证明它的实用价值，从事这

门学科的工作者就无法生存。所以美国社会的特点决定了美国心理学的特征和发展方向必然不同于德国。如果仅仅从心理学的学科内部考虑，就无法理解心理学的这种变化。因此，现在的心理学史家大多赞成外在史观。

本书的史观是内外兼顾和内外平衡。我们是心理学工作者，关心学科内部的发展线索是心理学史家的基本工作。但是极端的内在史观把心理学置于脱离社会的真空中，脱离了社会的实际。如果一味强调外在的影响，就会忽视心理学内部的发展动力，抹杀了心理学家对学科发展的贡献。因此，关注学科内部的发展线索，同时又兼顾学科外部的社会条件是本书编写的又一指导原则。

第五，伟人说对时代精神说。这两种学说又称为"人物决定论"和"自然决定论"。伟人说或人物决定论认为历史是"伟人"创造的。如果没有达尔文，就没有进化论；如果没有弗洛伊德，就不会有精神分析；如果没有华生，就不会有行为主义的出现。总之，历史是伟人凭借自己的知识和天才而创造的，没有这些伟人，历史就要改写。以这种观点写出的历史强调的是杰出的科学家所做的研究和贡献，这些科学家以天才般的智慧揭示世界的奥秘。

从表面上看，伟人说似乎是很清楚的。科学是那些有智慧的、创造性的和富有能量的科学家的工作。他们个人就可以决定科学的发展方向。通常我们以某个人的名字命名一个时代、一个定律、一个学派。所以我们才有了"爱因斯坦时代""摩根定

律""弗洛伊德学派"等术语，这就是我们对这些伟人作用的承认。他们的研究改变了时代，改变了学科的发展方向，影响了随后的科学家。

但是，伟人说足以解释科学或社会的全部发展吗？心理学的发展可以验证伟人说的观点吗？事实并非如此。经常的情况是，科学家、艺术家和学者的贡献在他们有生之年被忽视或受到压制，只是到了很久以后才得到承认。1763年，苏格兰的科学家罗伯特·魏特就提出了条件反射的概念，但是没有人对此感兴趣。一个世纪以后，当研究者采纳了更为客观的研究方法以后，俄罗斯生理学家巴甫洛夫精致化了魏特的观察，把这个原理扩展为一个新的心理学体系的基础。为什么魏特的研究没有得到科学的承认？为什么巴甫洛夫的研究却促进了行为主义的出现？在这里，个人的作用已经无法解释这一事实，必须企求时代精神来作出解释。因此，一种发现通常要等待它的时代。这意味着时代的思想文化和意识形态的氛围决定着某一观念是被接受还是被拒绝，决定了它是受到赞扬还是遭到讽刺。科学历史同样是那样原来被拒绝的思想和观念的故事的历史。即使是那些最伟大的思想家和发明者也受到时代精神，即那一时代的氛围的限制。

所以，更多的心理学家主张时代精神说，认为特定时代的思想文化氛围、政治经济的特征决定了伟人能不能出现，决定了这些伟人能在多大程度上对科学和社会的发展作出贡献。那些被称为伟人的心理学家仅仅是时代精神的代表。如果没有时

代精神的支持，再杰出的天才人物也会被历史埋没。为什么蒙德尔的遗传定律在他活着的时候没有引起人们的注意？为什么35年之后，三个素不相识的科学家同时发现了早已有的发现？这些都是被时代精神的非人力量所左右的。

但是伟人说和时代精神说并不一定要非此即彼。两者并不一定是对立和不可调和的。组成心理学史的人物和事件可能是伟人的天才贡献和时代需要共同作用的产物。所以，我们主张两者的结合，具体问题具体分析，实事求是地分析人物的贡献和情景的影响。

第四节 通史"通"在何处

我们这本教材是心理学的通史，涵盖了古今中外心理学的基本内容。我们将会看到，心理学史包含了古今中外心理学方方面面的内容，理论庞杂、流派繁多，既有科学心理学建立之前的心理学思想，也有现代心理学的最新发展；既有中国心理学史的内容，也有西方和俄罗斯心理学的理论和流派。怎样把凌乱、庞杂的内容梳理清楚，以一种简单明了、容易理解的方式呈现给学生，就成为编纂心理学史教材所面临的另一个主要困难。传统的方法是，把心理学史划分成三块或三个部分，即西方心理学史、中国心理学史、苏俄心理学史。这样构建出来的心理学史体系的优点是线索清楚，学生易于了解心理学在不同区域产生和发展的历史过程，理解不同社会文化条件下心理学的不同特征。但是这种分类体系给教学造成了极大的困难，因

为有关心理学史的课程最多只有80课时，而这三个部分中的任何一个部分的清楚表述都至少需要80课时。这样一来，心理学史的教师不得不有所取舍，舍弃大部分，只保留最主要的部分。通常，中国心理学史和苏俄心理学史就成为这种教学方式的"牺牲品"。因为大部分心理学史教师认为心理学是西方的产物，心理学史介绍的主要应该是西方心理学的内容，因此，心理学史课程实际上变成了西方心理学史的独角戏。

实际上，尽管心理学在西方获得了更多、更快的发展，但心理学史应该是世界的心理学史和一般性的心理学史，而不是西方的心理学史。这就要求心理学史教师必须综合不同区域的心理学史，以整体的观点看待世界心理学的历史发展，把心理学史讲授成"通史"。在这里，"通"并不表现在以平均主义的观点看待不同区域的心理学史，而是贯通心理学在不同区域的历史发展过程，把心理学的发展历史视为

一个整体，根据对这一整体的贡献，决定对心理学史上人物、思想、流派和事件的取舍。只要其对整体心理学产生了影响，就被纳入心理学史的范畴。淡薄地域的观念，强化贡献和重要性方面的标准。我们这本通史就是以这样一种思想为指导的。它是一部通史，但是它同以往的心理学通史不一样，它的"通"表现在"贯通"，表现在"打通"，真正视世界的心理学为一个统一的整体。

第一章
中国古代心理学思想史

第一节 中国古代哲学心理学思想的基本范畴

范畴是知识领域中最基本的概念，任何一门学科均由一定的范畴体系构成。中国古代极其丰富的哲学心理学思想，采用我国特有的范畴论述心理学问题，从而形成了一套完整的理论，并且较之西方古代心理学具有优胜的特征。中国古代哲学心理学思想在其历史发展过程中所形成的一套范畴体系[1]，主要包括九个范畴，即人贵论、形神论、心物论、性习论、知虑论、情欲论、志意论、知行论、智能论。弄清这些范畴涵盖的心理学思想内容，就能帮助人们较全面地认识和把握中国古代的心理学思想，并使之系统化、理论化。

一、人贵论

人贵论是万物以人为贵的思想理论。它认为人是世界万物中最宝贵的，也就是"人为万物之灵"和"人定胜天（自然）"的意思。因此，人本身就是最值得由科学来研究的，而心理学正是研究人类自身的重要科学之一。如果认识不到人是最宝贵的，就会混淆人与一般动物乃至一般生物的界限，忽视心理学的基本任务之一是阐明人的最重要的本质特征和发挥的重大作用。所以人贵论是心理学的一种最根本的

---

[1] 关于中国古代心理学思想的基本范畴，中国心理学史学科创建之初，主要有以下观点：杨鑫辉的"五说"，先秦的人性说，汉晋的形神说，唐代的佛性说，宋明的性理说，清代的脑髓说（1981年）；潘菽的"八论"：人贵论，天人论，形神论，性习论，知行论，情二端论，节欲论，唯物论的认识论传统（1982年）；杨鑫辉的"五论"：人贵论（含人性论和天人论），形神论，性习论，情欲论（含情二端论和节欲论），知行论（1983年）；燕国材的"八范畴"：形与神，心与物，知与虑，藏与壹，志与意，智与能，质与性（1984年）；高觉敷的"五论"：天人，人禽，形神，性习，知行（1985年）。此次笔者杨鑫辉概括为"九论"：人贵论，形神论，心物论，性习论，知虑论，情欲论，意志论，知行论，智能论（2005年）。

思想。在中国古代思想家的论述里，几乎都是把人和禽兽鲜明地区分开来，而没有将人兽相提并论的。为什么说万物以人为贵呢？主要有下述四种学说。

（一）得气说

认为人为贵是由于人有"天地之精气""五行之秀气"的禀赋。《礼记·礼运》中说："人者，其天地之德，阴阳之交，鬼神之会，五行之秀气也。"意思是，人得天地之精气，经过阴阳交合，神秘莫测，凝集了五行之中最灵秀的精华，所以最为宝贵。东汉的桓谭也说："人抱天地之体，怀纯粹之精，有生之最灵者也。"（《新论·正经》）此后，唐代孙思邈，宋代的陆九渊、周敦颐等继承和发扬了这种观点。这种从人与万物的差异追溯其优越禀赋的观点是很有局限性的。

（二）智慧说

认为人的智慧高于其他动物，所以人最为聪明宝贵。孔子的后人引述《孝经》上的话说：贵有知（智）也。也就是人之贵在于有智慧。《列子·杨朱》说："人肖天地之类，怀五常之性。有生之最灵者，人也。人者，爪牙不足以供守卫，肌肤不足以自悍御，趋走不足以从利逃害，无毛羽以御寒暑，必将资物以为养性，任智而不恃力。"人和"力"的方面有许多地方不如动物，却比动物灵贵，就在于人能"任智"，能通过智慧来利用自然。东汉王充在《论衡·别通》中说："天地之性人为贵，贵其识知也。"唐代刘禹锡的论述更为具

体："人，动物之尤者也。……植类曰生，动类曰虫。倮虫之长，为知最大，能执人理，与天交胜；用天之利，立人之纪。"（《刘梦得文集·天论》）既指出了人与动物的区别，更强调人的智慧最高。以上认识都是难能可贵的。

（三）道德说

认为道德是人区别于动物的重要标识。中国重视伦理道德的传统思想也被用来论证人贵论。荀子说："水火有气而无生，草木有生而无知，禽兽有知而无义；人有气、有生、有知亦且有义，故最为天下贵。"（《荀子·王制》）这个具有进化论思想的心理发展阶梯说，认为人具有最高级的特征且包含了其他各低级层次的特征，所以是最为贵的。汉代的董仲舒，宋代的朱熹、陆九渊和明代的王守仁等人，继承和发展了以道德作为人为贵的主张。他们以仁义道德作为人的特征是对的，把它们看成天生所固有则不可取。

（四）能劳动、直立、语言说

将能劳动、直立、有语言作为人优于动物的本质特征，这是明末清初的思想家、科学家的观点。《陈确集·古农说》指出："人之所以异于禽兽者，农焉而已矣。……是故三代以还，频遇大乱，有生之伦，胥为禽兽，而人类犹未尽灭绝者，农之所留也。"以劳动作为人区别于动物的特征，这个认识成果是一个很大的进步。作为思想家和科学家的方以智在《东西均·象数》里说："公因之中，受中最灵，人独直生，

异乎万物，是知天地贵人。"明确提出了人直立行走是人异于万物的特征。他更进一步提出："人兼万物而为万物之灵者，神也。禽兽之声，以其类各得其一，声而不能通。通之者，人也。人可谓天地之所贵宾。"（《物理小识·总论》）有语言、能交流思想是人类重要的本质特征，以此说明人最灵贵更是科学的结论。

二、形神论

形神论即心身论，是说明心和身、心理和生理关系问题的思想理论。认为心理由一定生理结构的身体所派生是唯物论的观点，认为"有是心，斯具是形以生"（《二程集·遗书》），即心派生身是唯心论的观点，将"心"与"身"看作两个独立的实体，则是二元论的观点。如果不能正确解决这个问题，心理学是不可能走上科学道路的。因此形神论是心理学基本理论中的根本性问题之一。中国古代思想家对这个问题的论述许多，除上面提到的心具而形生的唯心论观点，还有二元论观点，如"载营魄抱一，能无离乎？"（《老子》十章）认为"营"（魂、精神）与"魄"（形体）可合可分，两者独立的本原。但是更值得发扬的是唯物论的形神观。

战国时期的唯物主义思想家荀子明确地提出了"形具而神生"（《荀子·天论》）的光辉论断。这就是说，形体、身体具备了，才能产生精神、心理。"形"是第一性的，"神"是第二性的，这完全符合现代科学的结论。后汉的桓谭用蜡烛和烛火比喻

说："精神居形体，犹火之燃烛矣。……人之耆老，……则气索而死，如火烛之俱尽矣。"（《新论·形神》）既认识到精神依赖形体而存在，又看到了精神随形体死亡而归于灭尽。三国的杨泉也提出了形谢神灭的看法："人含气而生，精尽而死。死犹澌也，灭也。譬如火焉。薪尽而火灭，则无火矣。故灭火之余，无遗炎矣；人死之后，无遗魂矣。"（《汉晋学术编年》引《御览》引）烛火之喻和薪火之喻都只是比喻式的论述，而缺乏简练的理论命题，容易产生漏洞，即用薪烛尽而火传，解释"形尽神不灭"。

东汉王充也论述过唯物一元论形神观。他一方面提出"精神依倚形体"，即形体产生精神；另一方面也肯定"形体坏烂，精神散亡"，"死而精神亦灭"（《论衡·论死》）。这个命题为南朝的范缜在《神灭论》中继承和发扬。范缜说："神即形也，形即神也；是以形存则神存，形谢则神灭也。"这是精神和形体不可分离的"形神相即"的思想。他还指出"形者神之质，神者形之用"，并且形象地比喻："神之于质，犹利之于刃，形之于用，犹刃之于利。……然而舍利无刃，舍刃无利。"这就充分地阐明了精神对形体的依赖关系，成为较完备的唯物主义的形神观。

宋代程朱理学唯心的形神一元论占主导地位，但明清仍有思想家将中国古代唯物主义的形神论延续下来。明代王廷相继承了范缜的"神灭论"思想，主张"神必籍形气而有，无形气则神灭矣"的形神观。（《内台集》卷四，《答何柏斋造化论》）还

说："人具形气（身体）而后性（心理）出
焉。……如耳之能听，目之能视，心之所
思，皆耳、目、心之固有者。无耳目无心，
则视听与思尚能存乎？"（《雅述》上篇）强
调器官形体是产生视听思心理活动的生理
基础。明末清初的王夫之也认为"形非神
不运（运转），神非形不凭（依靠）"。
（《周易外传》）形体没有精神的主宰就不
能运转，没有形体精神就失去了它的依靠。

三、心物论

心物论是中国古代思想家关于心理和
客观事物相互关系的思想理论。认为物决
定心，客观事物是心理的源泉的属于唯物
的心物论；主张心决定物，心理是人心所
固有的属于唯心的心物论。心物论与形神
论一起构成心理学中两个根本性问题，从
两个方面共同揭示心理实质的基本思想观
点：心理反映客观事物，客观事物是心理
的源泉；只有具备人脑的形体才可能产生
精神、心理，人脑等形体器官是产生心理
的器官。

中国古代唯物主义的心物论思想是非
常的丰富的，认为"物"决定着"心"，客
观事物是人的心理的源泉内容。但不同思
想家的具体提法是多种多样的，主要有以
下几个方面。

（一）"遇物而能貌之"说

这是墨家的心物观。《墨子》说："知，
接也。""知也者，以其知过（遇）物而能
貌之。"（《经说上》）意思是说，人的感知

是在与外物接触的基础上产生的。人的感
知是因为感知器官与外物接触而反映了该
物的外貌。

（二）"精合感应"说

这是荀子提出的心物观。荀子说："生
之所以然者谓之性。性之和所生，精合感
应，不事而自然谓之性。"（《荀子·正
名》）意思是说，生来就是如此的叫作性
（生理的），性从阴阳相和之气中产生，精
神与外物相接触、相感应，不经过人为而
自然如此的也叫作性（心理的）。换言之，
"精合感应"，就是说人的心理、精神是在
外物作用下对外物的一种反映。

（三）"感而后应"和"感而后
知"说

前者出自《管子》，后者出自《吕氏春
秋》。它们都是强调对外界事物有所感才会
产生心理活动的一种心物观。《管子》的
"感而后应"命题，认为是人的感官接应外
物的结果，"若影之象形，响之应声也"。
（《管子·心术上》）清代王夫之承继了此
说。"感而后应者，心得之馀也。"（《思问
录》）《吕氏春秋》说："生也者，其身固
静，感而后知，或（指外界事物）使之
也。"认为人感受外物之后才有感知。

（四）"物至神应，应与物接"说

《淮南子》说："物至而神应，知之动
也；知与物接而好憎生焉。"（《淮南子·原
道训》）认为"神"能反映"物"是感应
关系。"神"之所以能够反映"物"，则是

感知器官（知）与物接的缘故，并以好憎情感生为例证。它承继和发挥了墨家"知，接也"，"遇物貌之"和荀子"精合感应"的心物观思想。东汉王充也强调外物是产生心理的首要原因，指出"如无闻见，则无所状"。（《论衡·实知》）并赞成西汉刘向"情，接于物而然者也，出形于外"的说法。

（五）"内外之合"说

宋代张载认为："心所以万殊者，感外物为不一也。"（《正蒙·太和》）并进一步指出："人谓已有知，由耳月有变也；人之有受，由内外之合也。"（《张子正蒙注·乾称篇下》）他们都主张内外合才产生感知，产生心理、精神现象，离开对物的感知就不能产生精神、心理活动。

（六）"在外之资""缘外而起"说

明代王廷相认为，人的精神、心理不但"必籍形气而有"，而且必须有"见闻在外之资"，是反映了外界事物"缘外而起者"。他说："故神者在内之灵，见闻者在外之资，物理不见不闻，虽圣哲亦不能索而知之。""使天外感，何有于动？故动者，缘外而起者也。"王廷相"内外相须"的心物观，跟张载的"内外之合"是一致的。

当然，中国古代也有唯心论的心物观。例如孟子的"万物皆备于我"，佛教的"离心之外，更无一法"，二程"实有是理，故实有是物"，陆王心学的"吾心即是宇宙"和"心外无物"等。还有二元论的心物观，如《关尹子》的"物我交心生"与"心物

道合一"，朱熹的"万物从此化"与"人心如镜"，方以智的"离物无心，离心无物"。

四、性习论

性习论是关于人的生性与习性关系的思想理论，跟遗传素质与环境教育问题有密切联系，是中国古代心理学思想中特别重要的内容。性习论思想最早见于《古文尚书》的"习与性成"，据传说是商代伊尹告诫初继王位的太甲的一句话。这就是说，习形成的时候，一种性和它一起形成了。这一思想盛行于先秦和两汉，以后一千多年中较少有人论及，但到明清之际这个理论又受到重视。孔子继承和发展了"习与性成"的思想。他说："性相近也，习相远也。"（《论语·阳货篇》）意思是说，每个人的禀性、素质是差不多的，个性心理是由于环境、教育的习染作用而差别很大。这里不仅没有否定人的素质是个性心理差别的自然基础，还强调了教育、环境的决定性作用，与现代心理学对这个问题的结论是相符的。荀子发扬了孔子"习相远"的思想，提出了"化性起伪"的"性伪合"的学说。变化恶性要靠教育影响的社会化过程才能成为善性。人性是在先天的自然性的基础上，受后天的社会性影响而形成的。性习论就是重视"习染"的作用。墨子认为人性如素丝，"染于苍则苍，染于黄则黄"。汉代贾谊也说："夫习与正人属之，不能毋正，犹生于齐不能不齐言也。习与不正人居之，不能毋不正，犹生于楚之地不能不言楚也。"（《贾谊传、陈政事疏》）

东汉王充说得更透彻，提出人性"渐染"说："夫人之性，犹蓬纱在所渐染而善恶变矣""善渐于恶，恶化于善，成为性行"。（《论衡·率性》）他认为，习可以成性，善恶可以互变，这又较前人前进了一步。

汉代以后，对性习论的论述较少了，但到明清之际又重放光芒。明代中期唯物主义思想家王廷相把性习论思想阐述得非常透彻。他说："婴儿在胎中自能饮食，出胞时便能视听，此天性之知，神化不容已者。自余因习而知，因悟而知，因疑而知，皆人道之知也。父母兄弟之亲，亦积习稔熟然耳。"（《王氏家藏集·雅述（上）》）他还说："理可以会通，事可以类推，智可以所解，此穷通知化之妙用也。彼徒务虚寂，事讲说，而不能习与性成者，夫安能与于斯。"（《石鼓书院学辩》）在王廷相的"习"里，是含有"性"与"实践"的意义的，还把"性"分成"生性"与"知性"（人道之知）两种。王夫之对"习与性成"的精辟解释是："习与性成者，习成而性与成也。"（《尚书引义·太甲二》）但他在有的地方则把"习与性成"篡改为"生与性成"了。清初的颜元也说："习与生成，方是乾乾不息。"（《习斋言行录》学须十三）

中国古代"习与性成"的理论，对西方心理学中遗传与环境关系的争论，早已给出了较圆满的回答。其解决的主要途径是将"性"（心理机能）分为两种，一是生性，即由生长而来的生成的性；二是习性，即人出生以后由学习而习成的性，习性的发展是无限的。当然，在"习与性成"的理论问题上，我们不应苛求古人，强调个

性主体在个性形成过程中的主体性作用。

五、知虑论

知虑论是中国古代关于认识过程的思想理论。它论述感知和思维心理过程的问题，内容非常丰富，主要包括知虑的含义、知虑的分类、知虑的器官以及知虑与藏、壹、言、象的关系，涉及现代心理学认识过程的各个方面。

知指感知，虑指思维，知虑指从感知到思维的整个认识过程。知是浅知，相当于感性认识阶段；虑是深知，相当于理性认识阶段。知是虑的基础，但知又有待于虑的深化。中国古代最早明确提出知与虑概念的是《墨经》。《墨经》上说："知，接也。"（《经上》）知是对外物接触的反映，是感知过程。《墨经》上还说："虑，求也。"（《经上》）虑是对事物的思索与探求，是思维过程。总的来说，知虑指的是整个认识过程。

中国古代思想家对知虑心理过程的分类的认识也是深刻的，分析到了知虑过程在阶段、层次、时态等方面的差异。其分类归纳起来有知虑三分法、知虑二阶段法和知虑多侧面细分法。墨家认为知有闻知、说知、亲知三种，即"知：闻、说、亲"（《经上》）。所谓闻知，是由传授而得来的；所谓说知，是不受方域所限制，由推论而得来的；所谓亲知，是指亲身观察所得。孔子说："学而不思则罔，思而不学则殆。"（《论语·为政》）将知分为"学"（包括视听感知）和"思"（思虑、思维）

两阶段。但真正将知虑分为两阶段的是宋代的张载。他说："见闻之知，乃物交而知，非德性所知；德性所知，不萌于见闻。"（《正蒙·大心篇》）明确地把"知"划分为与物交的"见闻之知"（感性阶段）和更高阶段的"德性之知"（理性阶段）。朱熹发展了知虑二阶段法思想。他在《朱子语类》中认为，知是人的认识过程，包括两个阶段四个层次，即把知（知虑）分为"知觉"与"思虑"两个阶段，然后又将"知虑"划分为"知"与"觉"两个层次，即把知（知虑）分为"知觉"与"思虑"两个阶段，然后又将"知虑"划分为"知"与"觉"两个层次，"思虑"划分为"思"与"虑"两个层次。至于知虑多侧面细分法，则可以王夫之为代表。他不仅将知划分为客感（感知）和知见（思维）两个阶段，而且提出了知的识（过去）、思（现在）、虑（未来）三种时态。

古代对知虑的器官也早有论述。首先是"感官"说，即反映人耳目鼻口形的是人的感知器官。儒家一般采用"五官"，墨家采用"五路"，道家则用"九窍""七窍"，佛家则用"五根"来称人的感知心理器官。首先是"天官—天君"说，或称"感官—心器"说。荀子是此说的提出者，他说："耳、目、鼻、口、形，能各有所接而不相能也，夫是之谓天官。心居中虑，以治五官，夫是之谓天君。"（《荀子·天论》）孟子说："耳目之官不思，……心之官则思。"（《孟子·告子上》），后来历代继承和发展了以上思想，除了误认为心脏是思维的器官，其余各种看法已接近现代

心理学的理解。最后是"感官—脑髓"等，它是用"脑髓"代替"心器"而形成的。明末刘智的《天方性理》和清代王清任的《医林改错》对此做了较详细的论述。留待下一节论述。

古代学者还论述了知虑与藏、壹、言、象的关系，也就是感知、思维和记忆、注意、言语、表象的关系。其中重要的思想有：荀子提出"虚壹而静"，"虑"与记忆有关，"壹"与注意有关，"静"与思维有关。《管子》一书说："意以先言，意然后形，形然后思，思然后知。"（《管子·心术下》）主张人的意感先于言语，意感其事，然后才能呈现出事物的形象；有了事物的形象（表象）然后才有思维，有了思维才能认识各种事物。魏晋玄学对言（言语）、象（表象）、意（思维）的关系进行了激烈的讨论。王弼等人主张"言不尽意论"，得意忘言，得意忘象。欧阳建持相反的观点，主张"言尽意论"，强调言语是表达思想、思维的工具。

六、情欲论

情欲论是关于情绪、情感和欲求、欲望的思想理论。情与欲的关系密切，但毕竟是两个有区别的心理学问题。分开来讲主要包括六情说、七情说、情二端论和寡欲、节欲、导欲等思想。

中国古代学者荀子认为"情者，性之质也"（《荀子·正名》），即认为情感是人性本质的表现。《关尹子》则指出情波说："情生于心，心生于性。情，波也；心，流

也；性，水也。"（《五鉴篇》）认为情感是人性像水流动产生波澜的一种心理状况。关于情的基本形式主要有六情说，如《荀子·天论》情可分为好、恶、喜、怒、哀、乐六种。还有七情说，如《礼记》把情分为喜、怒、哀、乐、好、恶、欲七种。值得特别指出的是，还有九情说、十情说。情的变化形式无数，但其根本形式不外好和恶两种。正如《左传》所说："喜生于好，怒生于恶，……好物乐也，恶物哀也。"强调好恶是情的两大基本形式，其他的情都是好恶的变式，故称情二端论。这跟现代心理学讲情感的两极性，表现为情感肯定和否定的对立性质是相吻合的。

欲与情经常相伴出现，如"欲者，情之应也"，（《荀子·正名》）"情之所安，欲也。"（《刘子新论·防欲》）但从欲的含义说，就是欲求、欲望，即需要的意思。古代思想家已经论及欲求的种类与层次，如《管子》上说："仓廪实而知礼仪，衣食足而知荣辱。"将欲分成生理欲望（衣食）和社会欲望（礼节、荣辱）两大类。王夫之则把人的欲望分成四类，说："盖凡声色、货利、权势、事功之可欲者，皆谓之欲。"（《读四书大全说》卷六）这样依次列举生理、物质、权力和功名的需要，并不比美国现代心理学家马斯洛的需要层次论逊色。欲是人的心理行为的动力，怎样对待呢？古代的无欲说、去欲（灭欲）说、纵欲说，都不可取。寡欲说是介于无欲与纵欲之间的态度。比较科学的态度是节欲和导欲，指对欲要加以节制和引导，不可放任自流，要给予正确指导，其首倡者是

荀子。他主张节欲，说："凡语治而待寡欲者，无以节欲而困于多欲者也。"（《荀子·正名》）他也主张导欲，说："凡语治而待去欲者，无以导欲而困于有欲也。"（《荀子·正名》）他认为要通过"起礼义、制法度"和"心使之"来节欲，通过制《雅》《颂》和劝学来导欲。这些思想为后人继承和发展。董仲舒独尊儒术以后，多以儒家的礼义作为调节的标准。宋代的李觏则提出以礼义约束情欲，必须以满足基本欲望为基础。到宋代的理学家那里，发生很大变化，他们开始将礼义法度的节导转变为理欲关系，甚至提出"存天理、灭人欲"。这种思想是历史的倒退。

七、志意论

志意是中国古代关于意志问题的思想理论。荀子最早将志与意合称为志意，即现代心理学上讲的意志。他说："凡用血气（情感），志意（意志），知虑（认知），由礼则治通，不由礼则勃乱。"（《荀子·修身》）这里已是明确地将心理过程分为知（知虑）、情（血气）、意（志气）。但是很多古代思想家将志与意分开讲，这是志意分论。孔子说："三军可夺帅也，匹夫不可夺志也。"（《论语·子罕》）"博学而笃志。"（《论语·子张》）这里的"志"相当于现在所说的志向、理想。墨子说："吾愿主君之合其志功而观焉。"（《墨子·鲁问》）提出必须将"志"（动机）和"功"（效果）结合起来考察，这里的"志"相当于现代心理学上的动机。王夫之说："心之

所期为者,志也。"(《诗广传·邶风》)这里的"志"是指人的行动所要达到的目标。至于"意"的含义,朱熹做了很好的阐发。他说:"意者,心之所发。""未动而欲动者,意也。"(《朱子语类》卷五)这里的"意"相当于现代心理学上所说的动机,是意志活动的主要因素。王夫之说:"欲有所为者曰意。"(《读四书大全说·论语·子罕篇二》)认为意是意志行为的准备状态,是以人的欲望为基础的心理过程。

志与意的关系非常密切而合称志意。朱熹说:"意者,心之所发;情者,心之所动;志者,心之所之。""情又是意底骨子,志与意都属情。""意是有主向。"(《朱子语类》卷五)。这里既说明志与意都与情密切相关,甚至广言之属于情,又提出志、意、情都是心理活动,志与意是心有主向的表现,即志、意具有指向性。墨子说:"志行,为也。"王充说:"意清则行清。"(《论衡·四讳》)朱熹也说:"意则主于营为。"他们都认为志、意都与行密切相联系而不可分割。当然志与意也有不同之处。例如,朱熹认为,志是"公然主张"的目的,意是"私地潜行"的动机,即"所以横渠云,志公而意私"。(《朱子语类》卷五)王夫之认为:"意者,乍随物感而起也;志者,事所自立而不可易者也。"(《张子正蒙注·有德篇》)即意是随情境而变化,志则具有不易变性。

八、知行论

知行论是关于知和行的关系的思想理论。现代心理学主张研究人的心理与行为,中国古代心理学思想也一直在探讨认知与行为的有关问题。关于知行的关系最早见于《尚书·商书》:"非知之艰,行之惟艰。"

荀子主张知行统一说,他说:"闻之不若见之,见之不若知之,知之不若行之。学至于行而止矣。"(《荀子·儒效》)即学可以不断递进深化,学能和行相结合,相统一,才算学到了家。他又说:"知之而不行,虽敦必困。"(《荀子·儒学》)就是说知脱离了行是困难的。他还说:"知明而行无过矣。"(《荀子·劝学》)也讲明了行必须有知的帮助。总之,荀子认为知行是统一的,知和行是相辅相成的。

汉代的董仲舒主张知先行后说。他指出:"凡人欲舍行为,皆以其知先规而后行之。"(《春秋繁露·必仁且智》)这里否定了行对知的作用,是片面的。宋代的思想家大都承袭了知先行后的思想。例如,程颐说:"须是知了方行得。""君子以识为本,行次之。"(《二程遗书》卷25)朱熹则有所发展,提出了知行"常相须"的观点。他说:"知行常相须。如目无足不行,足无目不见。论先后,知为先。论轻重,行为重。"(《朱子语类》卷9)这里的"常相须"和"行为重"就超越了前人。尤其他说:"知之愈明则行之愈笃,行之愈笃则知之愈明。"(《朱子语类》卷9)包含着知行关系的辩证法思想。明代的王守仁则以主张"知行合一"而著称。《王阳明传习录·答顾东桥书》说:"知之真切笃实处即是行,行之明觉精察处即是知。知行工夫本不可离，只为后世学者分作两截用功，失去知行本体，故有合一并进之说。"这里看到了知行不可离的统一性是对的，看不到知行的对立统一性则是错的。

明清思想家王廷相和王夫之对知行关系的论述则是合乎科学的。王廷相提出知行并举说，"讲得一事即行一事，行得一事即知一事，所谓真知矣。徒讲而不行，则遇事终有眩惑"，(《与薛君采书》)并明确地提出了"实践"的概念，强调"履事"、"习事"和"实历"的重要作用，更是难能可贵。王夫之对知行关系的主张则是"《说命》曰'知之非艰，行之惟艰'，千圣复起，不易之言也，……知非先，行非后，行有余力而求知。圣言决矣，而孰与易之乎？"(《尚书引义·说命中》)他不赞成知行合一，并且提出批评："知行相资以互用……不知其各有功效而相资，于是姚江王氏'知行合一'之说，得借口以惑世。"(《礼记·章句》卷31)这更加接近辩证法的知行思想理论。

九、智能论

智能论是中国古代关于智力与能力的思想理论。古代思想家一般将智与能作为相对独立的概念，同时也承认它们是紧密联系在一起的。最典型的代表是荀子的一段话："所以知之在人者谓之知，知有所合谓之智。所以能之在人者谓之能，能有所合谓之能。"(《荀子·正名》)意思是说，知是人生来具有的认识事物的素质，只有与客观事物相吻合的认识才能真正发展成

智力。能力是人生来具有的从事某种活动的素质，只有与客观事物相结合才能得到发展。东汉王驻外也持智能相对独立论的观点。他说："夫贤者，才能未必高也而心明，智力未必多而举是。"(《论衡·定贤》)这里明白地将才能与智力并列，既肯定其区别又承认其联系。下面分别论述智力和能力（才能）。

关于智力问题，概括起来主要有下述几种心理学思想。首先，认为智力是人的认识力。墨子说："智：以目见。而目以火见，而火不见。惟以五路智……"(《经说下》)人是通过眼、耳、口、鼻、形"五路"（视、听、味、嗅、触五种感知觉）认识事物、发展聪明智慧的。古代思想家提出智力表现在许多方面，如能辨别事物的正确和错误，即"是非之心，智力"；(《孟子·告子上》)能不受偏见的蒙蔽，"不蔽，智也"。(《孟子字义疏证下·权》)其次，认为智力是人的认识潜能。清代王夫之说："知无迹，能者知之迹也。"(《周易外传·系辞上传第一章》)这里的"知"是"智"。意思是，智力是内在的，没有外部的形迹，能力则是智力的外部表现。将智力看成是人的认识潜能的观点，跟现代心理学是吻合的。最后，认为人的智力可以划分成不同水平的类型。孔子说："唯上智与下愚不移。"(《论语·阳货》)又说："中人以上，可以语上也；中人以下，不可以语上也。"(《论语·雍也》)很明显将人的智力分成"上智""中人""下愚"三种类型。这跟现代心理学把儿童分为"超常""正常""低常"也是吻合的。

关于能力问题，概括起来其主要心理学思想有以下几种。首先，认为能力与技能、方法联系密切。前面已说到能力、才能要在实际活动中方能表现出来，所以古代学者认识到"科用累能""才美，谓智能技艺之美"，（《论语集注·泰伯》）"然非才无以济其志，非术无以辅其才"，（《朱子文集·通鉴室记》）依靠高超的技艺方可发展出高超的能力、才能。没有一定的技能、方法，就不可能产生和提高相应的能力、才能。其次，认为才能是以才质为基础发展起来的。荀子说："性者，本始材朴也。"（《荀子·礼论》）将材朴看成是人的心理的先天素质。三国时期刘劭更说："夫人材不同，能各有异。……能出于材，材不同量。材能既殊，任政亦异。"（《人物志·材能》）。最后，认为才能与性格、学问密切相关，提出"才性"和"才学"的问题。所谓才性，是指才能与性格的关系。魏晋时期钟会将当时对此问题的争论归纳为"才性同、才性异、才性合、才性离"四种观点，刘劭在《人物志》中则系统地阐述了才性的类型、关系及鉴定的问题。所谓才学，是指才能与学问的关系问题。古代学者主张才学结合以胜任各种工作。例如，唐代刘知几说："夫有学无才，犹愚贾操，不能殖货；有才无学，犹巧匠无梗楠（良木）斧斤，费能成室。"（《新唐书·刘子玄传》）此外，刘劭还曾将才能划分为八种类型和十二种型及其宜任职务，这里就不详说了。

第二节　中国古代实验心理学的萌芽

西方科学心理学的发展史告诉我们：心理学从哲学心理学发展到实验心理学，是以感官神经系统生理学和心理物理学的兴起为基础的。我国古代的哲学心理学思想极其丰富，但因近代自然科学发展不充分未能直接诞生实验心理科学。然而，也必须肯定，中国古代已有实验心理学的萌芽，其中"脑髓说"的生理心理思想和心理实验与测验设计的思想，在世界心理学史中有其重要历史意义，并且至今仍闪耀着科学的光辉。

一、中国古代"脑髓说"的生理心理思想与物理心理思想

（一）《黄帝内经》的生理心理思想及其发展

中国古代最早的生理心理思想可以追溯到医学经典《黄帝内经》。该书认为，各种心理现象都产生于一定的生理构造，如"人有五脏，化五气，从生喜怒悲忧恐"，

（《素问·阴阳应象大论篇第五》）即认为人的精神、心理的产生，离不开作为物质的"脏""气"。这是一种朴素的唯物主义思想。它还指出"心者，五脏六腑之主也"，（《灵枢》口问28）"心者，君主之官，神明出焉"，（《素问》灵兰秘典论篇第8）把心脏看作人五脏生理活动和人的精神、心理活动的主宰，这跟孟子的"心脏说"一样，是不科学的。然而这种观点从生理学的角度论述了心理器官的问题，比起唯心主义把心理看成虚无缥缈的灵魂要高明得多。

《黄帝内经》已涉及脑的解剖构造，如"诸髓者，皆属于脑"，（《内经·五脏生成说》）"脑为髓之海，其输上在于其盖"。（《内经·沧海》）尤其值得提出的是，此书已经认识到脑与心理活动的一些关系。《内经·脉要精微论篇》说："头者，精明之府。""夫精明者，所以视万物，别黑白，审短长。"这是说头（脑）是视觉的器官，视觉的功能是审视万物、辨别黑白长短。这在一定程度上把感知器官的活动与脑联系起来了。该书还说："髓海有余，则轻劲多力，自过其度。髓海不足，则脑转耳鸣，胫酸眩冒，目无所见，懈怠安卧。"这说明脑对病理有着直接的影响。

总之，在心理的器官问题上，《黄帝内经》虽然主要是"心脏说"，但也绽开了"脑髓说"的萌芽。两千多年前有此思想，不是难能可贵吗？遗憾的是，脑髓说萌芽的科学见解长期未得到发展，到了明清时代才重放光芒，有较大的进步。例如，明代大医学家李时珍曾明确地说："脑为元神

之府。"金正希也指出"人的记性皆在脑中"。清代名医说得更加具体明白："凡人外见物必有一形影留于脑中，昂思今人每记忆往事必闭目上瞪而思索之，此即凝视于脑之意也。"（《本草备要》卷三辛夷条）这里通过观察，明确地把人的视感知和记忆归为脑的活动。但是中国古代真正系统论述"脑髓说"的，是下面要介绍的刘智和王清任。

（二）刘智《天方性理》关于脑功能的生理心理思想

清代著名回族学者刘智（约1669—1764），研习"天方之学"，并融汇孔孟之学，而编著成《天方性理》。该书是一部哲学和心理学著作，这里只评价其对大脑研究的贡献。全书共六卷，有关脑功能的问题主要见于图传第三卷。

1.《内外体窍图说》与大脑总觉作用的思想

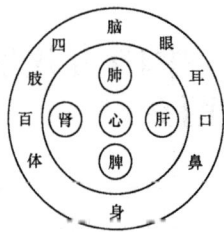

图1-1 内外体窍图

刘智说："夫一身一体窍皆藏府之所关合，而其最有关合于周身之体窍者，惟脑。盖藏府之所关合者，不过各有所司，而脑则总司其所关合者也。""盖脑之中寓有总觉之德也。"他认为大脑总觉作用表现为两个方面："纳有形于无形"和"通无形于有形"。

前一种作用是把人们视听等感知过的东西，储存藏纳于大脑之中；后一种作用是说大脑的经络通至各种感觉运动器官，使它们具有相应的心理功能，它们离不开大脑的"总觉之力"。这些见解是很宝贵的。必须指出，刘智的"脑髓说"还有不彻底之处，如"心之灵气""心为灵明之府"等。

2.《知觉显著图说》与大脑功能定位的思想

图1-2　知觉显著图

刘智把人的知觉能力分成十种，即寓于外的视觉、听觉、味觉、嗅觉、触觉和寓于内的总觉、想、虑、断、记。寓于外的五种知觉"寄于耳目口鼻肢体"，是五官的机能；寓于内的五种知觉"位总不离于脑"，是大脑的功能。

刘智具体论述了大脑五种知觉的定义及其在脑中的定位。他说："总觉者，总统内外一切知觉而百体皆资之以觉者，其位寓于脑前。想者，于其已得之故，而追想之以应总觉之用也，其位次于总觉之后。虑者，即其所想而审度其是非可否也，其位寓于脑中。断者，灵明果决而直断其所虑之宜然者也，其位次于虑后。记者，于

凡内外之一切所见所闻所知所觉者而含藏之不失也，其位寓于脑后。"这种大脑功能定位思想虽然粗糙，但比19世纪奥地利医生加尔的大脑皮层机能定位的观点要早近200年，因而在心理学史上是宝贵的。

（三）王清任"脑髓说"的生理心理思想

王清任（1768—1831）是我国古代真正在解剖生理基础上提出"脑髓说"的第一人。他认为"业医诊病，当先明脏腑"，否则"本源一错，万虑皆失"。[1] 王清任冲破封建礼教的束缚，不仅做过动物解剖，而且对小儿尸体和刑场上的尸体进行了解剖学的实地研究，加上他丰富的医学实践，终于写成《医林改错》一书，于1830年刊行问世。当时乾隆钦定的《医宗金鉴》仍然沿袭《内经》"心者，君主之官，神明出焉"的"心脏说"。他不畏"钦定"的威名，非常明确地提出"灵机记性在脑不在心"的"脑髓说"。《医林改错》的这一光辉结论，甚至比俄国生理学家谢切诺夫在《脑的反射》（1863）一书中提出的脑是灵魂的器官还要早几十年。

战国时期的医学经典虽然说过"其（病人）死可解剖而视之"，但那时候解剖技术粗劣，不能获取科学的资料。王清任则在解剖观察的基础上将人的生理构造绘成"全图"。对人的整个心血管系统做了较深入的观察后（尽管也有观察错的地方，如把动脉误认为气管），他认为心脏没有

1　王清任：《医林改错》，以下引该书，不另注明。

"贮记性，生灵机"的机能。他写道："其论心，为君主之官，神明出焉，意藏于心，意是心机，意之所专曰志……即藏于心，何得又云脾藏意智，肾主伎巧，肝主谋利，胆主决断？据所论，处处皆有灵机，究竟未说明生灵者何物，藏灵者何所？若用灵机，外有何神情？其论心如此含混。"他大胆否定了《内经》"论心"和"五脏藏神说"，同时以中风脑病的临床症状（有云偶而一阵发晕者，有头无故一阵发沉者，有耳内无故一阵风响者，有耳内无故一阵鸣者……）为论据，证明灵机、记性确不在心。

王清任在否定"心脏说"的同时，更提出了"灵机、记性"是机能的"脑髓说"。他说："灵机记性在脑者，因饮食生气血，长肌肉，精汁之清者，化而为髓，由脊骨上引入脑，名曰脑髓。""小儿无记性者，脑髓未满；高龄无记性者，脑髓渐空。"他还以痫症和气患者发病时不知人事、毫无知识的情况为论据，得出了"灵机记性不在心在脑"的结论。其次，王清任提出了各种感觉器官和身体四肢受脑支配的观点，他说"两耳通脑，故耳虚聋；耳窍通脑之道路者，若有阻挡，故耳实聋。两目即脑汁所生，两目系如线，长于脑，所见之物归于脑，……鼻通于脑，所闻香臭归于脑……"很显然，他已认识到人的听、视、嗅等感觉器官都与脑直接发生联系并受脑的支配。尤其值得提出的是，他通过对中风病人半身不遂和双眼歪斜症状的深刻观察，直观地提出了一个假说："……人左半身经络，上头面从右行，右半

身经络，上头面从左行，有左右交互之叉。"现代脑生理学已完全证明，支配躯体四肢运动的神经系统——锥体束——在延脑下端处左右交叉。

此外，王清任还论述过婴儿脑髓的发育与智力成长的密切关系，他说："小儿初生时，脑未全，囟门软，目不灵动，耳不知听，鼻不知闻，舌不言，至周岁，脑渐生，囟门渐长，耳稍知听，目稍有灵动，鼻微知香臭，舌能言一二字。"他还说："小儿无记性者；脑髓未满，高年无记性者，脑髓渐空。"又从脑的活动解释做梦的原因，认为梦"乃气血阻滞脑气所致"。

尽管王清任的人体解剖和"脑髓说"还比较粗糙，有的记载和解释甚至有错误，但总的来说贡献是巨大的。过去有的学者曾高度评价他的脏腑解剖和"脑髓说"是"中国医界之极大胆的革命论"。从现代心理学来考察，我们认为，王清任的"脑髓说"为我国古代唯物主义的心理学思想提供了自然科学的依据，为我国近代心理学奠定了初步的基础，也是世界脑科学和心理学发展史上光辉的一页。

（四）郑复光色觉论的物理心理思想

清代物理学家郑复光对光学有较系统而完整的研究。他的著作《镜镜诊痴》可称得上"集西方和我国旧有光学知识之大成"，尤其关于色觉的研究对后世影响较大，而且含有物理心理思想。1947年，张耀翔教授在《感觉心理》中和前几年燕国材教授在《中国心理学思想史》中，都介绍了郑复光的色觉论，兹择要简述如下。

1. 五色说

郑复光认为，白、鹅黄、大红、青、黑是众多颜色中的五种基色，被称为"正色"，其他种种颜色都是由这五种变换而成的，它们只有浓淡程度的差异，没有本质的不同。正如他在《镜镜诊痴》说的："白为最淡，深则黄，深则红，深则青，最深至黑而止……白亦有浓淡，粉为最浓，以次而淡，至空而止。"这个五色说虽然没有像现代心理学的色觉理论那样从视网膜进行分析，但仍不失其独特性。

2. 颜色混合

郑复光在提出五色说的基础上，进一步考察了颜色混合的心理规律，并且根据所得的结果编制了颜色混合关系图。

兹图示如下：图 1-3 表明，白与鹅黄混合得到的颜色是淡黄，鹅黄与大红混合后的颜色是金黄，大红与青混合得紫色，青与黑混合可得的颜色是深青，其余读法仿此。这一颜色混合规律虽然与现代心理学不完全吻合，可能因为它更多地来自经验概括，但其所具有的历史意义仍不可忽视。

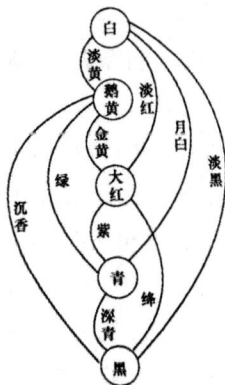

图 1-3　郑复光颜色关系图

3. 颜色对比

关于颜色对比现象，郑复光做过如下阐述："色立乎异，则相当益彰；色傍乎同，则若存若亡。……以色异者，如烘云托身，纨素生辉，白与黑异而见之。雪满空山，白鹇失素。白与白同则不见。"（《镜镜诊痴》）

这是说，两种颜色的差别越大，便会愈加分明可见；两种颜色的差别愈小，便会越让人分辨不出。"白与黑异"和"白鹇失素"便是上面两种情况的例证。他又指出"两色相类，唯淡色中见浓则显，浓中见淡则不显；异类则否"，（《镜镜诊痴》）即在同一颜色系列中，浓的比淡的更惹目。可见，郑复光所描述的颜色对比现象，同现代心理学在感知觉领域中所揭示的对象与背景的相互关系有着异曲同工之妙。郑复光通过观察还发现了发光体颜色与被照射物颜色之间的关系："光盛则色显，光微则色隐土壤色黄，日照则红；粉墙色白，日匿则黑。"（《镜镜诊痴》）大意是光照的强度不同，物体表面的颜色显现度就会不同，二者关系成正比，即物体本身的颜色会随着光照体颜色的变化而变化。这些论述至今仍有一定的价值，合乎物理心理学科学道理。

二、中国古代心理实验与心理测验的思想

心理学在我国作为一门独立的心理科学，一般以 1921 年中华心理学会的建立作为标志。然而，中国古代的心理实验与心

理测验却可追溯到先秦时期，并且相当丰富，很有价值。

（一）中国古代的心理实验思想

1. 关于错觉与感知规律的"效验"

荀子关于错觉的论述具有心理实验法的性质。他说："厌目而视者，视一以为两；掩耳而听者，听漠漠而以为啁啁。"（《荀子·解蔽篇》）这里的视错觉和听错觉，都是在人为控制条件下产生的不正确的感知现象，可以称之为荀氏错觉，也可算是一种很早的心理实验。从世界上心理学史考察，他与亚里士多德发现两指交叉错觉的时间也相距不远。

王充有关太阳错觉的"效验"，更具有心理实验法的性质。据《列子·汤问篇》记载，相传春秋时期有两个儿童为日出入时和日当午时的远近争论不休，请教于孔子，而孔子不能作答。王充为了证实自己的看法，精心设计了两个"效验"：一是将三丈长竹竿在屋内直立与斜倚的效验；二是一人坐堂另一人在屋上行走的效验。（《论横·说日篇》）他以此得出的结论是"日中为近，出入为远"，"日中去人近故温，日出入远故寒"，这是正确的。至于"日中光明故小，其出入时光暗故大"的看法则是错误的。近代许尔（E. Schur）对月亮错觉的实验则肯定了王充的"日中为近，出入为远"的结论。

王充对感知觉规律的研究也很独特。他说："试使一人把大火炬夜行于道，平易无险，去人不一里，火光灭矣，非灭也，远也。"（《论衡·说日篇》）这个实验揭示

了感知受外物远近距离的影响的道理。从现代心理学看，距离太远，视觉未达到阈限故看不见。又如"乘船江海之中，顺风而驱，近岸则行疾，远岸则行迟，船行一实也，或疾或迟，远近之视，使之然也"。（《论衡·说日篇》）这个实验揭示了远近距离能够影响人对物体运动速度的感知，使人产生运动错觉。

2. 注意的分心实验

《韩非子·功名篇》记载了我国最古老的分心实验："左手画圆，右手画方"。这跟西方近代的口诵同时手写另一首诗的设计很相似。董仲舒继承和发展了此实验："目不能二视，耳不能二听，手不能二事，一手画方，一手画圆，莫能成。"（《春秋繁露·天道无二》）北齐刘昼对注意的研究更深入，他说："使左手画方，右手画圆，令一时具成，虽执规矩之心，回剥撅之手，而不能者，由心不两用，则手不并运也。"（《新论·专学篇》）此实验不仅有方法设计，而且有理论解释，简直近乎现代的注意分心实验，被现代外国心理学著作采纳。

3. 剥夺实验

古代残酷的"剥夺实验"是用隔绝各种外界刺激的方法来研究人的心理变化的实验。中国古代由于政治斗争等原因，将幼儿囚禁数十年才放出来，造成了幼儿一些异常的心理状态和低水平的心理行为，在客观上起到了"剥夺实验"的作用。据《明史》卷118《诸王列传》记载：朱元彰的皇位继承者朱标死后，欲立第十八子燕王朱棣。但按礼法只得让太子朱标的儿子朱允炆继位。雄心勃勃的朱棣起兵夺权，

朱允炆俯首投降，亡命为僧，其妻儿葬身宫火。唯有第二子朱文圭不满两岁，被囚禁幽室，与世隔绝，每天从小窗偶得点食物，勉强维持生命，历时55个春秋，到英宗时才被放出来。年近花甲的朱文圭却不辨牛马，不识长者，几近白痴。这个残酷的事例远远超过了任何一个"剥夺实验"的实验时间。

4. 关于动物心理的观察

下面略举数例以见一斑。宋代张载在《经学理窟·学大原下》说："勿谓小儿无记性，所历事皆不能忘。故善养子者，当其婴孩，鞠之使得所养，令其和气，乃至长而性美，教之示以好恶有常。王如不欲犬之升堂，则时其升堂而扑之，若既扑其升堂，又复食之于堂，则使孰适从，虽日挞而求其不升堂，不可得也。"这里的"挞"与"食"的刺激，形成了两种对立的反射活动。求食对狗来说是更强的刺激，故"虽日挞而求其不升堂，不可得也"。把它视为动物学习心理实验是不为过的，并且它与现代联结派的实验颇有异曲同工之妙。

南宋陈善的《扪虱新话》记载了有人凿池牧鱼的事例。书中写道："陈文寿曾语余，有人于庭楹间，凿池以牧鱼者，每鼓琴于池上，即投以饼饵，鱼争食之。如果数矣，其后但闻琴声丁丁然，虽不投饼饵，亦莫不跳跃而出。"我们用巴甫洛夫的条件反射学说去考察分析它，一定会惊讶这是一个典型的动物心理行为的条件反射实验。这里的琴声是条件刺激物，饼饵是无条件刺激物。

明代医学家李时珍通过对动物与人的观察，得出高等灵长类动物的习性与人的习性相近的结论："狒狒出西南，长唇黑身，能笑，大者长丈余。"又说："太虚中一物，并囿于气交，得其灵则物化人。"（《本草纲目》卷五十二）这里不但反映出关于动物心理的习性学所要研究的内容，而且用进化论思想批驳了有关人的"神创论"观点。王廷相对动物的习性也多有观察。他写道："昔有山行者失路，而堕于虎穴，卧虎子侧，自忖为虎食矣。及虎至，见其俯伏不动，探视其子，安然无恐。知非害其子者，乃负其人出穴。"（《内台集》卷五，《送刘伯山之广灵令序》）这个事例与国外报道的多起狼孩、熊孩、豹孩的故事极其相似，对了解与研究动物的习性很有意义。

（二）中国古代思想家对心理测验的贡献

心理测验在我国也有悠久的历史。这些古代心理测验的方法，设计巧妙，很有意义，归纳起来最主要的有三个方面的贡献。

1. 运用问答法鉴定人的心理

诸葛亮在《心书》中提出知人性有七种方法：问之以是非，以观其志；穷之以词辩，以观其变；咨之以计谋，以观其识；告之以祸难，以观其勇；醉之以酒，以观其性；临之以利，而观其廉；期之以事，而观其性。这里前四种属于问答法，包括对智力和品格特征的观察。后来，刘劭在《人物志·八观》里也说："夫人厚貌深情，将欲求之，必观其词旨，察其应赞。观其词旨犹听言之善丑；察其应赞犹视智之能否也。故观词察应足以互相识别。"这里的"应赞"也就是问答法。问答法有多种变式，一种是唐代的"贴试"（现在称为填空测验）。据《通考》"贴经者，以所习之经，掩其两端，辍字测验"，如"敏而好学，（不耻）下问"，"三人行，必有（我师）"。括弧内的字是由被试填答的。另一种是唐宋的对偶法（现在称为类比法），如犬守夜：（鸡司晨）；蚕吐丝：（蜂酿蜜）；路遥知马力：（日久见人心）等。

2. 运用七巧板进行非文字智力测验

七巧板是用一块正方形薄板截成的七块，可以拼排成多种多样的图形，是一种很好的非文字的形板智力测验。这种形板智力测验，用于娱乐或测试都是很有趣味的。从拼排活动中能训练、培养、发展人的智力，用来测试时也反映其智力水平。例如，你可以将七巧板拼排成：①"心"字；②跑步；③骑马；④帆船；⑤鹅。（见图1-4）

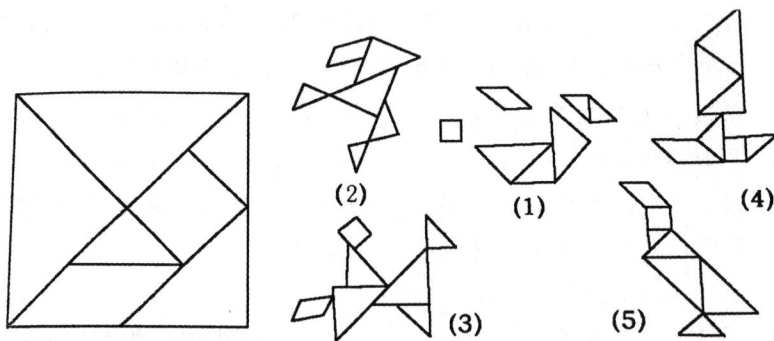

图 1-4 七巧板拼图

七巧板起于何时，为何人所创，尚未完全考证清楚。可以肯定的是它由宋代黄长睿所撰的《燕几图》演变而来，到清代时又发展成童叶庚创作的"益智图"。这样看来，七巧板流行于宋与清之间。《辞海》称燕几是一种可以错综分合的案几。初为六几，有一定尺寸，称为"骰子桌"。后增一小几，合而为七，易名"七星"。纵横排列，使成各种几何图形，按图设席，以娱宾客。清代童叶庚撰《益智图》，自谓"七巧图益智而加益之""亦足开发心思"。他将七巧板增加为十五块，合则成正方形，散则可以拼排各种文字、事物等图形。

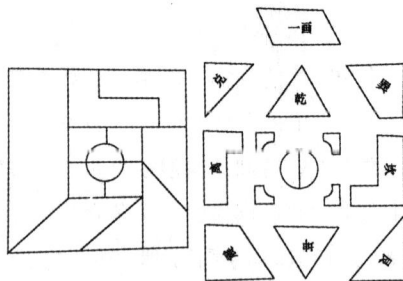

图 1-5 益智图

林传鼎教授对七巧板的智力测验意义给出充分肯定和高度评价。他说："七巧板又称益智图，它的操作属于典型的发散式思维活动，操作的成果是形象转化。它需要知觉组织的能力和空间想象能力，而且通过图形中场的分解与接合，儿童认识到整体和部分的关系，分解到任意性随需要与目的而转移。成功地完成作业，动机受到强化有助于发展创造力。益智图这个名称意味着智力是可以增进的。这说明了智力作为一种动态过程是可以改变的。"（林传鼎，1987）这段心理学意义的分析是很透彻精辟的。

3. 以等级和数量指标评定智力和品性

（1）等级评定法

孔子在评价人的智力水平时开创了等级评定的先河。他说："唯上智与下愚不移。"《论语·阳货》又说："中人以上，可以语上也，中人以下，不可以语上也。"《论语·雍也》还说："生而知之者，上也；学而知之者，次也；困而学之，又其次也；困而不学，民斯为下矣。"《论语·季氏》孔子对人的智力有三种等级评定，第一种分为上智和下遇二个等级，第二种分为上、中、下三个等级，第三种分为上、其次、又其次、下四个等级。后来有的思想家将这种等级评定用于品性。例如，董仲舒提出了"性三品"说："圣人之性，不可以名性；斗筲之性，又不可以名性；名性者，中民之性。"《春秋繁露·实性》他把人性分为三个等级，也是上、中、下三个。韩愈承袭"性三品"，指出"上焉者，善焉而已矣；中焉者，可导而上下也；下焉者，恶焉而已矣"，《韩昌黎集·原性》同样是

将人性分成上、中、下三个等级。魏晋实行的九品中正制是将人才定为九等，即上上、上中、上下、中上、中中、中下、下上、下中、下下九品，然后按人才的言行予以升降。等级比过去增加了许多，对人的品性的区分也就越细了。

（2）数量指标法

孔子也开创了用数量表明智力水平的先河，在评价两个学生的理解、接受能力时说："回也闻一以知十；赐也闻一以知二。"《论语·公冶长》孔子的学生陈亢与伯鱼对话时也有类似的意思。陈亢在问过伯鱼后说："闻一得三，闻诗，闻礼，又闻君子之远其子也。"（《论语·季氏》）从以上可知，是用一、二、三、十这些数量来表明一个人的智能水平，跟现代心理测验的量化思想是相符的。《中庸》有一段话还从相反的视角评价智能水平，这就是"人一能之，已百之，人十能之，已千之"。当然以上这种数量指标只是粗略估计，并非今天的精确统计。又如，有的古籍记载，魏曹子建七步成诗，幸免于死；宋刘元高一目十行，人人称能。前者说明完成一种作业所需的时间数量，后者指一个单位时间内所完成的作业数量。更值得一提的是，南朝诗人谢灵运自称："天下才共一石，子建独得八斗，我得一斗，天下共分一斗。"这虽是诗意的夸大，但从中可以看出这种方法具有比例或指数的性质，富有心理统计学的意义。

第三节 中国古代几位最重要的心理学思想家

一、孔子

孔子（公元前 551—前 479），名丘，字仲尼，春秋时鲁国人，是我国古代最早的思想家和教育家。孔子一生主要从事教育事业，从 30 岁起开创儒家私学，提倡"有教无类"。他在教育实践中，积累了丰富的教育经验，逐步形成了独特且进步的教育心理学思想。孔子的思想主要集中在其弟子整理记录的言论集《论语》一书。

（一）基本观点

1. 毕生发展观

世界上的万事万物都处在不断的运动、变化和发展中，两千多年前的孔子已意识到了这一点，他曾经对河水川流不息的运动发出过著名的感慨："逝者如斯夫！不舍昼夜。"（《论语·子罕》）并且孔子将他对自然界运动的认识迁移到了教育过程，形成了丰富的教育与心理的发展观。

孔子承认人的心理发展的继承性与提高性，而且对这种发展充满着无限的信心，认为年青一代一定能够超越前人："后生可畏，焉知来者之不如今也？"（《论语·子罕》）孔子认为人的心理发展具有一定的连续性和阶段性，不同的年龄阶段有不同的心理特征，不同的年龄阶段有不同的发展目标，这形成了一个比较完整的毕生发展的观点。

他根据自己的成长经验提出：15 岁左右是积累知识与经验的学习阶段，30 岁左右是心身独立的阶段，40 岁左右是世界观形成的阶段，50 岁左右是人生观稳定的阶段，60 岁左右是自我意识成熟的阶段，70 岁左右是人生发展的完成时期，是从必然王国进入自由王国的标志。他说："吾十有五而志于学，三十而立，四十而不惑，五十而知天命，六十而耳顺，七十而从心所欲，不逾矩。"（《论语·为政》）

另一方面，孔子观察了心理发展过程中的失败与挫折，强调了不同年龄阶段必须注意的发展问题。少年时期，处于性的生理与心理急剧变化的阶段，主要任务在于对性的问题的把握；青年时期血气方刚，主要的任务在于对争斗与暴力的控制；中老年时期，人的精力开始衰退，对于人生已获得的奋斗成果倍加爱护，心理发展偏向了保守，主要的问题是避免贪婪与自私。他说："少之时，血气未定，戒之在色；及其壮也，血气方刚，戒之在斗；及其老也，血气既衰，戒之在得。"（《论语·季氏》）

2. 性习论

孔子认为人的本性中与生俱来的先天的东西是接近的、差不多的，只是由于后天学习与熏染的结果，而显示出了很大的差别。他说："性相近也，习相远也。"（《论语·阳货》）这里的"性"是指人的素质，"习"是指环境、教育的习染影响。孔子既看到了人的生性、自然本性，也看到了人的习性、社会本性；既看到了先天因素（遗传因素）在人性发展中的一定作用，也看到了后天因素（主要是环境和教育）给予人性发展的重大影响。人性是共性与个性的统一。这与现代心理学对这个问题研究的结论是相符的。

3. 学知论

孔子既有生知论的观点，如所谓的圣人和善人，又有学知论的观点，如孔子说得最多的君子。"生而知之者，上也；学而知之者，次也；困而学之，又其次也；困而不学，民斯为下矣。"（《论语·季氏》）不过，孔子所谓生而知之的上等人是极罕见的，甚至孔子自己不曾见过。可见其生知论并非他的教育理论的基础。孔子曾说："善人，吾不得而见之矣；得见有恒者，斯可矣。圣人，吾不得而见之矣；得见君子者，斯可矣。"（《论语·述而》）综观孔子一生的所作所为及孔子的诸多言论，我们可以认为孔子本人更重视学知，学知论才是其教育理论的前提。孔子说："我非生而知之者，好古，敏以求知者也。"（《论语·述而》）正因为如此，他才数十年如一日地从事教育实践，从而积累并形成了丰富的教育心理思想。

（二）学习心理思想

孔子是自学成才的典范，对于学习问题形成了较为成熟的见解。他全面考察了学与闻见、学与思、学与习、学与行的关系，提出了一系列重要见解。孔子认为学习过程是由积累到贯通的过程，主张"多见""多闻""多问""多识"，以积累丰富知识。知识积累到一定的程度后，又必须加强思维，把知识贯通起来。他说："学而不思则罔，思而不学则殆。"（《论语·为政》）"学"主要是对新知识而言，但是要真正掌握它，更重要的是"时习"，即反复地、不停地复习与练习。"学而时习之"，这也是今天的学习概念所应有的题中之义。另外，学还包含另一个重要内容——"行"。孔子强调学以致用，厌恶夸夸其谈。他说："君子欲讷于言而敏于行。"（《论语·里仁》）

孔子认为学习的态度很重要，因为学习是一件非常复杂的工作，没有正确的态度是无法完成的。他欣赏诚实、有恒、乐观的学习风格，把这些视之为完成学习过程的心理条件。孔子说："知之为知之，不知为不知，是知也。"（《论语·为政》）"人而无恒，不可以作巫医。"（《论语·述而》）"知之者不如好之者，好知者不如乐之者。"（《论语·雍也》）

但是，孔子的学习观是辩证的，他也看到了学习可能带来的弊端。如他认为真正的君子不能不学习，不能没有知识，但如果学习干扰了天生的素质，知识妨碍了人性的发展，那么也就违背了君子的目标。只有将文化知识与先天素质完美结合的人，

才称得上君子的称号。他说："质胜文则野，文胜质则史，文质彬彬，然后君子。"（《论语·雍也》）

（三）德育心理思想

无论是从孔子的教育理论看，还是从孔子的教育实践看，他一直是把德育摆在首位的。具体表现是建立德行科，对学生进行道德行为的专门教育和训练，认为道德品质是根本的，主张"行有余力，则以学文"，（《论语·学而》）评价学生时也总是把品德放在首要位置。孔子的这些思想和实践对后世的影响是极其深远的。事实上，孔子的教育心理学思想的核心即为人格教育。

从孔子的言论和实践来看，德育的过程是知行情结合的过程，即从道德认识到道德行为再到道德情感的过程。孔子是中国道德教育的创建者，在其一生的德育实践中，取得了巨大的成功。相传弟子三千，贤人七十二。孔子逝世后，其弟子在其墓旁筑庐守护三年，子贡守了六年。可见其超凡的人格魅力和极其成功的德育效果。所以继承并学习孔子的德育心理学原理，对于正处于德育困境的现代教育而言，应该是首倡之举。

孔子的德育心理学原理可以用他的一句话来概括："学而时习之，不亦说乎?"（《论语·学而》）这可以从三个方面来解释。首先是"学"，朱熹解释为"效"，即效仿。就是说，德育首先要有榜样，要引导人们去模仿，记诵之学是无效的，这也是德育与知识教学的区别。其次，德育强

调反复实践，即"时习"，停留在口头上、书本上、试卷上的德育是难免失败的。最后，德育必须有情感的反馈，必须使受教育者从情感上产生共鸣。孔子的成功与今天的困境，证明了"学—习—说"的德育三段论的不朽价值。

（四）差异心理思想

孔子根据自己的长期丰富的教育实践经验，对学生心理的个别差异作了较系统、较全面的考察与论述。从他的《论语》以及记载有孔子言论的某些典籍来看，他所考察过的心理的个别差异包括智力、能力、性格、志向以及学习态度、学习专长等各个方面。现仅就孔子关于智力、能力和性格的个别差异做一些分析。

关于智力，孔子把人的智力分为"上智"、"中人"和"下愚"三种类型，同时认为有的人能"闻一知十"，有的人则只能"闻一知二"。这说明人在智力的灵活性方面的差异是相当显著的。孔子说："唯上智与下愚不移。"（《论语·阳货》）"中人以上，可以语上也；中人以下，不可以语上也。"（《论语·雍也》）

在性格方面，孔子把人的性格分为"狂者"、"中行"和"狷者"三种类型，认为"狂者进取，狷者有所不为"。（《论语·子路》）他还较详细地描述了性格特性方面的个别差异，常常用一两个字词就把学生的性格特点准确地概括出来了；同时也不难看出，孔子这些学生的性格品质差异是十分明显的。如柴也愚（愚笨），参也鲁（迟钝），师也辟（偏激），由也喭（鲁莽）。

由也果（果断），赐也达（豁达）。（《论语·雍也》）求也退（退缩），由也兼人（冲动）。（《论语·先进》）

在能力方面，虽然在《论语》中没有孔子关于能力类型和能力品质的论述，但能力差异的心理思想是存在的。《论语》载：孟武伯问："子路仁乎？"子曰："不知也。"又问。子曰："由也，千乘之国，可使治其赋也，不知其仁也。""求也如何？"子曰："求也，千室之邑，百乘之家，可使为之宰也，不知其仁也。""赤也何如？"子曰："赤也，束带立于朝，可使与宾客言也，不知其仁也。"（《公冶长上》）子曰："雍也，可使南面。"（《论语·雍也》）

这段话讲的是从事政治活动的能力。在孔子看来，这种能力是存在一定差异的。如子路在千乘的诸侯大国中，可以治理兵赋；冉求在千室的大邑或百乘的卿大夫家中，可以当邑宰或家臣；公西子华在朝廷上，可以穿着礼服应对宾客；冉雍可以做卿大夫一类的大官。

二、荀子

荀子名况，字卿，亦称孙卿，战国末期赵国人。他的生卒年月没有确实可靠的记载，各家引证也都不一致。据清代汪中《荀卿子年表》，他的主要活动时期约在公元前298—前238年。他是我国先秦时期的一位集各派思想之大成的思想家。荀子曾游学于齐，在齐国的稷下学宫"三为祭酒"，后赴楚任兰陵令，著书终老其地。荀子流传下来的著作有《荀子》32篇。《荀子》中，有极其丰富的心理学思想。据专家初步分析研究，荀子是我国古代一位较全面、较系统地研究人的心理的思想家。他的著作，几乎对人的心理的一切主要方面都进行了分析，提出了看法。《荀子》中的《天论》《解蔽》《正名》《劝学》《儒效》《性恶》等几篇论著完全可以说是我国古代重要心理学思想的文献。

（一）基本观点

1. 形神观

在形神关系的问题思考上，荀子是我国古代第一位明确肯定形产生神的思想家。荀子持的是唯物主义一元论的观点，认为神或心不能离开身独立存在，是身的机能。形指人的形体，神指精神现象。荀子认为形具才能神生，即有了身体才会产生心理活动。荀子不仅简单地提出了形具神生的心理原理，而且在这段话后还提出了"天官""天君""天情"三个概念来进一步分析形产生神的问题，从而给"形具神生"的心理原理打下了一定的科学基础。他说："天职既立，天功既成，形具而神生。"（《天论》）

2. 心物观

在心与物，心理与客观现实的问题上，认为神非由神自生，必感于物而后生的，就属于唯物主义的心理学思想派别。而荀子继"形具神生"之后提出的"精合感应"的论点就属于唯物主义心理学。精合，指精神同外物相接触、相遇合；感应，指外物感人而人有应接，有反应。形不能自生精神现象，必须感于物才能产生精神现象；

人的心理乃是外物的作用所引起的人对它的反应。可见，没有"物感"和"人应"，心理是不会由形体即感观或心来自生，即："性之和所生，精合感应，不事而自然谓之性。"（《正名》）

（二）认识心理思想

关于认识活动，荀子认为感官必须与外物接触才能产生感性认识，把客观世界看成是认识的源泉。"征知必将待天官之当簿其类然后可也。"（《正名》）荀子认为各种感官都有其特殊的功能，不能互相代替。他说："耳目鼻口形，能各有接而不相能。"（《天论》）他强调"心"（即思维器官）在认知中的作用：心支配感官，有综合感觉的功能。"心居中虚，以治五官。"（《天论》）

荀子认为，人之所以能懂得事理在于心知；怎样通过心知达到明事理的目的呢？对此，荀子提出了虚壹而静说，即"人何以知道？曰：心。心何以知？虚壹而静。心未尝不藏也，然而有所谓虚；心未尝不满也，然而有所谓壹；心未尝不动也，然而有所谓静。"（《解蔽》）

在《解蔽》中，荀子叙述了几种视错觉和幻觉，分析了其产生的原因，还举了大小知觉恒常性的例子。对注意在认识活动中的作用也有认识。他说："目不能两视而明，耳不能两听而聪。心不使焉，则白黑在前而目不见，雷鼓在侧而耳不闻。"（《解蔽》）

在知行关系上，荀子强调了实践对认识的重要作用："不闻不若闻之，闻之不若见之，见之不若知之，知之不若行之。"（《儒效》）

（三）情欲心理思想

1. 情

荀子既指出了情的不同分类，又把情看作是性的表现形式，指出了情的本质。在情的心理学思想中，荀子较突出的贡献是关于情的种类的见解。"性之好、恶、喜、怒、哀、乐谓之情。情者，性之质也。"（《正名》）他认为情和知的关系是：情要受知也就是心的调节，心情的表现都是由心参与选择的结果，情又能扰乱、降低知的效果。"情然而心为之择谓之虑。"（《正名》）

2. 欲

首先，荀子认为欲望是先天禀受而来的，人皆有之的一种自然本性。他说："欲不待可得，所受乎天也。欲者，情之应也。"（《正名》）

其次，欲不可去与不可尽。荀子认为人生有欲，所以欲是不可免的。这反映了欲存在的合理性，在一定的条件下，对每个人的欲望都应当尽可能地满足，切不可随意地把它去掉。他说："虽为守门，欲不可去，虽为天子，欲不可尽。"（《正名》）

再次，欲物相持而长。就是说欲和物在相互制约中彼此增长，要使欲望不会由于物质缺乏而不能满足，也要使物质不会因为满足欲望而被消费殆尽。荀子说："使欲必不穷于物，物必不屈于欲，两者相持而长。"（《礼论》）

最后，导欲与节欲。荀子反对禁欲主

义，提倡导欲、节欲。他说："凡语治而待去欲者，无以道欲而困于有欲者也。凡语治而待寡欲者，无以节欲而困于多欲者也。"（《正名》）

（四）性习心理思想

在先秦，荀子以提出性恶论著称于世。他反对孟子的性善说，认为人的本性生来就是恶的，善是后天人为得到的。他说："人之性恶，其善者伪也。"（《性恶》）

首先，他界定了"性""伪"的含义，认为"性"和"伪"应当是分开的。所谓"性"即生性、自然本性、先天因素，"伪"即习性、社会本性、后天因素。

其次，荀子还看到了"性伪之合"。它较"性伪之分"更富有心理学意义。性是天生的材料（本始材朴），而人为（"伪"）则是用礼仪道德加工的结果。没有原始材料，则礼仪道德就没有加工的对象；而没有礼仪道德的加工，人的本性也不会自己变得完美。由此看来，"性伪之合"就是在人的先天的自然性的基础上，用后天的社会文化去进行加工，以便把"受乎天"的恶性改造成为"受乎人"的善性。荀子说："性者，本始材朴也。伪者，文理隆盛也。无性，则伪之无所加。无伪，则性不能自美。性伪合，然后成圣人之名，一天下之功于是就也。"（《礼论》）

最后，荀子从性恶伪善的观点出发，提出了化性起伪的要求，即把天生的"坏蛋"改造成完美的"圣人"。在这个过程中，环境、教育、主观努力起着决定性的作用。

（五）教育心理思想

荀子在教育心理思想方面提出外铄说，与孟子的内求说针锋相对。其基本主张是：人的知识、智力和品德并非内心所固有，而是在外部条件或因素的影响下获得的。从这点出发，他很重视"积"（人的主观努力）与"渐"（外部环境的影响）在教育中的作用。

在学习心理思想方面，荀子专门写了《劝学》，这是一篇重要的学习心理思想文献。他指出了学习的必要性和重要性，认为学习应持之以恒，不可中辍，且通过学习前人积累的知识，博学深思，加以总结提炼，就能够超越前人，后来居上。也正是通过学习，才能获得知识，增长才能、养成品德。而且荀子还对学习提出了日积月累、锲而不舍的要求："学不可以已。青，取之于蓝而青于蓝；冰，水为之而寒于水。故木受绳则直，金就砺则利，君子博学而日参省乎已，则知明而行无过矣。不积跬步，无以至千里；不积小流，无以成江海。骐骥一跃，不能十步；驽马十驾，功在不舍。锲而舍之，朽木不折，锲而不舍，金石可镂。"（《劝学》）

同时荀子要求学习得专心致志，不急不躁。他举例说："蚓无爪牙之利，筋骨之强，上食埃土，下饮黄泉，用心一也；蟹六跪而二螯，非蛇鳝之穴无可寄托者，用心躁也。"（《劝学》）没有专默精诚，不去埋头苦干，就不会有辉煌优异的成绩。最后荀子还强调学以致用。只有学以致用和付诸实践，才能达到学习的目的。他说：

"不闻不若闻之；闻之不若见之；见之不若知之；知之不若行之，学至于行之而止矣。"(《儒效》)

在差异心理思想方面，荀子分析了通士（通达事理）、公士（公正无私）、直士（正直坦诚）、悫士（忠厚笃实）、小人（言行无常）五种性格类型的基本特征，并论及根据个性特征进行因材施教的问题。

三、王充

王充（27—97），字仲任，会稽上虞（今浙江省上虞市）人；东汉时期著名思想家、哲学家。

王充自幼聪明好学，胸怀远志，"有巨人之志"。他年轻时到过京师洛阳，家贫无书，只好常到书铺阅览，也曾问学于大儒班彪（班固之父），但他不久就摆脱了古文家的束缚，自成一家言；后曾入仕为官，皆为吏属性小官，因不愿与世俗、官僚同流合污，"数谏争，不合"，自动离官；离官后，"闭门潜思，绝庆吊之礼，户牖墙壁，各置刀笔"。著有《论衡》一书。

王充生活的时代，正是谶纬迷信和神学目的论泛滥的时代。他批判地吸取了先秦诸子的学说，自成一种独立的思想体系，与当时的封建统治阶级和迷信思想作斗争。王充的著作在后世统治者的歧视之下被斥为异端，但进步的思想家如谢尧卿、王夫之等却称赞、继承他的传统。王充无疑是中国思想史上杰出的唯物主义者之一。

（一）基本观点

1. 形神观

在形神关系的问题上，王充第一次明确提出了"形朽神亡"的著名论断，发展了荀子"形具而神生"的唯物主义观点。

王充从元气一元论出发，认为人是由自然之气而产生的；人的心理是形体的产物，依附于形体，并随形体的坏烂腐朽而消亡。他说："夫物未死，精神依倚形体，故能变化，与人交通；已死，形体坏烂，精神消亡，无所复依，不能变化。夫人之精神，犹物之精神也。物生，精神为病；其死，精神消亡。"(《论衡·论死》)

王充还从心理活动的生理机制来说明形神关系，把当时医学中的血脉脏腑的概念引进形神观。他认为，人的精气是由血脉产生的，人死后血脉枯竭，精气也就随之消灭了，即："人死血脉竭，竭而精气灭。"而且，他进一步把心理活动与五脏联系在一起，人死五藏腐朽，精气散尽，用来贮藏知识的身体已坏，用来起知识作用的器官已不存在，不能有知。他说："五藏（脏）不伤，则人智惠；五藏有病，则人荒忽，荒忽则愚昧矣。"(《论衡·论死》)

王充关于人的心理活动的生理基础的看法虽然是不科学的，但在当时却是一个巨大的进步，是一种朴素唯物主义的观点。

2. 心物观

在这个问题上，王充提出"形须气而成，气须形而知"的命题，认为形体不能直接产生心理，必须有气作为中介，他把人的形体比作蜡烛，精神比作烛火，知比作火光。"天下无独燃之火，世间安得有无

体独知之精?"(《论衡·论死》)

在此基础上,王充近一步提出了"如无所闻,则无所状"的论断,认识到感知不能凭空产生,必须通过感觉器官与外部客观事物相接触才能有"所状"。这也是唯物主义的观点,可见初步的反映论萌芽。

(二)知虑心理思想

1. 感知

首先,王充十分重视感知在认识过程中的作用,强调目见耳闻口问,要充分发挥感觉器官在认识外物、获取知识上的作用。他说:"不目见口问,不能尽知也。"(《论衡·实知》)"远不如近,闻不如见。"(《论衡·案书》)

其次,王充提出了关于感知的某些规律,是继刘安《淮南子》之后对感知心理作系统描述的第二人。这是他为感知心理思想所作出的较大贡献。他指出,距离、物体大小、物体强弱及明暗的对比、人本身的注意状况和生理条件等均可以对感知产生影响。

此外,王充对错觉和幻觉也进行了分析。他论述了太阳错觉。对于"日出入为近,日中为远",还是"日中为近,日出入为远"这个古老的争论,王充认为是"日中近而日出入远"。而且,他还专门设计了两个实验以论证其观点的正确性。由于受当时科学文化水平的限制,王充的实验设计得不够科学,对太阳错觉的解释也缺乏说服力,但他勇于探索真理的精神却十分值得我们学习。对于幻觉的性质,王充认为是无中生有,幻觉产生的原因是"人病则忧惧,忧惧见鬼出",是"虚见""妄见"的结果。

2. 思维

王充十分重视思维在认识中的作用。他认为感知受主客观条件的限制,具有很大的局限性,因此,感知必须与思维结合起来,"是非者,不徒耳目,必开心意"。(《论衡·薄葬》)在认识活动中,既要"闻信见于外",又要"诠订于内";既要"用耳目论",又要"以心意议"。(《论衡·言毒》)

(三)情欲心理思想

1. 情

首先,王充看到了情感与需要之间的关系:"得则喜,不得则怒。"其次,王充认为,情感有增力的功能,当遇到突发事件或激情爆发时,人的力气能大增。他说:"有水火之难,惶惑恐惧,举徒器物,精诚至矣,素举一石者倍举二石。"(《论衡·儒增》)但即便如此,他仍主张"以礼防情""礼情相应",反对"情不副礼"。

2. 欲

王充将人的欲望分为与生俱来的欲望(主要是生理欲望)和后天形成的欲望(主要是社会性欲望)。生理欲望能对人的行为产生推动作用,"有嗜欲于内,发之于外,口目求之,得以为利。"(《论衡·非韩》)但人在欲望面前可以发挥能动作用,节欲或者是纵欲,取决于对利的态度。"利不存于心,则视爵禄犹粪土矣。"(《论衡·非韩》)君子与小人在对待欲望方面的不同之处在于,君子"以礼防情",而小人则

"逾礼犯义"。

（四）智能心理思想

王充继承前人观点，不仅将智与能看作两个相对独立的概念，而且还看到了这两者之间的联系，将两者结合起来，总称"智能"。他说："夫贤者，才能未必高而心明，智力未必多而举是。"（《论衡·定贤》）"智能满胸之人，宜在王阙。"（《论衡·效力》）

在王充生活的时代，"先知说"十分泛滥，它宣扬圣人可以"前知千岁，后知万世"，并捏造了许多圣人先知的故事混淆视听。王充对此给予了全盘的否定和批驳，反对把"圣人"偶像化，反对所谓的"先知"，认为知识来源于人们的感官对外界事物的接触，"圣人"不可能不通过感觉就认识事物，不存在先验的知识。"圣人"是学而知之的，即"智能之士，不学不成，不闻不知"。（《论衡·实知》）

（五）性习心理思想

王充关于人性的观点既不同于孟子的"性善论"，也不同于荀子的"性恶论"，他直接继承并发展了世硕等人的性有善有恶论。他称"人性有善恶"，"犹人才有高有下也，高不可下，下不可高"。（《论衡·本性》）他还有将人分为"极善极恶"和"中人"的说法，认为处于善恶两端的两种人的善恶之性是不能改变的。

更为重要的是，王充探讨了人性的发展和培养问题。王充认为，人性是可以因教育和环境而改变的，这里的人性只限于"中人"之性。他强调后天教化的重要性。他说："患不能化，不患人性之难率也。亦在于教，不独在性也。"（《论衡·率性》）

（六）学习心理思想

王充重视知识的力量，认为有知识就有力量，他在《论衡·效力》中明确提出了"知为力"即"知识就是力量"的思想。他说："人有知学，则有力矣。"这是十分可贵的，它的提出比培根早了一千多年。正因如此，他很重视后天的学习与认识。他说："天地之性人为贵，贵其识知也。人，物也，万物之中有智慧者也。"（《论衡·效力》）

在知识的来源上，王充反对生知说，反对知识的先验论，主张"学知"。人的天赋、条件虽有不同，但要知道事情、认识世界却要依靠学习，只有学习了才能知道，不询问不能明白。"才有高下，知物由学，学之乃知，不问不识。"（《论衡·实知》）

王充认为学习的过程包括"见闻为"的感性认识和"开心意"的理性认识两个阶段。所谓"见闻为"，就是说，学习首先要依靠耳闻、目见、口问、手做，直接接触客观事物。他举例说，一个普通妇女经过"日见日为"也能刺绣织锦，并能熟能生巧。相反，如果不是"日见日为"，即使是聪明的"材士"和"巧女"，叫他们去刺绣织锦，就显得十分笨拙了。所谓"开心意"，就是说，感性认识必须加以深化提高，"诠订于内""以心意议"，这样才能"知一通二，达左见右"。

最后，他注重"效验"，强调以实际效

果来检验知识的真伪。"事莫明于不效，论莫定于有证。"（《论衡·薄葬》）

四、朱熹

朱熹（1130—1200），字元晦，后改为仲晦，号晦翁、晦庵、云谷老人、沧州遁叟等；祖籍婺源（今江西婺源），出生于福建省尤溪；19 岁进士及第，31 岁正式拜程颐的三传弟子李侗为师，专心儒学，成为程颢、程颐之后儒学的重要人物。朱熹曾在福建、江西、浙江、湖南等地担任地方官吏 14 年，私人讲学先后约 36 年，是南宋著名思想家、哲学家和教育家，世称"朱子"。

朱熹博学多识，著作浩瀚，心理思想非常丰富，是继荀子之后我国古代比较全面系统地研究人的心理的思想家。朱熹的心理观是唯心主义的，但他对于许多具体心理问题的研究有不少精辟见解。

（一）基本观点

1. 形神观

在形体在先还是精神、意识在先的问题上，朱熹肯定形先神后，形生神发，承认人的精神是在形体之后出现的，但他认为先有"气"而后"形"成，再有"神"，没有明确指出心理是由形体活动所产生的。可以发现，他的形神观在实质上还是属于唯心主义的。"人生初间，是先有气，既成形，是魄在先。形既生矣，神发知矣。既有形后，方有精神知觉。"（《朱子语类·卷三》）

2. 心物观

在心物关系上，朱熹把人的心理看成是万物的根源，不依赖于形体。尽管他颠倒了心物关系，但他的观点之中也不乏有合理、正确的思想。首先，朱熹将心比喻为明镜，自知自明。心的本然状态有如明镜，能如实地反映事物的本来面目，给我们正确认识事物提供可能的条件。朱熹的这种观点，含有朴素唯物主义的认识论因素。其次，心为主宰。它包括两个方面的内容：一是心为身的主宰，二是心为物的主宰。朱熹以心为主宰，强调了认知、意识的能动性和自主性。最后，心具有"藏往知来"的思维功能，既能把以往的知识储藏起来，又能预知未来。"心，主宰之谓也"。（《朱子语类》·卷五）

（二）知虑心理思想

朱熹把人的认识过程分为知觉与思虑两大阶段。

关于知觉，他把血气和头的长相看作是知的生理基础，动物有血气，故有知；植物无血气，故"不可言知"。鸟兽头横生，所以"有知无知相半"；猕猴因为能像人一样直立，"故特灵怪"。他还把知觉分为"知"和"觉"两个阶段，它们在认识过程中的作用不同。"知"是"识其事之所当然"，相当于感知；"觉"是"悟其理之所以然"，相当于理解。

关于思虑，首先，朱熹创造性地把思虑分为"思"和"虑"两个不同层次的思维过程。"思"是对感性材料进行初步加工，"虑"是在"思"的基础上对事物进行详细、周密的反复审视。其次，他论述了记忆与思维的辩证关系，即记忆是思维的基础，能"助其思量"；思维是记忆的条件，不思则"记不细"。只有两者结合，才能"心与理一，永远不忘"。最后，他还论述了有效思维的心理条件，认为只有做到"定""静""安"，才能"思虑自无不通透"。

（三）情欲心理思想

1. 情

朱熹继承了张载的"心统性情说"，认为无论性或情，都是受心统辖的。朱熹所说的情有广义和狭义两种：广义的情指心理过程，包括认知、情感、意志三方面内容；狭义的情相当于现在所说的情感。情是"水之流"，是物作用于人而"感物而动"的。

2. 欲

在把情比作"水之流"的基础上，朱熹又把欲比作"水之波澜"，认为欲是比情更为激烈的心理活动。欲分为"好底欲"和"不好底欲"："好底欲"包括人的最简单的生理需求和欲仁、欲合天理的理想；"不好底欲"包括人们追求奢侈的物质生活和不合天理的需求。可见，朱熹已把欲望划分为生理、精神欲望这两种不同的层次。

在如何对待情欲方面，朱熹强调"存天理，灭人欲"的主张。朱熹说的"天理"，首先主要是指自然、社会及人类个体思维的法则或规律；所谓的"人欲"就是私欲，就是不正当的、过分的要求。"存天理，灭人欲"，从本质上说，就是教人们为

善去恶，帮助人们立身做人。这实际上就是保持心的理性思维作用，既不为物欲所蒙蔽，亦不为感性知觉所干扰，防范个人欲望的过度膨胀。

（四）志意心理思想

1. 志

朱熹说："志者，心之所之。"（《朱子语类·卷五》）朱熹晚年的高足陈淳解释道："心之所之"中的"之"是"之，犹向也"。朱熹的"志"就是一般讲的志向，具有一定的目的指向性。

2. 意

朱熹对"意"的解释十分详细。朱熹所说的"意"含有现代心理学所说的动机的意思。另外，他看到了意与行的关系，"意主营为"，先有动机后有行动，但他没有把两者等同起来，混为一谈。他说："意者，心之所发。未动而欲动者，意也。"（《朱子语类·卷五》）

3. 志与意的关系

朱熹是这样说明志与意的关系的："志是公然主张要做底事，意是私地潜行间发处。"（《朱子语类·卷五》）这是对张载"志公意私"思想的继承。另外他还说道，虽然志与意都是"心之所动"，但志之动是心理对事物的指向，而意之动是去实现志，这是一个"志—意—行"的过程。

（五）才能心理思想

朱熹所谓的"才"既包含才质，也包含才能的意思。才质与人的形体相联系，相当于现在所说的遗传素质；才能则相当

于我们现在所说的能力。

朱熹对才、志、术三者的关系进行了精辟的论述。志是志向、理想；才是才质、才能；术是技能、方法。志是根本，但仅有远大的志向也不够，一个人要想"有为于世"，就必须"兼是三者"，不可偏废。他说："非才则无以济志，非术则无以辅其才。"（《朱文公文集·通鉴室记》）

（六）性习心理思想

朱熹吸收张、程思想，区分了"天命之性"和"气质之性"两个层面，前者指人禀理而生、专以理而言、纯粹至善的性；后者指人禀气而生、有清浊善恶的性。人性是由"天命之性"和"气质之性"相结合而构成的。

"天命之性"指我们今天所说的理想的人，或人的理想状态；"气质之性"指我们今天所说的现实的人，或人的现实状态。在现实中人既因"天命之性"有道德的要求，又因本身即感性物质的存在而有现实的种种需要和欲求。

朱熹认为，不管"天命之性"还是"气质之性"，虽然是由"命定"，但也可经由后天的习染而改变。这就为后天的教育提供了途径，并有了心理学和教育学的依据。

（七）教育心理思想

朱熹是中国古代教育史上继孔子之后的又一个大教育家。他的教育活动和教育思想，大大地丰富和充实了我国古代教育宝库。

朱熹的教育思想十分丰富，包括学习心理思想、德育心理思想、教学心理思想、差异心理思想等。朱熹认为学习的作用在于改变人的气质，"为学乃变化气质耳"。（《朱文公文集·答王子合》）在朱熹看来，气质之性，有清有浊，有善有不善。只有通过学习、教育才能变"气质之性"为"天地之性"。

朱熹根据学生的年龄、心理特征和教学内容，主张在教学上应分"小学"与"大学"两个阶段。他了解到了不同年龄段学生的心理发展差异，是难能可贵的。在小学阶段，朱熹强调以下三点：首先，主张先入为主，及早施教；其次，要求形象生动，能激发兴趣；最后，重视儿童道德行为习惯的培养。在大学教育方法方面，朱熹重视自学，提倡不同学术观点之间的相互交流。另外，他还在学习方法上提出了因材施教、循序渐进、"学、思、问、辨"和"温故而知新"等不少宝贵的思想。

道德教育是朱熹教育心理思想的重要内容。朱熹认为道德教育应在"小学"阶段就开始进行。他关于道德教育的主张，可以概括为以下几点：立志（树立明确高尚的志向），居敬（专静纯一），存养（存心养性），省察（反省、检察），力行（身体力行）。

五、王廷相

王廷相（1474—1544），字子衡，别号平匿，又号浚川，仪封（今河南省兰考县）人；生于明宪宗成化十年，卒于世宗嘉靖二十三年。他是明代杰出的唯物主义哲学家和心理学思想家，同时还是一位天文学家和博物学家。他对自然科学的研究，构成了他的唯物主义思想的重要源泉之一。

王廷相是明朝中叶地主阶级中的进步人物。在学术上，他捍卫"孔子正统儒学"，对孟子以后的历代儒学家，几乎都有所评议；在哲学思想方面，他反对当时盛行的朱程理学和陆王心学，发展了张载的唯物主义思想；在政治上，他与当权奸臣不同流合污，多次上书讽刺，由于与宦官官僚集团积极斗争，曾两次遭贬谪迫害，表现了一位中国文人的风骨与巍然正气。

王廷相的主要著作，汇编为《王氏家藏集》六十卷。心理学思想主要集中在《雅述》《慎言》《横渠理气辨》《答薛君采论性书》《答何伯斋自动化论》《答何粹夫论五行书》《石龙书院学辩》等篇章中。

（一）基本观点

1. 形神观

"气"谓之"元气"，王廷相坚持唯物主义的"元气论"。他继承张载"太虚不能无气，气不能聚而为万物"（张载《正蒙·太和篇》）的思想，反对程朱理学的"理在气先"的唯心主义思想。他认为宇宙充满了"气"，而"气"正是世间万物的最原始的组成部分，世间的一切东西都是由"元气"变化而来的，其中还包括人的形体和精神。他说："万理皆出于气，无悬空独立之理。造化自有入无，自无入有，此气常在，未尝斯灭。"（《王氏家藏集》卷3，《太极辩》）

王廷相认为：元气的运动变化产生了人的形体，有了人的形体之后便具有人的"神识"，即产生人的心理活动。这种元气—形体—神识（心理）的观点，即先有元气，而后由元气运动变化成形体，形体再产生精神，与荀子的形具而神生的命题是一脉相承的。他不但看到了"气成形体而具神识"，而且还进一步论证了"神必藉形气而有""无形气则神灭"。他写道：

气者形之神，而形者气之化。一虚一实，皆实也。神者形气之妙用，性之不得已者也。

夫神必藉形气而有者，无形气则神灭矣。纵有之，亦乘夫未散之气而显者。如火光之必附于物而后见，无物则火尚在乎？（《内台集》卷4，《答何柏斋造化论》）

"神必藉形气而有"，即"形存则神存"；"无形气则神灭"，即"形谢则神灭"。从上面这段话可以看出，王廷相正确指出了"神"即人的心理活动必须建立在"形气"的生理基础之上。

2. 心物观

王廷相认为：仅仅有人的形体不会产生思想，要产生思想还必须使人与外界事物接触。他在《雅述》中写道：

冲漠无联，万象森然已具，此静而未感也。人心与造化之体皆然。使无外感，何有于动？故动者，缘外而起者也。

故神者在内之灵，见闻者在外之资，物理不见不闻，虽圣哲亦不能索而知之。使婴儿孩提之时，即闭之幽室，不接物焉，长而出之，则日用之物不能辩矣。而况天地之高远，鬼神之幽冥，天下古今事物，杳无端倪，可得而知之乎？

从上段话中可以看出，王廷相认为，人的思想和天地万物一样刚开始都是处于安静的状态，后来由于外部环境的作用，产生"外感"，使心和外物相连。思想这时才随之发生变化，趋于"动态"。如果没有外物的刺激，没有外感，就不可能产生心理。就比如一个婴儿，从小就被幽禁起来，不让他接触外界，他就连日常用的东西都不会分辨，当然其他的更为复杂的东西更不会知道，也就不可能产生思想。

（二）认识心理思想

王廷相认为认识产生的第一步就是运用人的感觉器官。正是因为有了口、眼、鼻、耳等感觉器官，人才会有认识的可能。

人有生气则性存，无生气则性灭矣。一贯之道不可离而论者也。如耳之能听，目之能视，心之能思，皆耳、目、心之固有者。无耳目无心，则视听与思尚能存乎？

目可以施其明，何物不视乎？耳可以施其聪，何物不听乎？心体虚明广大，何所不能知而度之？故事物之不见闻者，耳目未尝施其聪明也。事理之未有知者，心未尝致思而度之也。（《慎言·潜心篇》）

上面的话明确指出，耳、目等是感知的器官，心是思维的器官。视、听、思是耳、目、心所固有的机能。正是由于有了耳、目、心等这些器官，我们才能听、能视、能思；没有耳、目、心的话，视、听、思也就不会产生。这是王廷相的形神观的进一步具体化。

有了这些感知、思维器官，人就有了认识的基础，但是光有这些器官是不够的，人的认识的产生还必须与外物相接。

知觉者，心之用；虚灵者，心之体。故心无窒塞则随物感通，因事省悟而能觉。（《雅述上篇》）

夫心固虚灵，而应进必藉视听聪明，会于人事，而后灵能长焉。（《石龙书院学辩》）

这两段话表明，知觉、灵能、省悟等认识活动，虽为耳、目、心所固有，但必须"随物感通""因事省悟""会于人事"，才能产生真正的认识活动；反之，若无"物"可感通、无"事"可省悟、无"人事"可会，则聪明之耳目，"虚灵"之心，仍会"日用之物不能辨"，"几微变化"的万事万物也不得而知。这是王廷相的正确心物观的进一步具体化。

（三）情欲心理思想

情就是指人的情绪、情感。王廷相认为，情和认识一样，是由外物引起的，不是凭空产生的，是对现实世界的一种特殊形式的反映。只有对事物的认识产生了其主观上的体验，才是情感。他在《雅述上篇》中写道：

憎爱哀乐，外感之迹。喜怒者，由外触者也。

喜怒哀乐，其理在物；所以喜怒哀乐，其情在我，合内外而一之道也。在物者感我之机，在我者应物之实。不可执以为物，亦不可执以为我，故内外合而言之，方为道真。（《雅述上篇》）

后来，他再进一步指出认识和情感是

有联系的，认识会加深情感，同时，情感又会影响认识，所以同一种乐音，"乐者闻之则畅其和，忧才闻之则益其悲"。(《王氏家藏集》，《近海集序》)

关于欲，王廷相认为欲主要指人的欲望和需求。这种欲望既包括了生理上的欲望和需求，同时也包括了心理上的欲望和需求。而欲又往往与情联系在一起，合称为情欲。他说："美色，人情之所欲也，强而众且智者得之。货利，人情之所欲也，强而众且智者得也。安逸，人情之所欲也，强而众且智者得之。得之则乐，失之则苦，人情安得宴然而不争乎？安能老庄之淡然无欲乎？"(《慎言·御民篇》)

在对待情欲的态度上，王廷相认为对于欲，人人都是"得之则乐，失之则苦"，他不同意老庄的"淡然无欲"，也不赞成纵欲、贪欲。他认为人不能无欲和去欲，只能寡欲和节欲。王廷相认为，贪欲是产生罪恶的根源，寡欲是使人从善的根本。所以他主张节制情欲，提出"各中其节"的情欲论。"贪欲者，众恶之本；寡欲者，众善之基。"(《慎言·见闻篇》)"圣人之心虚，故喜怒哀乐不存于中；圣人之心灵，故喜怒哀乐各中其节。"(《雅述上篇)》

(四) 才智心理思想

在对待人的才智时，王廷相说："人为万物灵，厥性智且才，穷通由已。"(《王氏家藏集》卷5，《鸟生八九子篇》)人与世间万物是不同的，人比其他物种都要高贵。而高贵的原因，王廷相认为是在于他们的本性具有智力和才能。正是由于才智，人才能"穷通"事理，即掌握客观事物的规律。

王廷相还认为，人的才智不是天生的，而是通过后天的学习、教育发展起来的。才能对于一个人来说是可以培养的。人不怕没有才能，只怕不愿意学习，只要肯学，还是会发展自己的才能的；反之，他就算有最好的才能，天赋异禀，不好好学习，这种才能还是会遭到泯灭。"不患其无才，患其无学……不患其无功，患其无志。"(《慎言·小宗》)"夫人之生也，使无圣人修道之教，君子变质之学，……虽禀上智之资，亦寡陋而无能矣。"(《雅述上篇》)

六、王夫之

王夫之 (1619—1692)，明末清初的唯物主义心理学思想家，生于明万历四十七年，卒于清康熙三十一年；字而农，号姜斋，湖南省衡阳县人；晚年隐居于衡阳石船山讲学、著述，故又号称"船山先生"。

王夫之是一位富有人文主义色彩的思想家。他所处时代正好是明朝衰亡，满清入关建立清朝之时。他认为明朝之所以亡国最重要的原因是统治者的"私天下"，这个"私天下"，有秦开端，宋承其后："秦私天下，而力克举。宋私天下，而力自诎。祸速者绝其胄，祸长者丧其维，非独自丧夜，抑丧天地分建之级。呜呼！岂不哀哉。"这种进步思想有其社会根源。明朝商业发达，当时已经有了资本主义的萌芽，而且明末的农民起义又提出反封建主义的思想，再加上西方科学及其思想的冲击，所有这些都激发王夫之对社会、人生进行更深入的思考。

王夫之一生刻苦钻研，潜心学术，重要著作甚多。主要有《四书训义》《读四书大全说》《周易外传》《尚书引义》《张子正蒙注》《思文录》《俟解》《黄书》《噩梦》《老子衍》《庄子通》等。

（一）基本观点

1. 形神观

王夫之认为，气是宇宙的本源，世上万事万物无不由气构成。他说："凡虚空皆气也，聚则显，显则人谓之有；散则隐，隐则人谓之无。……若其实，则理在气中，气无非理，气在空中，空无非气，通一而无两者也。"（《张子正蒙注》）

聚气而成形，气散则是我们所说的虚空，但其实虚空也是气。聚气成形然后才有神，神形关系从形成来看是一个先后关系。从功能上来看，它们是神以运形、神主形辅的关系。"凝之于人而函于形中，因形而发用而起知能。"（《张子正蒙注·诚明》）

王夫之认为，形离开神就没有用处，就算它同样有视听器官，没有心理、精神的参与，这些器官也是发挥不了作用的。就像已死的人，他有耳目，但却无法视听。反之，光有神却没有形，神也就无所依附，就像一个不可能存在的妖异。他说："故形非神不运，神非形不凭。形失所运，死者之所以有耳目而无视听；神失所凭，妖异所以有影响而无性情。"（《周易外传·大有》）

2. 心物观

同王廷相一样，王夫之也认为，要产生心理、思想，人就必须与外物相交。只有和外界事物相接触，人才能产生各种各样丰富的思想，反之，离"外物"就不能"生其心"。他说："内心合外物以启觉，心乃生焉，而于未有者知其有也；故人于所未闻者不能生其心。"（《张子正蒙注》）

同时王夫之还认为，要产生知觉，还必须使形、神、外物三者结合起来，缺一不可。这是产生心理的三个环节，先要有形，即一定的感觉器官，如眼、耳、鼻等；然后还要有人的精神力，也就是说个体还必须有感知外物的欲望和理解外物的心；最后一个环节就是有外物。只有这三者相交，人才能产生感知，才会有思想。"形也，神也，物也，三相遇而知觉乃发。"（《张子正蒙注·太和》）

（二）认知心理思想

王夫之认为感知的产生有赖于二个因素：其一是人的形体，感觉器官；其二就是外物的直接作用。看和听是耳朵和眼睛的固有功能，思考是心的功能。声音和颜色则是外部事物客观存在的属性，这些属性作用于耳、眼，产生感觉，这是耳、眼、口作用的结果。王夫文说："色、声、味之在天下，天下之故也；色声味之显于天下，耳、目、口之所察也。"（《尚书引义》）

王夫之对感知觉进行了认真的分析，认为感觉可以分为很多种。他对张子所列举的六种感觉"形也、声也、臭也、味也、温凉也、动静也"加以注释："温凉，体之

觉，动静，体之用。五行之神未成乎形者，故寄予声、色、臭、味气体之中。人资以生而为人用……"（《张子正蒙注》）

同时王夫之还认为，仅仅通过器官的感知并不能知晓事物，它只能看到事物的表面，即见闻之知。要真正理解事物还必须经过心的"虑"，即思考。他说："智者引闻见之知以穷理而要归于尽性；愚者限于见闻而不反诸心，据所窥测，恃为真知。"（《张子正蒙注》）

（三）情欲心理思想

王夫之认为情的产生是一个由简单到复杂的过程：在出生之时，人人都有"甘食悦色"之情，然后经过种种变化，慢慢分化出喜、怒、哀、乐、爱、恶、欲等其他各种各样的情。他说："情元是变合之几，性中是一阴一阳之实。情之始有者，则甘食悦色，到后来蓄变流传，则有喜怒哀乐爱恶欲之种种者。"（《读四书大全说》）

说到性和情的关系，在王夫之看来，性和情是合一的，性情的合是性合于情中，情包含了性。"性自行于情之中，而非性之生情，亦非性之感物而动则化而为情也。"（《读四书大全说》）什么是欲？王夫之认为"欲"，就是人的欲望或欲求：盖凡声色、货利、权势、事功之可欲而我欲之者，皆谓之欲。（《思问录·内篇》）

对于欲的态度，古代的思想家们不尽相同，庄子认为人应该"淡然无欲"，朱熹则将欲分为"天欲"和"人欲"，即好的欲和不好的欲，前者应得到满足，而后者则应当加以禁止，"存天理、灭人欲"，（《朱子语类》）陆九渊认为应"存理寡欲"。王夫之和王廷相一样，主张人不应被自己的欲望驱使，陷于"淫溺"，而应有所节制，努力做到节情寡欲。耳目口体互相增长以为好恶，则淫矣。淫于众人之淫习，舍己而化之，则溺矣。耳目口体各止其所，节自具焉。不随习以迁，欲其所欲，为其所为，有过则知，而节可见矣。（《思问录·内篇》）

王夫之是我国近代集大成的思想家之一，不但继承了中国传统的儒家文化，还具有那个时代极其闪光的人文主义思想，可以说他是中国文艺复兴的代表之一。他的许多极其有价值的思想至今仍值得我们加以研究。

本章思考题

1. 简述中国古代哲学心理学思想九大范畴的基本含义。

2. 你能说出中国古代生理心理与物理心理和心理实验与心理测验中，有哪些最重要的贡献吗？

3. 试简述孔子、荀子、王充、朱熹、王廷相和王夫之各人的心理思想中最主要的内容。

第二章
古希腊罗马时期的心理学思想

古希腊罗马时期是人类认识发展史上的一个里程碑式时代，也是西方心理学思想诞生的摇篮。"现代科学心理学往往同古希腊罗马人在智慧上的成就具有某些内在的同源性。"（车文博，1998，p. 26）本章将从三个方面阐述古希腊罗马时期的心理学思想成就。

第一节 古希腊早期的心理学思想

西方心理学有两个方面的思想起源：其一是在哲学内的起源，其二是在科学内的起源。其中哲学内的起源发端于 2000 多年前的古希腊哲学。

古希腊哲学产生于公元前 6 至前 5 世纪。希腊本土以及地中海沿岸，特别是小亚细亚西部、意大利南部出现了一个城邦国家——古希腊。这是欧洲最先进入文明时代的国家。古希腊人在理解自然和人类自身问题时，超越了古代先民们流行已久的泛灵论、迷信或魔法等超自然的方式，而逐渐转向了以自然主义和经验观察的方法理解、预测和改造自然界。他们以人间的勤劳和智慧头脑，创造了人类灿烂辉煌的先进文明成就。

古希腊早期的哲学家们对宇宙的本质和起源问题具有十分浓厚的兴趣，其中"孕育了两种重要的理智张力"：一种张力是"在理性主义与经验主义"之间，另一种是在"存在与形成"的哲学之间。以巴门尼德为代表的一些古希腊哲学家，否认感知经验的可靠性，认为只有理性思维才能认识真理，企图从人类内在的理性和固有观念中确立知识、真理的可靠基础；而以恩培多克勒为代表的一批思想者，则从感性经验出发思考世界的本原和多样性特征。在有关"存在与形成"的哲学问题上，主张存在论的学者坚信世界上具有永恒的真理与价值，而坚持形成论的思想家则否认永恒的真理和永远不变的存在，认为只

能在不变断变化的经验中寻找事物变化的规律。"这两种理智张力之间的相互作用和斗争，从古希腊以来一直激发着智慧的生活"，（叶浩生，1998，pp. 18—19）至今仍然影响着西方人的认识思维方式。

一、米利都学派的心理学思想

古希腊最早的哲学流派是米利都学派。公元前 6 世纪，米利都是古希腊殖民地小亚细亚地区的一个著名城邦。米利都地处东西交通要道，海外贸易、商品生产和文化交流迅速发展，城邦内部阶级矛盾日益尖锐，外部受波斯帝国的入侵。内外矛盾交织在一起，促成了古希腊第一个唯物主义学派——米利都学派的诞生。这一学派最早用自然本身来解释世界的生成问题。认为世界的本原是由水、气、火等一些物质性的元素组成的，从而开启了人类客观认识世界的先河。

米利都学派既是哲学家，又是自然科学家。他们对自然现象进行了许多观察和研究，在天文、地理、几何等方面都有许多重要发现。他们不满足于传统的神话创世说，开始探讨宇宙的本原问题。这一学派的创始人是泰勒斯。

泰勒斯（Thales，公元前 624—前 547）是西方哲学史上的第一位哲学家。他出身于名门望族，曾从事过政治活动，当过执政官，还从事过商业活动。泰勒斯是传说中的希腊七贤之一，博学多才，在科学和哲学等方面均有建树。他在科学上最著名的成就是准确地预言发生在公元前

585 年 5 月 28 日的日食现象。在哲学上，泰勒斯首先摆脱了神创论观点，提出并探讨了世界的本原问题。他主张自然物质并不存在神秘的内容，宇宙是可知的。泰勒斯最重要的一个观点是认为水是万物的本原，万物皆从水中产生，最后又复归于水。他试图从某种具体物质中寻找自然现象无限多样的统一性。但是，他又提出万物都有灵魂，把灵魂当成一种运动能力，这与古希腊人的神话传说有关。古希腊的神话将灵魂视为生命之源，认为灵魂使得有生命的物体得以运动和变化，人死了之后也就没有灵魂了。泰勒斯继承了这种思想，把灵魂看成是生命和运动的来源，进一步肯定了自然界与灵魂的统一性，提出灵魂赋予人和动物以生命元素的形式，表现出了一种新的世界观和方法论，其中蕴含着心灵推动身体的心理学思想。他的这种活物论思想承认生命、精神不能离开物质而存在，具有突出的进步意义。

阿那克西曼德（Anaximander，公元前 610—前 546）是泰勒斯的学生，曾写过《论自然》一书，是西方第一位发明日晷和绘制地图的人。其对科学的最重要贡献表现在天文学方面，所以有人指出他是天文学的奠基人。阿那克西曼德在自然观上比泰勒斯前进了一步，认为万物都来源于一种没有固定形状和性质的物质，这种物质称为"无限定者"。"无限定者"本身分出冷和热、湿和干两种对立物，形成旋涡运动。其中冷与湿的东西集中在中间成为地，热与干的东西分散在四周形成日月星辰等天体。这样阿那克西曼德就把比较具体的

物质元素上升为比较抽象的物质概念。他认为，世界是由一种被称为"无限"的不可察觉的物质形成的。这个不可察觉的物质阶段处于分离成诸如热和冷、干与湿等对立的性质之前，因而它体现了一切现象的最初的统一。阿那克西曼德的这种说法，显然只是一种猜测和想象，但却是最早试图用物质本身来说明宇宙起源和状况的一种朴素唯物主义的宇宙论。这种原始进化论是与传统宗教相对立的。阿那克西曼德还提出了一系列辩证法观点，并建立了最早的进化论思想。他认为，所有的生物都是从太阳蒸发的湿的元素中产生出来的，而人类是从水里的鱼变化而来的。

米利都学派的第三位代表是阿那克西美尼（Anaximenes，公元前 585—前 526）。他继承了自然主义的思想，提出万物的本原是一种充满整个宇宙的无限的气。认为灵魂也是气构成的精细的存在物，具有动力性特征。气能散布于人的整个身体，使人的全身成为一个统一体。阿那克西美尼这一以"气"代替"无限定者"的主张，既延续了无限定者的合理成分，同时又比无限定者的观点容易把握和理解。

这三位米利都学派的代表人物，普遍对作为心理现象的原始形式——灵魂问题，进行了探索。尽管这些探索比较幼稚，但却代表了人类认识的一大进步，即第一次提出和探讨世界的本原问题，有力地冲击了原始的神创论，为后来欧洲的唯物主义的发展开辟了道路；同时也标志着西方心理学思想的起源。

二、毕达哥拉斯学派的灵魂观

毕达哥拉斯学派是在意大利南部出现的另一种哲学学派，创始人是毕达哥拉斯（Pythagoras，公元前580—前500）。毕达哥拉斯既是一位宗教领袖，又是一位伟大的数学家。他的思想是古希腊唯心主义哲学的开始，直接影响了以后的许多哲学家，特别是对柏拉图的影响更为突出。毕达哥拉斯提出"万物皆为数"，认为数及其关系是万物的根源，在数中存在着神秘的意义，并因此创立了从事于数学的神秘宗教学派。在心理学上，毕达哥拉斯提出了灵魂不死和轮回说，认为灵魂不仅可以在身体中存在，也可以离开肉体独立存在，身体是灵魂陷入的腐败监狱。毕达哥拉斯把灵魂分为理性、智慧和情欲三部分，认为动物只有智慧和情欲，只有人的灵魂才三者皆备。在毕达哥拉斯看来，人的灵魂是身体中的对立面——热和冷、湿与干等所组成的一种和谐。毕达哥拉斯还提出了"灵魂转世说"，认为从灵魂不死说到转世说，灵魂是永恒的。在灵魂构成方面，毕达哥拉斯提出了"热气、尘埃、和谐"的著名观点。他的这一"和谐"概念是从音乐中转借而来的，以后又发展成哲学意义上的范畴，强调音乐的和谐与数字比例的关系，把音乐上的和谐理解为对立面的协调，即和谐是对立因素的统一，由杂多导致统一，由不协调导致协调。毕达哥拉斯在听觉心理学上也有发现，提出构成和谐的美的旋律的弦长之比是整数关系。毕达哥拉斯学派还把和谐的音调中数字比例关系推广到了天体宇宙，提出天体的运动也应该为一定数量的关系构成的"和谐"来支配，从而形成一个和谐的宇宙大合唱。这一思想闪耀着辩证法的智慧光芒。

三、爱非斯学派的心理学思想

继毕达哥拉斯学派后，赫拉克利特（Herakleitos，约公元前535—前475）也从数学、物理、音乐等方面，对事物的起源、运动变化等问题进行了积极的探索，进而为辩证法奠定了基础，建立了朴素的唯物主义灵魂观。赫拉克利特认为，世界万物都是符合规律地燃烧着和熄灭着的火。他最有名的格言是"一个人从来不能两次踏入同一条河流"。意思是说，当一个人第二次踏进河流时，这条河就变成了不同于他第一次踏进去的那条河流了，强调"一切皆流，无物常驻"。当然，赫拉克利特也认为，尽管变化是万物唯一的常性，但其中也存在着合乎规律的东西。他将这种规律性的东西称为"逻格斯"（Logos），主张人的智慧和世界的变化规律是一气相通的，只有智慧的人才能认识这种"逻格斯"，并说出其中的真理。赫拉克利特的哲学观点提出，在万物之中总是存在着对立的两极，如冬—夏、冷—热、生—死、睡—醒、上—下……这种对立的两极是不可分的，其中一极限定了另一极。例如，疾病只有通过健康才能为人所知，公正只有通过不公正才为人所认识。后世人将赫拉克利特视为古希腊哲学认识论的开始。列宁称赞他是"辩证法的奠基人之一"。（列宁全集，

1959，v38，p.390）在身心关系问题上，赫拉克利特提出人的身体是土，而人的灵魂则是纯净的火；灵魂是人体中最热烈的部分，如果灵魂受潮，那么人就会入睡或者失去知觉；灵魂一旦全部受潮，人就会死亡。最干燥的灵魂最有智慧。

四、爱利亚学派的心理学思想

爱利亚学派的重要代表人物是巴门尼德（Parmenides，公元前515—前5世纪中叶以后）。他与赫拉克利特的观点相反，认为只有理性才能认识真理，否认感觉的可靠性。巴门尼德认为，由感觉而知的世界是变化的和不稳定的，因而也就是不实在的。存在作为恒定的实体只有通过理性才能把握，因此，理性和存在是同一的。巴门尼德提出"存在是存在的，非存在是不存在的"，以反对赫拉克利特的"我存在又不存在"的观点。巴门尼德以为，存在的只是可以思维的东西，不可思维的东西是不存在的。大千世界的变化是一种虚幻的假象，而唯一真实的东西是存在。存在是单一的、有限的、不变的、不可分割的。巴门尼德在哲学上确立了关于思维与存在同一性的最早命题。在心理学上，巴门尼德认为感觉是以同知同，人以体内万物相同的元素感知体外的物体，因此感性认识不能提供事物的真实知识。他的这种将理性知识与感性知识相对立的观点，对后来的思想家造成了很大的消极影响。

五、元素论者的心理学思想

巴门尼德以后的一些自然哲学家，提出了"四元素"（水、火、土、气）、"种子"、"原子"等概念，以探求世界的本原，这就是以恩培多克勒和德谟克利特等人为代表的元素论者。

恩培多克勒（Empedokles，公元前495—前435）是经验主义的创始人，也是一位医学家。他受巴门尼德的影响，试图区分形成哲学与存在哲学之间的差别。恩培多克勒提出，世界上万事万物的变化是由四种不变的物质即土、水、火、空气这四根所组成的。同时也认为，这四根是不能自己变动的，必须由另外的事物来推动它们变化。在恩培多克勒看来，这种事物就是"爱与憎"。爱使得四根结合，憎则使四根分离，并由此生成万物。人的身体也是由这四根构成的，其中固体部分是土根，液体部分是水根，维持生命的呼吸是空气，血液为火根，思维则是由血液推动的结果。一旦人死之时，身体的四根便分散，人的生命和思维也就消失了，所以没有不死的灵魂。恩培多克勒同时还为心灵活动提供了一种纯物理的解释，而不是像别的学者一样归结于灵魂。他认为，人身上的一种根感知外物中的同一种根。一切外物都有射出物，一切感官都有自己的孔道。外物的射出物与人的感官孔道大小合适，才能进入体内。而能进入的外物射出物进入血液后，便与心脏相遇并混合起来。当心脏跳动时，这种射出物的激动便是思考。另外，恩培多克勒还提出了某些类似进化论的观点。

德谟克利特（Demokritos，约公元前460—前370）是古希腊杰出的哲学家，也是古希腊最后一位物理学家。他是在宇宙原子论的发展方面占有重要地位的希腊自然哲学家。马克思曾赞美他是古希腊人中"第一个百科全书式的学者"。

德谟克利特在自然科学上最重要的贡献，是继承和发展了留基伯的原子论，为现代原子科学的发展奠定了基石。德谟克利特用原子论解释认识论问题，认为从事物中不断流溢出来的原子形成了"影像"，而人的感觉和思想就是这种"影像"作用于感官和心灵而产生的。这就是著名的"影像说"。他还区分了感性认识和理性认识，认为感性认识是认识的最初级阶段，人的感官并不能感知一切事物，例如，原子和虚空就不能为感官所认识。当感性认识在最微小的领域内不能再看、再听、再嗅、再摸的时候，就需要理性认识来帮助，因为理性具有一种更精致的工具。他把感性认识称为"暧昧的认识"，把理性认识称为"真理的认识"。根据德谟克利特的观点，原子本身之间没有什么性质的不同，人们感觉所感知的各种事物的颜色、味道都是习惯，都是人们主观的想法。德谟克利特的原子唯物论思想是古希腊唯物主义发展的最重要成果。德谟克利特主张世界上一切事物都是相互联系的，都受因果必然性和客观规律的制约。他认为，原子在虚空中相互碰撞而形成的旋涡运动是一切事物形成的原因，他称之为必然性。在强调必然性时，他否定了偶然性，把自然界的一切作用都归结为必然性。

综上可见，古希腊早期哲学开掘了西方思想的源头，集中关注自然问题，并逐渐转向关心人间的问题，尤其是认识和道德问题，激发了后来的思想家的许多智慧，"不仅明显地表现在生物学、物理学上，而且也在后来独立的心理科学中产生了遥远而强烈的回声"。（叶浩生，1997，p.23）

第二节 古希腊罗马繁荣时期的心理学思想

公元前5世纪至公元前4世纪是希腊的全盛时期。雅典成为希腊各城邦的盟主，并在伯里克利领导下，成为古希腊的经济、政治和文化中心。雅典奴隶民主制的充分发展，为希腊文艺的繁荣和科学的发展提供了一定的社会基础。这一时期涌现出了一批著名的诗人、剧作家、雕塑家，也产生了许多杰出的历史学家、哲学家和自然科学家。在哲学上，由于民主政治的需要，古希腊出现了一批被称为"智者"的思想家。他们讨论的中心不再是自然界宇宙的生成等问题，而是转向了人类社会的政治伦理方面，认为"人是万物的尺度"，因此

"人"成为探讨的中心主题。特别是从苏格拉底、柏拉图、亚里士多德等人开始，古希腊哲学家们普遍把人性和心的探讨视为哲学的主要问题之一。"这是继哲学最初从原始宗教神话中脱胎出来的第一次飞跃之后，在哲学史上发生的第二次飞跃，也是古希腊哲学发展的最高峰。"（车文博，1998，p. 32）

一、苏格拉底

苏格拉底（Socrates，公元前 469—前 399）出生于雅典一个贫苦的家庭，父亲是石匠，母亲为助产婆。苏格拉底早年继承父业，从事雕刻石像的工作。后来曾三次参军作战，据说在战争中表现得相当勇敢顽强。苏格拉底曾经在雅典国民大会中担任过陪审官，在任期间能够主持正义。他不顾众人的反对，否决过对 6 位将军不公正的判决。在雅典僭主复辟时，苏格拉底曾拒绝同这些人合作。公元前 399 年，苏格拉底以不信宗教、引诱年轻人堕落等罪名被判死刑。在等待死亡的日子里，苏格拉底拒绝逃跑，而以平静赴死的行为表达了对黑暗势力的最后反抗。在西方文化史上，苏格拉底一直被视为为追求真理而献身的圣人——"西方的孔子"。可以说他在西方几乎与孔子在中国历史上所占的地位相同。

苏格拉底生前撼动了古希腊的价值体系，死后并没有留下任何著作，其丰富的思想多见于柏拉图的《对话录》和色诺芬的《回忆录》中。在犬儒学派创始人安提西尼的笔下，苏格拉底是一个不肯妥协的叫花子；而在史学家色诺芬的眼中，他是一个完美无瑕的道理家。约在公元前 410 年，当出身贵族的柏拉图师从苏格拉底的时候，当时的人们对这个出生于助产婆家庭的人还几乎一无所知。苏格拉底改变了整个希腊对智慧的理解方式。苏格拉底不再对世界的本质进行思辨，而是坚信"依靠启发性的交谈"，人人都会发现真理，并得到广泛认同的观点。苏格拉底是使古希腊哲学发生深刻转变的引导者，其思想主要体现在以下几个方面。

（一）完成了对心灵研究的转向

古希腊哲学在苏格拉底以前多关注对自然本身的研究，虽然一些智者开始关注对人和社会道德问题的探索，但他们多停留在感性的阶段上。苏格拉底从根本上改变了这种研究局面。苏格拉底提出要把哲学从研究自然转向研究自我，也就是将哲学"从天上拉回到了人间"。他认为，对于自然真理的追求是无穷无尽的，感性经验所得来的知识也是不确定的，因此苏格拉底要追求一种确定不变的永恒真理，这就是研究自我。在苏格拉底看来，发现自我的途径是与追求真理分不开的。自我和自然可以明确地区别开来：人不再仅仅是自然的一部分，而是与自然不同的另外一种独立的实体。苏格拉底使得唯心主义和唯物主义的对立脱离了朴素状态而进入了更成熟的状态；将早期希腊哲学家们格言式的思想提高到了哲学的高度；以逻辑辩论的方式启发思想、揭露矛盾，同时以辩证思维的方法探究事物的本质。

（二）主张灵魂不灭

苏格拉底以前的哲学家早已有了灵魂不灭的说法，有了物质和精神分化的萌芽。到了苏格拉底时期，他首次明确提出灵魂是与自然物质有本质不同的精神实体，认为肉体是"多"，可以聚合和分解；而灵魂是"一"，不能分散，不能聚合，因此灵魂不会生灭，永恒存在。灵魂属于一种精神性的实体。这明确地反映出了唯心主义的思想，后人将他看作西方唯心主义哲学的奠基人。

（三）寻求事物的普遍定义

苏格拉底反对智者们的相对主义，认为真理只有一个。真正的知识不是具体的知识，而是永恒不变的普遍定义。这为柏拉图的"理念论"哲学心理学思想奠定了基础。

（四）启发式方法

苏格拉底轻视对自然的研究，反对未经批评的独断，认为真正的知识就是从具体的道德行为中寻求普遍的定义，而寻求定义的方法就是论辩诘难。苏格拉底反对智者的相对主义，认为客观真理是存在的，反对用灌输知识的方法教育青年，主张用论辩诘难、找出对方论证中的矛盾的方法，启发人们自觉认识和改正自己的错误。这就是"辩证法"一词的早期来源。苏格拉底提出人应当研究"自己的心灵""认识自己"的任务，以实现人的全部价值和意义。

美国学者（Tweed，2002）提出，东方人的学习模式是孔子式的学习模式，即强调个人努力，对能力水平的高低给予较少的关注，重视基础知识的掌握，学习的目标经常是外在的、实用的，以迎合社会或他人的需要；而西方人的学习模式则是苏格拉底式的，这种模式更注重思维和推理能力的培养，把能力看作是最重要的学习因素，在学习的过程中更注重个性的培养，认为个人内在品质的形成比掌握基础知识更重要。他改变了以前哲学关于万物的具体、物质形态的本原观，把事物的真正原因理解为个别背后的一般、具体事物背后的共同本质。这样就使人类对万物统一性的认识，提高到了一般与个别、本质与现象的内涵上，这既反映了人类古代认识史上的一次飞跃，又为柏拉图等人的心理学思想奠定了理论前提。（车文博，1998，p.39）

二、柏拉图

柏拉图（Plato，公元前427—前347）是古希腊哲学家中一位留有大量著作的人。他比苏格拉底前进了一步，把古希腊唯心主义哲学发展到了高峰，对后世哲学和宗教产生了很大的影响。

柏拉图以理念论来解释灵魂的本质。所谓"理念"，在希腊文中的本义是指"被视之物"，常常在"种""属"的形式意义上使用。柏拉图把世界分成可知的"理念世界"和可见的"理念世界"。他认为，世界本体是由理念构成的，这也就是苏格拉底所讲的永恒而可知的实在。柏拉图提出具体事物常变，而种、属的性质本身则不变，把人们认识掌握世界的一种方式，视为脱离具体事物的独立的实体。世界万物都是由这种独立实体派生出来的。只有理念才是唯一可靠的东西。人的灵魂也来自理念世界这种脱离感觉世界的独立实体。灵魂进入身体而支配人的身体活动。人的身体死亡之后，灵魂又回到理念世界。所以灵魂是不朽的。

柏拉图进一步将人的灵魂结构划分为三个部分：①理性，这是只有人才具有的最高级的、永生不死的东西；②意气（激情），是指像勇敢、抱负等高尚的冲动；③情欲，感觉和情欲这些非理性的部分。在《理想国》一书中，柏拉图把人分为哲学王、武士和劳动者这样三个等级。在他的论述中，哲学王属于第一等级，其灵魂是最高级的理性，位于头部；武士属于第二等级，他们的灵魂在胸部；商人、工匠、农民等劳动者的灵魂则是情欲，位于腹部。柏拉图认为，遗传在很大程度上决定了一个人是奴隶、武士还是哲学王（执政者）。正直、健康的人能按灵魂等级各行其是，安守本分。柏拉图的这种观点是西方心理学史上最早的心理现象三分法。他还把情感分为愉快和不愉快两种：凡是合乎自然方向和运动目的的事物能够使人感到愉快，而违反自然则使人感到不愉快。

柏拉图还提出，人的一切知识都是先天就有的。所谓学习就是在教学的帮助下对先天知识即理念形式的回忆。这就是著名的"理念回忆说"。这一学说成为后来西方心理学关于天赋观念和内省法的最初表达方式。柏拉图还对感觉、记忆、想象、睡眠、梦等心理现象有不少论述。

柏拉图的哲学心理学思想建立在身心二元论和唯心主义的基础上。由于科学依赖于经验观察，因此"柏拉图的哲学对科学的推动甚少，甚至还阻碍了科学的发展"。（赫根汉，2004，p.69）但是他的许多观点揭开了"欧洲心理学史的序幕"，他的理念论心理学思想对后人有很大的启发意义。

三、亚里士多德

亚里士多德（Aristotle，公元前384—前322）是世界古代史上最伟大的哲学家、科学家和教育家。他创立了形式逻辑学，丰富和发展了哲学的各个分支学科，对科学作出了巨大的贡献。马克思誉他为"古代最伟大的思想家"。

亚里士多德的思想主要来源于柏拉图的客观唯心主义。他既重视理论，又注重经验事实，并把这两者结合起来。亚里士多德虽然是柏拉图的学生，但也是第一个公开批评柏拉图的人。他的观点与柏拉图有很多不同之处。柏拉图是一名理想主义者和理性主义者，相信我们的物质世界其实是一个不完美的世界，在它的背后有一个完美的"理念的世界"，亚里士多德则认为实物本身包含着本质；柏拉图断言感觉不可能是真实知识的源泉，亚里士多德却认为知识起源于感觉。这些思想已经包含了一些唯物主义的因素。

亚里士多德的心理学思想主要见于《论灵魂》和《论记忆》中。《论灵魂》可以说是西方心理学史上第一部心理学专著。亚里士多德的哲学思想动摇于唯物主义和唯心主义之间。

亚里士多德认为一切事物都由质料和形式构成。质料是具有可能性的原料，必须取得一定的形式，其可能性才能实现。这属于第一实体。亚里士多德把种、属等形式称为"第二实体"，认为具体事物的质料是消极的、被动的，而形式则是积极的、主动的。形式是事物能动的本原，是一个不动世界的第一推动者。亚里士多德将神称为"第三实体"。

在灵魂的本质问题上，亚里士多德提出灵魂是生命的原则和生活的动力，是身体的形式，灵魂与身体是统一而不可分割的。这反映出了唯物主义的正确观点。他认为，心理学是一门自然科学，并以生物学为其理论基础。因而他反对以前的学者将灵魂视为物质普遍具有的活物论观点，主张灵魂是有生命体的特性和功能的。但是他又认为灵魂是生命的本质，身体只是灵魂的工具，只有灵魂才使得肉体的动作得以实现。这样又返回到了关于形式决定质料的唯心论思想上了。亚里士多德认为："灵魂和身体是否为一体？我们可以抛开这样无关紧要的问题，这个问题就好比我们在追问，蜡块与它的形状是否为一体一样。"（赫根汉，2004，p.74）

在灵魂的结构分类上，亚里士多德反对柏拉图对灵魂的知、情、意三分法，认为灵魂是整体的，不可分割为部分，灵魂以整体性发挥自己的功能。根据亚里士多德的观点，有生命的物体存在着三种灵魂等级：植物灵魂、动物灵魂和理性灵魂。植物灵魂只承担生长、食物吸收和繁殖的功能，为植物所独有；动物具有感性的灵魂，即能对环境作出反应的感觉能力，体验快乐和痛苦，而且还有记忆；理性灵魂是人类独有的高级灵魂，除了包含有其他两种灵魂的功能之外，还具有理性思维的能力。在亚里士多德看来，灵魂具有的功能还可以分为两类：一类是认识功能，主要包括感觉、记忆、想象和思维，属于理性功能，具有主动性；另一类是动求功能，主要涉及欲望、动作、意志和情感，系灵魂的非理性功能，具有被动性，与肉体同生死。这一划分方法是西方心理学史上最早的二分法。

在感觉问题上，亚里士多德把感觉定义为辨别的官能，认为感觉是生存的必要手段。同时，亚里士多德还把感觉分为特殊感觉和共同感觉两大类。他认为特殊感觉主要有触觉、味觉、嗅觉、听觉和视觉，其中触觉是最基本的一种。共同感觉是指执行特殊感官的感觉以上、抽象思维以下的中间功能，包括感知"共同的感觉对象"，如运动、形状、时间以及对自我的感觉。这种共同感觉类似于我们今天所讲的知觉。亚里士多德还对错觉、记忆、想象、欲望、情感、意志和做梦等问题作过阐述。

美国心理学家墨菲认为，亚里士多德在欧洲心理学史上主要有三个方面的贡献：一是建立了一个知识体系，关于灵魂的研究可在经验论和唯理论两方面同关于活动的机体的研究发生关系；二是界说了灵魂的性质及其活动，使灵魂成为活跃的生物的一种表现，而活跃的生物又是灵魂的一种表现，根除了以前的灵魂与肉体的二元论；三是具体描述和解释了人类的经验和行为，论述了觉醒、睡眠、做梦、记忆、情绪和人际关系等心理学问题。在许多世纪中，亚里士多德的观点一直统治着欧洲思想。国内有学者提出，亚里士多德是"古希腊心理学思想的集大成者"，他在心理学上的主要成就在于：一是初步确立了心理学的知识体系；二是对后世心理学思想产生了多方面的影响。他的具有自然科学倾向的心理学研究使其后的许多人深受启发。一代又一代的学者们从生理学、物理学、医学等自然科学的角度进行了不懈的研究，最终使心理学于 19 世纪末成为一门以实验室研究为主要手段的独立学科，同时也影响到了现代人本主义和精神分析学派的心理学家。（杨鑫辉，v3，2000，p.67）

第三节 古希腊罗马后期的心理学思想

公元前 4 世纪至公元前 2 世纪，是古希腊城邦奴隶制的衰亡时期，史称古希腊晚期。公元前 2 世纪上半叶罗马征服希腊到公元 476 年西罗马帝国灭亡系历史上的古罗马时期。公元前 322 年亚里士多德去世。在之后的 800 年里，希腊文化逐渐与罗马文化相结合。在动荡的社会时代里，苏格拉底、柏拉图和亚里士多德的哲学虽有一定的影响，但古希腊哲学的辉煌渐成为过去。哲学与民众的心理需求之间的鸿沟却越来越大。社会更需要一种针对日常生活问题的哲学，即更关心"怎样的生活才是最美好的？""什么是值得人们信仰的？"这一时期的重要哲学流派是怀疑学派、伊壁鸠鲁学派、斯多噶学派和新柏拉图学派。大多数的哲学家都是通过注释前辈们的著作来阐述自己的思想的，其中虽然包含一定的心理学思想，但在思想广度和深度方面远远逊于其先辈的学术成就。英国哲学家罗素曾认为，公元前 3 世纪以后希腊哲学实际上没有什么新东西了。（罗素，1986，p.279）

一、怀疑学派

怀疑学派的主要创始人是皮浪（Pyrrhon，公元前 365—前 275）。皮浪曾参加亚历山大军队的远征，到过印度。他认为由感觉和理性得到的知识都是不可靠的，要认识客观世界和真理是不可能的，甚至客观世界和真理是否存在也是可疑的。人对一切事物最好都采取怀疑的态度，要保持沉默，不轻易做任何判断和任何结论。

一切事物既存在，又不存在；没有任何正当、不正当或光荣、不光荣的事情，人们只不过是按照风俗习惯做事而已；也不存在美与丑的问题。因此，没有任何一件事情可以肯定下来，因为任何一个命题都可以说出相反的命题。根据皮浪的观点，最好不要对任何知识进行判断，不做任何反应，保持灵魂的安宁。人生的目的就是追求心神的恬静，免除无谓的争论和烦恼。据说，有一次皮浪在乘船时遇到风浪，同船的人都很害怕，而皮浪却指着船上仍然在安静吃东西的一头猪说："聪明人应该像这猪一样不动心。"（中国大百科全书总编辑委员会《哲学》编辑委员会，中国大百科全书出版社编辑部，1987，p. 668）皮浪代表了早期的怀疑主义思想，反映了动荡时代希腊上流社会一部分人的没落心态。后来古罗马时期又出现了以爱那西德谟为代表的新怀疑主义。

二、伊壁鸠鲁学派

伊壁鸠鲁（Epicurus，公元前 341—前 270）创立了这一学派。他在德谟克利特的唯物主义原子论基础上，建立起了一个思想上统一的完整体系。他认为构成万物的本原是不变的、不可分的坚实的物质实体——原子，而灵魂和精神是由更精细的原子组成；灵魂与身体的结合引起相应的运动，产生感觉和意识；灵魂与身体分离，构成灵魂的原子随之分解，人的感觉和意识便不复存在，灵魂与心智随着身体的死亡而消失。"无不能生有，有不能变无。"

人的心智居于胸中，而灵魂则遍布于全身。心智是灵魂的集中部分，人的心智指挥灵魂。灵魂原子从感官传导感觉于心智，心智利用灵魂原子的传导，推动肢体产生动作。伊壁鸠鲁提出感觉是物质相互碰撞的产物，一项事物被多次感觉之后，由记忆的帮助形成对这种事物的一般意象，依靠诸多一般意象便形成思维。因此，人的思维依赖于感觉。他把一般意象或概念称为"预设"。预设是指人们预想要寻求的事物。在伊壁鸠鲁看来，人的一切感觉都伴随着痛苦或快乐的感情。痛苦是人体内原有的适当的原子的安排被扰乱的结果，而快乐则是由于原子的安排而实现的平衡。伊壁鸠鲁认为，人具有趋乐避苦的天性，但是快乐与道德是不可分离的。强烈的快乐应该加以避免，因为痛苦会随之而来。他强调快乐来自人的基本需要的满足。对于伊壁鸠鲁来讲，最高形式的社会快乐是友谊。他更关心的是人的长远幸福。人类应该努力追求平静，避免极端。美好的生活就是自由、简朴、理性和有节制的生活。伊壁鸠鲁和弟子们倡导简朴的生活方式，不相信超自然主义的一切学说。他们反对宗教和一切迷信，认为一切生死成毁都只是原子的结合和分离，对死亡的恐惧或迷信都是完全不必要的，这反映出了唯物主义的无神论思想。伊壁鸠鲁的学说被他的历代弟子奉为必须遵守的信条，他的学说广泛传播于古希腊—罗马世界，一直延续了四个世纪，甚至影响到了 17—18 世纪的欧洲唯物主义哲学和自然科学，尤其是对卢梭等人的近代社会契约论思想产生了重要的影响。

三、斯多噶学派

斯多噶学派的创始人是芝诺（Zeno，约公元前 336—前 264）。这一学派认为世界既是物质的，也是理性的。人的灵魂是物质的，是世界理性的一部分，人应该顺从理性，一切变化都是世界理性的表现，都是注定的而不是偶然的。因此斯多噶学派相信预言和迷信。

斯多噶学派提出人心是由八个部分组成的，分别为生殖能力、语言能力、五种感官和理性。其中理性是最关键的部分，存在于心脏。人在出生时，没有天赋观念，心是空白的。一切知识来自感觉。多数的感觉逐渐形成概念。人的理性也是从感觉发展而来的。理性既有内部的活动，也有外部的活动。内部的活动属于判断和选择作用，外部活动则表现为语言表达。芝诺将心理活动划分为认识和情感两类。在他看来，情感又分为良性的、常态的、过度的和病态的。过度的情感是理性的错误判断；快乐和悲痛是对现在的错误判断；恐怖和不合理的欲望则是对将来的错误判断。

四、新柏拉图学派

在古罗马时期，人们重新对柏拉图哲学产生了兴趣，其中涌现出了把柏拉图的著作看作真理的源泉的学派——"新柏拉图学派"。这个学派的主要代表人物是普罗提诺（Plotinus，205—270）。普罗提诺与柏拉图的哲学观点大致相同，他把世界上的一切事物分为三个层级，第一层为"太一"（the One）或神，它是至高无上而不可知的，是世界的本原，万事万物都是从"太一"中"流溢"出来的。第二层为精神，它是太一的影像。精神是每个人灵魂的一部分，只有通过反思精神，人们才能接近"太一"。第三层为灵魂，它是最低等的层级。尽管灵魂低于"太一"和精神，但它却是物质世界中一切事物存在的根源。精神从太一中流溢出来，灵魂则从精神中流溢出来，而自然界则从灵魂中流溢出来。一旦灵魂进入某个物质像人的身体，它就会试图创造出一个精神的摹本，产生出整个感性的现实世界。这种"太一"说不过是一种神秘主义的方法重复柏拉图的理念论而已。但是新柏拉图学派并不赞同柏拉图轻视感觉经验的观点，提出可感世界并不丑恶，只是并不像精神世界那样完美。新柏拉图主义成为后来基督教思想的主要来源之一。

本章思考题

1. 试析古希腊早期哲学思想的重要性及其对心理学的影响。

2. 古希腊时期唯物主义心理学思想的成就及其对后世的影响。

3. 柏拉图心理学思想的基本观点及其对后来的影响有哪些？

4. 亚里士多德对心理学思想发展的贡献及局限性。

5. 衰落时期古罗马心理学思想的主要成果及其意义是什么？

第三章
欧洲中世纪和文艺复兴时期的心理学思想

公元 476 年西罗马帝国灭亡到 14 世纪属于欧洲封建社会时期，史称中世纪。14 世纪末至 16 世纪英国工业革命前（1640），系欧洲从封建主义向资本主义的过渡时期，人们通常将这一阶段称为文艺复兴时期。

第一节 基督教哲学中的心理学思想

欧洲中世纪也称"神坛上的中世纪"或"黑暗时期"。在这个时代，许多古老的城市在战争中化为废墟，古希腊罗马的文明几乎被一扫而光。基督教会牵制着一切进步思想，神学占据了统治地位。

基督教兴起于1世纪古罗马时期。早期的基督教提倡平等、博爱，因而它最早在地位最低贱的人群中传播开来。在2世纪中叶，东方的亚历山大城和西方的罗马等地形成了几个基督教神学中心，其中一些人利用希腊哲学为基督教辩护，制订了一整套教义体系。古罗马时期统治阶层出于政治原因，屡屡出现迫害基督教徒的事件。4世纪，基督教成为罗马的国教，开始在上层社会中发展起来，5世纪产生了教父哲学，12世纪盛行着经院哲学。它们都是系统化和理论化的基督教神学。

与古希腊时期的哲学相比，基督教哲学的主要问题是神与人、天国与世俗的关系问题。其基本特点是，以神学代替哲学、信仰代替理智、内省代替观察、宗教观替代科学观。这种基督教神学企图以哲学的形式为宗教神学和封建教会的统治服务，使得欧洲哲学也沦为神学的婢女。因此，这一时期的哲学心理学思想也不免染上了浓厚的宗教神学色彩。中世纪基督教哲学心理学主要是古希腊罗马哲学心理学特别是柏拉图、亚里士多德和新柏拉图主义同基督教合流的产物，其主要的代表人物是奥古斯丁和阿奎那。

一、奥古斯丁

奥古斯丁（Aurelius Augustinus，354—430）是古罗马基督教哲学最有影响的代言人，也是官能心理学的倡导者。他出生于古罗马帝国北非的塔加斯特城（现位于阿尔及利亚），母亲是位基督徒，父亲是位异教徒法官。奥古斯丁曾任北非希波主教，也是一位新柏拉图主义者。他运用新柏拉图主义论证基督教教义，确立了基督教哲学。他创造性地提出信仰第一、然后理解的原则，为中世纪经院哲学奠定了基础。奥古斯丁被教会封为"伟大的圣师"，主要著作有《忏悔灵》《上帝之城》等。他的宗教神学思想支配了中世纪哲学五六百年。其心理学思想主要表现在以下几个方面。

（一）宣扬心身二元论

奥古斯丁认为，人是灵魂与肉体互相混合的联合体。人的本性在于灵魂，而灵魂则是人生命的主宰。同时他也提出，灵魂和肉体都是上帝创造出来的，可以各自独立存在。灵魂是非物质的，分布于人的全身，并管理人的身体和一切行为。每个人都存在着一个"外在的人"和"内在的人"。其中肉体服从灵魂，灵魂又服从上帝。

（二）提出内省法

奥古斯丁提出，心理是主观内生的经验，无法被他人直接认识。只有通过内省或反省才能知道人体内灵魂的存在。因此，心灵是通过自己认识自己的。在欧洲历史上，有的学者把奥古斯丁视为心理学上的第一位内省主义者。

（三）创立了官能心理学

官能心理学思想虽然早在古希腊时期就有了思想萌芽，但是对官能心理学进行明确阐述的则是奥古斯丁。在奥古斯丁看来，人的灵魂是先天固有的心理活动能力，即官能。他提出人的灵魂具有记忆、理智和意志三种官能，这三种官能是各自独立而又相互统一的生命体。

（四）强调意志决定论

对于奥古斯丁来讲，在人的三种心理官能中，最为重要的意识功能是意志，其余只是意志表现的结果。他以为，意志是灵魂的活动。即使简单的知觉活动，也存在着意志成分。如果没有注意，就没有知觉，而注意乃是意志的功能。奥古斯丁这种强调意志作用的观点，是与他崇尚宗教信仰的思想一脉相通的。奥古斯丁主张先有信仰，然后才能理解，理解的根本目的是信仰。因此，不信仰上帝便不能认识上帝。意志的正当目标应该是信仰高于人类灵魂的上帝。只有这样才能克服人类意志的缺陷，实现惩恶扬善的宗教教义。

奥古斯丁的心理学思想"对于后人重视人的心理的能动性、非理性心理因素的作用、心理机能定位和丰富心理学的研究方法还是有启发意义"。（车文博，1998，p.50）但是，他的官能主义、内省主义和意志主义的思想，对中世纪几百年心理学思想的发展，产生了很大的负面作用，阻碍了西方心理学科学思想的进步。

二、阿奎那

阿奎那（Thomas Aquinas，1225—1274）是中世纪著名的经院哲学家，也是神学官能心理学思想的主要代表人物。他生于意大利，曾在那不勒斯大学学习，后又在巴黎、科隆等城市学习和讲学。他终生致力于天主教正统教义，被授予"天使博士""圣徒"等称号。阿奎那的代表性著作有《神学大全》《反异教大全》等。

阿奎那歪曲了亚里士多德的思想，在奥古斯丁思想的基础上，进一步把官能心理学神学化；同时从天命论出发，强调君权神授说，主张教权高于王权，并以此来维护基督教教义，从而为宗教封建等级制度辩护。在哲学观点上，阿奎那将哲学和神学分开，提出"二重真理论"，认为神学真理均是来自于上帝的启示，是信仰的真理；哲学真理从辩证推理得来，是理性的真理。哲学理性要为神学服务。

在身心关系上，阿奎那抛弃了亚里士多德的身心统一不可分的唯物论思想，认为灵魂是尘世中生物的内在生命原则，有机体会死亡，而人的灵魂则不灭。他的这种观点又倒退到了毕达哥拉斯和柏拉图的灵魂不死、轮回转世思想上了。在心理功能上，阿奎那沿袭了奥古斯丁的官能心理学思想，把各种心理活动只看作灵魂的内在官能。他将灵魂分为植物性灵魂、运动和欲望的灵魂两大类，又把后一种灵魂分为理性灵魂和易感灵魂两个方面。

在认识论上，阿奎那认为，认识开始于感觉，感觉不仅是灵魂的活动，而且是肉体与灵魂复合体的活动。人的感觉能力中包含内部感觉，各种认识能力像记忆力、想象力和思维力等。它们不依赖于人的肉体器官，但却离不开非物质的灵魂。阿奎那还提出，灵魂具有超理性的认识功能，以为超理性认识是受上帝启示得到信仰的真理，是先于个别事物存在的普遍理智。在情绪、意志问题方面，阿奎那以为人的情绪有好有坏，情绪充分发作时就会扰乱人的思想。人的运动是由意志来推动的。

阿奎那的官能心理学思想，虽然起源于亚里士多德的生机论，但是却发展了亚里士多德心理学思想中的消极方面，把哲学和心理学改造为神学的宗教御用工具，严重地阻碍了中世纪西方心理学思想的发展。

第二节 基督教哲学的解体——唯名论中的心理学思想

中世纪后期，随着罗马教会的衰微、自然科学的发展，特别是阿拉伯文明的传入，英国经济的发展和反抗教皇运动的兴起，人们厌弃了基督教对亚里士多德思想的曲解，这导致了基督教哲学内部唯名论与唯实论的大论战。其间涌现出了以感觉经验论为代表的先进心理学思潮，进而开启了复兴自然哲学思潮的黎明。在阿奎那时代，罗杰尔·培根便曾以卓越的哲学思想和实验科学观点，沉重地打击了基督教神学的哲学思想基础。随后的司各托、奥康姆等学者弘扬了唯名论思想，成为近代唯物主义哲学的先驱。

一、罗吉尔·培根

罗吉尔·培根（Roger Bacon，1214—1293）是中世纪末期自然哲学思潮的杰出代表，也是英国哲学唯名论思想的创立者。他因反对正统经院哲学、抨击僧侣的愚昧无知而触怒了教会，曾先后两次被关入监狱时间达 14 年之久。培根虽然主要从事于神学和哲学的研究，但酷爱自然科学，特别强调实验科学的重要性。在哲学上，培根发展了经验主义的思想，认为经验是知识的源泉，人的认识开始于感性经验，没有感性知识和经验，任何事物都不可能被充分地认识，而且理性知识依赖于感性知识，并需要通过经验来证实。

在自然科学上，培根的贡献在于明确提出了实验方法在科学研究中的特别认识论地位。他还做过光学和磁力实验。在感觉心理问题上，培根对感觉由简单到复杂，到最后对事物作出判断的感性认识过程，进行了详细的分析。他提出感觉可以分为两个层次：一是属于简单层次的"专门感觉"，共有9种单独的感觉，如视觉感知的光和颜色，听觉感知的声音，嗅觉感知气味和味觉感知味道等，其中每一感官负责专门的感觉；二是属于复合层次的"一般感觉"。他分析认为，共有像距离、位置、体积、大小等20种负责复合专门感觉的一般感觉。培根的感觉经验论思想，对后世以实验方法研究感觉现象的影响极其深远。

二、司格托

司格托（Johannes Scotus, 1265—1308）也是英国唯名论的重要代表人物。他提出，人的认识是一种自然的运动，应该服从于因果关系。他认为意志是人的灵魂的本质，意志高于理性，在世界、灵魂和道德中起着决定性作用。人虽然不能事先规定或推断意志活动，但却能够对自己活动的偶然结果作出合理的解释，因此意志在理智所能提供的范围内自由活动。意志与理智是人的灵魂的两种功能。司格托是当时英国神学派主要代表——多米尼克派托马斯主义的死敌。

三、奥康姆

奥康姆（William Ockham, 1300—1350），是中世纪晚期影响力较大的思想家。他的突出贡献是"恢复了经验主义，

开拓了先前曾为形而上学之所保留的心理分析"。（杨鑫辉，2000，V3，p145）奥康姆是中世纪的经验主义的有力倡导者。他认为，直观认识是第一位的，抽象认识完全是假设性的。现实和真理的试金石是人的直观认识。奥康姆提出，人类身上并不存在一种无形而不朽的灵魂。灵魂可能是一个依赖于身体并会死亡的实体。同时，他也反对将灵魂与心理官能区别开来的观点，认为灵魂并没有理智或意志的官能，相反所谓的官能只不过是某种心理活动的名称而已，没有必要使心理活动具体化为脱离心灵的精神实体，官能的概念纯粹是多余的。奥康姆进一步提出，人的认识过程发端于由个别事物引起的感觉，通过记忆把感觉保存下来，从记忆中又产生感受，然后从中得出有关事物类似性的普遍概念。抽象的知识概念如果得以普遍化和系统化即产生了科学。奥康姆的心理学思想还特别重视"习惯"这一概念。按照奥康姆的观点，观念是习得的习惯的产物，概念来自于经验。习惯使人不依赖于实际上感觉到的事物便可以思维。如果没有习惯，人就会变成只对外部刺激进行简单反应的动物。在方法论上，他的另一大突出贡献是，提出了影响至今的"简单性原则"，即"奥康姆剃刀"。他认为探索问题要尽可能以删繁就简的解释方法，去掉一切不必要的东西，这才有助于科学的进步。

第三节 文艺复兴时期的心理学思想

由中世纪到近代有一个过渡期，即15—16世纪的文艺复兴时期。文艺复兴表面上是指对希腊罗马古典文化的复兴，实际上是"欧洲新兴市民阶级通过复兴古典文化的形式，在意识形态领域内以世俗文化来否定宗教文化，建立反封建的资产阶级新思想、新文化的运动"。（车文博，1998，p.70）革命导师称赞"这是一次人类从来没有经历过的最伟大的、进步的变革，是一个需要巨人而且产生了巨人——在思维能力、热情和性格方面，在多才多艺和学识渊博方面的巨人的时代"。（恩格斯，1971，p.7）

文艺复兴也是一个"人的自我发现"的时代。人们的思想从空幻的宗教世界回到了现实的世界，从清静的神学圣院回到了烦乱的尘世生活，进而勇敢地直面自然、研究自然，也发现了人自身。自然和人成了当时思想界探讨的中心问题。在这一研究的过程中，人文主义和自然哲学两股交相辉映又有一定区别的社会思潮形成了。

一、人文主义思想家的心理学思想

文艺复兴运动以人文主义为思想核心。"中世纪的科学是神学，研究的是上帝。文艺复兴的科学是人文主义，研究的是人。"（富尔，1995，p.132）人文主义的特征在于它以人为中心，而不同于中世纪教会宣扬的以上帝和来世为中心。它提倡人性，反对神性，提倡人权反对神权，提倡个性自由反对宗教桎梏，肯定人有追求财富和幸福的权利，歌颂爱情，解放个性，发展个人才智，高扬冒险精神。对于人文主义者而言，宇宙的发现，新航路的开辟，远远没有比人对自身的发现更伟大。这一人文主义思潮的杰出代表是但丁、爱谟拉斯和斐微斯等人。

（一）但丁

意大利诗人但丁（Dante Alighieri，1265—1321）是文艺复兴运动的先驱，其代表作《神曲》无情地鞭挞了封建宗教专制的教皇和僧侣，肯定了人的个性解放要求和对世俗生活的享受。但丁提出，人具有天赋的理性，有意志自由，能够作出正确的判断和见之于行动。"就人完成的业绩而言，人的高贵超过了天神。"

（二）爱拉斯谟

荷兰著名的人文主义者爱拉斯谟（Erasmus，1466—1536）也认为，人是自由的，有无限的潜力，教育可以做到任何事情。他反对教会要求基督徒按统一的教义规定来行事。爱谟拉斯在《愚神颂》一书中，讽刺基督徒把肉体看作灵魂的罪恶。在他看来，企图逃离肉体是愚蠢、疯狂的观念和行为。爱拉谟斯提出，一切感觉都与人的肉体有关，而且有些情感也与肉体有关。在此基础上他对感觉、情感和冲动等问题进行了分类。这说明爱拉谟斯已认识到了心与身之间的密切关系了。（杨鑫

辉，2000，V3, p. 153）

（三）斐微斯

西班牙杰出的思想家斐微斯（Juan Luis Vives，1492—1540）主张从经验来研究心理现象，强调可以直接研究心理现象，而不必先去研究什么灵魂问题，因为研究灵魂问题是无用的工作。斐微斯认为，一切知识都是从感觉开始的，从感觉到想象、从想象到理性是人的认识产生的必然途径。斐微斯对于联想和记忆做过观察研究，并对情感现象做了论述，认为情感影响人的全部活动。斐微斯还注意到了情感的个别差异问题，同时，对于病理心理也提出了精辟的观点。他认为，对精神失常的人应该给以足够的营养，对这些人应该温和，而不能歧视、嘲笑他们，应该使他们心神安静，这样才有希望使这些病人康复。

（四）蒙田

文艺复兴后期代表、法国人文主义者蒙田（Michel de Montaigne，1533—1592）在其作品《散文集》中，对人类的心理和行为进行过富有洞察力的剖析。蒙田反对人类的狂妄自大，揭露人类的迷信、偏见、杀戮、迫害等丑恶现象，把怀疑主义作为思想武器批判经院哲学。蒙田与大多数文艺复兴早期的人文主义者所不同的是，他并不赞美人类的理性，也不认为人比其他动物高级。相反的他却认为，正是人类的理性能力导致了许多罪恶，而动物也由于缺乏理性能力远比人类高明。蒙田在古希腊罗马怀疑论者的基础上，进一步对科学和真理提出了怀疑。在他看来，科学的真理经常处在一种不断变化的状态，因此科学也并不是一种获得可靠知识的方法。他也反对感觉经验论，认为感觉通常是虚幻的，往往受到人的身体状况和个人经历的干扰，所以感觉经验并不能成为科学认识的合理指南。与其他人文主义者乐观主义形成明鲜区别的是，蒙田的观点充满了悲观主义的情绪。

文艺复兴时期还有许多人文主义学者，如文学家莎士比亚、政治学家马基雅维里、艺术家米开朗琪罗、教育家维多里诺、宗教改革家马丁·路德等巨人，他们虽然并没有在哲学或心理学方面作出创新，而在艺术、文学和建筑都有所发展，但是这些人文主义者对人类本性和潜能的探索，体现出了巨大的热情。他们提出的有关人的发现和人能够改善世界的观点，有助于心理学思想的发展。

二、自然哲学家的心理学思想

复兴古希腊的自然哲学，是文艺复兴时期的又一主要社会思潮运动。自然哲学的科学研究对基督教神学信仰的打击是最为致命的。文艺复兴时期的许多自然科学家和哲学家，力图复兴赫拉克利特、德谟克利特、伊壁鸠鲁和巴门尼德等哲学家的辩证法思想、感觉论、原子说，以解释自然界、人类灵魂的本质以及各种现象，特别是对地球中心说、灵魂与自然的统一性、心理感觉与外界物质存在的同一性等重大问题的认识上，有力地坚持并捍卫了唯物主义的光辉思想。

（一）尼古拉

德国数学家、哲学家和神学家尼古拉（Nicolaus Cusanus，1401—1464），出生于一个船主家庭，毕生主要从事神学和数学研究工作。尼古拉对发明和实验抱有浓厚的兴趣。他从当时自然科学的材料出发，提出了对立面一致的原理。尼古拉把多样性的统一归结为对立面的统一，认为只有对立的统一才是最高的真理。在心理学问题上，尼古拉也坚持了这种对立面统一的唯物主义辩证法观点。他提出，人的本性是和谐统一的，宇宙的和谐统一也体现在人的形象之中。尼古拉对人的认识过程进行过比较系统的分析。他提出，人的认识过程从低级到高级，可以分为感觉、理智、思辨的理性和理性直觉 4 个阶段，其中理性的直觉是认识的最高阶段。同时尼古拉也指出，认识的各个阶段既是对立的，又是相互联系的；认识的较高级阶段的功能包含了较低级阶段的功能，并主动对较低级阶段的功能发挥协调作用。尼古拉的这种辩证法观点和心理学思想对后世影响深远。他的认识论思想直接影响到了布鲁诺的唯物主义泛神论观点，对于莱布尼兹、谢林和黑格尔的对立面相统一的辩证法思想也有极大影响。

（二）达·芬奇

达·芬奇（Leonardo Da Vinci，1452—1519）是意大利文艺复兴时期第一位画家，也是整个欧洲文艺复兴时期最杰出的代表人物之一。他是思想深邃、学识渊博、多才多艺的艺术大师、科学巨匠、文艺理论家、大哲学家、诗人、音乐家、工程师和发明家。他几乎在每个领域都作出了巨大的贡献。后代的学者称他是"文艺复兴时代最完美的代表"，是"第一流的学者"，是一位"旷世奇才"。

达·芬奇无论是在艺术领域，还是在自然科学领域，都取得了惊人的成就。在艺术创作方面，在文艺复兴时期当数达·芬奇、米开朗琪罗和拉斐尔的成就最高。在自然科学方面，他的眼光与科学知识水平超越了他所处时代的水平。达·芬奇反对经院哲学家们把过去的教义和言论作为知识基础，鼓励人们向大自然学习，到自然界中寻求知识和真理。他认为知识起源于实践，必须从实践出发，通过实践去探索科学的奥秘。在天文学上，达·芬奇对传统的"地球中心说"持否定的观点。他认为地球不是太阳系的中心，更不是宇宙的中心，而只是一颗绕太阳运转的行星，太阳本身是不运动的。在物理学方面，达·芬奇重新发现了液体压力的概念，提出了连通器原理。在解剖学和生理学上，达·芬奇也取得了巨大的成就，被认为是近代生理解剖学的始祖。达·芬奇的研究和发明还涉及军事和机械方面，还在数学领域和水利工程等方面作出了重大的贡献。但是，达·芬奇的大多数著作和手稿都没有发表，直到他逝世多年后才被世人发现。

在哲学心理学方面，达·芬奇也有很多建树。达·芬奇认为自然是客观存在的，世界既是机械的，又是活力的。自然界的一切事物都有其客观规律。人可能认识这种客观规律。在认识论上达·芬奇坚持唯物主义，反对真理二重说，认为只有科学才是真理。达·芬奇坚信科学，对宗教感到厌恶，抨击天主教为"一个贩卖欺骗的店铺"。他强调感觉的作用，认为人的认识源于感觉经验，一切认识都从感觉开始，没有感觉就没有思维。他反对不受经验检验的思辨理性之学，认为人类的任何探讨，如果不通过数学的证明，便不能说是真理的科学。他强调理性与感性相结合。在知觉心理学方面，达·芬奇将艺术原理应用到了知觉领域，对视觉、知觉方面的规律和制约条件进行了经典阐述，如提出视觉器官大小知觉取决于距离、光线和环境的密度；阐明了透视的几何学原理；提出了影响人的距离知觉的因素有线条透视、节目透视、空气透视、移动透视和双眼视差；他还注意到了知觉中的错觉问题。这些成果均已被现代心理生理学广泛采用。

达·芬奇在艺术实践中还认识到，人物的动作可以表现出其精神状态，每一种情绪都有着相应的表情；不同年龄的人的表情也是不同的。他还研究了面部表情与情感之间的相互关系，认为面容的变化会随着情感的变化而变化。人的身体姿态也配合着面部表情。此外，达·芬奇还指出，容貌的确能显示一个人的性情，但颅相学、相手术都是毫无科学依据的。

（三）特勒肖

特勒肖（Bernardino Telesio，1508—1588）是继达·芬奇之后意大利卓越的自然科学家和哲学家。他提出了物质这一概念，并认为主观世界是物质的，物质是长期存在的，其既不可能被创造，也不可能被消灭；物质的总量不会改变。特勒肖认为人有两种灵魂：一种灵魂是由细微精气组成的物质，这种精气集中于脑内，由大脑通过神经分布全身，进而支配身体的动作；另一种灵魂是非物质的、不会死亡的灵性，是由上帝所赋予的。特勒肖主张泛灵论，认为自然界的一切都具有灵性。这种观点是当时与神学作斗争的一种新形式，从而为公开地向唯物主义世界观创造了一定的有利条件。

在心理问题上，特勒肖提出，一切心理作用的基础是感觉。在他看来，感觉可以分为被动的物质过程与主动的心理过程两个方面。感觉的强度、感觉的多次发生和历时长久，为回忆创造条件。记忆和联想是人心理活动的重要形式。由感觉到理性是一步一步发展起来的。

（四）布鲁诺

意大利天文学家、哲学家布鲁诺（Giordano Bruno，1548—1600），是文艺复兴时期泛神论的唯物主义的主要代表。他出生于那不勒斯，自幼学习人文科学、神学和哲学，获修道士教职和神学博士学位。在中世纪的神学中，托勒密（Ptolemy）的地球中心说和亚里士多德的思想成为基督教官方信条不可动摇的基石。直到哥白尼（Nicolaus Copernicus，1473—1543）的著作《天体运行论》问世之后，托勒密的地心说体系才受到了严重挑战。

受特勒肖的哲学思想和哥白尼的科学思想影响，布鲁诺与天主教会发生冲突，后北上罗马等地，1758 年起离开意大利，流浪欧洲各地。他回到威尼斯后被捕，仍坚持反对经院哲学，主张人们有怀疑宗教教义的自由，1600 年 2 月 17 日被宗教裁判所烧死在罗马鲜花广场。有的人曾认为，布鲁诺是由于宣传哥白尼的日心说而成为一位科学的殉道者。对此说近年来已有学者提出了疑义。（赫根汉，2004，p. 90）

布鲁诺将物质看作是万物的本原，认为宇宙是运动的、无限地变化的。宇宙具有原初的、能动的活动能力，这种能力是世界灵魂的普遍理智。上帝就是自然，上帝与自然是一体的。在身心关系问题上，布鲁诺认为，虽然灵魂不同于物质，但是人的灵魂存在于肉体之中。人的灵魂并不是形式，而是精神。

在认识问题上，布鲁诺接受了尼古拉的认识阶段学说，将认识过程划分为感觉、想象、理性、理智和智慧这样几个阶段。他认为，感觉是认识的起点，提供事物的感性形象；理性是抽象概括和推理能力，提供概念和推论的知识；理智是人的内部直观，是一种通过主动思考来反映事物的能力；智慧是人类最高的认识能力，是人对原初的普遍实体的直观。但是布鲁诺比较轻视感性认识，以为感觉的有效范围极其有限，真理只有一小部分来源于感觉，真理并不包含于感觉之中。布鲁诺还注意到了情感问题。在他看来，一切情绪和情感都具有两极性，情绪和情感都与其性质相对立的状态相辅相成。例如，没有痛苦也就没有欢乐。疲劳使得人在休息中感到快乐，而分离则又造成了相逢时的愉快。布鲁诺还主张对情感进行适度的调节，不应偏极于一端。

（五）伽利略

意大利著名科学家伽利略（Galileo Galilei，1564—1642），不仅是卓越的数学家，而且是近代实验科学的奠基人之一，同时也是文艺复兴时代自然哲学家的杰出代表。他出生于意大利一个没落贵族家庭，25 岁时就被任命为比萨大学的数学教授。受哥白尼和开普勒的影响，伽利略把宇宙和自然视为一架完美的机器，提出只有通过实验和测量并使用数学概念，才能认识理解宇宙这一完美的机器。

在伽利略开创的近代自然科学体系中，自然界的一切客观事物均可以划分为"第一性质和第二性质"这样"两个世界"。伽利略把事物的广延、形状、运动状态和不可分性等固有属性称作第一性质；而把事物的颜色、声音、气味等感官属性称为第二性质。按照他的观点，第一性质的事物属于一个绝对的、客观的、不变的真实世界；第二性质的事物是由第一性质的事物作用于人的感觉器官而引起的人对真实世界的印象，属于人的世界。真实世界必定是人之外的世界。自然成为一部巨大的、自足的数学机器，由在时间和空间中进行的物质运动构成，而具有目的、情感和第二性质的人，作为一个不重要的旁观者，则被推离出这部机器。

伽利略把心理学的研究内容完全排除

在了科学之外。对于他而言，物质能够而且应该科学地加以研究。而人类的心理、意识经验包含着第二性质的特质，因此永远无法用客观的科学方法研究。他的这一观点，是人类历史上"第一次把人的意识经验看作次要、不真实而且完全依赖感觉的，而感觉则是虚假的。外在于人类的世界是真实、重要且受尊重的。这样，伽利略把我们现在包含在心理学中的内容排除在科学之外，而且许多现代自然科学家也拒绝把心理学作为一门科学，其拒绝的理由和伽利略一样"。（赫根汉，2004，p.160）但是，伽利略否定心理学研究的观点，同时也为后世的科学家提供了一个怀疑的靶标。从此以后，许多学者付出了艰苦的努力，对人的心理经验进行了大量客观量化的研究，并且获得了巨大的成功。而伽利略关于意识经验等第二性质所作的结论，无疑是不正确的。

文艺复兴时期也表现出了一种过渡时期的矛盾性质。在社会经济方面，欧洲商品经济空前繁荣，资本主义萌芽诞生；另一方面，战争毁灭了欧洲大部分国家和地区，致命的黑死病使当时欧洲人口几乎减少了一半。在社会文化领域，一方面这一时期展现出了人类无与伦比的创造力，在各个领域涌现出了杰出人才。另一方面，

这一时期"也是一个充满迫害、迷信、搜捕巫师、火刑、恐惧、折磨以及驱邪降魔的时代"。（赫根汉，2004，p.149）当时占星术和巫术受到了人们的欢迎和尊重。对自然科学的研究往往与占星术、魔术和炼金术纠缠在一起。新科学尚未完全获得独立。封建统治阶级尤其是教会势力仍然占据了支配地位，他们用尽一切手段迫害摧残敢于宣传人文主义和科学思想的人。哥白尼、布鲁诺、伽利略等许多人为坚持真理、相信科学而付出了惨痛的代价。因此，有的学者也将文艺复兴称之为"黑暗时代的曙光"。（冯克诚，1998，p.729）

本章思考题

1. 简述中世纪基督教神学官能心理学思想的特点与局限性。

2. 简述感觉经验论心理学思想的成就及历史意义。

3. 简述文艺复兴时期人文主义心理学的特征与进步意义。

4. 文艺复兴时期自然哲学在心理学思想上有什么新的贡献？

5. 试述达·芬奇的心理学思想。

6. 如何理解文艺复兴时期心理学思想的过渡性质？

第四章
近代欧洲的心理学思想

　　17 世纪 40 年代爆发的英国资产阶级革命，标志着欧洲从古代社会进入近代社会，从封建主义制度转向了资本主义制度。欧洲近代哲学心理学思想关注的重点也发生了根本性的转移，即从古代讨论世界形成的本体论问题转移到了如何更好地认识世界的认识论问题。其中以培根为代表的英国经验主义心理学思想和以笛卡尔为代表的法国理性主义心理学思想，成了近代西方哲学心理学的两大主流形态。

第一节 经验主义心理学与理性主义心理学的兴起

经验主义心理学和理性主义心理学是近代哲学心理学思想的两种理论形态。前者产生于英国，后来流行于英国和法国；后者产生于法国，后来流行于荷兰与德国。

一、经验主义心理学的兴起

经验主义心理学兴起于17—19世纪的英国和法国。那时的英国与法国正处在推翻封建主义制度，逐步确立资本主义统治的时期。在这一时期，英、法的封建生产关系逐渐解体，资本主义生产方式逐步确立，资产阶级逐渐掌握了国内外贸易和国民经济的命脉。政治上，英国通过17世纪的革命，法国通过18世纪的革命，新兴的资产阶级先后从封建地主手中夺取了政权，建立了资产阶级共和国。科学上，自然科学有了长足的进步，开始形成独立的科学部门的一些分支，如生理学、解剖学和医学，并取得了可喜的成果。特别是力学、数学和天文学，均获得了巨大的成就。这些科学成果促进了人的思想解放，为近代唯物主义批判封建神学和经院哲学提供了科学依据。

在哲学上，经验主义心理学力图把科学和哲学从宗教神学和经院哲学的束缚中解放出来，使哲学向自然和理性回归。由于英法两国政治经济发展的不平衡，资产阶级力量的强弱不等以及它们所处的地位不同，经验主义心理学又产生了不同的哲学派别。当新兴资产阶级力量不够强大、尚不敢公开同封建势力决裂的时候，法国出现二元论的哲学。当进入资产阶级革命高潮的时候，加上自然科学中只有力学、数学比较发达，处于分门别类的研究、大量收集材料的阶段，因而英法两国近代早期哲学都是以机械唯物主义为基本形态，如英国的霍布斯、洛克和法国的孔狄亚克和拉·美特利等人。当资产阶级夺取政权，逐渐走向保守的时候，他们又抛弃了唯物论，重新主张唯心论和不可知论，如英国的贝克莱和休谟。此外，哲学形态与各国的传统也有着密切的关系。英国是经验论的故乡，因为英国从13世纪出现唯名论以来，就比较注重经验的研究。近代自然科学的最初发展也偏重在经验科学方面，所以英国一直保持了经验论的传统。而欧洲大陆几个主要国家（荷兰、德国等）的近代哲学常常是唯理论。其原因主要是这些国家自中世纪以来一直是天主教会和正统经院哲学势力的中心，深深地受到了文艺复兴时期古典理论的影响，而以后发展起来的又主要是理论的科学。

17—19世纪英国和法国的经验主义心理学思想主要有以下四个特点。

第一，英法两国心理学仍属于哲学心理学思想的范畴。因为，此时除了力学和数学外，其他科学要么还没有产生，要么就是还处于萌芽状态。同时，心理学尚缺乏科学的实验根据，还没有成为一门独立的科学，所以仍属于哲学的一个组成部分。

第二，英法两国心理学的理论主要来

源于笛卡尔和洛克两派的哲学思想。英国的贝克莱和休谟就是利用洛克的缺点或当时解决不了的难题，在心理学中否定唯物论，主张主观唯心论和不可知论的。相反，法国唯物主义心理学家则继承和发展了笛卡尔二元论中的唯物主义思想和英国资产阶级的唯物主义，特别是洛克的经验论。马克思曾经指出："法国唯物主义有两个派别：一派起源于笛卡尔，一派起源于洛克。……这两个派别在发展过程中是相互交错的。"（马克思 & 恩格斯，1995，V2，p.160）牛顿力学不仅支配了当时和后来的自然科学的发展，而且深刻地影响了这一时期的哲学心理学。许多人就企图把心理现象一律归结为机械运动，一概用力学规律加以解释，而把机械唯物主义心理学思想推向前进。

第三，英法两国心理学思想主要以经验论为主要理论特征。经验论在 17 世纪萌芽，到了 18 世纪才逐渐占据优势。经验论心理学思想有两种表现形式：一种是联想主义，主要是在英国产生和发展起来的；另一种是感觉主义，主要是在法国进一步发展起来的。经验论的心理学思想发源于英国，主要发展于法国，并形成感觉主义心理学。经验论、联想论和感觉论的心理学的哲学基础各有不同，有的是唯物论，有的是二元论，有的甚至是唯心论，但是它们都成了近代不同心理学思想发展的起点和方法论基础。

第四，英法两国心理学思想都以机械决定论为理论模式。机械决定论是一种以力学为基础来解释自然、社会和精神现象因果关系的机械图式。古希腊只有前机械论的思想，中世纪出现了机械论观点以及各种过渡形式，进入 17 世纪后，机械决定论思想成为欧洲思维方式的重要特征，18 世纪法国唯物论者则将机械决定论思想推向了极端。这与当时的生产方式有关，同时也与古典力学的巨大成就有关。当时心理学家以力学规律来解释各种心理现象，将心理现象归结为机械运动。这种机械决定论推翻了古老的灵魂观念和神学目的论，提供了唯物主义哲学的思维模式。但是，它也否定了偶然性，否定了人的主观能动性。

二、理性主义的兴起

理性主义兴起于 17—19 世纪的荷兰与德国。

荷兰于 1609 年成立了欧洲历史上第一个资产阶级共和国。革命胜利后，荷兰经济得到了迅速发展，商业、航运业、手工业等空前繁荣，很快成为欧洲经济最发达的国家。在此基础上，荷兰的科学、文化、艺术和教育事业也迅速发展起来。但是，荷兰的资产阶级革命还不能与英国资产阶级革命相比，因革命力量软弱，同时与封建保守势力的矛盾并未完全解决，国家首脑仍由奥兰治家族世袭。封建教会仍占据着统治地位，肆意干涉政治文化生活。一些进步思想家也常常受到迫害。在当时，荷兰当局下令禁止讲授笛卡尔哲学思想，宣布霍布斯的《利维坦》为禁书。因此，17 世纪前半期荷兰还面临着进一步反封建的任务。这一任务在思想领域的突出表现，就是为反封建教会和宗教神学的统治而斗争。斯宾诺莎正是在这一历史背景下产生的进步思想家和心理学家。

德国在17、18世纪是欧洲一个比较落后的国家，是一个封建君主专制的农业国。经济上，手工业生产占绝对的优势，大工业还处于起步阶段，资本主义生产关系发展很慢，封建主义生产关系仍居于统治地位。政治上，统一的政权还没有出现，许多封建小王朝各自为政，常年战争，关卡林立，交通闭塞，全国长期处于封建割据的状态。发展较晚、先天不足的德国资产阶级虽有进步和革命的要求，但既怕封建贵族，更怕广大人民，具有软弱性和妥协性的特点。它对封建专制的统治深为不满，但对资本主义社会的向往只停留在思想上，不敢付诸于行动。新兴资产阶级采用曲折的方法，从自然科学中吸取辩证法发展的观点，用思辨的方式来表达进步的要求，取代革命的实践。另外由于欧洲大陆的历史传统等原因，德国在近代相当长的时期里就形成了理性主义心理学。

进入19世纪40年代，德国资本主义有了较快的发展，激进民主派便提出建立资产阶级共和国的要求，因而德国的古典哲学就由唯心主义辩证法的思想传统转向唯物主义，费尔巴哈是其中的主要代表。这时的心理学也开始从哲学思辨走上了经验科学的道路。

17—19世纪荷兰和德国的理性心理学直接来源于笛卡尔、斯宾诺莎、莱布尼兹等。它有两种理论形式。①官能主义。它兴起于古代，盛行于18世纪，沃尔夫将官能心理学系统化，提出心灵结构二分法（认知官能和欲求官能）。提斯顿则把人的心理分为理解、感情和意志三种官能。康德又把人的心理分为认识、感情和欲望三种官能。②统觉心理学。莱布尼兹最早提出统觉，把统觉视为自我意识。沃尔夫认为统觉类似于注意。康德把统觉看作人的一种先验的综合统一的认识能力。赫尔巴特提出统觉团学说，认为统觉历来都是观念群集所类化的意识，肯定已有知识经验对人的意识对象和注意中心的制约性。

第二节 经验主义心理学的主要代表人物

一、霍布斯

霍布斯（Thomas Hobbes，1588—1679）是近代英国唯物主义哲学家和政治法律理论家，被称为"经验心理学之父"，主要著作有《利维坦》（1651）、《论物体》（1655）、《论人》（1658）等。

霍布斯主要活动于17世纪40年代至17世纪80年代。当时正是壮大起来的英国资产阶级向封建统治者进行夺权的政治革命时期。他根据力学、数学的科研成果，克服了培根的双重真理论，把唯物主义和无神论思想结合起来，建立了近代第一个完整的机械唯物论体系。霍布斯提出了以下一些主要的心理学观点。

第一，霍布斯对人的许多心理现象做了唯物主义的分析。他认为世界是物质的，感觉是一切知识的开端，而感觉来源于外界物体的运动。这样，霍布斯抛弃了对灵魂实体的神学思辨，将心理同身体和脑视为不可分割的东西，主张用自然法则来说明各种具体心理现象。但是，他忽略了人在认识过程中的能动性与主动性，不懂得感性认识向理性认识的飞跃过程。这使他的唯物主义经验论的心理学思想掺杂了某些唯理论和唯名论的观点。

第二，霍布斯还初步论述了联想的本质和种类。他认为，联想是过去一些观念连续运动的结果。人的思想或观念的前后相连，是受过去经验制约的。

二、洛克

洛克（John Locke, 1632—1704）是近代英国唯物论哲学家、政治家、经济学家和教育学家，是英国经验心理学思想的创始人，也是近代欧洲联想主义的倡导者，主要著作有《人类理智论》（1690）。

洛克建立了近代第一个唯物主义经验论的认识论体系，但同时他又向唯心主义和宗教做了很大的让步，从而使他的唯物主义具有很大的不彻底性。洛克提出了以下一些哲学心理学思想。

首先，洛克主张经验论的哲学心理学思想。洛克从唯物主义经验论的观点出发，坚持经验是人的心理和一切知识的来源，用较大篇幅批判了笛卡尔的"天赋观念论"。他明确指出，心灵中没有天赋的原则。洛克提出了"白板说"。在他看来，人的心灵好比一块白板，上面没有任何记号、任何观念；后天的一切观念、知识都是由于经验的作用在心灵上刻下的印迹。但是，洛克对"天赋观念说"批判得并不彻底，他的"白板说"仍然是直观的机械的反映论。洛克认为有两类经验：一类是外部经验，即感觉，它是由客观外部对象刺激我们的感官所引起的，如关于颜色、声音、大小、形状、运动等观念；另一类是内部经验，即反省，它是通过对人的"心灵"的内部活动的体验而得来的，如知觉、思维、怀疑、信仰、推论、认识、意欲以及人心的一切作用。洛克认为，反省虽然不同于感官，但很相似，也可以说是内部感官。

其次，洛克对观念的性质和种类做了探讨。洛克认为，观念是人所意识到的一切心理现象。他将观念分为两类：一类是简单观念，这是一种最单纯、明晰、不可再分的观念；另一类是复杂观念，这是一种由几个简单观念组合而成的观念。

最后，洛克对联想主义心理学作了开拓性阐发。联想一词，在欧洲心理学史上是洛克最先提出的。他认为，观念的联想有自然的联合与习得的联合两种。他尤为重视后者，认为习惯是使观念联合的一种力量。洛克除了用联想的原则说明观念的联合而外，还用它解释情绪的形成及其对儿童教育工作的重要性。他认为妖魔鬼怪的观念，实际也可以与光明相联合，不一定非得与黑暗相联合。通常小孩遇到黑暗就怕有鬼，那是由于人们常对小孩说黑暗处有鬼造成的。同时，洛克还扩大了联想的概念，认为一切简单观念都可以通过联想活动组成复杂观念。

洛克是近代唯物主义经验论心理学思想的典型代表和联想主义心理学的倡导者，对后来英国和法国影响很大。

三、贝克莱

贝克莱（George Berkeley，1685—1753）是近代西方主观唯心主义的鼻祖，是英国唯心主义经验论心理学思想的主要代表；主要著作有《视觉新论》（1709）、《人类知识原理》（1710）等。

在心理学上，贝克莱首先对心理本质做了主观主义的解析。他利用洛克唯物主义经验论思想的内在矛盾和不彻底性，否认心理是客观存在的反映，主张心理是主体精神世界的产物，存在也是人的心理作用的结果。由此他得出了主观唯心主义的公式："存在就是被感知。"从而否定了客观世界的存在。

其次，贝克莱坚持用联想的原则解析心理现象形成的机制。贝克莱在否认客观世界而把经验说成唯一存在的时候，常常用联想的原理来说明各种心理现象的形成过程。他认为，人的观念有三种：一是由感觉直接得到的观念；二是由内心的情感和作用（自我反省）感知的观念；三是借

助于记忆和想象形成的观念。这三种观念的形成都是和人的联想分不开的。在他看来，许多心理现象都不过是观念或感觉的各种不同的结合而已。

最后，贝克莱对空间知觉提出了一些有价值的见解。他从经验和联想的原则出发，主张空间知觉是视觉、触觉和动觉印象之间经验联合的结果。

四、休谟

休谟（David Hume，1711—1776）是近代英国不可知论哲学家、历史学家和经济学家，也是唯心主义经验论的心理学思想家。休谟的主要著作有《人性论》（1739—1740）、《人类理智研究》（1748）等。

第一，休谟对知觉的本质和种类做了剖析。他把世界的一切都归结为主观现象或经验，强调知觉是心理学研究的唯一对象。休谟认为，根据强度和生动性的标准，知觉可以分为两类：印象和观念。印象是指当前进入人心灵的最生动最强烈的知觉，包括所有初次出现于心灵中的一切感觉、情感和情绪。观念是指对象未在眼前时心灵中的经验，指我们一切感觉、情感的情绪在思绪和推理中的微弱意象。休谟认为，观念和印象的差别在于知觉刺激心灵的强度和生动程度的差别。休谟还认为，根据结构的繁简来分，知觉也有两类：简单知觉和复杂知觉。所谓简单知觉，即指不能再行区别和分析的知觉，包括简单印象和简单观念。所谓复杂知觉，即指由简单知

觉直接组合或加工制造而形成的知觉，包括复杂印象和复杂观念。

第二，休谟对联想的功能、形成及其原则也做了分析。在休谟看来，联想就是观念联合的功能。他把联想归结为两种模式：一种是由若干简单观念联结成的复杂观念；另一种是由各种观念之间的吸引而联结成的复杂观念。这种吸引力，休谟认为是各种简单观念结合的纽带。休谟还认为，联想虽然需要吸引力，但是吸引力并不能必然导致联想。这说明联想的形成不是无原则的，而是有规律的。在他看来，联想的形成有三条法则：相似律、时空接近律和因果律。例如，看到一张照片便会自然地想到原物（相似性），说到一座建筑物的某一个房间便自然地问起或说到别的房间（接近性）；想到一个伤口便难免想到由此而产生的痛苦（因果性）。

综上所述，贝克莱和休谟的心理学思想都属于主观唯心主义经验论的范畴，在很大程度上影响了马赫主义和西方一些心理学流派的发展。但另一方面他们又都是近代联想主义心理学的先驱，对心理学的问题如空间知觉的形成、印象与观念的区分以及联想的本质、种类和规律的分析等都发表了一些有价值的看法，促进了联想主义心理学的进一步发展。

五、拉·美特利

拉·美特利（Julien Offray de la Mettrie，1709—1751）是18世纪法国唯物主义哲学心理学思想的早期代表，主要著作有

《心灵的自然史》（1745）、《人是机器》（1747）、《人是植物》（1748）等。拉·美特利心理学思想的主要内容包括以下几个方面。

首先，拉·美特利提出"人是机器"的著名论断。他在笛卡尔"动物是机器"的思想基础上，进一步肯定"人也不过是一架机器"。拉·美特利纠正了笛卡尔割裂人与动物的偏向，恢复了人与动物的联系，但是他又抹杀了两者的区别，完全抹杀了人的社会性与能动性，陷入了机械唯物主义的错误境地。

其次，拉·美特利肯定心理是一定物质的属性。拉·美特利指出，心灵的一切机能，直到意识为止，都只不过是以身体为转移的东西。但是，由于他不了解社会实践在人的心理发展中的作用，把思维仅仅看作机体的机械运动的一种表现，这不仅反映了机械唯物论的观点，而且必然最终要陷入唯心主义的泥潭。

最后，拉·美特利坚持感觉是认识的唯一源泉。他否定了笛卡尔的天赋观念说和洛克的反省说，坚持彻底的感觉主义思想。

六、爱尔维修

爱尔维修（Claude Adrien Helvetius，1715—1771）是18世纪法国唯物主义哲学心理学思想家。他的主要著作有《论精神》（1758）、《论人的理智能力和教育》（1772）等。爱尔维修心理学思想的主要内容包括以下几个方面。

首先，爱尔维修坚持一切心理活动来源于感觉的思想，主张心理活动的来源只能是外部客观世界，并认为感觉能力本身乃是高级组织的物质的反映。他认为，人具有接受感受性和记忆两种能力，而记忆无非是一种持久的、被削弱的感觉，思维则是感觉互相作用的结果。这种片面地夸大感觉的作用，把一切心理现象都归结为感觉的堆积的思想，是典型的机械唯物论的感觉主义心理学思想的表现。

其次，爱尔维修指出情绪和需要的联系及其对行为的推动作用。爱尔维修认为，需要产生欲望，人对欲望满足与否的体验，则产生各种情绪。他还把情绪看成是促使人们做出伟大行为的强大动力。

最后，爱尔维修强调环境和教育对人的性格形成的决定作用。爱尔维修反对先天决定论，强调环境和教育对人的心理发展的影响作用。但是他不懂得环境正是由人来改变的。至于把改革的希望完全寄托于教育，就必然要陷入"教育万能论"的历史唯心主义的境地。

七、霍尔巴赫

霍尔巴赫（Paul Heinrich Dietrich d'Holbach，1723—1789）是 18 世纪法国唯物主义哲学心理学思想的集大成者，是"百科全书"派的主要人物之一，主要著作有《自然的体系》（1770）、《健全的思想》（1772）等。霍尔巴赫心理学思想的主要内容包括以下几个方面。

首先，霍尔巴赫提出了观念是"对象的映象"的见解。他从反映论的观点出发，进一步探讨了人的心理活动的具体过程。他认为一切心理现象只能是对象的映象，引起映象的对象刺激或者来自外因，或者来自一些对感官发生持久或暂时的影响的内因。

其次，霍尔巴赫坚持心理是脑的机能的观点。他认为，人的心理活动是某些有机体的生物所特有的机能，也就是说，这些生物是以一些特定的方式组成的，从其中产生出一些特定的活动方式。进而他指出，人的感觉、知觉、观念、记忆、想象、思维、情感和意志等心理现象，都是人脑的机能、属性和产物。

最后，霍尔巴赫强调感觉在整个心理活动中的特殊作用。他认为，感觉是在我们身体上的第一种机能，也是派生出其他一切机能的那种机能。他认为，在我们感觉之前，我们既不能思维，也不能有观念。一切心理活动都是在感觉的基础上产生和发展起来的。

第三节 理性主义心理学的主要代表人物

一、笛卡尔

笛卡尔（Rene Descartes, 1596—1650）是法国著名的哲学家、数学家、物理学家和生理学家，也是近代欧洲哲学心理学思想的创始人之一。笛卡尔的主要著作有《指导理智的规则》（1628—1629）、《形而上学的沉思》（1641）、《哲学原理》（1644）、《论心灵的各种感情》（1649）以及《论人》（1664）等。

笛卡尔主要生活在17世纪上半叶的法国。当时封建王权十分强大，资产阶级力量比较薄弱，因而在政治上笛卡尔一方面对在封建反动势力统治下的法国的现状极为不满，企图为科学的发展向宗教争夺地盘，但另一方面又十分保守，不敢公开反对现存制度。

笛卡尔的二元论哲学正是这一进步性和软弱性、妥协性的反映。他在"物理学"中认为物质是唯一的实体，是存在和认识的唯一根据，把机械运动看作物质生命的表现，从而奠定了近代机械唯物论的基础；但在"形而上学"中他又承认思想独立于物质，所谓"我思故我在"，只有理性才是真理的唯一尺度，并把物质和精神都归结为上帝的产物。这就使笛卡尔的二元论最终倒向了唯心主义的唯理论。但是，笛卡尔在心理学史上是有贡献的，对后来的心理学也是很有影响的。

首先，笛卡尔提出了反射和反射弧的观念。笛卡尔从机械决定论的观点出发，根据力学原理和解剖实验以及受哈维（William Harvey, 1578—1657）关于血液循环的机械解释的启发，提出了"动物是机器"的著名论断，提出了刺激反应的假设，揭示了反射和反射弧的本质。反射概念的产生是笛卡尔把光学和力学模式引入生理学的结果，也是他把唯物主义决定论原则应用于有机体与外部世界因果关系上的表现。在他看来，动物和人的身体这架特殊的自动机的运动是有规律的。依据笛卡尔的推测，动物和人的神经和肌肉的反应，都由感觉器官的刺激引起，有着内导和外导的特殊机制。这是欧洲历史上第一次提出关于反射和反射弧的概念。所以俄国生理学家巴甫洛夫认为笛卡尔是反射学说的奠基人之一。

其次，笛卡尔主张心身交感论。在心物关系上，笛卡尔认为，世界上除了物质实体以外，还有精神实体。精神实体的本质只是思维，不占任何空间。物质只占空间，不能思维。动物不能思维，只有人才能思维，因此人兼有两种实体：人的身体是由物质实体构成的，人的心灵是由精神实体构成的。这就是笛卡尔的二元论。在他看来，心灵和身体既是两个完全不同的东西，又是可以相互影响、互为因果的东西。所以心灵和身体是结合在一起的，是可以互相作用的。

最后，笛卡尔对情绪的本质、种类和机制等问题做了专门的论述。他认为，情绪是人的内在经验。他指出，情绪不是心灵的主动状态和功能，必须由外部刺激物来激发。笛卡尔认为人有六种原始情绪：惊奇、爱悦、憎恶、欲望、欢乐和悲哀。在原始情绪问题上，笛卡尔坚持的是唯物主义决定论的原则，认为这些原始情绪均和一定对象相联系。

综上所述，笛卡尔的心理学思想是二元论的。这个二元论虽然在理论上是错误的，但是在当时宗教和神学占统治地位的条件下，它还是具有进步作用的。笛卡尔利用双重真理论，摆脱了神学对科学的控制，促进人们从对灵魂的玄学争论转变到对人体机器功能的理性思维和具体研究上来，在生命活动的最复杂的领域中为决定论的新方法论开辟了新的前景。

二、莱布尼兹

莱布尼兹（Gottfried Wilhelm Leibniz，1646—1716）是德国近代哲学的先驱，是近代德国理性心理学思想的始祖，主要著作有《关于实体的本性和交通的新系统》（1695）、《人类理智新论》（1765）、《神正论》（1710）和《单子论》（1714）等。莱布尼兹心理学思想的主要内容包括以下几个方面。

首先，莱布尼兹提出"单子论"的心理本质观。莱布尼兹针对唯物主义的机械实体观的缺陷，提出了"单子论"实体观。他以为，单子是无限的、不可分割的、能动的精神实体，是建构整个世界的基础。物质只是单子的外部表现；心灵则是人体中最高级的单子。心理不是通过感官发生的，也不是外界对象作用的结果，而是心

灵自身所固有的潜在观念的显现。心灵原来就包含着一些概念和学说的原则，它们是作为倾向、禀赋、习性或自然的潜在能力而天赋在我们心中的，并不是作为现实作用而在我们心中的。所以只有当感官和外界对象相遇的时候，它们就像火花一样显现出来，从潜在状态变成明晰观念，从而产生了心理。实质上，莱布尼兹关于心理本质的单子论是一种典型的客观唯心论。他以单子论的形式恢复了笛卡尔的天赋观念说。

其次，莱布尼兹提出"预定和谐"的心身平行论。在心身关系上，他反对笛卡尔的交感论，提出了"预定和谐"的平行论。他认为，单子是孤立封闭的，彼此之间无直接的物理影响，但通过上帝的事先安排，整个世界的单子在发展过程中是协调一致的。这种"预定和谐"的心身平行论否认了精神产生于物质的唯物论的因果观。

最后，莱布尼兹提出微觉和统觉的学说。在他看来，心灵是个发展过程。由于产生心灵的单子具有知觉这一精神属性，因而根据知觉明晰程度和性质的不同，可以把单子或心灵的发展分为不同的连续等级或系列：①最低级的单子，如无生物，只有一种微觉，几乎是无知觉、无意识的，处于模糊和昏睡的状态；②较高一级的单子，如动物，处于"感性灵魂"的阶段，具有比较清晰的知觉和记忆；③更高一级的单子，如人，除了知觉、记忆以外，还有统觉。统觉就是感知自身内在状态的意识或反思，也就是指自我意识。

综上所述，莱布尼兹在欧洲心理学史上有着相当大的贡献。他的心理学思想是近代德国唯理论心理学思想的开端，是18、19世纪心身平行论的来源，虽然带有内省学派的痕迹，属于客观唯心论和形而上学的范畴，但也具有某些辩证法的因素，如强调心理活动的主动性、自因性和统一性。他第一次提出统觉的概念，对康德、赫尔巴特和冯特等德国心理学家有直接的影响，对格式塔心理学、弗洛伊德精神分析等现代西方心理学流派也有间接的影响。

三、康德

康德（Immanuel Kant，1724—1804）是德国古典哲学的创始人，也是批判的认识心理学的建立者，主要著作有《论脑病》（1764年）、《对于美和崇高的感情的观察》（1764年）、《纯粹理性批判》（1781年）、《实践理性批判》（1788年）、《判断力批判》（1790年）和《实用人类学》（1798年）等。

康德心理学思想主要来源于莱布尼兹、沃尔夫和休谟，他在心理学史上虽然没有特别重大贡献，但仍有不可低估的影响。

首先，康德坚持知情意三分法。他根据官能心理学的标准，将心理活动分为认识、感情和欲望是三种基本的心理官能。这三种官能是各自独立存在的，其中任何一种都不是由其他一种派生的。这个三分法体现在他的"批判哲学"的三部著作中：《纯粹理性批判》主要讲认识论，相当于认识活动；《判断力批判》主要讲美感，相当于感情；《实践理性批判》主要讲伦理学，相当于意志活动。

其次，康德创建了认识心理学。康德既反对莱布尼兹那种只承认普遍性、必然性的"独断"见解，也反对休谟那种只承认感觉经验的片面观点，力图将唯理论和经验论结合起来，建立一种所谓"批判的"认识心理学。它的全部内容，就是要在进行实际认识活动之前，对人的认识能力做一番"批判"的考察，从而确定人的认识能力的限度和方式。

最后，康德提出了统觉原理。这也是康德认识心理学中的一个极其重要的组成部分。为了克服经验论那种把心理视为被动式反映的缺点，康德突出地强调人的意识的能动性。他认为，统觉是人的一种先验的综合统一的认识能力，没有统觉的综合统一，就不可能产生概念的综合、想象的综合、知觉的综合。其结果必然是认识对象不能形成，经验对象不能存在，科学知识不能获得。康德认为，客观的统一依赖于主观的统一，意识的综合统一是一切知识的客观条件。显然，这是主观决定客观、形式决定内容、思维决定存在的一种先验论。但是，意识的整合作用毕竟是存在的，至今仍然是心理学中值得研究的一个问题。

总之，康德心理学思想虽有唯物的因素和辩证法的成分，但基本上属于唯心主义先验论的范畴。他对经验心理学的批判，他的心理活动的三分法，强调心理的主动性和统觉，对后来心理物理学、意动心理学、二重心理学、认知心理学和现代一些心理学流派都有不同的影响。

四、赫尔巴特

赫尔巴特（Johann Friedrich Herbart，1776—1841）是德国近代哲学家、心理学家，被誉为"科学教育学之父"，有关的心理学主要著作有《心理学教科书》(1816)、《作为科学的心理学》（1824—1825）和《关于心理学应用于教育学的几封信》(1831)等。赫尔巴特在心理学史和教育史上都有重要的影响。

首先，赫尔巴特最早宣称心理学是一门科学。他主张心理学应该和哲学、生理学区别开，心理学应当用特殊的方法研究自己特定的对象。但这不是说心理学可以脱离哲学的指导，相反它却要以一定的哲学为基础。赫尔巴特认为，心理学不是实验的科学，而是经验的科学。其原因有三点：第一，经验是科学的属性，所以科学心理学不能不建立在经验之上；第二，心理学虽然是一门科学，但仍然属于哲学性质的科学；第三，心理学无须涉及生理学，因而不能采取实验法，只能运用观察法和计算法。可见，赫尔巴特的心理学不同于康德的先验心理学，具有英国经验心理学的色彩。

其次，赫尔巴特将观念及其相互联合与斗争纳入心理学的基本范畴。他认为，灵魂的本质是不可知的，我们只能知道灵魂的现象，即观念。人的全部心理活动，都不过是各种观念的活动。

最后，赫尔巴特提出意识阈的概念。

他认为，由于观念具有引力和斥力的关系，人们只能意识一定的对象或注意有限的范围，不能同时注意两个观念，除非它们联成一个复杂的观念。意识阈是指在任何时候占意识中心的观念只容许与它自己可以和谐的观念出现于意识上，而将与它不和谐的观念抑制下去。意识不是全部心理生活，在意识阈限以下，称为无意识活动。赫尔巴特还认为，意识阈并不是固定不变的，因为意识和无意识是可以互相转化的。随着时间的变迁，意识阈限上的观念可以转入阈限下而成为无意识。相反，被抑制的观念，可以通过有关的意识观念的吸引从意识阈限下进入意识阈限上。

综上所述，赫尔巴特对心理学的发展还是有不少贡献的。他否认心理内容的客观来源，否认心理本质的可知性，否认心理生理基础的研究，所以，他的心理学思想是属于唯心主义、形而上学和不可知论的范畴。但是其中也有辩证法的因素，如观念的对立与融合的思想、意识阈限转化的思想等。此外，他的无意识说和意识阈概念，对心理活动研究的数量分析，对费希纳心理物理学和弗洛伊德的精神分析都有直接的影响。他的教育心理思想，特别是统觉团说对世界各国的教育学和教学方法都产生过巨大的影响。

五、洛采

洛采（Rudolph Hermann Lotze，1817—1881）是近代德国哲学心理学家，也是实验心理学建立以前的最后一位哲学心理学家，主要著作有《医学心理学》（1852年）、《心理学大纲讲演笔录》（1881年）。洛采心理学思想的主要内容包括以下几个方面。

第一，洛采提出要注意研究心理的生理基础问题。他从二元论的观点出发，既承认物质是客观存在的，又承认心灵是真实存在的，两者的活动都是通过脑互相作用的。因此，洛采提倡研究心理的生理基础，主张运用生理学来解释心理活动，对当时生理心理学的研究起到了推动作用。

第二，洛采提出了空间知觉的部位记号学说。这是洛采有关空间知觉形成的一种理论，也是他在心理学史上有影响的一个方面。所谓部位记号说，是指空间知觉是由于接受刺激的部位所留下的特殊记号，同某种运动经验逐渐结合的产物。在洛采看来，外界刺激虽然具有空间关系，但人直接得到的只是特殊感觉的经验模型，而不是空间形式。我们的皮肤上或眼睛中，无论哪一个点上的感觉，都有它自己特殊的模型。先拿触觉来说，当皮肤与外界事物接触时，由于每个部位皮肤的厚薄、软硬、紧张度和皮下组织的经验模型不同，因而每点都留下特殊的部位记号。随着肢体的移动如触摸、观察等，被刺激的部位及其记号也相应发生变化。这样，肢体多次移动及其经验模型作用的结果，最后使这些部位记号就结合成了一个空间系统（即空间知觉）。

洛采指出，人的空间知觉不是先验的空间形式的显露，也不是现实空间关系的径直的反映，而是一个依靠经验逐渐形成的过程。洛采除了促进生理心理学的发展以外，还在空间知觉方面作出了重要而权威的贡献。

第四节 联想主义心理学的建立

联想主义主要是在英国产生和发展起来的。笛卡尔、霍布斯是联想的机械论模式的先驱。联想这个术语是洛克最早提出来的。贝克莱说明观念的形成依赖于联想。休谟探讨了联想的机制和法则。这都为联想主义心理学奠定了理论基础。英格兰和苏格兰的联想主义者在此基础上创立和发展了联想主义心理学。

一、哈特莱的联想主义心理学思想

哈特莱（David Hartley，1705—1757）是18世纪进步的思想家，是联想主义心理学的创始人。他出身于英国一个牧师家庭，深受霍布斯、洛克和牛顿的影响，喜欢自然科学，对哲学和心理学也很有兴趣，主要著作有《观念的联想》(1746)、《对人的观察》(1749)等，其中《对人的观察》是第一部系统论述联想主义心理学的著作。

首先，哈特莱坚持反映论原则。在心物关系上，哈特莱反对洛克的反省说，只承认感觉是认识的唯一源泉。在他看来，儿童开始生活时，只有接受感觉经验的能力。随着年龄的增长，他的感觉经验互相联系，构成复杂的联想和哲学、宗教、道德之类的思想体系。这样，哈特莱和18世纪的法国唯物论者一样，不仅解决了洛克提出的观念的第二个来源（反省）的问题，而且坚持了唯物主义反映论的原则。在身心关系上，哈特莱虽然是一个平行论的二元论者，但是具有鲜明的唯物主义倾向。

其次，哈特莱提出神经振动说。哈特莱把牛顿的振动说应用于神经系统活动，认为神经是固体，不是空心的管，所以神经的传导不是"动物精气"的流动，而是极其细微的分子的振动。这种振动是沿着神经向前传导的。外物作用于感官引起神经上的振动，神经的振动引起脑的振动时就发生感觉。任何由外物引起的脑内振动，并不是片段行为，而是在物质刺激停止以后还会继续下去的，不过振动越来越细微，他把脑的这种细微的振动叫作微振。这些微振引起观念。他还用神经的振动解释了其他的心理现象，认为余振引起后象（如视觉正后象），过去感觉经验所引起的微振呈现记忆，微振转化为强振就使梦中产生强烈观念。

在哈特莱看来，生理不是心理的物质基础，而是心理的对应物。观念和感觉的区别，并不在于观念的相应振动小于感觉的相应振动，而在于引起观念的振动最初是由神经内振动所引起并永远存在于脑中的。这种把心理过程和脑的生理过程看作相互平行的对应关系，认为人的身体结构内有灵魂独立存在的位置，这种观点显然是二元论。

但是，必须看到，哈特莱用神经振动说代替传统的"动物精气"说，强调对心理现象进行生理分析，强调感觉对外在刺激的依赖性，不仅符合唯物主义的观点，而且是他在心理学史上的一大功绩。因为17世纪的思想家，不论是唯物主义的还是唯心主义的，他们只是力图说明心理现象在整个世界图景中的地位；而18世纪的思想家则主要探索机体内部心理过程和神经过程联系的道理，也就是从17世纪的心理物理学问题的研究转向18世纪的心理生理学的研究。在这方面，尽管哈特莱心理的生理解释是不科学的，但他却是一个生理心理学的开创者。

最后，哈特莱创建了联想心理学的体系。在哈特莱之前，联想多半局限在观念范围之内。他认为，联想的意义在于联合。不仅感觉、观念和观念之间可以形成联合，而且观念和动作、动作和动作之间也可以形成联合。比如，观念和动作联合形成意志行动，动作和动作联合形成技能、技巧、感觉，快乐或痛苦和观念联合形成情绪。可见，一切心理现象都是联想作用的结果。所以，哈特莱主张用联想作为解释所有心理现象的基本原则。

哈特莱十分重视联想的作用，并坚持

用联想来解释各种心理现象。他认为，联想有两种：同时性联想和相继性联想。这两种联想对观念的融合非常重要。联想不仅可以组合为复合观念，而且可以集结为具有新性质的复杂观念。这种心理混合说，是后来的心理化学的前身。

哈特莱力图用神经振动说来解释联想的生理基础。他认为，联想是原来的神经振动痕迹作用的结果。如果外物刺激在相近的时间内引起感觉 A，B，C，D 的脑内振动，并由此相互发生联系，那么这些振动变为微振后的 a，b，c，d 也自然是相互联系着的。以后感觉 A 的振动，就能引起和它联系的感觉 B，C，D 的观念 b，c，d。从观念方面说，就是观念的 a 会顺序地引起观念的 b，c，d。这就是说，观念的联系是由于观念的生理基础（振动）的联系。

哈特莱对联想的法则进行了整理，把传统的三大规律归结为一个规律：接近律。在他看来，所有相似观念，必然都有共同的成分。如在两个相似观念的组成部分 A，B，C，D 和 D，E，F，G 内，D 就是其中共同的组成部分。因为 D 和这两个相似观念的其他成分具有接近的关系，这样，第一个观念 D 成分的作用，就可引起第二个观念。同样，所有对比观念，也必然都有共同的成分。如"美"与"丑"这两个对比观念虽然是根本对立的，但却都是用以表示评价的名称。如果两个观念彼此毫无共同的成分，那么它们就根本不可能发生对比的关系。由此，哈特莱把对比观念也看作接近联想的衍生物。所以哈特莱指出，接近律是联想的根本规律。

此外，哈特莱又提出联想的三条副律：第一条，复杂观念的性质不是简单观念性质的算术和，而是具有新的性质，如多种药味合成的味；第二条，由于多次重复的原因，本来有意识的活动，最后可能变成无意识的活动，这被哈特莱称为"次起的自动化活动"，如说话时的发音；第三条，有些观念的强度和生动性有时可以感染到与其相联系的其他观念。哈特莱认为人的同情心、怜悯心以及高尚品质的形成都和这种联想有关。一切心理现象都是联想作用的结果。

综上所述，哈特莱坚持反映论原则，强调心理对生理的依存性，提出神经振动说，开创生理心理学，特别是对联想的本质、机制、种类、作用和规律等一系列问题的论述，已经形成一套比较完整的联想主义心理学的理论体系。因此，哈特莱不愧为近代联想主义心理学的创始人。他对 19 世纪的英国联想主义和德国冯特的心理学都产生了不少影响。

二、布朗的联想主义心理学思想

布朗（Thomas Brown，1778—1820）是苏格兰学派的杰出代表。布朗除了继承苏格兰学派的传统以外，还受到英格兰联想主义的影响，主要著作有《人的心灵哲学》（1820）。

本来苏格兰学派站在维护正统宗教信仰的立场，恪守灵魂是一个统一的精神实体的信条，既反对休谟的怀疑主义，又反对霍布斯的唯物主义和联想主义，竭力宣扬官能主义的心理学，但是主观唯心主义经验论的联想主义和宗教教条并无根本矛盾，因此，为了具体说明人的心理活动，布朗做了一些调和，既坚持心灵的统一性和主动性，又吸收了很多联想主义心理学的观点，促进了联想主义心理学的发展。

首先，布朗用提示一词替代联想的概念。布朗认为，提示就是由此及彼，互相引起，也就是一个思想引起另一个思想，一个观念引起另一个观念。这是心的主动作用，不是观念之间黏合力的联结功能。在他看来，观念的联合或联想意味着几个经验合为一体，而实际精神生活中并没有这种复合的现象。布朗用"提示"表明了他是苏格兰派而不是英格兰派。布朗把"提示"分为两种：一种是简单提示，即一般人所谓的联想，用以解释记忆、想象、情感、情绪的相联，如听到朋友在隔壁说话声而想到他的面容；另一种是关系提示，也就是知觉或设想两个对象时立即觉察到它们之间的相互关系，用于判断、比较、推理和类化等复杂的心理历程，如看两个东西时觉得这个比那个大。他认为，这种关系感虽然是直接觉察的、没有任何中介的心理过程，但是它并不是感觉而是完全新的经验、判断、推理和抽象等的关系提示。

其次，布朗提出心理化学的见解。当时现代化学已经开始强大起来。布朗认为化学是以研究同时联想为题的一个指南或范例。在他看来，由"提示"引起的复杂心理状态，不只是集合而是融合。它具有与构成它的成分的性质不同的一种性质。

许多感觉、情绪、观念都是化合物，需要加以分析，而且这些化合物具有它们的要素所没有的特性。布朗这一心理化学的见解，后来被约翰·穆勒加以发挥，被冯特改名为创造性综合，被格式塔学派视为一个中心问题。

再次，布朗提出九条联想副律。布朗在接受亚里士多德关于相似、对比和接近三种联想看法的基础上，同意哈特莱把联想律归结为一条根本规律即接近律。布朗还看到，从霍布斯以来，联想主义心理学就面临着这样一个急待解决的问题，即本来任何一个观念都和其他许多观念有联系，但是在人的实际联想过程中，为什么一个观念会引起另一个观念而排斥其他的观念呢？为什么同一个观念对不同的人或同一个人在不同时期会引起不同的联想呢？传统的三大联想规律虽能指出联想的一般条件，但对这一问题却难以解决。为了解决这些问题，布朗从人的心灵统一性的观点出发，第一次提出以下九条联想副律。

①持久：我们观察客体的时间越久，记住它们的可能性就越大。

②生动：原来感觉越生动，联想就越巩固。

③频率：经验重复的次数越多，它们以后就越容易被引起。

④新近：越新近的经验就越容易回忆。

⑤对比：那些不经常的或例外的事情，容易回忆。

⑥个体差异：如有人容易想起看见过的事物，而不容易想起听见过的事物，有的人却完全相反。

⑦情绪状态：随着人们一时情绪的变化，联想的情况也会有所不同。如生气时容易想起气愤的事。

⑧生理状态：身体不好的时候容易想起悲观的事情，而身体好的时候容易想起愉快的事情。

⑨思维习惯：思想上和生活上的习惯会影响联想的内容。

最后，布朗还提出了空间知觉的学说。布朗的空间知觉学说强调了两个方面：第一，强调了知觉不仅是联结感觉资料，而且更主要的是让人具有掌握关系的潜能；第二，强调了肌肉感觉在空间知觉中的重要性。布朗认为，肌肉感觉是空间知觉的客观参照点。因为空间具有广延性，任何空间知觉都不能离开肌肉感觉。例如，观看物体大小时的眼球运动，辨别物体大小时手的触摸活动等，都说明了肌肉感觉的作用。

布朗的这一学说突出了联想的经验主义，并成为洛采和冯特关于空间经验说的直接来源。

三、詹姆斯·穆勒的联想主义心理学思想

詹姆斯·穆勒（James Mill，1773—1836）是一位政治经济学家、历史学家，也是联想主义心理学重要的传播者。他的心理学名著是《人的心理现象的分析》（1829）。詹姆斯·穆勒心理学思想的主要内容包括以下几个方面。

首先，詹姆斯·穆勒对心理现象的来源和元素做了分析。他从经验论和联想主义的传统出发，认为一切心理现象都起源于感觉，并力图增多联想的元素。在他看来，感觉是最简单的心理元素。他把感觉分为8种，除通常所说的视、听、嗅、味、触5种感觉以外，又加上了肌觉、食道感觉和解散觉。他比前人所列举的感觉种类多了一些，这说明人的心理现象是由更多的心理元素构成的，而观念则是感觉的拷贝。他认为，观念和感觉通常可以区别，感觉比观念原始些，观念比感觉发生得晚些，但有时又难以分开。他还指出，感觉和观念通过联想的作用形成各种复杂的心理现象。他把感觉、观念视为意识元素，认为意识就是这些心理状态的总称。这就是近代欧洲心理学史上元素主义的先驱。

其次，詹姆斯·穆勒对联想做了分类。与哈特莱一样，詹姆斯·穆勒也认为联想有两种：一种是同时性联想，如看到一块石头总是联想到它的硬度、颜色、形状、大小和重量，这是常见的；另一种是相继性联想，如说话时语词总是按照语言的习惯先后相继出现。他认为，感官只要一活动，便可以连续地接受感觉，感觉以后便常有以往的观念，而这些观念的背后又有其他观念。在我们的一生中，这两种感觉和观念的意识状态不断地衔接并连成一串。

再次，詹姆斯·穆勒坚持接近律是联想的唯一主律。詹姆斯·穆勒与哈特莱一样，只承认接近律是联想的主律，把因果律、相似律和对比律都归到接近律之中。他还认为，因果关系指先起事件与后起事件之间有个秩序，即这件事一定在先，那

件事一定在后，所以因果律完全可还原为接近律。詹姆斯·穆勒认为相似律难以成立，因为相似的东西，我们常是一起看见的。他主张把相似归于接近律之中，即作为这个定律的一个特例。至于对比律，也不过是相似和频率的特例而已。他说，矮子为什么能引起巨人的观念呢？我们把矮子叫矮子是由于他与某一标准差得远；我们把巨人叫巨人也是由于他与某一标准差得远。詹姆斯·穆勒除了承认接近律这一主律外，还补充两条副律作为说明联想强弱不同的原因。这两条副律是：①联想的意识状态的生动度；②联合的次数多少，即频率。

最后，詹姆斯·穆勒还坚持心理机械观。詹姆斯·穆勒认为复杂观念不是化学的结合，而是机械的结合。例如，玻璃、木料等物的许多复杂观念合成一个多层观念，即所谓窗子；进而墙、地板、窗子等这些多层观念合起来，就又成了所谓房屋的观念。世界上的万物，都是更多的复杂的与多层的观念结合的产物。所以，詹姆斯·穆勒指出，无论多么复杂的观念，都是由几个简单观念先合成多层观念，再由几种多层观念机械拼凑起来的。显然，这种心理机械观把联想主义的机械观推到了极端。

四、约翰·穆勒的联想主义心理学思想

约翰·穆勒（John Stuart Mill，1806—1873）是詹姆士·穆勒的儿子，英国哲学家、经济学家和联想主义心理学家，主要著作有《逻辑》（1836）、《汉密尔敦的哲学的考察》（1865）、《人的心理现象的分析》（1869）等。约翰·穆勒心理学思想的主要内容有以下几个方面。

首先，约翰·穆勒坚持心理的主动性和心理化学观。穆勒父子虽然都是联想主义者，但二者又有着区别。约翰·穆勒与父亲的主要区别有以下几点。一是反对心理的被动性，将联想视为主动的联结。约翰·穆勒吸收了心理统一性和主动性的思想，认为心有主动联合的要素，所以人才会把过去经验与现在经验连成一体。他认为意识不单是一系列心理状态的先后相继，而且是有主动的成分在内的。二是反对心理力学说，主张心理化学说。约翰·穆勒处在化学发展较快的时代。他用"心理化学说"取代了"心理力学说"，认为复杂观念不是简单观念的机械联结，而是简单观念的有机结合。这种结合成的新观念，具有与原先观念性质不同的新的性质，如氢与氧合成水，但水具有氢和氧都没有的新的性质。他还认为新的性质不能由原先观念的性质来预知，必须通过实际经验才可以认识到。约翰·穆勒从心理混合改为心理化合，用心理化学代替心理力学，这个意见似乎比较符合心理事实。但是，由于他否认观念的客观来源，把"物质"视为我们"感觉的一种永久可能性"，因而他的"心理化学"不过是在主观意识中寻求各个观念元素的化合过程。

其次，约翰·穆勒对联想律有相当的见解。他坚持从整个联想历程的共同基础

着眼，研究联想律的问题。他认为，各个联想律不是可以完全独立发生作用的，而是在联想的总原则下发生作用的。约翰·穆勒于1865年提出了四条联想律，即类似律、接近律、多次律和不可分律，删去了他在1843年提出的强度律。多次律的重要性，经约翰·穆勒的明确规定，逐渐为后人所接受。所谓不可分律，只是次数的极限，即如果接近性没有例外，而次数又很多时，那么其联合就成为不可分的了。

最后，约翰·穆勒提出了心理学独立的主张。约翰·穆勒是近代最后一位伟大的哲学联想主义者。在他生活的时代，心理学仍然属于哲学的一部分，因此他提出，心理学应该是一门独立的科学，主张从心理现象本身出发研究各种心理状态间的规律，并注意分清心理学和生理学的界限，认为心理学研究无须借助于生理学。

综上所述，约翰·穆勒虽然和他父亲都是唯心论的联想主义心理学家，但是他反对心理力学倡导心理化学，强调联想的主动性和联想律的共同基础，强调心理学学科的独立性等思想，在当时历史条件下还是有进步意义的。

五、培因的联想主义心理学思想

培因（Alexander Bain，1818—1903）是联想主义心理学最重要的代表，也是从哲学心理学思想向实验心理学过渡的一位承前启后的心理学家，主要著作有《感觉与理智》（1855）、《情绪与意志》（1859）和《心与体》（1872）等。他还于1876年创办过《心灵》杂志，这是世界上最早的心理学杂志。

首先，培因倡导生理心理学。他从当时的能量守恒定律出发，认为心与身是两个自我封闭的独立系统，心身相互平行，因此培因是个心身平行论者。但是，这只是他在哲学上的一种假设，其实他很重视用神经过程解释心理现象。他提出，没有神经流，就没有心。他的这种解释并不是偶然的。本来，笛卡尔和哈特莱就想从生理学入手研究心理学问题，但是由于当时科学发展的限制，笛卡尔停留在所谓"动物精气"的水平上，哈特莱也只利用牛顿所玄想的振动说。到了19世纪上半叶，由于生理学已有相当的发展，心理学可以从中吸取大量材料了。这就为培因建立生理心理学提供了良好的基础，使培因在笛卡尔和哈特莱的基础上前进了一大步。他的心理学的著作，首先讲了心理的生理基础，对神经系统、感觉器官、脑和肌肉都有详细的讨论，把反射弧视为行为的单元，对各种感觉及较高的机能也有所探讨。因此，培因的《心与体》一书自然就成了一本当时有名的生理心理学的教科书。

其次，培因对联想律和联想种类提出了一些新的见解。培因继承了穆勒父子的联想主义思想，否认心理是各种官能的总和，认为一切心理现象都是感觉印象的联结。培因不同意詹姆斯·穆勒把相似律和对比律并入接近律之中，主张联想律应包括接近律和类似律两项。他主张动作或感觉若以前同时发生，后来也可同时发生，就是可互相结合；如果有一个在意识中出现，另一个也成为观念而出现，这是接近律的表现。至于类似律，他主张也是联想的一个规律，并认为类似联想比接近联想更为重要，因为创造发明都是由于类似联想所引起的。培因还特别提出"复合联想"和"构造联想"的问题。他认为，几个单独不能引起旧经验的线索，如果合在一起，就会把那个经验引起来，这样的联想便是复合联想，而通过联想，人心还具有创作与从前经验中所阅历的事物不同的新配合，这是构造联想。

最后，培因提出了自己关于意志的主张。培因在詹姆斯·穆勒的联想理论基础上，又吸收了心的主动性的思想。他认为，人有两种动作：一种是自发的动作，即没有从感觉来的刺激而发生的动作；另一种是有意志的动作，即由意识、情绪引发的动作。培因认为，人由这种自发的动作逐步发展成为有意志的动作。究竟是什么动力推动人的活动呢？培因和穆勒父子一样，把享乐主义和联想主义结合起来，作为解释意志动作形成的原则。这些思想为后来美国心理学家桑代克的效果律提供了理论准备。

综上所述，培因用联想原则解释各种心理现象，对联想的规律、种类和动力等一系列问题都作了阐述，从而形成了一个完整的联想心理学的体系，把联想主义推到了最高峰。同时他还引出生理心理学和学习心理学的问题，为心理学开辟了新的研究领域。

本章思考题

1. 近代英、法两国心理学思想有哪些主要特点？

2. 简述笛卡尔的心理学思想。

3. 简述贝克莱与休谟的心理学思想。

4. 怎样理解霍布斯与洛克的心理学思想？

5. 如何评价 18 世纪法国唯物主义心理学的思想？

6. 简述莱布尼兹的统觉说。

7. 如何评价康德的心理三分法？

8. 简述哈特莱的联想主义心理学思想。

第五章
科学心理学的建立

第一节 实验心理学产生的背景与条件

随着历史的推进，哲学家们对心理学家们所从事的有关人的心理和行为的基本问题也同样感兴趣，开始思考用科学的方法来研究这些课题。从古希腊到19世纪中叶近2000年中，哲学的发展也已经为心理学的独立酝酿了必要的条件。另外，19世纪自然科学的研究成果及方法更为直接地促进了心理学这门新学科的形成。唯物主义、机械主义、经验主义等哲学思想与实验、测量这些科学手段紧密结合，极大地推动了19世纪30年代生理学的发展。总之，哲学为心理学的独立提供了观点和体系，生理学则运用实验方法来研究作为心理现象之基础的生理机制，并逐渐发展为研究心理现象本身。

一、实验心理学产生的科学背景

19世纪，西方科学的发展已经有了长足的进步。当时的天文学、生理解剖学以及物理学等许多自然科学已经获得巨大的进展。它们确立了科学的权威地位，同时也为心理科学的独立创造了条件。这些学科有一个共同的特点，那就是采用系统的观察法和实验法。这使得一些心理学家们意识到，要想使心理学从哲学中脱离出来成为一门独立的学科，就必须把这些方法引入心理学的研究，这是使心理学成为科学的最直接的前提条件。

（一）天文学与心理学

天文学的一个重要职能是精确地测绘星体图。由于当时还没有现代的机械照相方法，所以天文学家在观测星体时几乎不用望远镜，而是依赖于所谓的"眼耳法"，即通过钟摆声默记下星体通过望远镜视野内十字线交叉点的时间。准确注意星体通过交叉点的那一瞬间非常关键，因为当计算星体在银河系中的准确位置时，微小的误差就会变成巨大的星际距离。1796 年，格林威治观察站的马斯基林因助手观察星体通过交叉点的时间总是比自己慢大约 0.5 秒辞退助手，而马斯基林认为自己的观察时间是准确的。由此德国天文学家贝塞尔系统地比较了不同天文工作者的星体观测时间，结果发现所有的天文工作者报告星体通过的速度都有差异，于是贝塞尔计算出人差方程，以消除在天文计算中的个别差异。这个方程式的发现激发了人们对反应时的研究兴趣，也为早期的实验心理学提供直接的研究课题，如反应时实验和复合实验。

1. 反应时实验

反应时研究是早期实验心理学的一项主要研究，最早从事这项研究的是荷兰生理学家弗兰斯克斯·唐德斯（Fransks Donders，1818—1889）。唐德斯发现，刺激与反应之间的时间可以用来给心理过程的速度做客观的量化分析。他的研究是从简单研究开始的，继而运用反应时来推断复杂心理过程的活动。唐德斯借此得到选择、辨别和反应时间的方法，就是减除法。

2. 复合实验

"复合"一词是赫尔巴特于 1816 年提出的，指一种精神的混合物，包含两种以上的感觉过程。实验心理学的建立者冯特用这个术语称天文学家的发现为心理实验。1861 年，冯特设计了一个简单的钟摆，此钟摆随刻度摇摆，在摆到某一刻度时一弹簧便发出咔嗒的声音。这个钟摆被称为

"冯特复合钟"，这个实验是最早的复合实验。

（二）生理学与心理学

19 世纪 30 年代，生理学已经成为一门独立的实验科学，而且生理学家们开始对心理学领域产生了兴趣。他们研究了心理过程的生理机制，创造了一些富有科学价值的实验方法，积累了大量的资料，形成了介于生理学和心理学之间的生理心理学，从而为实验心理学奠定了牢固的基础。

1. 脑机能的研究

心理器官在心脏还是在头脑，这个问题从古希腊起就存有争论。到 18 世纪末，随着临床观察和生理解剖的发展，大脑是心理的器官这一论断得到了验证，不过大脑与心理之间的具体关系从 19 世纪才开始被实验研究。

弗朗茨·加尔（Franz Joseph Gall，1758—1828）是德国的一位医生和神经生理学家。他通过自己的解剖办法，第一个提出了脑的各个区域是心理活动的特殊器官。他在 18 世纪末对人的心能与头颅的形状之间的关系进行过观察研究，提出了面相学和头骨学之说。后来他的学生施普茨海姆（Johann Casper Spurzheim，1776—1832）把这一学说改称颅相学。他们把颅骨分为 37 个区域，每个区域都代表一个支撑它的器官或者皮质层，某种特别的功能就位于这些地方。虽然颅相学在几乎一个世纪的时间内长盛不衰，但由于缺乏科学的证据，所以从一开始就遭到了科学界的坚决反击。然而加尔认为脑是心理器官的

观点以及关于脑的机能分区导致了大脑功能分区的实验研究，强调皮质层是智力的基础，这一观点使心理学向实验科学迈出了一大步。

皮埃尔·弗卢龙（Marie-Jean Pierre Flourens，1794—1867）是法国著名的生理学家，创建了科学的脑生理学。他认为加尔的颅相学是粗制滥造的，因而决定以实验方法来证明某种特别的生理学功能是否像加尔说的那样处于某个特定的大脑区域内。通过对动物的解剖实验，他把神经系统分为大脑两半球、小脑、四叠体、延髓、脊髓和神经六个单元。他发现，小脑控制运动协调能力，皮质的多少会影响感觉刺激的反应和启动行动的能力，中脑的各部分控制视听反射，大脑控制感觉、判断、意愿和记忆等这些高级心理过程，延髓控制生命机能。为此他的结论是，尽管中枢神经系统按其性质和功能可分为不同的部分，但仍然是一个统一的整体。他的这一大脑机能统一说对脑科学的研究产生了很大的影响。他在动物身上做实验时所用的切除法为后来的动物实验心理学提供了有效的方法。

比较高级的功能是在大脑的某些区域局部执行的，最典型的例子就是语言。首创了临床法的法国著名外科医生保罗·布罗卡（Paul Broca，1824—1881），在对他的一位失去语言能力的病人死后做尸体解剖时发现，此人大脑左侧偏前一块鸡蛋大小的区域受到损伤，于是他把大脑的这一部分称为言语运动中枢，后亦称布罗卡区。布罗卡的发现对弗卢龙的大脑机能统一说

提出了挑战，也进一步激发了对大脑功能区域定位的研究。

1870 年，德国的两位生理学家古希塔威·弗里奇（Gustav Fritsch，1838—1927）和埃德尔德·希奇格（Eduard Hitzig，1838—1907）宣布用电刺激大脑能引起运动，由此发现了皮质层的一个特别区域，即运动控制区域，这是从左中脑伸向右中脑上面的一个长条形组织。其他的研究者又陆续找到了负责视觉、触觉和听觉的区域。

大脑机能定位说和大脑机能统一说两者之间存在的争议从 19 世纪末一直持续到 20 世纪初，两派观点之间的争论巩固了脑是心理器官的信念，使一些具体的实验方法如切除法、临床法和电刺激为实验心理学的研究提供了工具。

2. 神经生理学方面的研究

随着 17 世纪物理学和化学的出现，在 18 世纪和 19 世纪早期，一些生理学家们在神经系统方面也有了一些发现。这使他们可以用在神经中观察到的物理和化学现象，来解释一些低层次的心理过程，如感觉、反射和运动控制。

1811—1822 年，英国的生理学家、解剖学家查尔斯·贝尔（Charles Bell，1774—1842）以及法国生理学家弗兰索瓦·马戎第（Francois Magendie，1783—1855）各自对动物神经进行了研究。两人的研究都显示，构成神经系统的感觉神经中，电流会向脊髓和大脑的方向传导流动；而在运动神经中，电流则从大脑和脊椎向肌肉和器官的方向流动。这就是著名的感

觉神经和运动神经的差异定律，也称"贝尔-马戎第定律"。这个定律的发现为神经的单向传导、感官神经的特殊能说和反射弧概念的理解奠定了科学基础。

19世纪，法国生理学家约翰内斯·缪勒（Johannes Müller，1801—1858）对神经系统进行了大量的研究，这些研究对生理心理学的确立有着极大的推进作用，他因此被誉为"生理心理学之父"。缪勒在他八卷本的生理学著作《人类生理学纲要》（1833—1840）中，概括了当时的生理学知识，介绍了自己大量的创造性观察。该书的第四、第五、第六卷都涉及心理学方面的问题，其中对后世影响特别大的是神经特殊能说。早期的生理心理学家认为，任何感觉神经都可以把任何种类的感觉数据传导到大脑中，但这却无法解释为何光学神经只传递视觉图像，而听觉神经也只能传导声音。缪勒在贝尔研究的基础上，以新的论据进行了系统化的阐述。他指出，每种感觉系统的神经都有自己的特殊性质或能，感觉所反映的不是外物的性质，而是由神经诱导出来的特殊状态，是关于神经自身的性质或状态的知识。比如，关于声音的感觉是听觉神经的特别的"能"或者"特质"，关于光线或色彩的感觉是视神经的"特质"，其他的神经亦是如此。每种感觉的神经只能产生某种决定性的感觉，而不能产生符合其他感觉器官的感觉。其依据是，同一刺激作用于不同的感官引起不同的感觉，不同的刺激作用于同一感官引起同样的感觉。

先前的哲学家们和生理学家们一直思考的一个问题是，我们如何知道大脑对传递进来的刺激所产生的反应是否一定对应于现实。缪勒的神经特殊能说使这个问题迎刃而解。神经状态以一种恰当和规则的方式对应于外物，例如，虹膜上的图像就是视觉神经传递到大脑中去的刺激。其他的感觉器官以及它们所传递的信息亦是如此。因此，可以说缪勒的神经特殊能说是对感觉研究的一大进步。

1850年，德国著名的物理学家和生理学家赫曼·冯·赫尔姆霍茨（Hermann von Helmholtz，1821—1894）第一次对神经传导的速率进行了测量。他用自己发明的筋肉测量计测量青蛙的运动神经的传导速率，发现结果为每秒不到50米。后来又测量的人的神经传导速率为每秒50～100米。虽然赫尔姆霍茨对神经传导速率的测量并未考虑对心理学的影响，但这一实验后来被用于心理活动和反应时间的测量研究。1862年，荷兰的唐德斯受到赫尔姆霍茨研究的启发，提出了测量复杂反应时间的方法。

3. 感觉生理学方面的研究

19世纪大脑机能和神经生理学研究的进展为感觉生理学提供了可以借鉴的方法。生理学家们开始注意视觉和听觉等感觉现象的研究并取得了许多研究成果。

视觉方面，生理学家们发现了棒状和锥状细胞，发现光的刺激在视网膜中心和边缘区域的反映是不同的，另外还发现了盲点、色盲、色混合、视后象等视觉现象。1856年，赫尔姆霍茨在英国生理学家托马斯·杨（Thomas Young，1773—1829）的色觉学说的基础上，进一步提出了他的视觉"三色说"，即人类视觉是三色的，我们知觉到的所有色调都源于眼睛视网膜中能感受红、绿、蓝三种色素的感受器被不同程度地激活。同时，德国的另一位生理学家海林则提出红、绿、蓝、黄的"四色说"。他认为视网膜上有红绿质、黄蓝质和白黑质三种视质，三种视质受到刺激后产生同化和异化的作用，这样就存在三种加工，每一个加工都从反方向起作用。第一个加工的一端负责知觉红色，另一端知觉绿色；第二个加工的两端分别负责知觉蓝色和黄色；第三个加工负责白与黑。四色说较好地解释了颜色对比、后象和红绿色盲现象。

听觉方面，赫尔姆霍茨了解了耳的某些构造，测定了声波的频率。特别是在1863年，赫尔姆霍茨提出了他的关于听觉的学说——共鸣说，即听觉是由声音的不同频率与耳蜗内基底膜上相应的纤维发生共鸣产生的。生理学的发展表明，各种技术和发现都是支持心理学采用科学方法来研究心理现象的。哲学为关于心理学的实质铺平了道路，而生理学则开始用实验方法来研究作为心理现象之基础的生理机制，然后就是把实验方法应用于心理学。

（三）物理学与心理学

19世纪对心理学主题的研究始于生理学研究范围的自然扩展，心理物理学就源于韦伯和费希纳对感觉过程的研究。

恩斯特·韦伯（Ernst Heinrich Weber, 1795—1878）是德国莱比锡大学的解剖学和生理学教授。他的两个主要贡献是：确定了皮肤不同区域的相对灵敏度；论证了心理和物理之间的一种数学关系，即韦伯定律。

1. **两点阈限**

为了判断多大的距离才能被人觉察为两点，韦伯用圆规的两点接触皮肤，两点之间的距离是变化的。结果发现，在皮肤的许多特殊的区域，存在着一个阈限。在这个阈限上，人的感觉开始从"一点"向"两点"发生变化。他把这个刚刚能感觉到两点的距离称为皮肤的差别阈限或两点阈限。此概念在实验心理学中一直沿用到现在。

2. **韦伯定律**

韦伯的第二个贡献源自他对"肌肉感觉"（现在我们称之为"肌肉运动知觉"）研究的兴趣。在对重量阈限的实验中，韦伯发现，在比较两个物体的重量时，我们所觉知的不是两个物体重量之间的绝对差数，而是所增加的重量与原来的重量之间的相对的比例数。如30 g与33 g刚刚能辨别，其差数是3，但60 g与63 g则不能辨别，至少要66 g才能辨别；同样，如果刺激是90 g，那么增加的重量就是9 g。这个所增加的重量与原来的重量之比是个常数，都是1/10。如果用 I 代表原来的刺激量，用 ΔI 代表刚刚能引起较强感觉的刺激增加量，用 K 代表那个常数，那么就可以得出一个公式 $K = \Delta I / I$，这就是韦伯定律。

费希纳（Gustav Theodor Fechner, 1801—1899）是莱比锡大学的一位物理学家。他一度深受病痛的折磨，长期卧床思考使他的研究兴趣转向宗教和灵学。他寻找办法来宣传自己的泛灵论，即意识与物质在整个世界里是共同存在的。费希纳坚持二元论的立场，认为心物同一不可分，但心为主，物只是心的外观；心灵和大脑只是同一个基本现实的两个方面，因此物理刺激和主体感觉在功能上应该是相互关联的，也就是说刺激的力量与它们产生的强度之间存在着某种数学关系。他要以一种击败唯物主义的方式来解决永恒的身-心问题，并为他所宣扬的泛灵论哲学观点寻找一个科学的依据，为心物关系求得一个法则，为此就需要对它们做精确的数学测量。要达到这个目标，他认为心理物理学是一个可行的途径。

根据韦伯的研究，费希纳想到可以用测量刺激量的变化来确定感觉量的大小。同时他也发现刺激量按几何级数增加，而感觉量按算术级数增加。费希纳把感觉强度与刺激之间的关系，概括成公式 $S = K \lg R$，其中 R 是刺激强度，S 是感觉强度，K 是常数。因为这个定律是在韦伯定律的基础上推演而来的，所以也称作韦伯-费希纳定律。

1860 年费希纳出版了《心理物理学纲要》一书，对心物关系做了详尽的说明。在对阈限的研究中，费希纳用了三种研究方法，即最小可觉差法、正误法和均差法，这几种方法成为实验心理学的重要组成部分。

费希纳梦想通过他的心理物理学来解决心理-大脑关系的问题，这似乎有些异想天开，但他的确为心理学研究的实证取向

确立了基础，可以说，费希纳的工作是实验心理学的直接前驱。实际上费希纳的主要目标在哲学上，即他试图要击败唯物主义。但遗憾的是，这个目标并没有达到，因为他研究过程中的哲学含义被大大地忽略了。不过他的努力却为心理学的实证研究提供了一种研究程序和一套具体的研究方法，这就为冯特建立实验心理学起到了奠基的作用；而由他提出的一些论题在现当代心理物理学研究中仍然具有重要的意义，比如，20 世纪五六十年代随着通信科学和信息科学的发展，人们在费希纳经典心理物理学的基础上创造了新的心理物理学方法——信号检测论。

二、实验心理学产生的社会历史背景

在心理学独立以前，英国的联想主义心理学和法国的感觉主义心理学都已经有了比较成熟的发展，因此实验心理学诞生在这两个国家似乎才是顺理成章的。但事实上，此实验心理学却建立于 19 世纪 70 年代的德国，而且首先将实验方法应用于心理学研究对象的四名学者——赫尔姆霍茨、韦伯、费希纳以及冯特——都是德国人。为什么？这个问题的答案需要从当时德国的社会历史、哲学和自然科学的发展状况中去找寻。

与英法相比，德国的资本主义直到 19 世纪 60 年代才有了较快的发展，它们需要更迫切地发展科学和技术。德国资产阶级的这种立场和要求使得哲学心理学已经不

能再满足于用内省思辨和简单的观察方法，由此时代的发展向心理学提出了挑战并提供了机会。

当时德国的思想家大都信奉理性主义，拒绝英国哲学的原子主义和功利主义，并反对联想主义，主张运用综合法代替原子论，赞成心理综合和意识分析。舒尔茨指出"德国人的气质比英国人和法国人更爱好细心的分类和描述工作。英国人和法国人喜欢用演绎和数学的方法研究科学，德国人则重视对观察到的事实进行认真、彻底和谨慎的搜集，他们爱好分类和归纳的

方法"。（舒尔茨，1981，p. 43）另外，与英法两国人相比，德国人对科学概念的理解也更宽泛，所以他们很早就把生理学当成一个学科来对待，从而把其纳入科学研究的领域。

19 世纪中期的德国已经建立了超过欧洲任何国家的大学，在进行了许多教育和社会改革之后，德国的大学可以为科学家和学者们提供非常精良的实验室装备，以用来更好地进行物理、化学、生理学和其他科学研究。这也是科学心理学得以在德国建立的一个重要条件。

第二节 冯特与科学心理学的建立

在 19 世纪最后的 25 年，心理学作为一门独立科学出现的时机已经成熟。韦伯、费希纳和赫尔姆霍茨为实验心理学的诞生提供了许多概念上以及方法论上的工具。那么后面的工作就要由具备一定的远见和能够运用这些工具性知识的人来做了。而冯特就是那个具备必不可少的眼界、知识、热情和组织能力从而完成这项事业的人。1879 年冯特在莱比锡大学建立了一个心理学实验室。这个实验室的建立意味着现代实验心理学的开始，也意味着科学心理学的确立。

一、冯特的生平与著述

冯特（Wilhelm Wundt，1832—1920）出生于德国的巴登内卡拉，是一位牧师的儿子；1845 年入布鲁沙尔的文科中学学习，1851 年作为一名医学预科学生进入杜平根大学，一年后转入海德堡大学继续学医。他学习刻苦，仅用三年的时间就修完了所学的医学课程。1855 年，他留校任教一年，对科学的兴趣渐渐在生理学的研究中显露出来。1856 年冯特在柏林大学花了一个学期的时间跟随生理学家约翰内斯·缪勒研究生理学，1857 年返回海德堡大学以优异成绩获得医学博士学位。从 1857 年到 1864 年，冯特一直担任海德堡大学生理学讲师。1858 年，著名生理学家赫尔姆霍

茨被任命为海德堡大学生理系的负责人，他指名冯特担任他的助手，协助他训练学生做肌肉收缩以及神经冲动传导的测验。在此期间，因为不满足于仅仅担当一个研究助手的角色，所以 1859 年冯特首次在人类学专业中开设了一门新的课程，即我们今天所说的文化心理学。在这门课中，冯特致力于研究个体与社会的关系。在冯特生命的最后二十年中，他的兴趣又转回到这个主题，并为此写出了十卷本的巨著。1862 年，冯特首次开设了"自然科学的心理学"讲座，1867 年改为"生理心理学"讲座。与此同时，随着他的一批重要著作的问世，冯特提出了实验心理学的主要原则。

由于冯特在海德堡大学未能接任赫尔姆霍茨的生理学讲座，没能提升教授，1874 年他应邀前往苏黎世大学任哲学教授。第二年冯特应聘担任莱比锡大学的哲学教授，继续从事心理学的教学、研究和著述。1879 年，冯特在莱比锡大学建立了心理学实验室，这标志着心理学的正式独立。就是在这个实验室里，他训练出第一代心理学家，其中许多是美国人。1881 年冯特创办心理学期刊《哲学研究》，专门用于发表心理学的实验报告，可以说这是实验心理学的第一份杂志。1889 年冯特被任命为莱比锡大学校长。他还继承了赫尔巴特和费希纳的哲学讲座，1920 年去世，享年 88 岁。

冯特学识渊博，著述卷帙浩繁，一生著述有五百余种，共计 53735 页；内容涉及心理学、生理学、物理学、哲学、逻辑

学、伦理学、语言学、文化人类学等诸多领域。冯特的主要心理学著作有以下几本。《对感官知觉理论的贡献》（1856—1862），本书和费希纳的《心理物理学纲要》一起被视为新心理学著作诞生的标志。在《对感官知觉理论的贡献》中，冯特第一次表达了自己的实验心理学思想。《关于人类和动物灵魂的讲演录》（1863）报道了许多与实验心理学有关的问题，如人差方式和反应时实验、心理物理法等。《生理心理学原理》（1873—1874），这是心理学史上第一部有系统成体系的心理学专著，也是冯特实验心理学思想成熟的标志。在《心理学大纲》（1896）一书中，冯特对其心理学体系做了最明确的说明，可以说该书是他的心理学体系完全确立的标志。《民族心理学》（10 卷，1900—1920）从语言、艺术、神话、宗教、社会风尚、法律和道德等方面来研究人类心理发展的各个阶段。另外，冯特还著有《心理学导论》（1911）、《人体生理学教科书》（1865）、《逻辑学》（2 卷，1880—1883）、《哲学体系》（1889）、《论朴素实在论和批判实在论》（1887—1889）、《哲学引论》（1901）、《经验与认识》（自传，1920）等。

二、冯特的新心理学的主要理论体系

在担任赫尔姆霍茨的助手期间，冯特写作了他的第一本专著《对感官知觉理论的贡献》，并于 1862 年发表。在书中，冯特指出心理学既不是纯粹的自然科学也非

纯粹的社会科学。他设想这种新心理学有三个主要分支：首先是作为一种归纳性的、实验科学的心理学，即运用科学家的实验方法来研究精神生活；其次，冯特认为语言、神话、审美、宗教以及社会习俗是我们最高级的心理过程的反映，因此它们也应该是心理学的研究主题，不过这些过程不能被人为地操纵或控制，因此不能用实验方法来研究，但冯特认为能够通过历史记录以及文学作品并借助于自然主义的观察对其进行研究；最后要综合心理学以及其他科学的经验性的研究结果，冯特称之为"科学的形而上学"，而且这个分支最终要在他认为是一切科学的理想目标——一个关于宇宙的内在一致的理论——之内形成。

总之，冯特的目标旨在把心理学建成能够综合社会科学和自然科学的一门基本科学，所以冯特的心理学体系实际上包括两大部分。一是研究个体意识过程的个体心理学，即实验心理学。冯特强调心理或意识的内容，通常把他的实验心理学体系称为内容心理学。但冯特还认为，个体心理学不能成为一门完整的心理学，因为它只涉及了心灵的"外层"，心理学还要研究人类共同生活方面的复杂精神过程，即民族心理学，也就是社会心理学，这是冯特构建的心理学体系的重要组成部分，也是他毕生的兴趣。为此他著有《民族心理学》十卷本，并把他生命的最后二十年投入这方面的研究中。但遗憾的是，后来的心理史学家们在评价冯特时却往往大大地忽略了冯特的这项重要工作。

冯特在《生理心理学原理》一书中试图对他的"科学的新领域"做出一个规划，这个规划首先在《对感官知觉理论的贡献》中显现出轮廓。这个新领域要求运用来自实验生理学的方法，对人的意识经验进行科学的检验，其中包括两个主要程序：运用实验室中的实验方法对直接的意识经验进行检验；运用非实验室方法研究更高级的心理过程。

（一）对直接的意识经验的研究——个体心理学

冯特认为一切科学都以经验为研究对象。心理学和自然科学都研究经验，只不过心理学研究直接经验，而其他科学研究间接经验而已。例如，冬天你在房间内看窗外一支温度计显示为零度，那你就不是在直接体会这个温度现象，温度只是通过一个科学的工具被间接显示出来的；当你不穿外套走到门外，才直接体会到了寒冷，这是直接的意识经验，就是说没有一支温度计作为你和天气之间的媒介。对冯特来说，正是这种直接的意识经验才是他的实验心理学的研究对象。

冯特承认，与客观地研究间接经验相比，描述直接经验要困难得多。间接经验可以应用科学的方法和工具，间接经验发生的环境和条件可以得到系统的操纵和控制，结果也可以得到评估。但作为一个心理学家，你使用什么样的客观观察技术来研究意识过程？冯特提出的一个技术是实验的自我观察方法或实验的内省法，即把被试置于标准的、可以重复的情境之中，在实验控制的条件下观察自我的心理过程，以消除传统的主观内省带来的不利影响。

冯特的实验内省不限于自我报告，还涉及客观的测量，包括反应时间和语词联想。实际上，冯特实验室中的大多数实验都包括这样的测量。不论在什么时候使用内省法，都要把受到严格控制的感官事件呈现给受过训练的被试，并要求他们描述出他们的心理经验。

为了产生有效的内省，冯特为实验内省法制定了几条规则：一是让被试了解自我观察的时间，做好心理准备；二是被试必须把注意力集中于内部的心理活动，避免各种无关刺激的影响和干扰；三是必须严格控制实验条件，使自我观察的过程能重复进行以便于验证；四是经常变换刺激条件，如减少或增加刺激，或者改变刺激的强度，以便被试把刺激和自身的心理过程分离开，从而对心理内容有一个普遍的描述。

但冯特也清醒地意识到了实验内省法的不足之处。在自我观察的过程中，观察者观察的是自己的经验，观察者和被观察者是混淆在一起的。为了做到两者的分离，就必须使用各种客观实验技术记录被试的反应，而不仅仅依赖被试对自我观察所做的自我报告。为此，冯特搜集了许多实验工具，如示波器、速示器、测试仪等，它们构成了冯特实验研究的基础。

把生理学和心理物理学的实验方法引进心理学的研究，把传统的经验性内省改造为实验性内省，即在实验条件下进行内省，并注重利用各种仪器和工具等客观实验技术，从而扩展了心理学的研究方法，使心理学成为一门独立的实验科学，从而确立了科学心理学的地位，这是冯特重要的历史功绩。但冯特也指出，这种实验内省方法不能用于复杂的心理过程，如记忆、思维等课题，而只能限制在一个狭窄的经验范围内，如感知觉、联想和反应时间等这些简单的心理现象。这些经验能够通过复杂的工具对被试呈现刺激从而被控制，反过来被试也能对这些刺激做出简单的反应。在冯特的实验室里，这些反应的类型大多限于对大小、强度以及物理刺激持续时间的判断。实验内省法的这种极大的局限性导致了冯特的同时代人以及他的学生对他的不满，最后在学术上最终和他分道扬镳。

(二) 对更高级的心理过程的研究——民族心理学

冯特认为实验室研究必然要限制在基本心理过程的直接意识经验这个范围之内，因此实验的心理学并不能成为一门完整的心理学，心理学应该有一个更宽泛的研究目标。冯特希望研究更高级的心理过程，如学习、思维、语言以及文化的影响。但他认为这些过程和人的个人生活史、文化史以及社会环境密切相关，对它们不能在实验室里进行控制研究，而只能通过观察、跨文化的比较、历史分析以及案例研究来达到这个目标。实验心理学和民族心理学必须通过互相比较以及儿童心理学来达到相互补充的目的。

冯特首次在《关于人类和动物灵魂的

讲演录》一书中论述了这些更高级的心理过程，后来在《民族心理学》中对语言和文化进行了更为详尽的讨论，其中包括许多当今心理语言学、宗教和神话心理学、社会心理学、人类学所涉及的众多主题。在十卷本中，有三卷是关于宗教和神话的，两卷是关于语言的，两卷是关于社会的，其他三卷分别是关于文化、历史与法律以及艺术的。冯特认为社会习俗、神话以及文化语言是组成民族心理学的三要素，它们是集体意识的产物，通过对它们的分析和研究，对人类心理的进化过程就能获得一种理解，从而推演出高级心理过程的规律。冯特的民族心理学是对心理的和精神的文化产物及其发展进行因果分析，其具体研究方法包括两种，即分析的方法和综合的方法。用分析的研究方法来分别说明语言、神话和风俗的发展情况；用综合的研究方法来研究这些现象作为整体的发展情况。

冯特对语言尤其感兴趣，并且提出了一种心理语言学的理论。例如，他辨别了由一个句子传达的想法，句子本身的实际结构，以及听者理解这个句子结构并从中推断说者的意思这三者之间的不同。句子传达的意思和句子结构之间的关系类似于后来乔姆斯基对一个语法的深层结构和表层结构之间的区分。在他看来，语言是民族心理学的一个组成部分。他把语言同情绪表现和社会性的姿势相联系，认为语言既不是人类的特殊创造，也不是人类尝试交流思想愿望的结果，而是一种高度进化并得以习惯化的自然形成物，与哭喊、动物的吼叫、聋哑人的手语相似，又由于具有思想内容而与那些低级的交流形式相区别；语言因为有思想内容而可以与人交流并为他人所理解，所以语言本身就是一种社会性的活动；语言也是人的心理发展不可缺少的中介，因此个人的心理生活就必然同社会生活和全体生活相关联，人的心理也因而成为社会的产物。正因为语言的这一属性，使得语言在冯特的心理学体系中起着联系个体心理学和民族心理学的作用。冯特是现代心理语言学的创始人，但他关于语言的观点在当时并没有引起足够的重视，一直到 20 世纪五六十年代心理语言学成为认知心理学一个重要的组成因素时，人们才认识到它的价值。

冯特构建民族心理学的本意是弥补实验心理学在研究思维与想象等高级心理过程方面的不足，不仅补充个体或生理心理学的方法，而且也补充其法则和原理，通过对民族的语言、神话和风俗习惯的研究来发现高级心理过程的基本规律。由于民族心理学以群体心理为研究对象，强调了社会文化中的心理因素，因而支持了社会心理学的研究，有利于社会心理学的形成。不过由于冯特没有提出一种系统的社会心理学理论，所以他对社会心理学的形成和发展仅仅起到了一种间接推动的作用。

三、冯特的心理科学观

在冯特之前的西方心理学属于精神哲学的一个分支，是思辨的或是形而上学的。1825 年，德国的赫尔巴特出版了《科学心理学》一书，认为心理学是一门科学，但其基础是形而上学和数学，因此他拒绝实验，认为那是物理学的方法。费希纳创立了心理物理学，但又保留了形而上学。冯特继承了费希纳的心理物理学，而抛弃了他的形而上学，使心理学发展成为独立的实验科学。那么在这个过程中，冯特对哲学持什么样的态度呢？

传统的观点认为为了使心理学赢得独立，冯特力图使心理学摆脱哲学。实际上，冯特力主心理学应该成为一门独立的科学，但他并不主张心理学和哲学的彻底分离，因为他认为所有的学科都源于哲学，可以说哲学是科学的科学。尽管心理学的研究领域是独立的，但它同哲学的关系非常密切，它的基础之一是哲学，它的许多实验课题都源于哲学。他甚至担心实验心理学走得太远而失去与其哲学基础以及与其他研究方法的联系。

冯特最早是一个生理学家，在心理学与生理学的关系方面，他认为，心理学作为一门自然科学，与生理学的关系最为密切，心理学直接应用了生理学的研究方法。早年在海德堡大学时他就把自己开设的心理学讲座命名为"自然科学的心理学"，后来又更名为"生理学心理学讲座"；他把自己的第一部系统的心理学著作也命名为《生理心理学原理》，由此可见冯特对生理学的重视。但冯特反对把心理现象还原为生理现象。尽管我们可以从神经系统的生理学与解剖学中获得有用的知识，但这绝非研究心理现象的唯一途径。因为心理学并非生理学的一个分支，心理现象有其自

身的特性，我们不可能从生理生活中发现对心理现象的解释。

冯特之所以没有陷入生理学化的泥沼，是因为他持有心身平行论的观点。他认为人的心理不是大脑生理过程产生的结果，心理过程与生理过程是两个平行的系列。虽然在心理过程中总是伴随生理过程，但是心理过程并不依赖生理过程，心理过程有其自身的规律性，不受生理过程支配。不过，冯特并没有在他的实验室心理学研究中贯彻他的心身平行论，因为在实际的研究中，心身平行论是行不通的。如果认定心身是平行的，是两个独立的系统，那么在实验研究中，对身体的刺激如何能引起心理的反应和变化呢？如果刺激引起的生理过程的变化不能导致心理过程的变化，那么又如何用实验的方法来研究感觉、知觉这些心理过程呢？所以，这是冯特心理学体系中存在的无法克服的理论与实践上的矛盾。

在心理学的应用研究方面，冯特持反对态度。因为在他看来，实验心理学是一门纯科学。冯特间或会提到儿童心理学、动物心理学等应用学科，但冯特并没有对这些学科给予足够的重视。他所要研究的是正常人的一般心理，即现在所说的普通心理学。虽然他不反对把心理学的研究成果付诸实践应用，如他赞成把语词联想技术应用于精神病诊断，但冯特认为那并非心理学家的工作。作为一名真正的心理学家，研究的重心应该是意识经验自身，而不要考虑意识经验的功用和意义。这种观点自然限制了心理学的研究范畴，使冯特

的实验心理学只局限于感知、联想、反应时等课题的研究。这种研究思路使心理学从一独立便脱离了社会生活，从而大大地削弱了它本应该具有的强大生命力。

四、冯特论心理学的任务与内容

冯特在《心理学导论》(1911)中曾提道，心理学的全部任务可以概括为两个问题：①意识的元素是什么；②这些元素产生的结合是什么以及支配这些结合的规律是什么。因此，冯特所设想的心理学的任务和内容是：对经验或意识的元素进行分析和结合，并探讨心理复合的规律。

（一）心理元素的分析

元素是冯特心理学的一个重要的概念。冯特认为，心理学研究的是直接经验，即意识，而各种意识状态都是以复合的形式出现的，为了便于研究，首先要把意识分析为最基本的、纯粹的意识状态，即心理元素。通过分析，冯特发现最基本的心理元素有两个，即感觉和情感。

1. 感觉

感觉是直接经验的客观方面，由作用于感官的刺激所引起，具有强度和性质两方面的特性。按照这两种特性的不同，我们可以对感觉进行分类，如温觉、冷觉、光觉、触觉等。不同感觉的复合构成知觉和观念；对于外在客体的感觉总是以知觉的形式而不是以纯感觉的形式出现在意识中。感知同外部世界相联系。由于受心身平行论观点的指导，冯特认为外部刺激引起的中枢神经兴奋和感觉经验是两种平行的现象，并非因果关系。这就与感觉是由作用于感官的外部刺激所引起的说法相矛盾。所以感觉经验究竟是怎样产生的，这是一个冯特无法回答的问题。

2. 情感

另一个基本的心理元素是情感。情感是直接经验的主观方面，伴随感觉产生，是感觉的主观补充，如我们看、听、尝、触时所产生的主观感受，然而它并非像感觉那样同外部世界发生关系，这也是情感和感觉的区别所在。冯特强调情感的主观性是正确的，但因此割断情感同外部世界的联系，则又成了主观唯心主义的观点。

冯特根据自己的内省观察，提出了著名的情感三维说。实验用一个能发出有节奏声音的节拍器来进行。冯特报告说，在一组有节律的嘀嗒声结束时，有一些节奏比另一些节奏听起来更愉快或更悦耳。冯特的结论是，情感也有性质和强度的特性，任何这样一种节奏的经验的一部分乃是一种愉快-不愉快的主观情感。也就是说，每种心理元素的不同强度构成一种维度上的连续体，沿着愉快到不愉快的连续系列，可以定出情感状态所处的点。连续体上的两个极端，称为最小感觉和最大感觉或最小情感和最大情感。冯特用同样的方法得出情感的另外两个维度，即紧张—松弛和兴奋—沉静。他认为情感就是由这三个维度来界定的，每一特定的情感都是这三个维度以不同的方式组合而成的，但这三个维度又是彼此独立不同的，每个维度代表一对情感因素沿相反两极的不同程度变化。

另外，情感不是静止不动的，而是动态的，既可以在单一的维度上发生变化，也可以在三个维度之间发生变化。比如，最初的搔痒可能是令人愉快的，但随着搔痒程度的增加，会逐渐令人感到紧张和激动，如果强度继续增加，最后会令人痛苦而承受不了。不同的情感元素结合成情绪，而每种情绪中总有一种或几种情感元素在其中占据支配地位。例如，在欢乐的情绪中，愉快的情感居于支配地位；在愤怒的情绪中，不愉快和紧张的情感占据支配地位。

冯特还论述了情绪和意志的关系。他认为意志同情绪是一个统一的过程，两者之间具有密切的关系，为此他提出意志的情感说。意志是由情绪和情感构成的，是情绪作用的结果，是最复杂的情感过程。情感则是意志的动因和发端，是情感的决定因素。某些情感因强度不够，可能不足以引起意志，但如果缺乏情感，就决不可能产生意志。可见，情绪和意志都是由情感组成的心理复合体。情绪是作为情感和意志的中介而起到积极的作用。当然冯特也不否认在意志结构中有感觉即认识的成分。

（二）心理元素的结合

冯特认为，任何复杂的心理现象都是心理元素结合而成的。他把由简单的心理元素结合而成的产物称为心理复合体。不过，心理复合体的特性并不是由各种心理元素的属性简单相加的，而是表现出自身的新的特性。那么，心理元素是怎样结合成复杂的意识状态的呢？对这个问题，冯特是用联想、统觉和几种心理复合规律来加以说明的。

1. 联想

联想是传统联想主义心理学的一个核心概念。冯特用这一概念来说明心理元素的被动的、消极的结合方式。联想的方式有以下几种。

①融合。融合是指把若干个不同的心理元素结合成一个紧密的复合体。从这一复合体中人们很难再辨认出个别的心理元素。例如，空间知觉就是由视网膜印象和眼球运动的位置及运动觉结合而产生的。

②同化。同化是指由当前的感觉联想到先前的印象。也就是说，当一个不为我们所熟悉的事物进入意识时，我们总是通过联想找出与之相似的事物，并将它们组合起来。这就是联想的同化机制在起作用。

③合并。合并是指不同种类的感觉或情感共同组成一个复合体，例如，当我们听到枪声时，脑海里就会出现枪的形象，同时也会产生恐惧。

④相继联想。相继联想是指记忆的联想，例如，记忆过程，它把过去的感觉、情感回忆起来，并同现在的心理元素相结合。这种联想包括再认和回忆两种形式。

2. 统觉

联想是一种被动的消极的过程，是一种低水平的心理组合方式。通过联想，儿童可以流畅地背诵诗歌，但对诗歌的内容却并不理解。只有通过一个更为积极主动的心理过程，使进入意识的内容得到清晰的注意，儿童才有可能理解这一内容和意义。这一过程就是冯特所说的统觉。统觉是德国理性心理学中的一个重要概念，不仅担负着把心理元素积极地综合为整体的重任，而且还被用来解释更为高级的心理分析活动和判断活动。

冯特认为意识具有一定的范围，任何心理只有进入这个范围才有可能得到理解。在这个意识的范围内又有一个较小范围的中心区域，冯特称之为"注意的焦点"。只有进入注意焦点的心理内容才能获得最大程度的清晰性和明显性。而统觉就是把特定心理内容由意识的范围提升到注意焦点的过程。其实冯特所说的统觉相当于我们现在所说的"选择性注意"。

总之，在冯特看来，统觉具有心理组合的功能，是个人使用或者把握经验元素、把各种元素联系成一个统一体的过程，是一个主动经验的过程，是一种创造性的综合；它使得各种心理元素以处于焦点的那些心理内容为中心，形成复杂的意识状态。统觉的组合包括许多心理过程，涉及思维、反省、想象和理解，这些都被认为是比感官知觉或纯粹记忆过程更高的一类心理过程。通过统觉组合功能的创造性综合作用，各种心理元素形成了与原来成分不同的具有新的性质的复合体。

3. 心理元素结合的规律

冯特认为，意识元素的结合或心理复合体的形成遵循三条基本规律。

①创造性综合原则。这一原则是指由各种不同的心理元素组成的心理复合体，并不是原有元素的简单相加。元素的组合实质上产生了新的性质。在创造性综合的过程中，冯特特别强调统觉的作用，在这一点上，冯特超越了心理化学主义者。

②心理关系原则。这一原则是指统觉的分析比较。根据这一原则，不同元素之间的相互关系决定了各元素的意义，换言之，就是每一种基本的意识状态总是在与其他意识状态所处的关系中获得自身的意义。这一原则体现了冯特重视意识整体的内在关系而不是元素自身。

③心理对比原则。这一原则实际上是心理关系原则的特例。根据这一原则，两种相反或相对抗的意识状态在一定范围内可以相互加强。这一原则在情绪方面表现得最为明显。比如，如果在不愉快之后愉快随之而至，那么愉快的特殊性质就显得特别明显。

从以上论述来看，冯特虽然强调心理元素的分析，但他并没有因此而忽视意识的整体性。只不过他的学生铁钦纳忽略了冯特的整体性思想，把他的元素论观点发挥到了极致，从而影响了后人对冯特的评价。把冯特简单地看成一个元素主义者，这种观点有失公正。许多观点，如创造性综合，预示了格式塔心理学的整体论概念，但正如他的民族心理学一样，这一点同样被人们忽视了。

五、对冯特的评价

（一）冯特的贡献

第一，由于冯特的努力，心理学改变了附属于哲学的状况，成为一门独立的学科，这是冯特最大的贡献。冯特全面总结了哲学心理学、生理学和心理物理学的研究成果，把哲学心理学的体系和自然科学的研究方法与心理学有关的研究课题结合起来，把实验法引入心理学研究领域，建立了世界上第一个心理学实验室，创办了第一份实验心理学刊物，使心理学成为一门实验科学和一个独立的研究领域。

第二，冯特不仅是心理科学的建立者，同时也是心理学发展的促进者。冯特在莱比锡大学培养了一大批来自世界各地的优秀学生，这些学生有许多后来成为了各国心理学发展的先驱人物，从而促进了心理学在世界范围内的发展。

第三，冯特创立的实验的个体心理学和民族心理学是互为补充的，被他称为"新心理学"的理论体系。他主张把实验法作为心理学研究的基本工具，把传统的内省法改造为实验内省法，从而使经验、思辨的心理学成为实验的心理学。同时也意识到实验心理学的不足之处，从而重视社会心理学的重要意义。

（二）冯特的局限

第一，冯特把经验作为心理学的研究对象，这对于促进心理学的科学化是有帮助的。但是以经验取代客观现实，把自然科学研究的自然现象当作间接经验，这犯了主观唯心主义的错误。

第二，尽管冯特反对传统的内省法，并尽量在他的实验中使实验的内省法客观化，但实际上他并没有彻底摆脱传统内省法。这与他把经验看作心理学的研究对象有关。因为既然个体的直接经验成为心理学的研究对象，那么抛弃内省法就无法探索这种经验，这是冯特无法解决的矛盾。

第三，冯特由于受到多种哲学流派的影响，同时他又兼收并蓄了许多心理学思想的理论观点，这就使他的心理学体系充满了矛盾，摆脱不了唯心主义和形而上学的束缚，显得庞杂而混乱。

第三节 与冯特同时代的其他德国心理学家

在西方心理学史上，冯特被公认为是心理科学的建立者、组织者和系统化者，莱比锡大学也成为当时世界心理学的研究中心。但与此同时，德国也涌现出其他一些优秀的心理学家，与冯特同一阵营的有

艾宾浩斯、格奥尔格·缪勒，他们主张的心理学即后来人们所说的内容心理学；与之相对的是布伦塔诺和斯顿夫、厄棱费尔、麦农、威塔塞克等人，在观点上他们反对冯特研究意识的内容，主张研究意识的活动或机能，其主要理论体系是意动心理学或机能心理学等。屈尔佩是冯特的学生，后来转向布伦塔诺的意动心理学，并把两

者调和为二重心理学。上述这些学者在德国的其他大学都参与了发展心理科学的事业。在他们的共同努力下，德国成为新运动无可争辩的中心。

一、艾宾浩斯

（一）艾宾浩斯的生平与著述

赫尔曼·艾宾浩斯（Hermann Ebbinghaus, 1850—1909）出生于德国巴门，17 岁开始在波恩大学攻读历史学和语言学，1867—1870 年这三年曾转入哈雷大学与柏林大学，后来对哲学研究产生兴趣，1873 年在波恩大学获得博士学位，1875—1878 年在英法两国游历，边求学，边教书。在英国期间，他受到英国联想主义的影响；在巴黎的旧书店他买到一本费希纳的《心理物理学纲要》，受该书启发开始用实验方法研究记忆。1880 年他在任柏林大学讲师，1886 年提升副教授，1890 年与柯尼西共同创办了《心理学和感觉生理学杂志》。心理学家格奥尔格·缪勒、斯顿夫、利普斯等人以及生理学家赫尔姆霍茨等共同担任该杂志编辑，使其成为冯特实验室以外的德国心理学家的主要论坛。他还担任过德国实验心理学协会的领导人。1894 年，艾宾浩斯转赴布雷斯劳大学任教授，1905 年任哈雷大学教授，1909 年应邀参加美国克拉克大学成立 20 周年校庆，突患肺炎去世，终年 59 岁。

1885 年艾宾浩斯发表实验心理学经典著作《记忆》，1897 年出版了他风行一时的大学教科书《心理学概论》第一卷上册，该书文笔优美，可与詹姆斯的《心理学原理》相媲美。该书出版后他因忙于修订而无暇继续写第二卷，第一卷下册也直到 1902 年才完成。1907 年他为《现代文化大全》撰写心理学部分，1908 年以《心理学纲要》为题出版单行本。该书直到 1922 年还由彪勒刊行了第 8 版。他在《心理学纲要》中写下了一句卷首语："心理学虽有一长期的过去，但仅有一短期的历史。"这句名言经常被后人用来说明心理学历史的特殊性。

（二）艾宾浩斯关于记忆的研究

1. 研究手段

记忆是一种高级心理过程，受许多因素的影响。冯特认为不能用实验方法研究记忆等高级心理过程，而艾宾浩斯则试图突破这一禁区，从严格控制原因来观察结果，对记忆过程进行定量分析。为此他专门创造了无意义音节和节省法。

艾宾浩斯用无意义音节作为实验材料，这样就排除了成年人用意义联想对实验的干扰。例如，他先把字母按一个元音和两个辅音拼成无意义的音节，构成 zog、nov 等共 2300 个音节，然后把几个音节形成一个音节组，再由几个音节组合成一项实验材料。无意义的音节只能依靠反复的诵读来记忆，这样就创造出各种记忆实验的材料单元，便于统计、比较和分析。例如，可以研究不同长度的音节组对识记、保持效果的影响以及学习次数与记忆的关系等。

艾宾浩斯用节省法从数量上来检测每次记忆的效果。此方法要求被试把识记材料重复诵读,直到首次能准确无误地背诵出来为止,而且要记下到背诵所需要的重复诵读次数和时间;然后过一段时间(通常是 24 小时)再背,看需要多少时间和次数能背诵;再把两次的时间和次数进行比较,看节省了多少时间和次数。对同一材料的识记,诵读的次数越多,记忆就越巩固,再学时节省下的诵读时间或次数就越多。这种方法为记忆实验创造了一个数量化的统计标准。

2. 研究的结论

艾宾浩斯以自己为被试,运用无意义音节和节省法,经过多年耐心细致的实验研究,得出了以下结论。

(1)保持和遗忘与时间的关系

艾宾浩斯发现,学习后经过的时间越长,保持就越少,遗忘就越多,但遗忘的速度不是均衡的。根据著名的艾宾浩斯遗忘曲线,遗忘在学习完后就立即开始。遗忘速度呈现先快后慢的趋势。保持和遗忘是时间的函数。

(2)记忆保持和诵读次数的关系

诵读次数越多,则记忆保持越长久。联想主义者早就根据日常生活经验提出过"频因律"。艾宾浩斯对此则加以实验证明和数量分析。不过他也认为过度学习是无益的。

(3)重复学习和分配学习的规律

对于一定的识记材料,每天进行重复学习到恰好成诵所需的次数,约按几何级数逐日递减。把一定数量的材料分配到几天之内学习,要比集中到一天内学习的效率高。

(4)音节组内各项的顺序与记忆保持的关系

这是艾宾浩斯对直接联想、间接联想、顺序联想和反向联想所做的实验项目。他认为,通过学习,不仅相邻的音节能够形成联系,远隔的音节也能形成联系;音节之间不仅按顺序能形成联系,反向也能形成联系。但在保持的程度上彼此相邻的音节要优于远隔和反向的音节。此外,艾宾浩斯还用诗句、散文和无意义音节作为识记材料,对意义识记和无意义识记的效果进行了比较,发现同样长度的材料,对有意义材料的学习要容易得多,两者识记效果的比例是 1∶10,即意义识记的效果远大于无意义识记。艾宾浩斯还认为睡眠有利于记忆的保持。他还比较了分配学习与集中学习、部分学习与整体学习、主动学习与被动学习对记忆的相对影响,发现对作为一个整体的学习材料进行分配,并主动学习这些材料,这样的记忆是最有效果的。

3. 对艾宾浩斯记忆研究工作的评价

艾宾浩斯对记忆的实验研究是心理学史上首创性的工作,具有历史性意义。他为实验心理学打开了一个新局面,即用实验方法研究所谓的高级心理过程,如学习、记忆思维等。他在方法上力求对实验条件进行控制并对实验结果进行测量。这激起了各国心理学家研究记忆的兴趣,大大促进了记忆心理学的发展。这项研究的主要缺点在于,艾宾浩斯对记忆过程的发展只做了定量分析,但对记忆内容性质上的变化没有进行分析。另外,他所用的无意义音节是人为的，脱离实际生活，因此存在很大的局限性；他把记忆当作机械重复的结果，没有考虑到记忆其实是一个复杂的主动过程；他以自己为被试，这样会产生大量的前摄抑制和倒摄抑制，而且由于他本人知道实验的意图，因此会给实验带来微妙的影响，同时从他一个人身上得到的结论是否具有普遍性也值得思考。

二、格奥尔格·缪勒

（一）缪勒的生平与著述

格奥尔格·缪勒（Georg Elias Muller, 1850—1934）出生于德国萨克森的格里马，早年曾在莱比锡大学和柏林大学学习哲学和历史，1872年入哥廷根大学做洛采的学生，成为洛采朋友。同年缪勒因论文《感觉的注意学说》获得博士学位。1876年缪勒在哥廷根大学担任讲师，1881年继承洛采的讲座，一直到1921年因病退休。缪勒在哥廷根大学任教四十余年，并在那里建立了一个设备完善的心理学实验室，仅次于冯特莱比锡大学的实验室，吸引了众多欧洲和美国的学生。他的门下，涌现了不少才华横溢的学生，如弗里德里希·舒曼、阿道夫·乔斯特、大卫·卡茨、埃德加·鲁宾、埃内奇·鲁道夫·杨施，等等。缪勒的著作都是关于心理学的，主要著作有《心理物理学基础》（1878）、《心理物理学方法的观点和事实》（1903）、《记忆和想象活动的分析》（三卷本，1911—1917）、《复合说与格式塔学说》（1923）、《心理学纲要》（1924）以及《论色觉：心理物理学研

究》（两卷本，1930）。

（二）缪勒的主要实验研究

缪勒受过良好的哲学训练，而且富于批判精神，但他并不像冯特和斯顿夫那样关注哲学和理论问题，而是专门从事实验研究，强调实验、量化和逻辑上的严谨。缪勒专门研究视觉和听觉的心理物理学，这是他毕生的研究课题。另外，缪勒还对记忆做了许多研究。他的心理物理学问题取自费希纳，视觉问题取自海林，记忆问题取自艾宾浩斯。

1. 对心理物理学的研究

缪勒修正并扩充了费希纳的心理物理学的理论和方法，确定了心理物理学的生理基础，反对费希纳的心物平行论观点。费希纳对韦伯定律中"产生可觉差的刺激增加量是原来刺激量的比例数"的解释是：他假设当感觉兴奋性从生理传递到心灵时，感觉传入总要损失一些，而且这种感觉传入的损失量与所增加的刺激量比例数是相同的。缪勒对此观点提出了批评。他坚持认为，这种感觉传入的损失只会发生在神经系统的生理过程，较弱的刺激容易氧化神经中的原质，因此，如果要增加兴奋性，相应地就需要增加较大的刺激量。缪勒还继海林之后提出了心理物理学的定理，即心理过程是如何与脑生理过程相当的。这个原理是后来格式塔心理学同型论的先声。不过他对费希纳心理物理学方法所做的量化和实验技术的改进，是他对心理物理学更重要的影响。

2. 对记忆的实验研究

缪勒同他的学生以及助手一起进行了许多关于记忆的实验研究。他们采用仪器进行测量，以便使实验更加客观和精确。缪勒同舒曼一起发明了记忆鼓，使每对音节用一定速度在记忆鼓上的小孔表现出来，让被试熟读，过一段时间后再用记忆鼓把第一个音节呈现出来，而要求被试说出第二个音节，并记录下回答所需用的时间，最后统计正确回答的百分率。用这种方法测量的效果自然要比艾宾浩斯的更为精确。再者就是，艾宾浩斯识记无意义音节组时，只是靠重复学习，使人觉得记忆似乎是一种机械被动形成联想的过程。缪勒则要求被试把记忆时心理活动的历程描述下来。结果发现，人的记忆过程并非是机械被动的，而是一个主动的、有目的的过程。无意义音节看上去好像只是靠机械重复来记忆而排除了旧的经验的影响，但实际上，被试对无意义音节是尽可能想办法加以组织，或运用节奏感或附加以某种意义来帮助记忆，而且记忆的目的和定势也对记忆的效果产生很大影响。他和舒曼后来进行的重复辨别的实验也证明了定势现象。这一现象的发现，对后来的屈尔佩的无意象思维具有启发作用。

和艾宾浩斯一样，缪勒也发现整体学习比分段学习的效果更好。因为整体学习有助于学习者把握材料的完整特征，从而帮助学习者组织和巩固记忆。所以早在格式塔心理学家之前，缪勒于20世纪初就发现了完形特征和格式塔性质，只不过这些发现是他的记忆研究的副产品而已。后来

他的学生们都致力于完形性质的研究。

3. 对颜色视觉的研究

缪勒对海林提出的色觉说进行了修改和补充。海林的色觉说假定新陈代谢的同化作用和异化作用都会引起感觉，但缪勒只假定有两种新陈代谢而且是可以互相逆转的化学作用，而不说同化或异化作用，这样就解决了同化作用一般不引起感觉这个难题。另外，按照海林的假定，彩色或黑白色互相平衡后应没有任何感觉，但实际上还有灰色感觉。于是缪勒便假定皮质经常有相当于灰色的作用，所以平衡后仍有这个灰色感。后来支持海林色觉说的人也都采用了缪勒的这个假说。

三、布伦塔诺

（一）布伦塔诺的生平与著述

弗朗茨·布伦塔诺（Franz Brentano，1838—1917）是德国著名的心理学家，意动心理学的创始人，意向论哲学的代表。16岁时，布伦塔诺进入柏林大学，在弗里德里希·阿道夫·特伦德伦伯格的指导下研究哲学尤其是亚里士多德的著作，这段经历给布伦塔诺留下了深刻而持久的印象，以至于在他的一生中每当他思考心理学的主题时，都会想起这些老师的教诲。1856年他转到慕尼黑大学，在著名的历史学家和天主教神学家杜林格的指导下研究阿奎那的思想。杜林格是第二个对布伦塔诺产生重要影响的老师。后来他又到杜平根大学继续学习哲学以及神学，1864年在杜平根大学获得博士学位，毕业后首任为格拉

茨的地方牧师。1866 年，布伦塔诺到符茨堡大学担任讲师，讲授亚里士多德的著作，成为一个颇受学生欢迎的教师。1873 年他因故辞去了符茨堡的教职，1874 年在洛采的推荐下来到维也纳大学担任哲学教授，在此一直工作了 20 年，形成了一个颇有影响的心理学派，主张研究意识的活动，所以称意动心理学或称奥国学派，与冯特的内容心理学相抗衡。在此期间，弗洛伊德听了布伦塔诺的课，还为布伦塔诺承担了把约翰·穆勒的著作翻译成德文的任务。1894 年，布伦塔诺辞去大学的教职，到瑞士和意大利从事研究和著述，1917 年去世，享年 79 岁。

布伦塔诺是一位优秀的教师，在他近 30 年的教学生涯中，培养了一批著名的学生。他们中有音乐心理学的奠基人斯顿夫，现象学的创始人胡塞尔，心理学形质学派及奥地利价值哲学学派的开创者厄棱费尔，格拉茨学派的领袖及对象论哲学的代表者麦农，精神分析的创立者弗洛伊德，波兰逻辑学派的建立者塔多斯基，捷克斯洛伐克共和国的缔造者及哲学家马萨克尔。

身为哲学家和心理学家，布伦塔诺一生的时间大都花在哲学问题的研究上了，有关心理学的著述有 8 部。1874 年，布伦塔诺出版了他影响最大的著作《经验观的心理学》。本书其实也是现象学心理学的奠基之作。书中探讨了心理学的本质、心理学的独特价值、心理学的对象、心理学的方法，以及心理学与哲学的关系，研究了一般的心理现象，指出了心理现象和物理现象的区别，并对内部意识和意识的统一

进行了分析。此外，他还著有《论心理现象的分类》(1911)、《感觉心理学》(1907)。前者是他的《经验观的心理学》一书的附录，也可看作是它的第二卷的代用本。

冯特的《生理心理学》和布伦塔诺的《经验观的心理学》同时在 1874 年刊行，两本书都要把新心理学界定为一门科学，这在心理学史上不能不说是一个重要而有趣的现象。这说明，科学心理学诞生之初，就存在现象学心理学和实证心理学的论争。两者之间的抗衡其实也是一种对话。心理学的发展向何处去，对此这场论争和对话应该是一个重要的启迪。

（二）布伦塔诺的心理学思想

1. 心理学的性质

布伦塔诺和冯特都从经验主义出发，宣称心理学是一门经验科学。虽然同样都是研究经验，但布伦塔诺和冯特的实证心理学有很大的区别。冯特的"经验"乃是一种实验的经验，重在实验。他是运用实验的方法研究关于物理现象的经验。这种经验和外部世界相联系，通过外部知觉来获得。布伦塔诺的"经验"则是一种经验的经验，重在经验。他是运用经验的方法研究关于心理现象的经验。这种经验与内部世界相联系，通过内部知觉来获得。他认为，从这种经验立场出发的心理学十分重要，因为这种心理学为所有的哲学奠定了一个坚实的基础，或者说心理学是基本的哲学学科，能够提供一种如莱布尼兹所认为的本质的普遍性。

不过，布伦塔诺的哲学观点前后有所

不同，导致了他的意动心理学前后的不同。早期的布伦塔诺坚持一种实证论倾向。这时他的意动心理学是一种发生心理学，以说明的、经验归纳的和心理-物理的方法为主，暗含着现象学的倾向；后期的意动心理学以描述的、解释的和先验的方法为主，是一种描述心理学，也即现象学心理学。他认为，描述心理学是基本的，应先于发生心理学，因为在心理学家对于想要阐明的东西是什么给予充分的澄清和描述之前，对于现象的任何因果性研究都是没有希望的。而且，描述心理学在逻辑上先于并相对独立于发生心理学，因而就独立于像物理学和生理学这样的自然科学。

布伦塔诺非常强调心理学的重要性，赋予心理学以最高的科学地位。他指出："我们提出四个理由似乎足以表明心理学这门科学的特别重要性：研究现象的内在真实性；对这些现象的纯化；它们对我们的特殊关系；最后是把握现象规律的实际重要性。除此，我们还要必须加上一个特殊的和不可替代的作用，即就心理学建设我们的永恒性意义而言，它又是一门未来的科学。"他还说："心理学好像是人类进步的基本条件……在这个意义上，我们可以像其他人已经做的那样，把心理学刻画为一种关于未来的科学，即把握未来的科学（其他任何理论科学都做不到这一点），一种其他科学所不可比拟的塑造未来的科学，一种在将来驾驭于所有其他科学之上并使它们在其实际运用中从属于自己的科学。"由此可见，在布伦塔诺看来，心理学不仅是一门系统的科学，更是关于人类真理的

试金石。

另外，布伦塔诺还看到了心理学重要的应用价值，但这一点在心理学史上却少有人关注。他曾经多次表达过对心理学潜在的实践应用的乐观性，指出："我所指的心理学的实践任务是具有广泛意义的。""心理学具有成为无论是个体还是社会的教育理论的科学基础。""对于个体乃至于群体，无法估计的环境阻碍或促进其进步，心理学知识将提供其活动的确信基础。"因此，在布伦塔诺看来，心理学既是一门理论科学，又是一门应用科学。

2. 心理学的研究对象

意动心理学关注精神活动、意识与其对象的关系以及存在的时间性。因此在心理学的研究对象上，布伦塔诺的主张与冯特的针锋相对。冯特认为心理学的研究对象应该是感觉、情感等直接经验，而且把心理学的任务规定为心理元素的分析和确定由心理元素构成心理复合体的原理与规律。而布伦塔诺则认为，心理现象或意识的本质是意向性，一切意识都是关于对象的意识。这样就使得对意识内容的理解产生了决定性的改变，把意识内容看成像自然事物那样不变的实在的东西这一传统观点受到了挑战，而在这个挑战中，一种新的思维方法——现象学产生了，并直接启发了胡塞尔的思想。

因此，布伦塔诺认为，心理学不是研究感觉、判断、情感等心理的内容，而是研究感觉、判断、情感等心理的活动即意动。意动和内容是有区别的。比如，我看见一种颜色，颜色就是内容，看见则为意

动；听见一首歌，歌就是内容，听见则为意动。可见，意动指的是各种心理的活动或动作，内容则为意动所涉及的各种对象；但意动与内容又是不可分的，看则有所看，听则有所闻。意动总是指向一个对象，涉及一种内容，即总是意向地包含一个对象于其中。但这个对象不是一般心理学家所说的客体对象，它存在于内在世界，因此被称为"内在的对象性"。这是心理活动的特征，也是与物理现象的区别所在。物理活动不具备这种特征，是自己包含着自己，是自足的。颜色就是颜色，决不包含别的事物。需要注意的是，意动虽然是以其内在的对象性为特征，但这个内在的对象或内容却不是心理本身，而是物理现象，是物理学研究的对象。只有意动才是心理现象。内容心理学的根本错误就在于它将物理学的研究对象当成了心理学的研究对象。

布伦塔诺还对意动进行了分类。他把意动区分为三种：①表象的意动，包括感觉、想象活动等，如我见、我听、我想象；②判断的意动，包括知觉、认识、回忆活动等，如我知觉、我承认、我回忆等；③爱憎的意动，包括情感、意志、欲望活动、决心等，如我决定、我意欲、我请求等。在这三种分类中，表象的意动是最基本的，其他两类意动都是在它的基础上形成的。

布伦塔诺把意动作为心理学的研究对象，其意义在于突出了人的心理的意向性、活动性和整体性。

3. 心理学的研究方法

冯特和布伦塔诺都坚持心理学是研究意识的科学，但因为两人对待意识的立场不同，所以他们研究意识的方法也不同。冯特试图运用实验内省的方法，以期获得意识的内容——心理的对象资料；布伦塔诺则主张运用经验的方法，通过内部知觉，来获得心理的过程资料。其实布伦塔诺并不反对实验，但他认为，科学心理学不应仅仅局限于一些细节的实验上，而应对心理现象作大体的解释，这样才不至于使心理学迷失于实验方法之中。布伦塔诺的这一主张，对于一百多年后今天心理学的发展来说仍不啻为一记警钟。也正因此，布伦塔诺从未建立过自己的实验室，他的心理学是"经验"心理学而不是"实验"心理学。

具体说来，布伦塔诺认为心理学的研究方法主要有两种。一是内部知觉或反省，这是经验的主要来源，是心理学研究的主要方法。它与冯特的实验内省法截然不同。后者是直接以正在进行着的心理过程为对象，是在严格的控制条件下对意识经验的内部观察，即内省。而布伦塔诺认为，在心理学研究中，内省实际上是不可能的，因为当我们把注意集中于内部进行的心理活动时，这种内部的心理活动实际上已经发生了变化。例如，人在盛怒之下观察其内心的气愤，如果他知道自己在发怒，那他的怒气往往会消失，这时他还能观察到什么呢？但我们可以通过内部知觉来对心理状态进行反省。内部知觉指的是对刚刚过去的在记忆中仍呈鲜活状态的心理活动及其变化的观察。我们可以反省刚刚发生的事情、发怒之前的事情和认识到结果的事情，而不会出现内省过程中所遇到的干扰，因此内部知觉是完全可能的。布伦塔诺十分强调记忆在内部知觉中发挥的作用，认为记忆是把现实的资料即观察到的外部对象变为意识对象，也就是说，记忆是意向的意识对象。另外，任何科学在其工作的过程中都必须求助于记忆，因此，在内部知觉中发挥记忆的作用，并不表明心理学存在着其他科学所没有的缺陷。

还有一种是观察法，即观察他人的言语报告或自传、动作以及其他表现。此外，布伦塔诺还主张对儿童、动物、心理变态的人以及不同的文化进行研究。布伦塔诺也并不反对实验方法，不过他尊重实验结果，却反对冯特等人对实验结果的解释。他认为实验法有两种，决定性的实验和系统性的实验。他所提倡的实验法是前者，而且在他自己的研究中，他也使用过这一方法，而冯特所使用的实验法是后者。布伦塔诺认为，决定性的实验依附于思辨，有助于决定两种对立的概念，心理学家要尝试建立心理学的体系，无疑是要采用这一方法；而系统性实验仅仅局限于一些细节的实验，过于强调方法本身，往往是枯燥无味的，所以这种实验看不到心理学所面临的主要问题，在心理学发展的早期阶段没有什么作用。也正因此，布伦塔诺没有像冯特那样建立自己的实验室。

（三）对布伦塔诺的评价

冯特和布伦塔诺都主张心理学成为一门科学，在这个目标上他们是一致的，但他们在具体的心理学观点上却是对立的。

布伦塔诺的意动心理学主要是针对冯特的内容心理学存在的矛盾和困难提出的。因此，冯特所忽视的问题恰恰是布伦特诺所关注的问题；而冯特的局限则成为布伦塔诺的贡献。虽然布伦塔诺并未像冯特那样建立具有标志意义的实验室，也没有确立一个完整而庞大的心理学体系，但他们二人对心理学的贡献同样举足轻重。

第一，布伦塔诺是一位心理理论家，而不是一位实验家，他的主要影响是确立了心理学的基本观点。他指出，心理学家应该从心理学的大处着眼，而不要拘泥于细节的实验，这样心理学才不至于迷失于实验方法之中。这一主张不但给当时大搞实验热潮的人们敲响一记警钟，也给一个世纪之后的今天几乎仍然以实验为主的心理学的发展以深思。

第二，布伦塔诺提出的与心理内容相对立的心理意动的思想，对后来的心理学产生了很大的影响。他的观点成为后继者们不满于冯特心理学的推动力。符茨堡学派、格式塔心理学、精神分析、行为主义、形质学派、机能主义心理学、实用主义心理学都或多或少地受到了布伦塔诺心理学的影响。

第三，布伦塔诺开创了一种不同于冯特的心理学研究取向。冯特只是简单地模仿自然科学，最终是要把心理学建设成一门像物理学一样的规范科学。而布伦塔诺强调心理学的人文价值和意义，开创了心理学的人文研究取向。此外，他还主张心理学是一门关于未来的科学。坚持心理学既是一门理论科学又是一门应用科学，这是布伦塔诺高明于冯特的地方，具有重要的理论与历史意义。

布伦塔诺的意动也存在着明显的局限性。比如，他对意动的研究，只是对意动作了一些分类，只强调了表象是判断和情绪的基础，并没有进一步说明它们的本质及其相互关系，也没有揭示它们形成的规律。

四、斯顿夫

（一）斯顿夫的生平和著述

卡尔·斯顿夫（Carl Stumpf，1848—1936），德国心理学家、哲学家和音乐理论家。他从小就受到了很好的音乐熏陶。1865 年斯顿夫考入符茨堡大学，做了布伦塔诺的学生，之后受布伦塔诺的安排赴哥廷根大学师从洛采，并于 1868 年获得哥廷根大学博士学位。在此之后他历任符茨堡大学、布拉格大学、哈雷大学和慕尼黑大学的教授。詹姆斯于 1982 年慕名拜访过斯顿夫，并相互留下了深刻的印象。在哈雷大学期间，胡塞尔曾做过他的学生和助教。1894 年斯顿夫荣任柏林大学哲学教授，直到 1921 年退休。在此期间，他将艾宾浩斯创建的心理学实验室扩展为研究所，并将布伦塔诺的思想印刻在柏林的实验室上，以至于他在人们心目中成为冯特主要的、直接的对手。1896 年他与里普斯共同担任在慕尼黑召开的国际心理学会主席，1900 年同他人一起创立了柏林的儿童心理学协会，1908 年任柏林大学校长。他在柏林大学培养出一批著名的学生，如舒曼、吕普、

惠特曼、苛勒、考夫卡和勒温等，这使他的学术影响日益扩大。

斯顿夫一生的著作，影响较大的是两卷本的《音乐心理学》（1883，1890）。詹姆斯对该著作评价极高。此外还有《关于空间观念起源的心理学》（1873）。在这部书中，他反对空间知觉的经验说，主张先验说。1907 年他发表了两篇影响更大的论文，一是《现象与心理机能》，二是《论科学分类》。在这两篇论文中，他充分阐述了心理机能的概念，从而将布伦塔诺的意动心理学做了一定的推进。其重要的哲学论述有：《心理学与认识论》（1891）、《身体与心灵》（1897，1903）、《伦理学的怀疑主义》（1908），还有身后出版的《认识论》（2 卷，1939—1940）。

（二）斯顿夫心理学思想

斯顿夫既是哲学家，又是心理学家。他在哲学上的主要倾向是现象学，因他的老师布伦塔诺和洛采都有现象学的倾向。现象学源于康德，但它作为一门正式的哲学体系则是由斯顿夫的学生胡塞尔于 1900 年在《逻辑研究》一书中提出来的。他认为不能把现象同物区别开来，呈现在我们意识中的一切都是现象，人只认识自己意识的现象。胡塞尔曾将《逻辑研究》一书献给斯顿夫。由此，斯顿夫将现象学应用于心理学中，提出了他关于心理学研究对象的主张，尽管他对现象学的理解与胡塞尔不同。

1. 心理学的研究对象

斯顿夫认为，一切科学的研究对象都

是直接经验。他把直接经验分为四种，它们分属于不同学科的研究对象。

①现象，如音、色、味等。它们是现象学的研究对象。但现象学只是心理学的预备学科，并不是心理学本身。

②心理机能，如知觉活动、组合活动、理会活动、欲望活动、意志活动。心理机能是心理学的研究对象。

③经验之间的各种关系。这是关系学的研究对象。关系也是一种心理现象，但又和感觉不一样。关系科学也是心理学的预备学科。

④内在的客观结构。斯顿夫将机能的内在对象称为结构，也就是指布伦塔诺以现象为意动的对象和客体，它们是经验中的特殊现象。例如，在"我看见红色"的情境中，"看见"是心理的机能，"红色"是感觉印象，是现象。机能和现象的存在都很明显。在"我喜欢红色"的情境中，这两种观念就都不明显了。斯顿夫把研究这种特殊的内在的对象的学科，称为结构学。

可见，斯顿夫将心理机能作为心理学的研究对象。他认为心理机能的一个重要特征是具有整体性。在心理机能领域内，同时发生的意识和理智状态与情绪活动都被知觉为一个整体。他说："所谓心理机能是指包括着作用、状态、体验的一种名称。因此，一方面包含着认识的和情绪的机能；一方面还认为具有从未分化的机能到分化的机能的各种阶段。例如，认识现象的作用、对现象进行概括、构成概念的作用、把握以致判断的作用、情意运动、热情以

及欲望等。"简言之，斯顿夫的心理机能就是指心理的作用、状态和体验，也就是布伦塔诺所说的心理的意动、活动或过程。机能与现象又是不可分割而又各自独立存在于经验之中的。例如，"我看见红色"中，"看见"是机能，"红色"是现象；又如，黄昏时光线渐暗，我们没加注意，这是现象变了而机能未变；当我们仔细分析一首合奏曲和一种混合味的味道时，我们就知道这是哪几种音合成的音，哪几种味道混合成的味道，此时的合奏曲和混合味就是现象没变而机能变了。在这个意义上，心理学对机能和内容都要进行研究，而不是排除内容。在实际的研究工作中，斯顿夫也是这样做的。他承认在《音乐心理学》一书中就包含着现象学和心理学。

2. 音乐心理学

斯顿夫对音乐心理学既做了大量的实验研究，又做了不少理论研究。他的音乐心理学，包含了对音缀、混合和音、不和音、原始音乐、母音和语音分析等问题的深入细致的研究。在这一方面，有两点引起了人们的注意。一是他和冯特在音乐心理学研究方法上的争论。争论的焦点在于谁使用的方法更为可靠。冯特认为，凡是得自于没有成见的、受到严格控制的实验的结果应当是正确的。斯顿夫则认为实验室所得的结论如果和音乐专家的经验明显相悖，那么这些结果必然是错误的。二是他所提出的与赫尔姆霍茨的共鸣说不同的音乐的和谐说。他认为，和谐不是由于两个音之间没有升沉的现象，而是由于两个音同时发生，形成了一种整体的关系，使

人一听就有单一性（融合）。融合作为两个感觉内容之间的整体上的关系，与注意、练习、声音均无关，是高一级的神经特殊能力，叫作特殊能力。可见，他和约翰·缪勒一样，把感觉看成了某种特殊的神经能力，某种先验的精神现象。音乐的融合只是一种先验的精神关系，不受经验制约，也和外界事物无关。

总之，斯顿夫在理论上赞同布伦塔诺的意动心理学，主张心理学的研究对象是心理机能而非心理内容，从而把意动心理学向前推进了一步。但他又企图调和意动心理学和内容心理学的对立。他的主张实际上是屈尔佩的内容与机能的二重心理学的先导，并为他的学生苛勒和考夫卡建立实验的现象学和格式塔学派提供了理论基础。

此外，厄棱费尔（Christian Von Ehrenfels，1859—1932）和麦农（Alexins Meinong，1853—1920）创立了形质学派。他们将布伦塔诺的意动心理学具体运用到形、形质问题的研究上，认为形、形质的形成有赖于意动。他们的主张对后来的格式塔心理学有着直接的影响。在知觉理论上，形质学派是元素主义向格式塔心理学过渡的桥梁。

屈尔佩（Oswald Külpe，1862—1915）和麦塞尔提出二重心理学。他们主张心理学的研究对象应是意动和内容的统一，其目的在于调和冯特的内容心理学和布伦塔诺的意动心理学，力图使实验心理学和内容心理学相互为用。但二重心理学存在的一个突出问题是他们并没能够把内容和意动看作一种对立统一的关系，反而认为两者在经验中可以分离。尽管他们也为此提出了一些证据，但事实上他们提出的证据并不能说明意动与内容是可以相互分离而不是一种对立统一的关系的。由此，在二重心理学以后，意动与内容之争并未完全结束。后来的构造主义和机能主义之争则正是这场争论的继续。

第四节 科学心理学在中国的传播

2000，pp. 98—121）

一、西方心理学思想初步传播

（一）早期教会学校与心理学的传播

清末，西方心理学逐步通过各种渠道进入中国，传播途径主要有两种：一是通过早期的教会学校进行传播；二是通过翻译西方心理学论著进行传播。（杨鑫辉，

鸦片战争以后，随着教会活动在中国的发展，中国的教会学校也逐渐多了起来。

在中国最早开设心理学课程的教会学校是清末位于山东登州（今山东蓬莱市）的登州文会馆，以及由美国圣公会上海主教施若瑟开设的上海圣约翰书院。我国第一部汉译心理学著作是由在上海圣约翰书院主持教务的中国牧师颜永京（时任圣公会会长）翻译的。他翻译了美国学者约瑟·海义（Haven）的著作《心理哲学：包括智、情、意》，将之定名为《心灵学》并于1889年出版。不过，从内容上讲，本译著还不是真正意义上的科学心理学著作，而是一部哲学心理学著作。

另外，容闳、黄胜和黄宽三人当年就是在美国传教士布朗及其美国朋友的帮助下，于1847年进入美国马萨诸塞州芒松学校读书的。在该校中，他们学习了心理学课程，成为中国最早学习心理学课程的人。

（二）早期西方心理学译著

翻译心理学著作的非传教士人员中著名的是王国维。他于1907年重译了丹麦海甫定原著、英国龙特原译的《心理学概论》（*Outlines of Psychology*）。这是我国从西方心理学直接译过来的第一部科学心理学著作。王国维于1910年又用日文重译了美国禄尔克所写的《教育心理学》一书。

（三）日本在传播西方心理学思想中的桥梁作用

清末民初的学制主要是仿照日本的教育制度制定的；学校所选用的教科书（包括心理学教科书）也多译自日本，其中最早的一本是久保田贞则所著的《心理教育

学》，于1902年由上海广智书局出版；1903年我国又出版了日本大濑甚太郎和立柄教俊著的《心理学教科书》。此后，心理学一词在我国通行起来。因此，心理学一词是从日本引入的（杨鑫辉，2000，pp. 138—142）。简言之，在西方心理学传入中国的过程中，日本在客观上起到了桥梁或媒介的作用。

二、中国现代心理学的先驱者

在中国现代心理学传播和建立的过程中，以下几件事具有重要意义。（杨鑫辉，2000，pp. 145—209）

蔡元培在任北京大学校长期间，支持陈大齐于1917年在北京大学哲学系创办全国第一个心理学实验室。

陈大齐于1918年出版了我国第一本自己编著的大学心理学教本——《心理学大纲》。该书是陈大齐利用多年教学的讲义修订而成的，由商务印书馆出版，于10年内共出了12版。它以浅近通俗的文言文和新式标点符号，较准确而全面地概括介绍了当时西方科学心理学的丰富内容与最新成就。

1920年南京高等师范学校（后改为东南大学）在其教育科中建立了中国第一个心理学系。陈鹤琴和廖承志在此首次开设测验课程。此后，北京大学也于1926年建立了心理学系。

1921年中华心理学会在南京成立，首任会长是张耀翔教授。中国的心理学研究者首次有了自己专门的学会组织。

1922 年中华心理学会会刊在上海创办。中国的心理学研究首次有了自己专门的学术刊物。

1928 年蔡元培创建中央研究院并担任中央研究院院长后，于 1929 年倡导创建我国第一个心理研究所。这样，我国既有培养心理学人才的教学机构，又有了研究心理的专门机构。

（一）蔡元培

蔡元培（1868—1940）是中国现代心理学的先驱，曾于 1907—1913 年两次到德国留学，其中三年在莱比锡大学，先后选修了哲学、文学、心理学和美学等课程，并聆听了冯特的心理学、实验心理学和民族心理学三门课程，是冯特唯一的中国留学生。

蔡元培回国后，采取了两个重大措施，推动了中国现代心理学的建立。一是任北大校长期间，支持陈大齐在哲学系内创建了第一个心理实验室，后又成立心理学系；二是在任中央研究院院长期间，于 1929 年倡导创建了我国第一个心理研究所。这两个机构为中国现代心理学的建立奠定了人才与组织基础。

蔡元培继承了冯特强调科学方法的思想，认为方法决定了学科的性质。他还认为精神科学、社会科学都可以用实验科学的方法，因此心理学（他具体指民族心理学）既有自然科学的性质，又有社会科学的性质。

蔡元培还是一位杰出的教育家，非常重视心理学在教育中的应用。他强调必须在实验心理学的基础上建构实验教育学，重视教育对人格的养成，强调按照儿童发展进程进行教育，教育者要重视个性的发展。这些主张都是以心理学原理为指导的，对当时的儿童心理学、教育心理学的研究与应用起到了促进作用。

蔡元培还从心理学的角度论述过文艺、美育方面的问题，因此他的文艺和美育心理学思想也是他的心理学思想的重要组成部分。他把文艺看作人的一种直观的充满想象力的意志活动，并论述了文学与科学的差别。美育更是他关注的问题。他最早译出了"美育"一词，还提出了"以美育代宗教"的观点，"应舍宗教而易以纯粹之美育"。从心理学的观点看，人总是受到某种信念、信仰的支配，以美育代宗教的思想是积极的。蔡元培的文艺与美育心理的思想，开创了我国现代文艺心理学和美育心理学的先河。

（二）陈大齐

陈大齐（1886—1983），中国现代心理学家，曾在东京帝国大学哲学门学习，主攻心理学，获学士学位。他对中国心理科学建设的主要贡献有：1917 年在北大校长的支持下，创建了我国第一个心理实验室——北京大学实验室；1918 年出版了中国第一本大学心理学教材《心理学大纲》，书中介绍了科学心理学早期在感知觉研究领域中所取得的成就；突出阐明了心理学的科学定义，认为心理学是研究心理作用的结构、功能、发展过程和普遍法则的科学；强调心理学的科学方法。《现代心理学》是陈大齐在当时所做的著名学术演讲，简要评价了心理学其他领域的新进展：普通心理、生理心理、实验心理、差异心理、儿童心理、动物心理。陈大齐还率先在我国进行了心理调查研究，可以说是心理学联系实际的先声。他曾于1918—1919年开展过关于"北京高小女生道德意识之调查"。另外，他还在民族心理、审判心理、儿童心理方面进行过有关的译述和介绍工作。他的心理学研究与实践历程对我国早期心理学工作具有开创性的影响。

（三）郭任远

郭任远（1898—1970），中国现代心理学家。1921年，他还是一个大学生时就发表了《取消心理学上的本能说》，将批评锋芒直指当时心理学权威、哈佛大学心理学系主任麦独孤和美国行为主义心理学的创始人华生，此文震惊了美国心理学界；1922年发表《我们的本能是怎样获得的》，1923年发表《反对本能运动的经过和我最近的主张》，1926年发表《一个心理学革命者的口供》《心理学的真正意义》，1927年发表《心理学里面的鬼》，1928年发表《一个无遗传的心理》。上述论文全部收进1928年出版的《郭任远心理学论丛》里。黄维荣在该书序言中阐明郭任远的学术观点时说："无论是提倡行为派的心理，反对本能，反对心理学上的遗传，或攻击各种心理学上的神秘概念：总而言之，是在排斥反科学的心理学，不使非科学的谣言重污心理学之名；是在努力做一种清道的功夫，把心理学抬进自然科学——生物科学——之门，完全用严格的科学方法来研究它。"郭任远关于鸟类胚胎发育和训练猫不吃老鼠的实验研究，也得到国际心理学界的好评与重视。

本章思考题

1. 科学心理学诞生的条件有哪些？

2. 冯特的新心理学体系的主要观点是什么？如何评价冯特的心理学？

3. 布伦塔诺的意动心理学的主要内容是什么？它和冯特的心理学有何区别？你如何看待这一区别？

4. 科学心理学的百年历史对中国心理学发展趋向的影响是什么？

第六章
构造心理学

构造心理学或构造主义是 19 世纪末由冯特在德国奠基、铁钦纳在美国发展起来的一种严密的心理学体系，是心理学成为一门独立的实验科学之后的第一个心理学派别。关于构造心理学的创始人问题，历史上主要存在两种观点：一种观点认为构造心理学形成于 1879 年，由冯特创立，而为铁钦纳所完成；（刘恩久等，1986，p. 145）另一种观点认为构造心理学由铁钦纳所创立，而冯特仅是构造主义的先驱。（车文博，1998，p. 240）赞成后一种观点的学者居多。因为，尽管铁钦纳继承了冯特内容心理学的基本观点和研究方法，特别是在坚持心理学是一门实验科学的观点上，与冯特立场一致。但是，铁钦纳的构造心理学体系并没有包含冯特心理学的全部思想。不仅如此，在研究对象、研究内容和研究任务等方面，两者存在许多差异。此外，构造心理学是铁钦纳在与机能主义者的论战中发展起来的。铁钦纳之所以称他的心理学体系为构造主义，是因为他更加重视意识的构成元素和构成规律，更加强调心理学的最终任务就是要把人类经验的元素完整地描述出来。而冯特却从未用构造主义来标识他的心理学体系。所以美国心理学史家米西亚克和塞克斯顿指出："构造心理学主要是铁钦纳的产物，并由他提出，完全可以称为铁钦纳主义。"（叶浩生，1998，p. 144）所以，我们应该认为构造心理学是对冯特内容心理学的继承与发展，"是新型的冯特，是发展了的冯特"。

第一节 构造心理学的思想渊源

构造心理学产生于19世纪末，与冯特的内容心理学一样，也是在资本主义的生产力得到迅速发展，迫切需要自然科学和心理科学的研究成果的基础上发展起来的。铁钦纳是第一个把德国心理学引入美国的英国人。因此，他所创立的构造心理学兼有英国和德国的特征，是两者的混合物。而铁钦纳本人深受英国经验主义和联想主义的影响。因此，其构造心理学受到来自英国哲学和德国心理学两个方面的影响。

一、哲学背景

从哲学背景上说，铁钦纳既受到英国经验主义和联想主义传统的熏陶，又深受马赫和阿芬那留斯的经验批判主义的影响。

（一）经验主义和联想主义传统的熏陶

在英国的传统中，休谟和詹姆斯·穆勒对铁钦纳的影响最大，他曾经专门钻研过两人的著作。休谟是一位原子论者，坚持复杂的观念是由简单的感觉构成的。例如，知觉由印象和观念通过联想构成，复杂知觉又由简单知觉通过联想构成。铁钦纳把意识经验分析为简单的感觉、意象等元素，并再由这些元素构成复杂的意识经验的做法，与休谟的思想如出一辙。美国心理学史家黎黑指出，铁钦纳的心理学与休谟把心理看作感觉集合的观点是一致的。

詹姆士·穆勒从经验主义和联想主义传统出发，认为一切心理现象都起源于感觉，感觉是最简单的心理元素，感觉和观念通过联想的作用形成各种复杂的心理现象。在联想律问题上，穆勒只承认接近律是联想的主律，而把因果律、相似律和对比律均纳入这一主律之中。在心理元素的结合上问题上，铁钦纳也像穆勒一样，认为所有的联想律都可以还原为接近律。

（二）经验批判主义的影响

马赫（Ernst Mach，1838—1916）是奥地利的物理学家、哲学家和心理学家，阿芬那留斯（Avenarius，1844—1896）是德国的哲学家，二人共同创立的经验批判主义哲学，是实证主义哲学的第二代，他们的哲学观点对铁钦纳的构造心理学产生直接的影响。

马赫继承了英国经验主义哲学家贝克莱、休谟的唯心主义和孔德的实证主义，提出了要素说。他认为，要素即感觉经验是世界上唯一真实的存在，是万物的基础。他的基本哲学命题是"物是感觉（要素）的复合"。马赫所说的要素不是指自然科学家们所说的物质的元素或原子，而是颜色、声音、压力、空间、时间等通常人们称为感觉的东西。经验批判主义的另一代表人物阿芬那留斯也提出了与马赫一样的基本哲学命题，认为我们应该把存在着的东西设想为感觉，在它的基础中没有感觉以外的任何东西。感觉既非物理的，也非心理的，而是心物同一的"中性的"东西。在他们看来，世界上的一切事物，无论物理的还是心理的，都是由中性的感觉要素所构成，是要素或感觉的复合。他们试图用这种"中性一元论"来消除唯物主义和唯心主义将物质和心灵对立的"二元论"，建立超越两者的唯一科学的哲学。

铁钦纳的构造心理学体系实际上是用实证主义和原子主义对冯特的唯意志论心理学筛选过滤的结果。他为自己筛选出了一个还原的感觉论。从如下两个方面可以看出经验批判主义对铁钦纳构造心理学的影响。一方面，在心理学的对象上，铁钦纳用阿芬那留斯的独立经验和从属经验的区分，代替冯特的直接经验和间接经验的区分，主张心理学应研究依赖经验者的经验，物理学研究不依赖经验者的经验。如此一来，他把一切科学的研究对象都归结为"经验"，宣称自然科学与心理学是对同一主观经验的不同观点的产物。这实际上既否认了科学研究对象的客观性，又体现了马赫主义哲学把物理的东西和心理的东西调和在经验之中的中性一元论的思想。另一方面，在回答心理"是什么"的问题时，铁钦纳提出的"心理元素说"也是以马赫的"要素说"为理论基础的。他通过实验内省法发现了意识的结构，即意识经验是由感觉、意象和情感三种最基本的心理元素构成的。在这三种元素中，他和他的学生研究得最多的是感觉元素，因此，铁钦纳的构造心理学正是以感觉为其基本心理元素展开的。

二、心理学背景

铁钦纳的构造心理学是对冯特内容心理学的继承和发展，甚至是内容心理学的极端化。

铁钦纳是冯特的直接授业弟子，也是冯特著作的主要英译者之一，因而他深受冯特的影响。正如舒尔茨所言："在莱比锡的两年，决定了铁钦纳在心理学上的前途，决定了他许多未来学生的前途，而且在一定程度上也决定了多年来美国心理学的发展方向。"（舒尔茨，1981，p. 88）在心理学的一般观点上，铁钦纳接受了老师冯特的内容心理学思想，坚持心理学的实验方向，并很快在康奈尔大学形成了以他为首的构造心理学派。然而，较之于冯特而言，铁钦纳更加注重心理内容，注重人类心理的一般规律的研究。因而铁钦纳的构造心理学是内容心理学的极端发展。正因为如此，构造心理学与当时在美国引领时代精神的机能心理学形成鲜明的对立。机能心理学继承了意动心理学的思想，重视心理机能而非心理内容，特别注重心理活动在适应环境中的作用，以及个人心理能力上的差异。究其实质，两者的对立是欧洲的内容心理学与意动心理学之争在美国的自然继续。构造心理正是在与机能心理学的对立和争论中形成和发展的。铁钦纳在1898年所著的《构造心理学的公设》中，阐述了构造心理学的基本立场和主张，正式提出了"构造心理学"与"机能心理学"这两个对立的名称，进一步阐明了两者的关系。他主张，实验心理学应该以分析心理的构造为主要目的，机能心理学虽然有用，但必须建立在构造心理学的基础之上，好比生物科学的生理学要建立在形态学的基础之上一样。铁钦纳强调心理学的基础研究无可厚非，但他明知心理学在人格、学习等领域的进展，明知心理学的应用价值，却拒绝探究实践知识，拒绝涉猎其他领域，这是导致构造心理学短命的最大弱点。

第二节 铁钦纳的生平

爱德华·布雷德福·铁钦纳（Edward Bradford Titchener，1867—1927）1867年1月11日出生在英国的奇切斯特，曾求学于颇具声望的莫尔文学院；1885—1890年就读于牛津大学，学习哲学和生理学，受英国经验主义和联想主义的影响。在牛津大学期间，铁钦纳对实验心理学产生了兴趣，并且将冯特的《生理心理学原理》的第三版译成英文。从牛津大学毕业以后，铁钦纳去莱比锡大学追随冯特学习了两年，莱比锡的学术生活影响了他的终生。

在莱比锡的第一年，铁钦纳与冯特的美国学生安吉尔（Angell）建立了友谊。安吉尔在结束了德国的学习之后受聘于纽约伊萨卡的康奈尔大学，并在那里建立了一个心理学实验室。铁钦纳于1892年获得博士学位后，接替了安吉尔在康奈尔大学的职位。不久康奈尔就发展成为美国最大的心理学博士培养单位。铁钦纳25岁去美国，此后他的教学和研究生涯就在康奈尔大学度过。在定居美国的35年中，铁钦纳只返回欧洲一次，即参加1896年在慕尼黑举行的国际心理学大会。然而铁钦纳依然保持着忠诚的英国公民身份，并始终保持明显的德国冯特式的传统。他的心理学体系、研究方向、教学方式乃至举止风度都是冯特式的。

铁钦纳是一位性格刚毅、爱好争辩的心理学家，是在美国代表德国心理学传统的英国心理学家，这使他与美国的机能主义心理学者格格不入，并与之处于长期的对立和争论之中。然而，铁钦纳并不独断和古板。他治学严谨，文章明快，教学深受学生喜爱。而且他兴趣广泛，多才多艺，尤其喜欢音乐和收藏古钱币。为了认识古币，他学习了古汉语和古阿拉伯语。此外，他精通六种现代语言：英语、德语、法语、意大利语、西班牙语、俄语。据说，他在康奈尔大学开设音乐课程直至在该校建立了音乐系。每逢星期天晚上，他都在家里指挥一个小交响乐团，并鼓励那些有音乐才能的学生参加。在音乐会之后，他们进行随意的、非心理学的交谈。

铁钦纳一直是美国构造心理学的领导

人，第一次正式提出构造主义和机能主义的对立，因此，美国早期的这两个心理学派别都是由铁钦纳命名的。1927 年 8 月 3 日铁钦纳死于脑瘤，构造心理学的力量日趋衰弱，构造主义和机能主义的争论也随之烟消云散。

从 1893 年主持康奈尔大学的心理学实验室开始，铁钦纳即全身心地投入实验室的建设和大量的教学与研究工作。他致力于发展一门纯粹的实验心理学，并以铁的手腕统治他的领域。很快，康奈尔大学形成了以他为核心的构造主义学派，该学派与机能主义长期对峙。铁钦纳是美国心理学会（APA）的发起人之一，但他从未参加过一次会议，甚至也没参加在康奈尔大学的驻地伊萨卡举行的全国会议。相反，他在 1904 年成立了自己的组织，称之为"实验者"，按照本人对心理学应该是什么样的观点，运作这个组织。其成员资格只有受到铁钦纳的邀请才能获得。该组织每年举行一次会议，只讨论那些铁钦纳认为最合法的心理学主题，而排除心理测验、比较心理学和其他应用心理学主题。铁钦纳逝世后的第二年，"实验者"改组成为美国当今的实验心理学会，并成为美国心理学会的一个专业分会。该学会在 20 世纪五六十年代成为现代认知心理学运动的中心。

在康奈尔的 35 年中，铁钦纳共授予 54 个人心理学博士学位，其中不少人成为美国心理学界的知名人士，还有 19 人是女性。当时哈佛大学和哥伦比亚大学都不接受女性，铁钦纳却每次都将女性纳入他的研究生培养计划，可见他对女性有异常的

宽大和超前的观点。铁钦纳的第一个博士生沃什伯恩（Washburn）于 1894 年 6 月成为心理学中第一个获得博士学位的女性。铁钦纳对沃什伯恩的论文评价甚高（研究视觉意象对触觉距离和方向的判断的影响），以至于他异乎寻常地把它推荐给冯特，在《哲学研究》上发表。沃什伯恩后来继续在比较心理学领域作出重要的贡献，并当选为美国心理学会 1921 年的主席。

铁钦纳在世时是一位具有影响力的心理学界元老。他担任《美国心理学杂志》主编达 30 年之久，并且担任英国《心灵》杂志的美国编委。他著述丰富，一生共发表 216 篇论文和评论，176 种由他指导的康奈尔实验室的研究报告，翻译 7 本冯特和屈尔佩等人的著作，出版心理学著作 27 种。他的主要著作有《心理学纲要》（1896）、《心理学入门》（1898）、《实验心理学》（4 卷本，1901—1905）、《心理学教科书》（1909—1910）、《初学者心理学》（1915—1918）。在上述著作中，《实验心理学》最有影响，被屈尔佩誉为"最渊博的英文心理学著作"，（Boring，1950，p. 464）被波林称为"甚至在半个世纪后的今天也难找出一个单独的作者能够在心理学内写出几卷或一本更渊博的英文著作"。（Boring，1950，p. 413）《心理学教科书》虽是为大学二年级学生撰写的一本教材，却容纳了构造心理学的全部内容，因此，它"最能代表构造主义或铁钦纳主义的体系"。（Evans，1972）铁钦纳晚年致力于撰写《系统心理学》一书，可惜未能完成便去世了。后来，韦尔德将其生前发表的一

些章节编成一卷《系统心理学：绪论》
(1929)，作为铁钦纳的遗著出版。该书反
映了铁钦纳晚年心理学体系的一些新变化。

第三节 铁钦纳的构造心理学的基本观点

铁钦纳的构造心理学是一个完整的心理学体系，既探讨了心理学的研究对象、任务和方法，同时也讨论了心理学的性质、心理与生理的关系，揭示了心理的基本构成要素及其结构规律。可以说，他研究的均是普通心理学的最基本问题。

一、心理学的对象

铁钦纳同意冯特的主张，认为心理学的对象是经验。因为在他看来，物理学、生物学和心理学等所有科学都是以实存的经验为研究对象的。各门科学的区别不在于研究对象不同，而在于它们看待经验的观点不同。但他不同意冯特关于直接经验和间接经验的区分，宁愿接受经验批判主义者阿芬那留斯关于独立经验和从属经验的学说，认为心理学和物理学都直接地研究经验，只不过是从不同的观点来考察人类的经验。物理学研究不依赖经验者的经验，而心理学则研究依赖经验者的经验。例如，物理学和心理学都研究光和声，但物理学家是从物理过程来看这些现象的，而心理学家则是根据这些声、光现象怎样为人类观察者所经验来考察它们的。对这种区别，铁钦纳曾做过生动的描述：

热是分子的跳跃；光是以太的波动；声音是空气的振动。物理世界的这些经验形式被认为是不依赖经验着的人，它既不温暖也不寒冷，既不暗也不亮，既不静也不闹。只有在这些经验被认为是依赖某个人的时候，才有冷热，黑白、色彩、灰色，乐声、嘶嘶声和砰砰声。而这些东西乃是心理学研究的对象。（Titchener, 1909, pp. 7—8）

铁钦纳对心理学研究对象和物理学研究对象所做的这种区分，与冯特的观点是类似的。在冯特看来，物理学的观点是把经验的各种对象从它们所设想的独立于主体之外的特性方面来加以考虑，而心理学的观点是把经验的整个内容从它与主体的关系以及由主体直接赋予它的特性方面来加以研究。正是基于这样的观点，冯特认为物理学的观点可以称为"间接经验的观点"，心理学的观点则可以称为"直接经验的观点"。在铁钦纳看来，物理学的观点是把经验"看作独立于经验的个体之外的"，而心理学的观点则是把经验"看作从属于经验的个体的"。可见，二人在表述上尽管

有差异，但观点的本质是一致的。

铁钦纳在确定了心理学的研究对象之后，进一步区分了经验、心理、心理过程和意识之间的关系，并最终把心理学的研究对象锁定在意识之上。在铁钦纳看来，人类经验始终是进行着的过程，发生着的事变，人类经验中受神经系统制约的那种经验就是"心理"，心理是心理过程的总和，是连续变化的活动过程。心理作为一种过程是难以把握和研究的，但我们可以研究心理过程中意识到的片段，即"意识"。所以，心理指的是一个人一生中发生的心理过程的总和，意识则是指发生于现在或任何特定"时刻"的心理过程的总和。意识是心流的一个部分，一个片段。可以看出，经验、心理、心理过程和意识都是心理学研究对象的不同表现形式，但它们在内涵上是递增的，在外延上则是递减的。所以铁钦纳说："虽然心理学的对象是心理，但心理学研究的直接对象却往往是意识。"（Titchener，1909，pp. 9—10）

铁钦纳在探讨心理学的研究对象时，强调了人的心理的个体性和主观性，这是值得肯定的。因为人的心理既不是纯客观的东西，也不是客体向主体机械贯注的东西，而是由一定的个体来承担和实现的。它受到个体的知识经验、价值取向和人格特征等方面的影响和制约。然而，由于他接受了马赫等人的"中性一元论"，抹杀了心理世界和客观世界的差别，把客观世界融合在人的经验之中，从而走上了主观唯心主义。

二、心理学的性质

铁钦纳所持的科学观是：科学活动就是借助观察的方法没有偏见地分析任务。科学观最终体现在科学的体系上，科学体系是科学活动按逻辑整理的结果。他强调，在科学领域内，观察的事实具有优先性，而逻辑的方法则是次要的。上述科学观落实到心理学上，使铁钦纳与其老师冯特一样，坚持心理学是一门科学。他的目标就是建立一门真正独立的科学心理学，而科学心理学的核心是实验室研究。所以，铁钦纳所主张的心理学就是科学心理学或实验心理学。在他的心目中，科学心理学是一门基础科学，属于自然科学的范畴，以实验室研究作为主要的资料来源。这样，心理学就变成了一门"纯"科学。

为了确保科学心理学的纯粹性，铁钦纳竭力反对应用心理学。他主张，心理学应该研究心理或意识内容本身，不应该研究其意义或功用。实验心理学家的目的在于分析心理或意识的结构，发现意识中的元素及其数量，得出结构性的而非机能性的结果。他强调，实验心理学主要研究正常人的心理领域，既不管治疗精神病，也不管改造个人和社会。他认为，心理学的应用应该在心理学之外的其他部门，如教育心理学属于教育，医学心理学属于医学，法律心理学属于法律，商业心理学属于商业。可见，铁钦纳并不是一味地反对心理学的应用，而是反对把心理学的应用或技术方面与科学或实验心理学不加批判地混淆在一起，因为两者的混淆会威胁到心理学作为一门纯科学的发展。

铁钦纳反对机能心理学的理由之一，即认为机能心理学是心理学的应用，是心理学技术，而不是心理学本身。在他看来，机能心理学虽然有用，但是它必须建立在构造心理学的基础之上，恰似生物科学中的生理学要建立在形态学的基础之上一样。铁钦纳这种把心理的构造和心理机能完全割裂开来的观点，具有明显的形而上学的倾向。正是受到这种形而上学观点的束缚，铁钦纳的构造心理学体系越是严密，它的研究范围就越狭窄，其研究方法和研究结果也就越脱离生活实际。

三、心理学的方法

在心理学的研究方法上，铁钦纳继承了冯特的基本思想，坚持采用实验内省法。

铁钦纳所持有的科学观已表明，他视观察为一切科学通用的方法，在科学领域内，观察的事实具有优先性。既然心理学是一门自然科学，那么，它理应采用观察法。但是他又指出心理学的观察不同于物理学的观察。物理学的观察不依赖于经验者的经验，是一种向外的观察或称检查，心理学的观察依赖于经验者的经验，是一种向内的观察或称内省。既然心理和意识都是人的一种内部经验，那么内省就是向内对意识经验的观察。同时，由于实验是一种可以被重复、分离和变化的观察，心理学为了得到清楚的经验和准确的报告，就必须把观察和实验结合起来。铁钦纳把内省和实验结合起来的方法命名为"实验

内省法"。

可见在研究方法上，铁钦纳与冯特是相同的。但是，铁钦纳对内省法的使用比冯特更加严格而且更加复杂。第一，在实验者的选择上，铁钦纳要求实验者必须经过专门的内省训练，坚决反对使用未受过训练的观察者。第二，他要求参加实验的内省者必须在情绪良好、精神饱满和身体健康时进行自我观察，内省时的周围环境必须安适，无干扰。第三，也是最重要的，内省者必须客观、准确地描述意识状态自身，而不是去描述刺激物。在他看来，把心理过程与被观察的对象即刺激相混淆就会犯"刺激错误"。内省者所做的最糟糕的事情就是给他们内省分析的对象命名。例如，呈现给观察者一个苹果，那么他的任务将是描述这个物体的颜色和空间特征，如果说出这是一个苹果，就犯了铁钦纳所谓的刺激错误。由此可见，铁钦纳想要他的被试报告的是感觉，而不是知觉，只要求报告自己的意识经验而不许涉及外部现实。第四，在内省法的应用范围方面，铁钦纳打破了冯特的限制，由只用来研究简单的心理过程推广运用到思维、想象等高级的心理过程。

从铁钦纳的上述主张可以看出，铁钦纳的实验内省法比冯特有更高的发展和定型化。利用这种严格控制条件的实验研究，铁钦纳带领其学生取得了一些有益的研究成果，最后整合为构造心理学的内容体系。在晚年，铁钦纳对内省法的使用变得更宽泛一些。他发现允许未经过训练的内省者简单地描述他们的现象学的经验，可能是

一种重要的信息来源。也就是说，相信来自非科学的"观察者"的日常经验报告的表面价值，可能导致重要的科学发现。不幸的是，铁钦纳在他和他的学生能够研究这种可能性之前就去世了。

四、心理学的任务与研究结论

铁钦纳认为，心理学所要研究的问题和自然科学是一样的，都必须回答以下三个基本问题：是什么、怎么样和为什么。"是什么"就是确定意识经验最简单、最基本的元素；"怎么样"是要确定这些元素如何结合及结合的规律；"为什么"要明确心理过程赖以产生的条件，即它与神经过程的联系。把这三个问题相互结合起来，心理学的任务就是分析和说明心理过程的构成元素以及它们相互结合的方式和规律，解释心理过程产生的生理机制。在铁钦纳看来，心理科学的进步程度是由我们对上述三个问题做出回答的能力决定的。下面，我们就来分析铁钦纳的构造心理学对这三个问题的回答。

（一）是什么

通过运用实验内省法，铁钦纳得出了与冯特略有差异的结论。他发现，意识经验和心理过程的最基本元素有三种：感觉（知觉的元素）、意象（观念的元素）和情感（情绪的元素）。每一种元素都有一定的特性。在铁钦纳看来，只要列出一个元素的特性就可以认识它。比如，感觉和意象（感觉的剩余物）的特性是性质、强度、持续性、清晰性和外延性。外延性是感觉或意象在空间中不同程度地展开的印象。情绪有性质、强度和持续性等特性，但没有清晰性和外延性。

事实上，在这三种意识元素中，铁钦纳和他的学生研究最多的是感觉，然后是情感，三者中被研究得最少的是意象。感觉是知觉的元素，包括声音、光线、味道等经验，它们是由当时环境的物理对象引起的。铁钦纳通过自己的研究得出结论，共有 40 000 种可辨别的感觉，其中大多数是涉及视觉的（约 30 000），其次是涉及听觉的（约 12 000），最后是涉及其他所有感觉的（约 20）。意象是观念的元素，是一种近似于感觉的基本的心理过程，可以在想象或当时实际不存在的经验中找到。用铁钦纳的话说，即这种心理过程留存于感觉刺激消失之后，或者是出现于感觉刺激未出现之际。（车文博，1998）铁钦纳认为，情感是情绪的元素，表现在爱、恨、忧愁等经验之中。铁钦纳不接受冯特的情感三维度说。认为情感只按照一个维度发生，而不是冯特所认为的三个维度。按照铁钦纳的说法，情感（感情）只能按照冯特的愉快—不愉快维度来描述。而冯特提出的其他两个维度（紧张—松弛和兴奋—平静）实际上是感觉和真实情感（愉快—不愉快）的结合。所以，心理学的"是什么"包括用性质、强度、持续性、清晰性和外延性描述的感觉和意象，还有按照愉快程度变化的情感。

（二）怎么样

明确了意识的结构要素之后，第二步就要确定它们怎样结合成更复杂的心理过程。在这一问题上，铁钦纳反对冯特的统觉和创造性综合的观点，赞成传统的联想主义，仅用联想来说明心理元素的结合问题，并将接近律作为其联想的基本规律。他是这样解释的：

> 联想说旨在解释事实，我们要尽力……找到描述这些事实的原则。而且我们会发现，意识中无论何时出现某种感觉或意象过程，以前与之同时出现过的所有感觉和意向过程都有可能与它一起出现（当然，是想象的用语），这就是我们所谓的联想律……现在，我们可以稍加强制地把接近律转化为一般联想律。（Titchener，1909，pp. 378—379）

通过接近联想，我们首先把两个同类元素结合在一起，然后把两个以上的同类元素结合在一起，最后再把不同类的基本心理过程结合在一起。例如，几种纯音的感觉在一起发生，它们便混合起来；几种色觉并列着发生，它们就相互加强。所有这一切是以完全有规律的方式发生的，因而我们可以写出纯音混合的规律和颜色对比的规律。

根据铁钦纳的体系，在经验中发现的只是感觉的元素，而不是像注意这样的过程。因此，求助于统觉这样的不可观察的实体是不合理的。这暴露出他的坚定的实证主义的立场。那么，铁钦纳是如何解释冯特看重的注意过程呢？铁钦纳把冯特内容心理学中使注意产生的"统觉"当作毫

无价值的观念抛弃掉，然后把注意本身还原为感觉。在铁钦纳看来，所有感觉的一个最显著的特征是它们的清晰性。被注意到的感觉不过是指最清晰的感觉而已。因而，注意不是一个独立的心理过程，而只是感觉的一个属性——由某种神经过程产生的清晰性。与他的实证主义相一致的是，铁钦纳认为没有必要假定用官能、机能或心理动力来解释明显合理的注意过程。对他来说，注意就是清晰的感觉，是感觉中的某个时间段。伴随注意的心理努力同样被铁钦纳简化为感觉。他在《实验心理学：实验手册》中写道："当我努力去注意时，我发现自己在皱眉、皱额等等。所有这些身体姿势和运动产生了特有的……感觉。这些感觉为什么就不可以是我们所称的注意呢？"（黎黑，1990，p. 257）

铁钦纳的上述主张不仅体现出他极端的感觉主义和实证主义倾向，而且与后来的行为主义的极端形式——斯金纳的操作行为主义有许多合拍之处。

（三）为什么

铁钦纳指出，为了建立科学的心理学，我们不仅需要描述心理，还必须解释心理，即回答"为什么"这个问题。这实际上已涉及身心关系问题。他认为，既不能把一种心理过程看成是另一种心理过程的原因，也不能把神经过程看成是心理过程的原因。他从心身平行论的观点出发，主张为了解释心理过程，必须详尽地叙述心理过程发生的条件或情况，即找出与心理过程相对应的生理过程。他认为，用生理解释心理

正如用一个国家的地图解释我们旅行片段中瞥见的山冈、河流和城镇。也就是说，参照神经系统就可以把描述心理学所不能做到的那种统一性和连贯性引入到心理学中来。因此对铁钦纳来说，虽然神经系统不引起心理活动，但可以用来解释心理活动的一些特征。当然，如果心理活动可理解为对心理过程发生环境的描述的话，那么神经生理过程最终可看作心理活动。这实际上已表示，只有承认心理由物质基础产生才能使心理学有系统性和连贯性。

第四节 铁钦纳对布伦塔诺的评论

前已述及，铁钦纳的构造心理学是在与机能心理学的论战中发展起来的，两者的对立又是欧洲早期的内容心理学与意动心理学对立的继续。铁钦纳自认为他的构造心理学既不属于意动心理学，也不属于机能心理学，而是一种纯粹的、实验的科学心理学。他批判机能心理学是非正统的心理学，仅仅是心理学的应用，称之为"用生物学伪装起来的进化论的假儿女"。他的好辩与坚持建立了纯粹的实验心理学的立场，使构造心理学与当时美国流行的机能心理学之间展开了长期的论战。关于这些论战，本书将在本书的第八章详加论述。下面，我们先来分析铁钦纳对布伦塔诺的评论，以明确他对意动心理学的态度。

布伦塔诺的心理学被称为意动心理学，与冯特强调心理的内容不同，更强调心理的活动或心理过程的功能。研究对象的差异相应地导致了研究方法的不同。冯特主张用实验法来分析心理的内容，而布伦塔诺却主张用观察及反省来研究意动，因为意动是经验的，无法置于实验条件下分析研究。所以，布伦塔诺的心理学又被称为经验心理学，他所用的方法又被称为现象学的内省——指向完整的、有意义的经验的内省分析。研究对象和方法上的差异，导致了内容心理学和意动心理学的对立。铁钦纳是冯特的嫡传弟子，也是冯特内容心理学的维护者和主要传播者之一。构造心理学是内容心理学移植到美国之后的变种。因而，意动心理学与内容心理学的对立，自然延续到了铁钦纳的构造心理学。铁钦纳更多地是站在冯特的立场上，来对意动心理学发表评论的。

铁钦纳首先肯定了冯特和布伦塔诺这两位心理学界前辈的共同点。这就是他们都主张心理学在科学系统中占有重要的地位，都规定了心理学的任务是对现象的解释，确定意识在本质上具有整体性等。不过，两人的差异更加明显。

从研究取向和方法来看，铁钦纳认为

冯特是通过生理学的研究对心理学发生强烈兴趣的，并用实验法创建实验心理学，而布伦塔诺则是通过哲学的研究对心理学发生强烈兴趣的，并以亚里士多德的方法为其研究模式来建立经验心理学。在铁钦纳看来，一切实验心理学在广义上都是经验的，而经验心理学在狭义上也必须求助于实验。因此，布伦塔诺既然把心理学视为经验科学，就应当求助于实验，用实验获得的资料来对心理现象做出描述和解释。但事实却是，布伦塔诺主要靠推论来获得结论并进行解释。铁钦纳本人更认可冯特的做法，即重视观察的事实和实验的结果，以此作为心理学研究的科学论据。

布伦塔诺之所以排斥实验是有他的道理的。他认为像冯特那样过分强调实验（对一个变量进行系统操作，并注意其他变量的结果）会分散研究者对重要问题的注意力。他认为，科学心理学不应局限于一些细节的实验上，而应对心理现象做整体的描述和解释，这样才不至于使心理学迷失于实验之中。不过，在当时人们正热衷于实验之时，他的这一记警钟并没有将人们从沉醉中唤醒。此外，布伦塔诺也不赞成铁钦纳坚持了解心理事件背后的生理机制的做法。在他看来，关于心理，重要的不是它里面有什么，而是它做了什么；换言之，心理学研究应该强调的是心理的过程而不是其内容。

从研究任务和内容上来看，铁钦纳认为冯特以意识内容为研究对象是正确的，而布伦塔诺以内容是一种物理现象而不是心理现象为理由来反对冯特是没有道理的。他辩论说，心理动作与心理内容是密不可分的，永远不会存在没有内容的动作。比如，我们形成概念时，我们在感觉或想象某些东西；进行判断时，我们知觉、回忆某些东西；爱或恨时，我们在追求或遗弃某些东西。因此，心理内容和心理意动不过是对心理现象分析的不同层面而已。另外他指出，心理现象和物理现象有明显的区别，不能把心理内容与物理的东西相等同。铁钦纳试图竭力把意动心理学和内容心理学调和起来，其目的无非是要强化冯特的内容心理学，以维护构造主义的理论基石。

前已述及，铁钦纳晚年对实验内省法的态度有所松动，这表现在他将布伦塔诺使用的现象学的内省也纳入其研究规划之中。不过，铁钦纳与布伦塔诺在根本上还是对立的，这主要源于他们的哲学取向不同。布伦塔诺和冯特一样，遵循的是德国理性主义的传统。对他来说，心理是积极的；而铁钦纳恪守的是英国的联想主义传统和法国的经验主义，因而在他看来心理是相对静态的，是被动的。

第五节 对构造心理学的评价

构造心理学是心理科学建立之后的第一个正式的学派，也是心理学史上的一个短命学派，从 19 世纪末建立到 20 世纪二三十年代消亡，持续 30 多年的时间。心理学史界对构造心理学及其创始人铁钦纳多持负面的评价，将其作为学派兴衰的反面教材。然而，任何一个学派的出现都是一种历史的必然，任何一个学派的兴衰必有历史规律可循。构造心理学尽管只是昙花一现，但作为一种心理学思想其影响却是深远的。在此，我们将首先分析构造心理学的历史影响及衰落的原因，然后简单评析它对心理学的贡献和局限。

一、构造心理学的影响及其衰落

铁钦纳的构造心理学对心理科学及心理学界的影响主要体现在如下三个方面。首先，铁钦纳对美国心理学思想最持久的影响是他坚持心理学是一门科学，强调实验室是心理学研究的主要资料来源。在康奈尔大学的心理学实验室，铁钦纳指导其学生进行了大量的实验室实验，并取得了许多引人瞩目的研究成果。特别是对感觉的实验研究，揭示了感觉的某些属性，如乐音的音高、强度等，这些研究成果已被吸收到现代心理学特别是感觉心理学之中。铁钦纳的巨著《实验心理学》对心理实验的仪器、步骤以及处理实验结果的方法等都做了详细的说明。该书曾被作为心理学

实验的手册广泛流传，训练了美国一代心理学家。他创立的"实验者"组织，不仅后来成为美国心理学会的实验心理学分会，而且在 20 世纪 50、60 年代发展成为现代认知心理学运动的中心。所以，从现代认知心理学运动中，仍可看到铁钦纳所倡导的实验研究精神。

其次，铁钦纳对世界心理学界也产生了广泛的影响。他的许多著作，如《实验心理学》《心理学大纲》《心理学入门》《心理学教科书》等，曾被译成俄文、意大利文、西班牙文、日文、德文、法文和中文等多国文字并出版，影响了世界范围内的心理学学习者。

最后，铁钦纳为美国心理学界培养了大批优秀的人才，为心理科学的发展作出了重大的贡献。铁钦纳培养的博士中，日后许多人成了美国心理学界的中坚力量，在心理学史上产生了重大的影响。

既然对心理学有如此大的影响力，构造心理学何以很快就衰落了呢？究其原因，主要有如下三个方面。

首先，从构造心理学自身来看，它最大的不足是对实验内省法的极端运用。从根本上说，构造主义是用科学方法尝试研究过去哲学所关注的问题。感觉信息是怎样引起简单感觉的？这些感觉又是如何结合成更复杂的心理事件的？构造主义者甚至其反对者的主要研究工具都是内省，这也是从过去传承而来的。铁钦纳在使用时按照科学的要求给它附加了更多限制的条件。正因为有了诸多的控制，其研究结果与现实生活相去更远。此外，内省法的可

信度也受到质疑。内省法因其使用者和探究的内容的不同往往会产生不同的结果。而且，即使在专门受过训练的内省者中，对呈现的特定刺激的正确描述也缺乏一致性。另外一些反对使用内省法的观点认为，称为内省的东西实际上是反省，因为被报告的事件已经发生。因此所报告的是一种对感觉的记忆而不是感觉本身。而且，据说一个人不可能在没有改变事件的情况下反省它，也就是说，观察本身改变了正在被观察的心理事件。观察不可能完全是客观的，中性的，必然受到个体的自身内外因素的影响。铁钦纳竭力要避免的问题终究是逃不过去的。

其次，铁钦纳过于贬低心理学的应用价值，忽视心理学分支学科的发展。在铁钦纳时代，心理学已在许多领域取得突破性进展，如弗洛伊德在精神病学领域对潜意识的探索，机能心理学对人格、学习、心理发展和个体差异的研究等。铁钦纳对这些领域的研究是非常熟悉的。但是，由于他恪守要建立一门纯粹的科学心理学的信念，他不仅拒绝去探索实践知识，而且顽固地将上述领域的研究拒之于心理学的正统体系之外，只承认它们是心理学的应用，是旁门别支。

最后，构造心理学所受到的致命打击使他未能及时地吸收进化论思想。进化论的核心思想是"物竞天择，适者生存"。这一思想非常适合当时美国的国情，成为人们进行学术探索甚至求生存的重要信条。机能心理学就是在进化论思想指导下发展起来的美国本土心理学。铁钦纳逆潮流而

行，固守"纯科学"的信念，抨击机能心理学的价值和地位，最终被历史的洪流淘汰。1901年，当时的美国心理学会主席贾斯特罗在一次精彩的讲演中已经预言了这一结局。他宣称，机能方法出自进化，给心理学"干枯的躯壳"注入了新的生命。他认为机能心理学比构造心理学更加兼容并包，它接受先前受排斥的比较心理学、变态心理学、心理测验甚至灵学研究，所以他预言，机能心理学最终会比构造心理学更有实用价值。美国心理学的鼻祖詹姆斯也曾指出，德国实验主义的"暗中窥测和零打碎敲"不合美国人的胃口。可见，接受德国内容心理学的滋养而发展起来的构造心理学，由于来自母体的某些特点并不适合美国的国情，这成为它短命的重要原因。

二、构造心理学的贡献与局限

从辩证法的角度来说，我们对任何一个个体、一种思想体系或一个学派，都应该从正反两个方面加以评判。对铁钦纳而言，人们常喜欢以成败论英雄，往往只看到他的局限，而忽略他的贡献。今天，我们应该从历史的真实出发，给予铁钦纳一个公正的评价。

（一）构造心理学的贡献

首先，铁钦纳继承和发展了冯特创立的实验心理学的主要思想，坚持心理学的实验研究方向，推动了心理科学的发展。在冯特时代，实验心理学作为一种思潮，

其影响还是有限的。而铁钦纳作为冯特著作的主要英语翻译者，促进了英语国家的人们对新兴的实验心理学的了解。他主持的康奈尔大学心理学实验室，为美国心理学界输送了大批实验心理学方面的优秀人才。他本人的巨著《实验心理学》成为训练心理学家的通用教材。由此可见，铁钦纳在传播和扩大实验心理学的影响方面功不可没。

其次，铁钦纳所创建的构造心理学是心理学历史上第一个正式的心理学派别。而它与当时的机能心理学的对立，促进了后者的成熟和发展，进而促进了科学心理学的独立和发展。因为从一定意义上说，心理科学的发展史就是一部学派的对立和融合的历史。铁钦纳的构造心理学提供了一个相当强有力的正统体系，充当了批评的靶子。机能心理学反对它研究意识的结构，主张研究意识的机能；行为主义反对它研究意识，主张研究可观察的行为；格式塔心理学反对它研究意识的元素，主张研究意识的整体；精神分析心理学则从它只关注意识忽略潜意识而去探索潜意识的规律。所以，这些新兴起的学派，在很大程度上是踩着冯特和钦钦纳的肩膀发展起来的。前进的运动是需要某种反作用力的。正如海德布莱德（Heidbreder，1933）所言："铁钦纳的心理学对发展美国心理学起了主要作用，这不仅由于它有着杰出的连续不断的成就，而且它有着壮烈的和足以使人得到启发的失败。"（舒尔茨，1981，p. 112）

最后，在具体研究成果方面，铁钦纳对实验心理学和感觉心理学贡献最大。铁钦纳非常重视严格控制条件的实验室实验，并把实验内省法作为科学心理学的唯一方法，把实验室作为心理学研究的主要资料来源。他撰写的《实验心理学》一书，对心理实验的仪器、步骤以及处理实验结果的方法做了详细的说明。该书曾被广泛地作为实验心理学的手册，与堪称实验心理学经典的冯特的巨著《生理心理学原理》相媲美。铁钦纳也因此书被英国牛津大学授予理学博士学位。

铁钦纳带领学生做了许多感觉方面的实验研究，取得了丰富的研究成果。他于1915年修订出版的《心理学教科书》中，超过一半的内容都涉及感觉。时至今日，许多心理学教科书中仍在引用他关于感觉的研究成果。可见，铁钦纳在心理学的具体研究方面影响也是深远的。

（二）构造心理学的局限

首先，整个构造心理学体系表现出一种狭隘性。在研究对象上，铁钦纳把心理学的研究对象局限于"从属经验"，因而使构造心理学的研究对象和研究范围越来越狭窄。像发展心理学、动物心理学、教育心理学等一些新领域的研究被他排除在心理学之外，许多其他的心理学家所积累的丰富的研究资料被他忽视。在研究任务上，铁钦纳只主张研究意识的内容或结构，反对研究意识的机能或功用。相应地，在心理学学科性质上，他仅坚持心理学是一门纯科学，反对把心理学看成是一门应用科学。这使得构造心理学的研究课题和研究结果与实际生活的距离越来越远。在研究方法上，铁钦纳只把实验内省法作为心理学研究的主要方法，而且对实验条件严格限制，要求被试经过严格的专业训练。过于单一的方法使构造心理学的研究领域越来越狭窄，研究方法越来越难以推行。这种构造心理学在重实用的美国，既无法适应社会需要，也难以得到人们的赏识。所以，构造心理学的狭隘性使它死于短命，它自己的局限性使其窒息而亡。

其次，在对意识经验的分析上，铁钦纳表现出鲜明的元素主义倾向，比其老师冯特走得更远。尽管冯特也强调分析意识的元素，但冯特并没有忽视整体，且把元素看成是一种过程。而铁钦纳只重视元素而忽视整体，对意识元素进行了频繁的分析，因而最终成为一个元素主义者，受到激烈的批评。铁钦纳的分析方法使他本人及其老师冯特都受到格式塔心理学家的批评。莱德在1899年曾批评说："人的灵魂不是可以用感觉因素的'分化''聚合''重整'这些词来表述的简单方程式。那操纵着永远藏匿于感觉之后，然而却给感觉本身以支持和价值的东西的各种信念、恐惧、希望、抱负，甚至认知，在其自身的存在方面具有整合的意义。"（黎黑，1990，p. 349）

再次，在内省方法上，铁钦纳比冯特更加极端。冯特虽然强调实验法在心理学中的重要性，倚重内省。但是他只是把实验看作内省的一种辅助手段，而且从未公开宣称内省法是唯一合理的方法。铁钦纳不仅在心理学方法上继承了冯特的基本观

点，而且把内省法强调到极端的地步，附加了许多的限制。在具体使用过程中，他一方面要求内省者只能严格如实地描述自己的经验，不能掺杂任何的主观价值判断；另一方面竭力禁止把物理刺激与感受相混淆，避免犯刺激错误，这样最终把心理学引向封闭的主观世界。他否认了主观心理是客观现实的反映。因此，他的"刺激错误"概念本身是错误的。

最后，在身心关系上，铁钦纳坚持心身平行论。他只承认神经过程是心理过程的条件，而否认前者是后者的原因；只承认两者是平行的对应关系，而否认两者的因果关系。因此，铁钦纳尽管提出可以用生理来解释心理，却不可能真正做到从唯物主义的角度加以解释。

本章思考题

1. 简要阐述构造心理学的思想渊源。

2. 对铁钦纳来说，心理学应该是一门什么性质的学科？其研究对象是什么？

3. 铁钦纳所规定的心理学的三大任务是什么？

4. 关于心理元素是如何结合的问题，铁钦纳与冯特有何不同？

5. 何谓实验内省法？简析铁钦纳使用此方法的功与过。

6. 什么是刺激错误？其本质是什么？

7. 对照并比较冯特和铁钦纳的心理学观。

8. 铁钦纳对于布伦塔诺的意动心理学是一种什么态度？

9. 试析构造心理学的贡献与局限。

第七章
欧洲的机能主义心理学

　　机能主义既是现代心理学史上一个重要的理论流派，也是一种西方心理学研究取向。作为一个理论流派，广义的机能主义心理学包括欧洲的机能主义心理学和美国的机能主义心理学。它的主要发展和兴盛在美国，但思想和理论基础却是由欧洲的英法心理学奠定的。作为一种研究取向，机能主义心理学 19 世纪 50 年代中期开始兴起，在机能主义心理学作为理论流派退出历史舞台之后，在当代心理学研究中，仍占有一席之地。寻找机能主义心理学理论及研究取向的源头，需要回溯到 18 世纪末至 19 世纪初的欧洲。

第一节 进化论的兴起

一、进化论思想的萌芽

进化论总是与达尔文的名字联系在一起的。但实际上，进化论的观念可以上溯到古希腊时代。例如，原子论者恩培多克勒认为，生命的发展是一个渐变的过程，不完善的形式慢慢地被较为完善的形式取代。这种观念与进化论的自然选择说有一定的相似性。所以，古希腊的原子论者应该是最早的进化论者，尽管当时的思想家还只是思辨性地猜测，缺乏充足的事实根据。但是，后来由于宗教势力的长期压迫，物种进化的观点没有得到发展。

整个中世纪，进化论思想一直蕴藏在机械论哲学与基督教义创世说、启示录的斗争中。文艺复兴运动早期，进化论观念虽再现于某些哲学家如培根、笛卡尔、莱布尼兹、康德等人的著作中，却遭到这一时期科学界的强烈反对，反映出哲学与科学两种不同思维方式的差别。科学家在缺乏足够的观察与实验证据时拒绝下判断，表现出严谨的科学态度。而对于科学所不能解决的问题提出思辨性的见解则历来是哲学家的天职。

17世纪与18世纪是自然科学迅猛发展的时代。牛顿坚持在自然科学研究中必须排除哲学成见，但他本人并不彻底的机械主义自然观却构成了近代经验主义哲学最重要的理论基石。牛顿物理学是一个矛盾的统一体，所揭示的物质世界并非静止、僵化、不变的，而是充满了力与运动，被赋予无限的生机与活力的。但牛顿无法解释力与运动的最终起源，最后不得不将"第一因"赋予神性与上帝。因此，以牛顿物理学为代表的近代自然科学对物质世界运动、发展的认识并没有动摇长期以来神在人们心目中的牢固地位。

18世纪末至19世纪上半叶，第一次工业革命在欧洲各主要国家相继开展，不仅给欧洲各国带来了经济繁荣，也带来了科学和技术的进步。资本家们为了追求更多利润，派遣大批的"考察队"到世界各地进行考察。在考察过程中，科学家和探险者们发现了大量的动物化石和骨骼。这些化石和骨骼与现存的物种有一定的差别。这说明生命的形式并非保持着"创世记"时的样子恒定不变，而是发生着变化的。旧的物种在灭亡，新的物种在出现。这是宗教"创世记"无法解释的。与此同时，由于工业革命的影响，曾长期保持稳定的社会价值观、社会关系和社会规范，随着大批人口从乡村小镇迁往城市和大工业中心而发生改变。社会需要一种新的符合社会发展和变迁的理论来重塑人们的价值信念。于是，一些学者开始大胆推测，或许自然界和人类社会的一切都是不断发展变化的结果。

这一时期，出现了一些拥护进化论思想的博物学家。例如，布丰（Geoges Buffon, 1707—1788）受亚里士多德的"上帝大链环"与"宇宙阶梯"的神学观念的影响，提出外界环境会直接改变动物的学说。兼有诗人、博物学家、哲学家三重身份的伊拉兹马斯·达尔文（Erasmus Darwin,

1731—1802）也曾获得某些启示。他说：
"动物的变形，如由蝌蚪到蛙的变化……人工造成的改变，如人工培育的马、狗、羊的新品种……气候与季节条件造成的改变……一切温血动物的结构的基本一致……使我们不能不断定它们都是从一种同样的生命纤维产生出来的。"

二、拉马克的浪漫主义进化论思想

最早成体系的进化论思想来自法国生物学家拉马克（Jean Baptiste Lamark，1744—1829）的浪漫主义自然观。拉马克于 1809 年出版了《动物的哲学》一书。该书反对"物种不变"的思想并第一次系统地提出了生物进化观点。这也是人类历史上首次有人明确提出物种是通过演化而来的。随后，拉马克又于 1815 年发表《无脊椎动物学》，进一步系统阐述了物种进化的思想。

拉马克将有机物与无机物明确划分为两个根本不同的世界。他认为两者的本质区别在于：有机体自身是有智慧和有目的的；每一有生命物种都具有自我完善的先天内驱力；每一有机体都需要不断地以各种形式改变自己，适应环境。拉马克指出，有机体是在"用进废退"和"获得性遗传"这两条原则的调节下进化而来的。所谓"用进废退"，是指生物的器官和组织会由于经常使用而得到进一步的发展，若长期不用，器官和组织则会因逐渐丧失活力而退化。譬如，长颈鹿以树叶为食，当低处

的树叶稀少的时候，它便倾其颈项及身体的高度获取高处的树叶。按照拉马克的假设，长颈鹿够得越高，它的脖子便被拉得越长，其后代接受略为加长了的脖子的遗传，再继续求其适应，逐代累积的结果便成为现在的长颈鹿。

所谓"获得性遗传"，是指生物会把自体有利于生存的优势特征通过遗传方式传给下一代，从而加大后代生存的概率。例如，一头狮子为了能够猎捕到食物，不得不加快奔跑速度，由于经常奔跑，腿部肌肉就会变得更加发达，它把这一优势通过遗传传递给子孙，它的后代天生就具有发达的腿部肌肉，生存的机会加大了；相反，如果狮子没有发达的腿部肌肉，它的子孙就没有天生优势，在与同类竞争的过程中，获得食物的可能性相对较小，因而活下来的机会就少。通过获得性遗传，优势的物种得以保存下来，而劣势的物种被淘汰。

虽然拉马克进化论中的生机论倾向受到现代遗传学的指责，但是，拉马克的思想不仅对于斯宾塞和达尔文的进化论起了奠基作用，而且直到冯特及弗洛伊德的心理学体系，仍能看到拉马克思想影响的痕迹。

三、斯宾塞的联想主义进化论思想

拉马克的进化论仅限于生物学领域，赫伯特·斯宾塞（Herbert Spencer，1820—1903）则是把进化论思想引入心理学的第一个人。

斯宾塞是英国联想主义心理学家。通常认为，斯宾塞的进化论思想对心理学发展的影响比他的联想主义心理学的影响要大。斯宾塞出生于英国的德尔比，父亲在他很小的时候就去世了，他本人只读过三年小学。他通过自学掌握了数学和机械学，先后做过工程师、经济学杂志编辑，晚年则专心著述。斯宾塞的进化论思想主要反映在他于1855年出版的《心理学原理》一书中。由于该书出版于达尔文的《物种起源》之前，所以斯宾塞被认为是心理学中第一个进化论者。

作为联想主义心理学家，斯宾塞以联想观念作为其心理学理论的出发点。联想主义心理学认为，任何两种心理状态紧靠在一起接连发生时，便会产生这样一个结果，即如果第一种状态后来重新发生，第二种状态便随之发生，而且这种倾向随着这两种状态的频繁结合而得到加强。斯宾塞以这种联想的观念为基础，将心理结构的进化归结为联想的数目、丰富性和复杂程度的增加，否认心理的发展含有任何质的变化。

斯宾塞将联想的观念与拉马克的进化论结合起来，把拉马克的获得性遗传定律从有机体的生理方面推广到心理方面。他认为，进化不仅适用于有机界或生物界，而且是宇宙内一切现象普遍适用的规律。对于有机体而言，进化是对环境的连续适应，即"内部关系对外部关系的适应"。斯宾塞特别强调环境改变对心理进化的作用，认为心理之所以发展完全是因为它必须适应外部环境的变化。先是特定环境的变化，使有机体在适应外部环境的过程中获得新的机能，而新的机能的产生与发展又必然反过来对有机体的构造产生影响。机能对构造的这种影响，在具有高度发达的神经系统的动物中尤为重要。它是动物和人类的一切本能和智能动作发展进化的途径，也是一切有机体适应能力不断提高的途径。有机体的心理进化与身体构造是平行发展的。有机体的神经系统越复杂，它的心理机能也就越复杂，反之亦然。

从心理进化的观点出发，斯宾塞认为，只有通过对心理演化的观察才能理解人的心理，因此，心理学应该研究"内部现象的连续与外部现象的连续之间的连续"。"内部现象"是指听觉、视觉和嗅觉等生理学所研究的对象，"外部现象"是指声、色、香等物理学所研究的对象，而斯宾塞所谓"内部现象的连续与外部现象的连续之间的连续"是指人的知觉、思想和情绪等一系列内在心理的发展变化对于外部环境变化的不断适应。斯宾塞进一步指出，心理的元素不仅包括起于末梢神经的感觉和起于中枢神经系统的情绪等状态，而且包括"关系之感"，如并存之感、相继之感等。感觉、情绪不能脱离"关系之感"而存在。同样，"关系之感"也不能脱离感觉、情绪而存在。

斯宾塞还将英国联想心理学家培因的研究成果和进化论思想相结合，对于为什么人类的某些行为得以保留，而另一些行为被淘汰这一现象提出了自己的解释。他认为，人们总是倾向于重复那些有助于生存或导致愉快感受的行为，而从那些有害于生存或导致痛苦感受的行为中退却。如果一个行为反应的发生尾随着一个令人愉快的事件，则这个行为反应的可能性就增加；如果尾随其后的是令人痛苦的事件，则这个行为反应的可能性就会减少。这种观点后来被称为"斯宾塞-培因原理"。它是行为主义的强化理论的原型。

斯宾塞主张心理学应该成为一门独立的科学，它是自然科学的一部分，同时又是社会科学的基础，属于生物科学和社会科学中间的学科。这对于心理学最终摆脱哲学附庸的地位具有思想启蒙的作用。

第二节 达尔文有关进化心理学的研究

达尔文（Charles Robert Darwin, 1809—1882），19 世纪英国生物学家，1859 年出版著名的《物种起源》，在书中第一次提出了科学的进化论观点。这不仅在世界范围内引发了一场科学革命，而且使得一向以哲学观点解释人性的传统心理学的重心开始发生位移，向科学化方向发展。

一、历史背景

正如恩格斯所言，科学的发生和发展一开始就是由生产决定的。19 世纪上半叶，英国率先完成了工业革命。这场革命不仅为英国的工业生产带来了繁荣，而且促进了农业、畜牧业的发展。资本家要追求利润，纺织业要提高羊毛的质量，城市的发展要求大量的乳类、肉类等畜产品，这些都对兴办大型牧场，改良和培育新的家畜品种提出了要求。为了满足这些需要，市场上出现了培育动物新品种的俱乐部，社会开展了培育新品种的竞赛。牲畜的选种工作为认识变异的普遍性和人工选择的创造作用提供了良好的机会。

与此同时，英国资产阶级为了扩大市场和原料产地，掠夺更多的生产资料，派遣大批"探险队"到印度、中国澳门、非洲南部和加拿大等地进行军事侦察和资源调查。这些"探险队"的成员不仅有军人、商人，还吸收了一些自然科学家。他们探测新的航线，调查研究新发现的国家或地区的动植物和矿产资源，积累了大量的地质学、地理学和生物学的知识和材料，推动了相关学科的发展。

从 18 世纪到 19 世纪中叶，自然科学已经历了 100 多年的发展。细胞学、自然地理学、比较解剖学、胚胎学、古生物学、地质学都沉重地打击了物种不变论，给生物进化思想提供了丰富的论据。1830 年，法国科学院爆发了古生物学家居维叶（Georges Cuvier, 1769—1832）和进化论者圣提雷尔（Etienne Geoffroy Saint-Hi-laire，1772—1844）的大论战。论战持续了六个星期，引起了法国和其他国家科学界的广泛注意。论战最终以圣提雷尔的失败告终。在此之前，达尔文受他的祖父伊拉兹马斯·达尔文的影响，对生物学和进化论很感兴趣。这场论战强烈地吸引着达尔文，提高了他对生物学和进化论的兴趣。

二、达尔文生平

达尔文，1809 年生于英格兰一个医生世家。他从小就特别喜欢动植物，尤其喜欢收集植物、昆虫等；16 岁时，进入爱丁堡大学学习医学。由于不能容忍对不实施麻醉的动物进行手术，而当时又根本没有麻醉技术，两年后达尔文转入剑桥大学学习神学，但他对神学不感兴趣。在剑桥学习的四年时间里，除了收集昆虫的活动给他带来乐趣外，几乎没有其他的快乐。1831 年，达尔文以劣等成绩从剑桥大学毕业。

达尔文大学毕业的那一年，英国政府派遣"猎犬号"（也译为"贝格尔号"）进行环球科学航行，这给了达尔文一个极好的机会，使得他可以广泛、系统地实地观察和收集动植物物种。这次航行从 1831 年一直持续到 1836 年，从大西洋出发，途中经过南美洲、新西兰、澳大利亚、亚森欣岛和亚速尔群岛，最后回到英国。途中，达尔文研究了海洋生物、化石、印第安部落、巨型海龟、蜥蜴等大量动植物。他特别关注那些分布在不同区域、形状略显不同的动植物。这次旅行为达尔文论证物种的进化提供了大量的第一手资料。他在晚年回顾这一段经历时说："'猎犬号'的航行，在我一生中是极其重要的一件事，它决定了我的整个事业。"

结束"猎犬号"的航行后，达尔文回到英国，立即投入到对所收集到的大量资料的分类和整理的工作中。此时的达尔文还没有形成系统完整的进化论思想体系，他的很多想法是零碎的，需要一个能贯穿始终的原则来把这些零碎的思想组织起来。于是，达尔文选择了马尔萨斯的环境条件调节人口增长的思想。马尔萨斯在他的《人口论》中谈道：食物的增长是有限的，人口的增长是无限的，食物以算术级数增长，而人口以几何级数增长；因此，为了保持食品供应和人口增长之间比例的平衡，社会必然出现战争、瘟疫、饥饿，等等，来调节人口的数量。达尔文把这一思想应用于动物、植物和人，认为在适应环境条件的过程中，只有那些在生存竞争中获胜的人和动植物才能生存下来，而那些不能适应环境条件的变化，在生存竞争中失败的人和动植物就会被淘汰。这就是最初的"适者生存"的进化原则。

达尔文把生物在生存斗争中的"适者生存"作用与"人工选择"加以比较，称前者为"自然选择"。"人工选择"是人在选择，人起着主导作用；但"自然选择"，则是自然环境起着主导作用，是自然环境在做出选择。这种选择不是短期内可以完成的，而是要经过长期的"生存斗争"，有利的变异代代积累起来，性状分歧越来越明显，通过中间类型的消灭而导致新物种的产生的。至于"变异"的产生，达尔文接受了拉马克"用进废退"的观点，认为外界环境对生物的直接作用引导后者的变异和发展。科学的进化理论到此初步形成。但直到1859年进化论正式被提出，中间经历了20多年的时间。对于为什么达尔文在等了这么长时间之后才发表他的理论，人们说法不一。有人推测可能是达尔文在创立科学进化理论初期就充分意识到他的理论将会带来人类思想史上革命性的转变，他需要绝对肯定他的理论是有充分的可靠资料来支持的，因此他用了15年之久的时间钻研他的资料，仔细核对，以求在他发表理论时能有绝对充分的说服力。也有些人认为达尔文是因为害怕教会的迫害，所以才迟迟没有发表他的研究成果。

1858年6月18日，达尔文的一位居住在马来群岛的朋友华莱士（Alfred Russel Wallace），经过独立研究也发现了"自然淘汰"在物种变异中的作用，于是写了一篇题为《论变种无限地离开原型的倾向》的论文，在文中提出了与达尔文相类似的进化理论，并且把该文寄给了达尔文，希望达尔文能帮助他发表。这使得达尔文陷入两难境地，如果他帮助华莱士，那么他多年的研究心血付之一炬；如果他提前发表自己的进化论思想，又担心被指责为剽窃他人成果。经过慎重考虑，以及在朋友们的建议下，1958年7月1日，达尔文将自己的研究成果和华莱士的文章同时发表。

1859年，《物种起源》正式出版。由于达尔文以大量的第一手资料翔实地论证了科学的进化论，他的论证比华莱士更加详细具体，因此，历史把进化论的功劳归于达尔文。

三、达尔文的进化心理学研究

（一）进化论

达尔文的进化论包含三个重要的观念：生存竞争、适者生存和自然选择。达尔文认为，所有生物繁衍后代的能力都超出了环境条件所能承受的程度。如果环境允许，有机体会尽可能地繁衍子孙，但由于食物和其他生存条件的限制，只允许一部分活下来，其他的则会由于食品的匮乏或者疾病而失去生存的机会。因此，在生物界存在着"生存竞争"。"生存竞争"不仅存在于不同的物种之间，也存在于同一物种内部。同一物种的不同个体之间，存在着如力量、形状、偏好、速度等方面的差异，导致有些个体因为更能适应环境的变化而存活下来，而另一些个体由于不能适应环境的变化而灭亡，这就是"适者生存"的原理。

在进化论中，达尔文充分肯定了环境对物种进化的决定作用。在他看来，现存的物种和有机体是"自然选择"的结果。正是环境发生了变化，才导致有机体的各种变化。有机体的变化有些适应环境的变化，有些不适应环境的变化。大自然会选择那些适应环境变化的有机体，并让它们通过遗传的方式把有利于生存的变异留给下一代，而那些不利于适应环境的变异则因为不能维持个体的生存无法传给其后代而消亡了。因此，所谓"进化"，实质上是自然选择的过程。通过自然选择，物种发生缓慢的变化，去掉那些变化的中间形式，就有了现代的新物种。"自然选择"是物种起源和发展的根本原因。

达尔文认为，进化并不一定意味着向着进步、完善的方向发展，进化的方向完全是由环境变化和生物自身的特性决定的。环境改变了，有机体改变自身的特性，适应环境的变化，循环往复，直至无穷。例如，鸟长出爪子，既不是向着完善的方向发展，也不一定代表着进步。只是那些有着较尖利的爪子的鸟由于容易获得食物而活下来，比那些没有这一特征的鸟繁衍了更多的后代。是自然选择了具有这一特征的鸟类，它们未必是最完善的，但可以肯定是最适应的。

在1871年出版的《人类的祖先》一书中，达尔文进一步讨论了人类和动物的关系问题。他以大量的证据表明，人也是从较低级的生命形态通过自然选择的过程缓慢地进化而来的。动物的生理和心理过程与人的生理和心理过程之间具有类似性和连续性。达尔文指出，人类的许多心理能力都可以在动物身上找到痕迹：人有情感，可以体验到喜怒哀乐，而动物特别是高等哺乳动物也有类似的情感反应，也可以像人那样感到快乐和悲伤，幸福和苦难；人具有模仿精神，儿童的许多行为源自模仿，而动物的双亲也是通过模仿训练它们的后代的；人具有好奇心和探索精神，动物也表现出好奇、惊异和对环境的探求行为；人有持久的记忆能力，动物也具备同样的能力，有时甚至超过了人；人具有想象能力，可以超越现实，动物似乎没有明显的想象力，但一些研究证明，动物也有梦境，这就说明动物也有想象力，只不过这种能力还处于较低级的阶段；人具有理性，在做出一个决定之前，会权衡利弊，动物有时也会有这样的表现，它们会迟疑不决，似乎在谨慎思考，然后表现出决断的行为。对此，达尔文指出："人类所自夸的感觉和直觉、各种感情和心理能力，如爱、记忆、好奇、推理，等等，在低于人类的动物中都处于一种萌芽状态，有时甚至还处于一种发达的状态。"（车文博，1998）所以，达尔文认为，人类的心理能力和动物的心理能力的发展是连续的，两者之间尽管存在差异，但这种差异只是程度上的，并非本质上的。

在人类与动物的关系问题上，长久以来存在着发展的连续理论和非连续理论两种观点的对立。达尔文的进化论强调人与动物之间发展的连续性，但并未由此终结两种理论假设的争论。连续理论认为人类与其他物种没有本质的差异，有差异也只是程度上的差异。非连续理论则认为人类是独一无二的，人类有许多其他动物所没有的特性。生理学和解剖学、微生物学等似乎都支持连续理论。但也不能否认，在种系之间的确存在某些差别，人类也的确具有许多动物所没有的特性。在心理学中，有些理论强调人与动物的连续性，如行为主义心理学；有些理论支持非连续性，强调人的独特本质，如人本主义心理学。

达尔文的进化论对人类的思想史以及

心理学的发展都产生了重要影响，但它也存在一些不足。达尔文的进化论过分夸大"生存竞争"和"自然选择"的作用，把它看成是物种变化发展的最重要的甚至是唯一原因。而事实上，有机体的发展变化是遗传和适应相互作用的过程，适应引发物种的变异，而遗传则使物种得以保存。

（二）对表情的研究

为了证明人类与动物在生理和心理上的连续性，达尔文深入研究了动物与人的表情。在 1872 年出版的《人类和动物的表情》一书中，达尔文使用大量资料论证了人类和动物的表情具有共同的发生根源。他指出，人类的情绪表现是动物情绪表现的继承形式，这些情绪表现因为有利于有机体的生存而被保留下来。例如，在有机体进化过程中，出于生存的需要，动物需要使用咆哮、露出牙齿等表情动作吓退攻击它的侵略者，因此，这些表情和动作总是同愤怒的情绪联系在一起的。在人类社会生活中，尽管这些表情的原始功能已经退化，但它们同愤怒这一情绪之间的联结却被保留下来。现代人在攻击和防御过程中，仍然会出现同样的表情。

达尔文认为，人类的情绪表达具有普遍性，不同文化条件下的人具有基本相同的表情特征。因此，不论在哪一种文化条件下，人们都可以通过面部表情来判断对方究竟是高兴还是悲伤，是愤怒还是痛苦，是紧张还是放松。达尔文认为人类表情具有先天的遗传共通性，这一观点在一定程度上是合理的。人类的有些面部表情似乎

全世界都一样，代表着相同的意义，而和个人生长的文化无关。例如，世界上所有种族的儿童在受伤或悲痛时都哭泣，在快乐时都发笑。但我们也应该看到，人类表情的共通性仅限于一些最基本的情绪表达，如果涉及更复杂的情绪，如妒忌、冷漠、尴尬等，则并非如此。复杂情绪的表露更多地受到社会文化的制约。例如，西欧和美国人习惯于以亲吻表示亲切，日本人以微笑表示抱歉，这些都和我们的文化不同。达尔文只看到人类情绪的先天遗传性，而忽视了情绪的社会制约性，这种认识是片面的。

达尔文研究了表情的形成过程，从中概括出三条基本原理：①有用的联合性习惯原理，即一个表情动作最初是有用的随意动作，但如果这个动作有利于生存，那么这个表情会被保留下来，逐渐形成习惯，并通过遗传留给下一代；②对立原理，如果某种情绪以某个特定的表情来表现，其对立的情绪就用与之相反的表情来表现，前者的形成是出于实用的原则，即对生存有利，后者的形成则不考虑实用原则，仅仅出于区别的需要，如悲哀与欢乐、敌视与友爱等。③神经系统的直接作用原理，某些表情是由神经系统本身的特性决定的，神经系统的特性决定了这些表情的特征，例如，神经过度兴奋，会出现难以控制的表情或动作。（车文博，1998）以上述三条原理为依据，达尔文认为，人类的情绪与动物的情绪之间没有不可逾越的鸿沟。达尔文强调人类情绪的生物起源是值得肯定的，有利于反对宗教的神创论观点，但他

忽视了人类情绪起源的社会历史性。社会生活对人类情绪以及情绪的表现有着深刻的影响，抹杀了这一点，就会导致心理学的生物学化。

（三）对儿童心理的研究

达尔文十分重视对个体心理发展的研究，并对儿童心理学和个体差异心理学的建立有所贡献。他于 1871 年出版的《人类的由来及性选择》一书，将儿童作为科学研究的一个独特的部分，并且是研究进化的最好的自然实验对象。达尔文的《一个婴儿的传略》（1877）是最早的对儿童心理发展的观察报告之一。他采用传记法，随时记录自己孩子的重要活动表现，然后加以分析整理。当时用类似的传记法研究儿童心理的还有一些人，这些研究为儿童心理学的产生提供了重要的研究资料和基础。例如，德国心理学家威廉·普莱尔（Wilhelm Thierry Preyer, 1842—1897）也对自己的孩子从出生起到 3 岁，每天做有系统的观察，同时他还进行了一些实验，然后把有关的资料整理出来，于 1882 年出版了《儿童的心灵》。这本书被认为是心理学史上第一部系统地采用观察和实验方法研究儿童心理发展的科学著作。普莱尔成为儿童心理学的创建者与他受到达尔文进化论的影响有直接关系。

四、达尔文进化论对心理学发展的贡献

达尔文的进化论用自然选择的进化观来解释生物的遗传和变异，有力地打击了神创说、物种不变等错误观念，对心理学的发展产生了重要影响，具体表现在以下三个方面。

第一，达尔文的进化论把心理看作是生物进化赋予人的一种机能，强调心理适应环境的作用，从而为机能主义心理学的产生奠定了基础。在达尔文之前，心理学中构造主义占主导地位。构造主义心理学家认为，心理学研究的主要任务是对人的意识内容进行分析。由于达尔文的进化论重视有机体适应环境过程中心理的演化以及心理的适应机能等问题，这使得受进化论影响的心理学家更倾向于选择从心理的机能入手来研究人的心理问题。不仅如此，既然心理机能比心理内容具有更大的研究价值，那么，构造主义所提倡的主观内省法也不再那么重要了。与此同时，由于需要了解心理如何在适应环境中发展以及在适应环境过程中发挥了哪些作用，大量调查、心理测量的方法，以及比较心理学的研究方法被引入了心理学研究。

第二，达尔文的进化论强调从动物到人类心理进化与发展的连续性，从而直接促进了比较心理学和动物心理学研究的开展。比较心理学是研究动物行为进化的基本理论和不同进化水平的动物的行为特点的心理学分支。它以不同进化阶梯上的动物的行为为研究对象，侧重于对不同种类的动物行为的比较分析。比较心理学和动物心理学都以动物行为为研究对象，因此常被视为同一个概念交替使用。

比较心理学的历史可以追溯到古希腊

时期。亚里士多德就是一个进化论思想家。他在《动物历史》一书中提出了一个自然等级表，将每一种动物按照智力的顺序加以排列，为行为的比较研究奠定了一定的基础。在达尔文之前，拉马克已经对动物心理活动的发生和发展做了初步探讨，成为现代比较心理学的萌芽。但直到达尔文证明了人与动物在心理机能上的连续性，才为比较心理学奠定了科学的理论基础。第一个采用进化论观点开展比较心理学研究的学者是英国动物学家罗曼尼斯（George John Romanes，1848—1894）。他1882年出版的《动物的智慧》一书，以大量来自科学观察和通俗记载的材料论证了动物与人的心理的共同之处，是第一部比较心理学著作。进化论大大激发了人们考察和研究动物心理的兴趣，引起一场在动物心理学史上被称为"轶事派"的理论运动。当时的动物心理学家们为了证明人的心理能力和高等动物的心理能力之间的连续性，热心收集各种可供研究利用的资料，特别是关于高等智慧动物的传奇故事，因而出现了这样一次理论运动。罗曼尼斯的《动物的智慧》中就有很多这样的研究。

第三，达尔文的进化论将个体变异作为心理发展的一个重要方面，从而促进了儿童与发展心理学、心理测量以及个体差异心理学的研究。进化论认为，适应与变异是心理发展的两个基本方面。如果每一代都和它的祖先一样，那么进化便不可能发生。因此，有关个体的发展和个别差异的实质、特征及其作用等问题便进入心理学家的视野，成为心理学研究的中心课题。达尔文本人就很重视对个体发展的研究。受达尔文及其进化论观点的启发，一些心理学家开始探索那些能将每个人的心理差异区别开来的有效方法，从而促进了包括个体差异心理学和心理测量在内的一系列心理学分支学科的建立。

总之，达尔文的进化论对心理学的发展产生了重大而深远的影响，不仅为美国机能主义心理学提供了"灵魂"和"精髓"，而且直接促进了心理学研究的学科分化，为心理学的发展注入了强大的生命活力。今天，又有一些当代心理学家选择了进化论，将其作为反对实证主义心理学研究霸权地位的思想和理论武器。

第三节 高尔顿关于智力问题的研究

在美国机能主义心理学产生之前，欧洲心理学家的研究中已经反映出达尔文进化论的影响。他们的理论对美国机能主义心理学的产生起到了直接的推动作用，其中包括英国的高尔顿。

一、高尔顿生平

弗兰西斯·高尔顿（Francis Galton，1822—1911），英国科学家、探险家，差异心理学之父。高尔顿出生于英国伯明翰的一个银行家庭，他的外祖父是达尔文的祖父伊拉兹马斯·达尔文，达尔文是高尔顿的表兄。达尔文的进化论对他产生了深刻的影响。高尔顿从小就有神童之誉，2岁半就能阅读和写作，5岁已能阅读英文的任何书籍，7岁可以轻松地阅读莎士比亚名著。高尔顿对各种新事物和新问题充满好奇心并有着高度的智慧，因此有人曾估计高尔顿的智商能达到200。正由于强烈的好奇心，高尔顿一生所涉及的研究领域相当广泛。

高尔顿一开始在家里接受教育，后来被送到了寄宿学校。寄宿学校纪律严明，高尔顿因为不守纪律经常遭到体罚和训责，所以，寄宿学校的生活留给高尔顿许多痛苦的记忆。16岁时，在父亲的坚持下，高尔顿进入伯明翰综合医院学习医术。在医院里，他每天学习配药、接骨、拔牙、换药等技术。高尔顿对这些不感兴趣，为此

十分苦恼。在此期间，曾发生的一件事，反映出高尔顿强烈的好奇心。在学习配药的过程中，高尔顿为了亲身体验药房里各种药的效果，从药名以 A 字母开头的药物开始，系统地对每一种药物取小剂量亲自服用，直到有一天他吃到巴豆这种烈性泻药，才不得不停止冒险。

在医院学习一年后，高尔顿转入伦敦皇家学院继续学习医学。一年后，他又转到剑桥大学，1843年获医学学士学位。这时，他的父亲突然去世，高尔顿获得了一大笔遗产。学医本来就并非他的兴趣所在，而是迫于父亲的压力。父亲的去世使高尔顿终于可以做自己想做的事情。于是，他很快将兴趣投向了旅行和考察。他先后到过埃及、苏丹和中东、西南非洲等地旅行。高尔顿在考察西南非洲期间，绘制了一份非洲地图，这在当时是件非常轰动的事情，因为当时西南非洲还是一个鲜为人知的地方。高尔顿的这份地图帮助欧洲人加深了对非洲的了解。为了表彰高尔顿的贡献，1854年，英国皇家地理学会授予他一枚奖章。

此后，高尔顿不知疲倦地涉足法律、气象、地理等多个研究领域。尽管高尔顿对这些专业的研究并不是很深入，但他却给后人开拓了许多新的研究空间。例如，他曾建议通过指纹来鉴别人，这一做法后来被法庭所采用，并一直沿用至今。他曾对天气进行测量，尝试预报天气。他还试图研究美女分布的地区规律，等等。

达尔文的《物种起源》出版后，高尔顿对进化论产生了极大的兴趣。1884年，

高尔顿创设了人类测量实验室。1904 年，他捐赠基金，在伦敦创办了优生学实验室。1911 年，高尔顿病逝，享年 89 岁。他一生写了许多与心理学有关的著作，主要包括《遗传的天才：其规律及其结果的研究》(1869)、《科学的英国人》(1874)、《人类才能及其发展的研究》(1883)、《自然的遗传》(1889) 等。

二、高尔顿的心理学研究

高尔顿的心理学研究主要集中在智力领域。他是第一个用量化的方法对智力进行测量的学者。他还对造成智力的个体差异的成因进行了探讨，这是对个体智力差异最早的系统研究，激发了后来的心理学家对智力的研究兴趣。可以说，高尔顿是智力研究开先河者。

（一）高尔顿的智力遗传决定论

人们都知道英国心理学家斯皮尔曼是智力二因素理论的代表人物，但实际上，该理论为高尔顿所首创。高尔顿认为，人类的智力包含有两种因素：一种是一般因素，即 G 因素，代表一般的能力；另一种是特殊因素，即 S 因素，代表特殊的能力。斯皮尔曼是高尔顿的学生，继承了高尔顿的这一思想，并正式提出了智力二因素论。

高尔顿认为，智力的一般因素主要是由遗传决定的。在 1869 年出版的《遗传的天才：其规律及其结果的研究》一书中，高尔顿正式提出了智力的遗传决定论的观点。他认为，由于人的一切知识都是通过感觉获得的，离开感觉，人无从知晓外界的一切。因此，人的智力实质上是指感觉的敏锐度。说一个人很聪明，实质上是说他的感知很敏锐。而人的感觉敏锐程度是天生的，是一种自然的禀赋。因此，智力是遗传的。一个人是否聪明是先天就决定了的，是由遗传决定的。

为了证明智力的遗传决定论，高尔顿采用了多种方法对智力的相关因素进行了研究。例如，他采用家谱研究的方法对1768—1868 年英国包括首相、将军、政治家、科学家、艺术家、法官、著名医生、诗人等在内的 977 个名人和 4000 个普通人进行了比较研究，研究结果显示，大多数名人出自望族。他因而断定"聪明""天才""天赋"具有家族遗传性。高尔顿随后补充道：这种遗传的智力还必须与个人的努力、兴趣、热情相结合，才能获得较高的声望。高尔顿还通过双生子研究来支持他的遗传决定论。在 1883 年出版的《人类的才能及其发展研究》一书中，他公布了自己对 80 对双生子研究得出的结论：同卵双生子即使分开抚养，他们在智力水平上的差异也不大；而异卵双生子即使在一起抚养，他们的智力差异仍大于同卵双生子的智力差异。这就说明人的智力和能力是由遗传决定的。高尔顿采用双生子比较的方法进行心理学研究，这在当时具有先进性。

在高尔顿看来，智力既然是由遗传决定的，那么为了改善人口的质量，应该开展优生学的研究。鼓励那些智力水平高、聪明的人生育，而阻止那些智力水平低、愚蠢的人生育，这就可以改善人口整体的智力水平。所以，高尔顿倡导实行优生优育。1865 年，他向政府建议，由政府组织对婚姻的配偶进行科学的选择，并由政府支付优生和抚养、教育优生后代的费用。他希望通过人工的选择方式，把有才能的男女逐代加以匹配，最终造就出天资聪明的人种。高尔顿的优生学遭到了达尔文的反对。达尔文认为，除了那些天生痴呆的人外，大多数人在智力水平上没有明显差异，人与人之间的成就差异并非是智力水平高低导致的，而是由于勤奋和对工作的热情程度不同而产生的。他批评高尔顿曲解了他的进化论。

高尔顿的智力遗传决定论在社会上引起了广泛的反响，进而引发了关于遗传与环境关系的争论。一些学者反对高尔顿的观点，认为在造就科学家方面，环境因素起着更为重要的作用。这种观点认为，民主的政治环境、文化氛围、繁荣的经济等因素在造就高智商的人才方面所发挥的作用至少与遗传因素是一样的。面对这些挑战，高尔顿设计了一份非常详尽细致的问卷，并向当时的科学家们发放了 200 份。问卷主要是询问科学家为什么对科学感兴趣以及其他一些政治和生活上的细节问题，并询问他们是否对科学天生感兴趣。调查结果显示大部分的科学家认为自己对科学的兴趣是天生的。智力遗传论与环境论的争论一直持续到现在。实际上，遗传仅仅为智力的发展提供了一个生理基础和前提，社会实践才是人类智力发展的根本。高尔顿的遗传决定论在我们今天看来是错误的。但高尔顿所做的这些工作为此后心理学对

个别差异的研究特别是心理测量和心理测验奠定了基础。

（二）研究方法的创新

高尔顿是心理学史上最具首创精神的心理学家之一。他在论证智力遗传理论的过程中，采用多种方法研究个别差异问题，其中许多是他个人的发明创新。这些方法比他的心理学思想本身意义更大。例如，高尔顿采用自由联想法进行了内省实验。在此之前，联想主义还从未与实验方法相结合。高尔顿以自己为被试，用定量方法研究联想过程。他列了一张写有 75 个字的清单，设计了一个精密的弹簧计时器。实验中，他每次看到一个词，就记录下自己产生联想所需要的时间。他发现，有时联想到的是一个词，有时则可能是一个画面或表象，而联想的内容则大多与童年、少年时期的经历有关。这种联想实验后来被冯特所采纳，成为莱比锡大学心理实验室最常用的方法。又如，高尔顿采用调查法对"心理意象"进行了研究，这也是调查表最早在心理学中的广泛使用。高尔顿要求被试就自己的某一具体意象加以判断：意象的明亮度——表象暗淡抑或明亮；意象的清晰度——是否表象中所有东西都能清晰分辨；意象的色彩——表象中各种东西的色彩是否明晰、自然。结果发现心理意象存在个体差异：有的人以视觉意象为主，有的人以听觉意象为主，有的人以肌肉运动觉意象为主。高尔顿认为，职业、年龄和性格与意象的个体差异有关。擅长抽象思维的人往往缺乏视觉意象。高尔顿

还发现了"联觉"现象，如色—听联觉，即听到某一种声音则某种颜色也在心目中出现。此外，高尔顿为了测量在可感知的范围内最高频率的声音而发明了"高尔顿哨"。"高尔顿哨"后经人们的改进，成为一种传统的心理学测量仪器。

高尔顿天生具有对事物进行测量的嗜好。他在研究智力和个体差异的过程中，发明了一种数学统计方法。他使用"相关"和"回归"两个概念来表示两个变量之间的互相关系。现在心理统计常用的相关、回归等概念均出自高尔顿的这一统计方法。所谓的相关，是指两个变量之间具有某种依存关系：如果一个变量的变化总是相应地伴随着另外一个变量的变化，则这两个变量具有相关关系。例如，通过测量发现，父母与其子女的身高有正相关，即父母的身高较高，其子女的身高也有较高的趋势，反之亦然。同时，测量也发现子女的身高常与其父母略有差别，呈回归趋势，即那些父母身高特别高的儿童，不会像他们的父母那样高，而是比父母稍矮一些，向人的平均身高回归，反之亦然。由于高尔顿首创了相关系数研究法，他被后人誉为现代心理统计和心理测量的先驱。

三、评价

高尔顿受达尔文的进化论影响很深，主要从事对人类个体差异特别是智力差异的研究。高尔顿首开智力研究先河。他率先对智力差异形成的原因进行探讨，第一次使用量化方法对智力进行测定，这些都大大激发了后继者对智力研究的兴趣和关注。当时，以冯特为代表的学院心理学热衷于用理性主义的方法研究正常人的共同的心理特点或心理规律，个体差异尚处于心理学研究的盲点。高尔顿心理学研究的目标是发现人类的个体差异，寻求人与人之间的独特性。这种研究方式在当时的欧洲并没有产生很大的影响，但它被美国心理学家卡特尔带回美国后，在美国实用主义的文化和哲学背景下获得广泛传播，促进了机能主义心理学在美国的发展。个体差异心理学随后成为机能心理学的一个重要研究领域，并为其他应用心理学研究奠定了基础。

高尔顿对心理学重要的贡献还在于他开创性地使用了多种心理学研究方法。高尔顿是第一个使用自由联想、双生子比较、家谱分析、智力测验等方法研究心理差异的心理学家。如果说，冯特是把实验法引入心理学的第一人，那么，高尔顿则是把问卷调查、心理测验和统计方法引入心理学的第一人。

以我们今天的眼光来看，高尔顿的智力理论也存在很多的漏洞，甚至包括明显的错误。例如，他将智力的要素仅限于感觉敏锐性，坚持智力是由遗传决定的，忽视环境和教育对于人的智力发展的作用。特别是他以智力遗传决定论为依据所倡导的优生学，提倡以人工选择代替自然选择改良人种，导致了非常严重的社会后果，为种族歧视和法西斯主义的种族灭绝政策提供了理论依据。第二次世界大战时期，希特勒以高尔顿的优生学为思想基础，屠杀了 600 万犹太人。优生学甚至因此成为 罪恶的象征。

第四节 比纳的智力量表

进化论极大地触发了人们对个体差异特别是智力差异研究的兴趣。高尔顿提出，智力即感觉的敏锐性，从而把智力水平同基本的心理过程联系起来。高尔顿之后，法国的比纳认为，智力更多地表现在判断力和理解力等方面，并以此为指标，设计出了心理学史上第一个智力量表，成为智力测验的创始人。

一、比纳生平

阿弗莱德·比纳（Alfred Binet，1857—1911），法国实验心理学家，出生于法国的尼斯，父亲是医生，母亲是画家。他自幼受父母的熏陶，好奇心很强，对科学、哲学、文学、艺术等不同领域的知识都有强烈的兴趣。像其他许多心理学家一样，比纳最开始接触的也不是心理学，而是法律。1878 年，比纳获巴黎圣路易斯公学法学学士学位。1883 年，比纳在朋友的推荐下跟随着名催眠专家、神经症研究权威沙可学习医术。在学医的过程中，比纳感觉自己对心理学更有兴趣，于是开始阅读大量的心理学书籍。由于家境殷实，比纳不必为生计奔波，便把全部精力都放在了心理学的研习上。因此，尽管比纳从未接受正规的心理学训练，完全是靠自己从图书馆借书来学习，却掌握了系统的心理学知识。1889 年他与博尼在巴黎大学创立法国第一个心理学实验室。1894 年比纳获巴黎大学科学博士学位，之后在该校担任心理学教授。1895 年比纳与亨利一起创办了法国第一种心理学杂志《心理学年刊》。

比纳早年受到英国联想主义心理学、斯宾塞的进化论、里博和沙可的心理病理学等的影响。他对心理学的探索是从对病态心理学的兴趣开始的。比纳在病态心理学领域取得了一定成就，主要著作包括《动物磁性说》（1887）、《暗示感受性》（1890）、《人格变异》（1892）、《精神性疲劳》（1899）等。19 世纪 90 年代，比纳的兴趣转向了普通心理学。他几乎对所有的心理过程都有过讨论，其中包括对知觉、听觉、记忆等的研究。其中影响最大的是他于 1894 年出版的《实验心理学导论》。在该书中，他发展了艾宾浩斯对记忆的研究，与同事亨利一起发现了几种不同的记忆类型，如数字记忆、视觉记忆、音乐记忆、文句记忆等。

比纳早年在阅读心理学书籍的过程中接触到高尔顿的著作。高尔顿的智力理论引起了他的关注。但对于高尔顿提出智力是感觉的敏锐性这一观点，比纳并不赞同，坚持对智力做自己的研究。比纳以自己的两个女儿为研究对象，密切关注着她们的智力发展情况。他的两个女儿当时一个2岁半，一个4岁半。大女儿性格内向，注意力容易集中；而小女儿性格外向，注意力不容易集中。为了了解两个女儿在智力上的不同，比纳设计了一系列智力测验来考察她们的记忆力、判断力、思维能力，他还使用了高尔顿的测试方法来测定女儿的视觉敏锐性和反应时。1903年，他总结了有关他两个女儿的全部研究成果，出版《智力的实验研究》一书，对智力的发展问题做了初步探讨，也为他日后编制智力量表奠定了理论和实践基础。

1904年，比纳应法国公共教育部长的邀请组织一个专门鉴别智力落后儿童的委员会。该委员会被要求对巴黎学校中的智力落后儿童的教育方法提出建议。要针对智力落后儿童进行教育，需要首先区分出什么样的儿童是智力落后儿童。这一鉴别任务落到了比纳肩上。他和精神病医生西蒙一起，用了大约一年时间为区分正常智力和智力落后儿童制定方法。这一方法1905年在《心理学年刊》上正式发表，此即1905年量表，被后人称为比纳-西蒙量表或比纳量表。1911年，比纳因病去世，年仅54岁。

二、比纳的智力研究

尽管比纳的研究涉及心理学很多领域，但他对心理学最大的贡献是与西蒙合编的第一个智力量表。迄今为止，它仍然被公认为最具权威性的智力测量工具之一。

（一）比纳-西蒙量表

达尔文提出进化论之后，受生存竞争、适者生存的进化论思想的影响，西方各国为提高人口素质，普遍实行了义务教育制度。但在实施义务教育过程中，出现了这样一个问题：人与人之间存在明显的个体差异，包括智力差异。如果对所有儿童不加区分地施加同样的教育，那么，总会有某些儿童因为智力或能力低下而不能像大多数儿童那样完成学业。因此，需要找到一种方法，把这些有智力障碍的儿童区分、鉴别出来，给予特殊教育。法国教育部的任命使比纳有幸承担了这一历史任务。

比纳认为，智力的核心是判断力，准确的判断、良好的理解和推理能力是智力水平高的表现，因此，可以以认知作为标准来衡量智力。具体设计量表时，比纳没有采取传统的先下定义而后列出内容的做法。他首先选出两组儿童：一组儿童智力正常，另一组智力明显低下，然后设计各种各样的题目，观察两组儿童解决问题的能力。经过反复测验，最后比纳及其同事确定了与智力有关的30个条目。比纳把这30个条目按照从易到难的次序排列，作为区分智力水平的标准。这30个条目的内容分别包括：①检测视觉的协调性；②检测手的触摸、抓握的协调性；③检测视觉集中的能力；④从不同的物品中辨别事物的能力；⑤寻找包裹在纸张中的巧克力；⑥依次模仿简单动作以及重复各种动作；

⑦按指示指出物品；⑧辨别图画中的物品；⑨给图画中物品命名；⑩区分两条不同长度的线段；⑪重复3个数字；⑫区别两个重量；⑬抵制暗示；⑭给简单的词下定义；⑮重复15个单词组成的句子；⑯指出成对物品间的不同；⑰观察视觉记忆能力；⑱从记忆中提取各种形状；⑲显示数字的记忆广度；⑳指出两个不同物品的共同点；㉑迅速地辨别线段；㉒依次摆放5个不同重量的物品；㉓从上述摆放的物品中找出取走的那个重量；㉔找出押韵的单词；㉕完成句子；㉖用3个给定的单词造句；㉗回答诸如像"当你睡着时，你做什么？"这样一些问题；㉘把时针与分针对换，然后询问儿童时间；㉙折纸张，然后沿着折印把纸裁开；㉚区分伤心、郁闷、讨厌等抽象术语。

这30个条目用于测量3～11岁儿童。通过试测，比纳和西蒙发现，所有智力正常的2岁儿童，都能够完成第1～6条，但那些中等智力障碍的儿童只能完成其中的一部分，而严重智力障碍的儿童能完成的条目更少；2～5岁的正常儿童，大部分都能完成第7～15条，轻度智力障碍的儿童能通过几个条目，中度智力障碍则有更大的困难；5～12岁的正常儿童在完成16～30条的过程中基本不存在困难，但有智力障碍的儿童则困难很大。

这就是比纳-西蒙智力量表的最初形式。比纳和西蒙在1908年对该表做了第一次修订。他们在这次修订时提出假设：如果某一年龄段的儿童中，75%都能通过某条测试，则可以把这个条目与该年龄段联系在一起，代表该年龄段的心理水平。"年龄"向度的加入，有助于对智力障碍的儿童进行量化诊断。例如，5岁的儿童能够通过5岁年龄段的测验条目，则他的智力是正常的，但如果某个5岁儿童仅能通过4岁年龄段的条目，那他属于轻度智力障碍，如果仅能通过3岁年龄段条目，意味着他属于中度智力障碍。这次修订不仅引进了"年龄"和"心理水平"两个重要概念，而且将测验条目增加到58个，使得比纳-西蒙量表不仅可用于区分正常儿童与智力障碍儿童，还可以区分正常儿童之间的智力水平差异。

修订后的比纳-西蒙智力量表较之早期完善了很多，但比纳等人并未就此止步，仍然在为进一步完善智力量表而不断努力。1911年，他们再次修订量表。这次修订使量表测试范围扩展到了成人，而且内容更加精细。比纳认为，人的智力发展到15岁便达到了成熟，因此，他把智力量表分为15个年龄段，每一个年龄段包含5个测验条目，每个条目代表2个月的智力年龄。例如，如果一个12岁的儿童通过了12岁年龄段的所有条目，并通过了13岁年龄段的2个条目，那这个儿童的心理水平就应该是12.4岁。

（二）智力的非遗传理论

与高尔顿的智力遗传理论不同，比纳认为，智力不仅并非遗传决定，而且不是固定不变的，后天的教育可以改变儿童的智力水平。他还亲自设计智力矫正方案来提高儿童的智力水平。但比纳同时也警告，不能滥用智力测验。他强调他的智力测验仅仅用于区分弱智的学生，以便能够对他们因材施教，通过有针对性的特殊教育来改善他们的智力水平。同时他还提醒，对智力测验的结果要谨慎加以解释，尽量排除因紧张或文化误解等因素所造成的测量误差。但可惜的是，比纳对于智力测量的谨慎态度并没有被后人保持下来。在他之后，人们开始滥用智力测验，既用它鉴别智力障碍儿童，也用于区分正常儿童，甚至有少数人把智力测验作为种族歧视的工具，这是比纳当初没有预料到的。

三、评价

人与人之间确实存在心智上的差异，但对这些差异的精确界定却非常难。有时候我们能感觉到，某个人聪明一点，另一个人笨一点，但到底聪明多少、笨多少，则无从知晓。人们对人的智力水平的判断常常带有一些偏见。比纳通过自己的努力，设计并发展了比纳-西蒙智力量表，为人们了解人与人之间的智力差异提供了一种相对客观、统一的评价标准，实现了智力研究的重大突破。

比纳放弃了高尔顿的生理计量法，以儿童的判断力、理解能力、推理能力为指标，改用作业法对个体进行综合能力的考察。所谓作业法，是要求被试做一些语文、算术等题目，根据作业的结果判定智力的高低。它改变了过去认为智力就是感觉的敏锐性，是一种单一能力的片面观点，强调智力是认知能力的综合，具有整体性。

比纳-西蒙量表试图从各种能力的相互关系中把握儿童的智力水平，从而为教育工作者判断儿童的智力发展提供了有效途径。

在量表编制过程中，比纳提出了"智力年龄"的概念，用来与个体的实际年龄相对照，从而判定智力的高低。这一创举对智力测验的发展具有重要意义。德国心理学家斯特恩在比纳工作的基础上，将智力年龄改为"心理年龄"，进而提出了"智力商数"的概念。斯特恩认为，儿童的心理年龄是由他所通过的智力测验上的那些条目的年龄段决定的，而用心理年龄除以实际年龄，就会得到一个智力商数。后来，美国心理学家推孟又在斯特恩研究的基础上，将智力商数乘100，以便去掉小数点，并将"智力商数"简化为"智商"（IQ），这形成了我们今天所使用的"智商"概念。

由于比纳-西蒙智力量表简便易行，规范客观，在它诞生后不久，就被世界各个国家纷纷引进和修订。在第一次世界大战期间，世界上至少有12个国家使用这一量表，而且大多未对量表作任何改动，直接翻译出来便投入使用。这一量表传到美国之后，更是受到空前的欢迎。随着智力测验在美国的兴起，人们更加关注对心理机能的研究，因而促进了美国机能主义心理学的形成和发展。

作为最早的智力测验，比纳-西蒙量表也存在一些问题，随着当代智力理论的发展，受到许多批评。由于比纳将判断、理解和推理能力作为智力的核心，主要选择测量人的认知能力。因此，在智力测验中的得分较高的学生，学业成绩会比较好。但问题在于，学生在学校的学业成绩好，走向社会之后却未必能够适应社会的需要，很好地解决现实问题。这就意味着智商高虽然可以学习好，却与未来的事业成功之间没有必然联系。这难免令人怀疑：智力有什么用？另一方面，在传统智力测验中，许多在音乐、体育、美术及其他领域具有良好天分的学生，由于语言、数学与逻辑思维能力表现一般而得不到好的智力分数，因不受重视而影响了发展。这启发人们重新思考：难道智力就仅仅只是认知能力吗？智力测验的目的到底是什么？由传统智力测验测出来的智商，究竟能在多大程度上代表人的智力？有没有其他更好的方式来评价学生的发展？这些怀疑和反思使人们认识到比纳开启的传统智力观对智力内含与结构的认识上的不足，从而引发了当代智力观的革命。

第五节 进化论对心理学发展的影响

一、对美国机能主义心理学的奠定作用

以《物种起源》一书的出版为标志，科学的进化论的产生比冯特建立科学心理学整整早了 20 年。尽管达尔文已经预见到进化论对于心理学将会产生重大影响："心理学将稳固地建立在斯宾塞先生已充分奠定的基础上，即每一智力和智能必由梯级途径获得。"（许波，代序，p. 1）但最早在冯特的内容心理学与铁钦纳的构造主义心理学中，进化论的影响并不明显。这是因为冯特是将科学心理学作为"一项真正的哲学事业"而开创的。在 1831 年黑格尔去世后，随着客观、精确的自然科学知识体系的发展与成熟，思辨哲学的地位日渐衰微。为了拯救哲学的命运，一些哲学家开始采用自然科学的实证方法来研究哲学问题，试图将哲学建构成像自然科学那样精密的知识体系。冯特所代表的正是这样一种努力和尝试。

自然科学以客观实在为研究对象。科学心理学之父冯特则将心理学的研究对象设定为与客观实在相对应的另一种"主观实在"或"心灵实体"，借用自然科学的实验或实证方法探索内在心灵的内容、结构及规律性。自那以后，西方心理学的发展一直固守着冯特在这一学科建立之初所确立的基本信念，把心理学研究对象设定为与自然科学的研究对象具有同样实在性的"心灵实体"，用与自然科学同样的方式研究人的意识或心理。对于"心灵实体"究竟是否存在，科学心理学从来不追问。由

于人的心理与客观实在具有完全不同的性质，对"心灵实体"的设定使得科学心理学从一开始就陷入了矛盾境地——试图以自然科学的方法来研究或解释具有完全不同的性质的意识问题。从某种意义上说，现代心理学的发展及其所经历的各种危机，都与这一学科内在的基本矛盾有关，是这一学科基本矛盾在不同历史时期的具体表现。（黎黑，1990，p. 487）

德国传统的心理学传入美国不久便发生了重要转向，使带有典型的美国文化气质的机能主义心理学产生了。美国机能主义心理学的早期代表人物，如詹姆斯、霍尔、卡特尔等人都曾有留学欧洲的经历，但他们没有机械地照搬德国的心理学，而是在接受冯特的实验主义心理学作为"躯壳"或"装置"的同时，吸收了达尔文的进化论和高尔顿的个体差异心理学的"精神"，与美国人的实用主义哲学和适者生存、追求适应的美国"国情"相结合。波林指出，机能主义和进化论都天然地投合美国人的气质，这两个概念是互相促成的，因为它们是人性的同一基本形态的不同方面。（波林，1981）

机能主义心理学蕴藏着一种与冯特所创立的意识或内容心理学以及后来的行为主义心理学、认知心理学等不一样的文化精神。从内容心理学到行为主义和认知心理学，心理学家都是将人的内在心理结构作为某种心灵实体加以研究，从而揭示其内容、结构、机制或规律的。尽管行为主义放弃了对人的心理的研究转而研究行为，但它并不否认内在心理实体的存在，只是

出于方法中心原则，不再将人的内在心理作为研究对象。进化论认为，脑是心灵的器官，这从某种意义上说是否定了心灵实体。机能主义心理学受进化论思想的影响，相信知觉、记忆、思维等各种心理官能不仅是进化的产物，而且是人类适应环境的工具和机能，从而以整体论的、机能主义的心理观取代了德国意识心理学的元素主义、构造主义的心理观。机能主义心理学最重要的特点是在有机体与环境的双向互动中把握有机体，认为有机物的一切方面（包括心理机能）都应该放在这种动态关系中被理解。这种关系主义的思维模式与科学主义的主客二元思维模式完全不同。也正是这种不同，使得机能主义作为一种研究取向在当代心理学中再次复活，为消解科学主义心理学的危机带来了希望。

二、对当代心理学发展的意义

20 世纪 90 年代，进化心理学作为当代西方心理学中一种新的研究取向再次兴起。它试图用进化论的基本原理结合现代科学的最新成果，系统阐释人类心理的本质、起源、结构、功能、表征及其理论与应用。从科学心理学诞生的那一天起，主客二元思维就一直统摄着西方心理学研究。正是这种思维模式，将心理学导入困境。进化心理学蕴藏着思维方式的重大变革。它认为，心理学作为一门学科，不仅是关于心理内容的分析或对封闭的意识本身的思考，也不仅是对心理与作为其对象的世界之间的关系的研究，尽管这两方面都是

心理学不可或缺的组成部分。心理学研究更重要的是要阐明心理与有机体之间的关系，即考察从物质性的有机体中如何产生出非物质的意识现象的可能性和必要性。

进化心理学认为，心理学不仅要从现实性方面追问心理对有机体的功用关系，也应该从进化的角度追问这种功用关系的历史逻辑，考察有机体在其进化过程中为与环境相统一而逐步分化出脑与神经系统的历史过程，并在此基础上理解作为脑与神经系统存在方式的心理活动对有机体适应环境的功用价值。就心理学思维方式的变革而言，后一方面比前一方面含有更大的价值，因为它隐含着对作为现代西方心理学思想的理论前提的关于心灵实体的存在这一理论信仰的否定。从这一点上看，进化心理学作为一种研究取向，由它所带来的思维方式的变革，可能为解决科学心理学的基本矛盾提供一条出路。

进化论对于当代心理学发展的意义具体表现在以下几个方面。第一，否定了历史上为了理解人类的精神现象而设定的"灵魂实体"和"心灵实体"，认为心理活动可以从有机体本身即脑及神经系统的结构和性质得到说明。第二，可能弥补心理学内部作为基础研究的生理心理学与其他理论研究之间的裂隙。生理心理学研究已经建立起来的理论信念——脑或神经系统是心理活动的物质载体，反过来说，心理活动是脑或神经系统的机能表现——在其他心理学的理论体系或研究中从未得到认真的贯彻。第三，进化心理学为上述由生理心理学建立的理论信念提供了科学的论证方式。因为这一理论信念是对性质不同的心理和有机体之间的空间关系的逻辑把握，而进化论通过考察有机自然物史前各个发展阶段，阐明了这种空间关系的时间逻辑的本质。

有人认为进化论是一种彻底的遗传决定论，是用先天说反对后天说，这是对进化论的一种误解。因为对个体而言是先天的、遗传的东西，从它的形成过程来看，或者从种族发展史来看，仍然是经验的和环境决定的。进化论对心理学最大的消极影响，在于它的庸俗的唯物论倾向和对人的心理的彻底生物学化。这也是我们在肯定进化心理学的同时，应该引起注意的问题。

本章思考题

1. 试述进化论兴起的社会历史条件和科学发展背景。

2. 达尔文的进化论心理学研究主要包括哪些方面？

3. 简评达尔文对心理学发展的贡献。

4. 如何评价高尔顿的智力遗传决定论？

5. 比纳与高尔顿的智力理论有什么分歧？

6. 比纳的智力量表对心理学研究有什么意义？

7. 传统的智力测量有什么缺陷？

8. 简述进化论对心理学发展的影响与意义。

第八章
美国的机能心理学

第一节 美国心理学的兴起

一、机能主义之前的美国心理学

1929 年，卡特尔在第九届国际心理学大会上发表演讲时说，在 19 世纪 80 年代以前，美国心理学的历史"就像圣·帕特里克时代之后一本关于爱尔兰的蛇的书那样短暂"。在卡特尔看来，只有实验心理学才是真正的心理学。铁钦纳对此持同样态度。他坚守德国冯特实验心理学的传统，认为实验心理学应该与哲学特别是神学彻底分离。但是，卡特尔和铁钦纳都忽视了这样一个问题，即实验心理学是从非实验心理学中发展而来的。要理解实验心理学，需要从之前的非实验心理学入手。

美国心理学的发展经历了四个阶段。（赫根汉，2004，p. 495）第一，道德哲学和心灵哲学阶段（1640—1776 年）。心理学被结合在伦理学、神学和哲学之中，主要关注的是灵魂问题。学习心理学就是学习当时公认的神学。心理学在这个时期与宗教灌输相结合。正如罗巴克（1952）在谈到这一时期时说："心理学为逻辑而存在，逻辑为上帝而存在。"第二，理智哲学阶段（1776—1886 年）。这是美国心理学逐渐脱离哲学和神学成为一门独立学科的过渡时期。在这个阶段，美国心理学主要受到苏格兰常识哲学的影响。苏格兰常识哲学尊重感觉和情感。由苏格兰哲学家所撰写的教科书涉及知觉、记忆、联想、注意、思维和语言等主题，这些教科书在美国影响颇深，直到后来美国也出现了类似的教科书，如诺亚·波特（Noah Porter）1868 年出版的《人类理性：关于心理学和灵魂的导论》。以该书为代表，在那个时代的许多教科书里，"我们都能看到苏格兰常识哲学的巨大影响，都能看到对个体的重视，而对个体的重视后来成为现代美国心理学的特征"。第三，美国的文艺复兴阶段（1886—1896 年）。在这一时期，心理学完全从宗教和哲学中独立出来成为一门经验科学。1886 年杜威的《心理学》描述了这门全新的经验科学；1887 年美国第一本心理学期刊《美国心理学杂志》正式出版；1890 年詹姆斯出版了著名的《心理学原理》，这些事件"都标志着一种强调个别差异、强调适应环境和强调实用性的心理学——换言之，一种同进化论完全一致的心理学的发端"。第四，美国机能主义阶段（1896 年至今）。詹姆斯于 1890 年出版的《心理学原理》一书标志着美国心理学中的机能主义倾向开始形成。而机能主义作为一个正式的心理学流派，其产生的标志却是 1896 年杜威的《心理学中的反射弧概念》的发表。这一阶段的美国心理学不再是思辨哲学和宗教神学的一部分，而成为真正意义上的科学的心理学。

德国的实验心理学传播到美国之后，心理学在美国开始蓬勃发展。但是，以铁钦纳的构造主义心理学为代表的德国传统很快成为批判的靶子。美国心理学家批评构造主义将意识划分为各种元素，认为任何基本元素的复合都不可能恢复经验的整体。另一方面，构造主义心理学过度追求体系的严密，局限于对正常成年人的一般心理规律的基础研究，忽视应用心理学和个体心理差异的讨论，因而严重脱离社会生活。美国心理学从此朝着机能主义的方向发展。机能主义作为一个心理学流派的产生，标志着美国心理学的正式兴起。

二、美国机能主义心理学产生的历史背景

机能主义心理学产生的根本原因来自美国社会与经济发展的需要。美国是一个在荒凉的土地上被现代文明人所开拓出来的新国家。自南北战争以后，美国利用新大陆的优越条件，吸取欧洲文明中的有利方面，特别是引进欧洲各国的新的生产工具和工业化经验，同时利用来自亚、非各地和土著居民的廉价劳动力，不到 50 年就实现了资本主义的工业化，从而为美国心理学的迅速发展提供了社会基础和物质保障。而社会的发展也对人的素质和能力提出了新的要求。人们为了生存和发展，不得不采取各种手段来适应环境。这也是为什么在这个新开拓的国度里，进化论受到普遍欢迎的原因。正是美国人这种脚踏实地、开拓进取、讲究效用的生活态度孕育了美国心理学中的机能主义倾向。

就是在这样的社会背景下，美国人的实用主义哲学产生了。作为一种哲学流派，实用主义产生于 19 世纪末的美国。从思想根源上看，实用主义是贝克莱、休谟的主观唯心主义和不可知论哲学与达尔文的进化论思想相结合的产物。就其本质而言，实用主义是美国人的务实求成精神的哲学表达。实用主义者崇尚实际，主张真理是现实的兑现价值，强调行动的最终效果。机能主义心理学的先驱詹姆斯、杜威等人，同时也是实用主义哲学的重要代表人物。机能主义心理学关注心理的作用、机能和效用，强调知识要具有实用价值，要为社

会和人的需要服务，要求心理学研究能够帮助人们更好地适应环境，这些都体现了实用主义的价值观。

美国的心理学是在引进德国实验心理学的基础上发展起来的。现代心理学发源于德国，后在英、法等国相继得到发展，而美国心理学则起步较晚。在引进德国的实验心理学之前，美国流行的是官能心理学和骨相学。冯特创立心理学实验室以后，许多美国人包括詹姆斯、霍尔、卡特尔等人先后赴德国学习，这些人后来都成为美国机能主义心理学先驱或主要代表人物。他们回国以后，纷纷在各自的大学里开设心理学课程并建立实验室，对实验心理学在美国的传播以及美国心理学的发展起了重要推动作用。所以，美国的心理学虽然起步较晚，但发展很快，在短期内就赶上并超过了德国。从1888—1895年不到10年的时间，美国建立了心理学实验室24个。1892年美国心理学会正式成立，标志着心理学在美国取得独立的科学地位，心理学家从此成为一类为社会所认可的正式职业。

美国心理学接受了德国实验心理学的科学形式，却改变了后者的研究模式，开创了适合美国国情的机能主义心理学。正如波林所言，美国心理学"它的躯壳承受了德国的实验主义，它的精神则得自达尔文"。（波林，1981，p.576）达尔文的生物进化论是美国机能心理学的自然科学基础。这一理论所宣扬的自然选择、优胜劣汰、适者生存等观点，恰好迎合了美国当时的时代精神，因而对美国机能主义心理学的产生起到了直接的促进作用。进化论强调

人的心理的适应性，这一点影响了美国心理学的发展道路，使它没有遵循德国的传统而走向了机能主义。美国的机能主义心理学与德国的实验心理学相比发生了一系列重要变化：第一，机能主义心理学的研究目标不再是将心理学建设成一门纯科学，转而重视心理学在帮助人适应环境方面的实际效用；第二，研究内容不再是对心理的元素分析，而是关注意识的整体作用；第三，研究方法由原来的重视内省到采纳多种研究方法，问卷调查、心理测量等方法开始大量使用；第四，进化论强调动物与人类之间的心理机能的连续性观点，从而把动物带进了心理学研究，促进了比较心理学和动物心理学的研究。另外，进化论还直接促进了以关注个别差异为基础的各种应用心理学的发展。

美国的机能主义心理学也有广义和狭义之分，广义的美国机能主义心理学包含以詹姆斯、霍尔等人为代表的早期机能主义和哥伦比亚机能主义，而狭义的美国机能主义则专指芝加哥机能主义。虽然作为一个心理学流派，机能主义在20世纪20年代以后逐渐被行为主义心理学所取代，但机能主义倾向作为美国文化精神的体现一直贯穿于美国心理学的发展，代表着美国心理学的主流和方向。

三、美国心理学的先驱

美国心理学从一开始就表现出了不同于德国实验心理学传统的机能主义倾向。但这并不意味着美国心理学的机能主义从

一开始就是自觉而明确的，事实上，它是19世纪末以詹姆斯、霍尔等为代表的一大批人共同努力的结果。他们是美国心理学的先驱，同时也是早期机能主义者。除了上述二人之外，赖德、鲍德温、闵斯特伯格、贾斯特罗等人都对早期机能主义心理学的发展做出了贡献。后面一节详述詹姆斯，以下先对霍尔、赖德、鲍德温、闵斯特伯格等人做简要介绍。

（一）霍尔

格兰维尔·斯坦利·霍尔（Granville Stanley Hall，1844—1924），出生于美国马萨诸塞州，父母均为教师，从小兴趣广泛。1863年，霍尔进入威廉学院就读，在那里学习了多门学科，其中，进化论给他留下特别深刻的印象，并在后来强烈影响到他的心理学研究。1868年，霍尔赴德国，先后在波恩大学、柏林大学研修哲学、兼修生理学。1871年，霍尔回国。此后几年，霍尔当过家庭教师、图书管理员，领导过教堂的唱诗班。1874年，他读了冯特的《生理心理学》，对心理学产生极大兴趣。1876年，霍尔受聘到哈佛大学担任英文讲师。此时，詹姆斯已在哈佛大学建立了心理学实验室，霍尔于是开始师从詹姆斯学习心理学。1878年霍尔以一篇《关于空间肌肉知觉》的论文获得美国心理学第一个博士学位。1878年至1880年他第二次赴德国，先在柏林大学学习生理学，后到莱比锡大学专攻心理学，成为冯特的第一个美国学生。回国之后，霍尔先在哈佛大学开讲座，后于1884年至1888年在约翰·霍普金斯大学担任教授，1888—1920年任克拉克大学心理学教授兼校长。

霍尔对美国心理学的贡献首先表现在他对美国心理学发展的组织和创建工作方面。1883年，霍尔在霍普金斯大学筹建了美国第一个正式的心理学实验室，因为詹姆斯1875年在哈佛大学所建立的实验室仅供心理演示，还不是正式的心理学实验室。1887年，霍尔创办了《美国心理学杂志》，这是美国第一种心理学刊物。1891年，他又创办了美国第二种心理学杂志《教育评论》，后更名为《发生心理学》，用于发表儿童和教育心理学方面的研究成果。1915年，霍尔又创办了目前仍很活跃的《应用心理学》杂志。由霍尔亲自培养的心理学博士达81人，其中许多人后来成为著名心理学家，布莱恩和推孟还担任过美国心理学会的主席，由此也可见霍尔对美国心理学发展的影响。尤为重要的是，1892年，由于霍尔的努力，美国心理学会成立，霍尔被推举为第一任主席。美国心理学会作为美国心理学家的正式组织不仅起到了团结作用，而且对于美国心理学的发展和独立具有标志性意义。

霍尔是美国发展心理学的创始人。霍尔最重要和最有影响的著作是1904年出版的两卷本巨著《青少年：它的心理学及其生理学、人类学、社会学、性、犯罪、宗教和教育的关系》（又称《青春期》）。这部百科全书式的巨著是对霍尔关于发展的学说的最完整的说明，该书以进化论的观点解释了儿童身体的成长和青春期心理与其身体变化之间的关系。这也是系统研究青少年心理学的第一部专著。霍尔晚年将研究兴趣转向老年问题。1922 年，他于 78 岁高龄出版了两卷本的《衰老》，这是第一次用各种语言对老年人进行大规模的心理学性质的调查，也是老年心理的开创性研究。在霍尔生命的最后几年，他还写过两本自传体的书，即 1920 年出版的《一个心理学家的消遣》和 1923 年出版的《一个心理学家的生平与自白》。

霍尔还是美国教育心理学的开拓者。早期有关儿童和青少年的研究工作使霍尔深信，心理学是打开科学教育之门的钥匙，因此，他以发展心理学的研究为基础，进一步深入研究教育心理学问题。他对教育心理学最重要的理论贡献是提出了"复演论"，即人类个体自幼稚到成熟的成长历程，是对人类自原始到现代的整个进化过程的重演。复演论使人们开始认识到，对"未成熟期"，一方面可以从"尚未成人"的意义上理解；另一方面，这也是一个带有沿着某些方向发展的心理倾向的可塑时期。而教育的意义正在于利用这一可塑时期来促进人的心理的正常发展。

霍尔还对精神分析在美国的流行起了直接促进作用。他是美国心理学家中最早对精神分析感兴趣的人。除了通过译书介绍精神分析之外，他还将精神分析的方法应用于自己的研究工作中。特别是在 1909 年克拉克大学 20 周年校庆之际，霍尔邀请弗洛伊德和荣格来校发表精神分析演讲，并安排他们与詹姆斯、铁钦纳、卡特尔等人会晤，在当时许多人还对精神分析持怀疑态度的情况下，有力地促进了精神分析在美国的传播。

霍尔和他的老师詹姆斯同为美国心理学的先驱。相比而言，詹姆斯的贡献更多集中在理论方面，为美国心理学的理论发展奠定了基调，而霍尔的贡献则集中于实际工作和应用方面。

（二）赖德

赖德（George Trumbull Ladd, 1842—1921）出生于美国俄亥俄州的普莱恩维尔，早年毕业于神学院，做过 10 年牧师，1879—1881 年，任鲍登学院的哲学教授，从那时起，研究兴趣开始转向心理学，1881—1901 年，应聘于耶鲁大学和克拉克大学任心理学和伦理学讲座教授，后曾任耶鲁大学哲学和心理学负责人。

赖德创办了耶鲁大学心理学实验室，这是美国最早的心理学实验室之一。他是最早把实验心理学介绍到美国的人，虽然他本人的学术旨趣主要集中于生理心理学领域，从未成为实验心理学家。1887 年，他的《生理心理学原理》一书出版，在美国当时非常缺乏心理学教材的情况下，提供了一本标准的英文教科书。1911 年，伍德沃斯对该书做了修订。此后它作为实验心理学的标准教科书，在美国大学中一直沿用了数十年。

1894 年，赖德第二部重要著作《心理学：描述的和阐释的》出版。赖德在书中提出，神经系统确实有生物学的一面，但意识的机能在于解决问题；心理具有协调主体与环境之间的关系、帮助主体适应环境的机能；心理学应该是实践的，应该成为帮助人们解决生活中的实际问题的应用科学。这些观点都为后来的芝加哥机能主义心理学所吸收。该书被认为是美国机能主义心理学体系的代表作之一。赖德后来又转向了哲学研究。

（三）鲍德温

鲍德温（James Mark Baldwin，1861—1934），出生于美国南卡罗莱纳州的哥伦比亚，肄业于普林斯顿大学，曾到德国莱比锡大学、柏林大学和杜平根大学各学习一年，做过冯特的学生，回国后，于1888年获普林斯顿大学哲学博士学位，先后在多所大学或学院任哲学和心理学教授。鲍德温对心理学的贡献主要有两方面：一是他在普林斯顿大学和加拿大多伦多大学分别创建了一个心理学实验室；二是他本人理论著述丰硕，并且理论上颇有建树。

鲍德温的第一部主要著作为《心理学手册》，分上下两卷：上卷为《感觉与理智》，刊行于1889年；下卷为《感情与意志》，刊行于1891年。在普林斯顿大学期间，他出版了两部关于心理发展的著作，即1895年的《儿童与种族心理的发展》和1897年的《心理发展的社会与伦理解释》。在这两部书中，鲍德温结合了达尔文学派和拉马克学派的理论，用"有机选择"的假说来修改达尔文的学说，借此说明进化的定向性问题，这一观点后来被称为"鲍德温效应"。1898年，鲍德温出版小册子《心灵的故事》，该书后来再版多次。鲍德温还从事过两项合作性事业：主编《哲学与心理学辞典》，全书共两大卷，出版于

1901年至1902年；与卡特尔共同发起，于1894年创办《心理学评论》刊物及其副刊《心理学索引》和《心理学专刊》，后来这些刊物都成为美国心理学会的重要产业。

鲍德温坚持心理是感觉运动过程的机能主义观点，特别强调心理发展过程中作为选择性工具的意向性活动的重要性，并将意向活动的模式应用于社会、道德、宗教等领域。他以自身与他人经历着同样的社会发展这一事实为依据，将人际相互暗示、相互模仿这样一个循环过程看作一种机制，并把这种心理学模式与社会的发展进步联系起来。如果不是因一件丑闻被迫辞去大学里的一切职务，过早结束了学术生涯，鲍德温应该可以对进化心理学、社会心理学和发展心理学产生更大的影响。

（四）闵斯特伯格

闵斯特伯格（Hogo Münsterberg，1863—1916）出生于德国但泽，是德国籍的美国心理学家，曾先后求学于瑞士日内瓦大学、德国莱比锡大学和海德堡大学，1895年师从冯特并获心理学博士学位，1887年，又获海德堡大学医学博士学位，1892年至1895年，受詹姆斯的邀请，到哈佛大学担任心理学实验室主任和心理学教授，不久又任哲学系主任，1910年至1911年，任柏林大学的哈佛大学交换教授。闵斯特伯格曾先后担任过美国心理学会的主席（1898）和美国哲学学会的主席（1908）。在1903年版的《美国科学家》中，闵斯特伯格的位置仅排在詹姆斯之下，与霍尔和卡特尔并列。1916年，闵斯特伯

格卒于大学的课堂上。

作为美国应用心理学的创始人，闵斯特伯格的研究涉及许多领域。首先，在基础研究方面，他提出了"动作说"，认为当感官受到刺激导致一个自觉的动作和运动反应时，感觉的引起不是同脑感觉区的简单兴奋相关联的，而是同从感觉区到运动区的神经冲动的过渡相关联的。他反对当时人们只重视大脑感觉区的作用，强调应该把整个感觉运动弧看作每一心理现象的生理单位。在司法心理学领域，闵斯特伯格很早就对血压和诚实检测之间的关系做过论述。在1908年出版的《论证人席》一书中，闵斯特伯格提出"测谎器"的概念，论证了证人证言的虚妄、假坦白的动力以及暗示对于证人、陪审团和法官的作用。他还将荣格的语词联想测验引进司法领域，把它作为确定犯罪的手段。在经济心理学领域，闵斯特伯格1913年出版的《心理学与工业效率》一书，产生过很大影响。在美学心理学领域，闵斯特伯格以《电影：心理学研究》一书而闻名。该书在普通美学之外，论述了倒叙、渐隐和特写的心理学效果。此外，在社会心理学领域，闵斯特伯格研究过社会干扰和社会助长作用，以及团体对个人的影响等。

（五）其他人物

美国早期比较著名的机能主义心理学家除了霍尔、赖德、鲍德温、闵斯特伯格之外，还有皮尔斯（Charles Sanders Peirce，1839—1914）、贾斯特罗（Joseph Jastrow，1863—1944）、卡尔金斯（Mary Calkins，1863—1930）等人。皮尔斯的实用主义哲学心理学对于詹姆斯、杜威和其他许多机能主义心理学家都产生过强烈的影响。贾斯特罗1901年当选美国心理学会主席，当时他已经感受到机能主义已经成为美国心理学的潜流，并立志将这一潜流推动为主流。他还预言，未来将属于机能主义心理学而不是构造主义心理学，从而促使美国心理学的机能主义性质更加明确。卡尔金斯是那个时代少有的女心理学家之一，也曾担任美国心理学会主席之职。她的自我心理学把自我确认为生活中的一种有意识的整合力量，同样对机能主义心理学的发展作出了贡献。

第二节 詹姆斯的实用主义心理学

有一种普遍性的看法，即美国的心理学始于詹姆斯。相当于冯特在欧洲创建了科学心理学的地位一样，美国心理学的产生与发展总是与詹姆斯的名字紧密联系在一起的。作为美国心理学之父，詹姆斯的实用主义心理学思想对美国机能主义心理学以及后来的美国心理学的发展方向，乃至世界心理学的发展都产生了重要的影响。

一、詹姆斯生平

威廉·詹姆斯（William James，1842—1910）出生于美国纽约的一个富豪之家。其父知识渊博，属早期美国"无名贤哲"。他非常重视对子女的教育，从小就培养他们独立求知的精神，曾带子女游历法、英、瑞士等国，使詹姆斯及其弟妹们先后在美国和欧洲接受过长期的和多种专业教育。优越的家庭条件和良好的早期教育，使詹姆斯很早就形成了思想活跃、善良温厚、能言善辩、幽默风趣、社会经验丰富等特点。

詹姆斯1861年进入哈佛大学劳伦斯学院学习化学和解剖学，1864年转入该校医学院学习医学。其间，他的老师怀曼的进化论思想对他产生了重要影响。1865年，詹姆斯随动物学家阿加西斯赴巴西亚马孙河做动物学调查，中途患了一种热带病，回来后继续哈佛大学医学院的学业。在患病过程中，雷诺维叶的哲学著作使詹姆斯深受影响。雷诺维叶是康德的学生，他强调人的意志的作用，认为意志能够重塑一个人的身心，改变人的生活道路。这不仅对詹姆斯以坚强的意志战胜疾病起到鼓励作用，也影响了他后来的心理学研究。

1867年，詹姆斯再次赴德国留学，跟随赫尔姆霍茨、冯特、微尔和（Rudolf Virchow，1821—1902）等学习医学、生理学和心理学。1869年詹姆斯获哈佛大学医学博士学位。1872年开始在哈佛大学讲授生理学和解剖学。由于他所研究的神经系统生理及其他生理学问题与心理学有关，他逐渐转向心理学研究。1875年至1876年，詹姆斯开设了他的第一门心理学课程——"生理学与心理学的关系"，这是第一个由美国人开设的新心理学课程。1875年他建立了一个小型的心理学实验室，以供教学演示使用，1877年又建了一个比较正式的心理学实验室，这比冯特1879年创建的世界上第一个心理学实验室还要早两年。1876年詹姆斯任哈佛大学生理学副教授，1885年升任哲学教授，1889年改任心理学教授，1897年又重任哲学教授。1882年至1883年，詹姆斯作为心理学家在欧洲各大学进行访问，并于1884年发起组织了"美国心灵研究协会"。和霍尔一样，詹姆斯也是美国心理学会的创始人之一，曾于1894年和1904年两次当选为该学会主席。1907年詹姆斯辞去教职，悉心研究哲学，1910年，逝世于新罕布什尔，终年68岁。

1890年詹姆斯出版了他一生中最重要的心理学著作《心理学原理》，这部书前后写了12年才完成。该书既是詹姆斯的实用主义心理学思想和理论体系的全面展现，也是当时实验心理学研究的成果总结，它为詹姆斯获得"美国心理学之父"的荣誉地位奠定了基础。该书行文之流畅优美一直为后人所称道，出版一个多世纪以来，"它的力量尚未消减，它的识见也尚未落伍"。（波林，1981）1892年，两卷本的《心理学原理》被改编成《心理学简编》，成为美国大学的标准课本。《心理学原理》出版之后，詹姆斯感觉似乎已经说完了他想说的关于心理学的一切，遂转向了对哲学的研究。此后詹姆斯仅出过两本与心理学有关的著作：《对教师讲心理学》（1899）和《宗教经验种种》（1901—1902）。詹姆斯的哲学著作主要有《实用主义》（1907）、《多元的宇宙》（1909）、《真理的意义》（1909）、《哲学论文集》（1909）。

二、詹姆斯的实用主义心理学体系

在心理学发展的早期，生理学、医学、哲学和心理学之间的学科界限不像现在这样清晰，不少心理学家是从生理学、医学或哲学领域"转行"到心理学中来的。同样，也有一些心理学家后来转向了哲学研究。詹姆斯属于后面一类，他先是一位心理学家，后来又成为实用主义哲学的代表人物。詹姆斯的心理学思想先于他的实用主义哲学体系，但詹姆斯的心理学思想已经表现出明显的实用主义倾向，因此，詹姆斯的心理学兼有机能主义和实用主义的性质。

詹姆斯实用主义心理学体系的产生既与当时美国社会资本主义迅速发展，强调人对于环境的适应能力的社会历史背景紧密相关，也受到来自欧洲的进化论、英法机能主义心理学和德国实验心理学的影响。詹姆斯的《心理学原理》中大量吸收和引用了英国联想主义心理学的成果。詹姆斯本人对法国早期的神经学家和精神病学家

沙可（Jean-Martin Charcot，1825—1893）、让内（Pierre Janet，1859—1947）等人对癔病和催眠的研究有着浓厚的兴趣，这些著作直接影响了詹姆斯关于人格结构、人格变异等问题的看法。而对于德国的实验心理学，詹姆斯虽有一些敌对情绪，但仍旧给予了足够的重视。在《心理学原理》中，有近两百页的篇幅介绍赫尔姆霍茨和冯特的研究。另外，詹姆斯的实用主义心理学体系还得益于斯顿夫和布伦塔诺的心理学思想，在《心理学原理》中多次引用他们的观点和著作，而且评价极高。

（一）关于心理学的性质、对象和方法

在《心理学原理》中，詹姆斯认定心理学为一门自然科学。他在该书的前言中说："在本书的整个范围内，我们始终密切地保持自然科学的观点。"（詹姆斯，序言，p. 2）在后来的《心理学简编》中，詹姆斯更加明确地指出："在本书内心理学是被当作一门自然科学而加以讨论的。"（郭本禹，2000，p. 126）他认为，任何一门自然科学都是以一定的假设为前提来做研究的，至于这些假设是否成立，应该是形而上学和哲学研究的问题。心理学与其他自然科学一样，也假定了某些事实的存在：①思想和情感；②与思想和情感在时空上并存着的身体世界；③思想和情感认识着身体世界。詹姆斯认为，思想和情感（心理）与身体世界（生理结构和脑）的关系是一种机能或功用关系："一切心理状态都跟随有某种肉体上的活动"，"大脑半球中某种活

动是意识状态的基本条件"。但是詹姆斯并没有停留于心身平行论，他认为，意识并不是简单伴随或与某种生理过程平行的副现象，意识的功用在于保证有机体的生存。人的心理生活与肉体生活最终归之于一，即有机体对环境变化的不断适应，"心理和世界一起演化，多少是相互适应的"。（车文博，1998，p.315）

关于心理学的研究对象，詹姆斯在《心理学原理》开篇便明确写道："心理学是关于心理生活的科学，涉及心理生活的现象及其条件。这些现象是诸如我们称之为情感、欲望、认知、推理、决定，等等之类的东西。"后来他在《心理学简编》中再次写道："心理学的定义最好按照赖德教授的词句界说为所谓意识状态的描述和解释。意识状态是指感觉、愿望、情绪、认识、推理、决心、意志以及诸如此类的事件而言的，它们的解释当然须在可能的范围内，包括它们的原因、条件和直接后果的研究。"

詹姆斯对"意识状态"做了具体的描述和规定，这部分内容构成了著名的"意识流"说。詹姆斯认为，意识不是一些割裂的片段，而是一种整体经验，处于一种川流不息的状态，所以叫作"意识流"、"思想流"或者是"主观生活流"。意识具有以下5个基本特性：①意识是属于私人的；②意识是常变的连续不断的；③意识必定有它自身以外的对象；④意识具有对这些对象进行认识的功能；⑤意识具有选择性。（詹姆斯，pp.316—397）

詹姆斯对意识的原因、条件和结果做了分析。关于意识的原因，詹姆斯认为，官能心理学的"灵魂说"和联想主义心理学的观念联结说都是不完备的。但他同时又主张"思想自身就是思想者"，把意识的原因归结为思想本身，实质上与"灵魂说"又没有本质差别。关于意识发生的条件，詹姆斯认为，心理表现依赖于大脑状态，"心理现象不仅前面以身体过程为条件；它们还在后面引起身体过程（动作）……没有身体方面的变化相伴随或者跟随其后，心理的变化就不会发生"。因此，詹姆斯认为："特定分量的脑生理学必须作为前提，或者必须被包含在心理学之中。"（詹姆斯，p.6）关于意识的结果，詹姆斯认为："对未来目标的追求和对实现目标的手段的选择是心灵存在的标志。"（詹姆斯，p.10）他认为，意识促成人的动作，而动作具有目的论的性质。意识的作用就在于帮助有机体达到生存所需要的目的。

詹姆斯在《心理学原理》的第七章专门讨论了心理学的研究方法问题。他认为，心理学的研究方法主要有内省法、实验法和比较法。在詹姆斯看来，内省法是最基本的心理学研究方法。但他所说的内省法不同于冯特的实验内省。他反对那种受过专门训练的心理学家的内省，他所主张的内省法是哲学家、思想家广为应用的反思方法，其中含有很大的推想成分。詹姆斯对待实验法的态度非常矛盾：一方面，他高度评价实验方法，主张心理学家要用实验法，因为实验法可以提供必要的心理学事实；但另一方面，他对当时的实验方法十分不满、轻视甚至讨厌，认为实验法极其需要耐心，多数情况下很难实施。詹姆斯将比较法正式纳入心理学的研究方法，认为比较法可以补充内省法和实验法的不足。正因为把比较法看作心理学研究的重要方法，所以，机能主义的比较心理学、发展心理学、变态心理学研究很快在美国盛行起来。

（二）本能论和习惯论

本能论和习惯论是詹姆斯实用主义心理学的重要组成部分。他认为，本能是一种趋向一定目的的、自动的、无须事先经过教育就能完成的动作能力或者冲动行为。他把本能分为三种：①感觉冲动，如怕冷而缩作一团；②知觉冲动，如见到许多人跑自己也跟着跑；③观念冲动，如天快要下雨了赶快找地方躲藏。他认为，一个复杂的本能动作可以依次激起这三种本能冲动，从而成为"最完善的先天综合"。

詹姆斯把一切心理原因都归结为本能的冲动，这显然夸大了本能的作用。通常认为，人是理性的动物，人的本能行为比动物要少得多。但詹姆斯把人在社会生活中形成的习惯以至复杂的心理，如同情心、竞争等都看作本能的表现，不仅扩大了本能的范围，而且走向了本能决定论。他这些观点后来引发了两种主要倾向：一种如麦独孤的社会心理学，极端强调本能的重要作用，认为人的一切行动都根源于本能；另一种如华生的行为主义，彻底否定本能的作用。

詹姆斯也认识到本能的力量不是盲目的和不变的，而是可以为经验及习惯所矫正的。詹姆斯认为，在人的毕生发展中，通过经验的作用，人发展出一种类似于本能的行为模式，这种行为模式也像本能那样无须任何意志的努力而自动发生，这就是习惯。从神经生理的角度解释，习惯的形成是神经中枢中的两个兴奋点之间建立起稳定的联系或通路的过程。在詹姆斯看来，习惯是功能性的，它简化了行为，减少了因集中注意而带来的精神损耗，有利于有机体的生存。而对于社会来说，习惯就像是庞大稳定的制动机，能对社会稳定起到保护作用。

詹姆斯提出，由于人们的行为在很大程度上受习惯控制，所以通过早期教育训练人们养成好的习惯十分重要。至于如何养成良好习惯，詹姆斯给出了五条建议：①选择环境，把自己置于那种能鼓励自己进步、向上的环境条件，而避开使自己堕落、退步的环境条件；②如果打算确立一种好的习惯，就不要允许自己做任何违背意愿的行为，哪怕这种行为是微不足道的；③不要指望慢慢地形成一种好习惯和摆脱一种坏习惯，做任何事都要完全彻底、干净利落，不拖泥带水；④不能沉溺于形成好习惯、摆脱坏习惯的空想之中，重要的是开始做，没有什么比在空想和伤感中浪费生命更让人痛心了；⑤强迫自己以有利于形成好习惯的方式做出行为，即使在开始时令人痛苦和不舒服。

詹姆斯强调习惯对行为的控制作用，重视早期教育在人的习惯养成中的意义，这些思想被现代早期教育的有关理论所吸收、发展。但詹姆斯的习惯论偏重于介绍习惯的积极面，没有涉及习惯的负面作用。

（三）记忆理论

在心理学史上，詹姆斯最早提出与当前的两种记忆学说（短时记忆和长时记忆）相近的双重记忆理论。詹姆斯将人的记忆区分为初级记忆（primary memory）和次级记忆（secondary memory）。初级记忆是一种直接记忆，指的是存在于当前意识之中的内容。它如实转换刚刚被知觉到的事实，具有暂时性。次级记忆则是一种间接记忆，是对当前意识以外的过去经验的存储，具有长期性。詹姆斯对于两种记忆的区分主要依据的是经验，而缺乏实验的依据，因此不能与现代认知心理学的两种记忆学说相提并论，但他的观点对后来记忆结构问题的提出有启发作用。

詹姆斯认为，记忆包含两个方面：第一，保持所记得的事实；第二，恢复、再认、重现或回忆。他认为，保持是一种纯粹的生理现象，表现为脑组织中最深奥处某些"脑道"的存在。重现或回忆则是一种生理心理现象，既涉及身体方面，又涉及心理方面。涉及身体方面的，是那些脑道所产生的激动；涉及心理方面的，是对过去经验过的事件的意识再现。一个人记忆力的好坏既取决于脑道的多少，又取决于脑道所能保持的持久性。脑道的数量由后天经验的事实决定，而脑道的持久性则是神经系统先天固有的特性。詹姆斯提出了三种提高记忆力的方法，即机械方法、明哲方法和技巧方法，它们分别对应于今天我们所说的机械识记、意义识记和记忆术。

詹姆斯的双重记忆理论被现代信息加工认知心理学接受，并已被大量的试验研究所证实。在他有关记忆力的论述中似乎也包含着现代记忆网络模型的雏形。但詹姆斯的记忆理论还仅限于理论分析，缺乏实证研究。

（四）情绪理论

詹姆斯的情绪理论最初于1884年发表在英国的《心灵》杂志上，后又以专章编入《心理学原理》和《心理学简编》中。因1885年丹麦生理学家朗格提出了与之相近的主张，故后人通常将两人的理论统称为詹姆斯-朗格情绪说。

詹姆斯把情绪分为两种：一种是较粗糙的情绪，如愤怒、恐惧、爱、恨、快乐等，这类情绪常伴有较强烈的机体变化和内脏的反应，如心跳加速，呼吸急促，消化暂时停止，身体肌肉紧张和战栗，脸色发红或发青等；另一种则是较精细的情绪，如美感、道德感、理智感等，这类情绪的身体反应相对比较微弱。常识认为，情绪的主观体验先于有机体的生理反应，但詹姆斯认为相反，生理的变化直接追随着对有刺激性的事物的觉知，而对于这些生理变化的感受就是情绪。常识认为，我们丧失了财产，因悲伤而哭泣；遇到了野熊，因恐惧而逃跑；受到了他人的侮辱，因愤怒而殴击。詹姆斯颠倒了这里的前后次序，认为情绪状态不是由对事物的知觉直接引起的，介入两者之间的是有机体的生理反应。詹姆斯认为更合理的解释是：我们因哭泣而悲伤，因殴击而愤怒，因战栗而恐惧。詹姆斯情绪说的本质在于否认情绪对于对刺激物的认知的直接依赖关系，将情绪归结为对有机体的身体或生理变化所引起的机体感觉。换言之，情绪是对有机体的身体或生理变化的感知。

詹姆斯的情绪理论得到了广泛传播，几乎被介绍于每一本普通心理学教科书。该理论揭示了外周神经系统的生理活动对于情绪产生的作用，从而提示了通过控制人的生理状态而控制情绪的可能性。这一理论激起了后来关于情绪的大量的实验研究。但后来进行的一些实验结果表明这一理论与实际情况并不完全符合。如谢灵敦通过手术切断了一只狗的内脏与脑之间的一切神经联系，但是狗的情绪表现并未因此发生明显的变化；卡侬在实验中截断了猫的交感神经，使它不可能有怒的机体状态，但事实上猫仍然有怒的外部行为。对人类的临床观察也得出相似的结论。有一位患者跌断了颈骨和脊髓，除了植物性神经系统上部区域和内脏某些器官尚有联系外，其他自脑至胸部和四肢的感觉神经及运动神经都被阻断，胸部和四肢完全和脑失去了联系，来自这些区域的一切感觉都不存在了。按照詹姆斯的情绪理论，患者应该失去一切情绪体验。然而事实并非如此，患者仍有忧乐、不愉快和友爱的情绪表现，这是詹姆斯的情绪理论无法解释的。

（五）自我与人格理论

现代心理学的自我理论始于詹姆斯。因为詹姆斯在相同的意义上使用"自我"和"人格"两个概念，所以詹姆斯的自我理论实质上也是一种人格理论。在1892年的《心理学简编》中，詹姆斯将"现在的自我与记忆中过去的自我同一"的感觉称为"人格恒同感"，并写道："不管我在那里思想什么，我多少总对于我自己有些知晓。所谓我自己，就是我的人格或人性的存在。"

詹姆斯根据自我在心理生活中的地位和表现，把自我划分为"经验自我"和"纯粹自我"。在詹姆斯看来，经验自我"在最广泛的意义上，是他能够称之为他的所有东西的总和，不仅包括他的身体，他的精神力量，而且包含了他的衣服，他的房屋，他的妻子和孩子，他的祖宗和朋友，他的声望和著作，他的土地和马匹，他的游艇以及他的银行账户"。概括而言，经验自我指的是一切一个人可以呼之为"我"（me）或"我的"（mine）东西的总和，也叫作"被知的我"、"被动的我"或"客我"。"经验自我"由三种成分构成：物质自我、社会自我和精神自我。这三种自我成分在人的社会生活中的作用不同，从而表现出了一定的层次和等级关系。其中，物质自我最低，精神自我最高，社会自我居中。纯粹自我也被称为"主知的我"、"能动的我"或"主我（I）"，指的是一切意识中的主动因素，是一切其他自我的自我，是知晓一切（其中包括经验自我）的那个东西。纯粹的自我在人的心理生活中具有重要作用，不仅是人的一切心理内容和品质的接受者和所有者，也是个人的一切努力与意志的来源。

詹姆斯的自我理论将自我划分为主动我和被动我、主我和客我，认为自我既是自我意识的主体，又是自我意识的客体，这种观点在今天仍然被普遍接受。

三、对詹姆斯及其实用主义心理学的评价

詹姆斯是个充满矛盾的人物。他是美国心理学的奠基者，在美国心理学从哲学附庸走向独立的过程中起着承前启后的作用，被称为美国心理学史上第一个科学心理学家和最后一个哲学心理学家。但他却过早地放弃了心理学研究而转向哲学。他没有广招信徒，没有建立自己的学派，甚至多次否认自己是一个心理学家。他在美国首创了心理学实验室，但对于实验方法在心理学中的盛行却抱消极态度，声称自己生来就不喜欢实验工作。詹姆斯本人的矛盾给后人评价他造成一些困难，但却掩盖不住他的心理学思想的夺目光彩。由于詹姆斯独特的人格、新颖的见解和优美的文笔，更由于他的实用主义心理学适应了美国社会发展的需要，他的著作和学说对美国心理学乃至世界心理学的发展都产生了重要影响。根据柯恩1973年的调查结果，在心理学发展的第一个十年（1879—1889年），最有影响的心理学家依次是冯特、詹姆斯、赫尔姆霍茨、艾宾浩斯和费希纳；在第二个十年（1890—1899年），依次是詹姆斯、冯特、杜威、铁钦纳和弗洛伊德，足见詹姆斯在心理学史上的地位。

詹姆斯是以个人身份而不是作为某个学派的领袖对美国心理学发生影响的。他继承了德国实验心理学的成果，又广泛吸纳了英法心理学家的思想，从而建立了自己的实用主义心理学体系。詹姆斯的主要贡献在于把进化论思想和实用主义结合起来，强调意识的实用功能，引导美国心理学摆脱以元素分析为主要特征的德国实验心理学传统，转向对心理过程、活动和机能的研究，为机能心理学同时也为美国心理学的发展奠定了理论基础。詹姆斯的"意识流"学说不仅对意识特征做了深刻的动态分析和描述，而且开批判心理学之先河；他的情绪说揭示了情绪与有机体生理变化之间的密切关系，继而引发对情绪的大量实验研究；他在本能、习惯、自我、记忆、意志、无意识等方面都有独到见解。关于詹姆斯对美国心理学发展的影响，波林有一个评价："他所提倡的学说隐含新美国心理学的可能于其内，而这个心理学后即成为机能心理学及其从弟——心理测验和儿子——行为主义。詹姆斯指示别人如何到达的地方，正是别人所欲到达的去处。"（波林，1981）由于詹姆斯的实用主义心理学体系，既有自然主义心理学传统，又有人文主义心理学传统，以致后来的人本主义心理学和认知心理学都从《心理学原理》中引经据典。

詹姆斯对心理学发展的影响绝不限于美国本土。他的《心理学原理》一书已被译成法文、德文、意大利文、俄文、中文等多种语言。现在欧洲一些大学的心理系，仍把这本书列入心理系学生的必读书目。对于詹姆斯的巨大影响，墨菲说："在地球

上的每一个角落，只要心理学为人所知，詹姆斯的名字就会被提到。好几万人读过他的《心理学原理》，更有好几十万人在大学生时代就读过他的一卷巨著《心理学简编》。有很长一段时间，说詹姆斯是美国最杰出的心理学家，那似乎废话，因为不论是学者还是一般人都承认，任何仅次于他的人都远不及他。……欧洲心理学家……近几十年来对詹姆斯的认识超过了詹姆斯本国的人士；他们只要有重大的心理学尝试——不论是实验的还是理论的——要提出讨论，就总要邀请他的亡灵赴会。"（墨菲，柯瓦奇，1980，pp.282—283）

詹姆斯对于心理学的贡献主要表现为理论建设而不是实证研究。冯特在读了詹姆斯的《心理学原理》之后评论说，这是一本很好的文学著作，但它不是心理学。从这句话中我们可以看出两种心理学在研究旨趣上存在重要差别。

第三节 芝加哥大学的机能心理学

19世纪末20世纪初，在美国的芝加哥大学形成的心理学派别，是机能心理学在同铁钦纳的构造主义心理学进行论战的过程中自觉形成的一个学派，简称芝加哥学派。芝加哥学派的理论观点典型地体现了美国机能心理学的研究立场，被称为狭义的机能主义，从而与作为美国心理学一般特征和总体倾向的广义的机能主义心理学相区别。

一、芝加哥学派的形成

芝加哥学派的形成首先与芝加哥大学本身的特点有关。这所大学始建于1892年，在当时是集中代表了美国文化和美国精神的一所新兴大学。正如海德布莱德所说："这所新大学本身体现了诸多的美国特点。彻底创建一所伟大的大学的几乎令人难以置信的功绩——实现一个计划，集结杰出的教职员，建成整个复杂的组织、体制与精神——使这个地方具有一种完成和将要完成伟大事业的气氛。"（杨鑫辉，2000，V4，pp.211—212）正是这种气氛催生了芝加哥学派。1894年，两个心理学史上很重要的人物杜威和安吉尔来到芝加哥大学。正是他们的努力使得芝加哥大学成为机能主义运动的中心。

另一方面，铁钦纳及其构造主义心理学促进了芝加哥学派的形成。铁钦纳来到美国，但他代表的却是德国的心理学传统。他继承了冯特的研究旨趣并使之极端化，所以，他的构造心理学与当时美国的时代精神相去甚远，不可能成为真正意义上的美国心理学。美国文化的特质与进化论的精神相投合，因此，美国人更愿意用进化论来指导心理学研究。进化论强调心理的适应机能，因此美国心理学走上机能主义的道路并不奇怪。只是美国早期的心理学家们并没有企图建立一个像构造主义那样严密的公式化的心理学体系或学派。而铁钦纳认为机能主义倾向的心理学是对德国正统心理学的背叛，他要维护心理学的正统，所以展开了对机能主义心理学的强烈批判。"机能心理学"和"构造心理学"两个术语正是铁钦纳为了将自己的心理学与同时代的其他美国心理学相区别而提出的。这不仅使得他自己的思想体系，也使得美国人的心理学思想各自获得了自己的正式名分。铁钦纳的构造主义心理学对于美国后来的心理学发展并未产生太大影响。铁钦纳在美国心理学史的地位更多来自构造主义心理学与机能主义心理学之间的强烈争论。争论使得美国心理学家特别是安吉尔等人更加自觉坚持他们所从事的心理学研究的机能主义性质，更加明确地阐述他们自己的研究主张，从而形成了机能主义的芝加哥学派。所以说，铁钦纳以一种奇特的方式塑造了机能主义心理学，正因为他对机能心理学的激烈攻击，才出现了构造心理学和机能心理学的两足鼎立的局面。

二、芝加哥学派的代表人物

芝加哥学派创始于杜威，形成于安吉尔，完成于卡尔。1896 年，杜威在《心理学评论》杂志发表《心理学中的反射弧概念》一文，这标志着芝加哥学派的形成；1907 年，安吉尔在同一份杂志上发表了他当选美国心理学会主席的演讲词《机能心理学的领域》，首次明确阐明了机能主义心理学的基本观点；1925 年，卡尔出版《心理学——心理活动的研究》一书，阐述了他的机能主义心理学思想，代表了芝加哥学派的晚期倾向和完成形式。

（一）杜威

约翰·杜威（John Dewey，1859—1952）是美国著名的哲学家、教育家和心理学家。他在哲学和教育学上的成就远大于他在心理学上的成就。但他 1896 年在《心理学评论》上发表的《心理学中的反射弧概念》一文被认为是美国机能心理学的独立宣言，是芝加哥学派正式形成的标志。

1859 年，杜威出生于美国佛蒙特州的伯林顿，他的父亲是个商人。杜威在公立学校度过中学时代，学业成绩一般。15 岁中学毕业，杜威进入佛蒙特州立大学就读。大学时代杜威就表现出对哲学的浓厚兴趣，喜欢读黑格尔和康德的书。1879 年杜威大学毕业后，在中学执教 3 年，1882 年进入霍普金斯大学师从霍尔攻读博士学位，1884 年以《康德的心理学》论文获哲学博士学位，后曾执教于密执安大学和明尼苏达大学。1886 年，杜威出版《心理学》一书。1894 年，杜威接受了新成立的芝加哥大学的邀请，担任哲学系的教授和系主任。杜威在芝加哥大学待了 10 年，这期间他对心理学研究作出了很大贡献。1896 年，他发表《心理学中的反射弧概念》一文，阐述了他的机能主义心理学思想。这篇论文奠定了芝加哥学派的理论基础。1900年，杜威当选美国心理学会主席。1904年，由于同校方的摩擦，杜威辞去芝加哥大学的教职，加盟哥伦比亚大学。此后，他的研究兴趣越来越转向教育和哲学。杜威于1930年退休，之前曾到英国、苏联、日本、中国等许多国家讲学。1919—1920年，他曾担任北京大学哲学教授和北京高等师范专科学校的教育学教授。他的实用主义教育思想对中国教育的发展有重要影响。

杜威一生著述很多，但涉及心理学的却很少。他最重要的心理学的著作是1886年出版的《心理学》，该书比詹姆斯的《心理学原理》早4年出版，被认为是由美国人撰写的第一本新心理学著作。就内容而言，该书是黑格尔哲学和机能心理学思想的有机结合。书出版后一度颇受欢迎，五年内两次再版，但之后随着赖德、鲍德温、詹姆斯等人著作的出版逐渐退出了历史的舞台。詹姆斯的《心理学原理》出版以后，几乎没有人再读杜威《心理学》了。

杜威作为芝加哥学派的创始人，对美国机能主义心理学的重要贡献是他著名的《心理学中的反射弧概念》一文。该文作为芝加哥学派诞生的标志，被波林（1953）称为"美国机能主义心理学的独立宣言"。在这篇文章中，杜威站在与铁钦纳构造心理学对立的立场上，反对元素主义的分析。杜威认为，正如意识不能被分析为元素，人心理活动和行为也不能被人为地分解为

反射弧，反射也不能进一步被分解为一系列的刺激和反应。心理活动与一系列的反射都是连续的整体。在杜威看来，每一个反射和它前后的反射之间是连续的；人的动作就是由一系列连续的反射组成的；前一个反射的终点就是后一个反射的起点，不能把一个反射弧单独分离出来作为一个单一的研究对象。在一个反射的刺激与反应之间、感觉和运动之间同样有着意义上的必然联系，"反射是一个不可分割的组合，因为反射针对着刺激，如何能有一个没有刺激的反应呢，刺激针对着反应，除非它引起反应，否则就不能算作刺激了"。（波林，1982，p.630）杜威认为，反射弧是一个统一的心理单元，反射弧中的刺激、观念（即中枢过程）和反应都发生在一个统一的机能整体之中，相互之间存在着密不可分的联系，并且与有机体所处的环境形成统一的整体。因此，"心理学的真正研究对象，是在与环境的关系中发生作用的整个有机体，包括它的意识和活动"。（杨鑫辉，2000，p.217）

杜威举了一个例子来说明反射弧的整体特性及其在适应环境中的作用。按照传统元素主义的观点，儿童伸手去摸烛光，受到灼伤而将手缩回，这个过程可以被分解为：儿童看到烛光（刺激）—伸手去摸（反应）—灼痛的感觉（刺激）—将手缩回（反应）。杜威认为，元素分析将行为看作对刺激的一系列反应，完全忽视了行为对环境的适应功能。以这种观点，儿童在这个行为过程中什么也没有学到。而事实上，在一个感觉刺激之前，儿童已经具备了视

觉和眼动的协调能力，"儿童看到烛光"这个事件发生在儿童已经具备视觉和眼动协调能力这个大的机能背景之下，因此，反射弧并非始于刺激，同样反射弧也并非止于手掌缩回的动作。儿童由于被烛光灼伤，以后再也不会以同样的方式对烛光做出反应。此时的烛光作为刺激，对于儿童来说，已经有了与先前不同的意义。因此，正如意识是一种流动的过程，不能进行静态的元素分析，行为同样如此。行为也是一个"流"，没有起点，也没有终端。对意识和行为的研究重在了解它们在有机体适应环境的过程中所发挥的作用，而不是将它们拆分为一系列的元素。

杜威认为，不仅刺激总是发生在特定的情景中，而且知觉刺激的个体也各自具有不同的心理特征。一声巨响，对于在图书馆中认真研读的学者和正在巡逻的哨兵，都能引起他们的警觉，但是他们的行为反应可能完全不同。因为，作为刺激的"巨响"对于学者和哨兵具有完全不同的心理意义或"心理值"。杜威的这一思想影响了拓扑心理学家勒温，后者的"生活空间"概念中包含着同样的思想。

与詹姆斯同样，杜威也是实用主义哲学的代表人物。杜威也相信进化论，而且认为通过适当的措施可以有效促进社会的进化。改革教育就是他所谓的适当措施之一。杜威倡导"进步教育"，认为教育应该以学生为导向，而不是以学科为导向。他认为学校教育的目的不是为了传授知识，因为传统的知识往往被证明是错误的。他认为教育的目的应该是发展学生的创造性

智慧，培养学生的批判思维能力和适应社会生活的能力。他反对死记硬背式的学习方式，认为对于学生的学习而言，最好的学习方式是"从做中学"，而不是枯燥无味的背诵和记忆。

（二）安吉尔

詹姆斯·罗兰德·安吉尔（James Rowland Angell，1869—1949）和杜威一样出生于美国的佛蒙特州，其父曾任密执安大学校长。他本人在密执安大学读书期间，听过杜威的心理学课，深为杜威的讲课内容和教学风格所吸引。1890 年安吉尔大学毕业，获得学士学位，在杜威的鼓励下继续研究生学业，仅用一年时间便获硕士学位。之后安吉尔进入哈佛大学，师从詹姆斯，于 1892 年获得第二个硕士学位。离开哈佛以后，他到了欧洲，意欲在冯特的实验室中学习实验心理学。但是，由于此时冯特的实验室已经人满为患，安吉尔只好到艾宾浩斯那里，跟随艾宾浩斯学习记忆的实验心理学。后来，安吉尔转到德国的赫莱（Halle）大学，在那里攻读博士学位。他的博士论文选题是康德的哲学。就在论文即将完成之际，明尼苏达大学聘请他到该校任职，待遇非常优厚，但需要立即赴任。安吉尔于是放弃博士学位回国。安吉尔一生曾授予几百个人博士学位。他本人获得过 23 个荣誉博士学位，但却从未获得过真正意义上的博士学位，这对他而言不能不说是个遗憾。

到明尼苏达大学仅一年后，1894 年，安吉尔和杜威一起来到芝加哥大学，担任

杜威的助手。当时，安吉尔才 25 岁，杜威长他 10 岁。在杜威领导下，安吉尔和其他同事一起，为芝加哥大学的心理学发展做了许多工作。杜威离开以后，安吉尔继任成为芝加哥学派的主要领导人，担任芝加哥大学心理学系主任之职 25 年。正是在他的领导下，机能主义心理学正式成为与构造主义心理学直接对立的学派，而芝加哥大学则是机能主义心理学派的中心。1906 年安吉尔当选为第 15 任美国心理学会主席，1918 年，就任芝加哥大学的代理校长。1921 年他离开芝加哥，到耶鲁大学担任校长，直到 1937 年退休。安吉尔培养了许多学生，包括他的继任人卡尔，以及行为主义的创始人华生。

安吉尔的机能主义心理学观点系统反映在他 1904 年出版的《心理学：人类意识的结构与机能的研究》一书中。在这本书中，他将心理学确定为生物学的一个分支，认为心理学是"关于意识的科学"，并把意识看作有机生命的诸多表现之一，而不看作一种可以与其他事物分离开来而孤立地加以研究的形而上学实体。安吉尔认为，"意识现象只有从它与生命现象的关系考察中才能真正被理解"，并进一步指出这种关系表现为意识的基本机能就是改善有机体的活动，从而帮助有机体来适应环境的。所以，他认为，心理学不仅要说明整体的意识如何影响有机体的适应功能，还要分别考察意识的各种具体过程如感觉、记忆、意志等是如何产生以及如何介入有机体和环境之间的关系，最终实现它们各自的适应功能的。

1906 年，安吉尔发表了美国心理学会主席的就职演讲，题为《机能心理学的领域》。这篇演讲词发表在 1907 年的《心理学评论》杂志上，得到很高的评价，也是安吉尔对于芝加哥学派的重要贡献。此文是对机能心理学思想和主张的第一次明确表述，被视为美国机能主义心理学的独立宣言。在这篇文章中，安吉尔从概念、来源、对象、任务和特征等方面界定了机能心理学的研究范围，并从以下三个方面概括了机能心理学与构造心理学的主要区别。第一，机能心理学研究心理活动。安吉尔把心理活动也称为"心理操作"。他认为构造心理学回答的是心理学"是什么"或"做什么"的问题，而机能心理学在此基础上还要进一步追问"如何"和"为什么"的问题。也就是说构造心理学主要研究意识的内容，而机能心理学不仅研究意识内容，还要研究意识活动的"原因"和"目的"，即"为什么进行"，以及发生过程等问题。第二，机能心理学是关于意识的基本功用的心理学。在安吉尔看来，意识的功用或机能就是适应。他把心理过程看作有机体适应环境、满足自身需要的工具。他认为，构造心理学只研究心理事实，而不考虑心理的效用是错误的。机能心理学与构造心理学之间是"功用心理学"和"纯科学"的区别。第三，机能心理学研究心—物关系，或者说，机能心理学研究的对象是整个有机体。构造心理学持心物平行论，机能心理学则认为，心与身不是两个不同性质的实体，而是同一类序的两个部分。机能心理学注重研究有机体心身及其所处环境三者之间交互关系。由于有机体的心身机能包括了意识到的和未意识到的行为以及生理机制等，所以行为问题被引入机能心理学，为后来行为主义的兴起埋下了引线。

安吉尔从实用主义哲学和进化论的立场出发，主张心理学既要研究普通人的正常心理，也要广泛开展对儿童、动物以及变态心理的研究，进一步将机能心理学的范围扩大到了包括教育心理学、工业心理学、临床心理学等一切心理学的应用领域。

（三）卡尔

哈维·卡尔（Harvey Carr，1873—1954）是安吉尔的学生和继承人。他出生于美国印第安纳州，父亲是个农场主。卡尔的中学时代在公立学校度过。中学毕业后卡尔在自家的农场工作了几年，26 岁才到科罗拉多大学读本科，并相继获得学士和硕士学位。1901 年，卡尔到芝加哥大学师从安吉尔，1905 年获博士学位，博士论文题为《闭眼状态下的视错觉》。读书期间，他曾担任行为主义创始人华生的助教，跟随华生一起研究比较心理学。毕业之后，卡尔在得克萨斯的一所高中教了几年书。1908 年，华生离开芝加哥后，卡尔返回母校接替华生的比较心理学课程，并主持华生建立的动物实验室的工作。1919 年，卡尔继安吉尔之后担任芝加哥大学心理学系主任，1926 年当选美国心理学会主席，1938 年退休。其主要著作有《心理学：心理活动的研究》（1925）、《1930 年的心理学》（1930）、《空间知觉导言》（1935）等。

卡尔的机能心理学思想集中体现在1925 年出版的《心理学：心理活动的研究》一书中。在这本书中，卡尔全面系统地阐述了美国机能主义心理学的基本理论，包括心理学的研究对象、研究方法、心理活动的性质以及心理学与其他学科的关系等。

卡尔认为，心理学的研究对象是适应性的心理活动，具体包括知觉、记忆、想象、推理、情感、判断和意志等内在的意识过程。这些心理活动的机能就在于获得、确定、保持、组织和评价经验，并利用这些经验来指导行为。他把心理活动所表现出来的行为称为适应性行为。适应性行为是对于具有能满足其动机条件的特定的物理环境或社会环境的反应。适应性行为由三个部分组成：其一是动机性刺激，指"有机体需要""内趋力"等一类的东西，如饥饿、干渴等；其二是感觉性刺激，广义上指有机体生活于其中的全部环境；其三是满足动机的反应，如吃食、饮水等。卡尔这些论述实际上是对安吉尔的机能心理学思想的重申和进一步阐释。其中，从适应性心理活动到适应性行为反应，已经出现了由机能主义向行为主义过渡的预兆。

卡尔比安吉尔更加坚决地反对心身平行论，强调心理活动是一种心理物理过程，心理动作只能和一系列的生理过程相伴随而发生。此外，卡尔在研究方法上主张兼容并蓄，可以广泛采用主观观察法（内省法）、客观观察法、实验法、活动产品研究法（社会研究法），等等。另外，还可以借助于解剖学和生理学来了解心理动作，或利用日常生活中的观察补充资料的不足等。相比于构造主义只认可实验内省法，机能心理学坚持研究方法的多样性是有很大进步的，是对心理学发展的贡献。

卡尔是芝加哥学派的后期代表和集大成者。在他所处的时代，机能主义已发展为成熟的心理学体系，与构造主义的论战已经结束，不再有尖锐的学派之争。美国心理学已基本统一于机能主义。卡尔的心理学体系最充分地体现了美国机能主义心理学的特点。在卡尔之后，机能主义的精神一直延续下来，对美国心理学的总体倾向产生着持续性的影响。

第四节 哥伦比亚大学的机能心理学

机能主义是美国心理学的核心气质，体现了美国心理学的总体倾向和基本特征。在 19 世纪末 20 世纪初的美国，除了铁钦纳所主持的康奈尔大学外，其他各所大学的心理学家都以不同的方式坚持和发展着机能心理学的不同方面。芝加哥大学最先站出来面对构造主义心理学的挑战，并在与后者的争论中形成了一个自觉的学派。其他大学的心理学家虽然不像芝加哥那样作为一个正式的学派明确系统地提出了自己的研究主张，但也同样表现出鲜明的机能主义倾向，特别是以卡特尔、武德沃斯、桑代克等人为代表的哥伦比亚大学的心理学家们，后来被称为机能心理学的哥伦比亚学派。芝加哥学派代表着美国机能心理学的典型形式，而哥伦比亚学派则体现了美国心理学的机能主义的总体或一般倾向。1884 年到 1948 年，哥伦比亚大学授予了多达 334 个心理学博士学位，人数超过了美国所有其他大学，其中不少人都成为心理学界的知名人士，由此可见哥伦比亚学派的影响之大。

一、哥伦比亚学派的一般特征

哥伦比亚学派从未明确树立机能主义心理学的旗帜。其代表人物大多具有广泛的研究兴趣，崇尚学术自由。武德沃斯甚至否认自己属于任何学派，自称是一个折衷主义者。但是他们在整体上具有机能主义心理学的共同特点，应归属于广义的机能主义心理学。

第一，在研究目的方面，哥伦比亚学派反对冯特关于心理学研究应该揭示人类心理的一般或普遍规律的主张，致力于认识和了解个别差异，促进个体对于环境的适应。他们使用心理测验的方法，着重对个体智力和能力的研究，从而推动了心理测验运动的发展。

第二，在研究对象上，他们摆脱了心理学只研究意识的传统束缚，主张将活动作为心理学的研究对象。他们虽然没有明确地将意识排除在心理学研究对象之外，但显然更加关注意识的功用而不是意识本身。如果某一个研究主题涉及意识，他们也研究意识，而当某个主题较少涉及意识或意识在其中并不重要时，他们便放弃意识而只研究活动。于是，刺激—反应之间的联结越来越多地代替了观念之间的联结。

第三，在学科性质上，他们更注重心理学的实践应用，重视对机能活动"为什么"的研究，反对把心理学当作只描述"是什么"的纯科学。他们主张"是什么"的研究要为"为什么"的研究服务，后者建立在前者的基础之上。他们将芝加哥学派提出的关于个体适用环境的观点加以具体化，并应用到生活实际中，促进了应用心理学的繁荣。

第四，在研究方法上，哥伦比亚学派持开明态度，不再将实验内省法作为唯一或主要的研究方法，承认实验法、测验法、统计法等同样客观有用，坚持方法的多样性。

二、哥伦比亚学派的代表人物

（一）卡特尔

詹姆斯·麦基恩·卡特尔（James Mckeen Cattell, 1860—1944）是哥伦比亚大学机能心理学的奠基人。他出生于宾夕法尼亚州的依斯顿城，父亲是长老教派的牧师，兼拉斐特学院的拉丁文和希腊语教授，并曾担任该学院的院长。卡特尔15岁时进入拉斐特学院读书，当时主要喜欢数学和物理学。1880年，卡特尔在该学院毕业，获得学士学位，然后赴德国留学两年，先后在哥廷根大学和莱比锡大学分别师从于洛采和冯特。回国后卡特尔进入霍普金斯大学，在霍尔的心理学实验室工作，对心理测量产生了浓厚的兴趣，决定献身心理学。1883年，卡特尔再赴莱比锡大学，自荐为冯特的研究助手，在冯特的指导下进行反应时的实验研究。但是，卡特尔的研究兴趣与冯特不同：冯特通过反应时的研究意欲获得一般规律，而卡特尔则希望通过反应时的实验比较不同个体在完成某一任务上的个体差异。冯特对此很不满。卡特尔非常勤奋和努力，自造了一套实验仪器，在他自己的房间里完成了很多实验。他的博士论文选题为反应时上的个体差异研究。冯特对此不以为然，但是卡特尔坚持下来，并最终完成了这个课题。卡特尔在冯特的实验室工作3年后，于1886年获得博士学位回国。他是由冯特指导获得博士学位的第一个美国学生。

卡特尔回到美国后，在宾夕法尼亚州立大学教了一年的心理学。在这段时间，他听说了高尔顿在伦敦的人体测量学实验室，开始与高尔顿联系。不久他收到剑桥大学的邀请，赴英国剑桥大学任讲师。在后来两年的时间里，他有机会同高尔顿一起工作。他们志趣相投，都对个体差异怀有浓厚的兴趣，热衷于对个体差异的测量。受高尔顿的影响，卡特尔认为智力的主要成分是感觉的敏锐性，这种成分是通过遗传获得的。卡特尔对高尔顿关于心理测量的方法与统计方法印象深刻。但是在剑桥，他不可能建立一个心理实验室从事心理测量，因为那里的人们认为把灵魂放到量表中是对宗教的侮辱。

1888 年，卡特尔再次回国，受聘为宾夕法尼亚大学的心理学教授。这是世界上第一个正式的心理学教授职位，以前的心理学职位都是由哲学系教授任命的。这件事对于心理学的发展具有重要意义，标志着心理学专业在大学中得到正式承认，拥有了独立的学科地位。1889 年，卡特尔在宾夕法尼亚大学建立了供大学生使用的心理学实验室。在这个实验室里，他使用高尔顿的方式对学生进行心理测量。1890 年，他发表了自己的研究结果，并首次使用"心理测验（mental test）"的概念。

1891 年，卡特尔转入哥伦比亚大学。在那里，他筹建了新的心理学实验室和心理学系，并担任系主任达 26 年之久。1895 年，卡特尔当选为美国心理学会主席，1900 年成为入选美国科学院院士的第一位心理学家。1917 年，卡特尔被迫离开哥伦比亚大学，原因是他反对美国政府加入第一次世界大战，同情德国，因而被校方开除。卡特尔与校方展开诉讼，最后获得校方的赔偿，但是却没有恢复他在哥伦比亚大学的工作。卡特尔是因为主张和平而被解聘的第一位心理学家（其后还有托尔曼）。卡特尔在哥伦比亚大学工作的 26 年中，指导了 50 多位博士研究生。其中最著名的三个学生是吴伟士、桑代克和斯特朗（Stong E.）。吴伟士和桑代克成为继卡特

尔之后哥伦比亚学派的代表人物，斯特朗则成为职业和工业心理学家，设计了著名的斯特朗职业兴趣测验。

离开哥伦比亚大学以后，卡特尔主要从事编辑和出版工作。他对于美国心理学的重要贡献有一半体现在他的组织宣传工作中。卡特尔既是一个成功的心理学家，也是一个成功的出版商。他一生创办和编辑了多种杂志，包括《心理学评论》《心理学专刊》《心理学公报》《科学》《美国自然科学家》《学校与社会》《科学月刊》等。这些杂志都获得了良好的经济和社会效益，卡特尔也因此成为心理学在美国科学界和大众社会中的代言人。1921 年，卡特尔创立了心理学公司，积极推动心理学在工商、教育等领域的应用，大大促进了美国应用心理学的发展。鉴于他对心理学发展的重要贡献，1929 年卡特尔当选为第九届国际心理学会主席。

卡特尔一生没有出过专著，他所有较重要的演讲、心理学研究和论文后来被学生整理收编在《詹姆斯·麦基恩·卡特尔——科学家》（1947）一书中。卡特尔的研究范围非常广泛，主要涉及以下六个方面。

①关于反应时间的研究。卡特尔发现刺激强度是反应时的主要决定因素，视觉、听觉和电刺激所产生的皮肤觉都服从这个原则，即刺激越强，反应时间越短。反应时是卡特尔研究的一个重要方面。他几乎已经涉猎了这个领域的每一个方面，并改良和发明了许多仪器。

②有关联想方面的研究。卡特尔先后

进行了控制联想反应时和自由联想反应时的研究，通过对两者的比较，发现控制联想快于自由联想。在对字词联想的研究中，他发现即使对于双语流利的被试来说，母语的联想也比第二语言的联想要快一些。这意味着第二语言的字词联想涉及另一个心理过程，即翻译过程。而这个翻译过程所需要的时间可以测量出来。卡特尔应用复杂反应时（第二语言的字词联想时间）减去简单反应时（母语字词联想时间），就得到了翻译过程所需要的时间。现代信息加工心理学正是利用这一原理研究某一信息加工过程所需要的时间的。

③有关知觉和阅读过程的研究。卡特尔用速示器研究被试者观察物体、字母、词句等并说出其名称所需要的时间。他首先在屏幕上一个接一个地出示一系列物体或字母，计算出被试的平均反应时大约是0.5秒；然后，扩大速示器的槽口，一次呈现两个、三个、四个或更多的物体或字母；结果发现，随着同时呈现的物体或字母的数目增加，每个对象所需要的平均反应时间减少。如同时呈现两个字母，每个字母的平均反应时减少了0.025秒；同时呈现3个字母，每个字母的平均反应时再次减少0.016秒；同时呈现4个字母，再次减少0.01秒……卡特尔认为，这么短的反应时是不可能的，因此必然包含着平行加工，即存在感知过程中的"交叠作用"。

④关于心理物理学的研究。卡特尔采用高尔顿的误差法和统计法来改造传统的心理物理学。传统的心理物理学认为，阈限是一个可供描述的值，感受性可由最小可觉差的大小决定。卡特尔要求被试努力辨别每一个差别，然后以平均误差的大小来代替最小可觉差的大小，作为衡量感受性的指标。

⑤有关等级排列法的研究。卡特尔在1902年首创了等级排列法。他首先向被试提供各种深浅不同的颜色卡片，要求被试根据颜色深浅程度的不同，有顺序地进行排列。后来，他用这种方法研究和评价美国科学家的卓越程度，根据样本对每一个科学家所排的不同位次，测定每个科学家位次的集中趋势及其机误，以判断他们的真实位次。

⑥有关个别差异的研究。个别差异一直是卡特尔研究的核心主题，上述各项研究最终都归结于个别差异研究。"就对美国心理学及其机能主义性质而言，卡特尔的影响更直接地表现在个别差异和心理测验的研究之中。就这个方面的影响而言，其他任何人都无法与他相比。"（杨鑫辉，2000，p.225）为了研究个别差异，卡特尔倚重心理测验的方法。他的心理测验着重于能力及其差异的外在行为表现，既不重视内省和意识，也不探讨这些测试出来的个别差异所涉及的意识内容或生理原因，以此为机能主义向行为主义的过渡做了铺垫。

作为一个机能主义者，卡特尔以实用主义的观点看待心理科学，反对意识元素分析的"纯"科学心理学。他认为科学的价值体现在对社会的效用上，脱离服务于社会这个宗旨，心理学就无法生存。因此，他主张把心理学的原理应用于教育、工商业、管理等领域，在社会应用中体现心理学的学科价值。本着这个宗旨，他兴办了心理学公司，为教育和工业企业提供各种服务。这个公司以后在销售韦彻斯勒成人智力量表、韦彻斯勒儿童智力量表、主题统觉测验、贝克抑郁量表等方面取得了很大成功，有力地推进了心理学知识的市场化。

哥伦比亚大学在卡特尔的领导下成为机能心理学的重要堡垒，其影响甚至一度超过芝加哥学派。美国心理学史家希尔加德（Hilgard）的统计表明，1929年，在美国心理学会的704个博士会员中，155人毕业于哥伦比亚大学，99人毕业于芝加哥大学。虽然卡特尔不太重视心理学理论的建设，但是他突出个别差异的研究，完善了心理测验的方法，从应用心理学的层面上推进了美国机能心理学的发展，并培养了一批著名的心理学家，如桑代克、武德沃斯等，为机能主义心理学的哥伦比亚学派奠定了基础。

（二）武德沃斯

罗伯特·塞钦斯·武德沃斯（又译吴伟士）（Robert Sessions Woodworth，1869—1962）出生于马萨诸塞州的贝尔彻顿城，父亲是一位基督教牧师。中学毕业时，武德沃斯的愿望是成为像父亲一样的牧师。进入阿默斯特大学后，他学习的课程主要是宗教、古典文学、数学和历史等。1891年武德沃斯大学毕业获学士学位。在大学时代，他选修了一门心理学课程，逐渐对心理学产生兴趣，而对宗教的热情却慢慢减弱了。大学毕业后，他先在一所高中任教两年，然后又到一所学院做了两年的讲师。在这期间，有两件事对他影响很大：一是他听了霍尔的一次演讲，着迷于霍尔对心理学的描绘；二是他读了詹姆斯的《心理学原理》，深为其内容和风格所吸引。他开始下决心要成为一名心理学家。

1895年，武德沃斯进入哈佛大学学习。他在那里学习哲学、历史和心理学，并在詹姆斯的指导下进行时间知觉的心理学研究。同一时期，哥伦比亚大学机能心理学的另一个代表人物桑代克也在那里学习心理学，两人遂成为好友。1896年，武德沃斯在哈佛大学获得了第二个学士学位，1897年获得了硕士学位后留在哈佛的生理学实验室工作了一段时间，之后转到哥伦比亚大学学习，并在卡特尔的指导下于1899年获得博士学位。卡特尔的心理学观点，特别是对心理机能的精确测量对武德沃斯影响很大。毕业后，他先在纽约的一所医学院教了三年的生理学，后又到英国待了一年，师从英国利物浦大学的著名生理学家谢灵顿。

1903年，武德沃斯返回哥伦比亚大学任教，在那里度过了余下的职业生涯。在此期间，1909年他升为专任教授，1915年当选为美国心理学会主席，1917年接任卡特尔的职位，1945年第一次退休。退休后的武德沃斯事实上还继续在哥伦比亚大学从事他的教学和研究工作，直至1958年89岁高龄第二次退休。1962年，武德沃斯去世。

武德沃斯在美国心理学界活跃了长达

70 年之久。鉴于其在心理学方面的杰出成就，他于 1956 年获得了美国心理学基金会的金质奖章。奖章上刻着：在塑造科学心理学的命运上具有无可比拟的贡献。这是该基金会颁发的第一枚金质奖章。武德沃斯的著作很丰富，对后人影响也很大。主要著作有：《论运动》(1903)，《生理心理学》(1911，该书是对赖德原著的修订，后改为赖德、武德沃斯合著)，《动力心理学》(1917)，《心理学》(1921 年初版，1947 年第五版)，《现代心理学派别》(1938，1948，1964 年与舍汉合著再版)，《实验心理学》(1938，1959)，《行为动力学》(1958) 等。此外，他还写有许多论文，涉及心理学的体系、变态心理学、运动心理学、变异心理学和教育心理学等多个领域。

与卡特尔一样，武德沃斯的研究范围也很广泛，大体涉及以下六个方面。

1. 关于心理学的理论体系

虽然武德沃斯本人不承认自己属于任何学派，力求兼容并蓄，保持折衷，但他的心理学还是明显地表现出美国心理学机能主义的倾向。他认为，心理学应该研究人的整个活动，反对华生将意识排除于心理学的研究对象之外。他坚持从因果统一关系来理解心理学的对象问题，认为人的心理的因果系列包括意识和行为两个层面，因此，心理学的研究对象既应该包括人的意识，也包括人的行为。在研究方法问题上，武德沃斯同样反对行为主义，认为应该根据研究对象和任务的不同而选择不同的研究方法，如对外部刺激和反应可以采用客观的实验和观察方法，对个体内部发生的意识活动则只能采取内省的方法。武德沃斯还讨论了心理与生理的关系。他认为心理过程和生理过程不是两个互相平行的过程，而是对同一过程的两种不同的科学描述。心理学和生理学各自有其描述的重点，相互不可替代。

2. 有关学习迁移的研究

这些研究是武德沃斯与桑代克共同完成的。当时的学校教育相信"形式训练说"。该学说认为，心灵固有的各种官能（如感知、记忆、思维等）只有通过练习才能得到发展，学习的目的就在于发展心灵的官能。学习迁移是指一种官能训练的效果无条件地转移到其他官能上，使其他官能也得到发展。形式训练说认为，一种学习科目，其内容是否符合实际需要并不重要，重要的是它是否具有官能训练方面的价值。拉丁文、希腊语和数学等经典科目成为学校的主要课程，因此它们被认为是官能训练最好的工具。

武德沃斯与桑代克设计了一系列实验来检验官能训练的有效性。他们首先让被试进行重量、面积或长度的判断或估计，通过训练提高被试判断和估计的准确性，然后给出新的对象让被试判断。例如，他们先让被试估计各种大小不同的长方形的面积（10～100 平方厘米），经过充分练习，直到取得很大进步，然后让被试估计稍大的长方形（15～300 平方厘米）的面积，或面积相同而形状不同的各种长方形的面积。结果并不支持形式训练说。他们发现，只有在两个任务几乎完全类同的条件下，才会出现正迁移。因此他们提出了迁移的"共同因素说",即只有当原先的学习情境与新的学习情境有共同或相同因素时,原先的学习才能在新的学习中发生迁移;只有当两种心理机能具有共同因素时,一种心理机能的改进才能引起另一种心理机能的改进。武德沃斯和桑代克的研究成果加速了形式训练说的消亡,推动了学校教育的改革。

3. 有关心理测量方面的研究

在卡特尔的领导下,哥伦比亚大学已经形成了心理测量的传统和优势。1904年,圣路易斯城举办一个大型展览会,武德沃斯受组织者的委托,对参加展览会的近1100个不同肤色的人进行了心理测验,得出了许多有价值的结论。武德沃斯认为,不同种族之间的心理差异没有人们想象的那么大。实际上,在同一种族中的差异要大于不同种族人口之间的差异。那种强调种族之间存在明确差异的观点误导了公众。在测验中,武德沃斯将感觉的敏锐性作为一项重要指标,发现不同种族的感觉敏锐性总体上讲是一样的,但在视觉、听觉、味觉、触觉和嗅觉的敏锐性上的确存在个体差异,而这种差异更多的是体现在同一种族内,不是不同种族之间。武德沃斯清楚地意识到不同种族之间智力比较上的困难。他认为不同种族由于文化的不同,难以放到同一水平上进行比较。他批评了那些以文化的"原始"或"发达"而衡量群体智力水平的方法,指出,对每一种族的人口应该根据他们自己的文化风俗和行为规范来加以衡量,而不能用它之外的尺度与另一种族进行比较。

1917年美国加入第一次世界大战以后,美国心理学会委托武德沃斯主持了一项情绪稳定性测验,测定入伍士兵发生"战争焦虑症"的可能性。武德沃斯通过对许多案例进行分析,总结出战争焦虑症的主要症状,然后编制成问卷调查表,对新入伍的战士进行了测查。虽然这项工作因为战争的较早结束而没有完成,却为后来的神经症测量打下了基础。

4. 有关实验心理学的研究

武德沃斯重视心理学的实验研究。1938年,他出版了《实验心理学》一书。这本书的写作花了将近20年的时间。而在此后的20多年时间里,几乎美国所有大学的心理学系都把该书作为实验心理学的标准教科书,一直到现在它仍被视为实验心理学领域的经典。甚至有心理学家称这本书是实验心理学的"圣经"。

冯特的实验心理学范围非常狭窄,主要是对感知觉和反应时的实验研究。即便铁钦纳把记忆和思维纳入实验心理学的研究范围,实验心理学的范围仍然局限于认识过程。武德沃斯扩展了实验心理学的范围,把动机和情绪的研究纳入实验心理学的领域。武德沃斯认为,动机变量在经过严格的条件控制后,也可以通过实验加以论证。他的动力心理学(dynamic psychology)正是建筑在实验的基础之上。在他的《实验心理学》中,所涉及的课题有心理物理学、联想、情绪、知觉、学习、动机、记忆和问题解决等。武德沃斯还对相关法和实验法做出明确区分。相关法是一种数理统计方法。实验研究需要数理统计方法加以辅助，但是实验法不是统计方法。实验法涉及自变量的控制和因变量的观察，使用数理统计的相关法却不具备这个特点。现在的教科书中还在沿用武德沃斯对相关法和实验法的区分。

5. 有关无意象思维的研究

武德沃斯曾在德国符兹堡大学跟随屈尔佩学习过一段时间，从屈尔佩那里了解到"无意象思维"的重要性。他同意屈尔佩的观点，认为某些心理过程是不包含感觉和意象的成分的。构造主义者铁钦纳认为一切心理过程都包含着感觉和意象的成分，思维过程也不例外，通过精巧安排的内省观察，可以发现思维中的意象成分。武德沃斯不同意铁钦纳的观点。他承认在大多数思维过程中，都存在感觉和意象的成分，但并非每一个思维过程都有这些成分的存在。他指出，当一个新的观念进入心灵时，使用内省法进行观察，无法发现任何感觉和意象的成分。这个新的思维进入心灵似乎是不附带特定内容的。因此，武德沃斯认为这些新的观念是由过去经验的记忆决定的。在他和桑代克共同进行的一个实验中，他们要求被试回忆美国最高法院前面的场景。由于大多数被试要么到过这个地方，要么看到过相应的图片，因此回忆这个场景并不困难。但是，当问及建筑物的前面有多少根石柱时，除非那些以前数过石柱的被试可以回答上来，其他的被试都无法回答。武德沃斯由此推断，有些思维过程不包含元素性的感觉和意象成分。

6. 关于动力心理学的研究

武德沃斯开创了对行为动机的研究。动力心理学是他对心理学最大的贡献。广义的动力心理学包括麦独孤的策动心理学、勒温的场论、弗洛伊德的精神分析、马斯洛的人本主义心理学和费斯廷格的认知失调理论等，而狭义的动力心理学特指武德沃斯的具有机能主义倾向的动机理论。

武德沃斯的动机概念包含一些生物遗传的成分。饥、渴、性作为一种生物驱力都对行为发生动力作用。他同时又认为，并非所有的动机都与本能和生物驱力有关，有些驱力是习得性的，即通过后天的学习而获得的。这些习得性的驱力在促动行为方面，与生物驱力有着同样的价值。武德沃斯认为，许多活动都可以通过自主化的作用而获得生物驱力同样的价值。例如，一个为生计所迫不得不工作的人，可能会逐渐喜欢上自己的工作，后来即使生计问题解决了，仍然不愿放弃他的工作。在这种情况下，工作本身已经成为动机，再没有任何被迫的成分。

武德沃斯反对华生的刺激反应论和麦独孤的目的论，强调应该把行为的机制和行为的驱力区别开来。行为的机制是指行为的联结结构，是行为的执行过程，回答行为"如何"的问题，如"S—R"所描述的就是行为的机制。而行为的驱力是指推动机制运作的原动力，回答的是行为"为什么"的问题。他指出，仅从机制方面了解行为是不够的，还必须了解机制为什么这样运作，即了解行为的原因或动力。武德沃斯还从发展的角度论述了机制和内驱力的关系：内驱力是激发机制的内在条件；机制是内驱力得以满足的外在行为方式；机制在内驱力的多次激发后也可以转化为内驱力。

武德沃斯反对早期行为主义将行为的原因简单地归结为刺激，认为刺激并非引起某一行为反应的全部原因，有机体自身的其他因素，如驱力状态、过去的经验、身体条件等都制约着反应。因此他将行为主义的 S—R 公式改为 S—O—R 模式，其中的"O"代表的是有机体本身以及其经验、动机等意识的因素和过程。1940 年在他的《心理学》第四版中，武德沃斯又提出了一个新的公式：W—S—O_w—R—W，其中第一个"W"代表周围世界的环境因素；"S"代表刺激；带右下标"W"的"O"指的是具有一定的内部经验和心理定势的有机体；"R"代表反应；最后的"W"代表改变后的环境。整个公式可以解释成：环境—刺激—（具有一定的内部经验和心理定势的）有机体—反应—改变了的环境。这个公式说明在刺激与反应之间需要将有机体的内部因素考虑进去。有机体在接受环境刺激时，需要经过有机体经验的作用，然后才对环境做出反应。武德沃斯对于行为公式的修正为新行为主义者所借鉴。以后新行为主义的"中介变量"概念，就是受武德沃斯的启发而提出来的。

总之，武德沃斯在心理学领域辛勤耕耘了 70 年，在基础研究、实验研究和应用研究等各个领域都留下了他鲜明的足迹。虽然他本人不承认自己属于任何学派，而宁愿走"中间道路"，但现在看来，他的观点和方法都是机能主义的。这种机能主义过去是、现在仍然是西方心理学的重要特征。从某种意义上讲，武德沃斯的折衷路线为现代西方心理学提供了一种解决学派纠纷的发展思路。武德沃斯对心理学的最大贡献在于他对行为动机的开创性研究。在他之前，弗洛伊德也研究行为的动力。但弗洛伊德对行为动力的分析更像是科幻小说，缺乏科学的严谨性。吴伟士采用实验方法，对行为的动力进行严格的科学分析，对动机心理学起了奠基作用。

（三）桑代克

桑代克（Edward Lee Thorndike，1874—1949）是哥伦比亚大学机能心理学的另一个代表人物，与武德沃斯都是卡特尔的学生，两人又是好友。他也和武德沃斯一样，不承认自己是机能心理学家，而自称是"联结主义者"。

桑代克出生于美国马萨诸塞州的威廉姆斯堡，父亲是位牧师。他自幼聪颖好学，学习成绩名列前茅。1891 年，他进入康奈尔州的韦斯勒颜大学，1895 年毕业，获学士学位。大学期间他读了詹姆斯的《心理学原理》，开始向往心理学工作。大学毕业后，他到哈佛大学读研究生，原计划读的课程是英语、哲学和心理学，但他很快对英语和哲学失去了兴趣，全身心地投入了心理学的学习。他最初的硕士论文选题是从面部表情阅读人的心灵。这个选题来自他的导师詹姆斯的想法。詹姆斯认为，当人们思考问题时，面部表情提供了一些微妙的线索，通过这些线索，可以了解人的思维内容。而且在阅读这些线索方面，儿童可能具有更敏锐的觉察力。桑代克以儿童为被试进行了实验，结果并没有支持詹姆斯的假设。但是，桑代克在研究中却发现了一个有意思的细节：根据实验程序，每当儿童回答正确，就可以得到一个糖果奖励，这使得儿童对实验充满了热情。这个不成功的实验使桑代克意识到了强化的作用，直接引导了他后来提出的"效果律"。

桑代克放弃了从面部表情阅读心灵的研究，开始研究动物的智慧。他买了很多小鸡，研究小鸡的行为，结果引起了房东的不满。詹姆斯知道后，把自己的地下室借给桑代克使用。桑代克用篱笆将小鸡圈起来，在较隐蔽处留一个出口，篱笆外放置食物，小鸡看到食物以后，拼命想从篱笆的缝隙中挤出去，经过多次尝试以后，最终找到了出口，得到了食物。时间一长，小鸡逐渐学会只要在篱笆外看到食物，就立刻转头奔向出口，从而得到食物。桑代克凭小鸡实验的研究报告于1897年获得硕士学位。之后因个人感情生活不顺，他接受了卡特尔的邀请，到哥伦比亚大学攻读博士学位。1898年，以《动物的智慧：动物联想过程的实验研究》论文获得博士学位。毕业后他先在一所学院教了一年书，第二年回到哥伦比亚大学，在该校工作了40年，直至1940年退休。

桑代克对于心理学的杰出贡献带给他许多荣誉。1912年，哈佛大学聘请他为教授，桑代克婉言谢绝了。同年，他被推选为美国心理学会主席。1917年，他当选为

美国科学院院士。1921年，《科学的美国人》杂志给心理学家排位，桑代克名列第一。1925年，他获得哥伦比亚大学的巴特勒奖章。1933年，他又被推选为美国科学发展学会的主席。1942年，他回到母校哈佛大学接任詹姆斯的讲座，继续从事心理学研究，以纪念这位曾经帮助过他的导师，直至1949年他本人去世。

桑代克是位多才的心理学家，一生的著作和论文加起来有507种，研究领域涉及动物心理学、学习心理学、教育心理学、智力测验、语义行为、训练迁移等，影响遍布心理学的各个领域。其主要著作包括《动物的智慧》（1911）、《教育心理学》（1903两卷本，1913—1914第二版时扩展为三卷本）、《智力测验》（1927）、《人类的学习》（1931）、《需要、兴趣和态度的心理学》（1935）、《人性与社会秩序》（1940）、《联结主义心理学文选》（1949）等。

桑代克对心理学的主要贡献在于他对动物心理的实验研究及其由此推演出的学习理论。

1. 桑代克的动物心理实验研究

达尔文的进化论是开展动物心理研究的思想基础。既然动物与人之间具有发展上的连续性，动物心理与人的心理之间没有一道不可逾越的鸿沟，考虑到直接研究人的心理有很多困难，研究动物心理就成为了解人的心理的捷径。这就是为什么进化论一经提出，动物心理研究随之广泛开展的原因。

在桑代克之前，对动物心理的研究大多采用自然观察法。桑代克指出了这种方

法的缺陷："即使所作的观察是第一手的，是由心理学家自己作的，也还难免出现偏差。因为就是最有技巧的人也不能认为在精神现象方面是优良的观察者……在所有一切事例中，不论是直接观察的，还是由观察者报告的，都存在着三种缺点：①只研究一个事例，所以结果不一定是真实的典型；②没有重复的观察，各种条件也不是完全控制的；③对所研究的动物以前的历史也不知道。"（张述祖等，p. 83）为了解决这些问题，桑代克主张以实验方法来研究动物的行为。因为实验法"能够按照自己的意愿重复各种条件，以便看到动物的行为是否由于偶然的巧合。你可以把许多动物做同样的实验，以便得到典型的结果；可把动物安排在一种情境中，使它的行为特别对我们有启示"。（张述祖等，p. 84）

桑代克以小鸡、猫、狗和猩猩等为研究对象，做了许多实验，其中最著名的是饿猫实验。他设计和建造了 15 只迷笼，这些迷笼各有一个互不相同的装置，一旦猫按动了这个装置，笼门就会自动打开。实验的猫处于饥饿状态，笼外放着鱼，猫想吃食物，就会做出很多无效的动作比如乱抓、乱跳、乱咬等，偶然碰到了开门的装置，就能逃出来获得食物。经过很多次的尝试后，猫的无效动作慢慢减少，越来越容易打开笼门。最后，猫一进入迷笼，马上就能打开笼门。桑代克从饿猫实验得出结论：动物的学习过程乃是一种尝试与错误的过程。

桑代克以实验法取代自然观察法，为动物心理学的研究开辟了新的道路。实验法引进动物行为研究，标志着动物实验心理学的建立。也正是这种在实验室中研究动物的模式孕育了行为主义。桑代克也因此被作为行为主义的先驱之一。

2. 关于学习过程的基本观点

通过对动物行为的研究，桑代克认为，动物的学习过程既是尝试与（改正）错误的过程，也是"选择"与"联结"的过程。这个过程的起点是动物的本能。在饿猫实验中，猫感受到饥饿的刺激和迷笼的束缚，本能行为被激发，表现为一套挤、抓、咬等动作。作为成功的经验，其中的一种动作被选择出来，与情境形成稳固的联结。以后当猫面临同样的情境时，再次使用这一联结解决问题。同一联结被使用的次数越多，联结便越稳定。桑代克认为，"选择与联结"不仅可以解释动物的学习过程，也可以解释人的学习过程，甚至可以推广用于解释一切心理过程。桑代克承认人类的学习较之动物的学习要复杂得多，但他认为人类的学习也同动物一样是基于本能的。当学习者面临一个新的情境时，为了达到一个特定的目标，学习者必须通过不断地尝试错误，从多种可能的本能反应中，选择一个反应与情境形成联结。联结的形成意味着学习过程的完成。学校教育的目的，就是要安排情境，控制反应，使学习者形成适当的联结。

桑代克在实验中发现，学习过程具有渐进性。饿猫最初的尝试中有许多任意的、无关的行为，浪费时间很多。随着尝试次数的增多，解决问题所花费的时间逐渐减少。这一过程是渐进、缓慢的，而不是顿悟或飞跃式的。桑代克对动物实验的结果表明，动物的学习中没有观念的作用，不含有任何推理或思维的成分。在桑代克看来，虽然就其形式来讲，人类的学习比动物的学习要复杂得多，但"这种动物学习所表现出来的简单的、半机械现象同样是人类学习的基础。当然，在人类较高级的学习状态中，例如在演奏小提琴、微积分、工程技术等技能的获得过程中，这一现象要复杂得多。但是，若不了解这种复杂学习背后的那种最基本的联结形式——身体反应与情境之间的联结——那么我们就无法了解人类那种难以捉摸的、有计划、有目的的学习，而且无论一种学习是多么的复杂、多么难以捉摸，联结的选择……将是主要的，或许是唯一需要解释的事实"。(Thorndike, 1913, p. 16)

3. 桑代克的学习律

桑代克认为，人类学习与动物的学习遵循同样的学习规律。桑代克将这些规律概括为准备律、练习律和效果律。准备律是指：当一个传导单位准备好传导时，传导得以实现就引起满意之感，不给传导就引起烦恼；相反，当一个传导单位没有准备好传导，强行传导就引起烦恼之感。尽管桑代克力图以客观的方式定义"满意"和"烦恼"，这些概念仍受到行为主义的批评。华生认为桑代克的这些概念主观色彩太浓，应该予以抛弃。练习律包含应用律与失用律两个方面：应用律是指若一个可变的联结得到使用，刺激与反应之间的联结就得到加强；失用律是指若一个可变的

联结长时期得不到使用，刺激与反应之间的联结就会削弱。效果律的含义则是指：若一个反应导致了一个满意的事态，联结的力量就增强；若一个反应导致了一个令人烦恼的事态，联结的力量就会削弱。用现代学习理论来解释，即如果由一个刺激导致的某一个反应受到奖励，则这个反应下次出现的可能性就增加；若反应导致了惩罚，这个反应再次出现的可能性就减少。桑代克强调反应结果的重要性直接影响了行为主义强化论的形成。

桑代克是美国心理学由机能主义向行为主义过渡阶段的代表人物。虽然他的理论中兼有构造主义和行为主义的某些倾向，但他无疑还是一个机能主义者。自他以后，美国心理学进入了以广义的机能主义倾向为主流的历史阶段。桑代克在动物行为研究中引入实验法，强调研究的客观性，贬低学习过程中观念的作用，试图用情境与反应之间的简单联结解释人的复杂行为等，都对后来的行为主义心理学产生了重要影响。具体而言，桑代克对心理学的贡献主要表现在以下三个方面。

第一，桑代克是教育心理学的创立者。虽然在桑代克之前，一些学者对教育中的心理学问题进行了研究，但是，桑代克明确宣称要将教育心理学建设成为一门独立的学科。他的三卷本的巨著《教育心理学》包括"人的本性"、"学习心理学"和"个别差异及其原因"三大部分，第一次较为完整地勾画了教育心理学的基本框架，为教育心理学设定了研究范围。桑代克对教育心理学的贡献是无可取代的。

第二，桑代克开创了学习理论的研究传统。桑代克有关学习过程的研究是学习问题研究的起点。他所提出的联结说和强化论，以及他和武德沃斯共同研究学习迁移问题，提出的相同因素说，都对后来的行为主义有影响。他还对学科学习如算术心理、代数心理等进行了研究，也取得了一定的成绩。但是，他以动物学习机械地解释人类的学习，忽视人的学习的目的性和意识性是错误的，受到后来的许多心理学家的批评。

第三，桑代克对动物实验心理学的建立做出了杰出的贡献。在桑代克之前，动物心理研究所使用的方法局限于拟人论的方法和简单的观察法。由这些方法得到的结果要么是错误的，要么是不精确的，因而使得动物心理的研究处在一个较低的水平上。桑代克第一个把实验的方法引入动物心理的研究，以控制的实验与观察取代拟人化的类比法和简单的观察法，且把研究的焦点集中在动物的行为上，观察和记录动物行为的变化。这就使得研究结果的效度与信度大大提高，促进了动物心理研究的科学化进程。

此外，桑代克还继承了卡特尔的研究方向，设计了多种心理测验和教育测验，包括成就测验、能力倾向测验和人格测验等。哥伦比亚大学的心理测验工作在桑代克的领导下得到了蓬勃发展，他本人也成为美国当时心理测验运动的领袖之一。

第五节 对机能心理学的评价

机能心理学萌芽于布伦塔诺的意动心理学，后由布伦塔诺的学生斯图姆夫以"机能"取代"意动"一词，提出心理学应该研究心理机能。广义的机能心理学包括欧洲机能心理学和美国机能心理学。美国的机能心理学有时指代表了美国心理学研究总体倾向的机能主义，有时指与构造主义、行为主义相对立的一个心理学学派。后者包括以詹姆斯实用主义心理学为代表的美国早期机能主义、哥伦比亚大学的机能主义以及芝加哥大学的机能主义。而狭义的机能心理学则专指旗帜鲜明地与铁钦纳的构造心理学相对立的芝加哥学派。

机能主义心理学作为一个学派，在它的主要对手构造心理学消失以后，慢慢退出了历史的舞台。但是作为一种研究取向的机能主义并没有消亡，而是被后来的美国心理学所吸收，成为美国心理学的核心特质。正如心理学家查普林所言："作为一种系统的观点，机能主义是前所未有的成功，但也正因为有这样的成就，它已不再是一个阵线分明的心理学学派。可以说，它已经被吸收在主流心理学中。任何心理学观点也不能期待更美好的命运了。"（查普林，克拉威克，1983）尽管作为一个独立的学派，"机能主义"已经衰落，为行为主义的成功所摧毁，但机能主义已然成为美国心理学发展的基本方向、重要特征和思想主流。

一、主要贡献

机能心理学是美国本土产生的第一个心理学流派，决定了美国心理学的发展方向。美国心理学是在德国实验心理学的基础上发展起来的。但是德国的实验心理学仅限于研究封闭的主体意识，心理学成为实验室里的心理元素分析，严重脱离生活实践，不能满足美国人的需要。美国人从实用主义出发，以一种开放、动态的心理观取代了作为封闭的精神实体的构造主义的心理观。美国机能心理学强调人的心理的整体性、连续性以及适应性，把人的心理看作有机体有效适应周围环境的活动过程。它克服了构造主义的封闭和狭隘，使心理学的研究重心从封闭的意识分析转向有机体与环境的适应关系。这种研究模式不仅表现于机能主义心理学派，而且后来的行为主义心理学也承袭了这一特点，把研究的重心放在行为与环境的关系上。当代的认知心理学对认知过程的机能分析，学习心理学、动机心理学、人格心理学的发展，应用心理学的繁荣，研究领域、研究方法的多元化以及心理学家理论观点的折衷化等都表现了美国心理学的机能主义倾向。

机能主义扩展了心理学的研究领域。铁钦纳认为，科学有两种，一种是纯科学，另一种是应用科学。心理学应该属于前者。所以，构造心理学致力于发现心理事实，研究人类心理的一般规律，忽视个体差异，不考虑应用。心理学的研究目的只是认识心理，而不是塑造和优化心理。动物心理学、变态心理学、学习与动机、个别差异、应用心理学等都被排斥在心理学的范围之外，因为铁钦纳认为那并非心理学的本门，而属于"工匠"范畴。心理学因此严重脱离社会生活，研究范围非常狭窄。机能主义是在实用主义思想的指导下，以服务于社会生活为目的，把心理学与人类生活实践联系起来，摆脱了构造主义的"纯科学"束缚，把心理学广泛应用于教育、医疗、临床、工业、军事等社会生活的各个领域。心理学不再局限于心理学家的实验室，而是与人们的日常生活有了紧密联系，这大大扩展了心理学的所涉范围，向社会展现出心理学存在的价值，巩固了心理学的社会地位。

机能心理学为后来的行为主义及其客观化研究准备了条件。科学心理学一诞生，在德国就形成了冯特的内容心理学与布伦塔诺的意动心理学的对立。美国心理学中的构造主义与机能主义的对立实际上是前一种对立在新的历史条件下的表现形式。然而机能心理学与意动心理学有所不同，它将心理置于有机体与周围环境的关系中，不仅考察心理的"意动"或"机能"过程"是什么"，更关注这些过程"为什么"，以及接下来"如何"或"怎样"。心理原本作为内在的主观现象，在此转化为外在的行为。机能心理学相信，只有深入与周围环境的相互作用关系中，通过对表现于外的行为进行研究，才能理解表现于内的意识和心理。这样机能心理学就为后来行为主义以及心理学研究从主观主义走向客观主义的发展奠定了基础。

二、局限性

机能主义心理学派也有其明显的局限性。其一是意识观的内在矛盾性。美国的机能心理学一方面继承了传统哲学的意识观，将人的精神生活视为独立于身体之外的自足的心灵实体的活动表现，而另一方面，又受进化论的影响，认为意识或心理是有机体的脑与神经系统机能的表现形式，从而使机能心理学陷入意识观的自我矛盾中难以自拔。这种矛盾在詹姆斯的心理学体系中已经清楚地表现出来。他既主张"大脑机能论"，同时又在"意识流"的论述中提出"思想自身就是思想者"，后者说明意识流仍然是一个独立的精神实体，因此陷入自相矛盾。詹姆斯的矛盾在芝加哥学派的心理学体系中更趋明显。正是机能心理学意识观的矛盾性，最终导致了行为主义的产生。

其二是在基础研究和理论研究方面显得较为薄弱。机能主义反对构造主义的"纯科学"倾向，极力把心理学的研究与社会生活联系起来，以心理学的知识和技术服务于社会，为社会生活服务。但是在强调心理学知识的应用价值时，机能心理学忽视了自身的理论建设，其理论观点往往较为肤浅、零散，缺乏系统的深入的理论建构。机能主义不像它的对手构造主义，也不像其后继的行为主义那样有着旗帜鲜明的主张。虽然心理学家能感觉到机能主义的存在，但是却很难加以界定。所以，初学者往往很难把握机能主义的内涵和外延，把机能主义同其他学派清晰地区别开来。造成这种状况，一方面因为机能心理学在理论建设方面较为薄弱，缺乏系统论证，另一方面也与机能心理学家大多持折衷观点，喜欢对不同的理论概念采取兼容并蓄的态度有关。

机能心理学的第三个缺陷是具有生物学化倾向。如果说构造主义代表了心理学中的生理学倾向，那么机能主义代表的是心理学中的生物学倾向。机能主义是在进化论观点的影响下形成的。进化论作为一种科学思维方式，试图把生物物种的起源和发展看作适应环境条件的结果。人作为生物种群中的特殊分支，同样服从于这个规律。所以，在进化论的影响下，机能心理学不仅把人的生理构造看作适应环境的结果，而且把人的意识看作适应环境的产物，使意识的社会内容被忽视了。在机能主义那里，意识成为人们适应环境的工具。在这种思想观点的指导下，机能心理学家仅仅从生物的适应过程看待意识，抹杀了人的心理的认识功能和社会制约性，从而为行为主义抛弃意识铺平了道路。另外，由于机能主义滥用进化论的观点，高度强调人与动物之间的生物联系，因而出现了以动物的行为解释人的行为的还原论倾向，最终导致行为主义的动物学化倾向。

本章思考题

1. 为什么说机能心理学代表了美国心理学的兴起?

2. 概述美国机能心理学产生的社会历史背景。

3. 美国的机能心理学与德国的实验心理学相比产生了哪些变化?

4. 简述霍尔对美国心理学发展的贡献。

5. 简评詹姆斯及其实用主义心理学。

6. 试分析芝加哥学派代表人物的主要思想。

7. 评价哥伦比亚学派代表人物的主要思想。

8. 美国机能主义心理学有哪些贡献和局限?

第九章
行为主义

行为主义是美国现代心理学主要流派之一，影响西方心理学甚大，被称为西方心理学的第一势力。行为主义由美国著名心理学家华生于 1913 年创立，其倡导心理学家从对意识的研究转向对行为的研究，从而导致了一场行为主义革命。行为主义很快席卷美国，而且几乎遍及全球，在心理学界统治长达半个世纪之久。1913—1930 年，以华生为代表的行为主义学派是行为主义心理学的第一代，这是本章着重要介绍的内容。

第一节 行为主义产生的背景

行为主义的产生既有其浓厚的社会文化基础，也有其复杂的哲学、自然科学及心理学的背景。本节将逐一剖析这些背景与行为主义之间的渊源关系。

一、社会背景

行为主义并非是华生个人天才的创造，而归根到底是美国社会发展需要的产物。20 世纪初的社会历史背景为华生的心理学提供了丰富的精神滋养，主要表现在两个方面。①行为主义是美国资本主义社会大工业机械生产的迫切需要。行为主义产生于 20 世纪初叶。当时美国资本主义发展已进入新的垄断阶段，迫切要求充分利用人的全部潜力来提高生产效率，最大限度地创造利润，最稳定地维持社会秩序。这是资本主义社会对人的总的要求，也是研究人的总目标。行为主义应运而生，因为要想提高生产率，稳定社会秩序，就要了解人的行为规律并据此预测和控制人的行为。正如华生所言："心理学家要帮助和鼓励工业去解决这个问题，在工人总体的活动效果上加以研究。"（藏玉淦译，1925，p.357）因此，探索和掌握行为的规律，预测和控制人的行为，最大限度地提高工作量及其工作效率，是美国资本主义社会大工业机械生产的迫切需要，也是华生行为主义的社会主旨。②行为主义是美国政治生活中的进步主义运动的产物。就政治氛围和意识形态来说，美国政府需要以新的思想观念统一美国人的思想，并从行为上控制人们，维护社会秩序的稳定。"社会控制万岁……不仅使我们能够对付战争（第一次世界大战）的严酷要求，而且还可以作为即将到来的和平与兄弟般关系的基础。"（叶浩生，1998）行为主义为社会革新者提供了能够合理地、有效地管理社会的科学工具，因为通过行为技术的社会控制是一种最有生命力的革新思想。

二、哲学背景

华生表面上是反对哲学的，拒绝以任何哲学作为心理学的理论基础。但实际上，他的行为主义深受机械唯物主义、实证主义以及实用主义和新实在论的影响。

（一）机械唯物主义

心理学史家惠特海默指出，虽然行为主义是美国最主要的心理学流派，但它的前驱却在欧洲而不在美国。（惠特海默，1987，p.12）自 18 世纪欧洲工业革命以来，各种自然科学的飞速发展，对人类生活发生了越来越深刻的影响，而力学在当时自然科学中占有统治地位，这样作为当时自然科学成果总结的哲学就是机械唯物主义。笛卡尔从机械唯物主义的观点出发，提出"动物是机器"的主张和刺激反应的假设，揭示了反射和反射弧的本质；他的身心交感论认为尽管心灵和肉体是两种根本不同的东西，但可以互相影响、互为因果，奠定了华生行为主义机械作用论的基础。在唯物主义经验论者洛克看来，人的心灵好比一块白板，上面没有任何记号、任何观念，只是后天的经验才在白板上留下了印迹。华生行为主义的环境决定论来源于此。法国唯物主义者拉·美特利则称赞笛卡尔的"动物是机器"的著名论断，并进一步强调"人也不过是一架机器"，同动物相比人这架机器不过就是多了几个齿轮、多了几条弹簧而已，这样就恢复了人与动物间的联系，这为华生的行为主义机械论铺平了道路。

（二）实证主义

黎黑指出："整个行为主义精神是实证主义的，甚至可以说行为主义乃是实证主义的心理学。"（黎黑，1990）实证主义是19世纪中叶法国哲学家孔德首创的一种科学哲学。孔德始终倡导"以被观察到的事实为基础"的实证精神，把实在、确定和证实定为实证精神的要素。孔德的实证主义对心理学的影响主要是通过两条方法论原则实现的。一是经验证实的原则，即强调任何概念和理论都必须以可观察的事实为依据，能为经验所证实，超出事实与经验范围的任何概念和理论都应划为非科学的一类。经验证实原则被当成一种不可超越的教条，并进而形成了对经验原则崇拜。二是客观主义原则。这一原则强调认识过程中主体和客体的分离、主体的知识应绝对反映客观事物的特点，不掺杂个人的态度和情感、信念和价值等主观因素。换言之，在主体的概念和理论与外在客体之间必须有一种一一对应的关系，否则这些概念和理论就不是科学的知识。华生的行为主义严格遵循了实证主义的逻辑：华生只以可观察到的行为作为心理学的研究对象，断然否认意识的存在与价值；抛弃主观的内省法而改以自然科学的客观方法作为心理学的研究方法，充分显示了实证主义哲学思想对其立场、观点的影响。

（三）实用主义和新实在论

作为美国官方哲学的实用主义比起机械唯物主义和实证主义对于华生的影响更为直接和深刻。实用主义者一再声称，实用主义就是强调行为、实践、生活的哲学，"实在就是有效""真理就是有用""真理只是有效的工具"。实用主义强调立足于现实生活，把确定信念作为出发点，把采取行为当作主要手段，把获得实际效果当作最高目标。华生行为主义的尊重实验观察事实、以方法为中心等都有着明显的实用主义色彩。他否定不可直接经验的意识在心理学研究中的地位，把人的实践活动简化为刺激—反应的行为模式，把有效控制人的行为作为心理学的根本目的，这些都是实用主义哲学在心理学中的具体体现。

新实在论产生于1910年。培里、霍尔特、孟特鸠等人认为，认识是一次性完成的，没有一个过程，任何认识都包含了认识对象的全部内容；认识是认识者和环境的直接关系，感觉和观念都是客观实在，心理活动同身体活动是同一的，因此心理和行为也是同一的。在方法论上，新实在论强调还原的逻辑分析法，主张把含糊而复杂的问题分析为十分明确的问题，用较低级现象研究代表较高级复杂现象的研究。华生及其他早期行为主义者的研究纲领同新实在论的这些主张是一脉相承的。

三、自然科学背景

（一）物理学

近代科学以哥白尼、开普勒、伽利略、牛顿的物理学革命为标志，物理学便成为所有科学仿效的楷模。哥白尼的日心学说使自然科学从此从神学中解放出来，成为自然科学的独立宣言；天文学家开普勒继承哥白尼的日心说，提出了行星运动的三定律；伽利略运用数学-实验方法，发现了惯性定律和地球引力场中自由落体定律；牛顿则实现了物理世界的伟大综合，确立了牛顿力学体系。牛顿力学体系给科学确立了崇高的地位。经过一个多世纪的充分理解、验证和整理，人们运用牛顿的理论和方法逐个发现天王星、海王星和冥王星。牛顿的运动方程也成为分子运动论的唯一基础，以后电磁学、电动力学、光学也沿着牛顿的路线前进。牛顿力学体系显示了无穷的魅力，成为近代科学的一座不朽的历史丰碑。

牛顿所创立的物理研究方法，很好地实现了分析与综合、归纳与演绎的统一。牛顿的科学创造，既重视观察实验，又重视归纳概括。西方近代科学一直以牛顿科学方法为楷模，并在方法论的层次上审视着整个世界。华生行为主义就是运用刺激—反应间遵循机械因果论的法则，以达到控制行为、控制环境的目的的。

（二）进化论

达尔文认为自然选择使一切肉体上和精神上的禀赋得以进一步完善，这就为机能主义心理学和行为主义心理学的发展奠定了充分的基础。在《物种起源》（1859）中，达尔文专章论述了本能，认为本能的概念包括精神能力在内，一切本能的起源都来自自然选择，在变动的生活条件下本能的细微变异可能对物种有利；假使我们能证明本能确有变异，无论其如何微小，只要有利就会被自然选择并加以保存和积聚。华生后来和麦独孤在本能问题上的争执，在达尔文的《物种起源》中找到了依据。

1871年，达尔文的《人类的祖先》整理了人从较低级的生命形态进化而来的证据，强调动力的心理过程和人的心理过程间的类似性。他认为在心理官能上如情感、好奇心、注意力、想象力、记忆力、模仿性、抽象概念等人类与高等动物之间的差异是巨大的，但这种差异只是程度上的，而非种类上的。

在《人类和动物的表情》（1872）中，达尔文具体研究了人类与动物的表情之间的关系，进一步证实了人与动物心理学的连续性假设。达尔文认为，恐怖时加快的心跳、不规则的呼吸、干渴的咽喉、竖直的毛发等一系列的生理反应，现在看来毫无意义，但对我们的动物祖先却具有直接的生物学意义。在人类长期的历史进化过程中，某种情绪反应与特定的情境之间经过无数次的对应，得以形成固定的习惯性联合，并以遗传的形式延续下来，发展成为人类现有的表情。更重要的是达尔文在研究人类与动物的表情时，采用了行之有效的研究方法，如观察婴孩、研究精神病患者、表情判定法、调查一切人种、观察普通动物的表情等。这些研究方法集中地体现了行为的观察与比较，为后来的动物心理学研究和华生行为主义研究所广泛采用。

此外，除了种族心理发展史之外，达尔文还对个体心理学的发展史有一定的研究。1877 年发表的《一个婴儿的生活简史》，记录了自己刚出生的儿子的发展状况，以其对婴儿的长期观察和记录开创了儿童心理学研究的先河。华生后来的儿童心理学研究最常用的也是系统观察，他和夫人雷纳也对自己的孩子的心理发展做过详细的记录。

（三）生理学

如果说机能主义与生物学的关系最为密切，那么行为主义则与生理学的关系更为直接。俄国谢切列夫、巴甫洛夫和别赫切列夫的生理学是华生行为主义的生理学依据。

19 世纪 70 年代，俄国"生理学之父"谢切列夫根据新的反射图式提出把心理学改造成为客观科学的纲领。心理学的发展必须依靠科学的、能够证实的事实，而不是靠未经证实的意识假设。他指出，只有面向自然科学，首先是生理学，先开始对心理生活的较简单方面进行详细的研究，而不立即冲向最高级的心理现象方面的研究，心理学才能转变成实证科学。谢切列

夫的这些观点与华生的观点颇为相似。华生也强调心理学应成为实证科学，应关心客观的、看得见的事实，由简至繁地研究心理过程，将意识置之度外。

俄国伟大的生理学家巴甫洛夫的条件反射学说对行为主义影响更大。他认为，人和动物的心理活动，都是在非条件反射基础上形成的条件反射，主张采用条件反射这一客观的实验方法来科学地研究主观心理现象，强调一切主观活动都是由客观外界所决定的。巴甫洛夫摒弃了心灵的思辨，反对内省主义，把客观的研究方法作为自然科学试金石的思想，给行为主义提供了有力的支持。可以说，华生几乎整个地接受了巴甫洛夫的条件作用理论和方法，并将其运用于其行为主义体系的阐释中。

俄国生理学家别赫切列夫则针对主观心理学提出客观心理学思想，认为不仅应把心理理解为主观的东西，而且还要理解为客观的东西，理解为脑的物质过程。他认为心理过程是伴随着行为动作产生的，因而他又把心理学解释为行为的科学，主张在反射学中排除主观心理学中使用的概念，不要去研究意识，要用严格的客观方式记录外部反应，企图建立"没有心理的心理学"。显然，别赫切列夫的思想既是对行为主义的支持，又是对客观心理学反对内省主义斗争的声援。

上述三位俄国生理学家都力图将动物与人的反射研究完全建立在客观的能够观察的基础之上，力图使心理学成为一门实证科学。他们的思想观点不少被华生所吸收并成为华生行为主义的生理学基础。

四、心理学背景

行为主义的产生不仅有上述社会、哲学和自然科学的背景，而且，20世纪初发展起来的动物心理学、机能主义心理学及意识心理学都以不同的方式为华生行为主义的产生提供了丰富的乳汁。

（一）动物心理学

华生曾明确宣称，行为主义是20世纪头10年间研究动物行为的直接结果。这表明行为主义与动物心理学的发展有着内在联系。自从进化论出现后，人们开始注意动物与人心理发展的连续性，对动物心理学进行了研究。英国学者罗曼尼斯采用自上而下或自人而动物的途径，以人的心理比拟动物，犯了拟人论的错误。英国动物学家摩尔根为了纠正这个错误，采取相反的自下而上的途径，提出所谓的吝啬律，主张只要能用较低级的心灵作用来解释的活动，就绝对不用较高级的心灵作用来解释它。德国动物学家洛布比摩尔根的观点更为激进，他提出向性学说，以无机物运动的物理化学规律来解释植物的运动乃至动物的行为。桑代克在研究动物行为时，企图贯彻摩尔根的吝啬律，但他的立场还不彻底，其效果率仍是假定动物能够感受满足和烦恼。华生正是沿袭和发展这一研究取向，最终达到不仅消除对动物行为的一切主观解释，而且否认人的意识的存在，从而彻底地贯彻了摩尔根的吝啬律，走上行为主义的立场。

（二）机能主义心理学

华生作为机能主义心理学集大成者安吉尔的学生，深受机能主义心理学的影响。黎黑曾这样评述："安吉尔在1913年发表的一篇著名的文章中指出，意识即将从心理学中消失，对于这个变化他是欢迎的，只是略有保留，……在一个出版补充的脚注中，安吉尔宣布自己'由衷地赞同'华生的那种有建议性的、积极的、客观的心理学方法。他认为机能主义者逐渐降低了意识的作用，最终把意识看作不过是反射弧的中间环节。这样向行为主义迈进就变得容易了，因为心理学家只需要抛弃隐藏的心理术语。"（黎黑，1990）这就说明了安吉尔机能主义同其孵化的华生行为主义间有着内在的渊源关系。安吉尔强调，如果忘掉意识的"可能存在"，而代之以客观地描述动物和人的行为，将会是很有益的。机能主义心理学把人的心理、意识作为适应环境的工具，抹杀了人在意识指导下的行为与动物本能行为之间的本质差异，把人的行为等同于动物的行为，主张用客观方法进行实验研究，为华生的行为主义提供了重要的心理学基础；华生也称自己是一个彻底的机能主义者。

（三）意识心理学

华生行为主义的兴起同意识心理学的危机也存在一定的关系。在德国，冯特的体系被他最得意的学生屈尔佩抛弃，同时意识心理学也遭到格式塔心理学的挑战。在美国，铁钦纳的构造主义已成为机能主义心理学攻击的靶子，构造主义同美国的时代精神格格不入，逐渐陷入了名存实亡的境地，这为华生反戈一击提供了最好的可乘之机。意识心理学的危机必然导致心理学开始从研究意识转向研究行为，而华生正是顺应了心理学发展的时代精神的潮流，树起了行为主义的大旗。

第二节 华生的生平

华生（John Broadus Watson，1878—1958）是美国著名的心理学家和行为主义心理学的创始人。华生 1878 年出生于美国南卡罗来纳州格林维尔城外的一个农庄，16 岁时进入格林维尔的福尔曼大学学习哲学，21 岁获得哲学硕士学位，1900 年进入芝加哥大学研究哲学与心理学，师从教育哲学家杜威、心理学家安吉尔、神经生理学家唐纳尔森和动物学家洛布。洛布认为，大部分动物甚至人的某些行为也是由其体内的物理、化学特性所支配的，这一点对华生的观点有重要影响。1903 年，华生以论文《动物的教育：白鼠的心理发展》获芝加哥大学心理学博士学位。

博士毕业后，华生留校任教，讲授心理学，并担任安吉尔教授的助手。在这数年里，华生一方面从事教学和学习，另一方面还进行了大量的动物行为实验研究，如《大小迷宫》《正常白鼠、失明白鼠和失嗅白鼠跑迷宫》和以猴子为被试的《动物视觉》等研究。此时华生已经建立了关于动物学习的基本观念：最初的学习是渐进的，而达到顶峰后便很难再学得更好。1906 年，华生还应卡内基研究所海洋生物站阿尔弗雷德·迈耶博士的邀请开始从事鸟行为的研究。这些研究为华生行为主义观点的形成奠定了坚实基础。

1907 年，华生开始阅读人与动物行为方面的大量文献。他还读了《物种起源》，这是他在研究人类行为这一课题前所做的准备。华生开始思考用行为来代替意识的必要性及合理性，以及这种对正统心理学思想的抨击可能会招致的后果。这使得华生陷入了更多的矛盾冲突之中。芝加哥大学学术氛围的沉闷和安吉尔思想的保守使他萌生去意。不久，他被约翰·霍布金斯大学聘为教授，是年 29 岁。虽然华生在芝加哥大学工作近 5 年，与安吉尔和杜威交往甚密而十分留恋，但由于霍普金斯大学为他提供先进的实验仪器和充足的研究经费，并让他指导实验室，华生最终来到霍普金斯大学，不久，便接任《心理学评论》杂志的主编。在霍普金斯大学，华生度过了他学术生涯中最辉煌的岁月，一直到 1920 年。

在从事实验研究的同时，华生不断思

考如何对心理学进行比较客观的研究，逐渐形成了他的行为主义的理论体系。1908年华生在耶鲁大学的演讲中首次提出了行为主义的观点。1912年华生应卡特尔的邀请到哥伦比亚大学做了系列讲座，发表了其行为主义的纲领。1913年他在《心理学评论》杂志上发表了《行为主义者心目中的心理学》一文，这正式宣告行为主义的诞生，标志着行为主义革命的开始。华生明确指出，就行为主义者的观点来看，心理学是自然科学的纯客观的实验分支学科，其理论目标在于预测和控制行为。1914年，华生把1913年在哥伦比亚大学所做的八次演讲整理成专著《行为：比较心理学导论》，并予以出版，系统地阐述了行为主义心理学体系。1915年，年仅37岁的华生被推举为美国心理学会主席。在会上他发表了题为《条件反射及其在心理学中的地位》的就职演说。华生之所以将巴甫洛夫的条件反射概念引入心理学中是因为条件反射可以把行为分析为最基本的单元：刺激—反应，这就为心理学研究提供了一种完全客观分析行为的方法。

第一次世界大战打破了华生的研究工作和生活秩序。华生到军事航空服务社工作，从事与战争有实际关系的心理学研究。1918年华生又回到霍普金斯大学继续从事他的研究，并开始写作他的系统心理学著作《行为主义的心理学》，1919年完成并出版。这本书被认为是华生对其行为主义

思想的一次更完备的表述。

1920年的离婚风波致使华生名声扫地，被迫辞去霍普金斯大学的教授职位，中断了红极一时的学术经历，改行从事商业活动。在经商的同时，华生还积极利用各种途径，包括为杂志撰写文章、亲自讲课和出版各种通俗读物，来宣传和普及他的行为主义心理学。1924年，华生把所做的一些演讲汇编成《行为主义》一书，并于1925年出版。这本书是华生行为主义的通俗表述。1928年，华生又出版了《行为主义的方法》一书。1930年，华生重新修订了《行为主义》一书，这是他对行为主义观点的最后阐述。1945年，华生从商界退休。在华生的健康状况江河日下之时，他的名字却在心理学刊物上频繁出现。为表彰华生在心理学中的卓越成就，1957年美国心理学会授予华生金质奖章。奖励证书上这样写道："华生的工作已成为现代心理学形式与内容的重要决定因素之一。他发动了心理学思想的一场革命，他的论著已成为富有成果的，开创未来的研究路线的出发点。"（高峰强等，2000，41）

1958年华生因病逝世，享年80岁。《纽约时报》发表了斯金纳的简短讣文，高度赞扬了他为心理学科学化所作的贡献。吴伟士在《美国心理学杂志》也撰文指出：华生的影响不仅是行为主义学说，他对广告业的贡献也令人瞩目。

第三节 华生的行为主义

华生行为主义又称为"刺激—反应心理学"（S—R 心理学）。他反对传统意识心理学把意识作为心理学的研究对象、把内省法作为心理学的研究方法，主张心理学应该用自然科学的客观方法研究行为，并在此基础上构建其行为主义的理论体系。

一、心理学的性质和对象

和詹姆斯、安吉尔一样，华生坚持心理学是一门自然科学。心理学不但应该成为一门"纯粹客观的自然科学"，而且必须成为一门纯生物学或纯生理学的自然科学，否则便根本没有存在的可能和必要。

华生认为，如果把意识的研究作为心理学的对象，那么心理学就永远不能跻身于科学之林。几十年来心理学中的混乱、分歧、争论和失败，都是由于在心理学研究对象上被鬼火式的意识缠绕所造成的。"心理学放弃与意识的一切关系的时机似乎已经到来。"（Watson，1914，p. 8）"取消意识状态作为研究的适当对象这种建议本身就会消除心理学与别种科学之间所存在的障碍。"华生的这番表述，正是其孜孜以求排斥意识，从而使心理学成为纯粹客观的实验的自然科学的主要原因与目的所在。

因此，在华生看来，要想使心理学成为真正的科学，必须放弃研究主观的心理或意识，把观察到的客观行为作为自己研究的对象。他指出："行为主义者问：为什么我们不把我们能够观察的东西，拿来作心理学的范围？我们且把我们的工作，专放在我们所能观察的东西上吧，我们且专在这些东西上面，寻找它们的定律吧。"（陈德荣，1935，p. 9）

何为行为？华生指出：行为是有机体用以适应环境的反应系统，这一系统无论是简单还是复杂，其构成单位总是刺激（S）与反应（R）的联结。刺激是指引起有机体行为的外部和内部的变化，而反应则是指构成行为最基本成分的肌肉收缩和腺体分泌。无论引发行为的原因多么复杂，最后都可以归结为物理和化学的变化。这样，全部行为，包括身体活动，也包括通常所说的心理活动，都不外乎是一些物理化学变化引起的另外一些物理化学变化而已。

华生认为，反应有内隐的或外显的、遗传的或习惯的之分。根据反应的这两个方面的四种可能的不同结合，华生把反应分为四类：①外显的习惯反应，如开锁、打网球、拉提琴、与人流利地谈话、与人交往等；②内隐的习惯反应，如条件反射所引起的腺体分泌、思维活动等；③外显的遗传反应，包括人类可观察的本能和情绪反应，如抓握、打喷嚏、眨眼等；④内隐的遗传反应，如内分泌腺的全部分泌系统、循环系统内的变化等。

华生从严格的决定论出发，认为一定的刺激必然引起一定的反应；而一定的反应也必然来自一定的刺激。他强调心理学研究行为的任务就在于查明刺激与反应之间的规律性的关系，从而根据刺激预知反应，或根据反应推知刺激，从而预测和控制人的行为。

二、心理学的研究方法

华生在心理学研究对象上摈弃主观意识而主张研究客观行为，因而在心理学研究方法上反对使用内省法而主张采用客观法。华生认为，内省观察仅仅涉及个人私有意识经验，而无法内省观察到他人；内省根本无法为心理学提供客观有效的研究材料，也绝不可能在此基础上产生出客观的知识；内省只能给心理学带来分歧与混乱，必须加以抛弃，应大力提倡客观法。

（一）观察法

华生认为观察法是科学研究的最基本的方法。他指出："人们为什么做出他们日常所做的行为？我作为一个行为主义者，做着科学的研究工作，要如何方能够使今天所做的和昨天所做的不同？我们能够由练习（条件作用）而将行为改变到何种程度？这些都是行为主义的心理学中之几个重要的问题。行为主义者为要科学地解答

这些问题，他得同别的任何科学家一样，去做观察的工作。"（陈德荣，1935，p.31）

华生把观察法分成两类。第一，无帮助的观察，即不需要借助仪器的控制而完成的观察。这种方法可以了解引起反应的刺激及反应和动作的性质。华生清楚地认识到：不使用仪器，行为中有很多现象不可能加以充分科学而有效地控制，所以充其量，这种方法在心理学中不过是一种粗糙而简单方便的方法。第二，借助仪器控制的观察，即实验方法。由于有仪器帮助并对被试者加以控制，因而能够更精确地进行研究。

（二）条件反射法

条件反射法是华生行为主义心理学最重要的也是最能体现其理论特色的研究方法。条件反射法是俄国著名生理学家巴甫洛夫最先采用的，然而，应用到心理学上，却要归功于华生。所以从心理学意义上讲，条件反射法是行为主义特有的方法，别的心理学派不曾用也不愿用这种方法。

华生把条件反射法也分为两类：一类是用以获得分泌条件反射的方法；另一类是用以获得运动条件反射的方法。华生不仅把条件反射法正式列入心理学的研究方法，而且还亲自应用这一方法对儿童的情绪进行系统的实验研究，取得了有价值的成果。

（三）言语报告法

华生指出，行为主义者可以通过被试的言语报告来研究他人的行为，并认为言

语报告法比其他客观的方法更为简单实用。他指出："人类是一种独特的动物，最常用最复杂的言语去进行反应。有一个相当流行的观念认为客观的心理学不谈及言语的反应，这自然是错误的。如果忽视人类的发音行为，那真是愚昧偏执之至。在人类方面往往唯一可观察的反应便是言语。换言之，他对于各种情境的适应用言语的时候比用其他运动机制的动作更为常见。"（Waston，1919）华生就这样勉为其难而又堂而皇之地将言语报告法引进了行为主义的大门。

众所周知，华生强烈地反对内省法。然而耐人寻味的是，他竟然允许观察自己身体内部发生的各种变化，并对这些变化进行言语报告。华生这种对内省心理学的妥协曾在西方心理学界引起很大的争议。华生认为，这是由于对行为主义的误解使然。他指出行为主义研究的是个人的整个的或全体的活动，而不仅仅是肌肉与腺体的变化。说言语报告不客观是不对的，因为言语活动本身就是一种反应，听取别人的言语和观察其身体动作一样，都是客观观察。在有仪器时，言语报告可以与仪器测量的结果互相补充，而在诸多仪器尚无能力的领域，言语报告经心理学家的处理能提供当时最客观的指标。就这样，华生把内省法从前门大大方方地送出去，又用言语报告法把它从后门偷偷摸摸地请了回来。

（四）测验法

华生反对传统心理学家将测验法视为实用心理学的一种方法。他指出，纯粹科学与实用科学之间的差异在心理学中正逐步消失，应将测验法和心理学的其他方法平等看待。但与众不同的是他认为所测验的应是行为而非心理品质；测验的目的并非度量智力和人格而应是被试对测验情况所做的反应。因此，华生的测验法不同于其他心理学家的测验法。华生认为现有的测验有一个很大的缺陷，就是他们往往依赖于人们的言语行为，这样就排除了对有语言缺陷的人应用测验法的可能性。因此，他主张要设计和运用不一定需要语言的有明显外部表现的行为测验。

三、其他重要的心理学理论

（一）本能论

华生关于本能的认识的转变前后经历了三个阶段：一开始全盘接受传统心理学的观点，随后产生动摇和怀疑，最后便毫不留情地断然否定。在他早期的论述中，他并不否认遗传的本能，认为本能是反射，但不承认反射可以遗传，而承认这些反射之间的组合可以遗传。在后期的著作中，他便完全否认行为可以遗传，否认本能的存在，断然反对在心理学中继续使用"本能"这一概念。他指出："在人类的反射目录中，找不到哪一种相当于心理学家和生物学家所说的本能。"（高峰强，2000，p. 150）

华生认为，人和动物如有什么与生俱来的行为的话，也只是由于有着与生俱来的身体结构。他指出，人类是一种动物，生来就具有一定形式的构造。有了那样的构造，所以在生时对于刺激不能不有一定形式的反应，如呼吸、心跳、打喷嚏等。他把这些反应称为人类不学而能的行为。"……没有一种反应相当于现代心理学家和生物学家的所谓'本能'。所以在我们看来是没有本能的。——心理学中我们也不需要这个名词。现在习惯上称为'本能'的一切动作，大概都是训练的结果——属于人类所有的学习行为之中的。"（高峰强，2000，p. 150）

在这里，华生提出了一个十分重要的命题：构造上的差异及幼年时期训练上的差异就足以说明后来行为上的差异。这就是说，在先天结构差异的基础上，只凭外界的影响，只凭教育的作用，就可随意把人培养成为预定的类型。由此，华生得出了一个极为著名的断言："给我一打健全的婴儿和我可用以培育他们的特殊世界，我就可以保证随机选出任何一个不问他的才能、倾向、本能和他的父母的职业及种族如何，我都可以把他训练成我所选定的任何类型的特殊人物如医生、律师、艺术家、大商人或者甚至于乞丐。"（Watson，1930，p. 82）

华生反对詹姆斯、桑代克、麦独孤等人过分夸大本能的作用，重视环境和教育的作用是有积极意义的。但是他完全否认遗传和本能，主张环境决定论和教育万能论则是错误的。

（二）习惯论

华生在 1913 年的《行为主义者心目中的心理学》一文中指出：写一部心理学，决不使用诸如意识、心理、状态、心灵、意象等名词，而用刺激与反应、习惯的形成、习惯的整合等术语来写。华生认为任何明确的动作，或明显或内隐，凡不属于遗传范畴的，必须看成是一个习惯。习惯是一系列复杂的反射，是儿童或成人遇着相当的刺激时依次做出的活动。他把习惯分为两大类：①外显的习惯，如开锁、打网球、拉提琴、说话、讲演、写作、从事任何职业活动等，这些外显的活动不用仪器就可以观察到；②内隐的习惯，即不借助仪器帮助就无法观察的习惯。华生认为，内隐习惯与外显习惯相比同样繁多且更为复杂。普通成人的内隐习惯大都在喉头、咽头、舌的肌肉中。

习惯是如何形成的呢？华生认为婴儿或儿童时常被各种各样的外部和内部刺激所刺激，由于它们总在不停地产生作用，于是便唤起手、腰、腿、臂等的不停的动作，随着刺激与反应之间的联结的形成与巩固，习惯也就形成了。随着婴孩的成长及肢体习惯的增多，他就能逐渐支配世界了。

到底哪些因素会影响到习惯的形成呢？华生列举了大多数心理学家认为是极为重要的因素：①年龄，一般说来年龄越小形成新的习惯就越容易；②练习的分配，在进行动作和言语学习时，不同的练习分配方式会产生不同的效果，其中集中练习的效果不好，而将练习的时间分隔得长一些会提高学习成绩；③既得机能的运用，一种动作练习时间充足，再继续练习下去，学习曲线呈水平状，不再有进步，这为高原现象，华生称这类已练习得很好的习惯为机能；④药物、天气、酒精、咖啡、茶、烟草、可卡因等因素都会影响学习的效率；⑤诱因，华生指出诱因越多、越一律，进步就越快也越稳定。

（三）情绪论

华生认为，情绪是一种遗传的模式反应，其中包括整个身体机制的深刻变化，特别是内脏和腺体系统的深刻变化。这就是说，情绪是遗传的、原初的，其反应是模式化的、类型化的，即反应的各个细节表现出一定的恒常性、规则性及顺序性。华生认为，情绪和本能都是遗传的模式反应，但两者有一定的区别。"刺激引出的反应若是内部的，限于被刺激者体内的，就是情绪，例如脸的红涨；刺激若引起机体全部去适应事物，就是本能，例如防御的反应、把握等。情绪单独发现的时候极少。通常刺激都是把情绪的本能的及习惯的元素同时激引起来。"（臧玉淦，1925，p. 187）在华生看来，情绪活动于体内，是内隐的、混合不清的，而本能表现于外以适应环境；情绪可以离开外显的本能动作而发生，但本能动作基本上总是伴随着情绪的。

根据对婴孩的研究，华生提出了著名的情绪三维理论。他认为，原始情绪模式表现为恐惧、愤怒和爱。它们各有其发生的主要情境及典型表现：恐惧是由高声和突然失去支持引起的，愤怒是由身体运动受到阻碍引起的，而爱则是由抚摩皮肤、摇动和轻拍引起的。华生唯恐人们把恐惧、愤怒及爱理解为意识一类的主观的东西，因此指出："我们引用这些心理学上流行的名词很存一番疑虑。学者必须把它们看作除去用情境及反应解释以外，里边并没有别的东西。实在我们很愿意把这三种分别叫做 X、Y、Z 情绪反应的状态。"（臧玉淦，1925，p. 189）

华生用条件反射研究情绪的发展变化，"小阿尔伯特"便是华生在情绪研究中的经典实验。华生以 10 个月的男孩阿尔伯特为研究对象，研究恐惧条件反射的建立及恐惧的消除，得出了一些有价值的结论。首先，他认为，条件化是使情绪复杂化和发展的机制，人的各种复杂情绪是通过条件作用而逐渐形成的。阿尔伯特开始对小白鼠及一些带毛的东西毫不惧怕，并表现出好奇。然后用重击铁轨的高声做条件反射实验。数次之后，即使没有高声，孩子也开始表现出对白鼠的恐惧。其次，华生认为，由条件反射形成的情绪反应具有扩散或迁移的作用。阿尔伯特虽然起初形成的条件作用是对白鼠的恐惧，以后则泛化到兔子、鸽子等多种有毛的动物，并表现出对毛皮上衣、头发和圣诞老人的连鬓胡须也产生恐惧。最后，华生认为，在适应的条件下，又可形成分化条件情绪反应。除条件刺激白鼠外，其他刺激都单独使用时不以敲击声来强化，则扩散消失，被试只对白鼠保留反应。此外，华生还通过对一个 3 岁孩子彼特的实验研究，认为重行条件作用或解除条件作用是消除不良情绪反应的最有效的方法。

（四）思维论

美国心理学家查普林和克拉威克说过："当我们进而审查华生的思维观时，我们面对的是他的全部学说中最有特点、最富有挑战性、最引起争论的观点之一。我们指的是他的著名的'边缘思维论'。"（林方译，下册，1984，p.19）这里所说的边缘思维论，也称外周思维论。这种理论主张思维是整个身体的机能，是感觉运动的行为。华生反对中枢思维论，认为思维完全是大脑的事，是在没有肌肉运动的情况下在脑中发生的，因而不易观察和实验，只能是不可捉摸的心理的东西。华生将"言语"和"思维"都归结为"语言的习惯"，认为言语是"外显的语言习惯"，而思维则是"内隐的语言习惯"。或者说，言语是"大声的思维"，而思维则是"无声的谈话"。在华生看来两者并无本质的区别，都是人类所特有的语言习惯，只不过前者是外显的、有声的和供社会使用的，而后者则为内隐的、无声的和供个人使用的。

华生认为，内隐的语言习惯是由外显的语言习惯逐渐演变而来的。他指出，儿童经常自言自语，后来在大众和社会的要求下逐渐由有声状态转变为无声状态，即由外部自言自语转变为内部言语。而且，人除了语言形式的思维，还有非语言形式的思维。如聋哑人在说话时都用肢体的运动来代替字的，他们的言语和思维都是以同样的肢体反应来进行的。甚至正常人也并非总是用词来进行思维的。当一个人在思维的时候，他不仅发生着潜伏的语言活动，而且还在发生着潜伏的肢体活动和潜伏的内脏活动。而在后面两种活动占优势时，就发生了没有语言形式的思维。那么人们何时思维呢？华生指出："无论在什么时候，只要我们用语言组织来发生无声的语言，便能够避免不适应的情境，就说明我们在思维着了。""一切的字行为，无论是哪一种，只要在发生的时候，是没有声音的，则都应该包括在'思维'这个名词之中。"（陈德荣，1935，pp.426—427）

华生将思维分为三类：①问答式思维，即将已经完全养成习惯了的字的行为，无声地应用起来；②习惯性的无声思维，这种思维也是一种已经养成的语言习惯被刺激或为情境所引起而无声地应用起来的，不过这种习惯在其发生时还要增加"学习"或"再学习"的因素；③构造或计划性思维，这种思维需要学习，需用的量与任何一种动作在第一次练习时所用的学习时间相等。此外，华生还对思维的创造作用进行了解释。认为各种思维的创造物不过是玩弄词的反应的结果。人们将词的反应变来变去，最后得到一种新的反应模型，这便是各种思维的产物。

（五）人格论

华生认为，要完整地观察个体的行为，就必须用人格化的情境下的活动情形去观察。华生认为，必须完全抛弃以往的人格概念，而改用行为主义的人格概念。他认为，人格乃是一切动作的总和，是我们所有的各种习惯系统的最终产物。在华生看来，所有人的资质在出生时都是相同的，但由于生活环境和所受教育的不同，不同的人便因之形成了各种不同的习惯系统，如宗教习惯系统、婚姻习惯系统、私人习惯系统，等等。但各个习惯系统所占的地位是不同的，对人格的分类和对个人的人格的判断，是以占优势的习惯系统为根据的。

华生认为在人的一生中，幼年和少年时期是各种习惯系统的形成时期，也是人格变化发展最快的时期。随着年龄的增长，新的习惯系统不断形成，旧的习惯年复一年地消除。一般说来，到十三四岁以后，其习惯系统已基本上确立，除非发生新的强烈的刺激；否则其人格是很难有所改变的。但华生认为，人格是可以改变的，唯一的方法就是改变一个人的生活环境，使他在新环境中不得不养成新的习惯系统，从而使人格也就得到改造；而且环境改变的程度越高，则人格改变的程度也越高。

第四节 其他早期行为主义者

作为行为主义的旗手，华生是当时行为主义的一位最有影响的人物。到了20世纪20年代，行为主义在美国风行起来。霍尔特、魏斯、亨特、拉什利、郭任远等心理学家的观点与华生的主张大致相同，但又不完全一致，通常被称为早期行为主义者。

一、霍尔特

霍尔特（Edwin Bissell Holt，1873—1946）是新实在论的哲学家，也是早期行为主义心理学家。他出生于美国的马萨诸塞州，1901年获得哈佛大学哲学博士学位，并在哈佛大学和普林斯顿大学度过他的整个学术生涯。他的主要著作有《意识的概念》（1914）、《弗洛伊德的愿望及其在伦理学中的地位》（1915）、《动物驱力和学习历程》（1931）等。

霍尔特坚持心理学应当研究行为，并主张中枢神经系统只有传递功能而没有任何加工作用的外周论。霍尔特指出："生理学家并未发现神经流通过大脑皮层时，被一漏筛过滤而进入不可见的心理世界，或者在这里受到任何意志力的支配。它们穿过大脑两半球这个迷津，并不比穿过低级脊髓有更多的神秘性。"（高觉敷，1982）霍尔特的这一观点，为行为主义在心理与神经系统的关系问题上提供了哲学依据。

在遗传对人类行为的形成所起的作用问题上，霍尔特同意华生的观点，认为遗传对人类行为的形成所起的作用并不重要；人的行为模式是通过两条途径发展起来的，基本途径是学习，其次则是通过成年时代对童年时行为模式的保持。霍尔特也有与华生不同的观点，这些不同之处表现在以下几个方面。①他承认意识并把意识包括在行为之中，指出意识应该归属于认识论的现实主义。按照现实主义的观点，客观是作为被知觉的东西而存在的，即使在我们没有知觉它的时候也是这样的。②他反对把行为分解为"刺激—反应"，认为行为是"特殊的反应关系"，是完成某种目标的整体。③他主张行为是有目的的，行为动机既有外部刺激又有内部驱力，如饥、渴等。霍尔特把内驱力作为学习的动机之一，这对后来的新行为主义者赫尔、托尔曼等人均产生了重大影响。

波林（1950）曾这样评价道：可能是由于他一半是哲学家（实在论者），一半又是优越的实验家，所以他被认为是一位非正统的行为主义者，他的主要影响是为行为主义提供了一个哲学的框架。

二、魏斯

魏斯（Albert Paul Weiss，1879—1931）是早期行为主义心理学家。他出生于德国，童年时移居美国，1916年在梅耶（Meyer M.）的指导下获得密苏里大学哲学博士学位，此后一直在俄亥俄州立大学任教，从事儿童心理学的研究。魏斯的代表作有《人类行为的理论基础》（1925，1929）等。

魏斯是一位激进的行为主义者。他主张心理学是一门严格的自然科学，坚持排斥意识和内省法，力图把意识、人格都分解为物理、化学等要素，还原为电子和质子的运动。他认为，用客观的自然科学方法不能观察的所有现象都应该清除出心理学，因而通过内省所得到的心理现象在心理学中就不能存在。心理学不应该去研究意识，只能研究由物理学界定的对象。显然，这是一种极端的还原论观点。

魏斯强调行为的生物要素，然而又不能回避人的行为具有社会性的事实。于是魏斯主张，人是这两种力量的产物，并且创造了"生物—社会的"一词去说明人类行为的特点。他认为，心理学的范围在于生物社会的过程，心理学的观点应是生物社会的；人的行为是随着有机体的成熟和发展，并在社会影响和人们互动作用下形成和改变着的。因此，心理学不能局限于生理的研究，还必须研究这种影响和社会关系。但是，由于他最终把社会关系归结为刺激反应关系，也就是把社会的东西还原为生物、理化的东西，否认了社会生活这种物质运动高级形式的特殊性，因而不仅人的行为的社会性成了空话，而且社会生活本身的存在也在实质上被否定了。

三、亨特

亨特（Walter Samuel Hunter，1889—1953）出生于美国的伊利诺伊州，曾就读于机能主义心理学的策源地芝加哥大学，也是安吉尔和卡尔的学生，1912年获芝加哥大学哲学博士学位，先后任教于得克萨斯、堪萨斯、克拉克和布朗大学，主要著作有《动物和儿童的延迟反应》（1914）、《心理学与人类行为学》（1926）。

他从事动物和人类的实验工作，对学习和解决问题的研究有着重要的贡献，其中以延迟反应和时间迷津的实验最为有名。1931年亨特当选为美国心理学会主席。

亨特认为，心理学已由争论心理学是什么和是怎样的思辨时代进入实验时代，心理学已走上客观地研究人类行为的道路。同其他行为主义者一样，他主张心理学应当努力地描述和解释、预测和控制有机体对外在的主要是社会环境的外显行为。他排斥意识和反对内省，力求避免应用带有心灵色彩的术语，主张"心理学"应称为"人类行为学"，"意识"应称为"刺激与反应"。

亨特以其对动物和儿童的延迟反应的实验研究而著名。实验是让被试学会由一个地点走向几个箱子中有亮光的一个，当这一个箱子发光时，不让被试立即走过去，而是等光亮熄灭一定时间后才能走过去。被试之所以在亮光熄灭后能够正确走向发过亮光的箱子，传统的解释是被试的反应不是由当前的刺激所引起的，而是由光亮的意象这种观念的东西所引起的。而亨特认为这是因为动物和儿童能够保持亮光熄灭前的身体姿势，身体姿势产生了动觉，成了这种反应的信号。他推测一定还有许多不能为主试者看到的机体内部变化来作为记号，起所谓观念性的意象的作用。这样一来，传统心理学中的心理状态，也就消解在包括语言动作在内的身体动作状态之中，心理、意识的东西也就不存在了。可见，亨特的实验研究是为其行为主义观点寻找根据的。

四、拉什利

拉什利（Karl Lashley，1890—1958）是美国杰出的生理心理学家，是华生在霍普金斯大学的学生。他于1915年获得该校哲学博士学位，先后在明尼苏达、芝加哥和哈佛大学执教，最后到伊尔克斯灵长类生物学实验室工作。他以其对动物脑切除的研究闻名于世。拉什利的主要著作有：《意识的行为主义解释》（1923）、《脑的机制与智力》（1929）。1929年拉什利当选为美国心理学主席。

拉什利打着反对主观主义的旗帜，坚持其师承的行为主义立场。他认为心理学不应该研究意识，因为意识是不可被经验到的。人们所经验到的只是作为意识内容的客观事物本身，而不是意识。由此，他把行为分为意识行为和无意识行为两种，并认为它们只是程度上的差异而无质的区别。他还认为，语言反应和身体的其他反应也无性质上的区别，只不过是引起肌肉群的收缩而已。他也反对内省法，把内省理解为通过内部感官对自己身体内部的变化所进行的观察。

拉什利通过对白鼠及其他动物脑切除的实验，提出大脑皮层功能活动的两条原则。①整体活动原则，即切除大脑皮层对学习效率影响的大小以切除分量的多少为转移。切除的分量越多，影响越大。而且所受影响的大小还因所学活动的复杂程度而异，活动越复杂，受影响越大。但与切除的部位无关。②均势原则（或等功原则），即大脑皮层的一定部位，从其对任务的功效来说，本质上是与另一部位相等的。因此，切除大脑皮层的不同部位，对动物的学习效率并不发生不同的影响。

根据上述的研究，拉什利又进一步得出结论，认为大脑皮层并不存在具有确定定位点的感觉装置与动作装置之间的联结，因而脑的作用也并非仅仅把内导的感觉神经冲动转换为外导的运动神经冲动。实际上，在学习中脑的作用比这复杂和积极得多。拉什利不同意华生把反射只看作点对点的简单联结，把复杂行为看作许多简单反射组合而成的观点。他关于脑整合机制的发现和完形心理学的理论有着一致之处。当然，拉什利和华生的分歧只是在具体问题的看法上，他们在行为主义的基本观点上则是始终一致的。

五、郭任远

郭任远（1898—1970），著名的行为主义心理学家。1916 年考入复旦大学，1918 年留学美国，在加利福尼亚伯克利大学攻读心理学，得到行为主义心理学家托尔曼的赏识。1921 年发表的《取消心理学的本能说》，震惊了当时美国心理学界，掀起了一场反本能运动。华生也受其影响，逐渐转变为环境决定论者。此后他又相继发表了《我们的本能是怎样获得的》（1922）、《归纳推理的实验》（1923）、《反对本能运动的经过和我最近的主张》（1923）、《一个心理学革命者的口供》（1926）、《心理学的真正意义》（1926）、《心理学里面的鬼》

（1927）、《一个无遗传的心理学》（1928）等论文。他有近 40 篇学术论文发表在国外。他在国内出版的著作有《人类的行为》（上卷 1923）、《行为学的基础》（1927）、《行为主义心理学讲义》（1928）、《心理学与遗传》（1929）等。此外，黄维荣在1928 年还编辑出版了《郭任远心理学论丛》一书。1923 年，他完成学业后应聘回国，先后在复旦大学、南京中央大学、浙江大学从事行政和教学科研工作。郭任远不仅大量地介绍过行为主义学派的理论观点，而且在自己的实验研究中提出了很多独创性的理论见解，引起了国内外心理学界的普遍关注。

郭任远认为心理学是研究有机体全部行为的科学，其目的在于考察有机体行为原理中的种种决定和统御行为的规律。他与华生有着许多相似之处：他与华生一样坚持反对内省法而提倡实验法；他吸收了华生的观点，否认心理学中关于意识概念的说明，并提出意识是行为之一部分的观点；他赞成华生关于大声的思维是语言，无声的语言是思想的看法；他作为与华生相同的极端决定论者，也主张心理学应被抬进自然科学—生物—科学之门，并完全用严格的科学方法来研究它；他与华生的写作、论辩风格极为相似，即大胆、明确、简明而充满革命的激情。

实际上，郭任远的环境决定论比华生还极端。他认为有机体除受精卵的第一次动作外，别无真正不学而能的反应。他自称为一个心理学的革命者，要彻底废黜心理学，建立一门"行为学"。他认为行为学不要与旧心理学发生关系，应舍弃旧心理学里的 8 个大鬼、17 个小鬼。由于郭任远比华生的主张更为极端，他被称为"超华生"的行为主义者。

郭任远以其"胚胎行为"实验研究而著名。他用鸟类卵壳开窗观察的技术，获得鸟类行为在胚胎中发展的实验资料，并有多篇论文在美国专业性杂志上发表，这也可以看成是行为主义心理学在中国的发展。他还通过小鸡胚胎的实验观察，得出不同于华生行为主义的结论：①简单的反射是没有的；②行为只有整体的模式；③行为复杂而多变化，不能释以反射弧的概念，因此他也背叛了华生的行为主义的研究范式。

郭任远通过自己不懈的努力和众多的研究成果，成为近代世界心理学史上最有影响的心理学家之一。其论文《鸟类胚胎实验研究》已成为国际上动物心理学的经典文献，经常为国外学者所援引。

第五节 对行为主义的评价

华生所创立的行为主义是美国现代心理学主要流派之一，在西方心理学界占据支配地位长达半个世纪，这是其他任何心理学学派所无法比肩的。正因为其影响与地位出类拔萃，华生被称为西方心理学的第一势力。

一、主要贡献

（一）客观心理学的建立

舒尔茨指出："华生的行为主义的改革运动帮助了美国的心理学，使其在研究行为时，从注意于意识和主观主义转变到唯物主义和客观主义。"（杨立能等译，1982，pp. 235—236）虽然在华生之前不少心理学家如冯特、赫尔姆霍茨、韦伯、费希纳等人都试图将心理学从哲学的附庸、神学的婢女和灵魂的奴仆地位中解放出来，使心理学成为一门独立的科学，甚至别赫切列夫、安吉尔等人还提出了各自的客观心理学体系或构想，但是，真正使心理学由主观范式转向客观范式的应是华生的行为主义。具体表现在以下几个方面。①华生以机械唯物主义观点为基点，坚决反对以不可捉摸的、不可接近的意识或心理现象为研究对象，而竭力主张将可观察和控制的人与动物的外显行为作为研究对象，这对于清除传统心理学中哲学思辨式的玄想和唯心主义心理学的主观性、神秘性、因袭性和烦琐性具有极大的积极意义。②华生坚决主张以严格的客观方法取代主观内省法，并明确地将条件反射法作为心理学的主要研究方法，不仅加强了心理学的科学性和客观性，而且不同的科学家可以相互验证、交流经验和结论，有利于心理学的发展。"强调客观的研究方法被华生看作是行为主义的方法论革命，也被人称之为方法论的行为主义。华生把冯特的实验内省法中的内省去掉以后，大大推进了实验法的发展。行为主义的功绩之一是使心理学在客观实验方法上走向成熟和精致。"（葛鲁嘉，1995，p.78）③华生主张以预测和控制人的行为作为心理学的目标和任务，而这种预测和控制是通过 S—R 公式来实现，这体现了严格的客观主义立场。

早期行为主义者尽管在不少方面对华生的行为主义进行了一定程度的修正和发展，然而在心理学的研究对象和研究方法方面，坚持客观主义的态度却是行为主义历来的传统，也是行为主义发展至今仍保持下来的最显著的特征。

（二）心理学领域的拓展

行为主义一直致力于心理学的基础研究，使动物心理学、儿童心理学尤其是实验心理学和学习心理学都取得了重大的突破，从而拓展了心理学的研究领域。

动物心理学和行为主义之间有着密切的关系。一方面，行为主义是桑代克关于动物学习的实验研究的结果；另一方面，行为主义的产生也促进了动物心理学的发展。由于行为主义力图将意识排除于心理学研究的领域之外，并把行为置于心理学的中心地位，因而不仅可以避免动物心理学中的拟人化的倾向，而且可以使动物心理学在心理学中取得应有的合法地位。

华生在儿童心理学客观化方面——方法和术语方面，发挥了巨大的作用。他将实验法引入儿童心理学领域，尤其是他的儿童情绪条件反射的实验研究，促使人们对于儿童情绪的产生、发展和特定情绪的特定反应模式做了大量的研究工作，进一步丰富了儿童心理学的研究领域。

行为主义对实验心理学与学习心理学的贡献是巨大的。行为主义者一直重视动物学习的实验研究，并力图用动物学习规律来说明人类心理规律。因而，在学习心理学领域，行为主义的地位是相当显赫和举足轻重的。我国台湾学者张春兴等人把学习理论分为三大类：行为学习论、认知学习论及人本学习论。而在这三种学习理论中，行为主义学习理论体系最完整、最庞大也最严谨，影响也最深远。

（三）心理学应用的深化

行为主义注重吸收自然科学的成果，强调预测和控制人的行为，提倡心理学要面向实际生活，促进了心理学的广泛应用。由于行为主义坚持心理学走客观化的道路，突出心理学对象与方法的客观性、开放性和可操作性，把预测和控制人的行为作为心理学的根本任务，这就决定了行为主义更加注重面向实际生活，重视心理效应，发展应用心理学。历史的发展也证明：行为主义已经使某些早已脱离它的本源实验心理学的心理学分支，如药物心理学、广告心理学、法律心理学、测量心理学和心理病理学等取得了突飞猛进的发展。

华生不仅倡导心理学的应用，而且身

体力行。华生离开大学教学生涯后，做了大量的心理学普及工作，竭尽全力地将行为主义原理应用于商业和工业，使行为主义在美国得到了普遍认可。目前，在美国，行为主义方法、技术不仅普遍应用于各种社会机构，如学校、医院、诊疗所、工厂、政府机关，而且已经渗入西方人文科学如社会学、政治学、行为科学，甚至艺术领域。应该肯定，行为主义在心理学应用的深化方面所取得的创造性功绩与贡献，是其他心理学学派所无法比拟的。

二、局限性

舒尔茨指出，行为主义是最重要的也是引起争论最多的美国心理学体系。华生的心理学在学者们心目中的地位因人而异，有人捧之上天，有人踩之入地。这说明华生的行为主义有其内在的局限性。

（一）生物主义

华生之所以把人与动物的行为作为心理学的研究对象，是因为他坚持把人的心理彻底生物学化和动物学化。首先，行为主义把心理学看作一门自然科学，因而将人和动物看成是相同的或相似的自然实体，忽视人是社会历史的存在物。其次，行为主义主要以猫、白鼠、狗、猩猩等为其研究对象，完全把人的心理动物学化或生物学化。行为主义只看到了人与动物的连续性，抹杀人与动物的本质差别，把人归结为动物，必然陷入生物主义的境地。

（二）客观主义

行为主义提倡以客观的方法代替主观的内省法，应该说是历史的进步，也是心理学发展的必然结果，其心理学的方法论是具有一定的积极意义的。但是行为主义贬低作为主体的人在心理和行为活动中的地位和作用，否认心理的主观性和内省法，把客观行为和客观方法视为心理学唯一的研究对象和研究方法，认为研究者在研究中应坚持价值中立的立场。这种以行为等同或取代意识，实质上就是肯定客观、否定主观，必然陷入"无心理内容的心理学"或"无头脑的心理学"的客观主义的境地。

（三）机械主义

行为主义"是一种刻意模仿和追求自然科学，特别是物理学的机械主义方法论的传统来研究心理现象的心理学倾向或主张"。（高峰强，2000，p.118）它坚持机械主义的传统和环境决定论的观点，把行为归结为 S—R 的简单模式，千方百计地把人描绘成一种消极被动而毫无主观能动作用的机械结构，其结果必然又陷入机械主义的境地。

（四）还原论

行为主义虽然反对冯特和铁钦纳的内省心理学，但却不反对他们元素分析的还原立场。在华生看来，人的心理最终可还原为肌肉收缩或腺体分泌。他把社会的东西还原为生物的东西，再把生物的东西还原为物理、化学的东西，抹杀了精神与物质、社会与自然的本质差别，陷入还原论的困境。

本章思考题

1. 试述行为主义产生的根源。

2. 为什么说行为主义是最彻底的机能主义？

3. 试析华生行为主义的理论体系。

4. 简述霍尔特、魏斯、亨特、拉什利、郭任远的行为主义理论观点。

5. 如何认识行为主义的贡献与局限？

第十章
行为主义的演变

　　1913—1930 年的行为主义以华生为代表，被称为早期行为主义。第一代行为主义者坚持放弃意识改以行为作为心理学的研究对象，抛弃内省法而改以客观法作为心理学的研究方法。1930—1960 年，早期行为主义经历了诸多内部变革，形成了以古斯里、托尔曼、赫尔、斯金纳等为代表的新行为主义。第二代行为主义者坚持华生行为主义的基本立场，但对华生行为主义中极端简单化的观点和方法存在异议，试图以自己的研究加以改进、弥补或创造，形成了各具特色的理论体系。20 世纪 60 年代以后，新行为主义者的助手和学生如班杜拉等人又对新行为主义有所发展，形成新的新行为主义（new neo-behaviorism）。虽然这些第三代行为主义心理学家没有根本摆脱经典行为主义的理论架构，但是他们已经大胆地把传统上被行为主义拒之门外的诸如意识、思维、心象等心理学概念回归为心理学合法的研究对象，以趋向认知、整合吸收和突出社会内涵为其主要特征，试图在认知主义与行为主义之间走出一条折衷的道路。

第一节 行为主义的困境与新行为主义的产生

一、行为主义的困境

华生行为主义迅速推向顶峰的时候，也就意味着早期行为主义的衰落为期不远了。华生行为主义无视有机体的内部心理过程，完全排斥人的意识，把复杂心理现象简单化处理的倾向，显然阻碍了心理科学研究的进步，引起了其他心理学学派的诸多非议。一时间，华生的行为主义成为心理学家群起批判的靶子。策动心理学、格式塔心理学、构造心理学、机能心理学纷纷对行为主义提出批评。

威廉姆·麦独孤是策动心理学的主要代表，他与华生的观点可谓水火不容、势不两立。一方面，麦独孤对华生排斥内省提出批判，认为不使用内省法，心理学就无法确定被试反应的意义，也无法确定言语报告的精确性，更不能说明欣赏音乐的审美经验；另一方面，麦独孤还批判了华生的环境决定论。他从他的自由意志立场出发，认为既然人的行为由环境刺激来决定，那么就没有人愿意做出任何努力去制止战争、消除社会暴力与不平等以实现其个人和社会理想。行为主义以自然科学的一些术语来解释人的行为，表面似乎是客观的、科学的，而实质上是虚伪的，不合逻辑的。他曾断言，用不了几年华生的行为主义立场就将消失得不留一点痕迹。

格式塔心理学对华生行为主义排斥意识并用冯特式的元素分析来研究行为的方法论给予了批判，认为心理学是意识的科学、心的科学、行为的科学，直接经验是一切科学研究的基本资料，心理学既研究客观经验又研究主观经验。格式塔心理学在学习理论方面与行为主义存在着根本的对立。苛勒和考夫卡反对行为主义的渐进学习、尝试错误学习，提出了顿悟学习理论；反对华生行为主义把思维归结为言语行为，而将思维作为研究的中心问题之一。此外，苛勒对行为主义研究动物行为的实验方法进行了批评。他指出，用来研究动物行为的主要工具——动物迷津——即使在最好的条件下也绝不可能证实顿悟的存在。他认为在那种人为设计的情境中，即便是一个天才的人也只能用白鼠的方法来学习，即通过尝试错误来学习。苛勒明确指出动物对问题的解决不是来自盲目尝试错误，不是出于环境的偶然碰巧的；动物的学习是一个突发的飞跃的质变的过程，无须积累和渐进试误。

华生把心理学变成没有"心理"或无"头脑"的心理学，不仅遭到行为主义以外的其他心理学学派的批判，而且在行为主义内部也引起不满。为摆脱早期行为主义的困境，新行为主义者不得不对华生的理论加以修正，以便既能坚持行为主义学派的严格决定论的根本观点，又能不与人的心理生活和行为的现实太过于矛盾，因而在不同程度上修正和发展了早期的行为主义，并形成了各具特色的理论体系。这其中具有代表性的有古斯里的接近条件作用理论、托尔曼的目的行为主义、赫尔的假设—演绎体系、斯金纳的操作行为主义以及班杜拉的社会认知理论。

二、新行为主义的产生

华生的行为主义立场到了 20 世纪 30 年代遭到了其他心理学派别的诸多诘难。早期行为主义似乎穷途末路，大势已去。为了捍卫行为主义的基本立场，在行为主义内部以赫尔、托尔曼、斯金纳等为主要代表的心理学家，接受了逻辑实证主义和操作主义的指导以及机能主义心理学的启发，采取一种既发展客观实验，又发展客观的心理学理论的做法，这种改良后的行为主义称为新行为主义。

(一) 逻辑实证主义

实证主义是一切行为主义的哲学基础。到了 20 世纪 20 年代，实证主义已经从孔德的激进实证主义经马赫的经验实证主义发展到维也纳学派的逻辑实证主义。逻辑实证主义在坚持可观察证实的基本原则之外，发展了可间接观察证实的原则，即一个不能被直接观察证实的命题，如能以逻辑推理的方式予以证实，也是有意义的。这一间接证实方法的提出拓宽了科学研究的途径和可能性，尤其是许多心理现象，如意识、情感、动机等皆难以直接证实，因而早期行为主义把它们排除在心理学的大门之外。新行为主义正是受逻辑实证主义的启发，冲破了早期行为主义因有机体内部因素不能直接被观察证实而不予研究的局限，开始关注对动机和认知机制的研究。

(二) 操作主义

操作主义是实用主义和逻辑实证主义相结合的产物，是一种用操作揭示概念意义的方法论。操作主义于 20 世纪 20 年代产生于美国，20 世纪三四十年代广泛流行于西方。创始人是美国著名物理学家、哲学家布里奇曼（Percy Williams Bridgman）。他认为，一切认识都来自经验，科学知识不能越出经验的范围。经验是指个人的活动，即个人的"行为和遭遇"，也就是个人的一系列操作。操作是"非分析的"，是原始的、最基本的东西，具有"一定可重复性和同一性，因而具有客观性"。他把操作分为两种：一种是物理操作或工具操作，如度量、实验或仪器操作；另一种是精神操作或称智力操作，如思维、讨论等言语操作、数学运算等纸笔操作。

新行为主义以操作行为主义作为理论根据，主张把意识经验还原为操作；力图用科学的操作来规定心理学中的一些术语的意义，以便把行为主义心理学体系建立在客观的实验操作的基础之上。斯金纳从操作主义出发，解析行为的工具性或操作性，建立操作行为主义的理论体系；赫尔和托尔曼提出的刺激与反应之间的中介变量，往往是操作上规定的逻辑结构，它们的内容不是内省的材料，而是动物在一定实验条件下进行的具体操作。

(三) 机能主义心理学

机能主义心理学曾为华生行为主义的产生与发展提供了研究对象和研究方法上的启示，不仅如此，在早期行为主义遭遇重重困境与批评之时，机能主义心理学又再次为行为主义的演变提供了有力的支持。

具体说来，机能主义者的某些思想和观点给新行为主义者提供了巨大启示，并为后者所吸收，尤其是吴伟士 1918 年提出的 S—O—R 公式，取代了华生的 S—R 公式，试图弥补和克服早期行为主义无视有机体内部过程的缺点。新行为主义者正是受此启示，提出并使用中介变量的概念，探讨而不是回避有机体行为背后的有机体内部因素。1940 年，吴伟士再次修正了他的公式，提出新公式 W—S—O$_w$—R—W，其含义是有机体（O）在外在环境（W）的刺激（S）作用下，对环境进行调节而产生定势或定向（O$_w$）。这一关于情境和定势的思想被新行为主义托尔曼吸收。同时，吴伟士的学说可以说是一种动机学说。

他提出以机制和驱力两个概念来解释人类行为是怎样发生的，以及发生的原因是什么。后来的新行为主义者，尤其是赫尔，提出内驱力的概念假设，并着重研究它与行为的关系，从中可以看出吴伟士动力心理学思想的影响。此外，吴伟士在生理学与心理学的关系问题上的思想，亦对新行主义心理学产生了影响。他认为两者之间的关系不是平行的，而是分层次的，因而不能相互替代，对行为的心理学研究不能以生理学的描述取而代之。这一思想促使新行为主义者注意克服早期行为主义关于肌肉收缩和腺体分泌学说的缺点，而注重对行为本身的研究。如托尔曼强调要研究整体行为而非分子水平的行为；斯金纳强调对行为进行直接描述，等等。

第二节 托尔曼的目的行为主义

托尔曼（Edward Chase Tolman，1886—1959）是新行为主义的代表，是目的行为主义的创始人，也是认知心理学的先驱。他出生于美国马萨诸塞州的韦斯特纽顿，先在麻省理工学院学习工程，后入哈佛大学跟随霍尔特学习心理学，1915 年获哲学博士学位，其间曾专程赴德国接受完形心理学家考夫卡的指导，深受其思想

的影响，数年后，任加州大学比较心理学教授，从事教学研究达 30 余年，1950 年转至哈佛大学任教，1953 年又转至芝加哥大学任教，1937 年任美国心理学会主席，1957 年获美国心理学会杰出科学贡献奖，并曾任第 14 届国际心理科学联合会主席。托尔曼的主要著作有《动物和人的目的性行为》（1932）、《机体与环境的原因结构》（1933）、《战争的内驱力》（1942）、《行为的和心理的人》（1951）、《托尔曼自传》（1952）以及他的弟子选辑出版的《托尔曼

论文集》（1951）等。

虽然托尔曼在早期就已成为行为主义者，但他的理论与华生的行为主义、麦独孤的策动心理学、吴伟士的动力心理学以及同正统的和勒温的完形心理学都有着复杂的联系。最可贵的是他对各派心理学兼收并蓄的同时，能始终坚持严肃的批判态度，积极发挥独创精神。在长期动物学习实验的基础上，建立了目的行为主义，后来改为符号学习论或符号完形论，强调其理论的认知性质，故又被称为认知行为主义。

一、整体行为及其目的性

托尔曼认为心理学应该研究行为。但与华生不同的是，托尔曼把行为分为两种：①分子行为，是指华生等人以简单的刺激—反应联结概念来界定的行为，如声、光等刺激所引起的肌肉收缩和腺体分泌的反应；②整体行为，是指个体所表现的大单元或整体性行为，如动物走迷津、小鸡觅食、孩子上学、踢球等。"只有行为—动作的整体性才应该是心理学家感兴趣的对象。"因此，他认为心理学的研究对象应是整体行为而不是分子行为。

托尔曼认为整体行为的主要特征有：①整体行为不是刺激—反应的机械关系，而总坚持指向一定的结果；②整体行为总是利用环境所提供的各种途径和工具来排除障碍、实现目的的；③整体行为必然优先选择那些较短的路径或较容易的手段来达到目的，即所谓的"最小努力原则"。托

尔曼认为上述第一点代表行为的目的性，第二、第三点则表明了行为的认知性。他指出："目的和认知是行为的血和肉，是行为的直接特征。"（章益，1983，p. 327）

托尔曼既吸收了完形心理学关于整体的观点和麦独孤的目的论观点，但对它们又做了非常客观化的行为主义的解释。

二、中介变量

托尔曼认为，华生所提出的关于行为的刺激—反应（S—R）公式过于简单，无助于说明人类行为的复杂性。为此，托尔曼提出中介变量的概念。他认为，中介变量是指介于刺激与反应之间因外在刺激而引起的内在变化过程。为了对行为的最初原因和行为本身加以规定，托尔曼提出自变量和因变量的概念，并用下面的公式表述两者之间的函数（变量）关系。

$$B = f_x(S, P, H, T, A)$$

在这里，B 代表行为，S 代表环境刺激（或情境），P 代表生理内驱力，H 代表遗传，T 代表过去经验或训练，A 代表年龄。B 代表因变量，而 S，P，H，T，A 均代表自变量。

行为是环境刺激、生理内驱力、遗传、过去经验或训练以及年龄等的函数。也就是说，有机体的行为随着这些自变量的变化而变化。

但自变量为何会引起行为的变化呢？在托尔曼看来，在这些自变量与行为之间还有中介变量，它是行为的直接决定者，是引起一定反应的关键。因此，必须把

S—R理解为S—O—R，中介变量就是在O（有机体）内正在进行的活动。只有弄清中介变量，才能回答一定刺激情境何以会引起一定反应的问题。

托尔曼早年认为中介变量有两类：需求变量和认知变量。前者包括性欲、饥饿、安全、休息等要求，决定着行为的动机；后者包括了对客体的知觉、动作、技能等，决定行为的知识和能力。1951年，受完形学派勒温的影响，托尔曼又对中介变量做了修改和补充，把原先提出的两种中介变量改为三种主要的范畴：①需要系统，指有机体当时的生理需要或内驱力情况；②信念价值动机，指选择某种目的物的欲望的强度和这些目的物在满足需要中的相对力量；③行为空间，相当于勒温的生活空间，指行为是在个体的行为空间中发生的，在这种行为空间中，有些物体吸引人（正效价），而另一些物体则使人厌恶（负效价）。可以看出，托尔曼的中介变量避免了华生的刺激—反应模式的片面性，深入个体内部过程，因而有助于说明行为的个别差异。值得指出的是，托尔曼分别给以上的中介变量予以操作性定义和说明，再次表明了其客观的行为主义者的立场。

三、符号学习理论

符号学习理论在托尔曼的整个理论体系中占有重要的地位。符号学习理论，或称符号—完形—期待理论，认为学习者不是学习简单的、机械的运动反应，而是学习达到目的的符号及其所代表的意义，建立一种符号格式塔模式或叫认知地图，从而达到对整个情境的认知。托尔曼根据一系列动物实验的结果，证明动物在迷津中的行为是受一定目的指导的。动物并非像强化论者所预期的那样，按一系列尝试错误的行动，再达到目标，而是根据对迷津中的颜色、声音、气味，以至通道的长度、宽度和转角位置等特点的"认知"，把这些特点作为力求达到目的的"符号"，并表现出有所期待的状态，在头脑中形成一个完整的"符号—完形—期待"。（车文博，1998）托尔曼的符号学习理论有三个关键的概念：期待、认知地图和潜伏学习。

（一）期待

所谓期待是有机体关于客观事件意义，通常是指目标物意义的知识或信念。这种知识既可以是当前习得的，也可以是过去习得的。托尔曼以埃利厄特的实验来论证这一观点。

埃利厄特以一群饥渴的白鼠作为被试，安排它们走迷津，最初9天将水放在迷津的出口处作为目标，第10天安排饿着（而非渴着）的白鼠走迷津，同时将出口处的水换成食物，此时白鼠走迷津的错误和花费的时间都显著上升，次日又恢复了先前的水平。这表明，白鼠对"水"这一特定目标有一种预先的认知或期待，换上食物则立即导致了行为的紊乱；又因为新近产生的对"食物"的期待，使得次日的行为恢复到先前的水平。

（二）认知地图

认知地图是托尔曼符号学习理论中的一个重要概念，指在过去经验的基础上产生于头脑中的某些类似于一张现场地图的模型。托尔曼把白鼠学习迷津的行为看作认知学习，认为白鼠学到食物所在方位，并非只是机械式的左转右转的活动联结在一起，而是它走过之后，把迷津通路中某些特征（行动方向、到达目的的距离及其之间的关系）作为符号标志，获得迷津通路的整体概念，形成一个认知地图。实际上，认知地图是认知行为轨迹和策略的图式，也是符号—完形模式的别称。

（三）潜伏学习

潜伏学习是指未表现在外显行为上的学习，亦即有机体在学习过程中，每一步都在学习，只是某一阶段其学习效果并未明确显示，其学习活动处于潜伏状态。1930年，托尔曼等人设计了一个实验，研究白鼠学习迷津过程中食物（强化物）对学习的作用。他们将白鼠分为三组：甲组为无食物奖励组，乙组为有食物奖励组，丙组为实验组。前10天不给食物，第11天开始给食物奖励。实验结果表明，乙组有食物奖励，逐渐减少错误比甲组快，但实验组丙自给食物奖励后，错误下降比乙组更快。由此，托尔曼得出结论：丙组虽然在前10天没有得到食物强化，动物依然学习了迷津的"空间关系"，形成了认知地图，只不过未曾表现出来而已。食物强化促使动物利用已有的认知地图，学习也就表现出来。托尔曼把这种现象称为潜伏学习。

四、简要评价

托尔曼的目的行为主义的贡献在于以下几个方面。①托尔曼批判地吸收了华生的行为主义、麦独孤的策动心理学、吴伟士的动力心理学以及正统的和勒温的完形心理学的思想，创造性地提出了目的行为主义的理论，为认知的行为研究开辟了道路，被奉为认知心理学的开山始祖。②托尔曼提出整体行为的模式和中介变量的概念，承认目的、动机、欲求、内驱力的作用，在一定程度上弥补了华生行为主义的不足。他的理论吸引了与他同时代的其他行为主义者，并被他们吸收和接纳。同时，托尔曼首次将认知与行为主义联系在一起，使得刺激—反应式的行为主义者得以客观面对有机体的内部认知过程，从而推动了行为主义向认知主义的发展。③托尔曼的符号学习理论被称为早期认知学习理论，与刺激—反应学习理论一起被视为西方学习理论的两大类别，对学习心理学有较大的贡献和影响。他以一系列设计精巧的学习实验为学习心理学的研究展示了新的方法，同时提出和论证了许多关于学习的新的、重要的课题，如认知地图、潜伏学习等。他强调学习中的认知和动机作用的观点也大大丰富了学习理论，促进了人们对学习的认识和理解。④从方法论上，托尔曼的认知行为主义吸收了格式塔心理学的整体现象学方法论，强调整体行为的研究，克服了华生行为主义的还原主义倾向。

托尔曼的基本立场仍然是行为主义和操作主义。托尔曼既没有把行为同内隐的功能（如认知状态）联系起来，也没有把意识真正作为心理学的研究对象，因而不能发展成为一种完全整合的理论体系，最终还是陷入客观主义和机械主义的境地。而且，他自称"白鼠心理学家"，他三十年的实验是建立在白鼠的学习上，以动物实验的结果和结论推论人类的行为的，就不免无视人与动物之间的本质差异了。

第三节 赫尔的假设—演绎体系

赫尔（Clark Leonard Hull，1884—1952）是美国新行为主义的重代表要人物。他出生于美国纽约州的阿克隆，1913 年毕业于美国密西根大学，1918 年获威斯康辛大学哲学博士学位，此后，留校任教，1929 年任耶鲁大学人类关系研究所心理学教授，并在耶鲁度过其学术生涯的后半部分。赫尔早年对数学和逻辑学有着浓厚的兴趣，并将这一兴趣融进他终生的学术研究中。在其学术生涯的早期，他专门从事关于概念的形成、能力倾向测量、烟草的效应和催眠术的研究；1927 年后，受巴甫洛大的影响"逐渐转向一种新行为主义，一种主要从事确定数量法则和演绎体系的行为主义"。（张厚粲，1997）赫尔的主要著作有《行为原理》（1943）、《行为要义》（1951）、《行为体系》（1952）等。

赫尔反对华生的 S—R 公式和托尔曼的行为的目的性与认知性，同意托尔曼的中介变量和整体行为，重视需要和驱力，构建了一套假设—演绎行为主义。

一、假设—演绎体系

赫尔受到达尔文进化论思想的影响，认为有机体行为从本质上说就是一种对环境的适应行为，只有这种适应性行为才是心理学的研究对象，因为环境所提供的刺激变量和行为反应本身都是客观的、可以观察的。至于影响反应发生的有机体本身因素，虽不能被直接观察和测量，但只要我们能以数量化的方式描述它们，并使之与外在的刺激变量和反应变量紧密相连，那么我们仍然可以客观地研究它们。可以看出，赫尔完全委身于行为主义心理学，他的体系没有给意识、目的或任何其他心灵主义的概念留下地盘。

赫尔的体系是一种不妥协的、激进的行为主义。在这个体系中，他试图将每一个概念还原为自然科学的术语。他把人类的行为看作自动的、循环的、能够还原为物理学术语的东西。在赫尔看来，只要把心理学作为研究行为的科学，便可以和物理主义的语言相一致。

赫尔依据数学模式（几何学）来建立行为体系，形成一种逻辑行为主义的心理学方法论。其基本原则和方法是：①建立一套表述清晰的公设，并对重要的术语进行操作性的定义；②从以上公设出发，以最精密的逻辑演绎出一系列相互联结的定理与推论；③以所观察到的已知事实去检验、印证以上定理，如果两者一致，则该理论系统为真，否则就没有科学意义。

赫尔称这个科学理论体系为假设—演绎体系。赫尔将假设—演绎的方法应用于心理学的研究中，最终使心理学成为像物理学和数学等自然科学一样客观的科学。赫尔致力于研究刺激、反应的联结和其间的中介变量层次，并为此演绎了十几条公设，推出了一百多条定理和附律。这些公设和定理反映在他的行为原理中，基本上概括了他关于学习或行为的观点。

二、行为原理

（一）行为原理之一：学习理论

学习理论是赫尔根据假设—演绎体系构成的行为原理之一。在赫尔看来，学习的性质是刺激—反应的联结。他坚持行为主义的刺激反应理论，但是，与华生、古斯里不同的是，他将 S—R 的公式，修改为 S—s—r—R 的公式。其中，S 为外在环境刺激，s 为刺激痕迹，r 为运动神经冲动，R 为外部行为反应。赫尔认为，外在环境刺激消失后仍持续存在一段时间，成为刺激痕迹。该刺激痕迹导致了运动神经

冲动，最终又导致了外部行为反应。值得注意的是，赫尔强调引发行为的刺激极少是单个刺激，通常是一组刺激及其相应的刺激痕迹共同发挥作用，并最终共同决定了行为。

接近和强化原则是学习的基本条件。赫尔接受了古斯里关于刺激与反应因接近而联结的观点，但与古斯里不同的是，赫尔认为接近并不是学习的唯一和充分条件，它只是一个必要条件。学习的另一个必要条件是强化，没有强化，便没有学习。

赫尔将刺激与反应的联结力量称为习惯强度（简称 sH_R 或 H）。习惯强度的形成除受刺激与反应在时间上接近的影响外，还受强化的强度（次数、质量）和强化与反应之间的时间间隔（长短或距离）制约。它是随强化而发展的，是反应被强化的函数。具体地说，强化次数越多、质量越高，则习惯强度越增强。

赫尔将强化分为初级强化和次级强化两类。初级强化是内驱力降低的过程。满足这类强化的强化物主要是一些能满足有机体生物需要的物质，如食物和水等，它们也就相应地被称为初级强化物。次级强化是指那些与初级强化紧密相连的、经由学习而获得强化作用的过程。满足这类强化的强化物原本是一些中性刺激，如灯光、铃声，等等，因为经常与初级强化物发生联系，因而也获得了强化的效用。例如，母亲每次喂奶时总是先将婴儿抱起来，喂奶是初级强化物，怀抱婴儿则成为次级强化物。

由此可见，赫尔认为，学习的基本条

件就是在强化条件下的刺激与反应的接近。这是赫尔学习理论的核心。

（二）行为原理之二：反应势能说

反应势能或反应潜势（R_p）是赫尔根据假设—演绎体系构成的又一个行为原理，指个体在一定刺激作用之下可能产生某种反应倾向的能量，其作用在于驱动个体在一定方向上的行动。赫尔以反应势能来说明行为的动力机制。

反应势能是由内驱力和习惯强度两个因素交互作用决定的。内驱力是一种有机体组织需要状态引起的刺激，是有机体一切行为反应的动力，使有机体处于驱动状态。而习惯强度是刺激与反应之间的联结力量，制约着在内驱力推动下行动发生的稳定方向和方式。赫尔认为，反应势能就是内驱力和习惯强度的递增函数，公式为：

$sE_R = D \times sH_R$（sE_R：代表反应势能；

D：代表内驱力；sH_R：代表习惯强度）

这就是说，反应势能是由内驱力和习惯强度的乘积决定的。若内驱力为零时，反应势能将是零；当内驱力增大时，反应势能也就增高，其增高多少取决于习惯强度。例如，已经饱食的白鼠极少去按压杠杆，尽管它已经习得按压杠杆的反应；而已经形成了压杆取食条件反射的白鼠，会被饥饿的内驱力激发而做出压杆反应。

（三）行为原理之三：抑制和消退律

赫尔认为，一个已习得的反应在其后的刺激条件下如果没有强化相伴随，会逐渐消弱以至消失，这就是行为的消退现象。之所以出现行为的消退现象，赫尔认为这是发生了抑制的缘故。

在赫尔看来，引起行为消退的抑制有两种方式：①反应性抑制（I_R），即个体对某刺激重复多次反应之后，即使连续获得强化物，其反应强度也将因多次反应而趋于降低，如疲劳的抑制作用；②条件性抑制（sI_R），即本已引起个体反应的条件刺激，重新对个体产生另一种条件作用，使个体对该刺激不反应。

（四）行为原理之四：零星期待目标反应

赫尔在学术生涯后期对自己的理论做了比较重要的修正，其中之一是提出了零星期待目标反应（r_G）这一术语，用以解释连锁反应学习的发生。

以白鼠走迷津为例，白鼠由起点走至终点获得食物，这种针对目标物的吃食反应即目标反应。由于终点处的其他刺激经常与食物这一强化物紧密相连，因而成为次级强化物。依此类推，终点处之前的所有其他刺激，也由于与终点处刺激物的强化作用相伴随，同样具有了次级强化作用，成为次级强化物。它们使得白鼠在得到目标（食物）以前对这些原本中性的刺激物产生了条件反应。由于这种反应是部分的、零碎的、于目标之前的，故而称之为零星期待目标反应。

赫尔用零星期待目标反应来解释连锁反应的学习：动物在达到目的物之前的每

一刺激既是对前一反应的强化，又是引发下一反应的刺激，由此构成一个完整的行为链。赫尔希望借此概念的提出，能客观地说明人类行为的认知、意识过程，反映新行为主义者在克服早期行为主义过于天真、简单等特点所做的努力。

三、简要评价

赫尔坚持和发展严格客观的行为主义研究途径，以其毕生的精力，以数学和逻辑方法为工具，构建了一个庞大的、无所不包的、精密的理论体系。一方面，他从理论的角度提出了建立研究心理学的科学方法论的必要性和可能性；另一方面，他又设计了一系列控制严密的实验来研究行为，根据其假设—演绎体系构建了一系列

行为原理。赫尔的这个理论体系对西方现代心理学曾有过重大的影响，以至于人们认为它"在当时是最好的体系。……在1930—1955年这一段时间内，它也是影响最大的学说"。（鲍尔等，1987，p.213）

但是，赫尔的理论也遭受了众多的批评。①他的体系过于庞大、复杂、精细，简直令人望而生畏，难以弄懂。②他的研究也过于狭隘，往往根据单一的实验情境的结果来系统描述自己的公设，加之赫尔体系中的参数大多得之于少量的动物行为实验研究，因而由此推演出来的学习定理的代表性与可靠性值得质疑。③他的操作主义立场使他把行为过程归结为身体过程，以动物的刺激反应实验来解说人类的意识等高级认知活动，犯了还原论的错误。

第四节　斯金纳的操作行为主义

斯金纳（Burrhus Frederick Skinner，1904—1990），美国著名心理学家，新行为主义的主要代表，操作条件作用学习理论的创始人和行为矫正术的开拓者。他于1904年出生于美国宾夕法尼亚州萨斯奎汉纳，从小对动物及人类行为感兴趣，1922年进入纽约哈密尔顿学院主修文学，毕业后再入哈佛大学专攻心理学，师从当时著名的

心理学家 E.G. 波林（Edwin Garrigues Boring）。在那里，他读了华生和巴甫洛夫的著作，被华生的心理学观点吸引，从而开始了对人类和动物的行为的研究，1930年和1931年分别获该校心理学硕士学位和哲学博士学位，此后5年时间留任哈佛大学从事研究工作，1936—1944年任明尼苏达大学讲师、副教授。在第二次世界大战期间斯金纳曾参与美军秘密作战计划，采用操作性条件反射的方法训练鸽子，用以控制飞弹与鱼雷。1945年斯金纳出任印第

安那大学心理学系主任，1948年重返哈佛大学，担任心理学终身教授，直至1970年退休。斯金纳的一生获多项重大的荣誉奖：1958年获美国心理学会的杰出科学贡献奖，1968年美国政府授予他最高科学奖——国家科学奖，1971年美国心理学基金会赠给他一枚金质奖章，1990年美国心理学会授了他心理学毕生贡献奖。他被认为是当代最著名的心理学家之一。

斯金纳深受实证主义哲学和巴甫洛夫条件反射学说的影响，把物理学的操作主义和生物学的进化论结合起来，构建一种与华生思想更为密切而不同于托尔曼的认知行为主义、赫尔逻辑行为主义的理论体系，即以排除内在心理历程、只研究可观察测量的外显行为为特征的操作行为主义。操作行为主义又被称为描述行为主义、激进行为主义。

斯金纳著作颇丰，主要著作有《有机体的行为》(1938)、《沃登第二》(1948)、《科学和人类行为》(1953)、《言语行为》(1957)、《强化程序》(1957)、《教学技术》(1968)、《超越自由和尊严》(1971)、《关于行为主义》(1974)等。

一、对行为的操作主义分析

斯金纳认为，心理学应当是一门直接描述行为的科学。之所以这样说，是因为以往的心理学家正是在这一点上将心理学研究引入歧途的。他们总是以行为是错综复杂的、难以直接描述的为借口，采取间接研究的方式，假定行为的一切特性存在于有机体内部，而这个内部实体又仿佛是一个不证自明的东西。

把心理学定义为一门关于行为的科学，这一点归功于华生。但华生致力于研究肌肉收缩和腺体分泌，看似客观科学，但实际上使心理学变成了一门生理学。此后的新行为主义者，如托尔曼、赫尔等人假设有机体内部存在某种中介变量或内驱力，但也是引导人们从行为以外的东西上来寻求有关行为的答案，其结果是只能提供有关行为原因的解释和说明，无法分析和描述行为，无法预测和控制行为。斯金纳认为，要研究行为，只需观察和研究行为本身，假设根本就是多余的。

与华生不同的是，斯金纳更注重研究反应，而不是刺激与反应之间的联结。他把行为分为两种：①应答性行为，即某种特定的、可观察的刺激引起的行为，属于巴甫洛夫研究的条件反射；②操作性行为，即在没有任何能观察的外部刺激的情境下的有机体行为。应答性行为由刺激所控制，是被动的；而操作性能力是自发的，无法确定反应的出现是由何种刺激所引起的，代表着有机体对环境的主动适应。这类行为是动物和人类中最多的，也是心理学研究的主要对象。

斯金纳认为，要使心理学成为一门描述行为的科学，就必须使用所谓的"纯自然科学法"——行为分析法，同时把内省法排除于研究方法之外。他认为，科学研究的任务就是建立实验者控制的刺激情境与继之而来的有机体反应之间的函数关系，即 $R = f(S, A)$。在其中 R 代表反应，S

代表刺激，A 代表影响反应强度的任何条件，如"剥夺"。斯金纳把 A 称作"第三变量"，其作用是改变刺激与反应之间的关系，而不能决定是否作出反应。但后期他又指出：在操作性条件反射情况下，刺激是超乎实验者的控制能力的，因而就不能成为一种实验变因，所以上述公式就可以简化为：$R = f(S)$。因此，斯金纳坚持描述性的严格行为主义的立场，不研究行为的内部机制，不需要假设性的解释、演绎和统计方法，而主张从经验性资料入手，采用归纳法，逐步进行科学的概括。

二、操作性条件反射的原理

（一）操作条件反射的建立

斯金纳利用自己创造的斯金纳箱研究动物行为的结果，提出关于操作条件作用（操作性条件反射、操作制约作用）的理论。斯金纳箱是为动物学习实验的自动记录装置。它是一个大约 0.3 米见方的箱子，内有杠杆和与食物储存器相连接的食物盘。在箱内的白鼠压杠杆，就有一粒食物丸滚入食物盘，便获得食物。箱外有一记录器，可记录白鼠按压杠杆的速度。一只饿鼠进入箱内，开始时有些胆怯，经过反复探索，迟早会做出按压杠杆的动作，使一粒食物丸落入盘中，若干次后，就形成饿鼠按杠取得食物的条件反射，斯金纳称此为操作条件反射。

斯金纳以类似的方法对其他动物和人也进行了研究，从中得出了操作性条件反射建立的规律："如果一个操作发生后，接着给予一个强化刺激，那么其强度就增加。"（Skinner，1938，p.21）只不过，强化增加的不是某一具体的反应，而是反应发生的概率。它同巴甫洛夫经典条件反射的区别在于：它是从反应到刺激的过程，较能发挥动物的主体作用，使它在实验环境的操作活动中形成条件反射。因它是以有机体的行为作为获得奖赏和逃避惩罚的手段或工具，故又称为工具条件作用。他认为，人的行为主要是由操作性条件反射所构成的，因此，斯金纳力图从对操作性条件反射的研究总结出学习规律。

（二）操作条件反射的消退

消退是这样一种现象，斯金纳总结说："如果在一个已经通过条件化而增加的操作性活动发生之后，没有强化刺激物呈现，它的力量就会削弱。"（章益，1983）可见与条件反射的形成一样，消退的关键也在于强化。例如，白鼠的压杆行为如果不予以强化，压杆反应便停止；学生某一良好反应未能受到教师充分的关注和表扬，学生便最终放弃这一做出良好反应的努力。

但是，反应的消退表现为一个过程，即一个已经习得的行为并不即刻随强化的停止而终止，而是继续反应一段时间，最终趋于消失。而且消退过程的时间长短与习得该反应所受到的强化数量和强化方式也有着密切的关系。

（三）操作条件反射的分化

所谓分化是指通过安排强化动物条件反应的某一特征，如速度、持续时间和强度等，动物可逐渐形成有选择性的反应。与消退一样，分化的关键因素也是强化。例如，斯金纳在训练白鼠的压杆力量实验中，先是强化动物任何力量的压杆行为，然后制定一个较低的力量标准。只有超过这一标准的反应才予以强化，低于这一标准的反应便遵从消退原理而消退。此后逐步提高压杆力量标准，分别予以强化和不强化，如此可以训练动物以强力量做出压杆反应。可见，通过在反应的细微变化水平上实施强化，动物学会了特定的、表现出选择性的反应，最初的条件反应也就形成了分化。

分化原理经常被用于动物和人类的行为塑造中。斯金纳以此渐进法训练鸽子专啄一种红色圆盘，大获成功。人类个体也借此习得在特定场合做出合适的反应。同时，这一原理也被广泛应用于行为治疗中。

（四）强化在操作性条件反射中的作用

强化在斯金纳操作性条件中如此重要，以至于有人称他的行为原理为操作——强化学说。

1. 积极强化物与消极强化物

斯金纳将强化物分为两类：一类是指与反应相依随的刺激能增强该反应，此为积极强化物，如水、食物等；另一类是消极强化物，是指与反应相依随的刺激物从情境中被排除时，可增强该反应，如电击等。在斯金纳的典型的操作条件作用实验中，通常是以安排食物来强化白鼠按杠杆的行为。食物的强化提高了白鼠按压杠杆

的频率，因而食物是一种典型的积极强化物。但是，也可以做另样的安排，即将白鼠放进一个特制的箱子中，给予白鼠电击直至白鼠按压杠杆。经过数次强化后白鼠很快习得了压杆反应，以逃避电击。这样，电击刺激的呈现增强了白鼠压杆反应的频率，因而电击成为白鼠压杆反应的消极强化物。

2. 条件性强化与概括性强化

所谓条件性强化是指一个中性刺激与一个强化刺激反复匹配联合，因而也具备了强化的作用。例如，在白鼠压杠杆时，让灯光和食物同时出现，白鼠很快形成条件反应。此后同时撤除灯光和食物，反应迅速消退。此时，再安排白鼠按压杠杆，不给予食物而仅呈现灯光，白鼠的压杆反应增加。这表明灯光已具备了强化性质。应该指出，条件强化物的强化力量与相匹配的原始强化物的配对次数成正比。如果灯光与食物的匹配次数越多，灯光的强化作用便增加。如果某一条件性强化物与许多原始强化物相匹配，那么该条件性强化物便具备了多方面的强化作用而成为一个概括性强化物。

3. 强化程式

强化程式是按合乎要求的反应次数以及各次强化之间的时距的适当组合而做出的各种强化安排的。他认为，强化程式的变化对行为的形成有很大的影响。他先把强化程式分为连续强化和间断强化两大类，认为两者在抵抗不强化条件下反应的消退上有很大的差异。连续强化容易消退，而间断强化则消退较难。而后他又将间断强

化分为固定期间时或比率强化、变化的间时或比率强化。它们对反应速率也有影响，如在固定比率强化比固定间时强化时反应的速率要高一些。

三、操作强化原理的推广与应用

（一）程序教学

斯金纳根据操作条件作用和积极强化原理批评传统的教学方法，认为它们的强化的方法、强化出现的时间、强化之间的关系以及强化的数量等方面均存在着许多弊端。为此，根据他的行为主义理论，斯金纳设计了程序教学，认为学习就是行为，任何学习甚至最复杂的学习都可以分解和编制成为详细的行为目录，采取连续渐进法施教。1954 年，斯金纳在美国匹兹堡大学做了机器教学演示，同年发表论文《学习的科学和教学的艺术》。在他的倡导下，20 世纪 60 年代初，教学机器和程序教学便在美国风行起来并遍及全世界。它把现代技术引进教育，注意个别化教学和强化作用，为电脑引进课堂做了必要的准备。但因忽视社会语言刺激对人的影响的复杂性，把源于动物学习的规律搬到人类学习活动中来，把外显反应和即时强化搬到机器教学中并认为是程序教学的根本特征，故程序教学遭到人们的质疑和批评。

（二）行为矫正

根据行为控制的规律，斯金纳创造出一套行为矫正术，广泛应用于各种社会机构，特别是学校、精神病院、弱智儿童教养所、工业管理等方面的心理矫治，卓有成效。在几十年的学术生涯中，他的研究范围不断扩大，其思想也随之发展。早期实验是在工作室用白鼠做的，后来扩展到其他动物，乃至不同年龄的人，并延伸到与原先基础不同的行为。他不仅谋求建立一个完善的教育过程，而且设想计划一个更好的社会结构。在小说《沃登第二》（1948）里，他详细勾画了这一社会结构的轮廓。它是一个有一千个成员的乡村公社，它的成员从出生之日起，生活的每一个方面，都由积极的强化作用所控制着。他把此种设计称为行为工程学。这种依据他的操作行为论的可控制性原理所构建的理想社会，就是斯金纳的哲学幻想或最高理想。

四、简要评价

斯金纳在心理学上是有很多成就的，是杰出的当代心理学家之一。他发展了巴甫洛夫和桑代克的研究，创立操作性条件反射的理论，创制研究动物学习活动的斯金纳箱，发明著名的教学机器，设计程序教学方案，创造一整套行为矫正术。这一切不仅进一步丰富了行为主义的学习理论和研究方法，而且大大促进了美国机器教学运动和心理治疗的发展。他以其特有的严谨态度，坚持极端客观的行为主义立场，通过对动物行为所做的各种精细、彻底的实验证实有机体的行为更多地受到操作条件反射的控制，竭力反对研究有机体的内部过程，使得他的立场似乎比华生更加激进。舒尔茨曾这样评价说，斯金纳的工作

"极大地提高了我们预测和控制有机体行为的能力"。(舒尔茨，1981，p.280)

斯金纳的操作行为主义体系对心理学产生了巨大的影响。20 世纪 60 年代开始到 70 年代，斯金纳及其追随者统治了学习心理学的领域，他的影响甚至超过了赫尔在 50 年代所达到的高度。不仅如此，斯金纳的巨大影响还超越了学术界。他的行为理论还被人们广泛应用于教育领域及其行为治疗与行为矫正中，使得他的理论的生命力延续至今。"提到最杰出的心理学家，人们不能不提出斯金纳，正如不能不提到弗洛伊德和巴甫洛夫一样。"

但是，斯金纳作为一个激进行为主义者和极端环境决定论者，忽视有机体的内部过程，抹杀人类学习与动物学习的本质差别，把高级的精神活动还原为低级的物理、化学运动，其结果必然是陷入机械主义和客观主义的境地。

第五节 班杜拉的社会认知理论

班杜拉（Albert Bandura，1925— ）是美国当代著名的心理学家，社会认知理论的奠基人。班杜拉出生于加拿大阿尔伯塔省的蒙代尔镇。他在镇上唯一的一所学校里读完了小学和中学，1949 年毕业于温哥华市的不列颠哥伦比亚大学，并获得了心理学的贝娄肯奖，之后赴美国依阿华大学师从斯彭斯（Kenneth W. Spence）研究学习理论，先后于 1951 年和 1952 年获得硕士和博士学位。班杜拉在依阿华大学攻读研究生学位期间，深受斯彭斯的行为主义影响，为其严谨、客观的科学方法所吸引。1953 年，班杜拉来到维奇塔辅导中心（Witchita Guidance Center），开始了为期一年的博士后实习训练，同年应聘到斯坦福大学心理学系任教，并随西尔斯（Sears）从事儿童研究，1964 年升任教授。在此期间，班杜拉受赫尔学派学习理论家米勒（Miller）、多拉德（Dollard）和西尔斯的影响，把学习理论应用于社会行为的研究中。其间除 1969—1970 年担任加州行为科学高级研究中心研究员一年外，班杜拉一直在斯坦福大学从事教学和研究工作。1973 年班杜拉当选为个体心理学会主席，1974 年又被选为美国心理学会主席，1980 年当选为美国西部心理学会主席，同年当选为美国艺术与科学院研究员，1989 年被选为美国科学院医学部研究员，应邀担任《美国心理学家》《人格与社会心理学杂志》等 20 余种杂志的编委，此外，还获得过包括不列颠哥伦比亚大学在内的 16 所大学所授予的荣誉学位。班杜拉还获多项重大的荣誉奖：1972 年获得顾根海姆研究基金奖，1977 年获得卡特尔奖，1980 年获得攻击行为国际研究会杰出贡献奖和美国心理学会杰出科学贡献奖，1999 年获得美国心理学会教育心理学杰出贡献桑代克奖，2001 年获得行为治疗发展学会终身成就奖，2002 年获得西部心理学会终身成就奖。

班杜拉的主要著作有《青少年的攻击》（与华尔特斯合著，1959）、《社会学习与人格发展》（与华尔特斯合著，1963）、《行为矫正原理》（1969）、《攻击：社会学习的分析》（1973）、《心理学的示范作用：冲突的理论》（1971）、《社会学习理论》（1977）、《思想与行动的社会基础——社会认知论》（1986）、《社会变革中的自我效能》（主编，1995）、《自我效能：控制的实施》（1997）等。

无论是在基本观点还是在经验研究的内容上，班杜拉的理论体系都经历了一个历史的发展过程。在 20 世纪六七十年代，班杜拉主要从事他的社会学习理论的建构工作，并形成他的一般学习论观点。但是随着时间的推移和研究工作的进展，他的理论在很多方面的发展已经超越了学习问题的研究领域，如有关行为研究的现象学方面、行为的自我调节机制等，所以班杜拉在后期将他的理论体系改称为社会认知理论。

一、三元交互决定论

在心理学界，关于行为的因果决定模式的观点主要有两种。①一元单向决定论。在这种决定论模式中，"行为要么被认为是由个人的内在倾向性决定的，要么被认为是由外部环境所决定"。（Bandura，1988，p.2）前者如精神分析理论、特质理论等，后者如华生的行为主义与斯金纳的激进行为主义。②互动论，将环境和个人看作彼此独立的实体，认为两者相互作用，共同决定人的行为。

班杜拉指出，无论是一元单向决定论还是互动论，都不能完满地解释人的行为，为此，他提出三元交互决定论，探讨环境、人及其行为之间的动态的相互决定关系。三元交互决定论将环境因素、行为、个人的主体因素三者看成是相对独立，同时又相互作用从而相互决定的理论实体。其中，个人的主体因素包括行为主体的生理反应能力、认知能力等身心机能。所谓交互决定，是指环境、行为、人三者之间互为因果，每两者之间都具有双向的互动和决定关系，如图 10-1 所示。

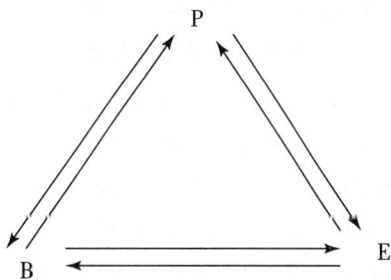

图 10-1　三元交互决定论模型

（注：B 代表行为，P 代表人的主体因素，E 代表环境，箭头代表因果关系的作用方向。）

在三元交互决定论中，PB 代表人的主体因素与行为之间双向的相互影响和决定关系：一方面，人的主体因素如信念、期待、动机、意向、自我概念等往往强有力地支配并引导其行为；另一方面，行为及其结果反过来又影响并最终决定思维的内容与形式以及行为主体的情绪反应，两者之间具有双向的交互决定关系。EP 代表环境因素与主体因素之间的交互作用关系：个体的人格特征、认知机能等是环境的产物；但个体也可以通过自己的主体特征如性格、气质、年龄、性别、社会角色等引起或激活不同的环境反应，正是这些环境反应构成了个体的现实生活环境。BE 代表行为与环境之间的相互决定关系：行为作为人与环境之间的关系的中介，是人用以改变环境，使之适合人的需要而达到生存的目的并改善人与环境之间的适应关系的手段，因而它不仅受人的需要支配，同时也受到环境的现实条件的制约；但环境并不是一个必然的以某种固定的方式来影响人的僵死的实体。对人而言，它们的一个重要属性是潜在性，即一个环境因素是否对人产生影响，取决于人是否采取某一行为将它激活。正是因为行为与环境之间具有这种双向的交互决定关系，所以人既是环境的产物，又是环境的创造者。

班杜拉指出，三元交互决定论并不意味着构成交互决定系统的三个因素具有同等的交互影响力，其间交互作用的模式也不是固定不变的。三者之间相对的交互影响力及其交互作用模式在不同的情境中、对不同的个体，或在不同的活动中会有不同的表现形式，但是在多数情况下，三个交互作用因素之间具有高度的相互依赖性。

班杜拉的三元交互决定论从环境、人及其行为的互动关系中来考察人的心理活动与行为表现，把人的心理活动看成是环境、人及其行为之间的互动系统，真实地把握了人与环境之间的关系，在理论上具有更大的魅力和合理性。它既构成了社会认知理论的基础，同时也为心理学如何理解人提供了一个崭新的视角。

二、观察学习理论

观察学习理论是班杜拉社会学习理论中最富有特色和最有代表性的理论之一。

(一) 观察学习及其类型

观察学习，亦称替代学习，是指一个人通过观察他人的行为及其强化结果而习得某些新的反应，或使他已经具有的某种行为反应特征得到矫正。同时，在这一过程中，观察者并没有对示范反应做出实际的外显操作。在观察学习过程中，被观察的对象称为榜样或示范者，观察主体称为观察者，榜样通过观察者的观察活动而影响观察者的过程，称为示范作用。所以观察学习也可以被称为示范作用过程。观察学习具有以下特点：①观察学习一定具有外显的行为反应；②观察学习并不依赖直接强化；③观察学习具有认知性；④观察学习不等同于模仿。

在班杜拉看来，观察学习的基本类型有以下几种。①直接的观察学习，也称行为的观察学习，指的是对示范行为的简单模仿。日常生活中大部分观察学习属于这种类型。②抽象性观察学习，指观察者在模仿榜样所示范的某一具体行为表现的过程中，获得有关这一行为的抽象规则或原理，并在相应的情境条件下以某些变化了的形式产生性地表现出这一行为。③创造性观察学习是班杜拉对人类行为的创造性特征所进行的理论说明，指的是观察者通过观察可将各个不同榜样行为特点组合成不同于个别榜样特点的新的混合体，即从不同的示范行为中抽取不同的行为特点，从而形成一种新的行为方式。

（二）观察学习的心理过程

班杜拉对观察学习的心理过程的研究明显受到信息加工认知心理学的影响。他按信息加工的模式对观察学习进行了分析，认为观察学习是由四个相互关联的子过程组成的，即注意过程、保持过程、产出过程、动机过程。

①注意过程：指观察者将其心理资源如感觉通道、知觉活动、认知加工等贯注于示范事件的过程。因示范事件是影响观察者产生观察学习的入口，决定着个体从大量示范事件中选择什么作为观察对象以及从观察对象中获得什么信息，因此，选择性注意在观察学习中起着关键作用。班杜拉认为，示范活动的显著性和复杂性影响着观察学习的速度和水平；观察者的经验背景、认知能力、知觉定向等决定了他有选择地注意一定的示范事件而忽视其他示范事件；行为榜样的特征，如性别、年龄、职业、社会地位、社会声望等，均影响着观察者对榜样的注意程度；个体的交

际网络、社会的内部组织及其分化程度等社会结构因素也是制约注意过程的重要因素。

②保持过程：是观察者将在观察过程中获得的有关示范行为的信息转换成表象的或语义概念的符号表征并储存于记忆之中以备后用的过程。由于符号可以将当下的、瞬间即逝的观察经验转换成持久的、相对稳定的认知结构保存于记忆之中，因此，在示范行为结束之后，有关这一行为的认知结构就代替了示范行为本身，并作为观察者在一定条件下表现这一行为的内部指南。正因为如此，示范行为的认知结构有时也被称为内部示范刺激。所以，在观察学习中，注意过程必须辅之以保持过程，观察学习才能发生。

③产出过程：就是观察者对示范行为的表现过程，即观察者将在注意过程与保持过程基础上所形成的关于示范行为的内部符号表征转换成物理形式的外显行为过程。对观察者而言，示范行为的符号表征的获得，并不能够保证他顺利地执行这一行为。因为示范行为的执行，还需要观察者获得从符号表征到行为操作的转换机制。这一机制正是在示范行为的产出过程中获得的。因此，产出过程构成了观察学习不可缺少的环节之一。

④动机过程：是指观察者在特定的情境条件下由于某种诱因的作用而表现示范行为的过程。动机涉及行为反应的获得与表现的区分，是观察者在某种诱因驱动下表现由前三个过程中所获得的行为方式。如果观察者没有学习被示范行为的动机，

那么注意和保持过程不会导致生成过程。在观察学习情境下，决定观察者是否表现示范行为的诱因条件有三类：直接诱因、替代诱因以及自我生成诱因。所谓直接诱因，是指示范行为本身所导致的直接结果。如果示范行为的执行本身就会导致某种奖赏性结果，那么观察者就会因为追求这种奖赏性结果的内在动机而表现出这种示范行为。所谓替代诱因，是指对观察者而言，示范原型表现示范行为所导致的结果。例如，看到他人行为的成功，能增加观察者自己表现这种行为的倾向；而看到他人行为的失败或招致惩罚，则抑制着观察者对这种示范行为的表现倾向。所谓自我生成诱因，是指观察者对示范行为及其结果的自我评价经验或自我反应。对一个示范行为而言，如果观察者赋予高度的自我评价或怀有极大的兴趣，那么他就更倾向于表现这种示范行为；反之，他则很少表现。所以，自我生成诱因完全取决于观察者自己的社会化过程及其结果。

（三）观察学习的功能分析

班杜拉从实验的、分析的角度具体阐述了观察学习的若干功能。

1. 获得功能

班杜拉认为，由于人的替代经验，人类个体不必经过实际操作而仅仅通过观察，在替代经验的基础上就可以获得新的行为反应模式，这就是观察学习过程的获得功能。而且，观察主体通过观察活动可以获得的，不仅限于新的行为反应模式和新的行为反应技能，而且也可以获得社会态度、价值观念、情感表达方式、思维能力、判断标准以及如何表现各种行为的一般规则等人类生活的各种形式。

2. 禁抑和解禁功能

禁抑和解禁是两个相反的作用过程或心理机制。禁抑是指对行为表现的抑制过程，抑制着行为主体对他已学会的某种行为方式的表现。相反，解禁是指对某种行为方式的抑制作用的解放，打破行为主体对某种行为方式的禁忌，从而表现出他所学会的，但一直处于抑制状态而未能表现出来的行为方式。观察学习同时具有禁抑和解禁的双重功能。

3. 反应促进功能

榜样的示范操作能够作为观察者执行示范行为的反应线索而促进观察者对示范行为的表现，这就是观察学习的反应促进功能。这类似于社会心理学所研究的从众、暗示、时尚流行等群体行为现象。

4. 环境凸显功能

示范行为不仅能够促进观察者对示范行为或与示范行为相类似的行为反应的操作，而且能够将观察者的注意力引向示范行为的操作媒介以及示范行为所针对的环境对象，从而对观察者而言，使某些与示范行为有关的特定的环境对象从环境背景中凸显出来。

5. 情绪唤起功能

班杜拉认为，在观察学习过程中，观察者不仅可以通过示范作用从榜样那里获得各种情绪反应的表达方式，而且，还可以通过观察榜样的情绪反应在替代经验的基础上唤起自己的情绪反应。换句话说，在观察学习过程中，观察者并没有直接受到引起情绪反应的刺激作用，而是在表现为同情的替代经验的基础上唤起自己的情绪反应的。这就是观察学习的情绪唤起功能。

三、自我效能感理论

1986 年，班杜拉在其代表作《思想与行动的社会基础：社会认知论》中系统全面地阐述了自我效能感理论。它是班杜拉的社会认知理论的核心。

（一）自我效能感的含义

长期以来，有关人类行为的心理学研究一般地都限于两个方面：或是有关行为的知识和技能的获得过程，或是有关行为反应模式的操作或产出过程。而从有关已获得的行为知识到将这种知识转化为实际的行为表现的中介控制过程则被忽视。20 世纪 70 年代以来，信息加工心理学关于行为产出过程的理论兴趣，激起了具有其他理论倾向的心理学家们的研究热情。其中班杜拉自己关于行为产出过程所提出的概念—匹配机制，也是这种努力的结果之一。

虽然有关行为的知识、构成行为的反应技能以及介于两者之间的转换操作过程的研究，对理解和解释行为是不可缺少的，但这三种研究仍不足以对一个人的某一实际行为表现作出充分、完备的说明。事实上，这三种研究只是对行为的机械方面做了种种严格自然科学意义上的操作主义解释，而没有涉及行为的现象学方面。从对

现实的人类生活的观察中，我们可以发现的一个普遍的经验事实是，拥有相同行为技能的人，在执行同一行为方式时表现的出色程度是不同的。即使就同一个人而言，若他需要多次重复执行同一行为方式，那么在不同条件下，他的实际表现也是不同的：他既可能表现出色，也可能表现平庸，甚至可能表现非常拙劣。这表明就行为表现而言，在人的心理的机能活动中，还有一个上述三种研究尚未触及的作用领域，这个领域被班杜拉称为"自我效能机制"。

班杜拉在考察大量经验研究结果的基础上指出："对实际行为表现而言，自我效能感是一个相对独立性行为技能的重要决定因素。"（Bandura, 1986, p. 391）自我效能感是一个与能力有关的概念，指的是个体应付或处理环境事件的效验或有效性。作为自我的一个方面，自我效能感指个体以自身为对象的思维的一种形式，是个体对自己能否在一定水平上完成某一活动所具有的能力判断、信念或主体自我把握与感受，是个体在面临某一活动任务时的胜任感及其自信、自珍与自尊等方面的感受。在社会认知理论体系中，班杜拉以"自我效能感"、"自我效能信念"或"自我效能期待"来阐释效能这种自我现象。

（二）自我效能感的主体作用机制

班杜拉认为，自我效能感是通过若干中介过程实现对个体行为及其人生的影响作用的。

1. 选择过程

从三元交互决定论来看，人既是环境

的产物，又是环境的营造者。人作为环境的营造者，除了通过自己的活动改变环境的性质外，当个体面临不同的环境条件时，他选择什么环境，则主要取决于他的自我效能感。一般而言，个体会选择那些自认为能够加以有效应对的环境，而避免那些无法控制的环境。而个体一旦选定了他的生活环境，这些环境又会反过来影响他的行为和人格的发展。另一方面，当个体可以采用不同的活动方式来解决所面临的任务时，由于不同的活动包含着不同的技能和知识要求，因此，他选择哪种活动就取决于他对可供选择的各种活动的自我效能感。

2. 思维过程

自我效能感能够影响或激起若干特殊形态的思维过程，如目标设定、意象表征、归因等思维过程对个体成就行为产生的影响，依效能感的高低而不同，可以是自我促进的，或可以是自我阻碍的。自我效能感越强，个体自我设定的目标就越具挑战性，其成就水准亦越高。自我效能感强的人把行为的成功归因为自己的能力和努力，把行为的失败归因为自己努力程度的不足。

3. 动机过程

自我效能感通过思维过程发生的主体作用，通常都伴有动机因素或动机过程参与其中。此外，自我效能感还会影响到个体在活动过程中的努力程度，以及个体在活动中面临困难、障碍、挫折、失败时对活动的持久力和耐力。尤其是对于那些富有挑战性的活动或任务而言，这种持久力

和耐力是保证活动成功的必不可少的条件之一。

4. 心身反应过程

当面临可能的危险、不幸、灾难等各种厌恶性情境条件时，自我效能感决定了个体的应激状态、焦虑反应和抑郁的程度等心身反应过程。这些情绪反应又通过改变思维过程的性质而影响个体的活动及其功能发挥。相信自己能够对环境中的潜在威胁施以有效控制的人，不会在应对环境事件之前忧虑不决、担惊受怕，而怀疑自己能否处理、制控环境的潜在威胁的人则与此相反，他们倾向于顾虑自己应对能力的不足，担心环境中充满了危险，因而体验到强烈的应激状态和焦虑唤起，并以各种保护性的退缩行为或防卫行为的方式来应对环境。这些行为方式既限制了主体人性的发展，又妨碍了其主体性在活动中的功能发挥。

（三）自我效能感的形成与发展

自我效能感是个体对自己与环境发生相互作用的效验性的一种自我判断。这种判断并不是毫无根据的，而要以一定的知识或信息作为基础。班杜拉认为，个体在活动中是通过以下四个方面的信息来获得或形成自我效能感的。

1. 实践的成功经验

实践成败经验即个体对自己在实际活动过程中所取得的成就水平的感知，是个体获得自我效能感的一种最基本、最重要的途径，因为它以确证的方式显示了个体驾驭或掌握环境事件的能力。这种经验被

班杜拉亦称为掌握经验或实演成就。

2. 替代性经验

所谓替代性经验的效能信息，是指看到能力等人格特征相似的他人在活动中取得了成功的观察结果，能够使观察者相信当自己处于类似活动情境时也能获得同样的成功，从而提高观察者的自我效能感。

3. 言语劝导

言语劝导，即接受别人认为自己具有执行某一任务的能力的语言鼓励而相信自己的效能。言语劝导信息的效能价值取决于它是否切合实际。现实化的言语劝导能够诱导个体以加倍的努力获得成功，并培养个体的活动技能和自我效能感；但不切实际的言语劝导很难在活动中实现，因而不仅使劝导者失去威信，而且反过来会进一步挫伤个体的自我效能感。

4. 个体面临某项活动任务时的身体反应

例如，当面临考试、应聘等生活事件时，人们往往依据自己的心跳、血压、呼吸等生理唤醒水平来判断自我效能。平静的反应使人镇定、自信，而焦虑不安的反应则使人对自己的能力发生怀疑。不同的身体反应状态会影响到活动的成就水平，从而又以行为的反应指标确证或实现活动前的自信或怀疑，由此决定个体的自我效能感。

班杜拉认为，不管哪种形式的自我效能信息，都是活动及其结果对个体活动效能的反映。但这种反映相对于主体而言不是自明的，而需要作为活动主体的人的注意、把握和评估。所以，自我效能感的产生还需要个体对自我效能信息的认知加工过程的参与。活动及其结果自身所携带的效能信息，只有被个体在认知上加以把握和加工后，才构成个体效能自我判断的依据，从而决定个体自我效能感。

班杜拉指出，自我效能感作为人的主体因素的一个方面，并不是个体人格内部的一个静态的固有属性，而是个体人格的一个发展指标，是人在与环境发生相互作用的过程中通过各种效能信息做出的主体自我判断。他认为，处于不同发展阶段的个体所面临的基本生活任务及其活动的形式和对象的差异性，决定了个体在不同的发展阶段，其自我效能感在信息来源、性质、结构、领域等维度上的不同。（杨鑫辉，2000）总体而言，从人的毕生发展的过程来看，个体在人生每一阶段所具有的自我效能感，一方面是此前各发展阶段的社会化的结果，另一方面又受到当前在各项生活任务中的活动结果的影响或调节，从而表现出不同年龄阶段的发展特征。

四、评价

班杜拉是现代社会学习理论的奠基人或集大成者。班杜拉的前期理论被称为社会学习理论，后期理论被称为社会认知理论。社会认知理论建立在社会学习理论基础之上，但是超越了社会学习理论，它的研究范围已经不再局限于学习论领域。

社会认知论假设人类有自我反省和自我调节能力，不仅是环境的消极反应者，还是环境的积极塑造者。人们不只是由外部事件塑造的有反应性的机体，也是自我组织的、积极进取的、自我调节和自我反省的。在这种假设下，社会认知论研究人的认知、行动、动机和情绪。社会认知论最重要的理论基础是三元交互决定论的人性假设，并以此来解释人类的心理现象。根据这一互动的因果模型，人对环境的反应是认知的、情感的、行为的。但更为重要的是，通过认知，人们也控制了他们的行为，这不仅影响着环境，而且也影响着主体自身的认知、情感和生理状态。主体能动性的观点是社会认知论的核心思想，不仅强调了主体的内部因素，而且强调了个体拥有的信念。因此，对人类能动性的强调，特别是对包含自我信念在内的自我系统在自身行为调节中的核心作用的强调，是学习论不能包容的。

另外，他的自我效能概念一经提出，就受到了心理学家的重视，并被广泛运用于实践。它对主体自我的关注和建树与时代要求十分合拍。它是一种超越了行为主义和认知主义心理学的新型动机理论，其采取的微观分析方法为人们的行为和情感反应提供了精确的预测。当然，班杜拉的理论也存在不足与缺陷，如其自我效能的概念面临被泛化和缩小的问题，其对主体内部认知机制重视不够等。

本章思考题

1. 新行为主义和新的新行为主义与古典行为主义有何区别及联系？

2. 试述行为主义的困境与新行为主义的产生。

3. 托尔曼为什么被称为认知心理学的先驱？他的理论观点有哪些？

4. 什么是赫尔的假设—演绎体系？其行为原理包含哪些？

5. 试评述斯金纳的操作行为主义。

6. 班杜拉的社会认知理论的主要观点有哪些？如何评价？

第十一章
格式塔心理学

　　格式塔心理学是西方现代心理学的主要流派之一，1912 年在德国诞生，后来在美国得到进一步发展，与构造主义心理学相对立。"格式塔"（Gestalt）一词具有两种含义：一种含义是指形状或形式，亦即物体的性质、特性，在这个意义上说，格式塔意即"形式"；另一种含义是指一个具体的实体和它具有一种特殊形状或形式的特征，它涉及物体本身，而不是物体的特殊形式，形式只是物体的属性之一。在这个意义上说，格式塔即任何分离的整体。综合上述含义，格式塔意指物体及其形式和特征，曾译为完形心理学。

第一节 格式塔心理学的思想渊源

格式塔心理学的出现是心理学内在历史进程的必然表现，但是，直接催生格式塔心理学的是整体风的思想传统、社会历史背景、哲学理论背景、科学背景和心理学背景。

一、整体观的思想传统

格式塔心理学强调运用整体观研究心理。整体性思想的核心是有机体或统一的整体构成的全体要大于各部分单纯相加之和，与原子论思想把整体仅仅看作部分相加的一个连续体相对立。整体论思想在古希腊和古罗马时代就已出现。德国哲学家黑格尔认为人类历史的基本单位是国家和民族而不是一个个体，国家和民族并不仅仅只是由所有的个体成员简单相加，还包括文化传统、政治及经济形态、民族精神和风俗习惯等。因此，历史事件不能还原为个人行为。国家先于它的成员，同样的整体也就先于它的部分。这种哲学观成为格式塔整体性的思想基础。韦特海默和考夫卡曾在符茨堡研究过无意象思维过程，他们的共同之处都是从事较高级精神功能的研究：韦特海默研究有阅读毛病的、思维迟钝的孩子和病人的思维能力，考夫卡的博士论文研究节奏形态。

二、社会历史背景

格式塔心理学的整体观是具体的社会历史条件的产物。20世纪初，心理学的重心由欧洲开始移向美国，但格式塔心理学却土生土长在欧洲的德国，在很大程度上与当时德国的社会历史背景条件有关。当时德意志帝国迅速崛起，妄图征服世界，称霸全球，使世界各国都臣服于德意志帝国的整体，为此，德国的政治、经济以及文化科学等方面都倾向于整体的研究，心理学也不例外。

三、哲学理论背景

格式塔心理学的产生受到德国哲学家康德的先验论和胡塞尔的现象学理论的影响。格式塔心理学把现象学作为它的理论基础，并以现象学的实验来研究心理现象。影响格式塔心理学的哲学思想包括以下几个方面。

（一）康德的先验论

格式塔拒斥经验主义选择了先验论，其中康德的哲学思想对格式塔心理学影响甚大。康德认为，存在的客观世界可以分为"现象"和"物自体"两个世界，人类只能认识"现象"而不能认识"物自体"，而对"现象"的认识则必须借助于人的先验范畴。人的经验是一种整体的现象，不能分析为简单的各种元素，心理对材料的知觉是在赋予材料一定形式的基础之上并以组织的方式来进行的。康德的这一思想成为格式塔心理学的核心源思想，也成为格式塔心理学理论建构和发展的主要依据。

（二）胡塞尔的现象学

格式塔心理学采取了胡塞尔的现象学观点，主张心理学研究现象的经验，也就是非心非物的中立经验。格式塔心理学主张在观察现象的经验时要保持现象的本来面目，而不能将它分析为感觉元素，并认为现象的经验是整体的或完形的（格式塔），所以称格式塔心理学。在胡塞尔看来，现象学的方法就是观察者必须摆脱一切预先的假设，在此基础上对观察到的东西做如实的描述，从而使观察对象的本质展现出来。现象学的这一认识过程必须借助于人的直觉，才能掌握对象的本质。现象学意指尽可能对直接经验做朴素的和完整的描述，也就是说，要将直接经验分解为感觉或属性，或者分解为其他某些系统的元素，但非经验性的元素。格式塔心理学将现象学作为自己的方法论，并对现象学的方法进行了改造，主张采用直观的方法去研究直接经验。格式塔的三位领导者在柏林都受到过斯顿夫的影响，从哲学中借来了现象学说，并植入了心理学。在现象学心理学中，主要的研究材料都是日常现实生活中的经验，而不是基本的感觉和感情。

（三）实证主义

格式塔心理学与实证主义关系比较复杂。考夫卡认为实证主义是文明中强大的文化力量。如果实证主义可以被视作一种整合的哲学，那么它的整合在于这样的教义，即一切事件都是不可理解的、不可推理的、无意义的和纯事实的。考夫卡还认为不论一个人是否是彻底的实证主义者，它对一个人的生活是有影响的。每一种假设，都需要进一步论证，但是，不该把对特定假设的态度与一般的原理混淆起来，因为一般的原理是不受特定应用所支配的。如果关于知觉运动的格式塔假设被证明是错误的话，那么格式塔理论也不会被拒斥。至于格式塔原理的真实性，应由未来科学的历程来检验。

此外，格式塔心理学还受到怀特海的新实在论观点和摩尔根的突创进化论的影响。例如，格式塔心理学认为深度感觉是存在的，它由视网膜刺激的不一致而引起。这一点仅仅是一个微不足道的基础，在此基础上的三维空间结构是由经验创造出来的。格式塔认为先天论和经验主义之间并不矛盾，唯一的差异在于，经验主义者否认任何一种原始的深度知觉，而先天论者却接受深度知觉，并把它视作其余知觉的基础。

四、科学背景

19世纪末20世纪初，科学界产生了许多新发现，其中物理学中"场论"思想的提出就是这一时期的一个重大发现。当时的科学界普遍接受了关于场的观念。物理学的场的理论对格式塔心理学有更直接的影响。科学家们把场定义为一种全新的结构，而不是把它看作分子间引力和斥力的简单相加。1875年，马克斯韦尔提出了电磁场理论，认为场不是个别物质分子引力和斥力的总和，而是一个全新的结构，并且指出，如果不参照整个场力，就无法确定个别物质分子活动的结果。在这一思想影响下，苛勒在《静止和固定状态中的物理格式塔》(1920) 一书中，采取了物理学的场论，认为脑也是具有场的特性的物理系统，从而论证知觉与人脑活动是同型的。韦特海默、考夫卡和苛勒在接受培训时都知道这些东西。

格式塔心理学认为，不能使用生理术语来描述环境场，因为生理场是我们要求一种解释性理论时所必需的建构，但却不是一个观察的事实。如果我们想从事实出发，我们就必须回到我们的行为环境上去，而且充分意识到行为环境充其量只是整个活跃的环境场的一部分对应物。这一思想为格式塔心理学家们所接受和利用。他们希望借助于场的理论来对心理现象及其机制作出一个全新的解释，因此格式塔心理学家们在其理论中提出了一系列的新名词，如考夫卡在《格式塔心理学原理》中就提出了"行为场""环境场""物理场""心理场""心理物理场"等多个概念。

五、心理学背景

格式塔心理学的产生还有其特定的心理学理论基础。1894 年狄尔泰在《叙述和分析心理学》中，提倡从研究经验着的整体出发，反抗艾宾浩斯的分析心理学；1906 年斯特恩在《人与物》中，也强调人格的整体性，反对传统的元素主义心理学。

格式塔心理学就是在这种总的社会历史的思潮下，强调积极的主观能动，倾向于整体的研究的。

（一）马赫的影响

格式塔心理学的先驱、物理学家马赫提出形式元素说。他在《感觉的分析》一书中，把感觉当作一切科学研究的对象，并认为物理学所研究的声、光、温度的世界与心理学所理解的声、光、温度的世界具有同质性，把客观世界主观化。他认为，感觉是一切客观存在的基础，也是所有的科学研究的基础。马赫认为一个圆周的颜色和大小可以改变，但其圆周性不因之而变；一支曲调的连续的音符可以改变，但听来还是同样的曲调。马赫把圆周称为空间形式的感觉，把曲调称为时间形式的感觉。这样他就把感觉扩大到了一切事物，把空间、时间以及事物的性质等都认为是由感觉组成的。

（二）形质学派的影响

布伦塔诺的弟子克里斯蒂安·冯·厄棱费尔（Christian von Ehrenfels）进一步深化和扩展了马赫的研究。在马赫和布伦塔诺的意动心理学影响下，厄棱费尔提出"形质"学说，把不能用一般的感觉所能说明的经验性质，称为形质。厄棱费尔认为形质不是感觉的简单的凑合，而是感觉成分属于另一种组织形式的新的性质。这些思想对格式塔心理学理论的形成都有重要的影响。厄棱费尔认为，有些经验的"质"（类似于性质）不能用传统的各种感觉的结合来解释，同时这种"质"也不是马赫所谓的独立的物体的存在形式。他把这种"质"命名为格式塔质，又称形质，同时认为形质的形成是由于意动。形质学派倡导研究事物的形、形质，是一种朴素的整体观，这对格式塔心理学的产生有重要的影响。形质本身就是一种元素，不是感觉，不是形式，是由心理作用于感觉元素所创造的一种新元素。尽管形质学派并不像格式塔心理学家们那样真正反对元素主义，只是增加或发现了一个新的元素，但形质学派的出发点是为了完善元素主义的心理学，所以形质学派应该是格式塔心理学的直接前驱。他们的共同点是：①两派理论都强调经验的整体性及整体对部分的决定作用；②两派理论都比较侧重于对知觉问题的研究等，这一点在当代心理学史界基本得到了认同。

第二节 格式塔心理学的建立

格式塔心理学强调经验和行为的整体性，反对当时流行的构造主义元素学说和行为主义"刺激—反应"公式，认为整体不等于部分之和，意识不等于感觉元素的集合，行为不等于反射弧的循环，在心理学领域独树一帜。

一、韦特海默的知觉实验

格式塔这个术语起始于视觉领域的研究，但它又不限于视觉领域，甚至不限于整个感觉领域，其应用范围远远超过感觉经验的限度。在1910年仲夏从德国中部飞驰而过的一列火车上，马克斯·韦特海默远眺窗外的风景：电线杆、房舍和山顶尽管是静止不动的，可看起来却好像在与火车一起飞奔，为什么呢？这个错觉成千上万的人都想当然应该如此，可是，他当时感觉到必须有个解释。这个疑团使他想到了另一种错觉运动——即万花筒。它的基本原理与电影差不多，它在当时非常流行。当韦特海默在法兰克福一个小站中断他的旅行。进城后，韦特海默去玩具店买了一只万花筒，在自己的旅馆里玩了一整天。这只万花筒里有马和小孩子的图片，如果速度控制得好，就可以看见马在嘚儿嘚儿地走，还可以看见小孩子在走路。韦特海默用一些纸片代替了那些画，他在纸片上的两个位置上画一些彼此平行的线条。他发现，用一种速度转的时候，他先看到一根线条，然后在另外一些地方看到另一些线条；再用另一种速度转的时候，两根线条就平行在一起了；又换一种速度转，则有一根线从一个位置移动到另一个位置上去了。这样，他就进行了一次有历史意义的实验并将要形成一种心理学理论。

（一）似动现象的实验

20世纪初叶，心理学对运动视觉的问题还没有得到很好的解决。当时的心理学家认为观察运动必带有一组感觉，但韦特海默认为运动是一种可以认识的现象，不能把它看作感觉的集合。为了研究这个问题，1910年韦特海默发现了研究视见运动的一种新方法，苛勒和考夫卡也参与了这一实验。韦特海默用可以控制不同时间间隔的速示器来呈现两条角度不同的光亮的直线，先后投射到黑色的背景上。他发现，如果两条直线的呈现时间之间有一最适宜的时间间隔（如60毫秒左右），那么被试实际看到的光线是从一处向另一处移动。这意味着，当物体并没有实际的物理运动时，运动知觉也会产生。韦特海默把这种现象称为似动现象。实验的结果表明，运动是一种现象，是一个整体或完形，而不是感觉的一束。

（二）对似动现象的解释

以前的心理学家在解释运动知觉时，或采取眼球运动说，或采取后象混合说，或采取联想说，以为先有某些感觉元素，然后这些元素综合起来，构成了运动知觉。但是韦特海默认为这些都无法解释似动现象。他认为似动现象说明运动知觉在机能上与静止的光亮知觉不同，它是一种新的现象，是一个整体，不是以孤立的两线所能解释的，即它是一个格式塔。格式塔所具有的性质不存在于它的部分之中，而存

在于整体之中。似动现象的关键即在于两个刺激在时间上发生了一种动的交互作用。韦特海默也试图用某些中枢机制的机能来解释似动现象，提出了大脑交互历程说，认为似动现象是由于视觉皮层的不同区域接受了不同位置的光线刺激，因而皮层的不同区域之间，产生了电流的动力的交互作用。

从似动现象出发，韦特海默认为在一切心理现象中，整体不是元素的总和，不可分析为元素，它先于元素，并决定部分。格式塔心理学的整体说便以此为出发点。1912年，韦特海默发表了论文《关于运动知觉的实验研究》，标志着格式塔心理学的建立。

二、对格式塔现象的心理学理解

格式塔"不是用主观方法把原本存在的碎片结合起来的内容的总和，或主观随意决定的结构。它们不单纯是盲目地相加起来的、基本上是散乱的难于处理的元素般的'形质'，也不仅仅是附加于已经存在的资料之上的形式的东西。相反，这里要研究的是整体，是具有特殊的内在规律的完整的历程，所考虑的是有具体的整体原则的结构"。这被认为是格式塔心理学的核心主张。

为了解释似动现象，韦特海默曾提出脑历程的交互影响的场论，认为脑内有一中心位置受了刺激时，便有一定大小的神经波传播出去像投石于水时所引起的涟漪一样。假使a点和邻近的b点先后受了刺

激，则 a 和 b 之间产生了短路。如果 a 点传出的涟漪达到最高峰，而有类似的兴奋圈恰恰从 b 点来到，神经历程的方向便决定于 a 先到达的这个事实。a、b 两点越加接近，似动历程产生的条件便越加有利，而这个历程就是一个广阔的特殊整体。

人的思想是一些大脑活动的结果，与所代表的外部事物在结构上是有一定相似性的。意思是按照某种与力场的运行相类似的方式，对经验进行编组，分类并重新组织，并且让我们的思维内容保持最简单和最有意义的构成。作为一种指导性的图景，它比联想主义理论，比条件反射学说，或者比早期的任何认识论学说都更接近于描述我们感知、理解、存储和利用信息的方式。

格式塔心理学便运用这个场论解释知

觉单元的组合。波林指出，我们已经看到，格式塔心理学对于整体的重视导致其弟子们应用了场论。如果场内的材料由于互相作用的场力或由于它的作用类似于磁场或电场的作用而造成形状，那么经验的项目构成结合的图形有时就可以被理解了。此外，对格式塔心理学产生一定影响的还有舒曼、卡茨、鲁宾等人。所以，苛勒认为，形状意义上的"格式塔"已不再是格式塔心理学家们的注意中心。根据这个概念的功能定义，它可以包括学习、回忆、志向、情绪、思维、运动等过程。广义的格式塔心理学家们用格式塔这个术语研究心理学的整个领域。格式塔心理学所研究的一些心理现象和建立的心理学原则被作为当代认知心理学的思想基础。

第三节 格式塔心理学的主要代表人物

格式塔心理学的兴起比行为主义在美国的兴起还早了一年。由于格式塔心理学体系初期的主要研究是在柏林大学实验室内完成的，故有时又称为柏林学派。格式塔心理学是西方心理学发展史上一个较大的流派，主要代表人物是韦特海默、苛勒和考夫卡。在他们的三人小组中，韦特海默是"智力之父，思想家和革新者"，考夫卡是"这个小组的销售者"，而苛勒是"内部人士，是干实事的人"。

一、韦特海默

韦特海默（M. Wertheimer，1880—1943）是出生于布拉格并在布拉格长大的犹太人。他思想灵活，是位极富煽动力和有口才的人。18 岁时韦特海默进入布拉格大学预科，开始学习法律，但不久之后，就开始失去对法律的兴趣，转而学习哲学。

后来他进入了格拉斯大学，在格拉斯大学就读时曾是著名形质学派代表人物厄棱费尔的学生，后又到柏林大学师从斯顿夫（C. Stumpf）。1904 年韦特海默在格拉斯大学获得哲学博士学位。

韦特海默最大的贡献是在研究似动现象的基础上创立了格式塔心理学。他的著作不多，但在格式塔心理学上的影响最人，是格式塔心理学派的创始人。他刚刚在符茨堡获得博士学位时，那里有一些心理学家不服冯特原则，通过内省的办法来探索有意识的思维。现在，他突然想到，运动错觉的成因可能不是发生在许多心理学家所认为的视网膜上，而是在意识里。某种高级的精神活动在连续的图片之间提供了转接，因而形成了运动的感知。

韦特海默让苛勒、考夫卡和他的妻子作为受试人，进行了近半年的系列实验。为了变更控制条件，韦特海默使用了一根竖直的线条和一根水平的线条。速度刚好的话，他的受试者会看到一条线以 90° 的角度前后转动。在另一个变换中，他使用了一些灯。如果速度恰好到临界点，这些灯好像就只有一个灯在动一样。他还使用了多根线条、不同的色彩和不同的形状来试验。在每种情况下，这些东西都能制造出运动的错觉。韦特海默提出结论说，这种错觉是"一种精神状态上的事"，即运动错觉的发生不是在感觉的水平上，不是在视网膜区，而是在感知中，即在意识之中。从外面进来的、互不关联的一些感觉都被看作一种组织起来的整体，其自身带有自己的意义。韦特海默把这种总体的感觉叫

格式塔。

在法兰克福对运动错觉的研究之后不久，他便接受了维也纳精神研究院的儿童诊所的主任医生的邀请，去寻找教授聋哑儿童的办法。尽管韦特海默认为格式塔理论是整个心理学的基础，可他的大部分研究，而且早年所有的格式塔心理学家们半数的研究都是知觉问题。在十几年的时间里，这三位著名的格式塔心理学家发现了一系列知觉原理，或者"格式塔心理学定律"。韦特海默总结了自己和别人的一些观点，并讨论了若干主要的定律。1933 年由于不堪纳粹迫害的原因，韦特海默举家移居美国，一直在纽约市社会研究新学院工作。

二、苛勒

苛勒（W. Kohler, 1887—1967）出生于波罗的海的雷维尔，先后求学于图平根大学、波恩大学和柏林大学，1909 年在柏林大学从斯顿夫那里获得哲学博士学位。大学毕业以后他到了法兰克福大学工作，与韦特海默、考夫卡共同从事研究工作，是格式塔心理学的创始人之一，任柏林、哥廷根大学教授。在著名物理学家普朗克指导下，他接受了物理学方面相当深入的训练。正是由于这一原因，他强调主张心理学必须和物理学结为联盟。1913 年，苛勒接受普鲁士科学院的邀请，到康那利群岛的西班牙属地腾纳列夫研究黑猩猩的学习。在他到达 6 个月后，第一次世界大战爆发，致使他在那儿滞留 7 年之久。幸运

的是他在那里成功地进行了动物学习的经典实验，在对猩猩进行实验的基础上苛勒提出了自己著名的顿悟学习理论。这一理论对后来的学习心理学产生了重要影响，成就了苛勒一生的辉煌，使他成了一个世界闻名的大心理学家。其研究的成果《类人猿的智慧实验》，被认为是格式塔心理学的经典之作，成为后来的实验心理学、灵长类行为研究的先驱。1920年苛勒回到德国，1922年在柏林大学继任斯顿夫的职务，并一直工作到1935年。

1934—1935年，他接受了W.詹姆斯的邀请去哈佛大学讲学，从而使他于1935年永远地离开了德国，执教于美国的斯沃莫尔学院和达特茅斯大学，直至退休。1956年他荣获美国心理学会授予的特殊贡献奖，1959年当选为美国心理学会主席。

在苛勒任职柏林大学之前，这三位年轻人只在10年的时间内就击退了冯特心理学的防线，确立了他们自己新的心理学的合法地位。这种心理学是关于大脑的，以演示和实验证据为基础，而不是靠思辨和形而上的推想。苛勒认为有关学习的心理学具有极大的意义，那就是，理解力的学习不一定像桑代克在对猫进行的刺激—反应实验中那样，依靠奖励办法。当然，猩猩也在寻找奖励，可是，它们学习的结果却并不是奖励品带来的，它们在吃到食物之前就解决了这个问题。另一项重要的发现是，当动物得到某个理解力时，它们不仅知道了解决问题的办法，还会概括并把稍加改变的方法应用到其他不同的情形之中。按照心理学的术语来说，理解力的学习是能够进行"积极迁移"的。

苛勒主要著作还有《价值在事实世界中的地位》（1938）、《心理学中的动力学》（1940）、《图形后效》（1944）等。

三、考夫卡

考夫卡（K. Kaffka，1886—1941）是美籍德裔心理学家，格式塔心理学的代表人物之一，出生于德国的柏林，1903—1904年求学于爱丁堡大学，对科学和哲学产生强烈兴趣。回到柏林后，他师从斯顿夫研究心理学，1909年获柏林大学哲学博士学位。自1910年起，他同韦特海默和苛勒在德国法兰克福开始了长期的和创造性的合作。似动实验成为格式塔心理学的起点，他本人也成为格式塔学派三人小组中最多产的一个。1911年，考夫卡受聘于吉森大学，一直工作到1924年。不过考夫卡在法兰克福大学工作的时间并不长。他于1912年就转到了德国中部的基赞大学任教，并一直在那里工作了12年。

第一次世界大战期间，考夫卡在精神病医院从事大脑损伤和失语症患者的研究工作。战后，美国心理学界已模糊地意识到正在德国兴起的这一新学派。1922年考夫卡为美国《心理学公报》写一篇题为《知觉：格式塔理论导言》论文。论文根据许多研究成果提出了一些基本概念。1921年，考夫卡出版《心理的发展》一书。该书被德国和美国的发展心理学界誉为成功之作，对改变机械学习和提倡顿悟学习起过促进作用。自1924年起，考夫卡先后在美国康奈尔大学、芝加哥大学和威斯康星大学任教，1927 年担任美国史密斯学院心理学教授，主要从事知觉的实验研究。1932 年，考夫卡为了研究中亚人，曾随一个探险队进行调查工作，开始写作《格式塔心理学原理》。该书由纽约哈考特—布雷斯—约万诺维奇公司于 1935 年出版。这是一部集格式塔心理学之大成的著作。1941 年 11 月 22 日，考夫卡卒于美国马萨诸塞州北安普顿。

考夫卡在 1921 年用德语出版，1924 年又用英语出版的《思维的成长》里，用格式塔心理学的眼光回顾了有关精神成长的现存知识。在他提供的许多新思想和解释中，有两点特别突出。第一点：本能行为不是一串由某种刺激通过机械原理激发的一系列条件反射，而是一组或者一种反射的模式——由这个动物强加到自己的行动上的一种格式塔——旨在实现一个特别的目标。一只小鸡在某些它"知道"可食的东西上啄，可是，本能是趋向目标的，

由饥饿所驱动，而不是看见食物时产生的机械和自动反应。小鸡饱的时候不啄食，尽管它看见食物，尽管有反射。第二点：考夫卡反对行为主义的教理，即所有的学习都是由一连串奖品创造的联想构成的。他反驳说，许多学习都是发生在奖品出现之前，通过思维里面的组织和重新组织进行的。他用苛勒进行的猩猩解决问题研究和小孩子的、可比的解决问题研究作为证据。

波林在他权威性的心理学史中用一个不同的比喻说明了这一点："看起来好像是这样的，正统学说沿着感官分析这条笔直和狭窄的通道已经走入了迷途。而正是敞开的大门和宽广的现象学大道通向了人生。"尽管格式塔心理学家并不是第一批也不是唯一作出了这个发现的人，然而，是他们以如此令人信服的形式作出这个发现的，它已经被纳入科学心理学的结构之中了。

第四节 格式塔心理学的主要理论

一、格式塔心理学的研究对象

心理学是什么？答案是了解一种格式塔或者说是一种组织的产物。格式塔心理学区分了三种不同的心理学：作为意识科学的心理学，作为心理科学的心理学，作为行为科学的心理学。韦特海默认为格式塔心理学是作为意识科学或心理科学成长起来的。他选择行为作为研究对象，这意味着从行为开始比较容易为意识和心理找到一个位置，如果从心理或意识开始，就

没有那么容易为行为找到一个位置。

韦特海默认为心理现象是完整的格式塔，是完形，不能被人为地区分为元素，感觉元素不是自然而然观察到的现象，而是人为的抽象的产物。自然而然经验到的现象都自成一个格式塔，这个格式塔是一个通体相关的有组织的整体，不是部分之和，而部分也不含有整体的特性。

（一）直接经验

格式塔心理学也以行为为心理学的对象，但在实质上并不否认意识。苛勒把"经验"作为意识的同义词。他用心理学和物理学相比较，认为物理学家研究物理现象，心理学家研究心理现象，都离不开直接经验。但物理学仅仅处理客观经验，而心理学要兼处理主观经验。所以物理学可以采用客观的研究法和量的测量，而心理学则须满足于质的研究和推测。因此研究行为要以客观经验和主观经验互相印证，而华生的行为主义则根本否定了意识或经验。

格式塔心理学研究意识，但是苛勒认为格式塔心理学的研究对象是直接经验。这里，直接经验与意识是同义的，可代替意识。他认为心理学在一个时期曾被假定为直接经验的科学，心理学家试图通过直接经验的叙述来分析经验的结构和变化。苛勒认为，心理学和物理学相比，物理学观察客观的事物，心理学则通过内省法与直接经验打交道，所以不同的心理学家对于相同的"事实"却有不同的结论。

在苛勒看来，物理学家研究物理现象，心理学家研究心理现象，两者都离不开直接经验，在这一点上心理学和物理学是没有差异的。但是苛勒认为现代物理学在物理研究的关键时刻对有决定作用的经验进行审慎的选择从而获得可观的证据。对于心理学家在观察和描述直接经验的过程中遇到的麻烦，物理学家都可以不理睬一切主观的经验而避免。

苛勒认为直接经验的世界是我们所知道的第一个世界，这种观点基本上符合唯物主义原则。但是，苛勒又从直接经验中的"物体"是我们所知道的第一种东西出发，断言客观现实仅仅是我们通过直接经验而构思出来的东西，又犯了唯心主义的错误。当然，苛勒的直接经验与冯特以及铁钦纳的元素主义不同。他反对把直接经验人为地加以分析使其丧失原初的面目，而主张用自然的机能的分析法去获得。

（二）行为和行为场

心理学的任务是什么？考夫卡给了自己的回答：心理学的任务就是研究行为与心理物理场的关系。心理物理场包括地理环境和行为环境，地理环境是现实环境，行为环境是意想中的环境，是直接经验的一个部分。作为心理场的行为环境，行为场和生理场之间的关系至关重要。考夫卡认为心理学的对象除行为外，还有所谓的心理物理场。这个心理物理场含有自我和环境的两极性，而这两极的每一部分都各有它自己的结构。考夫卡认为行为产生于行为环境，受行为环境的影响。

行为产生于行为环境，受行为环境的

调节。了解这种心理环境的方法就是韦特海默的解决办法——心物同型论。这也是格式塔心理学的任务。例如，学生的上课行为发生于教师讲课的教室中，反之亦然；教师的讲课行为发生于坐满学生的教室里。对学生来说，如果听不懂其他东西的话，至少能听懂他的语言。场学说并不是最高的真理，可是，它比早期的理论更接近真理，它也是未来更接近真理的一些学说的基础。

二、格式塔心理学的研究方法

格式塔心理学以直接经验为研究对象，而直接经验是自然而然观察到的完整现象，因此他们主张自然的观察法。格式塔心理学家主张采用直接观察法，而这种观察离不开直接经验，因而他们也并不否定内省法，只是反对人为的分析的内省法，认为这种人为分析有损于自然经验的完整。

格式塔心理学家也采用控制一定条件而自然进行观察的现象论实验法，如鲁宾的两可图形的研究。他们认为经验是很难用数量来计算的，所以心理学不宜在年轻时期立即做量的研究，而只能对经验进行质的分析，并且量的研究也需要直接经验的观察。

苛勒认为，如果以内省法作为观察自然经验的方法，本是可行的，但是一些心理学家人为地破坏了自然的经验。例如，在图 11-1 中，a 和 b 的线段本身是相等的，可看起来却是不等的。线 a 比线 b 要短。如果根据构造主义的内性分析，这种感觉

应该是不真实的。因为我们排除了对象和环境的关系，它们就没有区别。格式塔心理学认为，这种所谓"真实"的经验反而是不真实的。因为这是人为地破坏了自然的经验的结果。

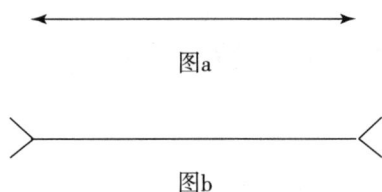

图a

图b

图 11-1　图形错觉

格式塔心理学虽然反对不自然的人为的内省分析，但是不反对自然的机能的分析。所谓机能的分析就是根据完整的单位来分析。从本质上讲，格式塔心理学采用的方法是现象学的方法，就是要求对在特定的时间内主体所观察到的经验材料不加任何修饰，力求如实而详尽地进行描述。这种方法并不用来确定实在的事物和过程，而是用来研究经验。运用现象学方法的原则是：①把直接经验作为心理学的研究对象，对其进行自然的观察；②坚持对经验进行朴素而如实的描述，不做任何推测和解释；③对经验进行质的分析，不能盲目地运用自然科学的量的方法；④按照整体性而不是元素分析的方法研究经验。

三、格式塔心理学的同型论

格式塔心理学家把他们解决心物和心身关系的这种理论称为同型论。这种理论否定了心理是客观现实的反映、心理是脑

的机能，并且带有浓厚的思辨和推论的性质，实际上是心身平行论的翻版。格式塔不仅是一个有组织的整体，而且本身含有一定的意义，可以不受以前经验的影响。

格式塔心理学家认为，物理现象和生理现象都有同样格式塔的性质，因而它们都是同型的。既然物理现象与心理现象、生理现象与心理现象是同型的，那么它们之间就有着相对等的关系。比如，我们的空间知觉、时间知觉都是和大脑皮层内的同样过程相对等的。作为格式塔心理学的代表人物之一，考夫卡在《格式塔心理学原理》一书中采纳并坚持了两个重要的概念：心理场和同型论。

考夫卡认为，世界是心物的，经验世界与物理世界不一样。观察者知觉现实的观念被称作心理场，被知觉的现实被称作物理场。

图 11-2 是一种人们熟知的视错觉。不论观察者对该图观看多长时间，线条似乎都是向内盘旋直到中心的。这种螺旋效应是观察者的知觉产物，属于心理场。然而，如果观察者从 A 点开始，随着曲线前进360°，就又会回运到 A；螺旋线原来都是圆周，这就是物理场。由此可见，心理场与物理场之间并不存在一一对应的关系，但是人类的心理活动却是两者结合而成的心物场。

心物场含有自我和环境的两极化，这两极的每一部分各有它自己的组织。这种组织说明，自我不是欲望、态度、志向、需求等的束捆，环境也不是各种感觉的镶嵌。环境又可以分为地理环境和行为环境

图 11-2　螺旋线效应图

两个方面。地理环境就是现实的环境，行为环境是意想中的环境。在考夫卡看来，行为产生于行为的环境，受行为环境的调节。为此，他曾用一个生动的例子来说明这个问题：在一个冬日的傍晚，于风雪交加之中，有一位男子骑马来到一家客栈。他在铺天盖地的大雪中奔驰了数小时。大雪覆盖了一切道路和路标。由于找到这样一个安身之处，格外高兴。店主诧异地到门口迎接这位陌生人，并问客从何而来。男子直指客栈外面的方向。店主用一种惊恐的语调说："你是否知道你已经骑马穿过了康斯坦斯湖？"闻及此事，男子当即倒毙在店主脚下。

那么，该男子的行为发生于何种环境之中呢？考夫卡认为，在他骑马过湖时，地理环境毫无疑问是湖泊，而他的行为环境则是冰天雪地的平原。倘若那个男子事先知道他要途经一个大湖，则他的行为环境就会发生很大的变化。正因为他当时的行为环境是坚硬的平地，才在闻及他骑马穿过湖泊时大惊毙命。所以，在考夫卡看

来，行为受行为环境的调节。

但是，行为环境在受地理环境调节的同时，以自我为核心的心理场也在运作着。它表明有机体的心理活动是一个由自我—行为环境—地理环境等进行动力交互作用的场。同型论意指环境中的组织关系在体验这些关系的个体中产生了一个与之同型的脑场模型。考夫卡认为，人脑并非像许多人所认为的那样是一个感觉运动的连接器，而是一个复杂的电场。在一个问题情境中，心物场的张力在脑中表现为电场张力；顿悟解除脑场张力，导向现实问题的解决。正是由于考夫卡坚持心物场与脑场之间在功能上是同型的，从而使他在对经验和行为作出整体的动力学解释时幸免于二元论。

格式塔同型论与神经系统机械观相对。神经系统的机械观认为，神经活动好比一架机器的运作，不能组织或修改输入机器的东西。正像"记忆机器"忠实地复制知觉印象一样，它的机械性使知觉印象与其皮质复本之间在大小、形状和组织方面是一一对应的。由此推论，对每一知觉过程，脑内都会产生一种与物理刺激的组织精确对应的皮质"画面"。这种同一是指经验到的空间秩序在结构上与作为基础的大脑过程分布的机能秩序相同一，是指知觉经验的形式与刺激的形式相对应，而非刺激与知觉之间一对一的对应性。在这个意义上说，格式塔是现实世界"真实"的表象，但不是它的完全再现。就像地图与地理同型，大脑皮质过程是以一种类似电场的方式运作的，其最简单的例证是一种围绕一

个磁铁形成的力的电磁场的变化过程，如图 11-3 所示。

图 11-3　电磁场图

在未受干扰的磁场中，力的线路处于平衡状态。知觉引起干扰，脑中的磁场便会处于一种失衡状态。但是，很快又会出现力的线路的重组，平衡得以重新确立。这表明脑中的电学过程在对那些由传入神经元内导的感觉冲动进行反应时，也可能建立神经元的活动场。

同型论是为了说明心和物都具有同样格式塔的性质，都是一个通体相关的有组织的整体。它不是部分之和，而部分也不含有整体的特性。韦特海默和苛勒的心物同型论原理把心理与自然和生活整合起来。

四、格式塔心理学的知觉组织原则

格式塔心理学家根据对知觉的大量研究结果，提出了格式塔的知觉组织原则。

（一）图形与背景

格式塔心理学有一条基本原则是组织。组织原则首先是图形和背景，即在一个视野内，有些形象比较突出鲜明，构成了图形；有些形象对图形起了烘托作用，构成

了背景。如烘云托月或万绿丛中一点红。在一个知觉野或知觉场中，邻接的单元与大小，形状或颜色相似的单元连合在一起。反之，距离较大或大小、形状、颜色各不相同的单元，则各自分离。如果主观上硬把它们拉在一起，也难造成稳定的组合。在听觉方面也有相同的现象的经验，如时钟的声音"嘀嗒"组成自然的节奏，改成"嗒嘀"虽暂时可能，但不久又恢复到"嘀嗒"了。

在具有一定配置的场内，有些对象突现出来形成图形，有些对象退居到衬托地位而成为背景。一般说来，图形与背景的区分度越大，图形就越可突出而成为我们的知觉对象。例如，我们在寂静中比较容易听到清脆的钟声，在绿叶中比较容易发现红花。反之，图形与背景的区分度越小，就越是难以把图形与背景分开，如军事上的伪装。要使图形成为知觉的对象，不仅要具备突出的特点，而且应具备明确的轮廓。

（二）接近性与连续性

某些距离较短或互相接近的部分，容易组成整体。如图 11-4 所示，距离较近的两线自然而然地组合起来成为一个整体。连续性是指对线条的一种知觉倾向，如图 11-4 所示，尽管线条受其他线条阻断，却仍像未阻断或仍然连续着一样为人们所经验到。

（三）完整和闭合倾向

知觉印象随环境而呈现最为完善的形

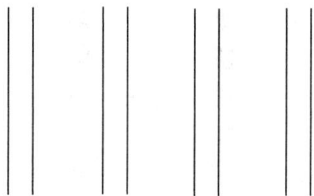

图 11-4　接近性与连续性组合图

式。彼此相属的部分，容易组合成整体，反之，彼此不相属的部分，则容易被隔离开来。图 11-5 中是不完全闭合的曲线，但是知觉上却倾向于将其看作戴眼镜的老者或者一只肥大的老鼠。这种完整倾向说明知觉者心理的一种推论倾向，即把一种不连贯的有缺口的图形尽可能在心理上使之趋合，那便是闭合倾向。

图 11-5　完整倾向的知觉图

（四）相似性

如果各部分的距离相等，但它的颜色有异，那么颜色相同的部分就自然组合成为整体。这说明相似的部分容易组成整体。如图 11-6 所示，○代表白色，●代表黑色。观察者容易将该列看作按直线排列，而非以横线排列。

（五）共同方向运动

一个整体中的部分，如果做共同方向的移动，那么这些做共同方向移动的部分

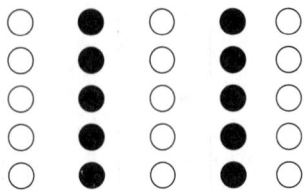

图 11-6　相似性图形组合

容易组成新的整体。根据接近律，图 11-7
可以看作 abc、def、ghi、jkl 组合。如果
cde 和 ijk 同时向上移动，那么这种共同的
运动可以组成新的整体。观察者看到的不
再是 abc、def、ghi、jki 的组合，而是 ab、
cde、fgh、ijk 等组合。韦特海默研究了许
多图形结合体的组织规律，得出了不少有
价值的结论。

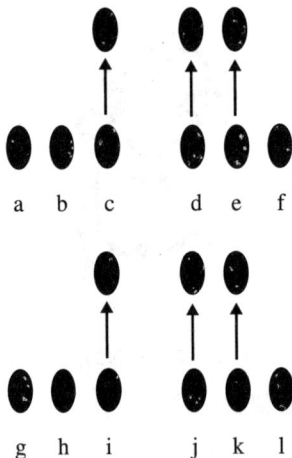

图 11-7　共同方向的移动组合图

五、格式塔心理学的学习理论与研究

苛勒的这些实验虽然只有质的分析，
没有精确的量的记载，但他的设计新颖，
并且重视认识的因素。这不仅为动物心理
学的研究开辟了新的道路，而且证明联想
主义者和刺激—反应的学习学说严重不足。

现代学习心理学中的认知学派一般都以此
种实验为其开端。

（一）顿悟说

苛勒通过对黑猩猩的实验，在学习理
论上提出了有名的顿悟说。苛勒设立了很
多不同的问题让猩猩来解决。最简单的一
些问题是绕道问题，即猩猩得通过转弯抹
角的一些路径来获取香蕉，这对猩猩不成
问题。动物要走向目的物，而动物和目的
物之间则由实验者设置了障碍。动物必须
观察整个情境，领会目的物和障碍物的关
系，然后克服障碍，解决问题，取得食物。
一次又一次，一只猩猩好像突然在某个时
候看到解决问题的办法。苛勒解释说，这
是猩猩对情形的观点重新构造引起的。他
把这突然的领悟叫作"理解力"，定义它为
"某种相对于整个问题的布局而出现的一个
完整解决办法"。格式塔心理学家试图以格
式塔的概念扩大应用到学习的问题上，反
对桑代克的学习理论。

这种学习称作顿悟学习，与桑代克的
试误学习不同。试误学习的障碍不是动物
所能观察得到的，以致它们只得进行盲目
尝试。顿悟学习则是动物领会情境的关系
而获得成功的。在苛勒看来，顿悟就是领
会到自己的动作为什么和怎样进行，领会
到自己的动作和情境，特别是和目的物的
关系。这一学习理论目前已成为西方心理
学中重要的学习理论之一。

（二）创造的思维研究

苛勒总结了黑猩猩在学习实验中的特

点，并根据这一系列迂回实验的结果，提出了顿悟的学习理论。这一理论认为学习不是由于盲目的尝试，而是由于对情境有所顿悟而获得成功的。苛勒对黑猩猩进行实验的学习过程，实际上是一个解决问题的思维过程。动物之所以能解决新的问题，是因为它们能在新情境中发现新的格式塔，这就触及创造的思维的问题。因为创造的思维即在于通过顿悟来改造旧的格式塔而建立新的格式塔。

考夫卡根据苛勒对黑猩猩的学习实验，认为对于新情境的适应和新问题的解决，在于能对旧的格式塔进行改造，而建立一个新的格式塔，要建立一个新的格式塔便有赖于智慧或顿悟。

为了说明创造性思维如何产生，韦特

海默举了一个关于著名数学家卡尔·高斯的例子：当高斯 6 岁时，他的老师问班上的同学说谁能最先算出 "1＋2＋3＋4＋5＋6＋7＋8＋9＋10" 的总和。高斯几秒钟就举了手。"你是怎样这么快就算出来的？" 老师问。高斯说："如果我按 1 加 2 加 3 这样算下去会费很多时间，可是，1 加 10 等于 11，2 加 9 等于 11，3 加 8 等于 11，等等，总共有 5 个 11，答案是 55。"高斯看出了其中问题的结构，使他很快得出了问题的解决办法。韦特海默的理论是，思维会给进入大脑的一些感觉以结构和意义。韦特海默在这方面进行了大量的研究，这些研究不仅提供了探索创造性思维的途径，而且对于教师教育学生打破框框，勇于创新，也有现实的指导意义。

第五节 对格式塔心理学的评价

一、格式塔心理学的贡献

（一）运用实验结果反对元素主义心理学

格式塔心理学在许多方面作出了自己的贡献，其最突出的一点是对以构造主义为代表的元素主义心理学的批评。格式塔心理学家称构造主义心理学为砖泥心理学，也即元素是砖，由联想粘在一起，认为构

造心理学用内省把人的心理还原为分子、原子是人为的，不能揭示心理的任何东西。格式塔心理学家重视整体的观点，重视部分之间动的联系，具有辩证法的因素，这对克服元素主义的机械观点是有一定的贡献的。格式塔心理学对知觉和学习的研究，冲破了元素主义的框框，进行了富有启发性的探索。到 1921 年之前，格式塔心理学已经开始取代冯特心理学了。

（二）促进了人本主义心理学的兴起

格式塔心理学强调整体论，主张心理

学研究应以整体的组织来代替元素的分析，这一观念对人本主义心理学的发展有很大的影响。例如，人本主义心理学的创始人马斯洛就曾在韦特海默的指导下学习整体分析的方法，并最终形成了人本主义心理学的整体研究的方法论原则。同样人本主义的几个著名的代表人物也都主张对研究对象的整体体验和描述，主张心理学应是存在分析的心理学，这些都表明了格式塔心理学对人本主义心理学的潜在影响。

（三）奠定了认知心理学的理论基础

格式塔心理学对认知心理学的贡献可以分为两个部分。第一是对狭义的认知心理学，即信息加工认知心理学的贡献。信息加工认知心理学重视研究心理的内部机制，强调从整体上对信息的输入、加工和输出进行模拟研究，这一点可说是深受格式塔心理学的影响。第二是对广义的认知心理学的贡献，如知觉心理学、学习心理学等。正是格式塔心理学的卓有成效的知觉研究才使得知觉心理学脱离感觉心理学而成为一个独立的分支。尽管格式塔运动只在德国有过瞬间的辉煌，并没有代替美国的行为主义学说，可是，它使认知传统重放光辉，并对认知系统进行了革新，为20世纪60年代的认知革命铺平了道路。

（四）奠定了实验社会心理学的方法论的基础

直到20世纪30年代中期，格式塔心理学是德国心理学中的主要力量，也是其他国家不断成长的心理学流派。场的思想最早是由格式塔心理学家们引入心理学的。这一思想后来在社会心理学中得到广泛的应用。许多社会心理学理论的建立都以此为出发点。同时格式塔心理学卓有成效的实验现象学为后来的社会心理学的发展提供了方法论基础。实验现象学方法及其变种已成为当前社会心理学研究普遍采用的有效方法。

此外，在格式塔心理学的贡献之中，也许是他们最大的贡献，即是把意义和思想恢复到了学习之中。

二、格式塔心理学的局限

（一）带有明显的先验论和形而上学倾向

格式塔心理学的哲学基础是先验论，带有明显的唯心主义色彩。格式塔心理学排斥了经验的作用，并把物理世界看作现象性的客观存在，因而带有强烈的先验论和唯心主义的倾向。格式塔心理学家们没有认识到人脑是心理的器官，客观世界是心理的源泉这一基本事实，从而最终导致了自己的理论研究走进了死胡同。格式塔理论提出了同型论假设，这是从总纲的意义上而言的。在论及整个理论体系的各个具体组成部分时，格式塔心理学明显缺乏生理学假设的支持，也没有规定出生理学的假设。任何一种心理现象均有其物质基础，即便遭格式塔拒斥的构造主义和行为主义也都十分强调这一点，而格式塔理论恰恰忽略了这一点，这就使它的许多假设不能实现。

（二）实验研究不够严谨和规范

格式塔学派过分依赖现象学的方法；他们的一些实验结果受人为因素的影响较大，别人很难进行重复性的验证，这就使得许多人对其实验结果的正确性和合理性产生怀疑。格式塔心理学家意欲把各种心理学问题简化成公设，例如，他们不是把意识的知觉组织看作需要用某种方式加以解决的问题，而是把它们看作理所当然存在的现象。单凭同型论并未说清组织原则的原因，两者之间不存在因果关系。这种用回避问题存在的方式来解决问题，和用否定问题存在的方式来解决问题是一样的。格式塔理论中的许多概念和术语过于含糊，没有被十分严格地界定。有些概念和术语，例如组织、自我和行为环境的关系，等等，只能意会，缺乏明确的科学含义。格式塔心理学家曾批评行为主义，说行为主义在否定意识存在时用反应来替代知觉，用反射弧来替代联结。由于格式塔这些替代的概念十分含糊，用这样的概念和术语去拒斥行为主义，似乎缺乏力度，甚至使人觉得束捆假设是有道理的。此外，由于格式塔心理学的研究主要局限于知觉的领域，格式塔的组织原则究竟是否能适用于心理学的全部，缺乏足够的根据。

（三）概念界定不明确

格式塔心理学家是以批判构造主义心理学而名噪一时的，在它逐渐成熟后它又开始高举起反行为主义的大旗。也正是格式塔的这种过于张扬的批判，导致格式塔自己也没有建立起完整的理论体系。虽然

格式塔心理学是以大量的实验为基础的，但是许多格式塔实验缺乏对变量的适当控制，致使非数量化的实证资料大量涌现，而这些实证资料是不适于做统计分析的。固然，格式塔的许多研究是探索性的和预期的，对某一领域内的新课题进行定性分析时，确实便于操作。但是，定量分析更能使研究结果具有说服力。同时格式塔学派在自己的理论中大量采用了数理概念，而且不加以特别说明，许多概念有被滥用的倾向，这就使得格式塔心理学的理论过于晦涩深奥，使人难以理解，这一点是格式塔学派的致命弱点。

1950 年，格式塔心理学作为一门独特的心理学慢慢失去它的影响了。格式塔心理学的顶峰状态已经过去。波林说，学派可以没落，可它们也可能因为成功而消亡。今天的格式塔已经被吸纳进现代心理学了。其思想充斥于心理学思想之中，并开始将它扩大，超过了行为主义的局限，在心理学史上留有不可磨灭的痕迹。格式塔具有鲜明的变革特征，积极向旧的传统进行挑战，对当时存在的诸种心理学体系提出中肯而又坚定的批评，对人们深入思考各种对立的观点具有启迪作用，给整个心理学以推动和促进。格式塔按照自己的实证精神理解世界，极大地影响了知觉研究，也影响了学习理论，使心理学研究人员不再固于构造主义的元素学说，而使意识经验成为心理学中的一个合法的研究领域。格式塔又是观察世界的哲学，用大量的研究成果丰富和充实了现象学，使世界的现象学心理学成为一种无法消解的思想潮流。

本章思考题

1. 为什么说似动现象的研究标志着格式塔心理学的建立？

2. 如何理解格式塔？格式塔学派与构造主义之间的矛盾本质是什么？

3. 格式塔心理学在方法论上有什么特色？

4. 什么是"同型论"？

5. 格式塔心理学是如何理解知觉现象的？

6. 格式塔心理学关于创造性思维的理解有何独到之处？

7. 格式塔心理学有哪些贡献与局限？

第十二章
皮亚杰学派

让·皮亚杰（Jean Piaget，1896—1980），瑞士心理学家和哲学家，发生认识论的创始人。他通过儿童心理学把生物学与认识论、逻辑学联系起来，以一种完全经验的方式，将传统上纯属思辨哲学的认识论改造成为一门实证科学。皮亚杰以儿童为师，最关心的问题是：知识是怎样形成的。他以儿童智慧的发生、发展为切入口，来研究人类知识的发生学。其儿童认知理论成为发展心理学中的经典理论。皮亚杰被认为是心理学史上除弗洛伊德之外影响力最大的人。正如英国发展心理学家彼德·布莱恩所评价的那样，如果没有皮亚杰，"儿童心理学只能是一门了无生气的学问"。（墨顿，2003）

第一节 皮亚杰理论的思想渊源

皮亚杰的经典理论，一方面在哲学渊源上受康德主义、结构主义、操作主义的影响，在科学背景上受当时欧美机能主义心理学和格式塔心理学的影响；另一方面其理论形态又与当时逻辑学、数学、语言学、控制论等多学科的发展密切相关。

一、皮亚杰理论的哲学渊源

皮亚杰早年对柏格森、康德的哲学非常感兴趣，他的哲学思想主要受康德的影响。皮亚杰曾直言不讳地说："我把康德范畴的全部问题重新审查了一番，从而形成了一门新学科，即发生认识论。"（高觉敷，1982）皮亚杰的"图式"概念即是受康德"先验图式"的启示。图式指动态的可变结构。皮亚杰认为个体发展的最早图式是"遗传式图式"，但在以后的发展中，儿童经过同化、顺应和平衡过程，逐渐形成新的更复杂的图式。从这个观点来看，皮亚杰虽受康德"先验论"的影响，承认预先存在的遗传图式，但他本身并不是先验论者，而是强调主客体相互作用的建构论者。因为他更重视个体在适应环境的过程中，通过同化、顺应和平衡作用而构造出新的认知图式。

在皮亚杰的时代结构主义正盛行于欧美大陆，索绪尔的结构主义语言学、乔姆斯基的转换生成语言学对皮亚杰的学说产生了一定影响。皮亚杰专门写过《结构主义》一书，探讨认知结构的问题。他把分析心理的研究方法称为结构发生法。在他的代表著作《发生认识论原理》中，皮亚杰曾明确指出，认知结构既不是形成于物理客体之中的，也不是先验地存在于主体自身之中的，认识的获得必须用一个将结构主义和建构主义紧密地联结起来的理论来加以说明。（皮亚杰，1981）

布里奇曼的操作主义对皮亚杰的理论也有一定影响。虽然皮亚杰在《智慧心理学》中，说他的"运算"概念与布里奇曼的操作主义毫无共同之处，但他在后来的《结构主义》一书中又说，要用结构主义来补充操作主义。可见皮亚杰并不反对操作主义，只是觉得它有缺陷，需要用结构主义来加以弥补。

二、皮亚杰理论的科学背景

皮亚杰早年对生物学有深入的研究，1918 年在纳沙特尔大学获得的是生物学博士学位，因此生物学的观点深刻地影响着皮亚杰的理论形态。皮亚杰的儿童发展理论和发生认识论都合理地吸收了生物学的重要思想。他提出问题的思路和解决问题的方式都离不开生物学的知识渗透。如皮亚杰用同化和顺应来说明主客体之间的相互作用，用平衡和自动调节来解释发展，用外化和内化的双向建构来揭示认识发生的机制。这些概念均源于生物学，形成了皮亚杰独具特色的理论体系。皮亚杰极其推崇生物学家沃丁顿、韦斯等人的衍生论，认为它是一种强调基因型与环境相互作用的胚胎发育理论，而这种理论与皮亚杰提出的智慧及其结构发展理论之间有着惊人的相似。

除了生物学为皮亚杰的理论提供了科学背景以外，逻辑学也是不容忽视的一个影响来源。皮亚杰曾表达过，"每种心理学的解释都迟早要依赖生物学和逻辑学"。从20世纪40年代，皮亚杰开始采用数理逻辑作为研究儿童智慧活动的工具。他从逻辑学中引进"运算"的概念，以此作为儿童思维发展水平的标志。他的儿童认知发展阶段理论正是在这一基础上建立的。在皮亚杰看来，以数理逻辑为工具来描述儿童运算的思维过程犹如统计学一样有用。

此外，体现当时时代精神的控制论，对皮亚杰的理论也产生了影响。正如加拉格尔所指出的那样："控制论也许是对各学科的思想的一门最有影响的学问。这门学问给皮亚杰提供一种工具，可用以阐明整体如何通过一系列的有调节的变化而得以保存下来。"（皮亚杰，1980）皮亚杰认为控制论模型对认识机制的研究有重要借鉴意义，它可以和皮亚杰认知结构的同化、顺应、平衡学说相互印证。

三、皮亚杰理论与其他心理学流派的联系

皮亚杰中后期的思想受到格式塔心理学的影响。他赞同格式塔学派对部分与整体关系的论述。他在《结构主义》（1971）一书中提出结构的三个特点，即整体性、转换性和自我调节性。其中整体性就是受

到格式塔心理学的影响。皮亚杰早年受业于欧洲机能主义者克拉帕雷德。他在《儿童的语言与思维》一书的前言中曾说："日内瓦的克拉帕雷德和布维特先生一贯地帮助我，要我随时考虑机能的观点和本能的观点，没有这两个观点，人们就会忽略儿童活动的最深源泉。"（皮亚杰，1990，pp.1—2）皮亚杰将认知结构不是看作生理或感官的物质结构，而是一种机能上的结构，这不能不说是一种机能主义的影响。

皮亚杰大学时期学习过弗洛伊德的精神分析理论，后来工作中他的临床描述技术直接得益于荣格的指导。皮亚杰自己曾说："十分明显，我要多么感谢精神分析论，因为我认为这个理论对于原始思维的心理学产生了革命的作用。"（皮亚杰，1981）概括地说，弗洛伊德的精神分析理论为皮亚杰提供的精神资源主要包括两方面：一是在弗洛伊德的影响下，皮亚杰把儿童作为发生认识论的研究对象；二是通过对理性主义和非理性主义的反思，皮亚杰确立了儿童发生认识论研究的总体方向。此外，皮亚杰的"自我中心状态"与弗洛伊德的"自恋"概念，在描述心理的主客体综合为一的特点时，有着很大的一致性。皮亚杰在《儿童的游戏、梦与模仿》一书中，曾谈到他的理论与弗洛伊德理论的关系。

第二节 皮亚杰的生平

1896年，皮亚杰出生于瑞士纳沙特尔。他天资聪慧，从小对生物学感兴趣，

11 岁就发表了一篇《患白血病的麻雀》的调查报告，到中学毕业时已发表二十几篇论文。谈及他的童年生活时，皮亚杰在《自传》中回忆道，父亲是一位历史学家。他的理性和批判精神影响着皮亚杰，父亲教他进行系统研究的意义和用证据检验的方法。母亲则是非常聪颖、精力旺盛的人。她的神经症特质使后来皮亚杰对精神分析和病理心理学产生了浓厚兴趣，同时母亲的非理性和想象性思辨也赋予了皮亚杰某种"酒神狂欢似的兴奋"。可以这样说，皮亚杰毕生所坚持的"科学方法"为"想象"服务，就是从他的父母那里接受的人格影响所致的。

1918 年，皮亚杰在纳沙特尔大学以《来自阿尔卑斯山区软体动物分类》的论文获得生物学博士学位。虽然皮亚杰早年接受的是生物学训练，但他对心理学也有相当大的兴趣，在大学时就已经涉猎许多心理学流派和理论，如病理心理学、弗洛伊德的理论以及荣格的学说等。同时他还对哲学、逻辑学、语言学等学科有着广泛的兴趣。博士毕业后，皮亚杰前往苏黎世大学，在荣格的指导下研究精神分析。1920 年，皮亚杰来到巴黎的比奈实验室，担任西蒙的助手。他注意到智力测验时，许多儿童对同样问题都有相似的错误回答。儿童是通过怎样的思维模式而得到这些错误的答案呢？这引起了皮亚杰的兴趣。此时的皮亚杰还研究异常儿童，认为对异常儿童施测不仅要让他们回答问题，还要让他们操作物品，因为他们的语言能力相当缺乏。正常儿童的"错误"和异常儿童的

"迟缓"，开启了皮亚杰对儿童心理学的研究兴趣。1921 年，时年 25 岁的皮亚杰担任了日内瓦大学卢梭学院研究室主任，1924 年任日内瓦大学教授，此后相继被聘请为纳沙特尔大学、洛桑大学、巴黎大学教授，主讲过儿童心理学、实验心理学、发生心理学、逻辑学等课程。

1922—1932 年，皮亚杰结婚，并有了三个孩子。他一边从事教学研究，一边观察记录他的孩子们的言行发展，写出了一系列的文章和著作，如《儿童的语言与思维》《儿童的判断与推理能力》《儿童的智慧起源》《儿童的本体结构》等。对儿童的深入观察使他坚信，儿童的智慧是来自于动作和操作而非语言的。在观察儿童认知发展过程中，皮亚杰首创了临床谈话法。这使儿童心理研究变得更为科学化和系统化。在儿童认知发展理论方面，皮亚杰提出的图式、同化、顺应、平衡的概念较好地解释了认知发展的机制。同时，他的儿童心理发展阶段理论将儿童的发展分为：感知运动阶段、前运算阶段、具体运算阶段、形式运算阶段，这一理论对教育教学实践的影响相当深远。

1955 年，为了致力于发生认识论的研究，皮亚杰在日内瓦创建"发生认识论国际研究中心"，汇聚世界各国著名的哲学家、心理学家、教育家、逻辑学家、数学家、语言学家以及控制论、信息论学者，共同研究认识的发生、发展问题，对儿童的概念形成和认知过程进行了多学科的系统研究。皮亚杰发生认识论的基本观点是：人的认识既不是先天具有的，也不是对外

在事物的机械反映，认识是通过主客体相互作用而建构起来的。皮亚杰关于认识的"双向建构"和"自动调节"的观点，为长期以来认识论中理性主义与经验主义之争，提供了一条可能的解决途径。发生认识论的研究为后来的认知心理学奠定了基础，并促进了人工智能学的产生。国际心理学界盛赞皮亚杰，"他以一种完全经验的方式，探讨了此前纯属思辨哲学的问题，把认识论创建为一门相当独立于哲学而与有关人的各学科紧密相联的学问"。（皮亚杰，1990，p. 2）1971 年，皮亚杰退休。他辞去其他行政职务，但仍然担任发生认识论国际研究中心主任，继续从事发生认识论的研究，直到去世。

皮亚杰先后当选过瑞士心理学会、法语国家心理科学联合会主席，1954 年任第 14 届国际心理科学联合会主席。鉴于皮亚杰对世界心理学所作出的巨大贡献，1968 年美国心理学会授予他心理学卓越贡献奖，1977 年又授予他桑代克奖。此外，1972 年

他还在荷兰获得相当于诺贝尔奖的"伊拉斯姆士"奖。

皮亚杰一生著作颇丰，共发表 70 多部专著和 1500 多篇论文，代表性著作有《儿童的判断与推理能力》(1924)、《儿童的道德判断》(1932)、《儿童的智慧起源》(1936)、《智慧心理学》(1947)、《发生认识论导论》(1970)、《结构主义》(1971)、《认知结构的平衡化：发展的中心问题》(1975) 等。皮亚杰以其非凡才智、渊博学识和创造性工作得到国际学术界的公认。他历经数十年的实验研究，在生物学、逻辑学、心理学、哲学、科学史等方面均有建树，被誉为同弗洛伊德、爱因斯坦齐名的世界文化巨人。为了纪念这位杰出的研究者，皮亚杰的弟子英海尔德在日内瓦建立了"皮亚杰著作档案馆"，收集皮亚杰一生的著作、论文、实验报告、手稿、书信等。1980 年 9 月 16 日，皮亚杰在瑞士去世，享年 84 岁。

第三节 皮亚杰的理论

皮亚杰一生研究范围广泛，其理论博大精深，成果丰硕，融合了生物学、心理学、逻辑学和认识论等跨学科的知识，但总体而言，他的独特贡献主要体现在两方面：一是儿童心理学理论，二是发生认识论。这两方面又有着内在的联系，因为皮亚杰首先是一个儿童心理学家，他选择儿童智慧为切入口，以儿童心理的发生、发展机制为研究对象，其目的是为了探究人类知识的发生学，最终创立发生认识论。

一、皮亚杰的儿童心理学理论

皮亚杰以儿童为师，大半生从事着儿童心理的发生研究。经过长期对儿童认知发展领域如语言、思想、逻辑、推理、概念形成、道德判断等临床研究，皮亚杰创立了以智力发展阶段理论为核心的认知发展理论。这一理论不仅对世界心理学的发展有重大影响，而且成为许多国家基础教育改革的重要理论依据。概括起来，皮亚杰的儿童心理学理论主要包括四方面内容：智力的本质、认知结构的几个基本概念、影响儿童心理发展的基本因素、儿童心理发展的阶段理论。

（一）智力的本质

皮亚杰反复强调适应在儿童心理发展中的作用，认为智力的本质就是适应，这种适应不能理解为主体被动地去适应世界，而是主体和客体在人类改造外部世界的活动中相互适应。皮亚杰把适应看成是主体和客体（环境）的一种平衡关系。他在《智慧心理学》中明确指出：智力就是适应，儿童的智力既不是起源于先天的成熟，也不是起源于后天的经验，而是起源于动作。这种动作的本质是儿童对客体的适应，儿童通过动作对客观环境的适应，是儿童智力发展的真正原因。在此，皮亚杰借用生物学中的"适应"概念，来解释人类智慧的实质，并强调智慧起源于动作，不管是外部动作还是内化了的思维动作，其本质都是对环境的适应。而适应要依赖个体对图式的同化与顺应两种机能，通过同化

和顺应的协调而达到与环境的平衡，在这一过程中需要自我调节机制发挥作用。也就是说，适应可分为图式、同化、顺应、平衡和自我调节几个环节。

智力的本质是适应，而适应又是有机体与环境达成的一种平衡状态，那么这种智力的适应是如何形成的呢？皮亚杰在《发生认识论原理》一书中指出，智力最初是从本能中出现的。本能中包含有行为内容和行为形式的遗传程序编制，但从本能到智力的演化中，伴随着方向不同但具有内在联系的两种发展：一种是内化的发展，发展方向是朝向逻辑数学方面的；另一种是外化的发展，其发展方向是朝向学习与经验的。这样，智力的发展是一个双向建构的过程。

那么在智力的这种建构过程中，起决定作用的因素是什么呢？皮亚杰认为，只讲内因或只讲外因的发展观都是片面的，应在承认进化论的前提下，以内在因素和外在因素之间的不断交互作用来解释适应的变化，因为这种观点强调了同化、顺应与动作发展间所体现的自我调节机制。适应的形成在生物学上是同化与顺应的平衡，在心理学上就是内因与外因之间相互作用的一种平衡状态。

（二）认知结构的几个基本概念

皮亚杰认为，认知结构不是康德所说的一种先天存在的、等待着去整理感性材料的空架子，也不像黑格尔所设想的是与个体意识无关的逻辑框架，认知结构是在个体认知发展过程中逐步形成的，并且，

这种认知结构从一开始表现为一个能动的行为图式，而最终则发展成为一个不断建构的逻辑图式。皮亚杰从心理的发生发展来解释认知结构的获得，强调认识的获得必须用一个将结构主义和建构主义紧密联系起来的理论来加以说明。在用心理学术语描述认知结构时，皮亚杰用到了图式、同化、顺应、平衡四个基本概念。

1. 图式

所谓图式，英文是"Schema"，也有人译为格局，是指一种活动的"功能结构"。它不是一个固定不变的模式，而是在不断地生成和改变着的。皮亚杰在《儿童心理学》中对图式是这样解释的："图式是指动作的结构或组织，这些动作在相同或相似环境中由于不断重复而得到迁移或概括。"（皮亚杰，1990）简言之，图式就是动态的可变结构。在皮亚杰看来，图式从一开始就是主体支配和改变外部事物的行为组织。婴幼儿在开始接触外物时，不是用语言和概念，而是通过各种行为作为中介，如婴儿的吸吮、抓握等先天性反射。感知运动图式的实质是主体改变客体各种行为的协调规则。儿童不断地探索、操纵并企图理解周围的事物。在这个过程中，为了适应环境，他们形成新的更精细的行为结构，使儿童的图式不断变化和丰富起来。在皮亚杰的理论中，图式可以说是认知结构的起点和核心，个体正是借助于原来具有的图式，才能对外在刺激做出反应。对于儿童的认知发展，皮亚杰论述道："人的认识的发展，不仅表现在知识的增长上，更表现在认知结构的完善和发展上，图式

的发展水平是人的认识发展水平的重要标志，它既是认识发展的产物，又是认识发展的基础和条件。"（皮亚杰，1982）换言之，发展从根本上说，是从较低水平的图式不断建构更高水平的新图式，从而使认知结构不断完善的过程。

2. 同化和顺应

图式的发展和丰富是通过同化和顺应两种机制来实现的，这都是从主体出发去适应环境的活动。皮亚杰在《儿童心理学》中对同化和顺应下的定义是："刺激输入的过滤或改变叫做同化；内部图式的改变，以适应现实，叫做顺应。"通俗地说，同化就好像消化系统一样，主体将遇到的环境刺激吸收到已有的图式或认知结构中来，以原有的图式去认识和接纳外部事物，同时又丰富原有的认知图式。但当同化过程失败时，即原有图式不能吸纳环境刺激时，人们就要采取顺应的方式。顺应是调整或改造原有图式，引起图式的创新以重新适应外界环境的过程。一般认为，同化是量变的过程，此时认知图式发生的是共时性转换，而顺应是质变的过程，此时认知图式发生的是历时性改变，主体与环境形成新的平衡。在认知结构的发展中，同化与顺应既相互对立，又彼此联系，是相互依存的两个独立过程，共同完成着个体的适应。只是在某些活动中，同化起主导作用，而在另一些活动中，顺应起主导作用。

3. 平衡

皮亚杰的发生认识论建立在平衡与平衡化这一核心概念之上。所谓平衡，指个体同化与顺应两种机能之间的协调一致。

皮亚杰对平衡所下的定义是："我们可以把认识结构的平衡视为主体活动对外在干扰所做出的补偿，而这些活动就是对这些干扰的反应。"（皮亚杰，1990，p.7）这个定义体现了平衡的三个特征：稳定性、补偿性和主动性。平衡是一种在开放系统中的稳定状态，最高的平衡状态不是静止的而是主体最高程度的活动，"智慧行为是依赖于同化与顺应两种机能从最初不稳定的平衡过渡到逐渐稳定的平衡"。（皮亚杰，1982）也就是说，平衡既是一种状态，又是一种过程。一个较低水平的平衡状态，通过主体与环境的相互作用，过渡到一个较高水平的平衡状态，这样认识结构就得以不断发展，从而适应新的环境。这样，发展的实质就是从低水平平衡向高水平平衡的运动过程，是一个平衡—不平衡—平衡的否定之否定的矛盾运动。平衡永不停止，发展也就一直向前，主体的认知结构也就不断地丰富和复杂。

（三）影响儿童心理发展的基本因素

皮亚杰在《儿童逻辑的早期形成》《儿童心理学》等著作中，提出制约儿童心理发展的因素主要有四个，即成熟、物理环境、社会环境和平衡过程。

1. 成熟

成熟是指机体的成长，特别是神经系统和内分泌系统的成熟。儿童某些行为模式的出现有赖于一定的躯体结构或神经通路所发生的机能。例如，新生儿的肌肉和运动结构还未充分地发展起来，这限制着他的动作协调性，使他不能随意走动。新生儿的大脑又小又轻，中枢神经的结构和功能还未成熟，这使他们在认识事物和推理能力上还很欠缺。生理机能的成熟无疑是心理发展的一个基础，为心理发展提供可能性。但成熟不是唯一的影响因素，要将这种发展的可能性转化为现实性，还必须依赖外在的环境以及主体的练习和习得经验。

2. 物理环境

儿童获得发展必须要接触外界环境，如外在的客体、人们的谈话等。皮亚杰认为接触环境导致两种经验：一种是物理经验，或叫简单抽象，是对客体的属性进行抽象、提炼的结果，如通过对物体属性的感受，儿童知觉到物体的大小、形状和轻重等特性；另一种是逻辑数理经验，指个体作用于物体，从而理解动作间相互协调的结果。为了理解逻辑数理经验的概念，皮亚杰曾举过一个朋友童年时玩鹅卵石的经验，"他坐在他的花园里的地上，并且数石子"。为了数这些石子，他把石子摆成一排，从左边数是10个石子，从右边数还是10个石子，他将石子摆成圆圈数，仍然是10个，这让他觉得奇妙极了。也就是说，儿童发现鹅卵石的数量与其空间排列的位置、计数的先后次序是无关的。物理经验是知觉物体本身的特性获得的，而逻辑数理经验并不能通过知觉客体直接获得，是对操作客体的动作思考的结果。逻辑数理经验依赖物理经验，但又超越物理经验。这两种经验对发展都是重要的，但又不足以说明发展，因为它们缺少社会因素。

3. 社会环境

社会环境包括社会生活、社会传递、文化教育、语言等因素。皮亚杰认为，社会经验是儿童心理发展的必要条件，但环境和教育对心理发展并不能起决定作用，因为儿童如果在学校环境中缺乏主动的同化作用，那么外在的教育将是无效的。相对于维果茨基而言，皮亚杰更重视儿童的认知结构，认为儿童只有建立了适当的认知结构，才能合理地接受新的知识，而外在的环境和教育只能起到促进或延缓心理发展的作用。应该说，皮亚杰重视认知结构对新知识的同化作用是合理的，但他忽视心理发展中的社会影响和教育因素，低估其作用，这影响了他的理论贡献。

4. 平衡过程

前文已提到，皮亚杰认为要解释内、外因素如何相互作用，必须求助于平衡的概念。因为一切行为都要在内在因素和外在因素之间保持平衡，心理的发展实质上就是趋向平衡的活动。在影响心理发展的四个因素中，皮亚杰认为平衡过程是最重要的因素，也是决定性因素，它是连接和整合其他三个因素的核心。皮亚杰指出，在平衡过程中，主体的自我调节机制发挥作用，因为认识结构既不是固有地预先而成的，也不是通过环境简单地对认识结构发生作用的，在这里平衡的自我调节系统起着关键作用。这些自我调节系统存在于有机体的各个功能水平上，从染色体组织到行为本身，自我调节反映了生命组织的最一般特征，也是有机体反应和认知反应所共有的最一般机制。

自我调节对解释认知结构的形成特别有效，为我们提供了从一个水平到另一个水平的无限重建过程的图景。不是高级形式预先就包含在低级形式之中，而是高、低级形式之间的联结仅仅是功能上的类似。也就是说，不断的自我调节能产生结构上的连续性。皮亚杰认为，在主客体相互作用过程中，自我调节随处发挥功能以保证同化和顺应的正常进行，主体不是被动的接受者，而是积极的改造者。自我调节概念的引入对理解主体的能动作用有积极意义。

总之，皮亚杰强调成熟、物理环境、社会环境、平衡过程对儿童心理发展的影响，而这四个因素中，他又特别重视平衡的自我调节机制的作用。他认为这四个因素不仅对儿童认知发展具有解释功能，而且对情感、动机、语言、道德思想等方面的发展也具有解释作用，这几个因素决定着个体心理和行为发展的整体水平和形态。

(四) 儿童心理发展的阶段理论

皮亚杰认为，儿童智力结构呈现出阶段性的发展形态，人的认知结构主要是运算结构，它既是一种生物结构，但更是一种功能性的逻辑结构。皮亚杰引进数理逻辑概念"运算"作为儿童思维发展水平的标志，经过多年的观察和实验，提出了儿童心理发展的阶段理论。尽管在不同著作中，皮亚杰对心理发展阶段的表述并不完全一致，但划分的实质却是相同的。我们按照他在《发生认识论原理》一书中的划分，即感知运动阶段、前运算阶段、具体运算阶段、形式运算阶段,来介绍他的这一理论。

1. 感知运动阶段（从出生到 2 岁左右）

这一阶段被认为是智力的萌芽阶段,其主要特征是:婴儿能区分自己和物体,在作用于外界的过程中逐渐了解动作和效果之间的关系,开始获得客体永久性的概念。但此阶段的儿童还没有表现出自我意识,而且在认知建构过程中,婴儿把每一件事物都与自己的身体关联起来,好像自己的身体就是宇宙的中心一样——一个不能意识其自身的中心。也就是说,这时的儿童认识是极端自我中心化的。

在感知运动阶段,儿童是借助于感知和动作来与外在世界互动的。儿童此时的各种活动不能整体协调起来,每个活动都是一个小小的孤立整体,如吮吸、注视、抓握等。在依靠动作感觉来应付外界环境时,儿童的动作不能在头脑中进行,必须表现为外在的活动,而这些活动唯一可参照的就是身体本身,于是自然产生了一种朝向身体本身的中心化,虽然这种中心化不是有意识的。皮亚杰观察到,儿童从一岁到两岁发生了一场哥白尼式的革命,即活动不再以主体的身体为中心了,开始认识到自身是活动的来源,也是认识的来源,因此获得了主动性,这使活动变得协调并且彼此关联起来。活动的协调使儿童能够让客体产生位移,而逐步加工制作成的"位移群"使儿童有可能获得一定的时空永久性,进而获得客体永久性,这时儿童才真正成为这个宇宙不可分割的一个组成部分。而最早被儿童认为是永久客体的就是作为非我的他人。

感知运动阶段的儿童开始能够运用某种原初的图式来对待外部客体,但其感知运动的智力还不具备运算的性质,因为儿童的活动还没有内化。从感知运动水平往后发展,主客体的分化与日俱增,主要朝着两方面发展:主体活动之间的彼此协调和主客体之间的协调。

2. 前运算阶段（2 岁左右到 6、7 岁）

皮亚杰将这一阶段分为两个水平,即前运算阶段的第一水平和第二水平。从感知运动阶段发展到前运算阶段,经历了一个相当长的时期,因为感知运动阶段的图式还不是概念,只能通过动作或实物起作用,而不能在思维中被操作。此时的儿童还没有获得在意识中表征图式的符号系统。随着儿童实践活动的增多,语言、象征性游戏、意象日益丰富,情况发生了变化,他们逐渐获得了一种内化的、概念化的新型活动。

在前运算阶段的第一水平中（2 岁左右到 4 岁）,儿童以表象的形式把活动内化,实际上就是把活动的图式转变为名副其实的概念,哪怕是非常低级的概念。此时儿童获得的概念称为"前概念"。这一时期儿童的图式是表象性思维,皮亚杰认为它从一开始就有相当大的进展。进展沿着两个方向前进:①主体内部协调的方向,其结果是产生未来的运算结构或逻辑数理结构;②客体之间的外部协调方向,其结果是形成广义的因果关系。具体而言,儿童很快就变得能完成初步推理、空间图形分类、建立对应关系等任务。同时，儿童表现出不停地提"为什么"的问题，这标志着因果性解释的开始。

从感知运动过渡到概念化活动，儿童社会生活的扩展、语言的发展、模仿活动内化为表象形式，这些都是不可缺少的必要条件。但是，从感知运动图式到内化概念的过渡不是一蹴而就的，它是一个缓慢的分化过程，需要借助于同化性转换作用，即此时儿童认识客体仍然不能摆脱中介物，认识事物大部分要依赖于表象的心理活动。可以这样理解，前运算阶段第一水平的儿童，尚处在活动图式和概念之间的过渡阶段。

在前运算阶段的第二水平中（5岁到7岁），儿童通过"组成性功能"来发现某些客观关系。所谓组成性功能指一个变量可以通过它对另一个变量在功能上的依存关系而引起变化。也就是说，此时的儿童能够理解，两个具有关联属性的客体的变化是相互依存的。这是一种新的认知功能结构。但组成性功能本身并不是可逆的，而是定向的，代表着一种不完全的逻辑结构。这种结构最适宜说明活动及其图式所显示出的依存关系，只是还没有达到运算所特有的可逆性和守恒性。正因为不具备守恒和可逆的思维特性，在这个水平上的儿童还缺乏传递性观念，不能进行基本的推理形式。例如，已知 A＞B，B＞C，问儿童 A 与 C 的关系，他们是不能回答的。

总之，前运算阶段的主要特征是语言的出现，思维的表象性和直觉性，但儿童还不能进行可逆性运算，因而不能形成守恒的概念，也缺乏传递性观念。

3. 具体运算阶段（6、7 岁到 12 岁）

这一阶段的儿童，已经形成初步的运算结构，能对命题和概念进行具体运算，即能在联系具体事物的情况下，进行思维的逻辑运算。但此时的运算还不能脱离具体事物表象的支持，还不能对抽象的复杂关系进行运算，因此称为具体运算阶段。这一阶段是儿童认知发展的一个关键性的转折点。儿童获得了可逆性转换和守恒的概念，这使他们具有了运算的资格。具体运算具有两个显著特性：一是依靠正向和逆向的推理，个体能够预见运算的结果；二是系统的闭合性。这两个特性是相互关联的，是传递性和守恒性这些运算结构所共有的。

皮亚杰认为，在具体运算阶段，儿童认知方面有相当大的进展，表现在三方面：第一方面是使高级结构从低级结构中产生出来的反身抽象；第二方面是协调，这种协调是朝向系统整体的，因而能够产生出系统的闭合；第三方面是协调过程所特有的自我调节，它使系统的联结达到平衡。也就是说，具体运算阶段的儿童具有了反身抽象、系统协调和自我调节的认知功能。但是，与形式运算阶段的儿童相比，这一阶段的认知也存在局限。一方面，此时儿童还不能通过假设来推理，不能脱离具体表象来操作运算结构；另一方面，具体运算结构的组成是一步一步完成的，不是按照任何一种组合原则进行的。这些局限直到形式运算阶段才得以克服。

4. 形式运算阶段（12岁到14、15岁）

所谓形式运算，指认知不受具体事物内容的局限，通过假设演绎的方式进行推理，形成完整的认识结构系统。此时的运算是由命题或形式运算组成的，是对运算的运算或二级运算。达到形式运算阶段的运算结构已趋于成熟和完善，克服了具体运算阶段的局限性，使思维具有了更大的灵活性。儿童能运用不同的认知策略，能从许多角度和观点看问题。

形式运算阶段有两个主要特征：其一是儿童有能力处理假设而不只是单纯地处理客体，假设的内容则是类、关系等能够直接予以证实的命题内运算；其二是从假设到结论的演绎性运算属于二级运算，即对运算的运算。皮亚杰认为这种运算包括应用蕴含的运算、应用命题逻辑的运算、关系的运算以及协调两个参照系统的运算等。形式运算不再像具体运算那样一步一步地建构了，它可以借助于组合系统而使认识达到一个范围无限的可能性。

对运算的运算是反身抽象的结果，这使得主体的逻辑数学运算逐步内化，最后导致转换系统特有的超时间性出现，于是儿童就不再受实际转换的束缚了。此时的儿童在运算结构上获得"四变数群"（IN-RC群），即在命题组合之内的反运算和互反性运算联合组成的一个新的运算系统。儿童能根据四种可能性把逆向性和互反性进行各种转换。这个阶段的形式运算使个别结构达到综合性水平，这是逻辑思维的高级阶段，同时也是智慧发展的最高阶段。

二、皮亚杰的发生认识论

1955年，皮亚杰在日内瓦创建"发生认识论国际研究中心"，汇聚世界各国著名的哲学家、心理学家、教育家、逻辑学家、数学家、语言学家和控制论、信息论学者，致力于发生认识论的研究。皮亚杰发表三卷本的《发生认识论导论》，标志着发生认识论体系的建立。

（一）发生认识论的实质

虽然皮亚杰因为研究儿童心理而在心理学界声名远播，但他却一直以自己是一名发生认识论者而自诩。发生认识论的主旨是研究康德意义上的范畴的个体发生，心理学只是其"方法论的插曲"。皮亚杰的创造性在于将一直是思辨的哲学认识论问题引向了实证科学。他明确指出这些范畴是发生的而非先验的，并且儿童的动作和活动是认识的来源。皮亚杰给发生认识论所下的定义是："发生认识论就是企图根据认识的历史，它的社会根源以及认识所依据的概念与运算的心理起源，借以解释知识，尤其是科学知识。"（杨鑫辉，2000，p.100）也就是说，发生认识论乃是用发生学的方法来研究认识论，其研究对象是知识的心理起源和过程结构，试图揭示人类知识增长的心理机制。发生认识论有两个显著的特点：一是用发展的观点研究个体知识的发生、发展机制；二是结合生物学、逻辑学、数学、心理学、语言学、控制论等学科，成为一门跨学科的研究领域。

发生认识论的生物学烙印是显而易见

的，因为皮亚杰是站在"同构论"的立场上把生物学中的许多观点类比于认知发展领域。在其著作《生物学与认识》一书中，皮亚杰将生物学研究与认识论研究进行了类比。在生物学中，研究结构的学科是解剖学，研究功能的学科是生理学；与此类同的是，在认识论中，研究认识结构的学科是心理解剖学，研究认识功能的学科是心理生理学；从认识发生的角度来看，发生认识论就应该称为比较心理解剖学。皮亚杰认为，研究比较心理解剖学有两条途径：一是研究某些概念之间的进化结构关系，二是研究心理胚胎学或个体的心理发生学。广义的发生认识论包括概念和范畴结构的历史发生和个体发生，但由于史前信息无法探索，我们只能从个体心理发生学上来研究发生认识论。需要指出的是，发生认识论所关注的知识并不是个体所学到的具体知识，而是知识的普遍形式和结构，主旨是研究概念和范畴的发生和发展史。

（二）认识发生的生物学模型

在进行生物学和认知领域的类比时，皮亚杰采取的是一种具有生物特色的表型复制理论。表型复制指的是生物体初始的外源表型被一种同型态的内源基因型所取代。所谓外源表型指生物体的外显特征，内源基因型指生物体的遗传物质或基因结构。通过观察不同环境下的蜗牛，皮亚杰发现，生活在静水中的蜗牛、微浪中的蜗牛和激流中的蜗牛具有不同的特征。微浪中的蜗牛比静水中的蜗牛体形更加短而宽，

这是波浪的旋转所致。而生活在激流中的蜗牛，其体形更为粗短。但是把生活在微浪中的蜗牛再放回到静水中，其后代的体形可以恢复成长而窄。这说明随着环境的变化，蜗牛的外源表型发生了变化，但内源基因型没有改变。不过让人吃惊的是，将生活在激流中的蜗牛再放回到静水中，其后代的外形并没有改变，仍然保持短而粗的球形。这说明初始的外源表型已经被一种同型态的内源基因型所取代。为什么会出现表型复制现象呢？皮亚杰的解释是，这体现了一种有机体内部的平衡化自动调节机制。这种调节是通过主客体之间相互作用而得以实现的。它既是有机体适应环境的自动调节，也是有机体对环境作出选择的结果。

站在同构论的立场上，皮亚杰将生物体的表型复制原理与人的知识发生发展机制做了类比，认为与生物学的外源表型和内源表型相对应的是，人类知识可分为从经验中获得的外源知识和从主体动作协调中获得的内源性知识。认知结构的发展是内源性知识重构的结果，以内源性知识取代外源性知识，就是认知的表型复制过程。

皮亚杰通过实验证实了外源性知识和内源性知识的差异，认为外源性知识是建立在动作经验的概括基础之上的，而内源性知识建立在动作协调的逻辑必然性基础之上。经由内源性重构将外源性知识发展为内源性知识，使儿童的思维超越具体事物和表象，达到能运用概念和命题进行抽象思维的水平，这个过程就是认知的表型复制。内源性重构是一个持续的过程，其

目的在于寻求更佳的平衡状态。它受主体的自我调节机制的支配。

（三）认识发生的心理逻辑学

皮亚杰除了以表型复制的生物学模型探讨认知发生的机制外，还借用数理逻辑、抽象代数等工具来阐释认识发生的结构和机制。这就是他所独创的心理逻辑学，主要包括具体运算中的类与关系的逻辑、IN-RC 转换群和 16 个二元运算的组合系统以及意义的逻辑等。

皮亚杰认识发生的心理逻辑学思想，主要反映在他 20 世纪 40 年代后的一些著作中，如《逻辑概论》《逻辑学和心理学》《逻辑和平衡化》《儿童早期逻辑的发展》《从儿童到青年逻辑思维的发展》等。其研究目的在于以逻辑形式来概括儿童思维发展的一般模型。在皮亚杰看来，心理逻辑运算是认知结构的基本单元，一个个心理逻辑运算组成了认知结构。

皮亚杰以形式化的运算逻辑来描述实际的思维操作过程，认为运算是内化了的动作，心理逻辑的发展包括动作逻辑、直觉逻辑和运算逻辑几个水平。儿童在感知运动阶段，沿着本能性动作、习惯性动作、联合性动作的轨迹发展，逐步实现感知与运动的协调。在前运算阶段，儿童的思维与语言相结合。他们通过象征性游戏、延迟性模仿使动作内化为表象。这时儿童获得的是直觉逻辑。在具体运算阶段，直觉逻辑演化为运算逻辑，但此时还表现为归类运算和关系运算，没有涉及抽象命题运算。直到形式运算阶段，儿童才可以脱离具体表象而进行抽象的命题运算，其认知结构表现为以命题运算的组合系统和 IN-RC 转换群。

（四）认识发生的结构主义观点

认知结构的发生是获得认识的全部先决条件，是发生认识论所要解决的一个根本性问题。谈及此问题时，皮亚杰指出，认知结构既不是形成于物理客体之中，也不是先验地存在于主体自身之中，更不是形成于柏拉图意义上的理念世界之中。发生心理学通过对认识发生本身的分析，已经揭示：认识的获得必须用一个将结构主义和建构主义紧密地联结起来的理论来说明；也就是说，每一个结构都是心理发生的结果，而心理发生就是从一个较初级的结构转化为一个不那么初级的或较复杂的结构。

皮亚杰首先是一个结构主义者，认为人的认知结构不是一种物质性结构，而是一种机能性结构，这种结构既不是对客体的机械反映，也不是主体预先构成的，而是通过主客体之间的相互作用而逐步建构起来的。皮亚杰指出，任何结构都具有三种特性，即整体性、转换性、自我调节性。

皮亚杰受格式塔心理学的影响，赞同他们的整体大于部分之和的观点，强调结构的首要特性就是整体性。所谓整体性，指认知结构具有内部的融合性，结构各组成成分之间具有有机联系，不是孤立的或堆砌的。结构的组成成分服从于一定的内部规律，这些规律按照皮亚杰的理解就是成分之间的关系规律，或者说成分关系规律就是整个结构体系的规律。

结构的第二个特性是转换性，指结构并不是一种静止的组织，而是受一些内在规律控制的运动发展，转换的结果使一种旧结构变化为新的结构。皮亚杰在《结构主义》一书中指出："'格式塔'所说明的知觉形式的特征，一般是静态的。然而，要判断一个思想潮流，不能光看它的来源，还要看它的流向，而且从语言学和心理学的一开始，我们就看到转换观念的出现了。"（皮亚杰，1984）也就是说，转换性决定了结构是一种动态的组织，从初级的数学"群"结构到复杂的社会关系结构，任何结构都具有转换性。如果结构不具有转换性的话，那么它就会失去解释事物的作用，就会和静止的形式混同起来。

结构的第三个特性是自我调节性，指结构是封闭的系统，可以在自身内部规律的支配下自动调节，不必借助于外部因素，因而结构具有某种守恒性。结构的封闭性使得结构的各种转换不会超出系统的边界，只会产生属于该结构并保存该结构的规律成分。

我们看到，皮亚杰的结构主义与其他的结构主义有所不同。一方面，皮亚杰所说的结构不是指具体的事物或物质结构，而是指心理操作活动或者运算；另一方面，皮亚杰致力于证明，在发展的某一阶段存在着同一结构，而从一个阶段发展到另一阶段，认知结构会发生变化。也就是说，皮亚杰旨在建立一种发展的或发生学的结构主义。

（五）认识发生的建构主义观点

在皮亚杰看来，认识不仅具有结构，而且认识的发生是一个由低级到高级不断建构的过程。皮亚杰把自己的发生认识论称为一种建构的结构主义。关于建构主义，皮亚杰在理论上说得并不多，只是说它是一种类似于辩证法的过程，从正题最后达到合题。建构，是构造、转化的意思，指形成认知结构的动态过程；而结构是建构的结果，表现为一种心理上的功能构造，在皮亚杰的术语体系中一般称为图式。在认知结构的建构过程中，皮亚杰特别强调的是平衡作用。

皮亚杰的发生认识论不同于传统的认识论，因为他不主张主观思维是客观事物在人脑中的反映，而强调思维的结构是主体和客体相互作用的结果，是主体通过行动不断建构而成的。在认识的来源上，皮亚杰反对外因论和内因论，主张内外因结合论。在认识的结构上，皮亚杰反对预成论和先验论。他分析了两者的困境，"无论把认识的结构看成是在物理客体之中预先形成的，还是看成在主体之内先验地存在的，其困难在于：我们这里有两个具有限制作用的项（主体与客体），它们的特性随着我们对其是否可以得到的信念的不同而有变化。在前一种情况下，信念越强特性就越为丰富；在后一种情况下，信念越强则特性越为贫乏"。（皮亚杰，1980，p.103）

皮亚杰认为这两种假设都不恰当，真实的情况是认识结构是在主客体相互作用中形成的，是主体与环境互动的结果。皮亚杰所说的相互作用有别于心理学上一般意义的遗传环境作用。第一，皮亚杰认为遗传、环境对认知发展的影响并不是固定不变的，也不是相互独立的，它们的作用是动态的，常常发生变化，视主体具有的认知结构而定。因此，皮亚杰反对标准化的智力测验，认为这种测验在教育上是十足的灾难。第二，皮亚杰认为儿童并不是被动地接受环境的刺激，而是主动地寻求他可以对之进行有意义反应的刺激，也就是说，儿童具有主动性和选择性。所谓建构，就是儿童根据自己已有的经验，吸收他在某一发展阶段所必需的东西，构造其智力结构的那些基本概念和逻辑思维形式。儿童形成的观念，并不是发现的，而是他们根据已有知识经验主动去创造的。建构是一个双向的过程，包括认识主体和客体相互作用中的动作内化和图式外化的不断构成和重新组织的转变过程。

第四节 对皮亚杰理论的评价

皮亚杰以其创新性的发生认识论和儿童心理发展理论而享誉世界。他的研究虽然并不属于欧美心理学的传统课题之列，但他的理论从内容到方法都引起了世界心理学界的极大关注，并激起了大量的后续研究。正如贝宁所说的，评价皮亚杰对发展心理学的影响，就像评价莎士比亚对英国文学、亚里士多德对哲学的影响一样是不可能的。皮亚杰取得了同时代其他心理学家无法企及的研究成果。他的儿童心理发展理论在发展心理学中无人可媲美，也吸引着世界许多心理学家长期从事皮亚杰的理论和实验研究。但是，在承认皮亚杰及其理论的伟大的同时，我们也要看到他的思想学说的历史局限性，比如，他对发展的社会因素重视不够，对教育作用的忽略，其理论体系中某些概念的界定不清，解释体系中的生物学化，等等。因此，我们在评价皮亚杰的理论时，既要看到它的贡献和合理之处，也要认识到它的局限和有待修正的地方。

一、皮亚杰理论的贡献

（一）创立了发生认识论

发生认识论是皮亚杰思想的精华，从内容到方法，都经受了时代的考验，即使在今天其理论的许多方面仍然具有生命力。在此我们想具体探讨一下这一理论在哲学认识论和心理学上的贡献。皮亚杰的发生认识论在哲学上的贡献主要体现在以下方面。首先，皮亚杰的发生认识论填补了传统认识论中的空白。传统认识论只关注认识的结果，不关注认识的发生过程；只研究成人的认识，不研究儿童的认识；只分析认识的逻辑，不分析认识形成的历史。从这个意义上说，传统认识论是不完全的，只顾及认识的高级水平，而忽略了认识的初始起源，忽略了认识结构从低级水平到高级水平的演变过程。皮亚杰的发生认识论研究填补了这一空白，不仅系统地探究了人类认识的起源，而且研究了认识的发生、发展机制，认为将结构主义和建构主义相结合是认识论研究的新方向。

其次，皮亚杰的发生认识论超越了传统的认识反映论，将认识发生的哲学阐释提升到了一个新的高度。他指出认识既不产生于主体，也不产生于客体，而是产生于主客体相互作用的建构中。在认识的获得中，主客体是统一的、不可分的。这种观点超越了传统的认识反映论，揭示了认识发生的辩证运动规律，使认识论研究取得了突破性进展。

再次，皮亚杰的发生认识论是跨学科的边缘科学。他以儿童心理发展的实验研究为突破口，并结合生物学、数学、逻辑学等学科领域，将康德哲学中的认识论范畴演变为经验科学的认识发生论。这使皮亚杰不仅是一位心理学家，更是一个知识广博、综合多门学科的科学家。他为现代跨学科的纵深研究开辟了一条创新性的道路。

最后，在认识的起源上，皮亚杰为长期的经验论与唯理论之争开辟了一条新的道路。皮亚杰对传统认识论中的经验论和唯理论进行了合理的扬弃，认为经验论承认认识的后天获得是合理的，但它否认主体在认识中的能动作用，则使它陷入机械反映论的泥淖；对唯理论，皮亚杰肯定了它强调主体能动性和认知结构的思想，但反对它的先验论和天赋论倾向，指出所有范畴和认知结构无不是后天动作的产物，如果把这些看作先验的东西，则将之最初来源神秘化或仅仅归之于遗传因素。

发生认识论在心理学上的贡献主要有：第一，皮亚杰以结构和功能为分析单元来研究认识的发生和发展，为现代认知心理学奠定了重要的理论基础，也为现代思维心理学提供了有力的研究范式；第二，皮亚杰从儿童认识发生入手，揭示了认识起源于"活动"。这些活动分为两类，第一类是外部的客观活动，即"实物性活动"；第二类是内部思维活动，即皮亚杰所说的"运演操作"。活动贯穿于个体认识发展的全部过程，通过同化、顺应、平衡、自我调节等环节实现认知结构的发展和完善。由此，皮亚杰坚持"活动一元论"，认为认知结构是以动作运算为支撑的，这样就解决了认知结构的起源问题。

（二）提出了儿童思维发展的阶段理论

皮亚杰采用创造性的研究方法，经过大量的观察和实验，提出了一套崭新而系统的儿童认知发展阶段理论。这一理论是皮亚杰对发展心理学的主要贡献，也是他之所以闻名于世的重要原因。

皮亚杰除了确定儿童思维发展的四个阶段之外，还概括了这些发展阶段的特点。

一是发展阶段具有普遍性，遵循不变的、恒常的顺序。不同个体由于影响因素的差异，可能会存在思维阶段提前或推迟的情况，但所有儿童都按照同样的顺序经历这些发展阶段。二是每个阶段具有独立的认知结构，决定儿童在特定阶段的主要行为和思维模式。三是各个阶段的发展具有整体性和连续性，后一阶段是前面阶段的延续，前一阶段是后一阶段的发展基础，两个阶段之间不是截然分开的，但又存在质的差异。

儿童思维发展阶段理论是皮亚杰五六十年来观察和实验研究的重要成果。这一理论激发了世界各国许多研究者的后续研究，并得到了许多实证材料的支持。例如，达森（Dasen，1977）在《皮亚杰心理学——跨文化的贡献》一书中指出：阶段的顺序、其结构的特点、儿童解释的类型，这些研究成果为大多数研究所证实，只是"发展的速度"有相当大的差异。也就是说，尽管世界各地的文化背景和教养方式各异，但却发现了大致相同的思维发展阶段，这表明皮亚杰心理发展阶段的理论具有普遍性。这一理论对世界各国教育教学实践产生了重要的影响，使教育者懂得：教师不能超越思维的发展阶段来拔苗助长，教育教学促进儿童思维的发展是有一定限度的，必须以儿童现有的认知结构发展水平为前提。因此，教材的结构要遵循认知发展的顺序，课程的难度要与学生的认知发展水平相匹配。而且，教学不是简单的知识传授，而是通过儿童的主动活动和思维运算来获取知识，使之思维能力在获取知识的同时得到提高。

（三）系统地探讨了儿童心理发展的影响因素及其作用机制

皮亚杰系统探讨了儿童心理发展的影响因素，认为成熟、物理环境、社会环境、平衡是制约儿童心理发展的主要因素。在这四个因素中，皮亚杰又特别强调平衡过程是最重要的决定性因素，是整合其他三个因素的核心。这一观点突破了以往对心理发展影响因素的探讨，因为在皮亚杰之前，人们一般将心理发展原因归结为内在因素（成熟）和外在因素（环境）的相互作用，但是两者是如何相互作用的呢？相互作用的机制是什么呢？皮亚杰提出这必须求助于平衡的概念，因为一切行为都要在内在因素和外在因素之间保持平衡。皮亚杰认为，平衡就是个体通过同化与顺应两种机能来实现主体与环境之间的协调，平衡既是一种状态，又是一种过程，发展的实质就是从低水平平衡向高水平平衡的运动过程，是一个平衡—不平衡—平衡的否定之否定的矛盾运动。平衡概念的出现，使发展的内在因素和外在因素之间获得了连接的桥梁，使发展成为一个动态的、整合性的系统。

（四）开创了儿童思维发展研究的新方法

皮亚杰的理论之所以影响广泛，还与他首创了一种卓有成效的儿童心理研究方法——"临床谈话法"密切相关。所谓"临床谈话法"，是一种以操作实物为主，以口头提问为辅，将操作实物、灵活谈话、直接观察与数理逻辑分析相结合起来的方法。

皮亚杰的临床谈话法经历了一个演变过程。最初的方式只是用一种纯粹的言语访谈，其形式可在精神分析和比纳测验中的有关访谈中找到原型。但皮亚杰又创造性地超越了这两种谈话方法，因为他不满足于描述层面的谈话，而是进一步提问以弄清现象背后的思维过程。随着研究的逐步深入，皮亚杰将言语访谈与问题解决结合起来，通过呈现实物、提出问题、儿童的动作或思维操作、询问等步骤来了解儿童的内部思维过程。临床谈话法作为研究儿童思维发展的一种有效工具，能够深入地、动态地探讨儿童思维的"功能性结构"，这是其他研究方法所不能达到的，堪称皮亚杰对发展心理学研究方法的一个重大贡献。

（五）对世界各国教育教学理论和实践的深远影响

皮亚杰虽然自认为只是一名发生认识论者，直接论述教育问题不多，而且在论述教育问题时表现得很谦虚，但他的发生认识论和儿童心理发展理论中蕴含着丰富的教育教学思想。我国研究皮亚杰的资深专家卢濬曾指出，"皮亚杰是当代对教育影响最大的心理学家，他的认知发展理论中蕴含着丰富的教育含义。许多西方教育工作者根据各自的理解，从中推衍出一些教育和教学原则，拟订了详细的计划或方案进行教育实验"。（卢濬，1990，p3）例如，

根据皮亚杰理论可以推衍出准备性、主动操作、互助协作等教学原则；皮亚杰在论述心理发展的影响因素由成熟、物理环境、社会环境、平衡等组成时，实质上为我们揭示了学习的条件；皮亚杰间接强调了学习是由同化、顺应、平衡和自我调节等环节构成的一个思维不断提高的过程，而学习的实质就是一种能动的认知结构建构过程。概括地说，卢濬教授认为皮亚杰的理论对教育教学实践和改革产生了以下影响：①教育的主要目的在于促进学生智力的发展，培养学生的思维能力；②让儿童主动自发地学习；③注意儿童的特点，符合发展阶段；④儿童应通过动作进行学习；⑤要重视社会交往，特别是合作性的交往；⑥让儿童按各自的步调向前发展。

二、皮亚杰理论的局限性

皮亚杰的理论与任何一种思想学说一样，不可避免地存在着历史局限性。在20世纪六七十年代，皮亚杰的认知发展理论遭受着许多批评，其中以下几种批评和质疑最具代表性。

其一，思维与逻辑能脱离具体情境和内容吗？皮亚杰受康德先天范畴论的影响，关注心理发展的普遍规律，对个体差异研究不感兴趣。在皮亚杰的认知发展理论中，有一个不言而喻的假设：认为思维与逻辑的普遍规律可以独立于情境和内容而存在，心理学家的任务就是去揭示这些普遍的认知规律。到20世纪六七十年代，一些研究者开始怀疑这一假设的真实性，如华生等

人在一系列研究后指出，"渐渐地我们发现，不存在脱离情境的、抽象的一般认知规律，人类的推理不能脱离情境而研究"。（Wason & Johrson-Laird，1972）许多研究者进行了"情境中认知"的实验，反对采用缺乏情境的皮亚杰式测验。

其二，皮亚杰的思维阶段理论符合发展事实吗？尽管早期有许多验证性研究支持了皮亚杰的心理发展阶段理论，但近年来的一些研究发现，这一理论是不完备和充满例外的，主要表现在以下几个方面。①皮亚杰低估了学前儿童的思维发展水平，前运算阶段的儿童并不像皮亚杰所认为的那样缺乏逻辑和表现出自我中心倾向。一些研究者通过实验证实，在"三山实验"中，儿童并非不能站在别人的观点上看问题，而是皮亚杰设计的问题太抽象并且脱离儿童的生活实际，让儿童费解，因此难以表现出他们实际所知道的。信息加工心理学家也指出，学前儿童之所以不能解决守恒和类包含等任务，并不能解释为他们的思维具有自我中心化倾向，而是由于他们的记忆水平使他们难以储存和同时比较几种信息，从而不能得到正确答案。②同一发展阶段中，儿童的思维能力并不一样。一些现代认知心理学家通过研究发现，儿童从事同一结构的不同作业时成绩差异很大，这用皮亚杰的阶段理论很难解释。他们由此提出认知发展是一个复杂的、领域特殊性的过程，儿童在不同领域中分别获得不同水平的认知技能。认知心理学的一些研究证据表明，在有些领域中，认知发展是有阶段之分的，而有些领域则没有阶段之分，像皮亚杰所描述的那种横穿所有领域的、宽泛而全面的认知发展阶段是不存在的。

其三，认知发展能脱离社会文化因素的影响吗？虽然皮亚杰提出的心理发展影响因素中包含社会环境的影响，但一些心理学家认为皮亚杰对社会因素的重视程度不够或理解过于狭窄。皮亚杰认为认知发展是一个遵循固定顺序的平衡—不平衡—新的平衡的建构过程；认知发展有其自身的规律和节奏；外在因素或教育措施对认知发展的促进或阻碍作用很有限。这种轻视教育作用的观点使皮亚杰受到了许多批评。而且一些人认为，在皮亚杰的认知研究范式中，实验情境都是一些脱离具体领域和文化背景的抽象任务，这使得认识主体没有社会类别、民族、文化、人格等内涵。

此外，一些研究者认为皮亚杰的理论具有明显的生物学化倾向，因为他所采用的基本方法是一种生物学类比法，把诸如同化、顺应、平衡、适应等生物学概念引入到发生认识论研究中，以生物学原理类比心理发展机制。这种研究视角忽略了人的社会属性，具有社会达尔文主义倾向。

接受批评也许是所有理论成长的必由之路，皮亚杰的理论也不例外，也会存在局限与谬误。但正如布里特恩所言："皮亚杰是赢得批评他的人尊敬的稀有天才。"一方面，皮亚杰对自己的理论并未采取教条主义的态度，承认自己正是"皮亚杰理论的修正者"中的重要一员。晚年的皮亚杰在《走向意义的逻辑》《构态与范畴》《可能性与必然性》等一系列著作中，以一种更新、更有力的方式去修正和发展他的理论。这些新理论中有两个特点令人印象深刻：一是新理论建立在对应性、构态、范畴、转换等新的概念体系之上；二是新理论将发展视为从心理内构态到心理间构态，再到超构态水平的演变过程。另一方面，新皮亚杰学派代表着皮亚杰理论的一种新发展，是在继承皮亚杰理论的主体精神，同时又试图修正皮亚杰理论中存在的缺陷而发展起来的。

第五节 皮亚杰学派的发展

前文已提及，皮亚杰经典理论中存在着一些不足和缺陷，主要体现在两方面：一是皮亚杰在研究认知发展时忽视社会文化因素的影响，也不关注与认知密切相关的非智力因素的作用；二是皮亚杰受康德先天范畴论的影响，关注心理发展的普遍规律，对个体差异研究不感兴趣。他只研究认知发展的宏观规律，而忽视认知发展的微观规律。针对皮亚杰理论的这两种缺陷，在过去几十年中，形成了两种不同的修正路线：其一是以日内瓦为中心的新皮亚杰学派针对皮亚杰理论的第一种缺陷，试图在其框架中补充教育和社会文化的影响因素，使之发生新的变革；其二是世界各国心理学家，针对皮亚杰理论的第二种缺陷，试图以信息加工的观点弥补皮亚杰智力发展理论的不足，说明认知阶段的具体过程和微观机制。前者是狭义的新皮亚杰学派，后者是广义的新皮亚杰学派。但

不论是哪一种新皮亚杰学派，他们的共同之处正如李其维所指出的那样，"新皮亚杰学派的诸家之说还必须在保留皮亚杰基本思想的前提下，真正地有所突破和创新，并且这种突破和创新有别于经典皮亚杰。这是我们评价某种认知发展理论是否为新皮亚杰学说的标准"。（李其维，1999）

一、日内瓦新皮亚杰学派

日内瓦新皮亚杰学派主要以皮亚杰在日内瓦的同事和学生为主体，针对皮亚杰经典理论中忽视教育和社会因素的缺陷，试图在经典理论中融入教育和社会的影响因素，使原来的日内瓦皮亚杰学派发生变革，以趋于完善。

日内瓦皮亚杰学派由皮亚杰所创。20世纪 30 年代，皮亚杰在日内瓦大学教育科学研究院先后担任实验心理研究室主任和院长。他致力于儿童心理学的研究，关注儿童心理与教育的关系，并培养了一大批儿童心理学专家，他们成为日内瓦皮亚杰

学派的生力军。但自 20 世纪 40 年代起，皮亚杰开始将研究兴趣转向心理学的纯理论方面，不再重视教育问题。到 20 世纪 50 年代以后，皮亚杰更是将全部精力用于发生认识论的研究，专注于以思维发展为中心的儿童认知过程和机制的研究上。这样皮亚杰的工作完全限于认知发展的纯理论建构，与他早期关注心理学与教育的关系相去甚远，也与日内瓦大学重视教育研究的传统相违背。因此，20 世纪 60 年代，皮亚杰在日内瓦大学的同事和学生看到皮亚杰忽视教育的不足，力图对皮亚杰经典理论做出修正和变革。1973 年，莫纳里担任日内瓦心理与教育科学研究院院长。他对研究院的体制和院系设置进行了大力改革，努力恢复心理学和教育学研究在日内瓦大学的应有地位。1976 年，蒙纳德发表论文《儿童心理学的变革》，使日内瓦新皮亚杰学派正式迈出第一步。1985 年，《皮亚杰理论的未来：新皮亚杰学派》一书的出版，标志着日内瓦新皮亚杰学派的正式建立。

日内瓦新皮亚杰学派每一成员都有自己的专门研究领域，并没有一个统一的思想体系，尽管如此，他们之间还是存在一些共同之处的，表现在以下几个方面。

第一，在理论基础上，日内瓦新皮亚杰学派接受皮亚杰理论中的基本概念和思想体系，但又赋予这些概念和体系新的内涵。他们扩展了内化、认知结构、适应、同化、顺应等概念。如布琳格认为内化既包括外界客体协调的内化，又包括主体身体机能协调的内化；基特斯克士不仅用同化和顺应解释儿童认知发展，而且用它们解释儿童情感发展。

第二，在研究方向上，日内瓦新皮亚杰学派不仅重视纯理论研究，也重视应用研究，注重将研究结果运用到教育教学实践中去，这样恢复了日内瓦大学重视教育研究的传统。

第三，在研究内容上，日内瓦新皮亚杰学派力图改变皮亚杰忽视社会因素对认知影响的缺陷，重视社会环境对认知发展的作用，将个体认知与社会认知相结合，强调对社会关系、社会交往、社会文化的研究。

第四，在研究技术上，日内瓦新皮亚杰学派改变了皮亚杰实验中往往只有一个变量的情况，在实验中引入几个相互作用的变量。而且，他们重视将现代计算机技术运用于实验研究中，深入探讨儿童心理发展的复杂机制。

日内瓦新皮亚杰学派从不同角度实现着对皮亚杰经典理论的创新和发展，他们中较为有代表性的理论有道伊斯的智力社会性发展理论，基特斯克士的认知发展与情感发展的综合理论，蒙特纳和维特的儿童自我意识发展理论等，其中以道伊斯的智力社会性发展理论影响最大，因此本书给予重点介绍。

道伊斯（W. Doise, 1935— ）长期执教于日内瓦大学。他深受皮亚杰发生认识论、米勒和勒温社会心理学以及维果茨基社会文化历史观的影响，将这些理论观点融入到自己的研究中，开创了现代发生社会心理学。

与皮亚杰一样，道伊斯也主张智力是个体适应环境的能力，它产生于个体与环境相互作用的过程中。但与皮亚杰不同的是，道伊斯所强调的环境主要是社会环境，认为个体与社会环境的相互作用是认知发生的起点，在这一过程中个体产生社会认知冲突，进行认知的社会建构。道伊斯早期受到良好的社会心理学专业训练，将社会心理学的研究方法有意识地运用到儿童发展心理学中，为他研究社会因素对儿童认知发展的影响创设了条件。具体而言，道伊斯的智力社会性发展理论的主要内容有以下几个方面。

①认知的社会建构论。道伊斯赞同皮亚杰的认知建构论思想，但与皮亚杰只强调认知的自我建构不同。道伊斯主张认知建构主要是一种社会建构，因为个体的认知结构必定是在一定的社会性活动和有效的社会性相互作用中发展和更新的。认知结构是两种内化机制的结果，即主体与客体相互作用过程中个体动作不断协调内化以及主体与主体之间的动作协调内化，这两种内化又是通过同化与顺应的自我调节和社会调节实现的。道伊斯从这一理论构想出发，通过实验证实儿童的社会性发展和认知发展是一个相互联系的、螺旋式上升的过程，前者是后者发生的起点和基础。这种认识推翻了皮亚杰学派提出的社会-认知平行发展的观点，澄清了儿童社会性发展与认知发展之间的关系。

②社会认知冲突是认知发展的主要机制。皮亚杰经典理论中强调，个体的自我调节平衡化导致了认知重构。道伊斯在继承这一观点的基础上进一步提出，社会调节的平衡化才是个体认知发展的首要原因，而社会认知冲突是认知发展的主要机制。所谓社会认知冲突，就是个体在社会性相互作用过程中，由于主体与主体之间认知结构的差异而导致的认知不平衡。道伊斯认为主体间的认知不平衡较之个体内部的认知不平衡更易引发新的认知结构的产生。当然，社会认知冲突导致儿童认知发展是有条件的：其一是儿童要知觉到他与其他个体之间存在不同的认知行为；其二是发生社会认知冲突的儿童具有相同的认知水平基础；其三是发生于民主型集体中的社会认知冲突有助于新的认知结构的产生。

③社会印记对认知发展的调节作用。道伊斯用社会印记这一术语来描述社会知识的调节作用。所谓社会印记，"它指主体在具体环境中通过相互作用所产生的社会关系与那些把传达了这些社会关系的客体的特定属性联结起来的认知关系之间，可能存在着对应"（道伊斯，1987）。也就是说，某些社会关系与主体认知结构中所具有的社会知识之间有着对应关系，而认知发展会受到社会关系知识的调节，这种调节包括自我调节的平衡化作用和社会调节的平衡化作用，并且有积极和消极之分。但道伊斯并未对这一理论假设做出全面的实验验证。

道伊斯的智力社会性发展理论针对皮亚杰理论中重生物轻社会的缺陷，强调社会性活动和社会性相互作用对认知建构的重要性，在皮亚杰自我调节平衡化的基础上又提出社会调节平衡化的机制，弥补了皮亚杰发生认知论只从个体角度研究认知发生、发展的不足，为研究儿童智力发展开创了一条新的途径。此外，道伊斯提出在社会相互作用过程产生的社会认知冲突，是认知重构的主要机制，而社会印记对认知发展起着调节作用，这些观点较之皮亚杰的研究更细化、更深入，将心理学界对社会因素的影响从宏观论述转入具体的实验研究。但总的来说，道伊斯的智力社会性发展理论并不完善，许多观点还停留在描述层面，还缺乏系统的、验证性的研究。

二、智力发展的新皮亚杰学派

智力发展的新皮亚杰学派的成员并不限于以往的日内瓦范围，而是分布于世界各地。他们针对皮亚杰只重视研究认知发展的宏观规律忽视微观规律的局限，试图以信息加工的模式来说明认知阶段的具体过程和微观机制。这一学派也称为广义的新皮亚杰学派或信息加工论的新皮亚杰学派。

智力发展的新皮亚杰学派一方面保留了经典皮亚杰理论中的一些假设，包括认知结构的概念、认知建构的主张、认知结构发展的阶段性以及连续性等；另一方面他们又发展和改变了皮亚杰体系中的一些假设，如区分了发展与学习的概念、认为认知结构转化是局部进行和循环重复的，重新定义了认知结构，提出认知结构的复杂性存在一个转变上限，认为个别差异对整体发展具有重要影响等。这些观点共同构成了智力发展的新皮亚杰学派的基本假

设。尽管有着共同的基本假设，但这一学派的各个成员都有自己的一套理论体系，目前还未实现真正的融合。其中以凯斯的儿童智力发展理论最具影响力，他在儿童发展的认知研究方面取得突出成就。

凯斯注意到，皮亚杰的经典智力发展理论重视心理发展的结构以及各个结构水平之间的质变，忽略了每一结构水平中发生的量变过程，而认知发展的信息加工理论则采取过程研究的取向，强调认知发展的量变过程。也就是说，这两种智力发展理论各有优势，但也存在不足。如何将两者有效地融合呢？凯斯接受了这一挑战，提出了自己独特的以"过程—结构"理论为核心的智力发展理论，试图将皮亚杰的结构论与信息加工的过程论有机结合。凯斯儿童智力发展理论的主要内容包括以下几个方面。

①发展的观念。凯斯认为，儿童天生具有解决问题的一些能力，如他能建立一些内部线索，能表征问题情境的特征，能确立解决问题的目标，能采取顿悟的方法解决问题，等等。与皮亚杰一致的是，凯斯也赞同儿童的思维起源于动作，思维的发展经历特定的阶段。但凯斯比皮亚杰更进一步的是，他对每一发展阶段又做了更细致的描述和分析，鉴别出一些特定的亚阶段。

②发展的结构。在凯斯的理论体系中，他提出一个重要的概念，那就是中心概念结构。他将这一概念界定为：一种概念和概念性关系的内部网络，是解决不同问题的心理蓝图或计划，是由象征性图式和操

作性图式为因素构制的暂时性组合，是一种较为高级的结构。也就是说，在凯斯看来，中心概念结构是一种网络型的概念和概念联结的。在这些网络中存在着若干个中心点，它们在儿童思维阶段转换时起着关键作用。这些中心概念结构受一般性发展规律的制约，因而都要经历一个普遍性的发展阶段。凯斯对认知结构的描述较之皮亚杰更为具体和明确。

③发展的阶段。在凯斯的理论中，重点分析了儿童智力发展的四个阶段以及每一阶段中的亚阶段。根据每一阶段中结构所处理的心理因素的类型差异，凯斯将儿童思维发展阶段分为感知运动阶段、相互关系阶段、维度阶段和向量阶段（或抽象维度阶段）。在每一阶段中，由于结构所处理的因素数目不同以及因素之间的组织方式差异，又可分为操作巩固、单焦点协调、双焦点协调、复合协调四个亚阶段。四个阶段以及四个亚阶段的前后次序都是始终一致的，前一阶段的复合协调亚阶段同时又是后一阶段起始的亚阶段。也就是说，跨阶段的结构质变都是在复合协调阶段发生的，因为复合协调实现着对两个在形式和功能上彼此独立的结构进行层级性整合的过程，这种整合导致认知结构向新阶段过渡。我们看到，凯斯对思维发展阶段的划分与皮亚杰有相似之处。他的四个阶段分别对应于皮亚杰的四个阶段，但凯斯更进一步地鉴别了每一阶段中的亚阶段，深入地分析了认知结构从量变到质变的历程。

④发展的机制。凯斯从信息加工的立场出发，以问题解决的任务分析为切入口，来阐释儿童认知发展的机制问题。在凯斯看来，从一个发展阶段向下一个发展阶段推进，儿童认知结构所发生的主要变化是经历了从分离状态向层级整合状态的转换，这种转换必须要完成四种基本的信息加工过程，即图式激活或搜索、图式评估、图式重组、图式巩固。儿童如何完成这些信息加工任务呢？凯斯提出，他们是通过解决问题、探索、模仿和相互调节等程序来完成上述信息加工任务的。

通过以上介绍，我们看到，凯斯的儿童智力发展理论将皮亚杰的结构论和信息加工的过程论有效地整合，既吸收了它们各自的优势，又避免了各自的局限，这为当前的智力发展理论提供了一个解决两难困境的良好典范。作为智力发展的新皮亚杰学派的一个重要代表，凯斯的智力发展理论继承了皮亚杰经典理论中的许多合理成分，同时做出必要的修正和完善。一方面，凯斯提出的中心概念结构比皮亚杰的认知图式概念更明确、更清晰，能较好地解释智力发展的一般性和特殊性的关系；另一方面，凯斯对思维发展阶段以及亚阶段的划分，充分体现了结构和过程分析的有机结合，既说明了认知结构的质变特点，又阐释了认知发展的量变过程和微观机制，揭示了从量变到质变转化中所发生的历程。凯斯的这些理论观点都通过精巧的实验设计进行了有效验证，这也扩大了其理论的影响力。但毋庸置疑，凯斯的儿童智力发展理论是一种正在发展和成熟中的理论，体系结构还不完善，有些理论阐释还不能令人信服，而且如何将这些理论运用到教学实践中还有待进一步探索。

第六节 小结

作为发生认识论的创始人和儿童认知发展理论的开创者，皮亚杰以其创新性的研究和对世界心理学的卓越贡献而被认为是心理学史上除弗洛伊德之外影响力最大的人。

皮亚杰的理论体系博大精深，其研究跨越了多个学科。从哲学渊源上来说，康德的范畴论对皮亚杰的影响最为深远，而皮亚杰时代欧美大陆风行的结构主义和操作主义对其理论形态也有一定影响。在科学背景上，皮亚杰早期所受的生物学训练以及他对数学、逻辑学、控制论的浓厚兴趣，使他有可能将发生认识论建立在多个学科综合研究的基础之上。从心理学学科内部渊源来说，格式塔心理学、机能主义心理学以及弗洛伊德的精神分析理论对皮亚杰的学说产生着重要的影响。

皮亚杰一生对学术界做出了两方面的独特贡献：一是儿童心理学理论，二是发生认识论。其中儿童心理学理论主要论述了智力的本质，认为智力本质上是主体对环境的适应，儿童的智力起源于动作；皮亚杰用到图式、同化、顺应、平衡等基本概念来描述认知结构的特点和发展机制；在探讨儿童心理发展的影响因素时，皮亚

杰认为成熟、物理环境、社会环境和平衡过程制约着认知发展，其中平衡的自我调节机制又是最为重要的因素；儿童心理发展阶段理论是皮亚杰对发展心理学的突出贡献，也是他享誉世界的主要原因。皮亚杰经过多年的观察和实验，将儿童心理发展阶段划分为感知运动阶段、前运算阶段、具体运算阶段、形式运算阶段。这些发展阶段遵循普遍的、恒常的顺序，每个阶段都具有独立的认知结构，前一阶段是后一阶段的发展基础，后一阶段是前一阶段的合理延续。

发生认识论是皮亚杰思想的精华，即使在今天其理论的许多方面仍然具有合理性和积极意义。发生认识论旨在用发生学的方法来研究知识的心理起源和增长机制。其基本观点是：人的认识既不是天赋的，也不是对客体的机械反映，而是建构发生于主客体互动历程中的。皮亚杰采用表型复制的生物学模型和心理逻辑学来揭示人类认识的发生和发展，将结构主义与建构主义相结合的方法以及他的"双向建构"和"自动调节"的观点，为长期以来认识论中唯理论和经验论之争，提供了一条可能的解决途径。发生认识论的研究为后来的认知心理学奠定了基础，并促进了人工智能学的产生。

皮亚杰取得了同时代其他心理学家无法企及的研究成果：他的儿童心理发展理论在发展心理学中无人可媲美，他的发生认识论开创了跨学科研究的先河，将传统上纯属思辨哲学的认识论改造成为一门实证科学。但是，我们在评价皮亚杰的理论时，既要看到他的贡献，也要认识到其局限性。具体而言，皮亚杰的理论贡献体现在：创立了发生认识论；提出了儿童思维发展的阶段理论；系统地探讨了儿童心理发展的影响因素及其作用机制；开创了儿童思维发展研究的新方法；对世界各国教育教学理论和实践有深远影响。皮亚杰的理论局限性表现在：皮亚杰的认知研究过于抽象，脱离具体情境；皮亚杰的心理发展阶段理论受到后续研究者的一些质疑，认为他低估了学前儿童的思维发展水平；皮亚杰忽视智力发展中的社会因素；皮亚杰学说中表现出一种生物学化倾向，忽视人的社会属性。

针对皮亚杰经典理论中存在的一些不足和缺陷，在过去几十年形成了两种不同的修正路线：其一是日内瓦新皮亚杰学派，其二是智力发展的新皮亚杰学派。日内瓦新皮亚杰学派主要以皮亚杰在日内瓦的同事和学生为主体。他们针对皮亚杰经典理论中忽视教育和社会因素的缺陷，试图在经典理论中融入教育和社会的影响因素，同时恢复日内瓦大学重视将心理学研究和教育实践相结合的传统。这一学派以道伊斯的智力社会性发展理论为代表。其基本观点是：认知建构主要是一种社会建构，个体的认知结构是在一定的社会性活动和社会性相互作用中发展的；社会认知冲突是认知发展的主要机制；社会印记对认知发展有调节作用。智力发展的新皮亚杰学派的成员分布于世界各地，他们针对皮亚杰只重视研究认知发展的宏观规律而忽视微观规律的局限，试图以信息加工的模式来说明认知阶段的具体过程和微观机制。这一学派以凯斯的儿童智力发展理论最具影响力。其理论的主要内容包括：提出中心概念结构来表征认知结构的特点；将儿童思维发展阶段分为感知运动阶段、相互关系阶段、维度阶段和向量阶段（抽象维度阶段）。在每一阶段中，又存在操作巩固、单焦点协调、双焦点协调、复合协调四个亚阶段；在发展阶段的质变过程中，儿童认知结构所发生的主要变化是经历了从分离状态向层级整合状态的转换。这种转换必须要完成四种基本的信息加工过程，即图式激活或搜索、图式评估、图式重组、图式巩固。儿童通过解决问题、探索、模仿和相互调节等程序来完成上述信息加工任务。

本章思考题

1. 皮亚杰的理论主要受到哪些思想和时代精神的影响？

2. 皮亚杰经典理论的主要内容是什么？其理论的创新性和独特贡献表现在哪些方面？

3. 分析皮亚杰经典理论与新皮亚杰学派理论之间的异同性。

4. 如何评价新皮亚杰学派的理论观点

和研究趋向?

5. 论述皮亚杰儿童心理发展理论对教育教学实践的启示。

6. 简要论述皮亚杰理论对当代心理学发展的意义和影响。

第十三章
精神分析

精神分析亦称心理分析，是现代西方心理学的主要流派之一。精神分析有两方面含义：一方面指神经病治疗的技术，另一方面指有关潜意识的心理学说。主要因其第二方面的含义，精神分析给传统心理学带来了巨大冲击，成为心理学三大势力之一。因此，在论及当代社会心理的主要理论时，如果不考虑精神分析的影响，就不可能理解当代社会心理学的整个面貌及其特征。

精神分析学是由弗洛伊德一手创建的。为了有别于后来在美国形成的新精神分析，弗洛伊德的精神分析又称为经典精神分析，前者则又称为精神分析社会文化学派。

第一节 精神分析的思想渊源和历史背景

我们知道，任何学术任何学派的产生都与特定的时代有关，都和特定时期的政治、经济、思想、文化及科学技术的发展水平有着紧密的联系，同时又都是在吸收和改造前人思想成果的基础上进行的。精神分析理论的产生也不例外。

一、社会背景

在19世纪末20世纪初，资本主义开始进入帝国主义阶段。在这个时期当中，各种社会矛盾日益尖锐，大资产阶级过着骄奢淫逸、腐朽寄生的生活；劳动人民生活日益贫困，生存极为困难；中产阶级面临破产和被吞并的困境，焦虑和恐惧情绪不断增长；社会问题在各个方面表现出来。而在弗洛伊德当时所生活的奥匈帝国，经济上，自由资本主义阶段发展到垄断阶段，社会矛盾更加尖锐；政治上，民族矛盾和阶级矛盾相互交织，广大人民遭受封建主义、资产阶级和民族主义三重压迫，整个社会动荡不安；社会文化上，当时的奥地利宗教气氛浓厚，社会禁忌十分严格，尤其是两性关系禁忌甚严，人们正常的欲望得不到满足，性本能受到极大压抑，造成人们精神上的巨大创伤和内部紧张的冲突状态。这种不正常的和病态的社会气氛，导致人们的精神病和神经症的发病率日益增高。因而，寻找精神病的发病原因及相应的治疗办法，是当时医学和心理学面临的重大课题。精神分析正是适应这特定的社会需要，作为精神病的一种治疗方法而产生的。

二、思想文化背景

弗洛伊德主义虽然与古希腊时期柏拉图的"灵魂二度说"，亚里士多德的"梦的象征说"有内在的同源性，但其主要思想来源还是奥匈帝国近邻的德国人的影响。

在心理学上，莱布尼兹的"微觉说"和赫尔巴特的"意识阈"概念使弗洛伊德受到了启发。莱布尼兹认为微觉是未被意识到的无意识，是积极主动活动着的东西。赫尔巴特在此基础上提出意识阈概念，认为占据意识中心的观念只容许同它自己和谐的观念出现在意识中，而将那些同它不和谐的观念压抑下去，即降到无意识状态。（杨鑫辉，2003）费希纳是弗洛伊德信奉的一位思想家，他的"无意识思想"也对弗洛伊德有着重要的影响。费希纳继承和发展了赫尔巴特关于意识阈概念的思想，认为人的心理类似一座冰山，相当大的部分藏在水面以下，在这里有一些观察不到的力量对它发生作用。弗洛伊德最终提出以潜意识为主要内容的精神分析理论。可以说布伦塔诺的意动心理学对他有较大的影响。弗洛伊德接受了他大学老师布伦塔诺提出的意动心理学思想，即心理现象具有意向性和能动性，心理现象的能动力量是只存在于内在世界的一种"内在客观性"。在这些思想的影响下，弗洛伊德将无意识问题提到一定的高度，并对它的规律进行研究分析。

在哲学思想上,尼采的非理性主义思想对弗洛伊德的精神分析理论有着一定的影响。弗洛伊德本人也承认他的理论有很多方面和尼采的观点相似甚至一致,然而他不承认受尼采的影响,认为都是他自己独创的。但我们知道尼采的观点在弗洛伊德成长的年代弥漫于社会文化当中,故可以认定弗洛伊德虽没有受到尼采的直接影响,但受到尼采思想潜移默化的影响。还有叔本华的无意识概念,哈特曼的无意识研究都能在弗洛伊德的精神分析理论中找到影子。弗洛伊德本人也曾承认,叔本华的学说给了他重要的影响,是他理论的先驱者。同时在 18、19 世纪的哲学中盛行的享乐主义动机学说的影响更是体现在弗洛伊德的本我、自我和超我的理论当中。

在科学思想上,19 世纪自然科学的三大发现对弗洛伊德的精神分析理论的形成和发展影响十分深远。尤其是当时最令人振奋的是科学界盛行的能量守恒定律和进化论思想。这些思想深深地影响了弗洛伊德的大学时代的老师、著名的生理学家布吕克,通过布吕克影响到弗洛伊德,进而深入到其精神分析理论当中。我们知道,19 世纪中期,德国著名的物理、生物学家赫尔姆霍茨提出的能量守恒观认为,能量是一种系统,可以从一个物体转至另外一个物体,但不能被消灭。赫尔姆霍茨指出有机体除了普通的物理和化学力之外,没有其他的活的力,心理能就是脑细胞所提供的物理能。受这种思想的影响,弗洛伊德认为,人体也是一个复杂的能量系统。

人从大自然中获得能量,再去消耗能量,人类的行为就是能量释放的结果。根据能量守恒定律,心理能量可以转化为不同的形态,但总的能量不变。(杨鑫辉,2003)显然,弗洛伊德的这种观点与赫尔姆霍茨所提出的能量守恒定律有着很大的联系。同时弗洛伊德还深受达尔文的影响,弗洛伊德在读完达尔文的《物种起源》一书后,深被书中进化论观点吸引。达尔文认为,人是从动物进化而来的,因而人和动物在很多方面都没有区别。根据这个弗洛伊德把人的本能和动物的本能等同起来,进而形成他的本能论的依据。

三、心理病理学背景

促使弗洛伊德的精神分析理论产生的更直接原因是心理病理学研究的成果与发展。弗洛伊德是精神病医生,最关心的是精神病的病因及其治疗方法。在 19 世纪,精神病的病因说中生理病因观占优势,同时也得到了很快的发展。弗洛伊德在医治精神病的过程中,逐渐发现心理病因观的理论比传统的迷信观点能更好地解释精神病产生的原因,因而渐渐地就形成了心理病因观,最后走上了精神分析的发展道路。在探索精神病因的过程中,催眠术的应用引起了人们的极大关注。催眠术最早是由奥地利医生麦斯麦首创的,当时称之为"麦斯麦术"或"通磁术"。由于麦斯麦无法解释睡眠现象的原理和机制,再加上麦斯麦术有点类似于魔术,因而在当时遭到科学家和医生们的一致反对。到了 19 世纪中期，英国医生布雷德对麦斯麦的理论加以改造，提出以精神睡眠说代替麦斯麦术。他认为催眠不是动物磁性的作用，只是一种心理作用。

催眠术在精神病治疗中的推广和流行应归功于法国精神病学家沙可和让内等人。法国的精神病学在19世纪处于世界领先地位。当时在其国内就存在着两个持有不同观点的学派：一个是以伯恩海姆为代表的南锡派，他们认为催眠与神经症无关，其所以能治病，完全是暗示的结果，所以他们侧重从心理学方面去研究催眠；另一个是以沙可为代表的巴黎派，他们则把催眠状态视为一种病症，与神经症无严格区别，所以他们把催眠视为神经系统的疾病，专门注意催眠状态的生理变化。由于沙可在利用催眠治疗歇斯底里病人时获得成功，并用标准的医学词汇向法国科学院描述催眠的症状，因而为法国科学院所接受，最后也得到了医学界的广泛认可。沙可的学生让内的出现，使得这两派的观点最终得到了统一。他认为歇斯底里是心理方面的缺陷，并强调把催眠作为一种心理治疗方法。

有一点要指出一下的是，弗洛伊德曾于1885年和1889年先后向巴黎派和南锡派学习，两派的观点对弗洛伊德的精神分析理论的形成都有很大的影响。弗洛伊德认为神经症是功能性的疾病，歇斯底里是精神或动力创伤所致。他坚信性的因素在神经症中的重要作用，同时也坚信催眠术可以治病。经过弗洛伊德的努力，精神分析理论的思想最终得以形成和发展。

第二节 弗洛伊德的生平

弗洛伊德（Freud S.，1856—1939）是杰出的思想家、心理学家，1856年出生于摩莱维亚的小城弗莱堡。其父雅克布是一个羊毛商，有10个孩子。弗洛伊德是父亲的第三任妻子所生的8个孩子中的长子。有的报道记载的弗洛伊德的出生日是5月6日，但在1968年人们检查弗莱堡的城志时发现，弗洛伊德的出生日应该是3月6日。据巴尔玛丽（Balmary，M.）推测，弗洛伊德的父母把其出生日报告为5月6日而非3月6日，是想掩盖其母亲结婚时就已经怀孕了的事实。巴尔玛丽以为这对弗洛伊德的早期观点有着重要的影响，甚至影响到他后来创立的理论。弗洛伊德出生时已经有一个与他母亲同龄的同父异母的哥哥和一个比他大的侄子。那时，父亲已经40岁，并且做了祖父，母亲却只有20岁。弗洛伊德无疑是最受母亲宠爱的孩子，与母亲之间有着一种强烈的、亲密的、良好的亲情。

弗洛伊德 4 岁时，全家迁居维也纳。弗洛伊德一直是一位聪颖的学生，9 岁进中学，17 岁时毕业，继而进入维也纳大学医学院学习，花了 8 年的时间于 1881 年获得医学学位。在校期间他聆听了布伦塔诺的哲学讲座，并深受影响。弗洛伊德自己认为，在学医期间对他影响最大的一个人是布吕克，并和他的弟子布洛伊尔相识。布洛伊尔除了客串布伦塔诺的家庭医生外，于 1880 年开始对安娜·O. 进行治疗。弗洛伊德正是从布洛伊尔身上了解到病人安娜·O. 小姐的治疗，才从根本上开始了精神分析的创建历程。

弗洛伊德在 1885 年 10 月到 1886 年 2 月，一直跟随巴黎的沙可（Charcot J-M.，1825—1893）学习。与同时代的大多数医生不同的是，沙可把歇斯底里当作一种真正的疾病而不是一种想象出来的疾病加以治疗。沙可提出了创伤经验的理论，认为创伤经验可以在歇斯底里病人身上引起脱离理性思维的观念，催眠也可以引起观念分离，因此，催眠与歇斯底里有共同的症状。沙可关于潜意识观念能够引起躯体症状的猜想，在弗洛伊德随后的研究中占据重要的地位。沙可的学生让内（Janet P.，1859—1947）同导师的观点保持着一致，一直坚持弗洛伊德的精神分析根源于他和沙可的研究。

弗洛伊德于 1889 年访问了南锡学派的李厄保（Liébeault A.，1823—1904）和伯恩海姆（Bernheim H.，1840—1919）。南锡学派用催眠术治疗病人，发现所有的人都有受暗示性，只是有些人的暗示性比别人强一些，而高暗示性比低暗示性的人更容易接受催眠。在催眠过程中，只要高暗示性的病人相信什么能改变他们的症状，它通常都能起到这样的作用。弗洛伊德还从南锡学派了解到，尽管病人倾向于忘掉催眠状态中的体验，但如果鼓励病人去回忆，这类记忆是能恢复的。这一观察对于精神分析的产生将是非常重要的。

从南锡回来后，在临床应用中，弗洛伊德发现，他甚至不用接触到病人，只是简单地鼓励病人自由地讲出浮现在他们脑海里的东西，也同样能达到类似催眠的效果。由此，诞生了自由联想的方法。这正是为何弗洛伊德宣称真正的精神分析恰恰始于催眠术被抛弃之时。自由联想虽然所瞥见的只是潜意识的片段，但精神分析学家可以从这些片段中确定一个人的潜意识心灵的结构和性质。

弗洛伊德不仅涉及心理学、医学、哲学、生物学等领域，在社会心理学范围内也是独树一帜的。他发表的《图腾与禁忌》(1913)、《幻觉的未来》（1927）和《文明及其不满》（1930）将精神分析学引入了社会科学。

第三节 弗洛伊德的基本观点

一、本能

"本能"本来是生物学的概念，后来由弗洛伊德引入心理学。弗洛伊德对本能的解释是：本能以我们的概念来讲，是心灵和生理交接领域的未知部分，是生理刺激到达心理的心理表现，是生理对心理的要求度量。在这里，弗洛伊德把本能看作推动或起动的因素，是个体释放心理能的生物力量。他把本能看作人的一切行为的动机和基础。本能的表现与阻碍，精神的投入（能量对某一对象的依恋）与反投入，这些是精神分析的要核。

在弗洛伊德的早期理论中，他提出了两组本能，即自我本能和性本能。后来在第一次世界大战中，他看到了人类的互相残杀、攻击和毁灭，由此认为在人身上还存在着一种侵略本能和自我毁灭本能；同时认为自我本能或性本能都是指向于生命的蓬勃发展和生长兴旺的，因而合并为生本能，这样就产生了"生"本能与"死"本能的对立。

弗洛伊德认为，个体的特殊本能结构受两种因素的制约：一个人的身体遗传素质和他的生活经历，特别是早期孩提时代的经历。弗洛伊德进一步设想，人的遗传素质和生活经历形成了一条"互补链"，精神分析的特定使命就是探索或揭示生活经历对遗传的本能素质的影响。所以，精神分析方法具有强烈的历史感：它通过理解生活史来寻求理解内驱力的结构。

二、潜意识

弗洛伊德在治疗癔病的过程中，逐渐形成了他的意识和潜意识的概念。弗洛伊德认为，意识是与直接感知有关的心理部分，至于潜意识则包括个人的原始冲动和各种本能，以及出生后和本能有关的欲望。这些冲动和欲望，不容于风俗、习惯、道德、法律而被压抑或排挤到意识阈之下；但是，它们并没有消灭，而是在不自觉地积极活动，追求满足。所以，潜意识部分是人们过去经验的一个大仓库。

在意识和潜意识之间，弗洛伊德认为还有一种前意识。在他看来，前意识就是在无意识中可召回的部分，也就是可以回忆起来的经验，而潜意识则是不可召回的。

弗洛伊德提出潜意识概念，是对传统心理学重理轻欲，重视意识轻视无意识的反抗。弗洛伊德在他的理论体系中把潜意识提到前所未有的高度，使意识仅占一个次要地位。潜意识概念作为精神分析的核心部分，是弗洛伊德的理论基础，在后来修正经典精神分析的所有人当中，不管修正的程度如何，都没有被抛弃。

三、伊底、自我和超我

基于本能和潜意识的研究，弗洛伊德在晚期又提出了由伊底、自我和超我三部分组成的人格学说。

伊底是潜意识的，是人格中模糊、晦涩、混乱的部分，是人的心理经验中最原始的那部分，包括了与生俱来的所有遗传素质，当然包括了猖獗的性本能冲动和原始欲望。因而弗洛伊德称它为"真正的心理现实"，因为它与客观现实没有直接的接触，唯一的出路就是通过自我。

自我是意识的结构部分。自我是人格中的执行机构，处于伊底和外界、伊底和超我、超我和外界之间。它根据外部的需要来活动，执行"超我"的任务，又要费尽大部分能量压抑和控制伊底，说服伊底服从现实原则。

超我则是良心和自我理想的综合，是最高的监督和惩罚机构。超我是一个融个体与社会于一体的概念，虽然它起源于恋母情结，由父母形象的内化而形成，但本质上却具有社会的需要，是一种文化的产物。由于父母总是按照自己的超我来塑造自己的孩子，因而从某种程度上来说儿童的超我实际上是父母超我的一种折射反映，这也是传统价值和社会标准世代相传的一种主要方式。因此，在《文明及其不满》中，弗洛伊德提出的"文化超我"这一概念，可用于调解个人因伊底与自我的冲突所产生的焦虑和紧张。以"文化超我"为中心，弗洛伊德试图建立一种社会的道德伦理体系，以使文化超我与个体的超我更好地协调，从而使得超我这一概念具有了更多的社会心理学意义。

弗洛伊德指出，如果伊底、自我、超我三者在个体身上表现出相对的平衡状态，那么可以说儿童完成了他的社会化，这是以压抑其本能冲动为代价而获得的。他可以像成人那样遵循社会传统、文化习俗，并得到社会承认。

四、心理性欲发展的阶段

弗洛伊德认为整个身体都是性快感的源泉，但是他认为，在不同的发展阶段，这些性快感的集中部位不一样，据此弗洛伊德提出了心理性欲发展阶段理论。

（一）口欲期（从出生至1岁）

弗洛伊德将婴儿或乳儿期称为口欲期，因为嘴和口腔黏膜构成了能够满足欲望以及进行交流的最重要身体部位。婴儿通过他的口来品尝、体验和"观看"他的世界，通过"口腔"来看待世界。皮肤接触（感知觉）和运动性刺激（前庭器官），在经历神经生理性与精神性需求之间的交互作用，以及在确定身体范围上起了重要的作用。获得快乐与避免痛苦的体验是婴儿每天生活的中心内容。

（二）肛欲期（1～3 岁）

肛欲期可以描述为力图控制和拥有的时期："不""我的""自己一个人"似乎是爱用的词。弗洛伊德强调肛门是一个性敏感的身体区域，同时，肛门和膀胱括约肌的使用也是对权利和意愿的一种躯体表达方式。在此期间父母开始培养孩子用尿盆等。大便是孩子与父母权利争夺时最合适的工具。发脾气或违抗的表现可以看作攻击性、有时是虐待性驱力冲动的强烈表达。在肛欲期的早期，孩子们经常玩给出或拿取的游戏，而在其后期特征性地表现为确定界限，并且对某些项目不肯放弃。孩子们想要许多东西，但他们不得不体验在实现他们的愿望和幻想中，有界限设定的艰苦现实。在创造性游戏中孩子们控制他们的环境，如用虚构的幻想，并将越来越多的客体（父亲、兄弟姐妹、爷爷奶奶）拉进他的自己的世界。

在这一时期，孩子已经能够将人分类为不同性别。在肛欲期，女孩也相当具有活力和攻击性地面对母亲，可以将其看作一种（要求）自主性的愿望，但也可以看作早期俄底浦斯阶段女孩体验与母亲的竞争。此期如果女孩体验到很强烈的性别差异，例如，当她有一个小弟弟时，则可以观察到其有强烈的嫉妒感，这可以是潜意识的阴茎羡慕，觉得（自己）内部世界不完整（没有阴茎）。潜意识中认为母亲对这些推想的生理缺陷负有责任。

（三）性蕾期（4～6 岁）

性蕾期亦称俄底浦斯情结期。弗洛依德以希腊神话中的俄底浦斯王来命名这一时期（俄底浦斯王杀了他的父亲，并在无意中与自己的母亲结婚）。继口腔黏膜及肛门之后，现在生殖器发展为性感区域。孩子对这感兴趣。相对于青春期的性冲动，此时躯体性冲动为"婴儿的性"。尽管对这些身体部位带有性欲色彩的发现，直至此时才发生，孩子已经表现出对生殖器刺激的兴趣。此时肛欲期的权力斗争渐渐消失。孩子松懈了与母亲的两元关系，在俄底浦斯期孩子对父亲的认同逐渐形成第三个客体。关系结构变为三角性的，孩子发现自己面对两个不同的客体（母亲和父亲）。只有将两种性别分开来，才能对男孩和女孩的发展过程的讨论以一种有意义的方式进行。

此时，男孩发现父亲是有趣的、可爱的对象（"负性"俄底浦斯情结），他（男孩）的表现大部分是被动的，且几乎是女性化的，模仿母亲，想像母亲一样"拥有"父亲。其潜意识愿望（无法实现）导致的失望感，可以产生对父亲—客体的悲伤感与攻击冲动。现在男孩在三角关系中转向母亲，并进入与父亲竞争的情境（"正性"俄底浦斯情结）。在这个年龄（5～6 岁），男孩经常相当公开地指明，若父亲在车祸中死去，他便与母亲结婚。主动的攻击性冲动是瞄准父亲，男孩开始玩玩具武器，如手枪，寻找强有力的角色偶像。这种性蕾期的攻击性带来父母的惩罚和干预，这在潜意识中可看作阉割恐惧。

女孩常常在肛门期就表现出与母亲有距离的态度，并发现父亲是一个令自己向往的客体，希望得到父亲的赞美和承认，如此一来，母亲则变为一个竞争对象。一方面，女孩发现很容易将父亲看作一个性对象；另一方面，她必须将其攻击性对准两元关系中的母亲。只有在俄底浦斯前期的冲突得到成功的控制的情况下，才能成功地完成这一步（否则变为自恋）。

（四）潜伏期（6 岁到青春期）

潜伏期的概念产生于对孩子们的观察和体验。他们较好地度过了口欲期、肛欲期和俄底浦斯期（保留部分驱力诸如受虐狂、施虐狂、恋物癖、窥阴癖及暴露癖等），现在进入一个较安静的阶段。孩子对父母及兄弟姐妹的兴趣减少，对于像动物、运动、自然界等对象的兴趣陡增。在此时期孩子开始上学，学习阅读、写作和计算，建立了家庭之外亲密的朋友关系。我们可以说，对家庭中原始客体的儿童期性的探索和兴趣，正进入一个升华或冬眠阶段，代之以其他社会兴趣。这段性心理发展暂停对以后的进一步成熟和巩固是必要的。

（五）生殖期（从青春期开始）

青春期开始，躯体成熟。在青少年期躯体的性成熟使精神结构变得不稳定。退行过程重新出现，口欲期、肛欲期及俄底浦斯期的一些话题及未解决的冲突再现。相对于自我与超我的发育，伊底的发展更快，引起强烈的躯体性兴奋。这些动力学内容对于青年和年轻的成年人而言，多少还是正常的。

五、集体心理学

弗洛伊德在《群体心理学和自我的分析》这本书的开头就指出，个体心理学与家庭、社会或群体心理学没有什么差别。"在个人的心理生活中，始终有他人的参与。这个他人或是作为楷模，或是作为对象，或是作为协助者，或是作为敌人。因此，从一开始起，个体心理学，就该词语的这种被扩充了的，然而是完全合理的意义上说，同时也就是社会心理学。"（弗洛伊德全集，1986）

（一）群体的原始特性

一个优越于他人的个人在一群平等的伙伴中居统治地位，这正是一幅在原始部落的观念中出现过的图景。这样一种群体的心理，包括了如下种种现象：有意识的个人人格的缩小；人的思想和感情集中于一个共同的方向；无意识的精神生活和心理情感方面的活动占据了优势；人们容易将刚产生的目的意图直接付诸行动。所有这些现象都相当于倒退到一种原始的心理活动的状态。这种群体在弗洛伊德看来，是原始部落的复兴。由此弗洛伊德得出结论：群体心理是最古老的人类心理。我们撇开所有的群体成分而分离出来的个体心理只是通过一个渐进的发展过程，从古老的群体心理中分化出来的。

弗洛伊德从分析黎朋（LeBon G.）和麦独孤（McDougall W.）的《集体心理学》入手，来揭示群体成员的一些心理特征。第一，群体心理与原始人心理之间具有一致性。当个人集中到群体中去时，个人具有的抑制作用逐渐消失，所有那些作为原始时代的遗迹而潜伏在个人身上的残忍的、兽性的和破坏性的本能则被挑动起来，去寻找自由的满足。在群体中，个人的情感倾向会变得格外强烈，而其智力能力则显著下降；在原始群体中，人的情感得到强化，而智能受到压抑，这两种现象是等同的。第二，个人借助于群体的力量，能够摆脱对自己的无意识本能冲动的压抑。在一个群体中，个人的特殊的后天习性会被抹杀，被压抑的无意识冲动常会表现在其行为和言语里。群体中的个人状态被解释为一种催眠状态，几乎完全不受意识控制。个体的良心和责任感会很容易地消失。

（二）爱的关系是集体心理的本质

弗洛伊德的力比多是从情绪理论中借用来的一个词语。他用它来称呼那些与包含在"爱"这个名词下的所有东西有关的本能能量，如性爱、自爱、对双亲及子女的爱、友谊、对整个人类的爱、对具体对象和抽象观念的爱。精神分析理论认为，所有这些倾向都是同一类本能冲动的表现。弗洛伊德提出，爱的关系或用一个更中性的词语——情感的关系才是构成集体心理本质的东西。因为，首先，一个集体显然是被某种力量联结起来的，这种联结归功于那种能把世界上一切事物联系起来的爱的本能；其次，倘若一个人在一个集体中放弃了他的特点，而顺从其他的人，他这样做是因为他感到有必要与他人保持和谐，而不是与他人相对立。

弗洛伊德指出，由精神分析提供的证据表明：在两个人之间持续存在的几乎每一种密切的关系中，如在婚姻、友谊、父母和子女的关系中（母亲和儿子的关系也许是例外），都会逐渐产生一种厌恶和对立的情绪，只是因为压抑而未被感觉到罢了。人们通常是用在这类密切关系中产生的种种利益冲突的情况来解释这个事实的。不过弗洛伊德认为这种解释方法好像有点太理性化了，弗洛伊德指出在对那些人们不得不与之相处的陌生人的毫无掩饰的厌恶和反感情绪中，我们可以看到自爱——自恋的表现。这种自爱的作用是为了保存个人，它的表现好像是认为任何背离个人自己特定的发展路线的事情都意味着是对这种路线的批评，都意味着提出了改变这种路线的要求。但是当形成一个集体后，这种不宽容的现象在这个集体内部便暂时地或永久地消失了。这样一种对自恋的限制只能从一个因素产生，即与其他人之间的力比多联系。对自身的爱只有一个障碍，即对他人、对对象的爱。在对个人力比多发展过程进行精神分析研究时所常遇见的那种情况也出现在人的社会关系中。力比多依附于对重大生命需要的满足，而且将参与这个满足过程的人们作为它的第一对象。在整个人类的发展进程中，如同在个人的发展进程中一样，唯有爱才是促进文明的因素，因为它使人从利己主义走向利他主义。因此，假如在集体中，自恋性的自爱受到了某些在集体之外所没有的限制，那么这就是一个有力的证据，证明一个集体形成的本质在于该集体成员之间的某些新的力比多联系。

（三）自居在集体心理形成中的作用

弗洛伊德提出，一个教会和一支军队都是人为构成的集体，也就是说必须有一定的外部力量来防止其瓦解或阻碍其结构的改变。像这样的集体中的成员都具有这样一种知觉，即认为自己有一个头领；假如这样的知觉（错觉）消失了，那么只要外部力量允许，无论是教会还是军队都难免解体。而把每个人同基督联结起来的纽带也就是把这些个人相互联结起来的根据。弗洛伊德指出，在一支军队中对力比多因素的忽视，不仅是一种理论上的疏忽，而且还会在实践上造成一种危险。人们把在第一次世界大战中瓦解了德国军队的战争型神经症看作个人对被要求在军队中所起的作用的一种反抗；也许可把这些人的上级对他们的虐待看作导致这种疾病发生的最主要原因。如果人们对力比多要求在这一方面的重要性更加重视一些，那么德国军队这一出色的工具也就不会在德国领袖的手中夭折了。人们可以注意到，在这两种人为构成的集体中，每一个人由力比多的纽带一方面同他们的领袖（基督、司令官）联系在一起，另一方面则同该集体中的其他成员联系在一起。我们应对领袖在集体心理中的重要性予以充分的估计。假如每个人在两个方向上被这样一条强烈的情感纽带束缚着，那么我们将毫无困难地认为，正是这种状况造成了个人在人格方面的变化和受限制的现象。

从复杂的集体构造中，我们可以提炼出一个因素，即个人对领袖的行为。若是忽略了领袖的作用，我们就不可能把握住一个集体的本质。而对于一种原始集体，亦即拥有一个领袖人物和不能通过高度"组织化"来间接地取得一个个人特征的集体，是由这样一些个人组成的：他们将同一个对象放在他们的自我典范的位置上，结果在他们的自我中，使自己相互以他人自居。由于这种相互自居，结果在成员中间产生了一种共同的或集体的情感。在个体发展的早期阶段上，个体可能较多地具有对他人的排斥或嫉妒，就像一个家庭内的较大的孩子对后继的较小的孩子的排斥一样。但他很快发现父母对后生的小孩的爱和对他自己的爱是一样的深，排斥不成，于是转而采用其他的方式，即不得不以其他孩子而自居。在幼儿园和教室里也可观察到这种用集体感情来代替嫉妒心的转化现象。由此我们似乎发现，社会的情感就是基于这样一种反转现象之上的，起初是一种敌意的情感，后来转变成类似自居作用的带积极色彩的联系；原先是对手，后来却能通过对同一对象的类似的爱而成功地相互间以他人自居。

第四节 对精神分析的评价

心理学史家波林曾指出:"如果弗洛伊德窒死摇篮之中,时代将可能出另一个弗洛伊德。"(波林,1981,p.797)这话不仅意味着精神分析作为一种时代精神力量的产生的历史必然性,而且也暗示着,精神分析理论所阐释的,乃是人类生命内在本质的一个方面,因而它的存在、发展和流传及其对人类生命实践过程的影响作用也都是必然的。有人甚至将弗洛伊德的贡献与牛顿、达尔文、马克思相媲美,也有人把弗洛伊德评价为影响世界历史的三个犹太人之一(另两位是爱因斯坦和马克思)。关于对弗洛伊德的精神分析理论在心理学说中的地位评价不一:有人攻击弗洛伊德是个骗子,也有人说弗洛伊德的精神分析理论学说在人类的生活中引起了巨大的革命性的变迁。这可能是个"仁者见仁,智者见智"的问题。但不管今天人们对他的评价是好是坏,都不重要了;重要的是弗洛伊德的精神分析理论的思想在人们生活中已经产生了巨大影响,而且至今还在影响着全世界的人类。既然弗洛伊德的影响如此之大,那么我们就应该从贡献和缺陷两个方面来评价他。弗洛伊德的理论有下面几个贡献。

首先,由于他把被传统心理学所忽视的潜意识现象作为自己的研究对象,从而拓展了心理学的研究领域。我们知道弗洛伊德之前的心理学是学院派的心理学,学院派的心理学的典型特征之一就是从大学的心理学实验室的角度出发去研究人的行为,这一点有点脱离我们的日常生活。而弗洛伊德的理论指出了研究潜意识、性驱力、梦和焦虑等这些被以前心理学家们所忽视的之间的关系。他的这些研究相对来说与我们的日常生活比较接近,能够解决与我们日常生活密切相关的问题,因而比较容易被人们接受。另外,弗洛伊德在人格理论方面的研究也是第一个综合性的人格理论,在他之后的那些研究可以说是对他的人格理论或理论中的某一方面的补充和回应。

其次,他推进了心理学的学科建设。弗洛伊德对无意识心理过程的性质进行系统的探索以及开创了动机心理学的研究。我们知道无意识这个概念虽不是弗洛伊德第一个提出来的,但他在这方面的贡献之大是无可争议的第一人。弗洛伊德发现了认知和其他一些心理事件可以在意识系统之外进行,发现了无意识动机对人类行为的重大影响。这些被传统心理学所忽视的课题,弗洛伊德却花去其毕生的精力去研究探索。功夫不负有心人,在弗洛伊德的努力下，人们确认了无意识因素对行为的动力作用。通过弗洛伊德对无意识的研究，压抑、防御机制、潜意识动机等得到了发展和规范，并被心理学界接受，从而推动了这个领域的发展。弗洛伊德对伊底的研究揭开了人性反理论、反社会的一面，揭示了人性中丑恶的一面，从而给人类的自信一个沉重的打击。同时弗洛伊德还开创了动机心理学的研究。美国心理学史家波林曾指出："动力心理学的主要来源当然是弗洛伊德。凡否认弗洛伊德是心理学界的最伟大人物的人，往往是那些认为他非心理学家，却无法否定他的伟大品质的人。弗洛伊德之所以多年来似乎自外于心理学，是因为他孜孜于动机的探究，应用一套专门的术语，而对于忽视动机的正统心理学则置之不理。"（波林，1981，p.797）。可见动机遭到当时正统的心理学家们冷落。他们认为动机不属于心理学范畴，不是正统心理学家应该研究的内容。但弗洛伊德却通过自己的不断努力，去探究无意识动机对人类行为的影响。在那个时代虽然弗洛伊德对动机问题的重视得到了众多心理学家们的承认，但他的研究成果却不能被当时那些主流的心理学家们接受。这样，在弗洛伊德的坚持下，动机研究最终被心理学界承认属于心理学的范畴，并发展了动机心理学这样一门新兴研究领域。

最后，在医疗实践中，弗洛伊德确立了心理治疗的历史地位，促进了心理治疗职业的发展。我们知道在弗洛伊德之前，人们对心理疾病的治疗主要是采用医学和生物学的方法和技术，认为人的心理疾病是由人的生理病变所引起的。而当弗洛伊德提出用他的精神分析理论可以治疗心理疾病时，并没有获得心理专家们的赞成。但当他用精神分析理论去分析和治疗心理疾病时，指出人的心理疾病是由内在的心理冲突所引起的，必须采用消除压抑、消除抵抗等缓解精神冲突的方法来治疗心理上的疾病。这种方法有别于医学上的方法，是一种纯粹心理学的方法。至今仍然有许多人相信精神分析是理解和治疗心理疾病以及神经症的最佳方法。

当然，弗洛伊德的精神分析理论不是完美无缺的，也存在着不少的缺陷，因而难免会受到指责和批评。那么对他的批评经归纳主要集中在以下几个方面。

第一，由于弗洛伊德在他的理论中过分地夸大本能尤其是性本能的作用，从而导致了泛性论的倾向。我们知道，弗洛伊德在他的理论中把性动力说得无处不在，认为人类行为中的动机主要依赖人的性动力。弗洛伊德把性本能看成是人的活动的主要动力，把人的各种活动都看成是性本能的表现，是不符合实际的。性本能只是人的本能的一种，而且只有当人成长到一定年龄才表现出来。他把婴儿吸吮母亲奶汁的活动说成是性本能的表现，把人们在科学技术、文化艺术上的创造活动说成是性本能的升华，这是他的臆造。我们认为这显然有点极端化了。那些研究人格理论的其他专家曾指出，用性动力以外的因素同样可以解释人类的行为和动机。

第二，弗洛伊德的理论是一种打着理智晃子的浪漫主义，是一种假科学。有学者曾说，"精神分析不是科学！因为它的主张和建议是不可证实的。他们进一步指出，精神分析是占星术、骨相学类似的伪科学，他们任意使用有缺陷的方法学。例如，为了能解释新的资料，它不断地对它的理论进行添加而非抛弃。他们还暗示，精神分析师不能被信任是因为他们在验证自己的理论，而这导致更大的偏移。"（Milton，2005，p.116）。同时我们也知道弗洛伊德理论的核心是，"只有一个人本我、自我、超我实现完美的和谐，一个人才能快乐和健康"。但是，这纯粹属于他的主观构想，既没有任何经验资料和事实根据，也无人加以客观验证，这就不能不使他的学说大大地降低了科学性。世界上根本就不存在"完全和谐"的人。所以，弗洛伊德的理论必将人类引向理想主义和接踵而来的悲观主义。

第三，阅读过弗洛伊德原著的人，一定有这样的感受，他的理论基点在于男性，而不在于女性，这就给人们一种歧视女性的感觉。有学者曾指出："女权运动者对精神分析的批评始于20世纪60年代和70年代……此外弗洛伊德如下的观点也具有煽动性，即女性并不是仅仅感觉到比男性低一等（女权主义者或许可以接受这一点并进行研究），而且，实际上（女人）通过不同的生物学特征诱发了不同的发展道路，所以，女性实际上被注定比男人低一等，如在智力、道德感和建立成熟关系的能力

上。"（Milton，2005，p.128）霍妮对弗洛伊德歧视女性这一点也进行了严厉的批判。她指出，造成女性在现实社会生活中的不利地位的根本原因，不是因为生理特点和解剖结构的差异，而是文化的原因。在以男子为中心的社会中，妇女处于从属地位，依附于男性而生存，这导致女性产生一系列心理问题。后来，霍妮特别主张不要去过于关注性别差异，心理学应研究中性的心理特点。

总之，对弗洛伊德精神分析的评价，长期以来一直是个争论不休的问题。我们认为，对弗洛伊德学说的评价，不能简单从事，不能用形而上学的一点论，应当采取辩证唯物主义的态度，实事求是地加以科学地分析，作出正确的、公正的评价。

本章思考题

1. 如何理解精神分析产生的思想渊源和历史背景？

2. 简述弗洛伊德思想的基本观点。

3. 试述本我、自我与超我在人格结构中的地位及其相互关系。

4. 弗洛伊德在集体心理学方面有哪些重要主张？

5. 简述弗洛伊德关于心理性欲发展阶段理论的基本内容。

6. 怎样才能正确评价弗洛伊德的精神分析理论？

第十四章
精神分析的演变

　　弗洛伊德对自己的学说不惮修改，但不容许别人有异议。阿德勒和荣格因在某些论点上同弗洛伊德发生分歧，于1911年和1914年先后离开了他，自立门户。阿德勒建立了自己的个体心理学，荣格则建立了分析心理学，他们都是精神分析史上举足轻重的人物。

第一节 阿德勒的个体心理学

阿德勒（Adler Alfred，1870—1937）出生于维也纳郊区一个犹太人家庭。他是最早参与精神分析研究的人之一，也是最早公开与弗洛伊德分庭抗礼的人。阿德勒认为在人的心理发展的过程中，性起着较小的作用。他特别重视社会环境对人类心理的影响。1911年，阿德勒公开批评弗洛伊德强调性因素的理论，正式与之决裂。

在阿德勒的记忆中，童年时代是令人痛苦的。他是一个体弱多病的孩子，而且他还有一个强有力的竞争对手——他的哥哥。这些记忆对阿德勒的理论创建也许产生了影响。在1907年，阿德勒因其有关身体缺陷而引起的自卑感及其补偿的论文而名声大噪。1911年以后，他逐步形成了具有自卑与补偿、向上意志、生活风格等一系列专用术语的个体心理学。而其重要概念——社会兴趣，则是第一次世界大战以后提出来的。这一系列概念的提出意在摆脱弗洛伊德的生物学化观点而强调社会文化因素。

1918年，阿德勒提出社会兴趣概念。它与阿德勒的其他重要概念如追求优越和自卑感等一样，成为衡量心理健康的标准。阿德勒认为每个个体出生时都有自卑感，这种自卑感引导他去追求补偿且获得力量或优越。儿童降生时，发现自己比周围的成人要弱小，需要别人照顾他，这样产生的自卑感便唤醒了他对别人的兴趣。社会兴趣对于人类个体本身所具有的缺陷而言，

是一个真正的补偿。在个体心理学中，社会兴趣是指一个人与他人交往时产生情感和自居作用的一种人类固有的潜能，不但包括对朋友们的直接感情，而且包括对现在和未来人类的全部感情。阿德勒把社会兴趣的表现形式归纳为下列几种：第一种就是在困难的情况下与别人合作并帮助别人；第二种表现为给予他人多于要求他人的倾向；第三种表现为对于他人的思想、感情和经验的高度理解能力。阿德勒认为，对于每个人而言，生活的最初任务就是本质上要社会化。他相信友谊、事业的成功依赖于与他人联系和合作的能力。凡是由神经症、精神病、酗酒和犯罪行为引起的心理失调都是因为缺乏社会兴趣造成的。

阿德勒指出，个体社会兴趣的获得是一个发展的过程，家庭、社会等许多因素对这个过程都会产生影响。儿童早年的生活环境就是家庭，母亲对孩子产生的影响是谁都无法替代的。儿童把自己与母亲、家庭联结起来，通过经常与环境交互作用，渐渐开始社会化。基于自卑感（行动动机）与追求超越（行动目标），儿童内心与环境一直在不停地斗争，最终形成了自己的整个人格。阿德勒认为，早期儿童时代社会人格的形成对成年后的生活也会产生影响。

社会兴趣对于人们的生活是绝对必需的。如果自卑感被克服，人们能达到他们的目的并具有对他人的社会兴趣，那么他就有能力补偿自卑感，过一种称心如意的社会生活。他可以追求优越、发展社会能接受的人格。阿德勒感觉到健康心理的成功之处就在于个体的社会生活中，总是有

社会兴趣。

纵观阿德勒的思想，我们可以看到，他抛弃了弗洛伊德的性本能和潜意识，把目光转向社会文化环境和外在因素，这无疑是他的进步。且他注重于儿童的社会责任感，通过社会兴趣的研究来强调每个人都是社会的一员，对于社会的兴衰和人类的进化都有自己应尽的责任，且认为人们都有一种追求向上的意志和愿望。从这些观点中，我们不再看到弗洛伊德那种对社会的悲观失望，乃至丧失信心，而是让人们感到耳目一新，看到未来生活的美好，从而对未来和自己充满信心。

阿德勒的思想亦存在着某些局限，如追求优越、压倒别人，这主要是受叔本华和尼采哲学的影响。阿德勒所说的社会环境主要指家庭环境，还没有涉及社会的本质。他强调儿童早期生活风格的影响，这与弗洛伊德的儿童早期经验无多大区别。

从 1926 年到 1937 年阿德勒客死苏格兰这段时间，他一直忙碌于在欧洲和美国、加拿大讲学，传播他的思想。因此，他的个体心理学思想得以继承，他对社会文化环境的重视，对精神分析的社会文化学派产生了影响，尤其是霍妮吸收了他的不少论点。

第二节　荣格的分析心理学

荣格（Jung C. , 1875—1961），是瑞士籍心理学家和分析心理学的创始人。他于 1895—1901 年在巴塞尔学习医学，1902—1903 年冬季跟随让内学习。荣格通过《梦的解析》一书，对弗洛伊德的理论有所了解并开始与弗洛伊德通信，最终在维也纳弗洛伊德的家中会面。第一次会谈两人谈了有 13 小时之久。自此，荣格深得弗洛伊德的器重，在 1909 年跟随弗洛伊德做美国之行，在 1911 年创建的国际精神分析学会上被推为第一任主席。但是，随后，两人在力比多概念的解释上产生分歧，荣格完全不同意弗洛伊德把力比多看作性的冲动。他认为力比多是一种普通的生命力，性欲只是其中的一部分。1912 年，两人终止通信；1914 年，荣格离开了弗洛伊德，创立了自己的分析心理学，并终其一生不断发展。

荣格把整个人格结构划分为意识、个人潜意识和集体潜意识。他认为个体潜意识的内容，曾经是有意识的，但因被压抑、遗忘而进入潜意识中。这类似于弗洛伊德的前意识，因为它们还可以回到意识中去。个体潜意识是独特的，因为每个人都有各自不同的思想和情感。同时荣格相信心灵的最深处，存在着集体潜意识，这是由全人类传授并共同具有的。集体潜意识是心理的原型。按照拉马克的习得性遗传的原则，荣格认为，集体潜意识在原始时期就已获得，然后代代遗传，存储于每个人的心灵深处。

在荣格看来，集体潜意识不仅包括了人类种族历史，而且留下了人类祖先——动物的痕迹。它是整个人类进步发展的心理残余，也是许多世代不断重复再现的经验的残余。整个人类都或多或少具有集体潜意识。

集体潜意识是荣格理论体系的核心，对于心理学具有深远的意义。根据集体潜意识理论，人们在群体中之所以有那种行为，是因为潜意识的原型激发了人们。荣格提出了大量的原型，但是解释得最为透彻的是人格面具。人格面具只是代表了向公众展示的部分人格，而人格中最为重要的东西都隐藏在面具后面。阿妮玛是男性人格中的女性特质，提供了一个框架使男性与女性相互作用；阿妮姆斯是女性人格中的男性特质，提供了一个框架使女性与男性相互作用。阴影是我们从祖先那里继承到的原型，具有一种不道德和攻击性的倾向。自我促使人们整合人格的各个组成部分，与物理世界相互作用。荣格一直强调人的一生应是一个和谐、整合的过程。对个体而言，离开群体的行为就等于把自己与心灵疏远了，因此，为了其自己的心理健康，个体必须按社会要求行动，否则会引起人格破裂。

第三节 精神分析的社会文化学派

20世纪30年代以后，由于德国法西斯疯狂残害犹太人，迫使一批精神分析学家先后移居美国，其中有霍妮、沙利文和弗洛姆。他们在新的历史条件下，背离了正统的精神分析路线，植根于美国的土壤之上，形成了新精神分析学派。由于他们不同意弗洛伊德的泛性论，强调社会与文化因素对心理的影响，因而又被称为精神分析的社会文化学派。虽然这一学派没有统一的理论体系，但他们却从不同的角度对神经症与社会之间的关系做了探讨，可谓殊途同归。

一、沙利文的人际关系学说

沙利文（Sullivon H.，1892—1949）是爱尔兰人，后移居美国。沙利文的一生经历了两次世界大战，目睹了战争的残酷和社会的混乱。同时，他深感用弗洛伊德的本能论和泛性论难以解释临床现象，开始注意文化和社会因素的作用，尤其强调人与人之间的关系。所以，他的精神分析理论又叫人际关系理论。

沙利文认为人格的形成和发展是人与人之间相互作用的结果。如果一个人在他的发展过程中，正常的人与人之间的关系遭到破坏，那他就可能导致精神病。沙利文在研究过程中提出一个设想，认为精神病学也是一种社会心理学，两者之间具有一致性。精神病学的领域就是在任何情况下都存在的人际关系的领域。在这个基础上，沙利文认为精神病患者与常人是同类的，没有多大区别。患者的一些怪癖行为，在常人中也同样存在，只是没有那么严重。由于人际关系的复杂，人们对他人、对自己常会在观点上发生误差，日积月累，后导致被这些歪曲的思想纠缠不清，形成痛苦的矛盾。这就使患者对自己的人格和他人的人格形成歪曲的心理，导致精神病。

沙利文一直强调人性中的社会性，认为人生来就和周围的环境相互作用，并形成尚未定型的心理组织，即自我系统，其功能主要是实现满足和安全的需要，减少内心的焦虑不安。沙利文的"自我系统"与弗洛伊德及自我心理学家的"自我"不同，其自我系统具有更多的认知性。他指出，儿童在发展过程中，逐渐具备了应付文化环境中各种符号的能力，先后获得了三种人际经验模式：①未分化模式，是婴儿特有的心理状态，在自我和外界间没有界限；②不完善反应模式，儿童已察觉出与外界的区别，有了语言经验；③综合模式，在符号间形成逻辑联系，可以交流思想。沙利文认为，人际联系是通过言语能力实现的。

沙利文的研究方法主要是临床实践。社会心理学、文化人类学、哲学、精神病学界的其他思想为他的研究奠定了理论基础。与其他新精神分析的代表人相比，沙利文的理论遭受的攻击较少。这主要应归功于他的折衷主义思想，同时也表明他的理论反响不大，人们把注意力集中到了其他更值得争论的人物身上，这不能不说是一种遗憾。

二、霍妮的神经症文化决定论

霍妮（Horney K.，1885—1952）为犹太人，1932年移居美国，是20世纪最杰出的女精神分析学家。霍妮曾说，如果没有弗洛伊德，她将无法迈开首步，但她并非盲目苟同。霍妮接收了弗洛伊德的基本概念，如压抑、抵抗、自由联想等，但她反对其力比多理论和妇女人格观，更强调社会和环境在塑造人格中的作用。她的理论包含了弗洛伊德的潜意识冲突，也容纳了阿德勒的社会文化思想。

霍妮在《焦虑的现代人》一书中，对神经症患者的治疗、起因产生了兴趣。她发现神经症不只可以由偶发的个人经验引起，还可以由其所生存的特定文化情境激发。事实上，这种文化情境不只在个体经验上涂上各种色彩，影响个人的经验，而且在最后决定了经验的特定形式。每一个文化都根据自己的内涵来理解神经症。在不同的文化中发现的相同行为或生活方式，并不能推断出他们的动机是一样的；同样，在一个文化环境中的正常行为，到另一个文化环境中或许就不正常了，反之亦然。

个体的心理和行为是文化的产物，其态度、感情都受他所生活的那个文化环境的影响。弗洛伊德忽视了文化因素在神经症中的影响，而一味以生物学的本能代替；霍妮则看到了社会在正常的或神经症的行为中的作用。

霍妮发现只要深入注意产生神经症或心理因扰的动力因素，就会发现在所有神经症者中，都存在着一种基本的共同因素，即焦虑不安，以及个体为了抗拒焦虑所建立起来的防卫机制。这种焦虑是促使神经症产生的主要动力，是一种以为自己渺小、无足轻重、无依无助、无能无力，并生存于一个充满荒谬、欺骗、嫉妒与暴力的世界之中的感觉。每一种文化的生活情境都会产生一些恐惧不安，它们可以由外在的危险（大自然、敌人等）引起，也可以由社会关系的形式（不公平、压制、强迫的依赖、挫折等）引起，由文化传统所产生。每一个生活于文化中的个人或多或少都会有这种焦虑不安，没有人能逃避它们。儿童一出生，面临着强大的外部世界，就会产生焦虑不安，此乃是人格发展的主要动力。在现代文明社会中，人们之间普遍存在着疏隔、敌视、怨恨、恐惧及信心丧失等感觉，这些感觉本身并不产生神经症，但是它们综合起来，就促使人产生孤立无助的不安全感，最终导致神经症。霍妮还指出，每个神经病人内心都存在着许多他们自身难以克服、调和的矛盾，这实质上是他们所处文化环境的某些特定矛盾的潜在表现。

在两年后的《精神分析新道路》中，

霍妮认为，弗洛伊德论及的文化与神经症之间的关系仅为一种量的关系，这是错误的。她主张在文化和神经症之间存在着定性关系；文化环境的性质影响了神经症冲突和行为性质的程度，因为神经症冲突不能与安全或满足共存，病人不得不去寻找能获得安全的、矛盾的文化道路。霍妮认识到社会影响在神经症焦虑中起着决定作用，如果社会不能改变竞争、自利的情况，神经症的自私就会肆无忌惮地发展。社会上神经症和精神病的泛滥证明，事实上由文化环境造成的心理困难要大于人们对付困难的平均能力。

霍妮以精神病学家的身份，涉及社会心理学领域。她反对弗洛伊德的本能说和泛性论，强调社会文化因素而提出自己的整体性的人格学说。虽然霍妮的理论体系不很严密，其观点也没有直接激发起深入研究，但她作为精神分析文化学派的主要干将的地位却是不可动摇的。

三、弗洛姆的人本主义精神分析学说

弗洛姆（Fromm E., 1900—1980）出生于德国法兰克福，1934 年加入美国国籍。弗洛姆作为一个精神分析学家，具有深厚的哲学基础。他是法兰克福学派的代表人之一，并以调和马克思主义与弗洛伊德的学说著称。他从大的截面研究社会对个人产生的影响，从政治、经济、文化、社会等方面考察了人格的形成和发展。他的著述颇多，其中有关社会心理学方面的著作有《逃避自由》（1941）、《自我的追寻》(1947)、《理性的挣扎》(1955) 等。

（一）个人与社会

与弗洛伊德的社会心理学思想相反，弗洛姆认为心理学的主要问题，是个人对世界的一种特殊关系问题，而不是种种本能需要的满足或挫折问题。人与社会的关系不是绝对对立的。虽然人类有饥、渴、性的需要，但那些使人们人格有所不同的冲动，如爱与恨、贪求权力、渴望服从等都是社会过程的产物。人对美的追求，对丑的厌恶，并不是先天固有的倾向，而是社会化的结果，因为社会创造了人。社会不仅具有抑制功能，还具有更强的创造功能。因此，"人的性情、情感及焦虑，都是文化的产物；事实上，人本身就是人类继续不断努力的最重要的创造和成就"。（弗洛姆，1941）社会心理学的任务就是要了解人类历史的这种创造过程，以及人创造历史、历史塑造人这种似乎矛盾的现象。社会心理学还要指出为什么各个历史时期的人格互不相同，以及由于社会过程的结果，情操、欲望、焦虑等是如何改变与发展的。心理的力量由文化、社会所控制。人受文化的影响，反过来，人又影响了文化。

弗洛姆在《逃避自由》这本著作中，从社会发展的过程这一角度去考察现代人的人格形成。他认为人类从原始社会，经过中世纪封建社会到资本主义社会，获得了更多的自由。人类的自由是建立在获得人性尊严和个人力量基础之上的，但现代社会却把这些都压抑了，人们只能逃避自由，去寻求安全。弗洛姆指出逃避机制主要有三种：第一种就是个人放弃其自己独立自由的倾向，而希望去与自己不相干的某人或某事结合起来，以便获得他所缺少的力量，即寻求新的约束；第二种破坏性会使自己觉得免除了无权力的感觉，证明了自己的存在；第三种就是逃避现实的机制，个人不再是自己，而被他所处的文化模式改变得与他人一模一样，这样就消除了个体与社会的矛盾，也就消除了孤独和无权力感。弗洛姆指出，孤独正成为人类最大的恐惧，同时它又成为促使人们与他人合作的重要原因。人们之所以这样做，都是为了生存。

（二）社会性格

弗洛姆认为："性格可以解释为：在同化和社会化过程中用以诱导人的能力的（较固定）方式。"（弗洛姆，1987）性格不但具有使个人行动一致而合理的功能，而且也是对社会适应的基础。弗洛姆把人的性格分为个人性格和社会性格。个人性格指个体身上由于个人的经验、父母的人格以及每个人生长的社会环境的不同而造成的差异。社会性格则代表着某种文化中的大多数人所共有的性格结构核心，由此可以看出性格形成受社会及文化形态的影响程度。社会性格的功能在于促使个人做其必须做的事，同时又在符合文化规范的前提下感到心理上的满足。一般而言，人的性格主要由他的社会性格那一部分所决定，在此基础上才表现出个人性格在行为上的差异。

弗洛姆在《追寻自我》和《人心》(1964)中将性格倾向分为五种。其中，接纳倾向和剥削倾向的本质前提都认为一切好的来源都在外面，不管是物质的还是精神上的爱、知识、快乐等都从外界获得；但是两者有区别，后者不把从别人那里接受的东西当作礼物，而是利用强迫或诡诈手段取自别人。贮存倾向的本质前提以贮存和节省为基础，把消费看作一种浪费，常常显得贪婪和吝啬。市场倾向则与商品买卖一样，是一种内外交换。弗洛姆认为，这四种倾向都是人格病态的表现，只有生产倾向才是健康的，常态的表现，它以创造性的爱、创造性思想、幸福和良心为标志。弗洛姆指出，这五种倾向往往在一个人身上兼而有之，但以其中的一种为主。

（三）人性需要

弗洛姆指出，人们能够获得安全的制度只有两种：一种是权威主义；另一种是人本主义。但是，前者最终还是会使个人受到压抑、挫折，不是有效的方法，只有后者才是一种较好的解决途径。在他构想的人本主义公有制社会主义中，人们的基本需要会得到充分满足，社会具有满足心理需要的功能，将使人们变得更加美好、健全。弗洛姆认为社会即使是百分之百地满足了人的饥、渴、性等本能的需要，也不能彻底解决"人"的问题，人类最迫切的愿望与需要并不是那些根植于肉体的东西，而是根植于其生存特质的东西。弗洛姆把衍生于人的生存特质的基本需要分为五类：①归属性需要，包括与别人的关联和自恋；②超越的需要，包括创造性和破坏性；③根植性的需要，包括母爱与血亲之爱；④仿同感的需要，包括在独立或顺从中肯定自我；⑤倾向性构架的需要，理性与非理性并存于人性之中。弗洛姆认为，如果能了解人的这些矛盾的特性和需要，就可以减少一些烦恼。

弗洛姆集哲学家、精神分析学家、人类学家、社会学家于一身，站在人本主义的立场上，披露资本主义的丑恶现象，这肯定是一种进步。他在赞同弗洛伊德的科学方法以及潜意识存在的同时，也十分果断地抛弃了弗洛伊德的性欲因素，大胆地提出了自己的见解。弗洛姆对人类社会的探讨无疑使他比其他文化学派的代表更接近社会心理学思想的主流。

第四节 精神分析的自我心理学

一、安娜·弗洛伊德的自我心理学

安娜·弗洛伊德（freud A.，1895—1982）是弗洛伊德的女儿，是 6 个孩子中最小的一个，也是弗洛伊德的家庭成员中唯一从事精神分析工作的人。安娜把其父创立的精神分析理论从成人的分析扩展到儿童的精神分析，并且把精神分析的重点由伊底的分析转到自我的分析。对精神分析的发展作出了杰出的贡献。

弗洛伊德的精神分析是关于成人的分析。这种分析模式在儿童那里很难奏效。在成人的分析中，患者所报告的是早期的创伤经验，但是在儿童那里，通过回忆得到的不是创伤经验，而是发展过程中的生活体验。换句话说，对于儿童来说，通过分析得到的是发展过程中的一些障碍，这些障碍给他们的正常成长造成了困难。在成人的分析中，治疗专家所要揭示的是患者的伊底、自我和超我之间的矛盾冲突。而在儿童的分析中，治疗专家所要揭示的是儿童发展过程中的脆弱性，了解儿童在成长的过渡阶段产生了哪些困惑和障碍。安娜使用了"发展线"（developmental lines）的概念来描绘儿童从依赖于外部控制到逐渐减少对外界的依赖性，最终发展出把握内部世界和外部世界的能力这样一个过渡过程。在 1965 年出版的《儿童时代的常态与病态》一书中，她认为发展线由许多成分组成，但是每一条发展线的基本特征是：①从依赖性到情绪的自控；②从吮吸到理性的饮食；③从随地便溺到大小便的控制；④从对身体的管理不承担责任到负起责任；⑤从自我中心到友谊和交往的建立；⑥从游戏到工作。安娜的发展线概念强调了儿童对生活需求的适应，强调了自我在儿童适应环境和成长发展过程中的作用，描绘了儿童正常发展的基本特征，也把精神分析的重点由本能冲动的分析转到了自我对环境的适应过程的分析，推动了精神分析自我心理学的发展。

在 1937 年出版的《自我与防御机制》一书中，安娜同样强调了自我的作用。她认为其父绕过自我从而揭示无意识所用的催眠术、自由联想与梦的分析等方法是有价值的，但由于忽视了自我的作用，因而其治疗效果是不能持久的。精神分析家在运用催眠和自由联想时，叫病人说出他所发生的事情，实际上叫病人的自我暂时保持沉默。在临床上，经常遇到病人的抵抗和移情，这就是病人的自我防御。

关于防御机制，弗洛伊德很早就有研究，他称为"防卫的方法"，这出现在他的《防御神经精神症》的论文中，后来在 1926 年，他又提出了三种疾病（癔病、强迫性神经症、恐惧症）中的三种防御方法：压抑、倒退和反向作用、逃避。而安娜·弗洛伊德主要是对防御机制本身的性质和功能做进一步的探索，摸清它们之间的关系。安娜并不像弗洛伊德那样，视防御为理解无意识的障碍，相反，安娜认为防御具有独特的适应意义。在满足生物需求和适应社会环境的过程中，人们都会产生防御行为，这是正常的和必不可少的。

除了系统地总结弗洛伊德和其他人有关防御机制的研究外，安娜另外提出了两个防御机制。第一，利他性让与（Altruistic Surrender），指的是通过认同另外一个人，把这个人的满足或挫折视作自己的，从而放弃自己的信念和理想。第二，对攻击者的认同，指的是个人接受那个令自己恐惧的人的价值观和行为方式，把这种价值观和行为方式看作自己的。此外，安娜提出了升华或本能目的的替代理论。但她仍把主要注意力放在否认（在幻想中或语词行为中）、自我的约束、对攻击者的认同以及利他主义的让与等方面，并对后两个防御机制进行了细致的阐述。

安娜对防御机制的研究对自我心理学的建立和发展有很大的作用。尽管自我的功能很多，但防御功能却是主要的。它们直接和自我的强度、性质紧密相关，具有重大的临床意义。自我发展总离不开防御机制的发展，通过防御机制的活动可以看到自我的影子。

值得一提的是，安娜·弗洛伊德曾经同精神分析的对象关系理论的代表人物克莱因就儿童精神分析的问题进行过激烈争论。克莱因1932年撰写了《儿童的精神分析》一书。在这本书中，克莱因背离弗洛伊德的观点，强调儿童在俄底浦斯情结产生之前的发展对儿童成长的影响。而且克莱因强调母亲与儿童的关系，认为儿童的成长并不决定于本能，而是决定于母亲和儿童的人际关系。克莱因相信，儿童的正确与错误、好与坏的观念产生于口腔阶段，而不是像弗洛伊德所主张的那样，产生于肛门阶段。此外，克莱因也认为儿童的精神分析主要应该通过儿童的游戏活动，自由联想对于儿童的精神分析是不适用的。安娜·弗洛伊德不同意克莱因的观点。她认为儿童的幻想和梦是儿童精神分析的主要途径。她坚持弗洛伊德的观点，认为儿童的人格发展主要决定于肛门期和性器官期。两人的争论曾经在精神分析内部引起了广泛的注意。

在自我心理学的发展进程中，安娜·弗洛伊德是一个重要的人物。她继承了其父晚期的自我心理学思想，把精神分析的重点由本能冲突的分析转到自我的分析上，并且把自我的功能由单纯的防御转到环境的适应方面。在弗洛伊德那里，自我和伊底的关系是伊底控制自我；但是从安娜开始，自我被看作一个独立自主的力量，发挥着约束伊底、适应环境的作用。这种重视自我功能的倾向开创了精神分析的一个新的取向，从此，自我成为精神分析研究的重点，在哈特曼等人的推动下，最终导致了精神分析自我心理学的建立。

但是，精神分析自我心理学的建立是由哈特曼等人完成的。虽然安娜强调了自我的作用，但是她仍然把自我放到伊底和自我的冲突当中来加以研究。哈特曼等人在此基础上更进一步，让自我摆脱伊底，提出了"没有冲突的自我领域"的概念，建立了精神分析的自我心理学。

二、哈特曼与自我心理学的建立

哈特曼（Hartman H.，1894—1970）出生于德国。大学时代学习的是医学，获得过医学博士学位。他的主要兴趣在于精神病学方面。他曾经接受安娜·弗洛伊德的分析，并且在安娜的指导下学习精神分析的方法和技术。在安娜·弗洛伊德的引荐下，他参加了维也纳精神病教学医院的精神病学例会，并担任了该会的第二助理。第二次世界大战前，哈特曼由于不满纳粹德国政府的政策，因而移居美国。到达美国以后，他致力于儿童精神分析的研究工作，创建了精神分析的自我心理学，因而被称为"自我心理学之父"。

尽管安娜·弗洛伊德强调了自我的作用，把精神分析的研究重点由本能驱力领域转到了自我领域，但是她仍然把自我放在伊底、自我和超我的冲突之中。自我仍处在伊底和超我的夹缝中间，难以发挥独立的影响。哈特曼在安娜对自我研究的基础上，提出自我是一个重要的自主性的力量。作为一种自主力量，自我并不一定要在伊底的约束下，在超我的调节下才能得到发展。所以，哈特曼提出了一个"没有冲突的自我领域"（conflict-free sphere）的概念。他认为，自我的产生和发展既不需要一个伊底提供能量，也不需要超我的限制和约束。自我本身有一个独立的领域，在这个领域中，自我本身的各种机能，如感知觉、记忆、思维、学习、想象和语言等独立发展，并非是自我、伊底、外部世界和超我相互作用的产物。换句话说，这些自我机能是在一个没有冲突的范围里得到发展的。当然，所谓的没有冲突的自我领域并不是说存在着一个空间范围，而是说这些心理机能在特定的时间里处在心理冲突的领域之外，以自己的方式发生和发展。哈特曼认为，精神分析学者应该致力于揭示自我的各种没有冲突的活动，分析自我的各种适应机能。只有如此，精神分析才能超出无意识和神经症的范畴，走向普通心理学。

哈特曼并不认为自我来源于伊底。他不同意弗洛伊德有关自我是从伊底中发展出来的观点。他相信自我同伊底在人的生命之初就同时存在。它们是两种独立的心理机能，起源于同一种先天的生物学禀赋，即所谓的"未分化的基质"。从这种未分化的基质中，部分成分转化和发展为伊底的本能驱力，另外一些成分演变为自我的各种机能。这说明伊底和自我是起源于同一先天禀赋的各自独立的力量，自我并非来源于伊底。两者有着共同的起源，各自遵循不同的发展路线。既然自我有着独立的起源，有着自己独立的发展路线，那么，自我的功能就不仅仅局限于服务于伊底。因此，哈特曼着手探索自我的各种功能，描绘了自我的知觉过程、学习过程、记忆过程、注意过程和理性思维等，拓展了精神分析的研究范围，使精神分析开始走向普通心理学。

自我的发展是独立的和自主的，这种独立自主分为两个层次：原初自主（Primary Autonomy）和次级自主（Secondary Autonomy）。原初自主是指那些天生就独立于伊底的自我机能，这些机能有着不同于伊底的独立起源，其作用主要是促进对环境的适应。例如，自我的知觉、思维和运动机能都有自己的独特特性，它们在儿童的发展过程中，逐渐成熟，独立发挥影响。次级自主的那些自我机能最初从属于伊底，处在各种冲突之中，但是在个体心理机能适应环境的过程中，这些原本服务于伊底的功能逐渐分化，演变成一种独立的结构，成为自我的二级自主，如自我的防御功能。防御并非仅仅从属于自我，在伊底的水平和层次上也存在防御，只是后来这种功能逐渐分化，脱离伊底而成为自我功能的一个部分。

在哈特曼的理论中，中性化（Neutralization）是一个重要概念。这一概念来源于弗洛伊德的升华（Sublimation）理论。在弗洛伊德那里，升华指的是性本能受到压抑之后，转而寻求另外的发泄途径，通过建设性的方式获得性本能的满足，如性本能受到压抑后转而追求科学艺术活动，使得性本能的能量得到升华。哈特曼的中性化概念扩展了弗洛伊德的升华概念，不仅包括了性本能的驯服，而且包括了攻击本能的升华。所以，中性化这一概念在哈特曼那里指的是这样一种过程，即把力比多和攻击能量从本能的模式转变为非本能的模式，从而使得这种能量为自我所用，成为自我的力量源泉。如果这种对本能能量的中性化过程没有成功，自我就缺乏运作的动能，因而无法承担应该承担的任务和角色，导致各种心理疾病。

在环境方面，哈特曼引进了一个"一

般的期待环境"的概念。它主要是指对新生儿发生作用的母亲以及对新生儿来说重要的抚养人。对于婴儿来说，他们是最理想的"一般的期待着的"环境条件。他们在精神上和生理上合理地抚养婴儿以使婴儿能最大限度地利用这一环境来适应外部世界。哈特曼肯定了母性对于婴儿心理发展的关键作用，并描绘了对象关系，即母亲与婴儿的关系的发展顺序。在哈特曼那里，对象关系的发展经历了原始自恋的无对象阶段、满足需要的对象阶段到对象稳定性阶段。哈特曼的这一思想导致了后期关于亲子关系的研究，使我们开始注意到人类交往的一个基本的对象关系。并且对后来的精神分析对象关系理论产生影响。

哈特曼可以说是第二次世界大战以来精神分析方面最负盛名的理论家。他一生发表了很多有关自我心理学的论文和著作。其中1939年出版的《自我心理学和适应问题》，可以和弗洛伊德1923年《自我和伊底》相媲美。在自我心理学的建立和发展中，这部著作被誉为第二个里程碑。它标志着精神分析从病理心理学的范畴转向普通心理学的范畴。这对于精神分析的健康发展有着极为重要的影响。

自我心理学的建立应该归功于哈特曼的努力。哈特曼在继承弗洛伊德和安娜的自我心理学的基础之上，对自我的功能进行了系统的探讨，确立了自我的独立研究领域，把自我的发展放到无冲突的领域，使自我摆脱了伊底的控制，赋予自我以主动性。这些观点都有助于自我研究领域的确立，自我心理学在这个基础之上得到了较快的发展。有鉴于此，哈特曼被人们尊称为"自我心理学之父"。

哈特曼扩展了精神分析的研究范围，使得精神分析与普通心理学产生了联系。在哈特曼之前，精神分析研究的是无意识，所涉及的主要是心理病理领域，与正常人的普通心理学有很少的联系。通过哈特曼的努力，感知、记忆、思维、学习和活动等自我的功能成为精神分析的新的研究领域，极大地扩展了精神分析的研究范围，对精神分析的发展产生了积极的影响。

三、埃里克森的生命周期理论

埃里克森（Erikson E.，1902—1994）出生于德国法兰克福附近的地区。在他出生之前，父母就已经离异了。母亲随后嫁给了一个儿科医生。母亲和养父一直隐瞒他的身世，埃里克森也一直以为养父是自己的亲生父亲。所以，当后来埃里克森得知真相时，就产生了埃里克森自己提出的所谓"同一性危机"（identity crisis）。埃里克森在创造这一术语时，主要是指青少年在对自我认识上的一种心理危机，但是埃里克森自己的危机不仅是心理上的同一性危机，还存在着生物学上的同一性危机，因为他连自己的亲生父亲是谁都不知道。据埃里克森自己称，他的危机直到1939年加入美国国籍后才得到解决。

在青少年时代，他的德国同伴都拒绝和他成为朋友，因为埃里克森的母亲是犹太人。但是在学校里，他的犹太同学也不愿与他来往，因为他金发碧眼，长相是典型的北欧人。所以，埃里克森在成长的过程中一直存在着"同一性危机"。

1927年，埃里克森来到维也纳，任职于一所小学。这所小学气氛比较宽松，学生的父母大多认识弗洛伊德。安娜·弗洛伊德也经常来这所学校进行儿童的精神分析。安娜邀请埃里克森加入她的研究队伍，从事儿童分析的工作。从这个时候开始，埃里克森进入了弗洛伊德精神分析的圈子，并且与弗洛伊德和安娜建立了深厚的友谊。在那段时间里，埃里克森几乎每天都去弗洛伊德那里，观看和学习弗洛伊德和安娜进行的临床精神分析工作。1933年，由于惧怕希特勒的纳粹政府，埃里克森带领全家移居美国的波士顿，并且成为波士顿的第一个儿童精神分析学家。1936年，他接受耶鲁大学人际关系学院的邀请，在医学专业讲授儿童精神分析，1939年转到加利福尼亚大学儿童福利研究所。1950年由于拒绝在所谓"忠诚宣言"上签名，他辞去在加利福尼亚大学的工作，然后到了匹兹堡大学医学院从事青少年精神医学的研究。1960年，哈佛大学邀请他担任了人类发展学的教授，而埃里克森从来没有获得过一个正式的学位。1970年，埃里克森从哈佛大学退休，但是仍然活跃于精神分析领域。

埃里克森对研究自我最具独创性的贡献就是对"人的八个阶段"的阐释。埃里克森认为个体总是在自我与环境的交互作用中不断发展着的；自我依照其成熟程度，在与环境的交互作用中，不论顺利与否，必须依次通过人生的八个阶段。他认为自我发展贯穿整个生命进程，每一个阶段都有互相对立的中心问题，表示对生活、对自己和他人的选择定向或态度。如果每个问题能积极解决就会产生相应的自我"基本品质"，这些基本品质是人格健全发展不可缺少的力量，驱使人去完成生命周期。这八个阶段及相应的品质如下。

①信任对不信任→希望（婴儿期，从出生到1岁半）。其特殊任务是获得信任感和克服不信任感。在本阶段，婴儿的反射活动和运动动作受成熟皮层的控制以求生理需要的满足，自我在逐渐形成；家庭则以母亲为中心按照社会的文化要求组成一定的育儿方式。婴儿的生理需要得到满足，便对周围环境产生基本信任感。父母的信心不足，或育儿方式不良，便会造成婴儿对环境的不信任感。

②自主性对羞怯和疑虑→意志（儿童早期，1岁半到3岁），其发展任务是获得自主感，克服羞怯和疑虑感。幼儿这时生理不断成熟，已能行走、说话并控制肛门的括约肌。他一方面不满足于停留在狭窄的空间内，在探索新的世界中因自信而产生一种自主感，另一方面又不愿过分依赖以及担心越出自身和环境的疆界而感到羞怯和疑虑。明智的父母这时要对儿童的态度掌握分寸，训练儿童的良好大小便习惯，并注意培养儿童的宽容和自尊的性格。

③主动性对罪疚感→目标（学前期，3岁到7岁），其发展任务是获得主动感和克服罪疚感。儿童此时已能从言语和行动上探索和扩展他的环境，且因不难达到目的而产生主动感，但又因侵犯别人而感到罪疚。埃里克森承认本阶段男女儿童在和异性同伴交往的过程中产生了性别差异感。游戏在上一阶段的幼儿生活中已开始发生作用，成为生活中遇到挫折时的安全岛。在本阶段，游戏已在充分地执行自我的功能。儿童在游戏中寻求解决生活中存在的矛盾，使危机得到缓和并解决先前遗留下的问题。父母在此阶段对于儿童的主动要求不宜干预太多，要鼓励儿童的想象力和创造力的发展。

④勤奋对自卑→能力（学龄期，7岁到11岁），主要是获得勤奋感和克服自卑感。他勤奋学习，努力掌握工艺技巧，企求在学业上取得成就，能在同伴中占有一席之地，但也因害怕失败而产生自卑感。总地说来，情绪的波动不如前三个阶段那么大，儿童的依赖重心已由家庭转移到学校、教堂、少年组织等社会机构去了。

⑤同一性对同一性混乱→忠诚（青年期，11岁到18岁），其发展任务是建立同一感和防止同一混乱感。这时的青少年处于生理器官迸发和心理骚动的时期。他们开始意识到必须约束自己的本能冲动，因此促使已经产生了的自我同一感，达到发展的高峰。这种同一感是青年对自己的本质、信仰和生活的重要方面的前后一致和较为充实的自我意识，能把先前各阶段的自居作用整合而为一个个体的完形，从而自觉地在心理上做好准备，去迎接即将来临的人生一些重大问题的挑战。自我同一性的另一极端是同一性混乱，其程度要根据先前各阶段的任务解决得是否顺利而定，轻则引起人格上的不良适应，重则可以引起神经症症状或导致神经症。埃里克

森认为，要顺利进入成人期，青年必须克服以下七个方面危机，即时间前景对时间混乱；自我肯定对冷漠无情；角色试验对消极同一性；成就预期对工作瘫痪；性别同一对性别混乱；领导的极化对权威混乱；思想的极化对观念混乱。埃里克森还提出了心理社会合法延缓期的概念，认为青年要进入成人期，社会就得为他们提供心理准备的时间。

⑥亲密对孤独→爱（成人早期，18岁到25岁），其发展任务是获得亲密感以避免孤独感。埃里克森认为，生殖的理想境界绝不是单纯的性的问题，真正的亲密性乃是意味着两个人都愿意共享和互相调节他们生活中的一切重要方面。以往，论人的发展大都到青年期为止，人格发展至此已成定型。埃里克森则使其延续到人的一生，这也是他的发展阶段的重要特点之一。自此，三个阶段都属于成人期。

⑦生殖对停滞→关心（成人期，25岁到65岁），埃里克森认为，繁殖不仅是指个人的生殖力，更主要的是关切和指导下一代的成长。一个人专注自己，心理就会产生停滞或倒退。

⑧自我完善对绝望→智慧（成人后期，65岁到生命结束），其主要任务是发展完善感和避免失败感或厌恶感。当男女成人最后回顾一生如能感到无愧于心时，便产生一种完善感。埃里克森认为这是对人类自我的一种后期自恋，一种同类之爱，一种智慧的结晶，也是一种人生哲学。一个人达不到这个境界，就不可避免地走向失望和沮丧。

埃里克森在《青年路德》后面剖析了路德的这个生命周期，为我们提供了一个栩栩如生的形象。他猜测小马丁的母亲曾为他提供了一个基本信任源泉，但很早就被其好嫉妒的、野心勃勃的父亲驱逐出信任阶段，并让他过早地独立。这迫使路德对父亲产生强烈的怀疑，毕生的羞愧使得他在自己的早熟意识和实际内在状态之间产生了持久的裂痕，并一直发生作用。埃里克森推测路德后期冲突的许多方面，一直与其俄底浦斯情结有关。他还认为路德终生忍受着便秘和闭尿症的痛苦，毋庸置疑地具有强烈的肛门期人格特质，这为他的反叛提供了基础。在勤奋对自卑阶段，路德在文字上发展了特殊能力，为他后期运用演讲和著述作为革新工具奠定了基础。他的扩展的同一性危机则是理解他的必要基础。他虽然发誓要独身生活，但俗人的欲念却折磨着他，从较晚才开始的婚姻生活中，他经过努力获得了亲密与生殖的需要。尽管整合对绝望的危机也许是普通人生活中的最后一个危机，但在人类宗教中是终身的和长期的危机。

埃里克森根据对原始部族的现场考察和对当代美国社会文化的分析，认为人格发展的八个阶段在不同的文化中普遍存在着而且其顺序不变，只是在不同文化和社会中，各阶段出现的时间早晚不尽一致。

埃里克森选择了精神分析学，是因为相信没有一个理论能像精神分析学那样能包容和联系所有的相关因素——个人的、宗教的、社会的——这些对路德的一生都产生过影响。他认为在研究时应遵循历史社会性原则、历史客观性原则、历史系统性原则、历史差异性原则、时代性原则，等等。埃里克森分析的核心内容是要指出个体的发展是在历史和社会意识形态之中进行的，其根源在情绪体验和童年经验中，由此可见他保留了弗洛伊德经典精神分析的基本精神。他着重用精神分析学说明路德生活的中心方面：一个年轻人到一个伟大人物的转化。他的研究充分显示了精神分析学和他的概念系统的力量，突破了传统的自我心理学纯粹的病理学意义与心理学意义，提出了它的社会性意义。

埃里克森的研究是生动的、印象主义的，他的风格细致且不失幽默。他对路德早期生活富有想象力的解释，丰富了贫乏的证明，并依据后来的事件推测出必然发生过的事。他被认为并不令人讨厌地创造了一些材料来适合他的分析，以补偿时代的知识和来自精神分析理论假想的不足。然而正由于他采用了传说作为依据并作重新建构，这就使人们怀疑其证据的有效性，也意味着其解释的某些论题和事件很可能没有实际根据，即使是他成功解释过的路德在唱诗班发作这件事也是道听途说的。这样就导致某些人们把《青年路德》看成是一个"猜想的金字塔"。埃里克森心理史学的另一不足是用理论模式去硬套历史。他选择路德与甘地作为研究对象是因为他们都是那个时代的象征。路德的同一性危机就是16世纪德意志同一性危机的典型，甘地的同一性危机也是20世纪印度同一性危机的典型。但人们不得不怀疑依据现代人得出的同一性危机等概念能适合四百年以前的路德吗？

埃里克森本人也意识到他挑选的方法具有难以克服的困难。但他并没有退缩，而是做了勇敢的尝试，最起码是为后人开了一个先例。他自己说过："我们也许不得不冒险，在其中有点儿杂质既是连接其他所有东西的方法，也是与心理历史学联系着的内在特性。它们是今日学科交叉影响的混合累积物，它们可以有助于培养新的领域，为新的明确的方法论产生未来的花朵。"（埃里克森，p. 130）

第五节 精神分析的对象关系理论

对象关系理论是于20世纪40年代在英国形成的一个独特的精神分析理论分支。它以弗洛伊德对"本能的对象"的论述为基础，把对象关系即人际关系特别是亲子关系置于理论和临床的视野中心，形成独特的对象关系理论。它最初由克莱因创立。英国的费尔贝恩、温尼克特、罔特里普（Guntrip）和鲍尔比（Bowlby）等人对其发展也作出了贡献。到20世纪60年代，英国的对象关系理论通过南美洲传播到北美地区，又出现了以美国的克恩伯格为代表的对象关系理论，并与美国的精神分析自我心理学由对立逐渐走向融合。

在英国形成和发展起来的对象关系学派，因为并不否认潜意识的作用，而且基本接受弗洛伊德提出的基本概念和理论框架，因而它是精神分析的一个分支。但是，与传统精神分析不同的是，对象关系学派的理论家将对象及对象关系置于理论和临床研究的中心，视对象关系为人类经验和行为的重要决定因素。因而对象及对象关系成为一切对象关系理论的基础和出发点，重视关系轻视驱力也成为对象关系理论与传统精神分析相区别的根本特征。与此相应，对象关系理论家基本上都贬低或否认伊底的作用，而重视自我的统合功能。不论是克莱因还是费尔贝恩，都承认自婴儿诞生之初即存在一个自我，自我的整合过程即人格的形成，因而自我是人格的一种内在统整力量，自我与内部对象和外部对象的关系，演绎着儿童精神结构化的图景。对自我的重视，成为对象关系理论日后与美国的自我心理学相互融合的基础。

一、克莱因对象关系理论的主要内容

克莱因被称为提出彻底的对象关系理论的第一人，（Bacal & Newman，1990，p.6）也常常被看作由传统的驱力结构模式向关系结构模式转变的创新性和过渡性人物，其对象关系理论是对象关系学派学术

思想的典型代表。

（一）克莱因生平

克莱因（1882—1960）是德裔英国著名儿童精神分析学家，精神分析对象关系学派的建立者。她于 1900 年前后在维也纳大学学习艺术与历史，早年曾有志于学医，1914 年第一次接触弗洛伊德的著作，对精神分析产生极大的兴趣，1917 年接受费伦茨的分析治疗，受到鼓励立志从事儿童精神分析，1921 年应亚伯拉罕之邀到柏林精神分析研究所担任儿童治疗专家，1922 年加入柏林精神分析学会，1924—1925 年跟随亚伯拉罕学习精神分析，1926 年移居伦敦，1960 年去世。20 世纪 40 年代中期，英国精神分析学会的内部矛盾激化，经过 1941—1945 年的对立性大讨论之后，英国精神分析学会分裂为三派：以克莱因为首的"克莱因学派"或"对象关系学派"，以安娜为代表的"维也纳学派"和以温尼克特为代表的"中间小组"。克莱因学派曾一度成为英国精神分析学的主流。克莱因的对象关系理论在欧洲和拉美等国影响巨大，其后继者被称为"后克莱因学派"。

克莱因的著作主要有《儿童精神分析》（1932）、《对精神分析的贡献：1921—1945》（1948）、《精神分析的进展》（合作主编，1952）、《精神分析的新方向》（合作主编，1955）、《感恩与嫉妒》（1957）、《儿童分析记事》（1961）和《我们成人的世界及其他论文》（1963）等。

（二）对象及对象关系

对象关系既是克莱因理论的核心又是其理论的特色。克莱因的研究集中在婴儿与母亲的关系中较早期的突然发生的冲突，与这一对象的特殊关系将决定着婴儿心理的发展。在克莱因看来，对象关系即对象与对象之间相互联系的方式，或者说每一个"我"与外在于他的"非我"之间的联系。这个对象既可能是外部的真实对象，也可能是外部对象的内在心理表征，还可能是儿童自身分离出去并被客体化的一部分。对于婴儿来说，他最早面对的对象即他的母亲，因而与母亲的关系是一切对象关系的基础。

儿童与母亲的对象关系分为两个阶段：部分对象关系和整体对象关系。儿童先是内投部分对象——母亲的乳房，然后内投母亲这一整体对象。在内投的同时还伴随着分裂，即把对象分为好对象与坏对象。如满足他需要的乳房，属于"好的"对象，而拒绝满足他的乳房，则被视为"坏的"对象。在婴儿早期的幻想中，母亲的意象也被分割成"好的"与"坏的"两部分，并向这两部分对象分别投射爱或破坏性的本能冲动。在对象分裂的同时，自我也分裂成"好的"自我与"坏的"自我两部分。如爱着好母亲或好乳房的好婴儿与仇恨坏母亲或坏乳房的坏婴儿在婴儿的知觉中可能是截然不同的两个人。

克莱因认为，部分对象关系即婴儿与母亲乳房的关系，是对象关系的开端。这种部分对象关系始于口唇期的吮吸阶段。婴儿在幻想中内投了母亲的乳房，并根据吮吸需要的满足与否将其分裂为好乳房和坏乳房。由断乳引起的施虐幻想是儿童的兴趣由部分对象转向母亲的身体这一整体对象的关键。在儿童的幻想中，母亲的身体包罗万象，充满丰富的牛奶、食物、有价值有魔力的粪便和新生的婴儿，等等。儿童试图掏空母亲的躯体并将其中的财富据为己有。因而儿童对于整体对象充满着爱与恨、嫉妒和攻击的矛盾情感。

克莱因赋予潜意识幻想特别重要的地位。她认为潜意识幻想是动力性的，是普遍存在的，影响着儿童所有的知觉和对象关系，儿童通过潜意识幻想与整个世界保持联系。

（三）婴儿期的心理结构

克莱因在儿童观察和儿童分析实践的基础上，对弗洛伊德的儿童心理性欲发展阶段观提出异议。她认为弗洛伊德的发展阶段概念过于局限。因为她认识到，在从一个阶段到另一个阶段的发展过程中，这些阶段不仅具有连续性，而且是可以反复的。此外，这些阶段的转换并非完全以力比多的贯注为转移，更多地是随着对象关系的变化而变化。为此，克莱因用"心态"观取代弗洛伊德的"阶段"观。她认为我们并不是从那些"阶段"发展而来的，而是发展自两种心态：偏执—分裂样心态和抑郁性心态。两者之间存在连续的张力。在人的一生中，人们不断地反复地从一种心态发展到另一种心态。克莱因的心态观强调这样的事实，即她所描述的现象不仅是像口唇期这样简单的过渡阶段，而是暗含着一个特殊的结构，包含贯穿人的一生的对象关系、焦虑和防御。也就是说，个体在后期所遇到的问题，如俄底浦斯情结、焦虑和神经症防御都可以在偏执—防御和抑郁性的关系模式中找到根源。克莱因的"心态"观是对弗洛伊德的心理性欲发展"阶段"观的修正。

1. 偏执—分裂样心态

偏执—分裂样心态是在婴儿达到对象的一致性之前建立起来的，存在于从出生到三四个月这段时期。在这个时期，婴儿同"部分对象"即母亲的乳房建立了关系。当时强烈的力比多冲动（生的本能）和攻击性冲动（口唇期的噬咬—死亡本能）都投射到乳房上。由此，母亲的乳房就被分裂为"好"与"坏"两种对象：当它带来满足和愉快时，它就是"可爱的好乳房"，就能引发生的冲动；当它不能带来满足并令人失望时，它就变成"可恨的坏乳房和惹人讨厌的东西"，成为死亡冲动的物质基础。与这种对象的划分相联系，原始的处于虚弱和未整合状态的自我也被分裂为力比多自我和破坏性自我两部分，即"好我"与"坏我"。此时，"好"与"坏"的方面是分离的，因而"好的对象"不可能被破坏。此阶段自我的目标是内投和认同它的理想对象，同时令迫害者消失。但是，由于死亡本能的运作所激起的消亡恐惧，婴儿害怕自己被摄取的"坏对象"毁灭，因而产生迫害性焦虑。这一阶段的主导焦虑是唯恐迫害者摧毁自我或好对象，因而婴儿采用了分裂机制。偏执—分裂样心态是一种发展步骤。通过内投并认同理想乳房，

婴儿克服他的分解和消亡恐惧。原始的分裂是儿童获得区分能力的第一步。但是，当此阶段焦虑过度时，未解决的问题就会引起最严重的病理问题。克莱因认为，这一早期发展阶段的偏执焦虑和分裂防御，潜伏于精神分裂性的疾病群、分裂性人格以及婴儿或成人神经症的偏执或分裂特征之中。

2. 抑郁性心态

从第5或第6个月开始直到1岁左右，婴儿进入"抑郁性心态"。此时，母亲作为一个不同于婴儿自身的人被全面地理解或认识，这个"完整的对象"身上，汇聚着可爱与可恨两个方面的特征，她既令人满足，又令人受挫，既有好的方面也有坏的方面。儿童开始有了矛盾情绪的体验和犯罪的动因。一方面，他爱他的母亲，他不仅需要她而且完全依赖她。但是，由于母亲不能总是满足他的愿望，他有时便对她萌生了强烈的恨。此时，力比多冲动和破坏性冲动指向了同一个对象——作为整体对象的母亲。这种仇恨和破坏性冲动使得婴儿害怕自己会毁灭母亲从而失去她，于是陷入抑郁性的心态。

克莱因指出，婴儿在抑郁性心态时的核心任务是在他自我的核心建立足够好和安全的整体内部对象。如果这一活动失败，儿童就会患偏执或躁狂—抑郁类的心理疾病。在讨论抑郁性心态时，克莱因还认识到修复机制在儿童成长中的根本作用。抑郁性的情感和破坏好对象的犯罪感引起了保存和复活所爱对象的渴望，由此驱动了修复的愿望和修复好的内部对象的幻想。

好的内部对象的建立正是以这种愿望为转移的。在修复的过程中，儿童获得责任感，克服了焦虑安定下来，从而对母亲建立了爱的对象关系。这种内部统一性的黏合剂就是儿童在他的爱的补偿性能力中成长着的自信心。克莱因认为，抑郁性心态是一种发展的普遍现象，抑郁性心态中对象关系被整合的方式是人格结构的基础。随着开始于抑郁性心态的整合过程的继续发展，焦虑减少了，而修复、升华和创造性倾向逐渐取代精神病和神经症的防御机制。抑郁性心态的特点是，婴儿开始把母亲知觉为一个独立的整体对象，此时的对象关系是与整体对象的关系，占优势的机制是整合、矛盾、抑郁性焦虑和犯罪感。

（四）游戏疗法

游戏疗法是克莱因对于精神分析技术的一项创新。克莱因用儿童的游戏替代成人的自由联想，通过观察和解释儿童的游戏来接近儿童的幻想和潜意识。游戏疗法不仅使得对幼儿的分析成为可能，而且引发了一系列关于幼儿心理的重要发现。克莱因游戏疗法的前提是：首先，承认儿童的游戏是类似于梦一样的潜意识形式，用象征性的行为而非意象来表达潜意识的欲望，阐明游戏的过程可等同于释梦；其次，认为儿童能够像成人一样对分析者产生移情。移情的基础是儿童早期的对象关系，即与母亲的关系的内化形式；移情的实现即儿童将内投而来的父母式人物投射到分析者身上。克莱因游戏疗法的目标是与儿童尽可能严格地建立一种分析的情境。在

游戏分析的情境中，分析者的任务是以同情的方式解释儿童的焦虑，充分地描述儿童在爱与恨、真实与虚幻等对立的需求之间所遭受的强烈冲突。在克莱因的游戏治疗中，儿童的游戏完全是自发的，分析者尽量不去干涉。克莱因认为环境的设置和玩具的使用是游戏技术的一个本质部分。环境设置应保持时间和空间的稳定性，玩具应具有安全性和个人使用性以及与环境和病人的适宜性等特点。克莱因严格规定了游戏技术的环境设置，游戏中病人与分析者的关系，形成了一套严格的游戏治疗体系。

（五）简短评价

克莱因从弗洛伊德的驱力结构模式出发，强调驱力的关系性，着重探讨了婴儿的内部对象世界，认为正常的发展和病理心理都可归因于婴儿的自我与内部和外部对象之间的相互作用，尤其重视内部对象经验对于婴儿心理发展的意义。克莱因对于对象关系的重视使她成为由传统的本能理论向对象关系理论转变的关键性人物。克莱因的事业是精神分析，她最有成就的领域则在儿童精神分析，这不仅表现在她创立游戏治疗，开辟了儿童精神分析的新方向，而且还在于她关于偏执—分裂样心态和抑郁性心态的描述，使我们对于1周岁内的婴儿心理的发展和婴儿的内部世界有了更加深刻的认识和了解，为人们提供了一个理解弗洛伊德所谓的这一"昏暗且朦胧的时代"的概念框架和研究工具。不过，克莱因将从病态儿童身上获得的研究

结论推及所有儿童，且用精神病理学的术语来命名婴儿的心理结构，不仅有以偏盖全之嫌，而且令人难以接受。此外，在研究方法上克莱因重蹈弗洛伊德的覆辙，也就是说，她对于2岁之前幼儿心理生活的描述，仍然局限于推理和思辨。

二、其他的对象关系理论家

(一) 费尔贝恩

费尔贝恩（William Ronald Dodds Fairbairn, 1889—1964）是英国著名精神分析学家，对象关系理论的重要代表。他先在艾丁堡学习哲学和神学，至1926年完成其医学和精神病学训练，后来转向精神分析研究和实践。他的精神分析背景主要受到克莱因和弗洛伊德的影响。20世纪30年代后期至20世纪50年代早期，费尔贝恩撰写了许多论文，发表他对精神分析基本问题的看法。这些论文后来收入《人格的精神分析研究》（1952）一书中，该书1963年再版时改名为《人格的对象关系理论》，后来由他的追随者编辑出版了《从本能到自我：费尔贝恩论文选》（1991）。

在所有的对象关系理论家中，费尔贝恩提出的对象关系模式可能是最为"纯粹的"模式。这一模式脱离生物学因素的约束，强调纯粹的心理学内容，就这一点而言，他比克莱因更加远离弗洛伊德的本能驱力说，进一步从驱力/结构模式转向关系/结构模式。

费尔贝恩明确指出，弗洛伊德关于动机和人格结构的解释并不是唯一的可能解释。他从内化的观点出发，阐明了他的动力结构理论，即自我的结构。他首先断言，自我是出生时就存在的统一结构，力比多只是自我的一种机能。自我和力比多寻求的是与对象的联系，而不是寻求快感。对象的内化是一种防御措施，是在对象不能令人满足时儿童最初用于应付他的原始对象（母亲和她的乳房）的措施。

费尔贝恩与克莱因不同，他认为对象的内化不仅是一个从口唇上结合对象的幻想的产物，而且是一个独特的心理过程。内化对象的分裂导致自我的分裂，从而形成一种比抑郁性心态更加根本的内部分裂形态。具体的分裂过程是这样展开的：被内化对象的两个方面——它令人兴奋的方面和它使人受挫的方面——与对象的中心分裂开来并受到自我的压抑，这样就构成了两个受压抑的内部对象，令人兴奋的（力比多）对象和拒斥的（反力比多）对象，但是被内化对象的核心并没有受到压抑，它被描述为理想对象或自我—理想，扮演着压抑的代理人。由于力比多对象和反力比多对象都被贯注到原始的自我，结果形成这样的内部形势，原始的自我被分裂为三个部分：①核心的（意识的）自我依附于理想对象（自我—理想）；②受压抑的力比多自我依附于令人兴奋的（力比多的）对象；③受压抑的反力比多自我依附于拒斥的（反力比多的）对象。这种内部形势代表一种基本的分裂心态，比克莱因描写的抑郁性心态更加彻底：反力比多自我，借助于它对于反力比多对象的依附，对于力比多自我采取一种不可调和态度，由此对于核心自我施加给力比多自我的压抑就产生了强有力的强化效果。从这一解释出发，弗洛伊德所描述的超我实际上是由理想对象或自我—理想、反力比多对象或反力比多自我构成的复杂结构。费尔贝恩的这些思考构成了一种以对象关系观点来考察的人格结构理论的基础，与以本能及其变化的观点加以考察的古典精神分析的人格理论相对立。

（二）温尼克特

温尼克特（Donald Woods Winnicott，1896—1971）是英国著名的儿科医生和精神分析学家。1914年温尼克特进剑桥耶稣学院攻读医学，因为第一次世界大战的爆发而中断。战争结束后，他在伦敦的圣·巴塞洛缪医院，继续他的医学培训，1923年获得儿童医学会诊医师证书，随即在伦敦定居，先后在哈克利的女王儿童医院、伦敦城市议会风湿病和心脏病临床医院、帕丁顿·格林儿童医院工作，并在后一所医院工作至退休。从1923年起，温尼克特接受斯特拉奇长达10年的精神分析，接着又接受瑞韦尔（Riviere）近5年的分析，1956—1959年和1965—1968年先后两度担任英国精神分析学会的主席，1968年获斯彭斯儿科学奖章。他出版的著作有《关于儿童期精神紊乱的临床笔记》（1931）、《儿童与家庭：第一关系》（1957）和《儿童与外部世界：发展中的关系研究》（1957）、《儿童、家庭和外部世界》（1964）和《家庭与个人发展》（1964）。1958年和1965年他先后出版两卷本精神分析文集《文集：从儿科学到精神分析》和《成熟过程与激励性环境：情绪发展理论研究》。在他去世的当年，《游戏与现实》和《儿童精神病学诊断建议》出版了。

温尼克特的研究最初受克莱因的影响，之后在克莱因和安娜的对立中他采取了折衷的立场，试图寻求理论上的独立发展。和一般的对象关系理论家一样，温尼克特也特别关注母婴关系，认为与婴儿的需要相联系的母亲的护理功能是决定儿童心理健康与否的最重要因素。因而真正自我的形成是一种与足够好的母亲之关系的结果，这样的母亲不仅认识到婴儿的本能需要，而且了解他的创造性，尊重他的边界，并直觉地认识到他对于过渡对象的需要，以及过渡现象象征着他试图平衡他的虚幻的和幻灭的经验。然而如果缺乏这种了解，婴儿就可能出现精神障碍和心理紊乱。同样，如果父母的教育态度是过度保护性的，也会影响儿童的正常成长。也就是说，儿童将获得一种打上虚伪事实烙印的性格，即形成虚假的自我。温尼克特把破坏性看作对关系崩溃的一种反应，并重视它对儿童发展的意义。对温尼克特来说，婴儿隐藏着的一种基本的无怒气的破坏性是重要的，因为它的表达能够使婴儿发现是他的母亲令它存在，从而使他能够将母亲体验为一个独立于他自己的整体对象。

对婴儿情绪发展和婴儿自我形成的研究，使温尼克特坚信，在治疗严重的退行性的病人或预防精神病的治疗中，必须采用精神分析疗法，即必须让病人在一段长时间内处于像婴儿面对母亲那样的依赖状态，以便让他们倾诉其苦恼。

在克莱因所提出的内部世界和外部世界之间，温尼克特认为还存在第三个精神世界，即潜在的或过渡的空间。外部世界是外部充满无数真实他人的生活现实，内部世界是内化的对象关系世界，过渡的空间是经验的中间区域，存在于幻想和现实之间，属于游戏、创造力、幻想、想象和错觉的范畴。与过渡的空间相对应，温尼克特提出了"过渡对象"的概念。它是婴儿从完全的主观过渡到完全的客观时的中介。它不是一种内在的精神对象，而是一种具体的外在财产。但对于婴儿来说，它还不算是一种外在对象，它存在于过渡的神奇世界中。所以，过渡对象是婴儿从他的缤纷的玩具世界中，为自己挑选的第一个"不完全是我"的财产。它是母亲的替代者，是婴儿饥饿时母亲的乳房，是他的第一个玩伴，总之是婴儿的安慰者。儿童的游戏场就是一个过渡的空间，他由此逐渐发展出人际交往的能力。

在儿童心理治疗方面，温尼克特发明了一种花饰（或涂鸦）游戏。这是一种成人和儿童都能玩的游戏，轮到谁谁就在纸上用铅笔画些线条，每个花饰在原来的乱画里注入一点想象和见解。起初温尼克特把它作为与病人建立联系的方式，之后，花饰游戏成为温尼克特心理治疗技术的重要组成部分。

温尼克特以其儿科医生和精神分析学家的双重知识背景，进行了开创性的研究。他把来自弗洛伊德和克莱因的传统语言与他自己关于母婴相互作用的对象关系理论巧妙地糅合到了一起。

（三）克恩伯格

克恩伯格（Otto Kernberg, 1928—   ）是 20 世纪 60 年代后美国著名精神分析学家。他出生于奥地利，最初在智利接受教育，后来在美国堪萨斯的门宁格（Menninger）诊所接受精神病学训练。他主要的临床和研究活动都是在纽约地区进行的。克恩伯格现任纽约医院康奈尔医学中心主任，康奈尔大学医学院精神病学教授，兼任纽约州立精神病研究普通临床服务中心主任，哥伦比亚大学内外科学院的临床精神病学教授。他还曾任门宁格纪念医院院长，托皮克（Topeka）精神分析研究所指导教师，门宁格基金会心理咨询研究项目主任。克恩伯格从 1966 年开始发表文章，其主要的著作有《心理治疗与精神分析：最后的报告》（合著，1972）、《边缘状态和病理性自恋》（1975）、《对象关系理论和临床精神分析》（1976）、《内部世界与外部现实》（1980）和《严重的人格障碍：心理治疗的策略》（1984）等。

克恩伯格试图完成两个理论目标：一是整合对象关系理论与精神分析的传统本能理论；二是通过这一整合概念模式理解边缘状态。他从一般意义上将对象关系理论界定为"人际关系的精神分析研究和内部心理结构如何从内化过去的与他人的关系中成熟起来"。（Kernberg, 1976, p.56）他还进一步从广义和狭义上对这个一般性定义做出规定：从广义上说，对象关系理论是指通过人际经验影响心理结构的一般理论；从狭义上说，对象关系理论是精神分析的一种方法，这种方法重点在于建构内部对象的结构，如与对象表征相联系的自身表征。他将克莱因、费尔贝恩和他本人都视为狭义上的对象关系理论家。

克恩伯格在克莱因的内投、分裂和内部对象概念的基础上发展了他的内化观。他把婴儿与外在世界的关系导致精神结构发生变化的过程称为内化，这一过程随着婴儿年龄的增长而日趋复杂。内化过程经历内投、认同和自我认同三个阶段，从出生开始一直到2~3岁。在内投阶段，婴儿心灵中的记忆痕迹由三个基本元素组成：对象影像或对象表象，自身影像或自身表象，驱力衍生物或特定的情感状态倾向。克恩伯格认为，力比多驱力是寻求快乐的驱力，会带来与正向感觉或情感有关的生理反应，而负向的感觉或情感大多与攻击驱力有关。对象表象和自身表象之间的情感色彩，受制于两者互动当时所呈现的驱力，也就是说，婴儿记忆中的对象关系与当时的心情有关。在最早的内投中，对象和自身表象尚未完全分化开来，但是当婴儿三个月时，根据情感状态的两极性，对象关系会被整合为"好的"和"坏的"，这种分裂则是精神整合过程的开始。随着婴儿的知觉和认知能力的发展，在生命的第一年结束时，婴儿可以辨认出人际关系中的角色层面。克恩伯格认为，认同意味着角色的内化，在这种更深层次的内化中，婴儿可以觉察和学习到他在回应他人的角色时所采取的某些角色，如它是相对于喂养者的被喂养者。但此时婴儿的内部世界

仍处于分裂的状态，只有发展到自我认同阶段，内部的对象世界才逐渐得以整合。这种内在的整合意味着：与自身连续感有关的自我结构的巩固；从内投和认同的对象表象中演绎出一致、整体的"对象世界"概念，使得对象和他人互动时，有一种前后一致的感受；从个体的环境中辨认这种互动的一致性，可以了解个人的特性，相对地，个体也由环境来确认自己的感受。克恩伯格认为，自我认同在生命的第一年内就开始发展了，在后来的两三年内，内在的对象世界会产生进一步的整合。但是，受过创伤和被剥夺了亲情的儿童只能修正部分的成长和整合。这样的儿童时常处于恐慌之中，有破坏和混乱的行为，自身同一性和自我界限不明显。这样的儿童成人之后常常处于精神病的边缘，他称之为"边缘型人格"。

克恩伯格对于人格的边缘状态的研究作出了重要贡献。他在自己提出的人格的组织水平模型的基础上，概括了边缘型病人的特征，而且对精神病患者、边缘型病人、神经症病人进行了区分。他对三种病人做了简单的区分：

精神病患者严重缺乏自我发展，自我形象和对象形象大都没有分化，缺乏自我界限；相对精神病患者来说，边缘型病人的自我转为有组织，自我形象和对象形象分化到一种可观的程度，除了紧密的人际投入一项外，建立起了牢固的自我界限，他们具有典型的认同扩散的症状；神经症患者具有强大的自我，自我和对象完全分离，自我界限明显，没有认同扩散的症状。

(Fine，1980，p.399)

他还进一步认为边缘型病人具有如下一些特征：自我虚弱；转向初级思维过程；分裂防御及自我形象与对象形象之间的矛盾特别明显；原始的理想化；早期投射形式，尤其是投射认同作用；否认；泛灵论和否定事物价值；对象关系的病态内化，尤其是原始非现实自我形象的顽固性。

克恩伯格的对象关系理论糅合了克莱因和弗洛伊德的某些概念并加以整合，如克莱因的内投和分裂概念，弗洛伊德的两种驱力观，克恩伯格试图以此保持他的精神分析血统。但一些批评者认为，克恩伯格的第一个理论目标，即对克莱因等人的对象关系理论和传统的弗洛伊德本能理论的整合，不是完全成功的，而他的第二个

理论目标，即对边缘病理学的解释却作出了重要的贡献。

本章思考题

1. 试简述阿德勒个体心理学的基本观点。

2. 简述荣格的分析心理学思想。

3. 评价社会文化学派的主要学术成就。

4. 自我心理学有哪些代表人物？其主要观点有哪些？

5. 试分析镜像阶段与自我。

6. 对象关系理论的核心思想是什么？

7. 克莱因是怎样论述儿童的心理结构的？

第十五章
人本主义心理学

　　人本主义心理学于 20 世纪 50 年代兴起于美国，在 20 世纪六七十年代得到迅速发展。它是西方心理学的一种新的思潮和革新运动，又称现象学心理学或人本主义运动。人本主义心理学主张研究人的本性、潜能、经验、价值，反对行为主义的机械的环境决定论和精神分析以性本能决定论为特色的生物还原论，故在西方被称为心理学的第三势力。目前，它已成为当代西方心理学中一种新的有重要影响的研究取向。人本主义心理学并不是一个思想统一、组织严密的学派，而是一个由许多观点相近的心理学家和学派所组成的松散联盟。马斯洛、罗杰斯、罗洛·梅等人是公认的人本主义心理学的领袖和主要代表。人本主义心理学是美国特定的时代背景和心理学自身的内在矛盾相互冲击的产物，也是吸收了当时先进的科学思想并融合了存在主义和现象学哲学观点而发展起来的。本章将在分析人本主义心理学的成因和基本观点的基础上，着重阐述马斯洛、罗杰斯和罗洛·梅的人本主义心理学思想。

第一节 人本主义心理学产生的背景

一、社会背景

在美国历史上，20 世纪 60 年代是一个喧嚣的时代。第二次世界大战之后，美国的科学技术和社会经济得到了迅速发展，人们的物质生活水平不断提高。然而经济繁荣的背后却隐藏着非常尖锐的内部矛盾和日益严重的社会问题。由于美国卷入不受欢迎的越南战争，反战运动迭起；美苏军备竞赛和核大战的威胁给人们久经创伤的心灵施加了更大的压力。由于马丁·路德·金（Martin Luther King）等反种族歧视人士被暗杀，许多大城市发生激烈的种族抗议活动。此外，少年犯罪、吸毒和失业率居高不下，致使青年人对现实极为不满。"嬉皮士"公开反对父母及其国家的价值观，丧失了信仰和生活的意义。上述社会问题，在 20 世纪 60 年代积聚成为一场反主流文化运动，其实质是宣扬个人主义，把个人的欲望满足视为价值中心。另外，由于青少年价值观的危机，学校教育面临严峻的挑战。社会各界强烈要求改革当时的教育，反对传统的灌输式教学；要求开发人的内在潜能，重新发现自我和人的尊严的呼声日益高涨。面对上述社会现实，传统的行为主义心理学和精神分析心理学都显得无能为力，而主张研究人的整体意识经验，研究人的本性和尊严的人本主义心理学则适应这一社会需要迅速发展起来。

二、哲学背景

人本主义心理学的思想渊源上可以追溯到柏拉图、康德、卢梭等人以及欧洲的人道主义传统，还可以从存在主义哲学和现象学中找到其理论依据。

（一）人道主义和浪漫主义

人道主义产生于 14 世纪文艺复兴时期的意大利。它主张将人性作为衡量历史和现实的准则，重视个人的价值，维护个人的尊严和权利，解放个性，使个人得到充分的自由发展。人本主义心理学主张人性的解放，强调关心人的价值和尊严，促使人得到充分的发展，正是继承了人道主义的传统。

文艺复兴之后的启蒙运动时期，思想家们重视感觉经验和理性，忽视人类的个体差异，贬低人性的非理性方面，他们试图用一些基本的原理来客观地解释人性。同样是启蒙思想家的休谟和康德对此有不同的看法。他们认为，人类行为不受普遍、抽象原理的控制，而受个人经验和个人观点的影响。以卢梭为代表的浪漫主义者更对此持批判态度。他们指出，人类不只由源自经验的理智和观念构成，还拥有许多非理性的情感、直觉和本能。浪漫主义者认为，要认识人类的本来面目，最好把人当作整体的人来研究，而不只是研究其理性能力或受经验决定的观念。人类美好的生活就是根据一个人的内在本性而诚实地生活。浪漫主义者试图抬高人类情绪、直觉和本能的地位，使之成为指导人类行为的主要因素。这种观点得到了马斯洛、罗杰斯等人的支持。此外，卢梭的教育观也得到了罗杰斯的拥护。卢梭认为，儿童的天性中含有许多积极的本能，最好的教育就是允许孩子们实现他们的这些自然冲动。在他看来，引导教育进程的是儿童的自然能力和兴趣，而不是教育者事先设计好的教育程式。这种教育观与罗杰斯所提倡的以学生为中心的教学模式非常一致。

柏拉图、康德等人对人性的看法是：人具有潜在的善性，应设计一种理想的社会通过教育使人格得到发展。浪漫主义者（尤其是卢梭）相信人天生善良合群，如果给予他们自由，他们将变得快乐，完美，具有社会意识。也就是说，如果拥有自由，人们将会做那些最有利于他们自身及他人的事情。如果人们表现出自我毁灭或反社会的行为，那是他们的自然冲动被社会力量干扰所致。人永远不可能是坏的，但社会系统却可能而且常常是坏的。人本主义心理学家大都主张人性本善，而恶则来自社会或文化。这种人性观与柏拉图等人的观点是一脉相承的。人本主义心理学主张人性的解放，强调关心人的价值和尊严，促使人得到充分的发展，这正是继承了人道主义的传统。但是从直接的角度来看，存在主义哲学和现象学是人本主义心理学的主要哲学来源。具体地说，人本主义心理学是以存在主义哲学作为基本观点的理论根源，以现象学作为其方法论基础的。

（二）存在主义哲学和现象学

存在主义哲学是人本主义心理学的一大重要理论基础。存在主义哲学起源于19世纪丹麦哲学家克尔凯郭尔，他反对以黑格尔为代表的理性主义哲学，主张以孤独的、非理性的个人存在取代客观物质和理性意识的存在。他从探讨真理的主观性及其对个人的意义出发，表述了一种悲观主义的存在哲学。进入20世纪之后，存在主义的哲学观开始在德国哲学家海德格尔、雅斯贝斯等人那里得到了进一步发展。海德格尔把人类看作一种特殊的存在，是能够意识到自己存在的存在，因此应该通过主客体关系的分析来理解人的存在及其实质。第二次世界大战期间和战后，存在主义的中心从德国转向了法国，萨特、马塞尔、梅洛-庞蒂等人成为这一思潮的主要代表。他们用存在主义的观点探讨了当时西方社会普遍存在的空虚和孤独感，探讨了人类困境的荒谬和意识的虚无，试图通过人的自由行动和自由选择来超越自我，摆脱危机感。20世纪50年代后期存在主义哲学风行美国。人本主义心理学家不同程度地受到克尔凯郭尔、海德格尔和萨特的影响。

罗洛·梅被公认为人本主义心理学中存在主义取向的代言人。他非常重视对人及其存在感的研究。试图通过对人生意义的探索，开发人的自我选择和创造能力，发现人的存在价值。马斯洛和罗杰斯喜欢引用克尔凯郭尔的话，即人生的目的是"成为真正的自我"。因此，一个人要想自由地成长和实现内在的潜能，就必须做出正确的选择。但和存在主义不同的是，大多数人本主义者认为，自我实现的人总是选择对他们来说最美好的东西，这主要是因为他的真正自我的内核是美好的、值得信任的和有道德的。因此，马斯洛等人对人类本性持一种积极乐观的态度，这和存在主义的悲观主义倾向是截然不同的。

总之，人本主义心理学和存在主义哲学的基本精神是一致的：把个人尊严和成长作为研究对象，强调个人的主体体验、自由选择、创造和责任等。

现象学是人本主义心理学的方法论基础。现象学是 20 世纪初由德国哲学家胡塞尔创立的。胡塞尔在吸收和利用布伦塔诺的意动心理学基础上，提出了现象学哲学的基本构想。他试图一方面以超越自我的方式对认识外部现象的基础结构进行深入的分析，另一方面从自我的立场对这些对象的"意向性"结构进行了深入的分析。

胡塞尔现象学观点对人本主义心理学的创立者们有很大的启发。他们把现象学等同于一种研究主体的直接经验和内省报告的方法。马斯洛反对心理学的实证主义和原子论的观点，认为现象学方法更适于研究人类个体的现象，因为它更强调自我的内在感受，所以现象学方法应成为心理学所适用的方法。人本主义心理学的其他代表人物如布根塔尔和奥尔波特提出了一种折衷主义的观点，主张用部分现象学的、部分数量化的方法来研究自我。罗洛·梅在 20 世纪 60 年代末则以其意向性研究阐释了他的现象学思想，并通过对梦的解释、潜意识、神话和象征、爱与意志的研究等对现象学方法做了创造性的发展。总之，他们在运用现象学方法探讨人类本性等无法用实证方法研究的方面作出了一定的贡献，从而推动了心理学研究的进步，使其更接近人类现实生活。

三、科学背景

一个多世纪以来，生物学在达尔文进化论提出以后有很大发展，从生物进化的视角看人的特性的形成已为人本主义心理学的研究准备了必要条件。在 20 世纪 50 年代中期，整体主义思想已渗透到实验室，并对许多学科产生广泛的影响。生态学、文化人类学、机体整体学进一步证明自然科学内部的有机联系、物种的相互关系，以及生态系统的自身完整性。这些科学的发展表明，要建立一种自然主义的价值观体系，不必依赖人类以外什么超人的力量，应该从人类自身本性中发掘其潜能和价值。马斯洛认为，人类的高级潜能和价值是在生物进化过程中自然赋予人类的特性。罗杰斯也强调成长过程的生物学基础。20 世纪 70 年代末，他把这种信念解释为"有机体生命的实现倾向"和"朝向实现的机体主义倾向"。可见，人本主义心理学代表了现代的西方哲学中的一种新趋势，力图在较高层次上将人性与科学、价值与知识、"应该"与"存在"整合起来，成为一种科学的、现实的人本主义。因此，生态学、机体整体学这一学科背景，就成了人本主义心理学与思辨性人本主义哲学的主要区别之一。

四、心理学背景

人本主义心理学的诞生直接导源于它对当时美国的两大心理学势力——行为主义和精神分析心理学的批判，同时，其思想观点的形成也受到了德国的整体心理学、格式塔心理学和美国人格心理学的影响。

(一) 对行为主义和精神分析的批判

行为主义是 20 世纪 60 年代以前美国乃至整个西方心理学的主流，属于心理学的第一势力。行为主义心理学坚持方法中心论，为了使用客观的、量化的和可验证的方法，不惜抛弃对人类的主观意识经验的研究，用研究物的模式来研究人，其结果不仅大大缩小了心理学的研究范围，而且导致了人的尊严、价值、地位的降低和人的潜能与自主权的丧失。人本主义心理学正是看到了行为主义心理学的这一缺陷，而倡导恢复对人性、对人的意识经验的研究。

精神分析心理学是西方心理学的第二势力。它把潜意识、动机论引入心理学的研究，作出了重大贡献。然而，古典精神分析心理学把对病态人格的研究结论推及普通人，持潜意识决定论和性恶论的观点，进而走向了悲观主义和宿命论的境地。人本主义心理学家对此持反对态度，主张人性是善的，人有自我选择的能力，心理学的研究对象应该是健康人的心理或健康人格。此外，在精神分析内部有一部分新精神分析者，既是人本主义心理学联盟的成员，又对人本主义心理学的产生具有重要

影响。这种影响主要表现在三个方面：一是自我心理学思想的影响，如人本主义心理学家沿着"功能自主性"的方向发展，形成"自我实现""自我选择"等一系列新的自我心理学理论；二是动力心理学思想的影响，人本主义心理学家继承并发展了精神分析的动机论，突出了人类独有的"更高级人性"的研究；三是心理治疗方法的影响，如罗杰斯的来访者中心疗法，就是源于兰克重视改进医患关系的关系治疗法。

(二) 德国整体心理学思想的影响

德国的哲学家和心理学家狄尔泰、斯特恩和斯普兰格等人，主张把人视为一个统一的整体，从整体上用描述的方法研究人类经验，研究人格及价值观。他们的思想构成了心理学研究的一种方法论观点和理论取向，即整体心理学取向。它认为人的心理现象是对事物整体的反映，而非单纯决定于个别刺激物的总和；人的行为也不是决定于个别刺激物的性质，而是决定于对事物整体的反映。人本主义心理学强调以整体分析和经验描述取代元素分析和实验说明，继承和发扬了德国狄尔泰等人的整体心理学思想。

(三) 格式塔心理学和机体论心理学的影响

德国的格式塔心理学和机体论者戈尔德斯坦的机体论心理学，都为人本主义心理学的整体倾向和自我实现理论提供了前提。格式塔心理学的整体论对人本主义心

理学产生了很大的影响，这不仅因为人本主义心理学的先驱奥尔波特在德国直接接触过格式塔心理学，而且人本主义心理学的创建者马斯洛本人也非常推崇格式塔心理学家惠特海默等人的思想。马斯洛明确指出，他的健康与成长心理学是格式塔心理学的整体论、精神分析的动力论以及机能心理学的整合。戈尔德斯坦是机体论心理学思想的创始者，又是人本主义心理学的先驱者。他把有机体看作一个整体，认为人类的行为动机主要是由"自我实现"的倾向驱使的。它包括实现有机体各种潜能的需要。他首创的"自我实现"一词奠定了马斯洛自我实现概念的理论基础。罗杰斯也公开承认人的"实现倾向"或"成长倾向"类似于戈尔德斯坦的机体论心理学。

（四）美国人格心理学的影响

美国 20 世纪 30 年代末期出现的人格心理学是人本主义心理学重要的理论基础，著名的人格心理学家奥尔波特、默里、墨菲和凯利等人都参与了人本主义心理学的创建。奥尔波特是一位具有浓厚人本主义思想的人格心理学家。20 世纪 20 年代他在德国做博士后研究时，曾与斯顿夫、惠特海默、苛勒、斯普兰格、斯特恩等人有过交往，深受德国传统心理学思想的影响，使他形成了关于人格结构及其组织的人本主义观点。在对人格的看法上，奥尔波特重视个体的独特性，重视人类的未来，而不赞成精神分析对人的早期经验的偏重。他把健康人的动机看作主动的、不受约束

的、具有未来倾向的，因而在功能上是自主的。从这个意义上说，动机、目标和态度是持续变化的，因此，人格是一个成长的永不终止的过程。奥尔波特的研究促进了人本主义心理学的发展，他本人也被公认为是人本主义心理学的先驱者。奥尔波特在哈佛大学的同事默里是人格心理学的建立者。他主张全面理解处在环境关系中的个体，并且要把人生作为整体来对待。他认为人格是一个整合的和独立的整体运行过程。奥尔波特和默里都把人看作积极的、独立的，重视未来而非过去，其兴趣在于正常人而非精神障碍者。这些观点都为人本主义心理学所继承。美国另一位具有人本主义倾向的人格心理学家凯利的思想，对人本主义心理学家也产生极大的影响。凯利非常关注人的"完整无缺的意识经验"。他认为人类最终能自由地选择自己的命运，这和罗洛·梅的自由选择说颇为相似。他的理论关注的是人的未来和生命的意义，这一点和存在主义对人的关注是不谋而合的。在心理学理论上，凯利把人的创造力看作健康人格的决定因素，从而否认和轻视遗传和环境的作用，这和人本主义者注重人类潜能的创造性是吻合的。

除了上述心理学家之外，美国的彪勒、安捷尔、卡特尔、萨蒂奇、弗兰克尔、里奇拉克和德国的皮尔斯等人，强调社会和文化对人格形成的作用的精神分析学者霍妮和弗洛姆等人，都对人本主义心理学的产生作出过积极的贡献。人本主义心理学之所以能发展成为具有国际影响的心理学思潮，是与许多人的共同努力分不开的。

第二节 人本主义心理学的形成和发展

人本主义心理学作为一场独立的运动，约从 20 世纪 50 年代初开始萌芽，其标志是一批具有人本主义倾向的书刊和文章的发表，但它的真正开端却是《人本主义心理学杂志》(1961) 的创刊和美国人本主义心理学会（1962）的建立。

早在 1950 年和 1954 年，马斯洛就先后发表了他的《人的自我实现的评判标准》的文章并出版了他的《动机与人格》一书。奥尔波特的《成长》和墨菲的《人的潜能》分别于 1955 年和 1958 年出版。这类文章和书籍的数量尽管不多，但它们均强调以人为中心，以价值为中心，主张现象学和存在主义的心理学。与此同时，心理学圈内外的一些著名人士的言论也促进了人本主义心理学的形成。1954 年，心理学家和科学哲学家布伦斯维克主张心理学应从还原论的自然科学中解放出来，同那些在结构上有关联的统计学科相结合。1955 年，著名物理学家奥本海默在美国心理学会的一次发言中提醒心理学家，不要把心理学弄成过了时的物理学。在方法学上他为多元论辩护，提倡自然的和描述的方法。基于这种劝告，人本主义心理学家试图把潮流转向"恢复人性"的心理学上来。许多不同倾向的心理学家汇聚到了同一个观点之下：人作为一个生物体不是简单地由外界力量或无意识的冲动所控制的，而是受他们自己的价值观和选择性支配的。

20 世纪 60 年代，大量与上述观点有关的书和期刊文章出版发行。1958 年，马斯洛和萨蒂奇开始筹划创办一个体现人本主义心理学思想的刊物。1961 年春，《人本主义心理学杂志》正式创刊，萨蒂奇任主编，编委会成员包括戈尔德斯坦、罗洛·梅、芒福德、弗洛姆、安捷尔和穆斯塔卡斯。此刊物成为人本主义心理学的理论阵地。1962 年夏，美国人本主义心理学会成立，由布根塔尔任第一任主席，出席会议的共有 75 位心理学家。这标志着人本主义心理学的正式诞生。1968 年，马斯洛当选为美国心理学会的主席，这证明他提倡的人本主义心理学已在美国心理学家中得到承认和重视。1969 年，美国人本主义心理学会改名为"人本主义心理学会"，成为一个国际性组织。1970 年，彪勒任人本主义心理学会国际顾问委员会主席。由于她的影响和国际威望，到 20 世纪 70 年代，人本主义心理学在一些欧洲国家建立了国际分会，在以色列、印度和中、南美洲的许多国家也都建有分会。在 1975 年出版的一份新闻通讯录中列举了 13 个国家的 52 个与人本主义心理学有关的中心。它们的研究范围包括学术和理论研究、格式塔、交朋友、人类潜能运动、心埋剧、心埋综合、神秘现象和超个体心理学等。

1970 年，马斯洛因患心脏病去世。同年，人本主义心理学院在加利福尼亚创建，作为纪念马斯洛的一所教育和研究机构。1971 年，美国心理学会第 32 分会——人本主义心理学分会正式建立。至此人本主义心理学经过 10 年的努力，终于获得了美国心理学界的承认。此后，人本主义心理学继续在罗杰斯、罗洛·梅等人的领导下发展着。许多新的机构和思想倾向不断出现，较大的势力有罗杰斯的自我心理学，罗洛·梅的存在心理学，A.乔治的哲学人本主义心理学。值得一提的是，20世纪60年代末，从美国人本主义心理学中兴起一个新的派别：超个人心理学。这是因为马斯洛、萨蒂奇等认识到人本主义心理学未能从人类社会发展的高度去观察人的动机发展，为了弥补从个人出发的动机论的不足而提出的。1987年罗杰斯去世，1994年罗洛·梅去世。

如今，尽管人本主义心理学的三大代表人物均已辞世，但由他们开创的人本主义心理学运动却仍在继续向前发展。

第三节 人本主义心理学的基本主张

人本主义心理学是一个由许多观点相近的心理学家和学派所组成的松散联盟，因此在阐发人本主义心理学的具体研究方向、内容和方法上，其内部的观点并不完全一致。然而，人本主义心理学从20世纪60年代初建立之后，经过许多学者的共同努力，已经确立了自己的形象，初步形成了某些共识。而且，作为心理学的第三势力，人本主义心理学在反对行为主义的经验实证论和古典精神分析的生物决定论方面是一致的，他们在研究对象、研究方法和人性观等方面存在一些共同的思想倾向。

一、研究对象：健康人的内在意识经验

在人本主义心理学家看来，行为主义研究的是动物和普通人，精神分析研究的是"病人"，以此两者为研究对象尽管不乏可取之处，但对于全面、准确地了解人的心理现象而言却是不完整的，也不利于建构真正人化的心理学。在他们看来，人并不是更大一些的白鼠、猴子或鸽子，也并不都是病态的患者，而是具有主动性、自主性和创造性的整体，所以心理学要把人当作人来研究，应该从整体的角度研究健康人的心理或健康人格。马斯洛认为，健康人格在人类的精英者身上体现得最为充分，因此他主张心理学家应该研究人类中的出类拔萃之辈，即"不断发展的一小部分人"。为了说明他的观点，马斯洛打了一个比喻：假如你想知道一个人一英里能跑多快，你将不会去研究一般的跑步者，你研究的应是更为出色的跑步者，因为只有这样的人才能使你知道人在更快地跑完一英里上所具有的潜力。

既然以健康人为研究对象，人本主义

心理学家就绝不能像行为主义者那样把人类的行为仅仅视为是单一孤立的刺激与单一反应之间的直线联结,把人视为一个空洞的、消极无助的有机体,而是要极力恢复意识在对人的心理研究中的重要地位。人本主义心理学家主张,心理学应研究健康人的内在意识经验,因为人的内在意识经验能向心理学家提供重要的信息,使他了解到仅靠行为分析所无法获得的关于人的内在本性的信息和此时此刻的内在体验。这些内在信息和体验即如萨蒂奇所言,是那些在行为主义和古典精神分析理论中都没有系统地位的人类能量和潜能,"例如,创造性,爱,自我,成长,有机体,基本需要的满足,自我实现,更高价值,自我超越,客观性,自主性,同一性,责任心,心理健康等"。(车文博,1998)因此,人本主义心理学家热衷于研究人的本性、潜能、价值和经验,试图描绘一幅更科学的关于人类本性中内在的全部能量的图画。

通过对行为主义者的批评,人本主义心理学重新恢复了意识经验在心理学研究中的地位。但是,他们所强调的意识经验不同于心理学创建初期冯特的观点。冯特是运用实验内省法对人的意识内容进行分析,他关注的是意识的基本构成元素,因而具有相当大的社会局限性,而人本主义心理学则强调人的意识经验是一个整体,它和人的社会生活有密不可分的关系。此外,人本主义心理学家注重对社会生活中的健康人进行意识分析,强调意识自我的重要性。即使对心理不健康的病人,也努力寻找他们健康的内在本性。从这个意义

上说,人本主义心理学丰富了人的精神生活的研究,扩展了心理学的研究范围,是具有现实意义的。

二、研究方法

在西方心理学史中关于对象与方法何者第一性的争论中,人本主义心理学家持"问题中心论"的观点,即研究方法应服务于研究对象。因此在方法论问题上,人本主义心理学家坚持整体研究和折衷融合的方法论原则,在具体的研究方法上,兼收并蓄,并创造性地发明了许多独特的方法。

(一) 动态的整体研究

人本主义心理学的研究对象是作为一个整体发挥作用的人类的经验和人的主观世界的。因此,对于这一对象进行静态的原子论分析是不够的,必须采用动态的整体观点对人类特有的心理现象进行整体的分析研究。马斯洛认为心理学应该采用整体分析的方法,这种方法强调人是作为一个整体发挥作用的,因此对人的研究必须既考虑行为的内在的、固有的决定因素,同时也考虑外在的、环境的决定因素。而在过去的心理学发展中,弗洛伊德只注重第一点,而行为主义只注重第二点。这两种观点需要结合在一起。这种结合的结果便是对人进行整体的分析研究和个案研究。马斯洛本人针对元素分析法和还原论,提出了整体分析方法,这种分析的步骤是先对有机体进行初步的整体了解,然后逐一研究各部分在整体活动中的作用,分出层

次和等级。马斯洛的需要层次论就是这种整体分析的结果。马斯洛还主张在现实情境中对人格发挥功能作用的动态过程进行分析。他曾做过这样一个比喻：如对人的胃的研究，一种方法是以死人的胃放在手术台上解剖，另一种方法是在现实情境中的研究，在活的发挥功能作用的机体中的研究。他认为，整体分析法类似于第二种方法，对于研究人的心理现象要比第一种方法更有价值。

罗洛·梅的存在心理学对人的看法也是整体论的。他认为，人是集生理、心理和社会伦理于一体的有机整体，是各种人格特征及三种存在方式有机结合的整体存在。即使是心理疾病患者，其内心深处也保持着生命的整体性和一致性。因此，存在分析治疗方法也强调对病人进行整体的心理治疗，既要考虑到病人的过去因素对致病所造成的影响，又要从发展的方向洞察病人的未来倾向，也就是了解他的全部存在，探讨过去、现在和未来对他所具有的意义联系。这样才能制定出正确的治疗方案，促使病人认识到自己的全部存在，重新恢复生活的勇气。

人本主义心理学家所提出的现象学的整体分析和经验描述，取代了元素分析和唯实验主义，在方法论上是对心理学的一种改革。

（二）折衷融合的方法论原则

人本主义心理学家反对心理学中的唯实验主义，认为心理学模仿物理科学的模式，单纯采用实验方法，只能使心理学陷入非人化、机械论和还原论的境地。在他们看来，实验心理学的研究越精细，越巧妙，似乎与人类的现实生活距离越远。鉴于实验方法在研究人类存在的主观性方面的局限性，人本主义心理学家主张实证主义的方法应该和现象学及存在分析的方法结合起来，即将西方心理学中两种传统的研究范式——客观的实验范式和主观的经验范式加以整合。除了少数人本主义心理学家如罗洛·梅等人，完全否认实验方法在心理学中的应用价值以外，绝大多数人本主义心理学家都提倡用更开放的、更综合的、多学科的方法来研究人的整体及其独特性问题。他们认为，研究人类本性应该以现象学知识为开端，然后再采取客观的实验方法进行研究。例如，罗杰斯在心理治疗中用实验仪器进行实验测试的量化研究；奥尔波特提出用特殊规律研究法对个案进行深入研究的同时，还主张运用一般规律研究法来了解群体的共同特质来作为补充。他不仅主张心理学应以健康人格的现象学描述为主要手段，同时也开展一些动物研究，也运用因素分析等人格统计方法，来作为研究人类情况的补充，在他身上体现了典型的折衷主义倾向。

（三）具体方法上的兼收并蓄

在对待具体的研究方法上，人本主义心理学家认为只要某种方法能对人的本性做出符合实际的说明，这种方法就是可以接受的。例如，马斯洛在研究自我实现者的特征时就运用了个案分析和心理历史学的方法。他对选取出来的显著案例做了逐一的剖析和归纳，提出了自我实现者的15种人格特征；罗杰斯和罗洛·梅在心理治疗中也普遍采用临床观察法、谈话疗法，在必要时也借助实验仪器协助治疗，如罗杰斯曾开创了借助于音像设备记录治疗过程的方法，这比传统的事后回忆法能提供更全面真实的资料。

此外，人本主义心理学家在兼容和折衷原则的基础上，还创建了许多独特的研究方法。比如，马斯洛针对元素分析和还原论，提出整体分析法，主张在现实情境中对人格发挥作用的动态过程进行分析。其步骤是：先对整个有机体有所理解，然后对于整体与部分的关系进行反复研究，通过分析发现原初理解中的问题，最终达到理解人格特征自身内部各个层面之间的关系、它与整个机体的关系以及它和机体其他表现的关系。罗杰斯倡导现象学研究法，把它作为对意识经验的一种直观描述法。这种方法有三个步骤：①通过自身内部的参考框架进行观察以取得主观知识；②用他人的观察来核对主观知识，取得客观知识；③设身处地（感情移入）地理解他人，取得人际知识。罗杰斯的现象学方法不仅应用于心理治疗，而且还应用于人际关系的研究，成为他以人为中心理论的重要组成部分。奥尔波特提出的个体特征研究法，主张通过对个别案例的分析来找出特殊规律性，并依此提出对同类案例的推论和解释。这种方法又称特殊规律研究法，在人本主义心理学的研究中广为应用。

总之，人本主义心理学家在方法论上主张折衷融合与整体分析，在具体方法上采取兼收并蓄的态度，并不排除各种有效的研究方法。既运用实验、测量和统计分析，也采纳解释学、启发式的方法；既重视现象学的描述和存在分析，也重视系统的研究。这种方法论取向为全面理解人类本性提供了一种有用的参考框架。

三、人性观

人本主义心理学家反对心理学中的唯实验主义，认为心理学模仿物理科学的模式，单纯采用实验方法，只能使心理学陷入非人化、机械论和还原论的境地。在他们看来，实验心理学的研究越精细，越巧妙，似乎与人类的现实生活距离越远。鉴于实验方法在研究人类存在的主观性方面的局限性，人本主义心理学家主张实证主义的方法应该和现象学及存在分析的方法结合起来，即将西方心理学中两种传统的研究范式——客观的实验范式和主观的经验范式——加以整合。除了少数人本主义心理学家如罗洛·梅等人，完全否认实验方法在心理学中的应用价值以外，绝大多数人本主义心理学家都提倡用更开放的、更综合的、多学科的方法来研究人的整体及其独特性问题。他们认为，研究人类本性应该以现象学知识为开端，然后再采取客观的实验方法进行研究。例如，罗杰斯在心理治疗中用实验仪器进行实验测试的量化研究；奥尔波特提出用特殊规律研究法对个案进行深入研究的同时，还主张运用一般规律研究法来了解群体的共同特质来作为补充。他不仅主张心理学应以健康人格的现象学描述为主要手段，同时也开展一些动物研究，也运用因素分析等人格统计方法，来作为研究人类情况的补充，在他身上体现了典型的折衷主义倾向。

（一）人性本善论

人性本善论是大多数人本主义心理学家共同的人性观，也是人本主义的动机理论和人格理论的支柱。他们反对弗洛伊德的性恶论，认为弗洛伊德对人性的评价过于悲观和宿命论，过于专注人性的黑暗面，而不考虑个体的人性感、自由和尊严，这种观点显然是错误的。马斯洛分析了自我实现者的15种人格特征，其中绝大多数表现了人性中健康美好的方面。他强调人作为生物进化的产物，有高于一般动物的发展，人已成为富有社会性和创造性的动物，人性基本上是建设性的，破坏和侵犯行为是人的基本需要遭受挫折后而引起的。

罗杰斯也主张人性本善，在他看来，恶是由环境和文化造成的。他说："在有利于成长和选择的心理氛围中，我从未听说有任何人选择残暴的或破坏的道路。选择似乎总是趋向社会化、改善与他人的关系。"（林方，1987，p.442）为此，他勾画了一幅美好的人类社会文化的蓝图，并希望以其自我成长的人本主义假设构建一个崭新的世界。

在人本主义心理学的三大代表人物中，唯有罗洛·梅对人性善持否定态度。在他看来，人性中善与恶兼而有之，其中最美好的与最糟糕的、快乐与痛苦、善与恶、幸福与悲哀都是相互依赖、相互联系的。生命是善与恶的混合，没有这一极，与它对立的另一极也就失去了存在的意义。正是积极与消极之间的这种两极性的辩证关系和摆动为人生提供了心理的动力和深度。文化本身无所谓善恶，它的善和恶是由人的本性造成的，因为文化是由人创造的。

（二）人性成长论

人本主义心理学家相信，人是一种"正在成长中的存在"，因此成长是人性共有的特点。马斯洛和罗杰斯都把成长假设为人本主义人性观的基石，都认为成长过程有一个生物学基础。为了避免回到生物决定论的老路，二人的表达都非常谨慎。马斯洛认为，人性的核心在于人类有机体内部有一个"本能的"内核，它含着趋向实现的潜能。这个生物学内核只是作为一种潜在"原材料"而存在，它等待着个体对它进行主观的开发和实现。罗杰斯也认为人类有机体内部具有一种朝向满足内在潜能的有方向的实现倾向，这是一种想保存、提高和再造自己的倾向，它也希望摆脱外界控制而独立，成为自我支配的，甚至超越自己的本性。

奥尔波特发现，成人的动机与儿童的动机大不相同。这是因为个人的动机有一个不断发展的内在组织，它受人的当前意识决定，不断改变着诸如志向、价值观、计划和希望之类的自我结构倾向，指导着人的未来前进方向。奥尔波特认为，这就是为什么健康人格和动机力量是一种永无止境的成长过程的原因。他称之为"动机的功能自主性原则"。

罗洛·梅虽然对人类本性的看法有一定的悲观色彩，但他的基本倾向仍然是积极向上的。他以存在的本体论为基础，提出了一种健康成长的模型，并把成长过程解释为人在对付存在的各种困境中面临焦虑时的自我觉知和肯定的产物，是人对焦虑做出健康的整合反应的结果。

总之，人本主义心理学家们相信，人性的显著特点是"持续不断地成长"。人性之所以是发展的，是因为人所追求的自我完善和实际上的不完善之间有一种永久的紧张。这种紧张促使个体不断地发展和完善自我。因此，自我实现便成为人生永恒的追求。

（三）人性选择论

人本主义心理学认为，人的成长过程不是消极被动的，而是积极自主的，是通过人的负责任的自由选择过程而实现的。罗洛·梅是人本主义心理学中自由选择说的主要代表。他认为，只有当人真正认识到自己的存在价值，并能对自己的行为进行负责任的自由选择时，人才是健康的。他倡导的存在心理治疗，就是通过帮助人做出符合其价值观的选择，来决定怎样在朝向自我实现的过程中更好地选择自己的人生目标。罗杰斯认为，每个人都存在于以自己为中心的一个不断变化的经验世界中，因此他必须经常进行选择，并随时为自己的选择负责，为了发展和完善自我，一个人必须做出与自己的机体相符的选择，成为"一个功能得到完全发挥的人"。马斯洛指出，人格完善者的自我必须是自动整合的和实现的。他把身心健康者的选择、爱好和判断视为理想的选择。

人本主义心理学家对人性的看法和具体描述尽管各有侧重，也各有千秋。但是，正是他们对人性的这些相似的看法构成了人本主义心理学运动的共同和一致的基础。

第四节 马斯洛的人本主义心理学

一、马斯洛生平

亚伯拉罕·马斯洛（Abraham Maslow，1908—1970）出生于纽约市布鲁克林区，是社会心理学家、人格理论家和比较心理学家，也是人本主义心理学的主要创建者之一。他于1926年进入纽约市立学院学习法律，但由于对法律缺乏兴趣，于1929年转入威斯康星大学学习心理学，并成为著名实验心理学家哈洛（Harlow，1905—1981）的第一个博士生。获得博士学位后，马斯洛留校任教了一段时间，而后于 1935 年去哥伦比亚大学担任桑代克的研究助手。1937 年马斯洛改任布鲁克林学院的副教授，直到 1951 年才离开。

在威斯康星大学学习期间，马斯洛先后接触过铁钦纳的构造主义心理学和华生的行为主义心理学，但很快便抛弃了上述理论。20 世纪三四十年代的纽约，是许多著名的欧洲心理学家逃避纳粹恐怖政治的避难之所。在这期间，马斯洛开始接触到霍妮和弗洛姆的社会文化精神分析理论、惠特海默的格式塔心理学，以及阿德勒带有人本主义倾向的精神分析理论。马斯洛常常去参加星期五晚上阿德勒在家中举办的研讨会。同时，马斯洛也结识了著名的人类学家本尼迪克特（Benedict）。马斯洛非常渴望了解本尼迪克特和惠特海默，认为他们是真正优秀的人。正是这种关注使马斯洛发展了人本主义心理学思想，促使他彻底摒弃行为主义的简单化观点，而形成一种动力的、整体的人格观。1951 年，马斯洛到布兰迪斯大学任心理学教授兼心理系主任，开始对健康人或自我实现者的心理进行研究。正是在这儿，马斯洛成为第三势力心理学的领袖。1962 年，在马斯洛等人的倡导下建立了人本主义心理学会，该会后来归并为美国心理学会的第 32 分会。马斯洛曾任美国人格与社会心理学会主席，1967 年当选为美国心理学会主席。

由于对学术生活兴趣减弱及身体状况欠佳，1968 年马斯洛接受了 Saga 管理公司提供的研究员职位。霍夫曼描述了这个职位的待遇：

劳央林［Saga 公司的主席兼董事长］愉快地告知马斯洛，已为他准备了职位。他准备为马斯洛提供一个两到四年的承诺，条件如下：一份丰厚的薪水，一辆新车，一个专为马斯洛设计的、附带全套秘书服务的私人办公室，办公室位于斯坦福大学郊区、Saga 公司吸引人的校园式总部。马斯洛需要做什么来回报呢？他什么也不需要做。（Hoffman，1988，p. 316）

马斯洛接受了职位，如愿地自由思考、写作。他很享受这种自由。然而，1970 年 6 月 8 日马斯洛在慢跑时死于突发性心脏病，享年 62 岁。

马斯洛一生著述颇丰且影响很大。他的主要著作有《动机与人格》(1954)、《人格问题和人格发展》(1956)、《宗教、价值和高峰体验》（1964）、《科学心理学》(1966)、《存在心理学探索》(1968)、《人性能达到的境界》(1971) 等。此外，他还是《人本主义心理学》和《超个人心理学》两个杂志的首任编辑。

二、需要层次论

马斯洛以他对人类需要的理解阐明了一种动机理论，即需要层次论。需要层次论既是一种需要理论，也是人本主义心理学的一种动机理论。他认为，动机是人类生存和发展的内在动力，动机引起行为，而需要则是动机产生的基础和源泉。需要的性质决定着动机的性质，需要的强度决定着动机的强度，但需要与动机之间并非简单的对应关系。人的需要是多种多样的，但只有一种或几种最占优势的需要成为行为的主要动机。

马斯洛从总体上把人的需要分为两大类。一类是基本需要，这类需要和人的本能相联系，因缺乏而产生，故又称缺失性需要。在一个健康人身上，它处于静止的、低潮的或不起作用的状态中。这类需要主要包括生理需要、安全需要、爱与归属的需要、尊重的需要。基本需要属于低级需要，是由低到高逐渐发展的。马斯洛认为，低层次的需要未得到满足难以产生高一层次的需要。另一类是成长性需要或心理需要，这类需要是不受本能所支配的。它的特点有：第一，不受人的直接欲望所左右；第二，以发挥自我潜能为动力；第三，这类需要的满足会使人产生最大程度的快乐。这类需要包括求知需要、审美需要和自我实现的需要。

两类需要根据对人的直接生存意义及生活意义的大小，即按照出现的先后和力量的强弱，呈金字塔形状按等级排列（图15-1）。20世纪50年代，马斯洛提出人类需要有5个层次，20世纪70年代又增添了认知和审美的需要，构成7个层次。

图 15-1　马斯洛的需要层次图

马斯洛提出的这两类7个层次的需要有如下几个性质和特点。

（一）生理需要

生理需要是维持个体生存和种族发展的需要，是人的各种需要中最原始、最基本的需要，处于最优先满足的地位，如饥、渴、性和休息等。

（二）安全需要

若生理需要得到相对充分的满足之后，安全需要便会作为支配动机显露出来。马斯洛把安全的需要解释为对组织、秩序、安全感和预见性的追求。这种需要如得到满足，人们就会产生安全感，否则便会引起威胁感和恐惧感。

（三）爱和归属需要

在生理和安全需要得到基本满足的基础上，人就开始追求与他人建立友情，渴望家庭的温暖，希望得到所在团体和组织的认同。这种需要如果得到满足，人们就会产生良好的归属感，否则便会引起强烈的孤独感和被抛弃的感觉。

（四）尊重需要

当上述三种需要都得到基本满足之后，尊重的需要开始占主导地位，支配人的生活。尊重的需要是对自己尊严和价值的追求，包含两个方面：一是希望得到别人的重视和尊重，如得到关心、重视、赏识、赞许、威信、支持和拥护等；二是个人对自己的尊重，具体包括对充满自信、获得本领实力、成就、独立和自由等的欲望。这种需要如得到满足，人们就会产生自信心，感到自己有价值、有能力、有成就，否则就会引起自卑感、软弱感和无能感。

(五) 认知需要

在社会活动中，人们对于理解周围环境、探索事物发展规律的欲望即认知的需要。认知需要对帮助人选择活动目标、指导活动的方向、设计人的合理行为，都具有重要意义，如果这种需要得不到满足，人在精神上就会产生很大的压力，甚至导致心理变态。

(六) 审美需要

审美的需要是属于高层次的、对成长具有重要意义的社会需要，这种需要并不是每个人都具有的。马斯洛认为，在每个文化的背景中，都有一部分人受此需要的驱使，它包括对美的需要，对美学上的令人快乐的经验的需要。有强烈的审美需要的人，都希望有一个令人愉悦、舒适、美观的环境，当他们的这种需要不能满足时，也会产生严重的心理障碍，对他们的活动起不良的影响作用。

(七) 自我实现需要

如果一个人的前述六层需要都得到满足，那么，他就可以达到需要层次的最高点——自我实现需要。马斯洛把自我实现需要描述成为一种想要变得越来越像人的本来样子，实现人的全部潜力的欲望。他指出，所谓自我实现，就是指一个人能够

成为什么，他就必须成为什么，他必须忠实于他自己的本性。

马斯洛认为，低层次需要是高层次需要的基础。一般来说，当低层次需要获得满足后，高层次需要才能出现。例如，只有当生理需要基本得到满足时，安全需要才会产生，只有生理和安全的需要基本得到满足时，归属和爱的需要才会产生，依此类推。此外，基本需要是分层次的，从低级需要到高级需要是逐级上升的。同时马斯洛也指出，这只是一种一般的模式，实际上它并不完全像台阶排列那样刻板，例外是很多的。比如，有些人把自尊看得比爱更重要，这种人自高自大，想突出自己；具有天赋创造性的人，其创造性的驱动力似乎比其他相对的决定因素更为重要。这种人尽管缺乏基本需要的满足，仍有创造性。马斯洛还指出，各层次需要的产生和个体发育密切相关。婴儿期主要是生理需要占优势，而后产生安全需要、归属和爱的需要；到了少年、青年初期，尊重需要日益强烈。青年中、晚期以后，自我实现的需要开始占优势。但是，个人需要结构的演进不是间断的，而是呈波浪式发展的。较低层次的需要高峰过去后，较高一层的需要才能起优势作用。但是，较低层次的需要并不消失，只是不再占据优势而已。

三、自我实现论

马斯洛需要层次论为自我实现理论奠定了心理动力学基础。他把自我实现看作

人的本质存在，而这种本质存在其实是在超越物质需要的直接缺失性动机之上的高度精神境界，是人的最高动力。马斯洛主张，自我实现者即我们社会中最健康的人，对他们的研究结果应该视为整个人类的最高价值，有助于整个社会的自我实现。为了引导人们走向自我实现，他对自我实现进行了系统的阐述。

（一）自我实现的内涵

自我实现这一概念至少可追溯到亚里士多德，但亚里士多德所指的自我实现是物种表现，是特性或本质的固有倾向。例如，一粒橡树籽有长成橡树，表现出橡树特性的固有倾向。荣格把自我实现概念引入现代心理学，把自我（self）和自我（ego）加以区分，认为前者是原型的自我，即人类种族遗传的集体潜意识本性，后者是作为意识心灵的自我（弗洛伊德的自我概念）对原型自我的深刻的觉知，以促进自我原型的实现。在荣格看来，自我实现指的是个体潜能的实现，而亚里士多德所说的则是物种潜能的实现。机体论者戈尔德斯坦把自我实现与心理健康联系起来，认为自我实现是一种存在价值，是人的最高动力。

马斯洛在继承荣格特别是戈尔德斯坦思想的基础上，从两种相互联系的意义上定义了自我实现的概念。首先，像戈尔德斯坦一样，他也将自我实现看作人格发展的最高动力，看作人类独有的一个终极价值，一个所有人都追求的遥远目标，即完满人性的实现。其次，像荣格一样，马斯洛亦将自我实现看作个体潜能的实现。

总之，在马斯洛看来，自我实现就是一个人力求变成他能变成的样子。

作曲家必须作曲，画家必须画画，诗人必须写诗，否则他始终无法安静。他们能够成为什么，就必须成为什么。他们必须忠实于自己的本性。这种需要我们可称为自我实现。（马斯洛，1954/1987，p.22）

从动机的角度而言，可以把自我实现定义为不断实现潜能、智能和天资，定义为完成天资或称之为天数、命运和禀性，定义为个人内部不断趋向统一、整合或协同动作的过程。对一个人来说，自我实现意味着他更真正地成了他自己，更完善地实现了他的潜能，更接近了他的存在的核心。自我实现表现出如下本质特征：自我实现是在人的各种需要得到充分满足之后才能出现的高级需要，这是人的真正的存在状态；自我实现的人是完全自由的，支配他们的行为的因素是来自主体内部的自我选择；自我实现的人在其非常喜爱的工作中显示出巨大的潜能；自我实现的人是摒弃了自私、狭隘观点的人；自我实现的人是人的创造性的最终实现。

（二）自我实现者的人格特征

在对自我实现含义的理解基础上，马斯洛对自我实现者的人格特征进行了深入的研究。他以对大学生的抽样调查，以及对历史上和当代著名学者、文艺家和政治领袖等的个案研究，概括出自我实现者的15种人格特征。

①能准确、客观地洞察现实，并与现

实保持良好的关系。

②能接纳自然、他人和自我，即能对周围的事物进行正确的辨别，对自己作出客观的评价，对他人的缺点有足够的度量。

③思想言行自然、坦率、真诚。

④以问题为中心，而不是以自我为中心。

⑤有独立和独处的需要。

⑥能自立、自制、超越文化和环境的约束，即具有很强的自主性。

⑦有反复欣赏生活的能力，并对周围的事物具有持续的新鲜感。

⑧较经常地经历神秘体验或高峰体验。

⑨有强烈的社会责任感，对人类怀有一种很深的认同、同情和爱的感情。

⑩能与少数人建立深入、良好的关系。

⑪具有民主的性格结构。

⑫能对方法和结果进行辨别，有明确的伦理道德标准。

⑬具有富含哲理的、善意的幽默感。

⑭富有创造性。

⑮具有很强的独立性。

自我实现者在人格特征上表现出许多常人所不具备的积极特点，这一事实说明，人性是积极而健康的，人类的前途是光明的。同时它还提醒人们，在普通人身上还有许多人们未曾想象过的成长潜能，努力实现这些潜能，才是最合乎人性的价值选择。当然，自我实现者也不是尽善尽美的，在他们身上也存在着一些缺点，比如，他们常常有憨直、挥霍或轻率的行为习惯，他们易烦恼、激动、刚愎自用，在他们身上还残存着一些浅薄的虚荣、自夸，他们

有时也会表现出令人吃惊和难以想象的冷酷无情等。尽管自我实现者并非都能具备上述 15 种人格特征，也并非没有弱点。但自我实现者是成熟和健康的范型，能更自觉地克服自己的弱点，更接近完善的人性，更充分地发挥自己的潜能。

（三）通向自我实现的途径

为了使更多的人能顺利地达到自我实现的目标，马斯洛提出了加强自我修养、完善人格结构的观点，并在研究如何加强自我修养的基础上，提出了通向自我实现的 8 条途径。

①忘我地体验生活，全身心地献身于事业。自我实现意味着充分地、活跃地、无我地体验生活，全身心地献身于某一件事而忘怀一切。

②面临前进与倒退、成长与安全之间的选择时，做出成长的选择而不是防御、畏缩的选择，力争使每一次选择都成为成长的选择。

③承认自我存在，让自我显露出来，即"要倾听自己内在冲动的呼唤"。让自己的天性、潜能自发地显现出来，使之成为行动的最高法庭，而不是倾听权威的、传统的声音。

④当遇到怀疑时，要诚实地说出来而不是隐瞒，在许多问题上都应反躬自问。因为这意味着承担责任，而每次承担责任都是一次自我的实现。

⑤能从小处做起，要培养自己的志趣和爱好，要有勇气而不要怕这怕那，懂得自己的命运、使命，据此来采取正确的

行动。

⑥要经历勤奋的、付出精力的准备阶段。

⑦高峰体验是自我实现的短暂时刻，既可失去这些体验，也可设置条件使高峰体验更有可能实现。

⑧要识别自己的防御心理，并有勇气放弃这种防御。

（四）自我实现的两种类型

人本主义心理学家反对心理学中的唯实验主义，认为心理学模仿物理科学的模式，单纯采用实验方法，只能使心理学陷入非人化、机械论和还原论的境地。在他们看来，实验心理学的研究越精细，越巧妙，似乎与人类的现实生活距离越远。鉴于实验方法在研究人类存在的主观性方面的局限性，人本主义心理学家主张实证主义的方法应该和现象学及存在分析的方法结合起来。他们认为，研究人类本性应该以现象学知识为开端，然后再采取客观的实验方法进行研究。例如，罗杰斯在心理治疗中用实验仪器进行实验测试的量化研究；奥尔波特提出用特殊规律研究法对个案进行深入研究的同时，还主张运用一般规律研究法来了解群体的共同特质来作为补充。奥尔波特不仅主张心理学应以健康人格的现象学描述为主要手段，同时也开展一些动物研究，也运用因素分析等人格统计方法，来作为研究人类情况的补充，在他身上体现了典型的折衷主义倾向。

四、高峰体验论

在马斯洛的自我实现理论中，高峰体验是一个重要的概念。马斯洛在阐述高峰体验时认为："这种体验是瞬间产生的、压倒一切的敬畏情绪，也可能是转眼即逝的极度强烈的幸福感，或甚至是欣喜若狂、如醉如痴、欢乐至极的感觉。"（叶浩生，1998，p.557）因此，高峰体验是人在进入自我实现和超越自我状态时所感受到的一种非常豁达与极乐的瞬时体验。这种体验是每一个正常的人都可以产生的，但自我实现者能更多地体验到高峰时刻的出现。

马斯洛列举了高峰体验的19种特征，如整体意识、统一意识、感知丰富、全神贯注、审美感受、创造精神、真知灼见等。高峰体验在不同人身上表现方式不同，甚至在同一个人身上由于从事不同的活动，表现方式也是不相同的。它可以是作家完成了自己的一部得意之作，也可以是音乐家的一次成功的演出；可以是工匠完成一件精湛的雕刻，也可以是一次陶醉的艺术品欣赏；可以是家庭生活的美好感受，也可以是对自然景观的迷恋；可以是某一科学真理的发现，也可以是某一发明创造。高峰体验既可以是极度的快乐，也可以是宁静而平和的喜悦。

马斯洛在阐述高峰体验时，还着重强调了高峰体验与自我实现的密切关系。马斯洛认为自我实现者的人格特征之一，就是常常产生高峰体验。高峰体验还是通向自我实现的重要途径，因为自我实现是一个动态的发展过程，迈向自我实现的每一步，都有高峰体验的出现。它似乎是一种引导，引人达到更完善的自我实现。马斯洛强调，能否创设条件使高峰体验更易于出现，是达到自我实现目标的重要途径。为什么说高峰体验与自我实现有这样紧密的联系呢？这是因为高峰体验是一种身心融合的、发自内心深处的感受，在这种时刻，人会产生一种返璞归真或与自然合一的欢乐情绪。自我实现作为人的本性的实现是人与自然的合一，作为一个人天赋的表现也是人与自然的合一。因此，自我实现者能更多地产生高峰体验。

五、评价

马斯洛的心理学理论，在西方心理学界已得到公认，在社会应用上也产生了较大影响。下面我们从贡献与局限两个方面加以简单评价。

（一）贡献

第一，马斯洛强调心理学的研究应以问题为中心，认为心理学必须更有成效地解决真善美及价值等复杂而且重要的问题，这就为心理学的研究扩大了范围，并在一定程度上填补了传统心理学的空白。

第二，马斯洛冲破传统心理学以研究动物的模式来研究人的心理的模式和精神分析心理学只关注变态人群的不足，直接把健康人作为研究对象，概括了健康人的人格特征，阐明了自我实现的机制与途径，使得健康人格的图景不再是一种空中楼阁式的描绘，使人们看到了健康人格实现的

可能，在心理学的研究上独树一帜。

第三，马斯洛的需要层次理论在现代行为科学中占有重要地位。它不仅是管理心理学建立的五大理论（人际关系理论、群体动力理论、权威理论、需要层次理论、社会测量理论）支柱之一，而且已成为西方行为科学的主要基础理论之一。马斯洛关于人类的潜能及其发挥的研究，被认为走在当代西方盛行的人类潜能运动之前，是这一运动的基础理论之一。

（二）局限

第一，马斯洛过分强调生物因素在人的发展中的决定作用。马斯洛不仅把归属和爱的需要、自尊需要、认识需要、审美需要和自我实现需要看作人的类似本能的固有倾向，而且也把"存在价值"看作类似本能的东西，是人所固有的内在潜在能量。因此，在他看来，完善人格似乎只是内在潜能自由而充分的实现而已，社会环境只起着限制或促进的作用。这就使他的理论带有生物决定论的色彩。

第二，马斯洛强调个人价值、潜能的自我实现，而忽视社会价值的实现，把个人的自我实现同社会发展对立起来。马斯洛过分强调人性善的一面，片面夸大人的自我认识、自我调节、自我管理和自我选择的能力，强化了个人主义和自由主义。

第三，作为一种心理学的价值理论，马斯洛的自我实现理论从个体生活的角度看有值得我们借鉴的地方，但从社会价值的角度看，这一理论是否具有普遍性尚需要具体分析和进一步的验证。

第五节 罗杰斯的人本主义心理学

卡尔·罗杰斯是人本主义心理学最有影响的人物之一，是马斯洛去世之后人本主义心理学的主要代言人。罗杰斯对心理学的贡献主要表现在三个方面：提出人格的自我理论，创立来访者中心疗法，倡导以学生为中心的教育思想。

一、罗杰斯生平

卡尔·罗杰斯（Carl Ransom Rogers，1902—1987）出生于美国伊利诺斯州，是美国著名的心理治疗学家，人本主义心理学的创建者之一。罗杰斯的小学阶段是在语法学校度过的。他小时候是一个退缩、有梦想的孩子，很少社交活动。这种性格却使他阅读了大量图书，《圣经》、百科全书甚至辞典都成了他感兴趣的读物。罗杰斯的中学时代在农村度过，这使他对农业感兴趣。因此他中学毕业后于1919年考取了威斯康星大学农学院，同年加入了一个基督教青年会社团。1922年，罗杰斯作为美国12名学生代表之一赴中国北京参加了"世界基督教同盟大会"。在这6个月的旅行中，罗杰斯首次接触了来自不同宗教和不同文化的人。由于强烈的宗教倾向，罗杰斯改学历史，并于1924年获得历史学学士学位，进入纽约联合神学院工作。在这里他结识了两位重要的心理学家——华生和纽科姆，随后转入哥伦比亚大学主攻心理学，结识了著名精神分析学家阿德勒和

临床心理学家霍林沃斯。1928年罗杰斯获心理学硕士学位，同年受聘于纽约罗彻斯特防止虐待儿童协会儿童研究室，两年后任研究室主任。在此之后，他边工作边学习，于1931年获得博士学位。他的博士论文是《关于儿童人格适应的测验》。

在罗彻斯特工作期间，罗杰斯深受奥托·兰克（Otto Rank）的关系治疗理论的影响。在学习和工作之余，他还参加了社会工作，试图把他的理论和儿童指导的实践与自己的经验结合起来。1939年，他出版了《问题儿童的临床治疗》一书，这使他声名鹊起，于1940年被俄亥俄州立大学聘为心理学教授。1942年出版罗杰斯《咨询与心理治疗》一书，着重探讨了非指导性治疗的理论和技术。1945年，他应邀出任芝加哥大学心理学教授，并建立了一个咨询中心。他全身心地投入这项工作的理论阐述中，于1951年出版了《来访者中心疗法》一书。1957年，他接受威斯康星——麦迪逊大学的邀请，任精神病学和心理学教授。但由于他对心理学系那种具有"老鼠倾向"的实验研究不满，便辞去了心理学系的职务，只保留了精神病学的教职。

1961年，他出版《论人的成长》，阐发了他对人的"实现倾向"的看法。但他的观点却遭到怀疑甚至反对。失望之下，罗杰斯辞去该校职务，并于1962年起在斯坦福大学行为科学高级研究中心任研究员，1964年又移至加利福尼亚州西部行为科学研究所任常驻研究员。该组织着重于人本主义的人际关系研究，在这里他提出了促

进正常个体交往的"交朋友小组"方法，并把这种观点应用于教育。《学习的自由》(1969)和《交朋友小组》(1970)两本书便是这种努力的结果。

1968年，罗杰斯离开西部行为研究所，进入加利福尼亚的人类研究中心工作，专门从事交朋友小组的促进者的培训。20世纪70年代末期，他开始对超自然现象感兴趣，如超出正常感知的转换的心理状态和现象等。他还尝试把交朋友小组的技术用于解决国际冲突，表现了对社会和国际政治问题的关注。例如，1985年他组织了维也纳和平计划，把13个国家的领导人召集到一起；1986年，他主持了在莫斯科召开的和平研讨会。1987年2月，罗杰斯在加利福尼亚的拉·乔拉逝世，享年85岁。

罗杰斯获得过许多荣誉。他是美国应用心理学会的创始人之一，并任该学会1944—1945年度主席。他还担任过临床和变态心理学分会主席（1949—1950年）及美国心理学会第55任主席（1946—1947年）。1956年，他同斯彭斯、苛勒一起获得第一届美国心理学会杰出科学贡献奖。这使他感动地流下眼泪，因为他以为与自己同行的心理学家认为他的工作是不科学的："当我被叫到获奖的时候，我的喉咙哽咽了，眼泪流了下来。"（赫根汉，2004，p.883）1972年罗杰斯获得美国心理学会的杰出专业贡献奖，这使他成为美国心理学会历史上第一个获得两个奖项（杰出科学贡献奖和杰出专业奖）的人。根据吉尔森的一项调查，罗杰斯在第二次世界大战后美国最有影响力的100名心理学家中排

第4位。

罗杰斯一生笔耕不辍，出版了16本专著，发表论文200余篇。除了上述著作外，其他主要的著作有《心理治疗和人格改变》(1954)、《在来访者中心框架中发展出来的治疗、人格和人际关系理论》(1959)、《择偶：婚姻及其选择》(1973)、《卡尔·罗杰斯论个人力量》(1977)、《一种存在的方式》(1980)和《20世纪80年代的学习自由》(1983)等。

二、人格观

罗杰斯的人格理论以其自我理论为核心。他从他关于人格的基本假设出发，论述了自我的本质、自我的发展方式及发展机制，总结了自我实现者或机能完善者的人格特征。

(一) 人格发展的动力

罗杰斯人格理论的前提之一是人性本善的人性论假设。在他看来，人的本性是善的，人性的发展具有建设性的倾向。如他所说，"我认为人种的成员，像其他物种成员一样，在本性上实质是建设性的，但受到他们经验的损害"。（林方，1987，pp. 442—443）所以在他看来，恶并非人的本性，而是由文化和社会因素造成的。

从这一人性观出发，罗杰斯阐明了他的人格发展的动力论思想。他认为，人格由两个主要结构组成，即有机体和自我建构。有机体是人的一切经验的聚合，是行为的"积极发动者"，表现出一种先天的自

我实现的倾向性。在某一时刻有机体的行为方向总是直接或间接地反映了有机体力求实现的内在潜能。从这个意义上说，这种实现倾向为有机体提供了动力。它推动有机体做出对有机体和社会都有建设性意义的行为，从而产生积极的经验，形成健康的人格。在罗杰斯看来，有心理疾病的人，虽然他的心理发展受到环境条件的扭曲，但其生长方向或潜能实现的倾向依然存在。只要经过心理治疗，提供适宜的心理环境，就能使扭曲的心理恢复正常。

（二）自我的含义

罗杰斯把自我视为有机体的主要心理成分，他有时交替地使用自我建构和自我概念。

在罗杰斯看来，自我是指一个人对自己的了解和看法，是人对自己的知觉。一个人随着自身经验的增加，会逐渐丰富和改变对自我的认识。也就是说，自我作为人格的一种内在建构是不断发展变化的。最初形成的是自我经验，即那些处于意识水平、能够用符号（或象征）标志出来的经验。例如，我意识到饥饿了，而吃饭改变了这种意识，那么我便把我的机体组织匮乏的经验进行了精确的符号表征（或象征化），也就是说，我获得了有关饥饿的自我经验。在自我经验的基础上逐渐形成自我概念，即形成与自我有相互联系的一切经验的总和，它是一种相对稳定的、有组织的、连贯而有联系的整体知觉模型。自我概念一旦形成，就不容易改变。与自我概念不一致的经验要么被拒绝，要么以歪曲的形式接受下来。例如，一个孩子在其自我概念中是个好孩子，但他却经常打小弟弟。当父母对他批评或惩罚时，他会以下述方式曲解其自我："我是个坏孩子"、"父母不喜欢我"或者"我并不喜欢打小弟弟"。前两种是对经验的曲解，而后一种则是对其真正情感的否定。

罗杰斯认为有两种自我概念：一种是真实的自我，是较符合现实的自我形象；另一种是理想的自我，是一个人期望实现的自我形象。两者都是可以测量和用于诊断的概念。这两种自我是否和谐一致，直接关系到一个人的心理健康水平。假如自我概念略低于理想自我，它将导致自尊，对未来充满乐观态度，并有追求成就的"冲动"。

罗杰斯认为，自我概念是在个体与环境相互作用的过程中形成的。儿童出生后，随着身心的成长，由最初的物我不分、主客不分到逐渐把自我与环境区分开来，并在语言的帮助下进一步分清了主我（I）和客我（me）。正如罗杰斯所说，自我指的是"那些有结构的、和谐一致的概念格式塔，其组成是对主我或宾我的特征的知觉，和对主我或宾我与他人和生活的各个方面的关系的知觉，以及与这些知觉有关的价值观念"。（查普林，1984，p. 286）

概括而言，自我具有四个明显的特点：①自我属于对自己的知觉范畴，包括对"我"的特点的知觉以及与"我"有关系的人和事物的知觉的总和；②自我是组织化的稳定结构，对经验虽具有开放性，但其概念格式塔的性质不变；③自我并非弗洛伊德精神分析意义上的人格结构要素，自我不是控制行为的主体；④自我作为一种经验的整体模型，主要是有意识的或可以进入意识的东西。

（三）自我的发展

罗杰斯非常重视自我发展的方式。他认为，影响儿童发展的因素很多，凡是对发展起作用的因素都可谓之"机体经验"。然而，并非所有的经验都能为儿童意识到。儿童所能意识到的经验仅为有限的一部分，叫作"现象经验"。机体经验与现象经验既可能是一致的，也可能是不一致的。一致时产生积极的效果，否则产生消极的效果。一个人对经验的评价，既受到机体经验的影响，也受到别人评价的影响。也就是说，一个人的自我价值感是有条件的，只有他的行为产生积极的机体经验，同时也受到他人的积极评价或尊重时，他的人格才会得到正常的发展。例如，一个孩子在学习钢琴的过程中，一方面体验到能力的增长与快乐，另一方面又得到他人的称赞，他就会形成积极的经验，产生对自己行为的正确认识和评价。

在论及自我发展的机制时，罗杰斯试图用"无条件满足"或"无条件接受"加以解释。自我发展的特殊道路有赖于儿童在婴幼儿时期得到的爱，而且无论怎样，爱总是有益于健康的。在自我开始发展的时候，婴幼儿也学会要求爱。这是人人都有的追求积极关心的需要。对于健康人格的形成来说，最基本的必需品是在婴幼儿时期得到"无条件满足"。当母亲给予婴幼

儿以慈爱和热爱而较少注意他们如何行为时，这种满足也就实现了。在这种条件下成长起来的儿童，不会显现出价值的条件。在一切情况下，他们都感觉到自己的价值，而且也就没有了防备行为的需要，在自我和现实知觉之间也便不会有不一致。然而，父母对孩子行为的评价并不是单向性的，有时表现为积极评价，有时表现为消极评价，说明父母对孩子的关注是有条件的。通过条件性积极关注，孩子就把有价值的和无价值的行动与情感加以区别，产生机体经验与现象经验的不一致。孩子必须学会避免遭到非难和反对的思想与行为，做了被禁止的事会体验到内疚和可耻，同时这决定了他们今后必须防备这些行为。防御成了儿童行为的一部分。作为这种防御的结果，个体的自由就变成有局限性的了。他们不能把自我的一切方面都加以现实化，从而导致人格的混乱或不健全发展。

事实上，罗杰斯在这里强调的是无条件的自我尊重，即自我行为不必考虑在客观上是否与他人确定的方式相一致。这样，自尊的需要与机体经验便不会有冲突，心理适应也就比较好。

罗杰斯关于"无条件积极关注"的思想是以其人性观为前提的。与马斯洛一样，罗杰斯假定人有一种朝向自我实现的内在驱动力，如果人们把这个实现倾向作为生活的参考框架，他们将很有可能过上美好生活并最终发挥出自己的全部潜能。这样的人是按照机体评价过程生活的。运用这个过程，人接近并保持符合实现倾向的经历，终止并避免不符合实现倾向的经历。

这样的人受他自己真实的情感驱使，过着存在主义者所说的本真生活。也就是说，其生活受个人真实的内心情感驱使，而不是受别人强加的道德、信仰、传统、价值或习俗驱使。在这里我们看到罗杰斯重申了卢梭的观点，即把个人情感作为首要的活动指导。罗杰斯的无条件积极关注思想有其合理之处，因为从个体发展的角度而言，从外在条件上强调爱与积极关注是必要的，也是许多心理学家和教育者的主张。但是，人毕竟是社会中的人，若人的行为完全按照自我潜能的需要，满足纯个人的自我实现，人就会成为脱离社会的自我主导者，这样的人恐怕很难被社会接纳。

三、以来访者为中心的治疗法

来访者中心疗法是罗杰斯创建的一种人本主义的心理治疗方法，也是他对心理学的最大贡献。

来访者中心疗法的形成分为三个阶段。20世纪50年代以前，为了与过分强调治疗者的权威和指导作用的精神分析及行为治疗相区别，罗杰斯将自己的治疗命名为"非指导性治疗"，具体提出这一名称是在1942年。1951年，罗杰斯又将其改称为"来访者中心疗法"。因为他发现，治疗者在治疗过程中既要营造一种非常适宜的心理环境和心理气氛，又要帮助来访者澄清自己的思想，因此治疗者还是具有指导作用的。此外，他认为，治疗者不应把来访者视为病人，而应该看作与其享有同等权利的参与者，来访者是能够了解自己的人。

到了1974年，罗杰斯又将来访者中心疗法改为"以人为中心的疗法"。这不仅进一步把他的理论和方法应用到家庭、社会等其他人际关系领域之中，而且更充分地体现了他的人本主义的人性观。

罗杰斯的治疗观源于他对人性的积极假设，即人性具有积极向上的、自我实现的潜力，因而来访者中心疗法与精神分析和行为治疗不同。它不是靠探究潜意识领域或改变反应形式来纠正不正常的行为，而是动员来访者主体内在的潜能进行自我理解，改变对自我和他人的看法，产生自我指导的行为，达到自我治疗的目的。治疗者的任务在于创设一种温暖、友谊、令人可以接受的气氛，以使来访者提高对被尊重的体验。罗杰斯的来访者中心疗法的治疗目标是达到人格的成长，具体表现为减少内在冲突、增强自我整合与自尊、对生活方式感到满意及变成一个机能完善者。这些目标的实现往往有赖于次级目标的获得，如改变自我结构、对情绪经验开放。

罗杰斯认为，来访者中心疗法的关键在于治疗态度和治疗气氛。在他看来，成功的治疗必须具备三个条件。

第一，真诚一致。治疗者与来访者保持一致，双方都是真诚的。特别是治疗者应该表里如一，不虚假，不做作。真诚既会消除沟通上的障碍，又会使来访者坦率地表露自己，建立真正良好的治疗关系。

第二，无条件积极关注。治疗者对来访者表示真诚和深切的关心、尊重和接纳。来访者受到无条件积极关注，治疗者对来访者表现出无条件的接受。但这并不意味着治疗者完全认可来访者的行为，而是通过无条件接受达到深层次治疗。例如，当来访者在叙述某些可耻或令人焦虑的感受时，要尊重他自由表达的权利，以关注的态度接纳他，既不鄙视或冷漠，也不给予评价或纠正，相信来访者自己能够找到改正的途径或方法。

第三，同情性理解或同理心。治疗者应该敏感地倾听和设身处地地理解来访者当时的心境、痛苦、恐惧等情绪，帮助和鼓励他更充分地、自由地加以宣泄，表露其隐藏在内心的郁结，既可认识自己问题的所在，又可使自己的人格和行为发生良性的变化。

从总体上看，相对于治疗技术，来访者中心疗法更看重治疗者的态度及治疗气氛。在罗杰斯看来，治疗者本人是治疗成功的最重要的工具。其次，同情式倾听是治疗的主要方法。治疗者通过积极认真的倾听动作表达出对来访者的深切同情。而一旦治疗者清楚地意识到了来访者真正在说什么，他就应当通过语言表达出他对来访者的理解，这种会谈技巧是鼓励、重复及对感情的反应。总之，来访者中心疗法就是在尊重来访者的前提下，相信他们具有成长的潜力及自我导向的能力，理解他们的经验与体验，真诚地关注他们，以使他们发展独特的自我。

四、评价

同大多数坚持人本主义方向的心理学家一样，罗杰斯以人性本善为基石建起了他的理论大厦：强调人有先天向上发展的自我实现趋势；相信只要一个人能对经验采取开放性态度，能体验到全部的情感，能将生存的着眼点放在此时此地的"我"，就可成为一个健康的人，一个机能完善者。罗杰斯的自我观及其对健康人格的勾勒，对心理学尤其对自我心理学产生了重要影响。

罗杰斯在心理治疗实践中首创来访者中心疗法，并将其发展成为一种具有国际影响力的心理治疗理论与方法。来访者中心疗法的治疗目标是通过营造一种和谐的治疗气氛，使来访者达到人格的成长。运用这一方法的关键在于咨询者要对来访者真诚一致、无条件积极关注和设身处地地理解。

罗杰斯将其人格理论和心理治疗的理论推广到教育领域，形成以学生为中心的教育观，强调尊重学生，发挥学生的主观能动性，使之成为第二次世界大战以来最有影响的教育学说之一。

不过，罗杰斯的整个理论体系都是建立在存在主义哲学和现象学的方法论之上的。存在主义过分夸大人的主观能动性和突出人的"绝对自由"，以及现象学将主观意识及其产物等同于事物的本质的唯心主义倾向，在罗杰斯的观点中都有所反映。例如，他只强调人的"自我选择""自我设计"，而忽视人的心理和行为的社会制约性。但从总体来看，罗杰斯的贡献是远远大于其局限性的。罗杰斯凭着对人类生活的洞察及敏感，毫无疑问地成为代表时代精神的"第三思潮"的发起者与代言人。

第六节 罗洛·梅的存在主义心理学

罗洛·梅的存在主义心理学又称存在分析学。这一理论体系是以存在主义哲学为基础，以精神分析特别是新精神分析为出发点，经过罗洛·梅个人的心理治疗实践而形成和发展起来的。罗洛·梅运用现象学方法研究人的具体经验，把人生的意义、价值观、自由选择、潜能和责任等作为研究的主题，探讨了焦虑、爱与意志、存在的方式等本体论问题，由此发展起来的人格心理学理论成为人本主义心理学倾向中的一个重要分支。罗洛·梅首创的存在心理治疗受到许多临床心理学家的欢迎，并成为当前众多心理治疗学说中颇具特色的一种治疗体系。

一、罗洛·梅生平

罗洛·梅（Rollo May, 1909—1994）生于美国俄亥俄州的艾达镇，是美国著名的存在分析学家，也是人本主义心理学的主要倡导者之一。1930 年，罗洛·梅在奥柏林学院获得文学学士学位，后随一个艺术家组成的旅行团到欧洲旅游和绘画创作。1932 年夏，罗洛·梅参加了在维也纳山区一个避暑胜地举办的阿德勒暑期研讨班。

他有幸结识了著名精神分析学家阿德勒，并从他身上学到了许多关于人类行为、本性、社会兴趣等方面的思想。在某种意义上，可以说三年的欧洲之行是促使他把兴趣转向心理学的转折点。

回到美国后，罗洛·梅先在密西根州立学院任学生心理咨询员，不久他被纽约联合神学院录取，并于 1938 年获得神学硕士学位。在联合神学院就读期间，他结识了流亡美国的德裔存在主义哲学家保罗·蒂利希（Tillich），并与保罗·蒂利希成为终生好友。从蒂利希那里他第一次系统地接受了存在主义思想，了解了欧洲的存在主义哲学家。1973 年，罗洛·梅把自己写的《保罗斯：友谊的回忆》作为礼物献给蒂利希（1965 年去世）。在获得神学学位后，罗洛·梅在新泽西的蒙特克莱尔当了两年的牧师。20 世纪 40 年代初，罗洛·梅进入当时由沙利文为基金会主席的威廉·阿伦森·怀特学院学习精神分析。当时，另一位新精神分析学家弗洛姆也在该校任教。新精神分析的社会文化观就是在这里影响罗洛·梅的。1946 年，罗洛·梅成为一名心理治疗师。而后罗洛·梅进入哥伦比亚大学攻读博士课程，但在拿到学位之前他感染了肺结核，差点死去。在患病和疗养期间，罗洛·梅有过深刻的焦虑体验。为了更好地理解焦虑这个主题，他仔细阅读了弗洛伊德《焦虑的问题》和克尔凯廓尔的《恐惧的概念》。他认为在当时的疾病状况下，克尔凯廓尔的话更能打动他的心，因为它触及了焦虑的最深层结构，即人类存在的本体论问题。康复后，罗洛·梅以其亲身体验和内心顿悟写出博士论文《焦虑的意义》，1949 年获得哥伦比亚大学授予的第一个临床心理学博士学位。这篇论文经修改后成为他的著作《焦虑的意义》（1950）。

罗洛·梅先后执教于哈佛大学、耶鲁大学、普林斯顿大学、哥伦比亚大学和纽约大学艺术学院，最后成为加利福尼亚大学的终身教授。他曾担任纽约威廉·怀特学院的研究员，1958 年任该学院的院长，一直工作到 1974 年退休。他还曾担任纽约心理学会和美国精神分析学会主席等职务。在其一生的大部分时间，他还坚持从事私人临床心理治疗。

罗洛·梅一生著述丰富，许多著作在西方都有相当大的影响。他的《爱与意志》一书曾是美国最受欢迎的畅销书之一，荣获爱默生名著奖。该书阐述了他对爱的心理学意义的看法，明确地表达了他对人类的生命力和意向性的信念，并分析了这些概念在心理治疗中的作用。1958 年，他与安捷尔和埃伦伯格合作发表了《存在：精神病学与心理学的一种新维度》，向美国人介绍了欧洲存在心理治疗，推动了存在主义在美国的传播和流行，也标志着美国本土化存在心理学的诞生。

除了《焦虑的意义》之外，罗洛·梅的其他重要著作还有《咨询的艺术：怎样给予和获得心理健康》（1939）、《创造性生命的春天：人性与神的研究》（1940）、《对自我的追寻》（1953）、《爱与意志》（1969）、《心理学与人类困境》（1967）、《梦与象征：人的潜意识语言》（1968）、《力量与纯真：追寻暴力的起源》（1972）、《创造的勇气》（1975）、《自由与命运》（1981）、《存在的发现：存在心理学著作》（1983）、《我对美的探索》（1985）和《呼唤神话》（1991）等。他的最后一部著作是与施奈德合著的《存在心理学》（1994），在书中他把人生的体验用于心理治疗，对他的一生做了最后的总结。1994 年 10 月 22 日，罗洛·梅因多种疾病去世。

二、人的存在分析

罗洛·梅认为，一切心理学尤其是临床心理学，若要获得治疗的效果，必须预先澄清人的基本观念。他毕生都在致力于澄清他对人的基本看法，即人的存在特征。他认为，只有从人的存在入手，才能把握人格的本质。罗洛·梅对存在的表述大体经历三个阶段：早期关于存在的基本原则的研究，20 世纪 50 年代关于存在方式的研究和 20 世纪 60 年代关于存在的本体论特点的研究。

"人的存在"这一概念来自海德格尔，是指不同于非人存在的存在。罗洛·梅用它来表示人的整体，即有血有肉、有思想、有意志的人，也就是"经验中的个体"。罗洛·梅强调应把个体的内在经验视作心理学研究的首要对象，而不应仅仅专注于外显的行为和抽象的理论解释。每个人最早接触的经验来自生活世界，也就是人们每天生活于其中并为他们所直接接触的经验世界。这一"生活世界"早在科学、哲学、音乐、文艺等特殊世界出现之前就已存在。这显然是现象学对罗洛·梅的启示。他指出，如要正确认识人的存在的真相，揭示人的存在的本质特征，必须重新回到生活的直接经验世界，再度领悟、感觉直接与我们接触的内在经验，然后把这些经验忠实地描写出来。因此，现象学的现象分析和经验描述是罗洛·梅研究人的存在的重要方法。而罗洛·梅作为临床心理学家，他在临床实践中积累的大量丰富的临床资料，为他提炼关于人的基本观念的思想做了充分的准备。

（一）存在的基本原则

在《咨询的艺术》一书中，罗洛·梅初步探讨了人的存在的四条基本原则，即自由、个体性、社会整合与宗教紧张感，并把它们看作构成人格的基本结构。

1. 自由

自由是人类存在的基础和基本条件。罗洛·梅认为，个人的行为并不是盲目的，也不是被环境决定的，而是在自由选择的过程中进行的。在他看来，人类的潜能与责任感与存在自由是不可分的。一个人的存在如果没有自由做基础，没有创造性意志或潜能，甚至也没有自由抉择的能力，那么，在他身上发挥作用的就只有弗洛伊德式的本能或达尔文理论中的因果关系决定论原则了。罗洛·梅深信，自由选择的

可能性不仅是心理治疗的先决条件，同时也是使病人重获责任感、重新决定自己生活的唯一基础。但是，自由并不意味着可以为所欲为。罗洛·梅认为，人首先是受时空限制的。人只能在有限的时空范围内自由地处理各种存在的资料，在诸如种族、国家、社会地位、时代、经济等因素中进行自由选择。其次，人还受遗传和环境的限制。不过，人虽然不能选择自己的遗传和环境，却能在一定程度上利用和改造遗传与环境的影响。因此，在人的生活中，不论有多少决定的力量对人的存在起作用，个体都能相对自由地塑造自己的存在。

2. 个体性

个体性是人的自我区别于他人的独特性。罗洛·梅和奥尔波特一样，强调每个自由的个体都是独立自主、与众不同的，而且在形成独特的生活模式之前，个体必须首先接受他的自我。一个人若不能承认自己的独特性和个体性，也就丧失了自我，就会产生心理疾病。人格障碍的主要原因之一就是自我无法个体化，丧失了自我的独特性。为此，心理治疗专家应帮助患者发现他真实的自我，发掘他的自我的独特品质。他进一步指出，个体若想发现"真正的自我"，就必须把"意识的自我和他的各种水平的潜意识结合起来"。显然，罗洛·梅既承认潜意识是心理活动的内在动力，也坚持认为自我内部的这些潜意识内容都是靠完整的主体和自由的个体来接受的。人正是通过个体独特的自由选择能力来发现和肯定真实自我的。

3. 社会整合

罗洛·梅认为，人类自由的实现必须依赖自我与社会的协调，即自由的个人必须与社会整合。社会整合就是指个人在保持自我独立性的同时参与社会活动，进行人际交往，以个人的影响力作用于社会。罗洛·梅用"整合"而不用自我心理学家惯用的"适应"概念，是试图表明个人与社会的相互作用。在他看来，"适应"偏重社会的影响力，含有单方让个人向社会迎合、屈服和附和的意思；"整合"作用则是双向的，既有社会影响、改变个人，也有个人影响社会甚至改革社会的含义。

罗洛·梅反对把"社会适应良好"作为心理健康的最佳标准。他认为正常人的特征是他能够接受社会，并运用选择的自由，发掘建设性的及良好的社会因素，以充实自我、实现自我。因此，真正自由的个体既表现为强烈的个体性，又表现为他对世界、对社会的一种成熟的责任感。

4. 宗教紧张感

宗教紧张感是指存在于人格中的一种紧张或不平衡状态。罗洛·梅认为，自由的个体尽管可以获得自我的独特性并实现自我与社会的整合，但这一过程并非是一成不变的，而是需要不断更新的，因此，人格也经历着连续不断的更新和重建。促使人格不断变化完善的动力因素，就是宗教紧张感。那么，这种动力或紧张感为何具有宗教性质呢？这源于罗洛·梅所受的宗教教育。我们知道，罗洛·梅曾在纽约联合神学院学习并获得神学学位，宗教思想的影响在他的学术观点中随处可见。他把宗教紧张视为人的最深刻的道德体验，是对人生意义的最基本信念，是所谓上帝在人类心灵中存在的一个明证。罗洛·梅认为：宗教具有动力性，在宗教内个人才能获得人生的最高价值以及生命的意义；宗教不但不控制个人或压抑个人，反而能提升个人的自由意志，发展个人的道德意识，鼓励个人负起自己的责任，勇敢地迈向人性的自我实现。

宗教紧张感最明显的证明是人不断体验到罪疚感。人之所以有罪疚感，在于人是自由、自主、有责任的动物。当他不可能使自己达到完善，不可能实现自己的所有理想时，必然体验到一种罪疚感。这种罪疚感使人不断产生紧张心理，这种紧张状态正是人格发展的动力源泉。

罗洛·梅从积极的角度看待罪疚感，认为罪疚感是存在的一个基本因素，是一个不断完善的、存在着的人趋向完善的渴望，因而它是积极的和富有建设性的。罗洛·梅认为，健康的个体能创造性地承认自己的不完善性，并在宗教紧张感的驱使下鼓起生活的勇气，克服阻碍自我发展的恐惧和焦虑，战胜自我、完善自我。他主张健康人格所需要的并不是消除各种冲突，而是使破坏性的冲突转变为建设性的冲突。

（二）人的存在状态

罗洛·梅认为，人格处于不断的演变和形成中，并在不断整合环境、协调人际关系、实现自我潜能的过程中获得发展和取得平衡。他全面接受了存在主义哲学关于人的存在范畴的划分，把它改造为人存在于世界上的三种方式或状态，深刻地分析了自我和世界的关系。

存在主义哲学家通常把人类的存在划分为三种范畴，即人与物的世界、人与人的世界和人与己的世界。其中人与物的世界指人的内外环境的自然方面，是人所生存的周围世界和生物世界；人与人的世界指人际关系领域，即人与人的关系世界；人与己的世界指人与自我的关系世界，它是由个体的自我意识组成的。他们认为，每个人都同时存在于这三个世界中，只有把这三个世界结合在一起才能全面地解释人的存在。罗洛·梅据此提出了人的存在的三种状态。

1. 人与环境的关系状态

人与环境的关系状态即"环境"，罗洛·梅称之为"自然的世界"。它是一个有规律的和不断循环的世界，是世界万物的自然总汇。对人而言，自然的世界除了自然环境之外，还包括个人先天的遗传因素、生理需求、本能、驱力等生理的内在环境。罗洛·梅认为，人类是被先天注定地投入这个世界上来的，因此这是一个"被投入的世界"。也就是说，自然的世界是不以人的意志为转移的客观存在，在这个世界中，人必然要受自然规律的制约，所以人必须处理好自我与环境的关系，学会适应环境。

2. 自我与他人的关系状态

自我与他人的关系状态即人与人的关系世界，是人所特有的人际世界。它是社会活动的结果，是人的社会性的重要体现。人际世界的标志就是"关系"。罗洛·梅强调，人际关系的关键在于，在相互作用的

时候彼此都受到影响，彼此都开始发展，都更加趋于成熟，人与人的关系是双向的。因此，不能把人际世界理解为群体对个体的影响，也不能理解为集体意识，更不能把人际世界与各种各样的社会决定论相混淆，因为后者均主张传统文化、集体对个人的单方向作用。在罗洛·梅所说的人际世界中，群体与个人或个人与个人的关系是相互作用和相互影响的。通过对人际世界的论述，罗洛·梅进一步强调了人与社会关系的重要性。在他看来，人不仅是精神与肉体的统一体，而且是与社会的整合体。人不仅被社会所改造和影响，而且也在不断地组织和改造社会。人格始终处于改变、组合、发展之中。

3. 人与自我的关系状态

人与自我的关系状态是人类所特有的自我意识世界，是主观和意义的世界。它以自我归属和自我意识为前提。也就是说，人必须对自己有足够的了解和认识，把知己作为知彼的基础。这就需要一种强烈的存在感，它是指人对自己存在的体验，其核心是人的自我意识。"自我的世界已经预言到自我意识的存在，也只有人类才会产生这种体验。"自我的世界由人与自我的关系所组成，它能告诉我们哪些事情是为"我"的方面，它们的颜色、味道等对"我"具有什么样的意义，以及"我"最喜欢和最不喜欢的东西是什么。在自我意识的世界中，我们可以清楚地观察世界并与之发生联系，可以顿悟、理解世界上的事物对我们个人所产生的意义。在罗洛·梅看来，现代人之所以失去精神活力，缺乏

经验与情感的实在意识，概缘于放弃了人与自我的内在世界，导致了世界与自我的对立。他进一步强调说，当个人缺乏明确而坚强的自我意识时，他的人际关系必将趋于表面化和虚伪化，真正的友谊也将无从建立。

以上三种状态或人所存在的三个世界是相互依赖、相互联系、互为条件、同时存在的。它说明人同时存在于物—人—己三个世界之中。忽略或放弃其中一种，就难以真实而全面地揭示人的存在状态或人的生存模式。

三、存在人格观

罗洛·梅的人格观与其对人的存在的探讨是紧密相联的。他对于人格的基本特征的分析和阐释，实际上就是在说明存在的本体论特点。他认为，自我中心（自我的独特性）、自我肯定、参与和分享、觉知、自我意识和焦虑六大特征是每个人都必须拥有的，只是在各人身上表现的程度有所不同。

（一）人格的基本特征

1. 自我中心（自我的独特性）

这是指个体在本质上是一个与众不同的独立存在。罗洛·梅坚持认为，每个人都是独一无二的，没有人可以占有其他的自我，心理健康的首要条件亦在于接受自我的唯一性或独特性。因而人的存在需要保持自我中心，并以自我的存在为中心点，使自我与他人、环境区别开来。

2. 自我肯定

这是指一个人保持其自我核心的勇气。在罗洛·梅看来，人的自我中心性不会自然发展和成长，人必须不断地鼓励自己、督促自己，使自我的独立性或中心性趋于成熟。罗洛·梅把这种督促和鼓励称为自我肯定，这是一种勇气的肯定。自我肯定是一种生存的勇气，缺少勇气，个人不仅无法建立他的自我，更不能实现他的自我。

3. 参与和分享

它是与中心性相对应的人格特征，指一个人在社会中必须不断地与别人交往，加入其他个体中去，同他人建立和保持必要的相互关系。罗洛·梅认为，个体必须保持独立才能维护自我的中心性。但是，人又是必须生活于世界中的存在体，必须与人与物分享和沟通，共享这一世界。独立与分享必须适得其所、平衡发展，过分的独立和过分的分享都是非正常的表现。现代社会中许多人感到心灵空虚、孤独、生活无意义，在很大程度上是这两个方面配合不当所致的。

4. 觉知

这是自我中心的主观方面，是对人的感觉、愿望、身体需要和欲望的体验。但它是一种比自我前意识更加直接，包含着人的具体存在的体验。因此，它是人和动物所共有的，只不过在动物身上表现为受到威胁时的一种警觉和防备，而在人身上则可能表现为一种焦虑，由此才能转变为自我意识。

5. 自我意识

这是人类具有的特殊的觉知现象，是

个人能够跳出来自己观察自己的能力。它是人类最显著的本质特征，也是罗洛·梅思想的核心。罗洛·梅认为，自我意识作为人不同于其他动物的标志，对人类具有重要的意义。自我意识使人有能力超越直接、具体的世界，而生活在"可能"的世界之中。面对这个世界，自我意识给人类启示了多种选择的途径，是心理自由的基础。此外，自我意识也使人有能力超越自己，有能力拥有抽象观念，能用言语和象征符号与他人沟通。总之，正是因为有了自我意识，人们才有时间和历史观念，才能利用过去的经验来发展自己、规划自己。

6. 焦虑

这是人的存在面临威胁时产生的一种痛苦的情绪体验。因为焦虑直接威胁人的基本存在和自我意识，所以罗洛·梅把它作为人格的基本特征之一。罗洛·梅认为，我们在凭借自我意识进行想象和创造的同时，不可避免地会遇到各种威胁。这些威胁既可以是危及个人生存的疾病、天灾人祸甚至死亡等，也可以是与人的生命同等重要的精神信念、理想和价值等。只要自我意识到他的这些存在受到威胁，焦虑便油然而生。在这个意义上说，焦虑是指"个体对有可能丧失其存在的一种担心"。焦虑不可避免，一定程度和一定数量的焦虑是正常的。

（二）健康人格的形成条件

罗洛·梅的人格理论重视心理健康与存在的关系，他试图揭示人在运用其自由和责任来实现自己的存在时的基本人格特点。而在分析人格的形成和发展过程时，他突出了自我意识、创造性、勇气和力量所起的作用，从许多不同的侧面阐释了健康人格的形成及其特征，为我们全面认识人格提供了新的启迪。

1. 自我意识和自由对人格发展的作用

罗洛·梅认为自我意识是人从外部看待自我的能力。这种能力是在发展过程中获得的。虽然父母的教养态度对儿童的自我意识发展有很大影响，但成熟的个体不是消极发展的。他应该有自我选择的自由，能为自己的发展负责，具有自我选择的理想和目标需要，即他的人格组织功能的最终目的是要达到自我实现。自由意味着人格的开放和发展，具有灵活性，在追求更大的人类价值方面发生变化。自由虽然发源于自我意识的核心，但它并不是自动产生的，而是通过有意识地选择获得健康与整合，通过肯定自己的责任和存在而获得的。也就是说，自由并不意味着放弃限制，而是接受限制，但又尽可能创造性地、有勇气地参与活动。

2. 创造性活动对形成健康人格的影响

具有创造性的人会细心地审视过去和未来，积极地选择目标和价值，能够认识到并积极地运用自己的能力来肯定人的价值。当然，有创造性的人也会产生冲突和焦虑。例如，外部力量过于强大，使人被迫服从或处于附属地位，会使人感到自己的内在力量受到了破坏，因而引起愤怒。但是，罗洛·梅认为，具有创造性的人特别易于调整自己的内心冲突，他们比较敏捷，遭受的痛苦较多，但也享受着更多的东西。因此在他看来，重新调整人格紧张或内心冲突是创造性的同义词。当然，神经症患者也具有这种创造的潜能，只是他们往往拒绝这样做，因而表现为各种神经症的症状。心理咨询者的基本职责便是帮助人们进行更具有创造性的人格调整。

3. 人格的健康成长需要勇气

罗洛·梅指出，人格要健康发展，个体要进行自由的选择和负责任地生活，都是需要勇气的。因为有勇气的人才能有尊严地实现其潜能，使人获得成长所需的基本价值。而在现代社会中，勇气的主要特点是和存在密切联系着的。概括而言，勇气在人格发展中有四种表现形式。

①真正的身体勇气，在美国主要指在西部边疆开发者的神话般传说中的那种勇气，即靠自力更生、靠个人奋斗而成功的勇气，它使人能忍受常人难以忍受的痛苦。

②道德勇气，它使人关注精神需要的满足，既能认识到自己的需要，体验到别人的痛苦，也能理智地承认自己有可能犯错误。

③社会勇气，指与其他社会成员建立联系的勇气。为了在社会生活中获得真正的友情，具有这种勇气的人甘愿冒着丧失自我的危险。

④创造的勇气，又称艺术的勇气，是一种能促使人与社会和谐共存、继续发展的新模式和新象征。人们无论从事哪一种工作，都或多或少地需要创造的勇气。罗洛·梅出于对艺术事业的偏爱，认为最有创造性勇气的人应该是艺术家，他们能通过自己的想象创造新的模式。但普通人若能欣赏艺术家的作品，并从中获得某种启示与灵感，这也是一种创造性的行为。

罗洛·梅强调，生活的价值在于使自己成为一个有创造性勇气的人。他坚信，我们越是有意识地指导自己的生命，并根据我们独特的心理发展水平而做出负责任的选择，那么我们的人格发展就越有建设性，就越接近诚实、整合、勇气和爱的最终标准。

4. 力量是形成善恶人格的基础

罗洛·梅对人类本性持善恶共存的观点，但他又认为人性是人的力量的反映，而力量则是使人进行生命的选择、确定人格善恶的基础。为了说明力量对人格发展的作用，罗洛·梅对力量的水平做了划分。

①存在的力量。在儿童身上表现为提出自己的要求，把渴望获得作为一种反应。在人的一生中，这种力量驱使人不断地实现自己的需要，直到生命的终结。

②自我肯定的力量，伴随着自我意识的发展而产生。在生活中，我们寻求自尊，希望得到社会的认可，获得意义。这会使人形成一种坚定的自信，即相信自己是有价值的。在这一方面，父母的教诲和外界的强化都有助于这种力量的形成。

③自我主张的力量。这是当自我肯定受到他人力量的阻碍时所表现出来的一种较强烈的反应形式，是人格不愿意屈服于外界压力的象征。

④攻击的力量。当自我主张的力量长期受压抑时，人就会转向攻击，表现为攫取别人的东西并声称那是自己的。长期否认和压抑攻击的力量会使人的自我意识减

弱，造成神经症、精神病或暴力。

⑤暴力。长期的压抑会使人产生无力量感，从而引发持续的焦虑，使人感到空虚。为了弥补空虚，许多人往往在暴力中寻求解脱。因此，暴力实际上是无力量的表现，而无力量是由社会不公、生活无意义和人际疏远引起的。

四、评价

(一) 贡献

罗洛·梅结合自己的人生体验和心理治疗实践，以一系列富有影响力的理论著述，创建了美国的存在主义心理学。他对人类本性的探讨，对人生意义和价值观的研究，对人格和心理治疗的阐释，都与人本主义心理学的基本观点一致，因此他被公认为是人本主义心理学中提倡自我选择的存在倾向的主要代表，其存在心理学成为人本主义心理学的重要组成部分，他本人也成为人本主义心理学运动的主要领导者之一。罗洛·梅的存在主义心理学的主要贡献表现在以下几个方面。

1. 促进存在主义心理学在美国的发展

存在主义心理学是 20 世纪 30 年代在欧洲发展起来的，到 20 世纪 50 年代主要通过罗洛·梅的努力而在美国心理学中产生影响，其明显的标志是 1958 年罗洛·梅等人合作主编的《存在：精神病学与心理学的一种新维度》的出版。罗洛·梅在书中详尽地分析了存在主义心理学的起源及其意义，探讨了存在心理治疗的作用，批评了来自美国的一些传统思想对存在主义

心理学的阻碍，阐发了他对存在主义心理学的赞赏之情。该书的出版促进了存在主义心理学和存在心理治疗在美国的迅速传播，使之成为美国心理学特别是心理治疗中的一支重要力量。

2. 开创人本主义心理学中的一种新取向

罗洛·梅创立的美国存在心理学，在基本观点上与人本主义心理学非常一致，因而受到人本主义心理学家的重视和欢迎。1959 年，罗洛·梅在辛辛那提同马斯洛、奥尔波特、凯利、墨菲、罗杰斯等人共同出席了第一届存在主义心理学研讨会，使存在主义心理学开始与人本主义相结合。这不仅壮大了存在主义心理学的影响，同时也增强了人本主义心理学的势力。近年来，罗洛·梅被公认为是人本主义心理学的"三领袖"之一。他的自由选择论的存在心理学已成为人本主义心理学中的两种主要取向之一。另一种取向是以马斯洛、罗杰斯为代表的自我实现理论。

3. 丰富人格心理学理论

罗洛·梅对人格的研究始于 20 世纪 30 年代，到 20 世纪 60 年代末基本形成完整的人格理论。他从存在的本体论出发，阐述了构成人格的六大基本特征，探讨了人的存在感、自我意识、价值观、社会整合、自由选择等人格概念，从理论与实际生活的结合上分析了现代人的人格形成、发展、病变和诊治的一系列过程。他强调对人格进行完整的分析，关注人生存于世界上的三种方式，重视自我意识在促进人格发展中的作用，这些都促进了人格心理

学的研究，丰富了人格心理学的理论。

4. 深化心理治疗的理论和实践

罗洛·梅毕生致力于心理治疗的理论建设和临床实践。在理论上他开创了存在心理治疗取向，受到了当代许多临床心理学家的欢迎。存在心理治疗的许多概念，如存在感、真诚、人类困境、正常焦虑和神经症焦虑、罪疚感等，在临床心理治疗中比较真实有效。在治疗实践中，罗洛·梅提倡治疗过程中的理解，通过医患之间动力性的交往关系，帮助病人理解其现实存在。存在心理治疗以帮助病人认识和体验他自己的存在为目标，以加强病人的自我意识，协助病人自我发展、自我实现为己任。它把心理治疗与人生的意义等重大问题联系了起来，目的是提高病人面对现实的勇气和责任感。罗洛·梅的存在心理治疗与罗杰斯的来访者中心疗法一样，成为临床心理治疗的重要方法。

(二) 局限

当然，罗洛·梅的存在主义心理学的局限性也是显而易见的，具体表现在如下几个方面。

1. 理论缺乏可验证性

罗洛·梅看到了行为主义只强调客观实证性而不得不减缩心理学的研究对象这一弊端，转而研究个人的内在经验，与此相应，提倡现象学的分析和经验描述的方法。这种方法对于理解人性、了解人的内心世界具有特殊的优越性和积极的意义。但是，通过主观性、经验性的描述和直觉经验所得出的结论难于进行科学验证，从而降低了其理论的科学性。

2. 方法的局限性导致其理论体系不够严密，概念缺乏准确性

罗洛·梅的存在心理学理论由一系列联系非常松散的观点组成，难以进行系统的科学分析，使该理论非常混杂和粗糙，也为人们从整体上把握他的思想带来困难。他使用的概念往往缺乏严格的界定，而且在不同的著作中经常加以任意的解释，使人难以从整体上把握其含义。

3. 理论带有浓厚的哲学思辨和宗教神秘主义色彩

罗洛·梅深受现象学和存在主义哲学的影响，他的许多概念和基本观点都来自存在主义哲学。他对人的基本特征的论述带有明显的主观、思辨性。此外，罗洛·梅虽然看到了罪疚感、紧张状态的积极方面，并把它们视为人格发展的动力，但是当他把这种紧张状态归因于宗教时，又不免落入神秘主义的窠臼。这一切导致他走向了非理性主义。

第七节 超个人心理学

人本主义心理学自 20 世纪 50 年代兴起以来，经过 20 世纪六七十年代的迅猛发展，终于成为一支队伍庞大、理论深厚的重要的心理学力量，被称为心理学的第三势力。在今天的西方心理学中，它与认知心理学平分秋色。认知心理学在实验心理学中占据支配地位，而人本主义心理学则在临床领域处于优势地位。而且由于人本主义心理学对人的价值与尊严的强调和对人类生活意义的关心，人本主义心理学逐渐渗透到心理学的各个领域，并为大多数心理学家所接受。另外，由于人本主义心理学过于强调个人的自我实现和自我选择，忽视社会发展和社会实现对个人自我实现的决定性意义，人本主义心理学内部出现了分化，超个人心理学就是从其内部发展起来的一个新的心理学派别。

超个人心理学又称超现实心理学或心理学的第四势力。它于 20 世纪 60 年代末兴起，创始人是马斯洛、萨蒂奇等人。因此，超个人心理学与人本主义心理学是同源同祖的一个新兴学派，是人本主义心理学发展到一定程度之后的必然转向。

一、超个人心理学的产生

如前所述，人本主义心理学主张心理学应关心人的需要和兴趣，帮助人实现自我的潜能和价值。在人本主义心理学家看来，人的最终目的是自我实现，理想人格就是自我实现者。自我实现是人类的最高

动机。然而人本主义心理学不是从人类社会发展的高度去考察人的动机发展的，而是片面强调自我实现中个人的力量，渗透着个人本位主义的精神。这导致它无法解释人类为真理而献身的崇高的精神和行为。马斯洛晚年已认识到这一问题，因而与萨蒂奇酝酿建立一种超越自我现实的新理论模式，以弥补从个人出发的动机论的不足。马斯洛在去世的前一年修改了他的需要层次论，在自我实现的需要之上添加了超越性的需要。

在 20 世纪六七十年代，以认知心理学为代表的主流心理学依然排斥对超个人的或神秘体验的研究。它们要么认为这类研究毫无意义，要么斥之为病态的或宗教的，否认神秘体验中也存在着科学真理。同时，伴随着人格的毕生发展观的提出以及对心理健康的重视，许多具有超个人心理学思想的人力图寻求使人健康长寿、达到超凡脱俗境界的方法。这就为"神入""极乐"等神秘体验的研究打开了方便之门。

基于主流心理学和人本主义心理学的局限性以及对神秘体验和超越现象的热衷，马斯洛、萨蒂奇、格罗夫（Grof）等人在多次研究商讨的基础上决定建立"第四种心理学"，即超个人心理学。1969 年春，《超个人心理学杂志》正式创刊。1971 年，酝酿已久的超个人心理学会建立。其主要代表人物除上述三人之外，还有塔尔特（Tart）、沃什（Walsh）、维尔伯（Wilber）、克瑞普纳（Krippner）。超个人心理学的研究主要集中在沉思、瑜伽、意识状态的转换等方面。有关超个人心理学的代

表性著作有塔尔特主编的《超个人心理学》（1975）、沃什和沃汉（Vaughan）主编的《超越自我：超越个人维度的心理学》（1980）、维尔伯著的《意识谱》（1977）、克瑞普纳的《心灵学研究的进展》等。此外，在《人本主义心理学杂志》《超个人心理学杂志》《人本主义心理学家杂志》《人格与社会心理学杂志》《社会行为与人格杂志》等刊物上已有数万篇有关超个人心理学的文章发表，内容涉及理论研究、心理治疗、沉思训练及教育应用等。

超个人心理学的理论中包含着许多来自东方哲学和宗教中的术语，如"入定""瑜伽""禅悟"等，表现出东方文化对超个人心理学的影响。实际上，在第二次世界大战之后，经历了朝鲜战争和越南战争，美国人似乎在心理上失去了信心，开始向欧洲和亚洲寻找人文典范。印度的瑜伽，中国的儒家思想、道教思想和佛教思想，都开始在西方传播。由于东方文化注重灵性的修持和个人意识的超越，强调以静制动、天人合一，这些思想相对于西方心理学的科学主义传统来说是一种全新的思路，引起了西方心理学家的极大兴趣。罗杰斯就坦承他的来访者中心疗法受了中国道教中老子的"无为而治"思想的启发。从东方文化的神秘思想中，超个人心理学发现了许多启发灵性、放松身心、调整情绪、锻炼意志和提升意识状态、导向高峰体验等超个人体验的方法。这些方法被融入超个人心理学的研究中。因而有学者认为，超个人心理学融合了西方科学和东方智慧，是东西方文化相结合的产物。

二、超个人心理学的基本观点

（一）研究对象

从字义上讲，"超个人"意味着超越个体的自我、人格或意识。它指的是从意识上突破或超越时空的限制和自我的疆界。它关心的是那些与"终极的人类能力或潜能"有关的心理学方面的内容。萨蒂奇在为超个人心理学下定义时明确阐明了超个人心理学的研究对象。他是这样说的：

这种新出现的超个人心理学特别关注对成长、个人和种族的超越需要、终极价值、统一的意识、高峰体验、存在价值、神入、神秘体验、敬畏、存在、自我实现、本质、极乐、惊叹、终极意义、超越自我、精神、一体性、宇宙意识、个人与种族的协同一致、最高的人际了解、日常生活的神圣化、超越现象、宇宙的自我幽默与嬉戏、最高的觉知、反应与表达，以及相关的概念、经验和活动等实证的和科学的研究，对它们的认真贯彻实施和研究发现。（杨鑫辉，2000，p.384）

从超个人心理学的研究对象可以看出，它关注的是那些被主流心理学所抛弃但对个人的发展又至关重要的信念系统和价值观。这些现象过去常常被各种宗教和神秘主义观点依据各自的需要而任意解释。超个人心理学认为，信念系统是非常重要的，因为它超越了自我，包含着使个人、群体与社会的目标相认同的更大的价值观，它们对于全面发展的、毫无私欲的人类存在常常是一种推动，而且这些现象在日常生活中，如在梦境、入定、催眠、沉思和药物、酒精等的作用下，都曾经发生过，科学的心理学不去研究，那就只能留给宗教和神学，由它们去做"伪科学"的任意解释。因此，许多超个人心理学家认为，如果我们想要拥有一种关于人类经验和行为的全面的心理学，我们就必须对这些现象进行认真的考察和研究。

（二）基本方法论立场

由于其研究对象的特殊性，超个人心理学的研究方法与以往的主流心理学存在很大的不同。指导超个人心理学研究的方法论立场表现为如下几个方面。

1. 多元化的方法论

超个人心理学是以对象为中心，以方法为研究对象服务，只要有助于解决超个人视野的问题，无论是定量还是定性的研究，无论是客观的数据测量还是主观的自我报告，均可采用。所以在方法论上，超个人心理学不再是自然科学取向的，而是开放地研究一切经验。

2. 多学科性

超个人心理学的研究必须依赖生物学、人类学、社会学、文学和神学等多学科领域的方法、发现和传统。艺术家、作家、诗人、神经化学家和统计学家在这个领域都可以用各自的方式作出同样重大的贡献。每个学科都可能提供不同的关于人的心灵的观点和方法。

3. 跨文化性

超个人心理学的出现本身就是心理学跨文化交流的结果。超个人心理学家反对现代心理学和精神医学中普遍存在的西方优越论的倾向，一开始就有明确的各民族文化平等的意识，并试图整合不同文化在有关增进对人性的理解、提升人的精神品质、解决各种病痛等方面的知识和智慧。

4. 整合性

超个人心理学认为，人的发展通常要经过前个人（前自我、前理性）、个人（自我、理性）到超个人（超自我、超理性）的发展阶段或水平，发展的障碍或病理现象可能出现在任何阶段或水平上，这就是生物—心理—社会—精神连续体模型。充分有效的理论与治疗系统在所有的发展阶段或水平上都能有效地解决病理学和治疗学的问题，包括能促进人的身体、心理和精神的发展。西方传统心理学特别集中于前个人和个人水平，而东方的传统则侧重于超个人的水平。超个人心理学的任务就是将这两种传统加以整合。它提供了一种整合有关人的理论和各种临床方法的统一架构。

（三）研究的主要特色

1. 关注健康人的神秘体验

超个人心理学的研究主题是与人类的高度健康和幸福有密切关系的超个人体验与行为，如在高峰体验、沉思、瑜伽和转换意识状态下产生的内心体验，在幻觉甚至药物引起的强烈内心体验中出现的超乎寻常的心理现象。这些现象不仅过去存在，在超个人心理学的研究中也经常出现。他们认为这些现象对人的身心健康极其重要，而且这些现象的存在表明人类有许多尚未开发的潜能。因此，超个人心理学试图通过对这些现象的研究探讨人类的潜能和存在价值，使人成为以宇宙为中心的超越当前意识状态的、高度健康和自我实现的人。

2. 采用科学方法进行训练和验证

尽管超个人心理学的研究对象是超个人的和神秘的，但是在研究方法上却是多元的，它尤其希望用西方的科学方法来证明这些超个人的精神现象。目前，超个人心理学已在心理学、生理学、物理学和化学等领域发现了一些支持性的证据。例如，在心理学方面，通过意识训练的方法来控制自主神经系统和躯体过程，改善心率、血压、胃肠活动和激素分泌等，沉思训练可以减轻焦虑、减少吸毒、增加知觉的敏感性等；在化学方面，沉思还可引起肾上腺素和肾上腺皮质激素的变化，从而改变人的应激反应；在物理学方面，量子力学已证明确实存在着"共时性"现象，远距离相关实验证明宇宙间的一切事物（包括人类）之间可能都存在着某种看不见的联系。总之，超个人心理学力图运用各种可行的方法对超个人的心理现象进行科学的验证，旨在证明这些现象的真实性和科学性，并探讨其科学机制，以促进人类身心健康状况的改善。

3. 提倡心理学理论体系的整合

超个人心理学非常关注不同的心理学理论体系的整合。在它看来，人类是相当复杂的，谁也没有理由假设只用一种简单的心理学理论就能把人类的全部复杂性包揽无余。这就像盲人摸象，每一种理论体系可能只拥有关于人类本性的一种有价值的但却片面的观点。因此，各学派和理论

体系之间的整合才能构成对人类本性的完整理解。一些超个人心理学家提出了这种整合的设想，并提出了整合的三条途径：第一条途径是科学实证和理性思维的整合，即主张运用感官观察、数据测量和分析，对各种主客观心理现象进行科学的验证和尽可能科学的理性探讨；第二条途径是内省观察、现象学分析和动力心理学的整合，即主张运用描述分析、心理治疗的手段对那些暂时不能进行实证研究的现象（动机、意象等）进行理论的和主观的阐述；第三条途径是东方智慧和西方超个人研究的整合，即通过对东方的佛教、瑜伽、道家学说等的研究，结合西方科学训练方法，探讨各种超越现象和超个人体验，以弥补西方心理学研究的不足。这三条整合途径同时也概括地反映了超个人心理学研究的当前趋势。

三、超个人心理学的发展困境

超个人心理学是在人本主义心理学的框架内发展起来的，因此它同人本主义心理学有着必然的联系，但同时也有着明显的不同，主要表现为人本主义心理学强调自我实现的需要，把自我置于其理论的核心，而超个人心理学强调超越性需要，进入超越自我的"大我"或"无我"状态。简言之，如果说人本主义心理学是渴望以人为中心、崇尚自由和尊严的心理学，那么超个人心理学则是以宇宙为中心、超越人类和人性的心理学。超个人心理学强调把超越自我或自我超越作为一种高级价值

的社会意义。达到这一境界的人被认为是由忘我服务精神所推动的。他同情他人的处境，能对他人的需要提供无私的帮助，能改善和创造良好的人际关系。由于自我中心意识的消除，"我"和非我的界限完全被突破，这样的人将更关心社会利益，直至达到和全人类、全宇宙的认同。超个人心理学反映了在人性扭曲和人性异化的社会里人们对人性净化和进化的渴望，也符合了人性由低级向高级发展的规律。

但是，超个人心理学组织毕竟尚处于初创时期，既没有形成完整的理论体系，也没有确定和成熟的研究内容，特别是在许多问题上缺乏实证研究和科学的检验。超个人心理学的研究资料大多来自研究者的个人体验，而个人体验在科学领域是没有位置的。因此，超个人心理学若想在科学中获得稳固的地位，成为综合东方文明和西方科学的规范学科，它就必须解决这一严肃的问题。另外，超个人心理学对神秘经验的研究引起了众多爱好者的兴趣。报刊也把它作为一个时尚的话题。一些自诩为超个人心理学家的人在书刊上大谈特谈所谓超个人经验。这给人的误解是超个人心理学不是一门科学，而是一种宗教迷信。因此，超个人心理学在赢得大众支持的同时还要设法树立自己的科学形象。

由于超个人心理学的神秘化倾向以及大众对它的误解，超个人心理学的发展也给人本主义心理学带来一种危机。人本主义心理学理论概念的主观色彩本来就与西方主流心理学格格不入，现在，超个人心理学的出现及其更加神秘的色彩使得人本主义心理学同主流心理学的距离愈加遥远。

本章思考题

1. 人本主义心理学为何又称为心理学的第三势力？

2. 简要阐述人本主义心理学基本观点。

3. 概述马斯洛的需要层次论。

4. 列出马斯洛所找到的自我实现者的特征。

5. 简述罗杰斯的"无条件积极关注"的思想。

6. 何谓机能完善者？其特征是什么？

7. 罗洛·梅怎样看待人的存在状态？

8. 比较马斯洛、罗杰斯和罗洛·梅的健康人格观。

9. 超个人心理学是如何出现的？

10. 超个人心理学的主要特色是什么？

第十六章
信息加工认知心理学

现代认知心理学是 20 世纪 50 年代中期在西方兴起的一种心理学思潮和研究领域，20 世纪 70 年代成为西方心理学的一个主要方向。它把以往被行为主义排挤到后台的人的高级心理过程（主要是认知过程）重新拉回到心理学研究的前台，注重对注意、知觉、表象、记忆、思维和语言等高级心理过程的研究，从而兴起了心理学中的"认知革命"。现代认知心理学产生伊始就存在着不同的研究路径和观点，但占据主流地位的是信息加工和联结主义两种研究取向。这两种研究取向均将心理模型建立在计算机科学这一新的技术背景之上，在揭示人的心理实质等方面作出了重要贡献。由于 20 世纪 80 年代之前，信息加工取向的认知心理学在现代认知心理学中居于核心和支配地位，因此本章主要介绍和分析信息加工认知心理学的一些基本问题。

第一节 信息加工认知心理学产生的背景

信息加工认知心理学集中于认知过程的研究，与认知理论有着密切的联系，自然也和其他心理学思想一样源远流长。它的产生既有哲学的原因、心理学的原因，又有其他相关学科的原因。在此部分我们主要分析其产生的各种背景。

一、哲学背景

有关人类认识或认知过程的探讨在科学心理学产生之前就已经存在于哲学的认识论中，因此研究信息加工认知心理学的背景离不开分析对其具有各种影响的哲学背景。

(一) 亚里士多德和柏拉图的研究

在古希腊时代，亚里士多德和柏拉图等学者就对认识的起源及其性质进行过探讨，并在记忆和思维等问题的研究上阐发了不同的观点。虽然从现代科学的角度来看这些观点简单且不成体系，但却导致了认识论发展史上的经验论与唯理论之争，对现代信息加工心理学产生了间接的影响。

(二) 经验论与唯理论

经验论和唯理论是欧洲哲学史上的两大流派，它们在知识的起源和知识的性质等问题上针锋相对，其影响一直持续到今天。

经验论主张人的一切知识均来源于经验，经验是知识的唯一源泉。经验论的著名代表人物洛克主张人的心灵就像一块白板，上面没有任何痕迹，一切观念都是后天获得的。感觉经验给人提供了简单观念，通过联想，简单观念就可以组成复杂观念。现代信息加工认知心理学家就受到了联想原理的启发，以至于有些学者把认知心理学称为现代联想主义心理学。

唯理论的代表人物笛卡尔贬低感觉经验、抬高理性能力，主张"天赋观念说"，认为认识就是靠理性的直观去发现"清楚明白"的天赋观念。其观点对现代认知心理学有直接的影响。乔姆斯基（Chomsky）在解释语言的获得时，提出人先天具有一种语法的转换生成结构，这一结构可以解释儿童的语言获得。乔姆斯基的观点可以看作唯理论在信息加工认知心理学中的继续。

虽然这些论辩的核心都是哲学的，但它们常常滑入关于人的认知的心理学构想。在这一长期的论争中，"奇怪的是并没有与此相伴的想用科学的方法来了解人的认知的企图"，这是由我们对我们自己和我们自己的本性所持的自我中心的、神秘的和混乱的态度导致的。（Anderson，1980，p.8）

(三) 康德哲学思想的影响

康德认为任何知识都是由质料和形式两种成分构成的。质料是从经验中产生的，而形式则是先验的，是头脑中固有的。质料只有依靠这种先天的范畴的整理才具有规律性和可靠性。康德的这一思想不仅影响了皮亚杰，而且影响了信息加工认知心理学。信息加工认知心理学家所假设的认知结构与康德的理性范畴具有类似的功能。

在认知心理学兴起的过程中，各种哲学思想都是相互交织在一起而对其产生影响的。虽然唯理论在纠正和否定心理学中的还原论和机械论等方面曾起过重要作用，但从更一般的意义上来分析，对认知心理学的产生发挥重要影响的哲学思想当首推经验主义。按照经验主义取向进行研究的认知心理学主要是实证性的，这与自然科学的方法论基本一致。近代西方心理学正是在经验主义科学观和方法论的指导下走上了科学的发展道路。

二、心理学背景

信息加工认知心理学是现代心理学自身发展和矛盾运动的自然结果。它与早期实验心理学、格式塔心理学、行为主义和皮亚杰的发生认识论都有着广泛的联系。

（一）早期实验心理学的影响

信息加工认知心理学继承和发展了早期实验心理学的研究精神、方法和课题。科学心理学的鼻祖冯特在创建实验心理学时，就立志要以自然科学的方法来研究心理学的问题。他以意识经验为心理学的研究对象，以实验内省法为心理学的主要研究方法，对感知觉、反应时、注意等问题进行了卓越的实验研究。"现代认知心理学继承和发展了早期实验心理学这一研究传统，例如，反应时的实验便是现代认知心

理学研究的主要课题之一。"（叶浩生，1998，p. 498）因此，一些心理学家认为信息加工认知心理学是实验心理学在推翻行为主义的统治后向早期实验心理学的回归，这不是没有道理的。信息加工认知心理学家批判性地改造了实验内省法，并在此基础上提出了口述报告法或出声思考法，即要求被试通过原始性的口头陈述来报告思考时的内部信息加工，特别是短时记忆中的内容。信息加工认知心理学家内克森（Ericsson）、西蒙（Simon）等人对口述报告的记录采用了多种分析技术，在认知研究方面取得了一定的成就（Ericsson & Simon，1980）。詹姆士关于两种记忆系统（初级记忆和次级记忆）的提法，今天已成为认知心理学关于记忆研究的基础。

（二）格式塔心理学的影响

格式塔心理学兴起于 20 世纪初期。它是一种反对元素分析而强调整体组织的心理学体系。对似动现象的研究是格式塔心理学的经典实验。格式塔心理学强调经验的整体性，认为整体是不可分析为元素的，整体不等于部分的总和，而是先于部分并决定各部分的性质和意义。格式塔心理学以格式塔原则来解释知觉、学习、记忆和思维等心理过程。这种研究倾向对信息加工认知心理学也产生了一定的影响。

信息加工认知心理学也特别强调研究的整体性和心理的内部机制，其重要特点就是把以前那种以心理物理实验为基础的研究转向心理的内部机制，注重信息的破译、编码和整合，强调内部心理活动之间

的相互联系，采用模拟的方法进行综合性研究，这与格式塔心理学的观点是一脉相承的。格式塔心理学主张研究直接的生活经验，主张把直接的生活经验材料与实验资料结合起来，重视观察者对自己知觉内容的直接描述等。这既不同于冯特和铁钦纳只承认经过严格训练的被试的内省，也不同于行为主义只重视实验室实验的做法，却与认知心理学的基本观点相一致。在具体的研究领域上，信息加工认知心理学主要对信息的接受、编码、存储等过程进行研究，涉及表征、注意、记忆、理解问题和创造性思维等认知过程的研究，这与格式塔心理学更为接近。虽然格式塔心理学对认知心理学具有显著的影响，但由于格式塔心理学的组织原则主要局限于知觉领域，因此无法解决人的复杂的意向活动和认知活动。此外，格式塔心理学既强调内部完形的整体性，又强调现场的直接观察经验，因此也难以深入分析直接经验与内部心理结构的作用机制。信息加工认知心理学在吸收格式塔心理学研究成果的同时，也从其局限性中受到启示，从而在研究中避免这种局限性。

（三）行为主义心理学的影响

虽然信息加工认知心理学是以反对行为主义起家的，但它却同行为主义有着千丝万缕的联系。可以这样说，信息加工认知心理学从研究对象上对行为主义进行了否定，但在方法上则是对行为主义特别是放弃了极端观点的新行为主义的继承和发展。虽然"中介行为主义在 20 世纪 50 年

代是一个主要的理论观点，但它最终证明是连接 20 世纪 30 至 40 年代推论行为主义和 20 世纪 80 年代推论行为主义（认知心理学）的一座桥梁"。（黎黑，1998，p. 706）近年来，认知心理学已不再仅仅专注于内部心理过程的研究，也注意了对行为的研究，这是因为，在一般情况下，人们是使用从环境中获得的信息并结合记忆内存储的东西来指导未来的行为并塑造生活环境的。

信息加工认知心理学在研究方法上继承和发展了行为主义研究的客观性原则，在新行为主义的刺激（S）—中间变量（O）—反应（R）的研究模式的基础上提出了输入—内部信息加工—输出这种可与计算机的操作相类比的认知模式，从而保持了对心理过程探讨的可操作性，使其研究体现出客观性。新行为主义者托尔曼所倡导的目标—对象手段的整体行为观和带有认知综合特征的目的行为主义，以及班图拉的认知行为主义对信息加工认知心理学的兴起产生了一定的影响。特别是由于托尔曼提出了 S—O—R 的研究模式，并以"认知地图"的形成来解释行为的变化，因而被某些心理学家尊奉为信息加工认知心理学的"开山鼻祖"。由此，我们更能看出信息加工认知心理学与行为主义的联系，"信息加工心理学对行为主义理论不是简单地反对和拒绝，而是在否定层次上的扬弃和继承。"（叶浩生，1998，p. 500）

虽然早期实验心理学的心理主义倾向被行为主义切断了将近半个世纪之久，但认知心理学却延续了这一方向，同时又保

持了新行为主义的严格的假设演绎法，增加了机器模拟法，这就在认知过程的分析方面扩大了研究课题的范围。

（四）皮亚杰学派的影响

美国心理学史家黎黑把认知心理学概括为三种模式：一是以心理逻辑结构的演变来解释行为发展的新结构主义；二是把人看成是信息加工系统、研究人如何接受、编码、操作、提取和利用信息的信息加工模式；三是复活了符兹堡学派有关无意象思维的研究，强调以非联想的原则解释记忆和思维的新心理主义。皮亚杰的心理学理论显然属于广义的认知心理学范畴。

在对待行为主义的态度上，皮亚杰理论与信息加工认知心理学也有一定的共同性。皮亚杰用相互作用的"S△R"来代替单向活动模式，并进一步提出了"S—AT—R"公式，认为刺激是被纳入同化结构而引起反应的；信息加工认知心理学则提出输入—内部加工—输出的模式。但是，皮亚杰更多地受到生物学机能主义的影响，信息加工心理学则更受计算机功能类比的启示，它们是两种不同的认知心理学发展模式，在研究领域、实验操作方法、成果表述方面很少有相同之处。

皮亚杰提出"先天图式"的概念，强调认知结构是在不断同化和顺应的过程中得到发展的；信息加工认知心理学与此极为相似，认为人的信息加工不是一种简单的刺激—反应过程，而是在一定的认知结构中的信息加工，强调认知模型、心理定势在信息选择、接受、编码中的积极作用。

而且信息加工认知心理学家采纳了皮亚杰提出的先天图式的概念，并将其看作一种信息加工机制。信息加工认知心理学家对认知结构重要性的强调正是受了皮亚杰的启发。

三、其他相关学科背景

20世纪50年代以后出现了一些新兴学科，如计算机科学、信息论、控制论、语言学、逻辑学等，这些新兴学科对于信息加工认知心理学的兴起和迅速发展起了很大的促进作用。

（一）计算机科学的影响

计算机科学是信息加工认知心理学产生的最为重要的外部条件，对认知心理学的发展具有深远的影响。计算机科学与心理学相结合，使人们找到了分析人的内部心理过程和状态的新途径。奈塞1967年在《认知心理学》一书中说过，计算机出现后，对内部心理过程和状态的分析，便突然不再是某种可疑的或矛盾的事情了。(Neisser, 1977, pp. 6-9)

计算机科学对信息加工心理学的形成和发展起到了决定性的作用，尤其是图灵(Turing)的工作对于人们怎样对智能进行分析和研究的影响是巨大的。在漫长的历史长河中，人类对智能本质的探索一直没有停止过，计算机的诞生使人们对智能的理解进入了新的阶段。如果我们承认计算机具有智能的话，那么智能就可以理解为是对符号的处理和计算。图灵的工作从两个方面——图灵机和图灵检验——支持了这一观点。计算机主要是模拟人脑的工作机制，以符号的形式接受、编码、储存和利用信息，表现出一定的智能。它是科学家以机器模拟人脑工作原理的产物，但它一经出现，就使心理学家意识到可以用计算机的信息加工系统为模型，把人脑的工作也看作符号操作系统。信息加工认知心理学家之所以用计算机来模拟人的认知过程，是因为他们看到人脑与计算机在处理符号的功能方面有许多惊人的相似之处。计算机的控制部分控制整个计算过程的操作，从输入、存储、逻辑运算到输出。信息加工认知心理学家认为人的心理过程也是一种输入、编码、输出的信息加工过程。因此，用计算机类比和模拟人的认知过程是完全可行的。但是我们也必须看到，计算机的结构与人脑的结构是完全不同的，它们的相似之处仅仅是指其工作机理，即信息加工的原则是一致的。

计算机与人脑的工作机理的一致性，使计算机成为信息加工认知心理学的重要研究工具。利用这一工具，信息加工认知心理学家对思维的成果进行了广泛的实验验证。这个仅是方法论上的突破，更是理论的创新。因为在此之前，思维的研究只能在内省的范畴内进行；计算机模拟研究的客观性，使信息加工认知心理学家克服了以往研究的缺陷，对很多过去难以研究的心理学问题，如概念形成、问题解决、创造性思维等展开了广泛的研究。由此可见，计算机科学与心理学的结合，导致了信息加工认知心理学的产生。

（二）形式逻辑和数理逻辑的影响

形式逻辑和数理逻辑的最大特点是可以脱离具体的内容，以符号的形式研究逻辑的规律。这些研究表明，任何一个概念或内容都可以用符号来表示。这就启示心理学家可以应用符号来代表思维的基本内容，根据一定的程序进行符号运算，这对思维的研究具有深刻的意义。但是，逻辑学家对符号的应用并没有停留在符号的精确使用上，而是进一步探索了符号的加工系统。

图灵等学者的研究表明，能够以明确、具体的过程而不是以不可捉摸的抽象的术语去描述符号和对符号进行操作，能够像处理物理的东西那样处理形式逻辑的抽象符号，即可以对它们复制、转换、重新安排，这样符号和对符号的操作就成了可以进行研究的对象。一些心理学家由此得到这样的启示：既能够用符号表示人的观念，也能精确地说明对这些符号的操作。既然如此，心理学就能对心理过程做出精确的理论阐述。由此就出现了这种观点，即可以在形式上把人脑看作是符号操作系统。这种观点是由西蒙和纽威尔（Newell）提出的信息加工认知心理学的基本观点，但在这种观点出现之前，计算机已被广泛地看作一种通用目的的符号操作系统。西蒙和纽威尔接受了这种观念并在此基础上进一步阐发了自己的观点，即把计算机和人脑的内部工作都看作符号操作系统，这就是以信息加工的观点研究人的认知过程的信息加工认知心理学的重要开端。数理逻辑和图灵的有关理论和思想不仅在理论上而且在具体研究上对认知心理学都有重要的作用。

（三）心理语言学的影响

心理语言学特别是乔姆斯基的语言学理论对信息加工认知心理学的兴起和发展产生了重要影响。

在构思一个分析语言结构的模型时，乔姆斯基发现用行为主义的强化原理根本不能解释语言能力的获得过程，为此他批评了斯金纳的语言强化说。他认为语言的获得是非常复杂的，是难以运用强化、分化、消退和泛化等简单原则来解释的。他坚持认为"如果试图以严格的技术意义来使用斯金纳的术语，则可以看出这些术语不适用于解释语言；而如果以隐喻的方式沿用这种术语，它们就变得非常含混，以致对于传统的语言观念毫无改进"。（黎黑，1990，p.450）

乔姆斯基提出了著名的转换生成语法理论，把句子的结构划分为表层结构和深层结构，认为表层结构是表达意义的语言形式，是由词法、句法构成的单词之间的联系，而深层结构指的则是句子的意义，表示的是一种内在的、潜伏的、抽象的逻辑和语义表征。此外，乔姆斯基还区分了语言能力和语言操作。他认为语言能力是指一个人对语言规则的知识，而语言操作则是实际的话语；语言能力不是后天学习的结果，其主要成分是天赋的，正因为如此，人们才有可能在语言关键期的几年内使母语的听说能力获得迅速发展。乔姆斯基认为，行为主义的语言学理论之所以面临困难，就是因为它只注意到语言的实际操作和句子的表层结构，忽视了语言能力和句子的深层意义。因此，行为主义的语言学理论是不能解释语言的快速获得的，这样就动摇了行为主义的根基，促使实验心理学由行为主义向信息加工认知心理学的转变。另外，由于语言与认知、思维等问题密切相关，语言又是认知研究的一个重要方面，因此心理语言学的进展必然推动信息加工认知心理学的发展。

（四）系统论、信息论和控制论的影响

系统论、信息论和控制论对信息加工认知心理学的影响可以归纳为两个方面：一是启发认知心理学家从系统、信息、控制的角度来研究人脑内部的信息加工过程；另一方面是信息加工认知心理学从这些理论中借用了很多术语。

从系统论的观点来看，人是物质、生命、社会三大系统的要素。人既是不断地与外界进行物质、能量、信息交换的开放系统，也是随着时间和经验的改变而不断变化的动态系统，还是具有自我意识，能主动适应和改造环境的主动系统。这些系统特征决定了人的内部世界的复杂性。

信息论的创始人申农（Shannon）把通讯看作信息在有噪声的通道中进行传递的过程。他发展的一套关于通讯的数学理论，被称为信息论。根据这一理论，非但雷达等电子设备可以被看作信息发出、转换和接收的设备，人也可以被看作信息处理器。在这种理论的影响下，心理学家开始运用信息加工的观点来处理人的知觉和

注意以及信息通道等心理学问题，这种研究显然属于信息加工认知心理学的范畴。

控制论的创始人是维纳。他把控制论定义为信息加工系统的结构和功能的研究。他试图通过这一研究去发现各种机械的和生物的系统是如何记录、加工和传递信息的。在控制论的研究中，维纳提出了伺服机制理论。这种伺服机制实际上是一种特殊的自动控制系统，可以把输入的信息同某个标准进行比较，如果两者之间存在差异，就可以激活某些机制，以便尝试纠正这两者的偏差，纠正以后的活动结果被反馈到该系统，以便再次进行比较。如果输入和标准之间的偏差仍然存在，那么纠正性的活动就再次被激活。这一过程一直持续到输入的信息与标准之间的偏差达到一个可接受的状态。控制论对信息加工认知心理学的启示就是把人脑看作一个伺服机制系统，通过这一系统的工作，实现对行为的调节。

第二节 信息加工认知心理学的基本观点

信息加工认知心理学是很多接受信息加工观点的美国心理学家在各自不同的具体研究领域中共同创立的一个心理学派别，因此虽然在某些具体研究和观点上有所不同，但在研究对象、原则方法等问题上却有很多一致之处，具体表现在以下几个方面：都以人的认知过程作为研究的对象；都把人看作类似于计算机的信息加工系统，试图用信息加工观点来说明各自的具体研究对象；在研究方法上也有共同之处。

一、信息加工认知心理学的研究对象

虽然信息加工认知心理学均以人的认知过程作为研究对象，但在对认知的理解上，不同的信息加工认知心理学家却有不同的看法，具体来说表现在以下几个方面。

（一）认知是信息的加工过程

目前，持这种观点的心理学家在信息加工认知心理学中占优势地位。他们认为认知就是刺激输入的变换、简化、加工、存储以及使用的过程，强调信息在体内的流动过程，并试图通过计算机程序来模拟人的认知过程。

（二）认知是问题解决

持这种观点的心理学家把问题解决作为认知的核心，认为认知是利用内部和外部信息解决问题的过程。由于这种观点把认知仅仅局限于问题解决领域，缩小了信息加工认知心理学的研究范围，因而遭到一些心理学家的反对。

（三）认知主要是指思维

持这种观点的心理学家认为认知主要就是指思维，包括言语思维、形象思维、概念形成及问题解决等。他们把思维作为主要的研究对象，以探索思维活动的特点、规律和模式作为根本任务。这种观点在信息加工认知心理学中占有很大一部分市场。

（四）认知是心理上的符号处理

持这种观点的心理学家把符号看作一种代表不同于自身的某种东西，或者说符号就是一种替代物。例如，语言是一种符号，它以词语或句子代表某些物体、事件或意义。音乐、数字、图画也是符号。此外，视觉映象、听觉表象和记忆表象也是符号的一种，因为它们代表着自身以外的某种东西。因此，相当一部分信息加工认知心理学家把心理上的符号处理作为认知的主要方式。

（五）认知是知觉、记忆、推理等活动组成的复杂系统

持这种观点的心理学家认为认知并不是一个单一的活动，而是由一组相关活动组成的复杂系统。在他们看来，信息加工认知心理学的研究范围包括了感知、模式识别、注意、记忆与学习、概念形成、表象与想象、言语与思维等。

这些不同的观点说明，尽管心理学家都试图用信息加工的观点研究人的认知过程，但对同一过程的理解则不完全相同，这些观点只是从一个方面或几个方面反映了认知的本质。综合这几种观点，我们可以说，信息加工认知心理学是以信息加工的模式研究人的认知过程，研究人们如何获得知识、储存知识、变换知识和利用知识的。这个过程包括了感知、语言、智力、表象、思维、推理、问题解决、概念形成、创造性等。

二、信息加工认知心理学的基本主张

（一）人是一种信息加工系统

信息加工认知心理学的基本隐喻是把人看作类似于计算机的信息加工系统，即人脑像电脑一样可以通过把仅有的几种操作作用于符号，加工的信息仍以符号形式贮存，加工的结构和过程可以直观地表示成流程图。人脑是一个信息加工系统，可以对表征信息的物理符号进行输入、编码、贮存、提取、复制和传递，而这一过程的完成是系列性的，不同的加工任务和加工阶段由不同的认知结构来完成。这些相对独立的认知结构前后连接，构成类似于人工智能机的人脑内部的"机器"。

信息加工系统也称为符号操作系统，主要由四部分组成，即感受器、效应器、处理器和记忆装置。其中，感受器是接受信息的装置，也就是感觉系统；加工器是整个信息加工系统的控制部分，决定着信息加工的目标、计划及计划的执行；记忆装置，主要是指永久性记忆，是信息加工系统的一个重要组成部分，其中存放大量的、由各种符号按照一定关系联结组成的符号结构，即信息；效应器是信息加工系

统对信息作出反应的部分，这是整个系统的最后结构和核心，控制着信息的输出。信息加工心理学就是研究信息在信息加工系统中的传递、转换、储存和作用机制，以揭开头脑"黑箱"内的活动。

受信息论和计算机科学的影响，信息加工认知心理学家认为，尽管计算机的硬件与人脑的神经结构不同，但却完全可以在计算机程序所表现的功能和人的认知过程之间进行类比，这是因为人脑的工作原理与计算机的工作原理是相同的，即人和计算机都是一种信息加工系统。这种系统把所处理的信息都看作符号信息，所有的记号、标志、语言、文字以及它们所描述的事物、现象、规律、理论等，都被看作符号结构，因而这个系统就是符号信息加工系统。既然人也是一种信息加工系统，因此，把人的认知过程和计算机进行功能比较，用计算机程序和语言来模拟人的认知过程就应该是比较合理的。

（二）强调知识对行为和认知活动的决定作用

信息加工认知心理学的另一基本观点是强调人脑中已有的知识和知识结构对人的行为和当前认知活动的决定作用。它力求通过揭示人们如何获取和利用知识的机制，以探究人类认知活动的规律。在有关知觉的研究中，为了说明原有知识在知觉的信息加工过程中的作用，有些信息加工认知心理学家提出了一种激活的图式指导知觉的理论，即以图式意指一种心理结构，用于表示我们对于外部世界的已经内化了

的知识单元。在知觉过程中，只有当有关图式接受了适合于它的外界环境输入，它才能被激活，才能使人产生内部的知觉期望，以指导感觉器官有目的地搜寻特殊形式的信息。这就说明，只有那些适合于知觉图式的信息才能被加工，那些对知觉图式不适用的信息则被忽略。

（三）强调认知过程的整体性

信息加工认知心理学认为各种认知活动之间是相互作用、有机联系在一起的，是一个统一的整体。在研究人的认知过程时，特别强调各种前后关系的影响；在研究知觉时，不仅把知觉看作一种需要各种感觉器官的活动，还把它看作一个需要对信息进行中枢加工的高度推理的过程；在研究记忆时，不仅考虑到记忆材料本身对记忆的影响，而且考虑到各种前后关系对记忆的影响。信息加工认知心理学以整体论的观点看待人的认知过程，吸收信息论和控制论的观点，把人的感知、注意、表象、记忆和思维等心理过程纳入信息的输入、加工、存储与提取的完整的计算机操作过程。这样不仅有利于把人的认知活动的各个环节联结为整体来探讨其各自的特点和规律，也有利于把感性认识和理性认识结合起来，改变了过去对认知过程做简单的划分和片面的理解的做法。

（四）人的心理活动是在一定的信息结构中进行加工的过程

信息加工认知心理学认为，人的心理活动是一种主动寻找信息、接受信息、进

行信息编码并在一定的信息结构中进行加工的过程。此过程特别强调认知中的结构优势效应，即原有的认知结构对当前认知活动的影响。

总之，信息加工认知心理学就是想用物理符号系统假设中的基本规律，采用计算机模拟的方法来解释人类复杂的心理现象。这种理论观点和实际操作均具有一定的合理性。然而我们必须认识到，信息加工认知心理学研究的重心是人脑内部的信息加工过程，从心理物理研究转向心理内部机制的探讨。从目前的情况来看，我们只能通过信息的输入与输出来推测信息加工的程序，而且这种推测只是间接的，并不能肯定这个程序是造成某种行为的唯一原因。所以，同其他学科一样，信息加工认知心理学的理论只能是接近真理，而不可能达到绝对的真理。

三、信息加工认知心理学的研究方法

在研究方法上，信息加工认知心理学继承了实验心理学的传统，吸收了计算机等相关学科的研究成果，形成了一套比较完整的研究方法，具体来说表现在以下几个方面。

（一）信息加工方法

这是信息加工认知心理学中被运用得最多的方法。所谓信息加工方法，就是把人的认知分解为一组连续的步骤，在每一步中都对某个抽象的对象（信息）进行分析。认知心理学家往往把信息加工过程分解为一些阶段，这就使他们注意到信息在人体内的流动有一个过程。他们常用计时研究法。首先要测量出一个过程所需要的时间，并以此来确定这个过程的性质。假定一个人看屏幕上投射的字母E，如果投射时间很短，如1毫秒，那么这个人就不会看到什么，这说明知觉不是瞬时的。如果投射时间长一点，如5毫秒，那么这个人就会看到某种东西，但不知是什么，这说明知觉产生了，但辨别尚未产生。如果投射时间长到足以使人看出这个字母不是O或Q，但看不出是E还是F或K，那么这个人就产生了部分的辨别。由此人们就可以确定完全辨别、部分辨别或刚刚看出有东西所需的时间。这一切表明，知觉是累积的，是由几个特定的阶段组成的。认知心理学家关心的是作为人类行为基础的心理机制，其核心是输入和输出之间发生的内部心理过程。但是人们不能直接观察内部心理过程，只能通过观察输入和输出的东西来加以推测。所以，认知心理学家所用的方法就是从可观察到的现象来推测观察不到的心理过程。有人把这种方法称为汇聚性证明法，即把不同性质的数据汇聚到一起，而得出结论。

根据信息加工理论，人们在进行认知活动的每一个阶段都需要花费一定的时间，越是复杂的认知活动所花费的时间越多，因此可以运用记录反应时实验和眼动实验来考察人的认知活动。

反应时实验是早期实验心理学家的一个主要研究课题。反应时实验可以分为三种：简单反应时、复杂反应时和选择性反应时。反应时研究法就是一种会聚性证明法。信息加工认知心理学家多采用复杂反应时和选择性反应时而不是简单反应时来研究认知过程，因为复杂反应时和选择性反应时可以提供更多的有关内部状态的信息。同时，信息加工认知心理学家还把传统的反应时实验和计算机的程序分析结合起来，设计出各种程序加减的反应时实验来探讨人脑内部的信息加工过程。通过反应时实验，我们可以得出这样的结论：在提取信息的不同时刻，人们获得的信息是不同的；在信息加工的不同阶段，人们所进行的信息加工内容也是不同的。

眼动实验的理论预设是在信息加工的不同阶段，人的眼球运动的轨迹是不同的，因此通过记录人们认知时的眼球运动轨迹就可以分析人的认知特点。这种实验由于计算机的帮助而使结果更加精确可靠。在进行眼动实验时，实验者把一束微弱的光射向被试的眼球，这束光从眼球反射到计算机的光电摄像屏上，计算机就可以自动地记录眼球运动的情况。通过计算机记录的眼球运动轨迹所构成的曲线就可以分析被试的认知特点，这种方法在信息加工认知心理学的研究中也得到了广泛的运用。19 世纪末 20 世纪初，心理学家开始使用简单的眼动记录技术考察人在图形扫描和文字阅读中的眼动轨迹，以及这些眼动轨迹与视觉信息加工之间的关系。在 20 世纪中期以前，研究者就为心理学研究开发出许多眼动记录技术，只不过这些眼动记录技术都存在误差大、操作难和对被试眼动带来较大负担等缺点。20 世纪中期以后，摄像技术的引入特别是计算机技术的运用推动了高精度眼动仪的研发，极大地促进了眼动研究在国际心理学及相关学科中的应用。目前眼动心理学的研究是一个方兴未艾的领域，其技术手段、研究思想和涉及的课题领域都还处在迅速的发展过程中。

（二）观察法

由于信息加工认知心理学所要研究的认知过程介于信息的输入和输出之间，无法进行直接观察，因此只能通过一些可供参考的指标进行外部观察，并据此来分析和推测内部的心理过程，使人对内部过程的性质有一个大致的了解，然后再使用计算机模拟的方法检验所得到的结论，这样就可以保证结论的可靠性。

与传统心理学的研究方法一样，信息加工认知心理学也采用自我观察的方法。从某种意义上讲，自我观察法有些类似于传统的内省法，也可以说是对传统内省法的批判继承与发展。信息加工认知心理学家的自我观察法继承了华生口头报告法的传统，让被试在进行某项认知活动时大声报告自己思考的内容，而不是以回忆的方式来描绘思考的过程，即要求被试"出声思考"。这种方法大多在操作时进行，也可以在操作后通过回忆来叙述。在口语报告实验时，要求被试大声如实地报告操作时自己思考的详细内容，使内部的思维过程外部言语化，但不要他们解释情境或思维过程。被试所报告的应主要是短时记忆中保留的很快就会消失的信息。口语报告分析法已经被许多信息加工心理学家所接受和采用，内克森和西蒙等人采用这种方法，在认知研究上取得了一定的成就，但这种方法也遭到了一些批评。

（三）计算机模拟法

这是信息加工认知心理学最有代表性的一种独特的研究方法。这种方法是把总的认知任务分解为一个个具体的步骤，并根据这些步骤编写相应的计算机程序，最后将计算机运行的结果和从人的认知实验中得到的实际数据进行比较，以此来验证人们对认知过程的分析是否正确，这是从事认知研究的一种相当直接的方法。计算机模拟是心理学与计算机科学的交叉领域，也是人工智能的一个重要方面，这种方法是想通过对心理过程的计算机模拟来认识人的心理过程本身，即对人的内部信息加工过程进行逻辑分析，因此它常与理论分析结合在一起，多从程序缩减、流程分析、程序模拟三个方面入手。

程序缩减是一种以潜在性因素作为资料来源，用分离认知因素来探讨认知过程的方法。典型的设计是让被试执行两种复杂程度不同的任务，从对比的角度来探讨复杂任务的操作时间和信息加工过程；流程分析是通过计算机的流程图的比较过程编制某种计算机语言，然后输入计算机，如果输入的程序能正常工作，研究者至少知道某种心理过程在逻辑上是可行的，即获得逻辑合理性方面的验证；程序模拟就是用计算机的程序模拟人类认知活动的机制，计算机模拟首先可以用来检验某种理论，发现其缺陷，从而加以改进。如果计算机模拟所提供的输出与人类行为相一致，那么这个输出就类似于人类解决同样课题时所给出的输出；如果程序的输出与人的行为不一致，那么找出差别也就找到了修改程序的依据。此外，计算机模拟还可以预测复杂的行为，例如，虽然人类能够理解很多概念，并能把它们按步骤编成程序，但是当步骤的系列很长、很复杂并需要大量联系时，人类往往不能预测其结果，而计算机模拟在这种情况下却可以得出惊人的结果。

第三节 信息加工认知心理学的主要研究

从 20 世纪 50 年代末起，信息加工认知心理学就致力于感知觉、注意、记忆、语言、思维、问题解决等问题的研究，并取得了丰硕的研究成果。这些研究不仅有利于科学心理学的发展，也为认知科学的发展奠定了基础。

一、关于感知觉的研究

奈塞（1967）在《认知心理学》中这样总结道："认知心理学是指感觉输入被转换、约减、精制、储存、提取和使用的所有的加工过程。"（Best，2000，p.4）按照这个定义，认知是从感觉开始的，首先是由外部物理世界的能量作用于我们的神经和认知系统，然后才被进一步加工处理。信息加工认知心理学对感知觉等低级认知过程的研究是从信息的输入到模式识别，如果把模式识别理解为一种过程性概念的话，那么就与传统心理学中的感觉和知觉有着相同的意义。另外，有关注意的研究及其理论模型基本上也属于感知觉范畴，因此在此问题之下，我们主要探讨模式识别与注意的有关问题。

（一）对模式识别的研究

信息加工认知心理学关于感知觉的研究，大量是围绕模式识别这一课题进行的。模式识别是指对于外界刺激进行辨别和归类，这在我们日常生活和工作中都是非常重要的，因为生活在这个大千世界，人们接收到的刺激实在太多，如果我们不能很好地对它们进行识别，就会带来无穷的麻烦。认知心理学家之所以对模式识别感兴趣，是因为他们试图通过计算机模拟人的这种能力，使之更加智能化。由于模式识别在人的心理活动和行为中的普遍意义，以及与人工智能研究的密切关系，它已成为信息加工认知心理学对知觉研究的一个很受重视的课题，并形成了一系列理论模型和假说。

1. 模板匹配模型

这是模式识别的一种早期理论，最初主要用于说明机器的模式识别，后来则借以解释人的模式识别。这种理论认为，在人的长时记忆中储存着很多由过去生活经验所形成的关于客观事物刺激模式的微型复本或拷贝，被称为模板。这种内在的模板与客观事物的刺激模式之间存在着一一对应的关系。当通过感觉分析、编码后传递的刺激信息进入我们的记忆系统中时，就与已有的各种模板进行比较，寻找最佳的匹配，从而做出对刺激模式的确认和决策。此时，这个刺激模式就被识别了。

模板匹配理论可以在一定程度上解释人在知觉过程中是如何进行模式识别的，同时这一理论在计算机上也得到了证实，如商品销售的条形码识别、银行储蓄存折的磁性编码以及信用卡编号的自动辨认。但是，这种理论在解释人的模式识别时也有很多不足之处。例如，按照该理论假设，人们必须在事先储存足够多的模板，才能对相应的刺激模式进行识别，这显然与现实生活中人们的模式识别的事实不相符合；再如，这种理论对模式识别的解释也比较生硬和呆板，缺乏人们在实际知觉中对模式识别的灵活性和变通性。

2. 原型匹配模型

针对模板匹配理论的不足，在模式识别的研究中又提出了原型匹配理论。该理论认为人在记忆系统中所储存的信息不是与外部刺激模式一一对应的模板，而是各种各样的原型。原型不是刺激模式的复本或拷贝，是对某一类客观事物所具有的共同基本特性的概括和抽象的内部表征。因此，具体的外部刺激信息经感觉传入后只需与这种概括化的原型进行比较并获得最佳的匹配之后就可得以识别了。里德（Reed S.）用脸谱辨认实验、西蒙用棋子识别实验都证明了人类运用原型匹配来识别和区分信息的可能性，强调了原型在一定范畴分类操作中的作用。相对于模板匹配理论，原型匹配理论大大减少了模板的数量，不仅可以减轻人的记忆负担，还能够使模式识别的过程具有灵活性和变通性。

3. 特征分析模型

这种理论认为，每一种刺激模式都能被分解成一些基本的特征，而同一类模式的刺激物都具有共同的基本特征。例如，26 个英文字母的特征可以归纳为 7 种，包括垂直线、水平线、正反斜线、直角、锐角、连续曲线和不连续曲线。按照特征分析模型的观点，刺激信息的特征和对这些特征的分析在模式识别过程中起着关键性的作用。人在知识经验中对经历过的客观事物，是以其所具有的各种基本的特征储存在记忆系统中的。在进行模式识别的过程中，首先对刺激信息的特征进行分析，抽取有关的特征并确定这些特征之间的关系，然后再与长时记忆系统中已储存的各种相应特征进行比较，一旦获得有关特征之间的最佳匹配，该刺激模式就得到准确的识别了。这种模型兼容了模板匹配模型和原型匹配模型的合理成分，具有更强的适应性和变通性。特别是它强调了模式识别中对特征的综合过程和学习功能，使其更符合人的实际认知活动。

特征分析模型得到了实验材料的证实。例如，马斯塔等人以小于 50 毫秒的时距呈现字母 G，被试在辨认时出现了 29 次错误，其中 21 次误认为 C，6 次误认为 O，其他两次错误各为 B 和 g。由此可见，被试主要是根据相似的特征来辨别字母 G 的。

在特征分析模型中，最具有影响力的是塞尔弗里奇（Selfridge）在 1959 年提出的鬼蜮模型。这个理论模型把人的模式识别过程描述成四个层次。每个层次中都有一些"小鬼"，分别承担着不同的职能，并配合完成整个模式识别的任务。第一层次中，由"映象鬼"负责对外部刺激模式进行接收、编码和形成感觉输入；第二层次中的"特征鬼"执行对感觉信息特征的分解和分析，分别由负责某一特征的"小鬼"报告传入的感觉信息中有无相应的特征；第三层次中的"认知鬼"密切监视着第二层次中各个"特征鬼"的反应和报告，每个"认知鬼"只负责一个模式，当"特征鬼"报告的特征信息符合自己负责的模式时，就兴奋地大喊大叫起来；此时第四层次的"决策鬼"根据各个"认知鬼"的反应程度，选择其中最为兴奋、反应最强烈的那个"认知鬼"所负责的模式并决定将其作为应予以识别的模式。

鬼蜮模型理论在一定程度上得到视觉生理学研究的支持。视觉生理学的研究表明，视网膜由三层细胞组成，由外向内依次为视细胞层、双极细胞层、神经节细胞层。视觉信息在经过这三级神经元的加工后，经视神经传入视觉中枢。这与信息加工的鬼蜮模型的理论假设近乎一致。相对于模板匹配模型理论和原型匹配模型理论，特征分析模型理论在解释识别的过程中具有层次分明、灵活性高、变通性强等优点，受到学术界的广泛关注。但是，这种理论模型只注重了自下而上的信息加工，未能体现出自上而下的加工特点；而且这个理论也是一个典型的由局部加工到整体加工的模型，无法说明人在识别模式中的主动性和能动性，这是模式识别理论中有待于进一步探讨和完善的问题。

（二）有关注意和信息选择的研究

信息的选择是注意的首要功能之一。信息加工认知心理学家根据不同的实验材料，从信息选择的角度，提出了几种注意和信息选择的理论。

1. 注意的过滤器理论

信息选择的过滤器模型是由英国心理学家布鲁德本特（Broadbent）在1958年提出的，这是一种早期选择的注意模型。受信息论的影响，布鲁德本特把人对于刺激信息的接受过程看作类似于一个通讯系统的信号接收传送通道。由于这个通道对信号传送的容量有限，为了防止过多的信息涌入信息传送通道而导致其超负荷地工作，就需要一种过滤器，筛选感觉登记的各种信息，将超过一定容量的信息排除，只允许有限的信息通过，而注意则类似于这种过滤器的作用。布鲁德本特认为过滤器是根据感觉特征并按照全或无的原则对信息进行选择的，并认为人在进行信息加工时是按照系列加工的方式执行的。由于

这种模型的过滤作用是在知觉加工的早期阶段实行的信息选择，所以也称为早期选择模型。

2. 信息选择的衰减模型

过滤器模型提出后，其他有关注意在模式识别的信息加工中的规律与特点的研究结果表明，注意对刺激信息的选择作用并不在于知觉的早期阶段，也不是按全或无的方式进行的。特雷斯曼（Treisman）在1960年和1964年进行了一系列的实验研究，对过滤器模型加以修改和补充，并在此基础上提出了信息选择的衰减模型。

根据双耳听力实验的结果，特雷斯曼认为，在信息加工的不同水平和阶段上至少有两种过滤器：一种是在知觉过程的早期阶段，主要是在感觉水平上对刺激物理特征的初级加工，所有的刺激信息都能够通过该阶段的过滤器，只是在非追随耳中的刺激信息受到了衰减，而追随耳的信息没有受到衰减；另一种是在知觉过程中信息加工的高级阶段对刺激信息的意义进行分析和选择，其作用是根据所接受到的信息在目的、意义、熟悉程度和倾向性等方面的因素予以取舍。

信息选择的衰减模型是对过滤器模型的改进和发展，把全或无的选择方式变为对信息的衰减作用，把单通道式的模型改为双通道或多通道的模型。这两个模型具有如下一些共同特点：首先，它们都认为信息传送的通道以及模式识别的高级分析水平的容量有限，必须有过滤器的作用加以调节和选择；其次，两种过滤器的作用都位于模式识别过程中信息的初级加工和

高级加工之间，因此衰减模型有时又被称为中期过滤器模型；最后，都认为过滤器的作用是选择刺激中的一部分信息进入知觉的高级阶段，从而实现模式识别。所以，这两种模型都属于注意的知觉选择模型。

3. 反应选择模型

格雷（Gray）等人通过实验研究发现，对信息的选择不在知觉阶段，而是在对已经接收到的信息做出反应的阶段。他们认为所有进入感觉通道的信息都能被登记和保存，并全部得到知觉的加工而进入高级分析阶段。当需要将这种经知觉分析后并存入记忆的信息重新提取时，选择的作用就发生在有关的反应过程中，因此，注意在模式识别的信息加工中的选择功能不是在对刺激的接收阶段，而是在对已经知觉到信息的反应阶段，所以称之为反应选择模型。

4. 分析综合模型

这种理论模型是奈塞提出的。奈塞认为，人对信息的选择是受原有已储存的信息影响的。这种对以往储存信息的利用使选择功能成为一种定向性的分析综合。在选择信息时，人们倾向于把提取储存的信息作为一种标准，以标准的信息衡量新的信息是否符合选择的模型。奈塞进一步认为，知觉是一种具有主动性、灵活性并在自下而上和自上而下两类信息加工的协同过程中的模式识别活动，因此，把注意的选择功能定位在知觉刺激阶段或在对知觉做出反应阶段都是没有意义的。因为认知过程并不是直线式的，而是环行的，刺激和反应是密切相关的。奈塞的观点说明信

息的选择并非信息的简单过滤，而是受许多主客观条件制约的，是一种带有一定方向性的分析—综合功能。

5. 特征整合模型

特征整合模型是特雷斯曼在1988年提出的。此模型把模式识别分为两个阶段。第一个阶段是信息加工早期的前注意阶段，在此阶段中，信息是以并行的加工方式进行的，刺激的一些基本特征，如线段、方向、大小、明暗等，分别以自下而上加工的方式进行独立的编码。第二个阶段为特征整合阶段，这个阶段的信息加工通过定位地图的中介作用，把已经编码的各种特征或特征地图加以综合。因为在第一个阶段对特征的加工不存在定位问题，所以不需要注意；而在第二个阶段则必须以序列加工的方式进行集中注意，把那些已分别被独立编码的各有关特征，按其各自在定位地图中所处的位置结合起来以形成对客体的综合表征。

二、关于表象的研究

表象是一个富有特色的心理过程，在现代心理学发展的早期就已经得到研究，但在行为主义兴起后，关于表象的研究就中断了。信息加工认知心理学的兴起使一度中断的表象研究又得到重视。信息加工认知心理学关于表象的研究主要集中在心理旋转、心理扫描等方面。

（一）心理旋转

心理旋转就是指在内心将某个图形的

映象加以转动的心理操作过程。谢波德（Sheppard）等人在 20 世纪 70 年代初开展了心理旋转的研究，其最初的实验是有关这类实验中最具代表性的。在实验中给被试成对地呈现图形，这些图形的成对应用有三种情况：首先，两个图形相同而方位不同，其中一个相对于另一个在平面上转动了一定的角度；其次，两个图形也是相同的，但其中一个图形在与纸张表面相垂直的平面上，即在三维空间中，转动了一定的角度；最后，两个图形是不同的，它们的镜像是对称的，其区别如同左右手一样。被试的任务是判定这两个图形是相同的还是不同的（图 16-1）。实验结果表明：无论是平面对还是立体对，如果两个图形的形状和方位都相同，那么被试只需要 1 秒钟就能看出它们是相同的；但当其中一个图形转动了一定的角度，出现方位差后，反应时就增加了，到转动角度为最大值 180°时，平均反应时已经超过 4 秒钟，反

应时随方位差度数的增加而增加，两者成正比，而且就整体情况来说，平面对和立体对的实验结果是一样的。根据这一实验结果，谢波德等人认为，被试对两个图形做比较时，是在头脑中将一个图形转动到另一个图形的方位上来，然后根据匹配的情况再做出判断的，而心理旋转或想象的转动则是这类比较的基础。

谢波德等人确定了心理旋转这一事实，开创了表象研究的新方向，并且他们认为，表象的实质就在于它是一种类比表征，表象与外部客体有着同构关系。但是表象并不是直接从结构上来表征外部客体，它与外部客体在结构上并没有一对一的联系。他们所谓的同构是指内部表征的机能联系与外部客体的结构联系是相似的，即如心理旋转与客体的物理旋转。由于心理旋转的研究着眼于表象的表征和加工，所以这类研究开辟了表象研究的新方向。

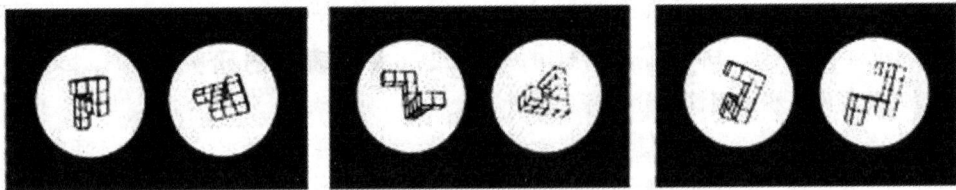

(A) 平面对，在平面上旋转 80°　(B) 立体对，在空间中旋转 80°　(C) 镜像对，两个不同的图形

图 16-1　心理旋转图例

（资料来源：R. N. Sheppard, *Mental Rotation of Three-dimensional Object*. pp. 701—703, Science, 1971, 7.）

（二）心理扫描

心理扫描是指从记忆表象上的一点到另一点的心理运动过程。信息加工认知心理学家考斯林（Kosslyn）做了一系列有关

心理扫描的实验，其中比较具有代表性的更为复杂的心理扫描实验是这样的：他们给被试呈现一个虚构的小岛地图，图中画有茅屋、树、石头、池塘、草地等物，要

求被试记忆；当被试能够对岛图形成精确的相应表象时，实验者把岛图拿开并说出一个事物的名称，要被试在心理上把这个事物的位置想象出来；5 秒后，实验者说出另一个地名，如果该点是地图中存在的，被试就应对它扫描，等扫描到该点时就按键做出反应；扫描的方式是让被试想象一个小黑点从第一个地点出发，沿最短的直线尽快地运动到第二个地点，但小黑点要始终能"看"出来；如果说出来的第二个地点是地图中没有的，则按另一个键作出反应；计时从实验者说第二个地名开始到被试按键结束。实验结果表明，被试的反应时间是原图中两个事物之间距离的函数，即图中两个事物之间距离越长，完成这一心理操作所需的时间越多。显然，被试在心理上完成从一点到另一点的运动过程同物理上的操作过程是类似的。

三、有关记忆的研究

自 19 世纪末期现代心理学发端时期德国著名心理学家艾宾浩斯开创记忆研究以来，记忆问题在各个时期都受到重视，也取得了很多有价值的研究成果。特别是随着信息加工认知心理学的产生，对记忆的研究又取得了新的进展。

（一）记忆的结构

1890 年，美国著名心理学家詹姆斯在其所著的《心理学原理》一书中把记忆划分为初级记忆和次级记忆。1965 年沃夫（Waugh）和诺曼（Norman）提出了两种

记忆系统的模型。1968 年阿特金森（Atkinson）和谢夫林（Shiffrin）在前人研究的基础上提出了记忆信息的三级加工模型，把记忆系统划分为感觉记忆、短时记忆和长时记忆三个子系统。

当外界信息被感觉系统接受，形成感觉登记时，人们就形成感觉记忆。由于感觉记忆持续的时间非常短暂，又被称为瞬时记忆。感觉记忆是按照感觉信息原有的形式来储存的，它们是外界刺激的真实摹写或复本，虽然其容量很大，但如果没有给予选择性注意，很快就会消失，持续时间不足 1 秒。

感觉记忆中的信息如果受到注意，就会转入短时记忆。20 世纪 50 年代以后，有很多心理学家用字母、音节、字词等各种识记材料进行了大量的实验，证明无论是什么识记内容，短时记忆的容量都在 7 个左右，说明短时记忆的容量是有限的。美国心理学家米勒（Miller）在 1956 年发表了题为《神奇数 7±2：我们加工信息的能力的某些限制》的著名论文，用实验证实了短时记忆的容量为 7±2 组块，并首先以组块这一概念来测量短时记忆的容量。所谓组块，就是由较小单位（字母、数字等）按一定关系联合并组成较大单位（词组、习惯语）的信息单位。不同的组块所包含的信息量各不相同，一个组块可以是由一个字母组成的，也可以是由几个字母组成的，还可以是由几个词组组成的。所以，不同组块本身的容量大小也各不相同。但就以组块为计量单位来说，人们的短时记忆容量一般都为 7±2。虽然不同个体对

于同一份材料的记忆内容在数量上可能大有出入，但是按其各自编码所形成的组块来说都在这一正常范围之内。这就意味着，如果能把不同的刺激组成一个组块，短时记忆的容量就会得到扩展，但能否组块化则受个体以往知识经验的影响。

短时记忆中的信息编码主要为听觉编码和视觉编码，还有少量的语义编码。短时记忆的持续时间大约为 30 秒。有时人们又把短时记忆称为工作记忆，这主要是强调短时记忆与当前人所从事的工作的联系。由于工作进行的需要，短时记忆的内容不断变化并表现出一定的系统性。

如果说感觉记忆和短时记忆是记忆过程的开始和继续，那么长时记忆则可以被认为是一个具有巨大容量的信息库。在信息保存的时间上，长时记忆中的信息至少保存在 1 分钟以上，有的甚至可以终身保持；在记忆信息的容量上，长时记忆的容量很大甚至是无限的；在信息编码的方式上，长时记忆主要以言语编码和表象编码为主。另外，长时记忆中的信息在激活之前往往不被意识到。

人类积累知识经验主要依靠长时记忆的功能，而长时记忆必须通过短时记忆中对有关信息的复述才能完成。复述方式可以分为保持性复述和加工性复述两大类，只有通过加工性复述，短时记忆中的信息才能转入长时记忆。长时记忆一般可分为情景记忆和语义记忆两大类。一般来说，人的一切活动都受长时记忆的影响。

记忆的三级加工模型虽然容易说明信息在记忆系统中的流动方式和各系统的工作特点，但这一模型也存在着一些不容忽视的缺点：首先，对于人的心理生活来讲，长时记忆的重要性大于短时记忆，但这种理论模型中所重视的是短时记忆，长时记忆的研究相对较少；其次，这种模型虽然能够解释情节记忆，但不利于解释语义记忆；最后，这种模型与现实生活中人的实际记忆过程似乎是脱节的。因此在 20 世纪 70 年代以后，信息加工认知心理学家就把研究的重点放在语义记忆研究上，提出了许多语义记忆的模型。

（二）语义记忆的理论模型

1. 层次网络模型和激活扩散模型

信息加工认知心理学中出现的第一个语义记忆模型是由考林斯（Collins）和奎利安（Quillian）在 1969 年所提出的。他们认为，语义记忆乃是由词与词（包括相应的概念）之间的联系组成的一个规模宏大的知识网络。在长时记忆中，相关的概念被有层次地组织为一种逻辑性的种属体系，构成一个层次网络结构。每一类事物的特征都储存在该类事物的层次上，通过连线就可以把各级概念的结点联系起来，也可以把每一概念与相应的特征联系起来，这样就构成一个内容庞大的概念——特征层次网络，这就是层次网络模型，如图 16-2 所示。虽然有些实验结果支持这种理论模型，但也有一些研究对这种模型提出了批评，认为这种理论模型在某些方面的解释没有充分的说服力。后来所出现的激活扩散模型则部分地解决了网络层次模型所未能解决的问题。

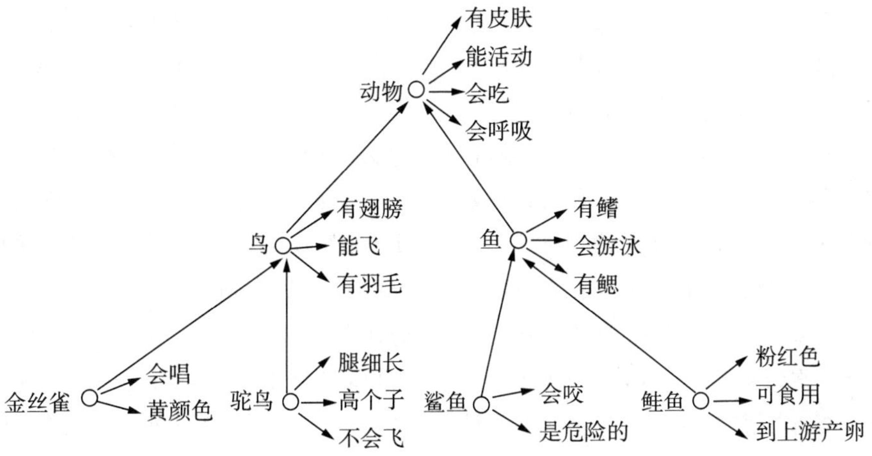

图 16-2 层次网络模型

（资料来源：A. M. Collins, M. R. Quillian, *Retrieval Time from Semantic Memory*. pp. 240-247, Journal of Verbal Learning and Verbal Behavior, 1969.）

1975 年，考林斯和罗夫特斯（Loftus）提出了一种新的网络模型，这就是激活扩散模型。在这种模型中，概念不是按层次结构组织的，而是根据语义相似性把概念组织起来的，如图 16-3 所示。从图 16-3 中可以看出，每个方框中的词代表一个概念，

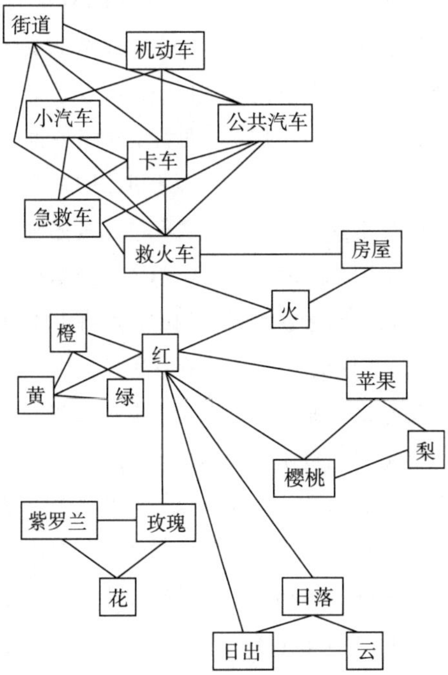

图 16-3 激活扩散模型

作为网络中的结点，通过结点之间的连线把有关概念相互联系起来，连线的长短和多少表示两个概念之间联系的密切程度，连线越短、越多则表示这种联系越紧密。有些概念之间是通过某种共同的特征而紧密联系在一起，而有些概念之间虽然具有共同特征，但相互之间并没有紧密的联系。这就说明激活扩散模型中的语义结构不同于逻辑层次结构，但是其本身并不排除所包含的概念在逻辑层次上的联系。在这种模型中，信息的加工过程主要是通过搜索和决策两种方式进行的，而且这种模型不仅是一种预存式模型，在提取信息和应用有关概念时还需要进行计算。

实际上，激活扩散模型以语义关系取代了层次网络模型的层次结构，从而实现了对层次网络模型的修正，使记忆信息的加工更加全面和灵活，不仅能用以概念范畴的大小效应，而且能表现出各个概念之间的紧密程度和关系强度，因此相对于层次网络模型，它更符合人类记忆的特点。

2. 集理论模型和特征比较模型

上面所讲的两种模型都属于网络模型，又名为预存模型；下面要讲到的两种模型则可称为特征模型，又名为计算模型。

集理论模型是迈耶（Meyer）在1970年提出的。这种模型认为语义记忆是由大量集合构成的一种系统。概念是基本的语义单元，每个概念都要用一信息集或要素予以表征，这种信息集可分为样例集和特征集。集理论模型不仅能说明对测试句子进行真伪判断的依据，还能说明概念范畴的大小效应，更为重要的是这种模型提出

了非预存的设想，认为对概念之间的联系需要通过比较、判断和计算才能确定，从而使其具有更大的推理可能性，但这种理论模型却不能解释熟悉效应和典型性效应。

1974年，史密斯（Smith）等人提出了特征比较模型，这种模型与集理论模型相似，也认为长时记忆中的概念是由语义特征的集合所表征的，但却把一个概念的各种语义特征分为两类：一类为定义性特征，另一类为特异性特征。当人在判断某个简单陈述句时，将对两个概念的定义性特征和特异性特征进行比较。这种模型能够较好地解释概念范畴大小效应和典型性效应，也能较好地说明在判断不同句子时的反应时间差，但是这种模型也存在一些自身无法解决的问题。

3. HAM 模型

1973年，安德森（Anderson）等人提出了人的联想记忆模型，简称为HAM模型。这种模型也是一种网络模型，但与前面所讲的网络模型不同的是，其中的基本表征单元是把概念联系起来的命题，而不是单个概念本身。一个命题由一小集联想构成，而每个联想把两个概念结合在一起。在这种模型中，联想可分为四种，即上下文—事实联想、地点—时间联想、主语—谓语联想和关系—宾语联想，此外还有概念—实例联想。这种理论模型得到一些实验的证实和支持，也成功地实现了计算机模拟，既可以表征语义记忆，也可以表征情景记忆，因此得到了高度的评价。但它是以命题作为基本单元，较少考虑概念特性，因此也遭到人们的批评。

四、有关问题解决的研究

问题解决很早就得到心理学的重视和研究。在心理学发展史上曾经出现过各种各样的有关问题解决的理论，这些理论虽然推动了问题解决的研究，但它们均未成功地解释整个问题解决过程。直到信息加工认知心理学产生后，问题解决的研究才出现了新的转折。

(一) 问题解决

问题解决过程是信息加工认知心理学关于思维研究的一个重要方面。信息加工认知心理学从信息加工的观点出发，把人看作主动的信息加工者，把问题解决看作对问题空间的搜索，并用计算机来模拟人的问题解决过程，以此来检验和进一步发展对人的问题解决的研究。信息加工认知心理学所要解决的"问题"一般包括四个方面：目标、给定条件、转换方法和障碍。目标就是要达到的某种状态，给定条件就是当前已有的条件和约束，转换方法就是可以帮助我们从初始条件向目标状态转化的一些方法，障碍就是在达到目标状态的过程中可能遇到的困难。从这个角度来理解，所谓问题解决，就是以一定目标为指导的认知性操作系列，是不断地运用各种转换方法，清除障碍、达到目标状态的过程。

信息加工认知心理学认为，尽管现实生活中的问题是多种多样的，问题解决的途径也不完全相同，但任何问题的解决都具有以下三个共同的基本特征。

第一，目的指向性。任何问题的解决都是具有一定的目的的，并在目的的指导下来进行。由于问题解决的目的就是要达到某个特定的目标状态，因此问题解决活动必须是目的指向的活动。

第二，操作序列。问题解决是按照一定的步骤和程序来进行的。任何活动，只有包含一系列的心理过程序列，才能被看作问题解决。有些活动虽然具有明确的目的性，但由于过程太简单，因而不能称为问题解决。

第三，认知性。问题解决过程是依赖于认知性操作的，认知成分在问题解决过程中占有重要地位，这是因为在问题解决的各个阶段和环节中都需要认知成分的参与。有些活动虽然包含有一定的目的和操作，但却没有重要的认知成分参与，因而也不属于问题解决。

(二) 问题空间

与传统的理论观点不同，信息加工认知心理学从信息加工的观点出发，把问题解决过程看作对问题空间的搜索过程，即把问题空间看作问题解决的一个基本范畴。所谓问题空间，就是问题解决者对一个问题所达到的全部认识状态。一般来说，问题空间是由问题的初始状态、中间状态和目标状态组成的。在问题解决的过程中，问题解决者所处的最初状态为始发状态，这是问题还未得到解决的开始状态。这个状态是问题解决的基础，是形成问题表征的关键。中间状态指的是达到问题解决的目标状态的过程中所形成的各种状态。目标状态是问题解决后的状态，这是问题解决的最终状态。一般来说，信息加工认知心理学把问题空间分为四种。

第一种，初始状态和目标状态都是明确的，问题解决的方法只有一种。此时，问题解决者知道自己面临什么样的问题，应该达到什么样的目标和怎样达到目标。

第二种，初始状态和目标状态都很明确，但问题解决的方法不止一种，在这种问题空间中，问题解决者必须根据不同的条件在不同的方法中作出选择。

第三种，目的状态很明确，但问题的初始状态是不明确的，即问题解决者不知道自己所面临的问题是什么，解决问题的方法也不明确。在这种问题空间中，只有目标是明确的，但起点是什么，如何解决问题都是不明确的。

第四种，目标有很多，起点也不明确，方法更不清楚。在这种问题空间中，初始状态、中间状态和目标状态都是不明确的。这是问题解决者所遇到的最困难的问题空间。

由于问题解决者所面临的问题是不同的，因此问题的三种状态都有不同的具体内容，所以，对每个问题来说其问题空间是不同的。

(三) 问题解决的策略

人在解决问题时，常常要从长时记忆中提取以前解决类似问题所用的策略，或者形成一个新的策略。当然，问题解决的策略是多种多样的，对于一个问题究竟应利用什么样的策略来解决要依赖于问题的

性质、内容以及人的知识经验。总的来说，人所应用的问题解决的策略可分为两类，即算法和启发法。算法是解题的一套规则，精确地指明解题的步骤；而启发法则是以经验为依据的解题方法，因此也可称为经验规则。启发法与算法不同，它不能保证问题一定得到解决，但对有效地解决问题具有一定的启示，因此信息加工认知心理学在探讨问题解决时常常运用启发式的解题策略。在信息加工认知心理学中，最常用的几种启发法有手段—目的分析、逆向工作等，在此以手段—目的分析为例加以介绍。

手段—目的分析最早是由纽威尔和西蒙研究的，其核心思想是要发现问题的当前状态与目标状态的差别，找出其中的差别，然后看哪个算子能够帮助缩小这种差距。对于每一个新出现的差距，都反复运用这种方法来尽可能地加以缩小，直到消除所有的差距，最终达到目标状态。在此应注意的是，问题解决一开始把当前状态和目标状态进行比较，并选择能够最大限度地缩小差距的算子，就是从解决问题的全局来考虑的，并不是只考虑到当前的局部状态。可以说手段—目的分析是一种有明确方向，通过设置子目标来逐步缩小初始状态和目标状态之间的差别的策略。纽威尔和西蒙把这种策略应用到计算机上，以计算机模拟人类解决问题的过程，提出了通用解题程序。其主要步骤是：①确立目标；②比较当前状态与目标状态的差距；③寻找缩小差距的算子；④确立首先达到的子目标；⑤实现子目标，向总目标不断

靠近。

纽威尔和西蒙曾以如下的事例来说明手段—目的分析法，这个事例是讲某人想送儿子去学校，其解决问题的思维过程是："我打算送儿子去学校，我现有的和我想要达到的之间的差别是距离，而要缩短这个距离就必须使用汽车，但汽车坏了，需要修理。修车需要什么呢？需要一组新电池。怎样才能得到新电池呢？需要通知修理部。怎样通知修理部？打电话。电话在哪里？在房间里，等等。"由此可以看出，在运用这种方法时，问题解决者首先要制订一个计划，在制订计划时要充分利用有关的领域知识，然后根据预定的计划来逐步消除差距，最终达到目标。这是一种很有用的方法，在人和计算机解决问题时都可以运用它。

信息加工认知心理学的研究内容可以说是相当广泛的，除了我们介绍的感知、表象、记忆和问题解决等研究之外，还有言语、创造思维、认知技能等。由于篇幅有限，不再一一介绍。

第四节 对信息加工认知心理学的评价

认知心理学的兴起是西方心理学发展中的一个巨大变化。有人把它看作一个新学派，也有人把它看作一个新方向，更多的人则将其看作一个新范式。科学哲学家库恩把科学中新旧范式的更替称为科学革命。正是在这个意义上，很多心理学家认为认知心理学的出现是西方心理学发展中的第二次革命，在理论探讨和研究方法上均实现了对行为主义范式的革命。信息加工认知心理学虽然对心理学的科学化发展作出了独特的贡献，但其自身也存在着难以克服的困难。

一、信息加工认知心理学的贡献

（一）开辟了现代心理学研究人类心智的新方向

信息加工认知心理学冲破了行为主义心理学的禁锢，使心理学从只研究外部行为转向研究内部的心理机制，从而把研究心智和行为统一起来，开辟了现代心理学研究人类心智的新方向。

可以说，信息加工认知心理学实现了对心理学研究对象的否定之否定。众所周知，心理学在成为一门独立的科学的很长一段时间中，是以意识作为研究对象的，内容心理学、构造心理学、意动心理学、机能心理学等莫不如此。尽管这些早期的心理学派别在基本观点和研究方法上还存在着一定的分歧，但都主张要研究人的内部主观的意识经验或心理过程。但是，当心理学发展到行为主义时代后，一切都发生了改变。行为主义把一切与意识有关的心理学概念都看作不可知的形而上学问题，因而坚决反对在心理学中研究意识、心理等，认为心理学只能研究可外部观察的客观行为。尽管新行为主义对意识的态度有所缓和，承认中介变量的存在，但并未对内部的心理过程进行实质性研究。而信息加工认知心理学则打破了行为主义禁止研究内部过程的禁区，在现代科学技术的影响下，以新的研究视角重新审视和探讨人的内部的心理活动机制，从而把研究内部心理活动与行为统一起来，开辟了现代心理学研究人类心理活动机制的新方向。在心理学的研究对象上，认知心理学则把研究重点转移到了内部心理过程；在研究方法上，认知心理学则既重视实验室实验，也重视主观经验的报告。对于认知心理学家来说，改变外部条件并不是目的，只是揭示知识结构的辅助手段。

（二）关注高级认知过程的研究

在传统心理学研究感知觉和表象的基础上，信息加工认知心理学更侧重于研究理解、学习、问题解决、推理及决策等高级认知过程和复杂的认知行为，其目的在于把高层次的认知策略和初级的信息加工结合起来，这对于理解人类认知的奥秘具有重要意义。

传统的实验心理学虽然重视意识和心理活动内部机制的研究，但所研究的只是感知觉和表象等低级心理现象。科学心理学的创始人冯特就明确说过，实验心理学只能研究低级的心理现象，至于思维、语言等高级心理现象，则不在实验心理学研究的范畴之内。在实现了心理学研究对象的新转向之后，信息加工认知心理学在传统心理学研究感知觉和表象的基础上，把理解、学习、问题解决、推理及决策等高级认知过程和复杂的认知行为也纳入研究的范畴，从而把高层次的认知策略和初级的信息加工结合起来，使对人类认知的理解和研究达到了一个新的阶段。

（三）运用了科学的研究方法和先进的研究工具

信息加工认知心理学吸收了众多学科的研究成果并采用计算机模拟的方法来综合地研究认知过程的复杂心理活动，体现了信息加工认知心理学的研究方法和工具的现代最高水平，具有重大的时代意义。

心理学的进步并不表现在研究对象和课题的变化上，而是表现在方法的进展和更新上。心理学史家舒尔茨曾说过"一般地说，现在关于人的本性所提出的问题，与若干世纪以前所提出的问题是类似的。现代心理学与它的睿智的先驱者的重要区别，不在于所提问题的种类，而在于探索答案所使用的方法"。（舒尔茨，1982，p. 1）信息加工认知心理学把计算机模拟作为探索人的心理过程的重要方法，确实有它独特的贡献，通过计算机模拟，信息加工认知心理学就可以把有关认知过程的假设放到计算机上进行检验，从而找到探索高级心理过程的新方法，这必然能够促进心理学的科学化进程。

（四）强调认知主体的能动作用

信息加工认知心理学反对在西方心理学中统治多年的行为主义和弗洛伊德主义。与行为主义的机械论的、简单化的刺激—反应公式相对立，它强调知识在决定行为上的重要作用；与弗洛伊德主义的非理性主义相对立，它强调认识、理性的作用，反对把人视为被动的，而强调人的主动性，强调认知主体的能动作用以及认知主体既有的经验、知识在信息加工过程中的作用，这对于研究人的心理活动的本质无疑具有重要意义。例如，在观察被试执行认知任务时的外部行为及行为结果的同时，让被试进行自我观察，说出自己的心理活动，这样既冲破了行为主义心理学的禁忌，又克服了古典内省法的弊端，对于研究人的心理活动的本质无疑具有重要意义。

（五）试图统合心理学的各个研究领域

信息加工认知心理学企图把全部认知过程统一起来，认为注意、知觉、记忆、思维等认知现象是交织在一起的，对于一组现象的了解有助于说明另一组现象。由于它们之间的相互依赖关系，心理学家很可能会发现人类认知过程的统一加工模式。信息加工认知心理学不仅要把认知过程统一起来，而且要把普通心理学各个领域统一起来，也就是要用认知观点研究和说明情绪、动机、个性等方面，重视心理学研究中的综合的观点，强调各种心理过程之

间的相互联系、相互制约。在具体问题的研究方面，在扩大心理学研究方法方面，信息加工认知心理学都有所贡献。而且，信息加工认知心理学的观点还进一步扩展到了社会心理学、发展心理学、生理心理学和工程心理学等领域，对这些具体领域的心理学研究都有一定的启示作用。

二、信息加工认知心理学的局限

信息加工认知心理学虽然曾成功解决了以往困惑心理学的诸多问题，在人脑思维功能模拟方面取得了很大进展，加深了人们对心理活动本质的了解，促进了心理学的发展，但其指导性隐喻本身的局限性，使其表现出诸多不足，具体而言，表现在以下几个方面。

（一）把人仅仅看作像计算机一样的符号系统是不够的

计算机只能处理事实，而人是生活在世界的过程中创造自身及事实世界的一种存在。这个带有识别物体的人类世界，是由人类使用满足他们躯体化需要的躯体化的能力组织起来的，计算机根本不可能进入按人类的这些根本能力组织起来的世界之中。正如美国著名人工智能专家魏泽鲍姆所言，计算机不能体现人的社会化，用"智能"这个概念去说明人与机器的关系是不妥当的，除人以外的任何有机体或机器都不能以人的术语去解决，因为这是人所面临的问题。人具有生物基础和社会文化基础，人的心理活动即便是纯认知的活动，

都要受个体的个性气质、心理动机及当时情绪情感的制约，要受个体所处的文化环境及当时的情境的影响。个体在从事某个领域的认知和智能活动时，不但要利用该领域所获得的知识和经验，还要利用相关学科的经验，而这些是使用人机类比的信息加工认知心理学目前尚难真实模拟的。

（二）在认知操作方面也存在着一定的局限性

就信息的加工而言，计算机的加工是依靠电流转换而形成的高效的信息传输，是一种串行加工。计算机进行认知操作时所需要的数据必须是离散的、明晰的和确定的，否则这些数据就不会成为可赋予计算机的并用规则进行加工的信息。人脑的信息加工依赖于神经之间的化学信号的传输，能进行串行加工，但更擅长并行加工，因此人在进行认知操作时所需要的信息并不完全是明晰和确定的，人的知识常常是模糊的、近似的、粗略的和有缺失的。相对于计算机，人有更强的适应性以及发现新问题、吸收新知识和创造的能力，因此，人还可以对不确定的信息进行重新的组织和加工。此外，计算机的认知操作活动主要是被动的，而人的认知活动既可能是主动的，也可能是被动的，还可能是两者兼有之。因此，相对于人来说，计算机在认知操作方面具有明显的局限性，它只能模拟操作人的认知的一些方面，而不能模拟操作人的全部认知活动，更不用说模拟和操作人的全部心理。

（三）缩小了心理学的研究范围

信息加工认知心理学虽然在一定程度上打破了行为主义心理学设置的禁区，重新研究人的认知活动的很多方面，这似乎是扩大了心理学的研究范围，但实质上，信息加工认知心理学仅把自己的研究范围局限于人的认知过程，忽视了对人的情感、意向活动、变态心理和心理治疗等领域的研究，对于人的个性心理特征的研究则更显得无能为力，因此在这种意义上说，它又缩小了心理学本应具有的研究范围。而且即使信息加工认知心理学能够研究情感、个性等带有主观色彩的心理现象，但由于采用计算机模拟的方法，仍然不能从社会水平和生理水平上探索这些心理活动，因而这方面的研究还缺乏说服力，无论从研究的质量和数量上看，都略显不足。这是因为计算机"千人一面"，难以把握和模拟人的情绪、动机、兴趣等心理现象，尽管信息加工认知心理学也提出了情绪激活的模型，但所涉及的仍然是情绪的认知方面，并没有在整体上把握这些心理现象，更不用说评价等价值系统了。

（四）忽视心理活动的整体性，不能承担统一心理学的重任

信息加工认知心理学在一定范围、一定水平上揭示了人的认知过程或心理过程，较以前的研究有了突破性进展，但它对人的心理活动的整体性、社会性、生物性的关注不够，因而未能综合研究人的心理活动。虽然信息加工认知心理学试图统合心理学的各个研究领域，但却只是希望把各

个领域整合到一起，而不是从人的心理活动的整体性出发进行整合，因此这种整合具有明显的机械论色彩。退一步讲，即使这种整合是为了把心理学统一到一种完整的理论体系上，这也是不可能的，因为在信息加工心理学家内部，在许多具体问题的看法上还存在着较大分歧。他们从各自的实验结果出发，提出了很多彼此对立的理论模型。还有很多理论模型不断被新的实验证据所推翻，就连一些认知心理学家也认识到信息加工心理学还缺乏知识的系统积累，缺乏统一概念，研究工作支离破碎，因此它不可能承担起统一心理学理论的责任。正因为这样，来自认知心理学研究领域内外的很多心理学家正在探索新的方向，这种探索目前仍在进行之中。

西蒙在1965年出版的《人与管理自动化形式》一书中曾经预言在20年的时间内，人能够做到的机器也将都能做到。（黎黑，1998，p.13）现在看来，这种预言就像从宙斯的头脑中跳出一个完全长大的雅典娜智慧女神一样是完全不可能的，因为只要人工智能是否可能的问题还是一种经验性问题，信息加工认知心理学要在认知模拟或人工智能中再取得有意义的进展就是极其不可能的。

本章思考题

1. 为什么把信息加工认知心理学看作心理学中的"认知革命"？

2. 哲学从哪些方面影响了信息加工认知心理学的产生？

3. 信息加工认知心理学从早期实验心理学中获得了什么启示？

4. 信息加工认知心理学的基本观点是什么？

5. 信息加工认知心理学为什么要采用人机类比的方法？

6. 为什么说信息加工认知心理学既扩大又缩小了心理学的研究范围？

7. 信息加工认知心理学关于注意和表象的研究说明了什么问题？

8. 为什么说信息加工认知心理学的产生是心理学内部矛盾运动的产物？

9. 信息论、控制论和计算机科学对信息加工认知心理学的产生具有何种启示？

10. 如何对信息加工认知心理学进行比较客观的评价和分析？

第十七章
苏俄心理学

第一节 苏俄心理学的产生与发展

苏俄心理学涵盖了苏联和现在的俄罗斯心理学，具体说来，应该包括十月革命前俄国的、苏联时期的以及现在俄罗斯的心理学。相应的，苏俄心理学历史发展主要包括三个阶段：十月革命前的俄国心理学、苏联时期的心理学以及当前俄罗斯的心理学。

一、十月革命前的俄国心理学

在 19 世纪和 20 世纪的交合点上，俄国的社会政治形势明显不同于西方。俄国自 1861 年废除农奴制后，资本主义经济得到快速发展。19 世纪 80 年代，俄国完成了工业革命，但由于农奴制残余的影响，俄国的社会发展带有军事封建的性质。此时的俄国人民已经预感到伟大变革即将来临，因此，有关心理学问题的讨论与社会

问题的尖锐争论紧密联系在一起，心理学成为自然科学观点与唯心主义神学观点交锋的重要阵地。前者与解放运动直接联系，后者则代表了官方的意识形态。俄国进步阶层相信，心理学中决定性的发言权属于自然科学家，而唯心主义者则坚持认为科学鞭长莫及的独立本原乃是精神现象的基础。

两种观点的冲突暴露出这些观点相互对立的社会意义。唯心主义观点的拥护者认为，在心理学中采用自然科学的方法和结论必然会导致社会灾难，肉体方面会扼杀精神方面。唯物主义的支持者则相信，从理性的、经过经验检验的知识出发能够实现对人的改变。这种观点推崇研究行为的客观方法。俄国心理学中唯物主义自然科学传统的主要代表人物有谢切诺夫（Sechenov，1829—1905）、巴甫洛夫（1849—1936）等人。唯心主义内省心理学的主要代表人物有格罗特（Gelot，1852—1899）、切尔班诺夫（Chelpanov，1862—

1936）等人。由于心理学当时正处于诞生初期的关键时期，两种相互对立的思想斗争十分激烈，一场唯心主义心理学路线与唯物主义心理学路线的激烈斗争在十月革命前夕拉开了帷幕。

在 1889 年召开的第一次国际心理学会议上，上述两种路线的斗争得到了清晰反映。俄国派了大型的代表团参加了这次国际会议，代表团成员中包括以上两种思想的拥护者。随后这两种相互对立的心理学思想在历次国际会议上都有所反映，并贯穿在 19 世纪末至 20 世纪初的心理学中。

二、苏联心理学的初创与斗争

（一）苏联建国初期的形势及心理学的状况

俄国人民经过长期的艰苦斗争，终于在列宁的领导下于 1917 年取得了社会主义革命的伟大胜利，建立了第一个社会主义国家。为了巩固无产阶级专政，在意识形态方面，以列宁为首的布尔什维克党领导人民开展了对各种资产阶级思想的批判，以波格丹洛夫为首的对立派打着保卫马克思主义的幌子贩卖马赫的主观唯心主义和康德的不可知论。这种尖锐斗争也毫不例外地反映在苏联心理学领域里。

20 世纪 20 年代，苏联心理学面临的形势是相当严峻的。在各种报纸杂志上及各种公开的学术会议上两种势力或两条路线的论战十分激烈：一种势力以布隆斯基、科尔尼洛夫和维果茨基为代表，坚决主张将马克思列宁主义作为苏联心理学的方法

论基础，提出了建立马克思主义心理学的纲领、原则；另一派势力以当时最具有影响的莫斯科心理研究所所长切尔班诺夫为代表，企图保住内省主义心理学这块阵地，他们打着"捍卫"马克思主义的幌子，企图使苏联心理学摆脱马克思主义的"束缚"，公开向马克思主义心理学挑战。

（二）全俄精神神经病学代表大会的召开与苏联心理学领导权的确立

1923 年 1 月 4 日，在莫斯科召开了全俄第一届精神神经病学代表大会，柯尔尼洛夫在大会上做了《心理学与马克思主义》的报告，站在唯物主义哲学的立场向旧的唯心主义心理学发起了进攻。柯尔尼洛夫指出，马克思主义影响下的心理学应该重新界定心理学的研究对象，彻底抛弃精神和物质的二元论，把精神的东西、心理的东西归结为物质的东西，但又不能像庸俗唯物主义那样把心理看成是脑的分泌物，心理是高度组织起来的物质的属性。柯尔尼洛夫坚决反对当时广泛流行的心身平行论、心身交互作用论。

柯尔尼洛夫的观点得到了很多人的支持和拥护，包括别赫捷列夫在内的一些老科学家也站在了柯尔尼洛夫一边。会后，切尔班诺夫被撤职，科尔尼洛夫接任心理研究所所长。从此，以柯尔尼洛夫为首的苏联心理学工作者开始积极地用辩证唯物主义改造传统心理学。这次大会在苏联心理学的历史中具有划时代的意义，标志着辩证唯物主义心理学的首次胜利，为通向新的心理科学开辟了道路。

三、建立马克思主义心理学的尝试与经验教训

经过两次全俄精神神经病学对唯心主义心理学的批判之后，建立以辩证唯物主义思想为指导的心理学成为苏联心理学界的共识。然而，什么样的心理学才符合辩证唯物主义呢？对此问题大家见仁见智，特别是对心理学的一些基本问题大家分歧很大。

（一）别赫捷列夫的反射学

别赫捷列夫（Bekhterev V.，1857—1927）在批判切尔班诺夫之后发表了他的《反射学》。这位老科学家虽然勇敢地站在反对切尔班诺夫的行列，但他的反射学实质上是行为主义的俄文版。1904 年，别赫捷列夫发表了《客观心理学及其对象》一文，阐述了反射学的理论提纲，强调反射学的研究对象是大脑参与下所进行的全部反射，研究方法则强调客观的方法。由于反射学是以反对主观唯心主义，以辩证唯物主义的姿态出现的，20 世纪 20 年代初，反射学得到苏联一大批心理学家的支持，并且广泛影响到各学科领域。然而，反射学所具有的机械主义倾向、对意识问题的忽视以及推崇唯能论、忽视社会想象的特点遭到了人们的批评。

（二）柯尔尼洛夫的反应学

柯尔尼洛夫（Kolnilov K.，1879—1957）于1916 年提出了反应学的概念，提出了"心理是高度组织的物质的特性""脑是心理的器官""心理是现实存在的反映"

等一系列基本命题。在他看来，反应学对心理的研究既不同于主观心理学忽视对行为的分析，也不同于反射学那种忽视心理而只研究行为，而是对心理的主观方面和客观方面都要进行研究。柯尔尼洛夫强调人是社会的实体，高度重视影响人的心理现象的社会因素，认为心理现象与生理过程是统一的，但又不能混为一谈。柯尔尼洛夫是第一个明确提出要用马克思主义哲学改造传统心理学的人，然而他提出的反应学也存在一定的不足，如不但犯了将机械论和唯能论未加分析地综合起来的折衷主义错误，而且将物理学的定律机械地搬入心理学中，抹杀了人的社会历史特点，对人的心理活动的能动性估计不足。

（三）联共中央的有关决议对心理学的影响

1931 年上半年，由莫斯科心理研究所联共（布）党支部倡议，开展以批判反射学、反应学和文化—历史发展理论为中心的心理学论战，同时对国外流行的心理学流派如行为主义、格式塔学派、弗洛伊德学派等进行批判。鉴于国际国内形势的需要，1934 年 1 月联共中央提出要"注重思想上政治上的领导权问题"，反映在心理学领域主要任务就是反对唯心论和机械论。当时在苏联流行的还有儿童学、心理技术学和心理测验学等学科。由于它们被广泛地运用于教育实践并产生了一定的不良影响，1936 年 7 月 4 日联共（布）中央做出了《关于批判教育人民委员会系统中儿童学的谬论》的决议，对上述学科进行了尖

锐批判。

客观地说，在这次运动中有些批判是正确的，有利于重新审查一些原则性的科学原理问题，清除心理学研究中反马克思主义的伪科学观点，启迪新的研究取向。然而，决议造成的负面影响是相当严重的，对儿童学、心理技术学、智力测验的批判出现了偏颇，有失公允，笼统地指责它们都是资产阶级的牙慧，良莠不分。再者，用行政命令手段解决学术问题，必然会窒息学术气氛，最终导致学术的衰落。

四、苏联心理学基本体系的形成

（一）20世纪30年代关于研究人的行为的代表大会的召开

1930年1月，在列宁格勒召开了全苏关于研究人的行为的代表大会，这次大会是苏联心理学史上的重要里程碑，取得了丰硕成果，为苏联心理学新体系的形成打下了思想基础。这次大会深入地批判了心理学中的各种唯心主义流派，使全体心理学家受到一次深刻的方法论教育，使人们对建立苏联心理学的基本的方法论问题达成了共识。这次大会使苏联心理学家明确了建立新型的心理学体系必须以马克思列宁主义哲学作为基础，同时必须研究心理的物质本体，即脑的机能。

（二）马克思列宁主义哲学——苏联心理学的理论基础

十月革命后，苏联心理学家在改造传统心理学的过程中一直都在努力用马克思主义的哲学思想为指导建立新型心理学。马克思、恩格斯、列宁是马克思列宁主义的奠基人，为心理学的基本问题的确立奠定了基础。首先，在心理现象与物质现象的关系上，马克思列宁主义哲学把物质世界看成是第一性的，把心理现象看成是第二性的，心理现象是从物质现象中派生出来的。其次，明确提出心理、意识是人脑的机能。马克思列宁主义哲学认为，世界按其本质而言是物质的，心理是物质发展到一定阶段的产物，心理的发展伴随着有机体神经系统的发展。意识是心理发展的最高阶段，是人脑的产物。恩格斯说："我们的意识与思维，不管它怎样好像是超感觉的东西，总是物质实体器官的产物，即人脑的产物。"（恩格斯，1965）列宁也指出："心理的东西、意识等等是物质（即物理的东西）的最高产物，是叫做人脑的这样一块特别复杂的物质的机能。"（列宁，1998，p. 238）苏联心理学遵循了马克思主义哲学这一基本原理，十分重视巴甫洛夫的高级神经活动学说，并将其视为心理的生理基础。最后，心理是客观现实的反映。心理现象是一种与物质的有机形式相联的反映形式，这种反映并不是消极的、死板得像镜子反映事物一样，而是人与外部世界相互作用的积极过程。人的心理，无论其表现形式如何，其源泉与内容始终是客观世界、周围现实。马克思说过："观念的东西不外是移入人的头脑并在人的头脑中改造过的物质的东西而已。"（马克思，1995）列宁对马克思主义的这一原理做了精辟论述，他指出："我们的感觉反映客观实在，就是说，反映是不依赖于人类和人的感觉而存在的东西。"（列宁，1988，p.316）可见，把人的心理看作人脑的机能、对客观世界的反映，是马克思主义关于心理实质的基本原理。遵循这一基本原理，新型的苏联心理学体系得以建立。

五、20 世纪 60 年代以后苏联心理学的发展

（一）1962 年"全苏会议"的召开

20 世纪 50 年代之前，苏联心理学无论从基本原则、体系、结构和内容都是与西方的传统心理学根本不同的。但由于当时个人迷信和教条主义盛行，苏联心理学发展缓慢，思想僵化，甚至出现生物学化的错误。鉴于苏联心理学存在的问题，1962 年 5 月 8 日—11 日在莫斯科召开了题为"高级神经活动生理学与心理学的哲学问题"的全苏会议。这次会议规模空前，与会代表 1000 余人，是苏联心理学史上的又一个里程碑，对苏联心理学的变化和发展具有重要的历史意义。

会议一方面肯定了巴甫洛夫学说在奠定马克思主义心理学的自然科学基础方面的重要意义，同时也指出要反对个人迷信与教条主义倾向，不能将巴甫洛夫的话奉为金科玉律，更不能借捍卫巴甫洛夫学说之名行学霸作风之实。由于对巴甫洛夫学说的套用、滥用，苏联心理学曾一度出现生物学化的倾向。1962 年新的联席会议总结了这一严重的经验教训，指出了必须加强人的心理的社会性研究与个性研究。这

次会议对拨乱反正，解放思想，把苏联心理学引向迅速发展的道路具有十分重要的意义。

（二）巴甫洛夫学说的新发展

1. 安诺兴及其机能系统理论

安诺兴（Anoxin，1898—1974），生物学博士、教授，苏联生理学家、心理生理学家，苏联科学院和医学科学院院士。安诺兴的研究主要体现为对巴甫洛夫学说的发展，即提出了机能系统理论。巴甫洛夫关于反射和反射弧的概念以及旧的反射图式无法解释有机体如何从进行的动作的结果中获得信息从而立即调整自身的行为。安诺兴的实验提出了返回传入的概念，他发现只有通过返回联系为大脑发出关于动作结果的信息，才能说明有机体的积极适应行为。安诺兴认为，一个单独的行为或动作并不单是某一脑区的机能，而是包括了一系列脑区的机能系统，一切心理活动都不是孤立的脑区的作用，而是各脑区的协同作用。安诺兴的机能系统理论对反对机械决定论有着特殊的意义。

2. 捷普洛夫与涅贝利岑对神经活动类型学说的发展

捷普洛夫（Tiepulov，1896—1965）和涅贝利岑（Nebalizin，1930—1972）都是苏联教育科学院院士或通讯院士，他们进一步发展了巴甫洛夫关于高级神经活动类型的学说。巴甫洛夫根据实验结果提出了动物或人神经系统的三种最主要特性，即神经过程的强度、平衡性与灵活性，并据此将高级神经活动类型归为四种，即兴

奋型、活泼型、安静型与弱型。20 世纪 50
年代之后，捷普洛夫和涅贝利岑等人进一
步发展了巴甫洛夫的类型学说，补充了神
经过程的易变性、神经过程的动力性、皮
层兴奋的集中性以及皮层的激活性等特点。
他们为人的个性差异的生理基础增添了有
科学依据的内容，从而在苏联创立了差异
生理学学派。

（三）心理学基础研究的新成就

20 世纪 50 年代，苏联心理学在马克
思列宁主义的反映论和现代科学的反射论
两面旗帜的指引下，对心理过程进行了为
数不少的研究。20 世纪 60 年代以后，研
究的路子更宽、步子更快，机构与人数也
更多，集中体现为以下几个方面。

1. 列维托夫对人的心理活动结构研究的新进展

列维托夫（Levytov，1890—1972）在
以克鲁普斯卡娅命名的莫斯科州立师范学
院任心理学教授兼教研室主任，多年从事
对人的心理活动的研究。传统心理学一直
把心理现象分为知、情、意三种过程，然
而这种分法存在着严重缺点，在理论与实
践上都会碰到许多困难。以列维托夫为代
表的苏联心理学家经过长期探索，提出了
"心理状态"的新概念，认为心理过程、心
理状态与个性特征三大成分构成了人的心
理活动结构。

心理状态又称意识状态，兼有暂时性
与持续性的特点，是心理过程与个性特征
联系的纽带和桥梁。苏联心理学家对列维
托夫的观点进行了相当一段时间的研讨，

基本上达成了共识，这一新的研究成果被
纳入了由当时苏联教育部颁发的高师与中
师的心理学教科书之中。

2. 洛莫夫等人对人的感觉研究的新进展

洛莫夫（Lomov，1927—1990）是苏
联科学院通讯院士、苏联科学院心理学研
究所所长。他领导一个研究小组，根据对
人的感受性的实验研究结果提出了操作阈
限，即最佳识别阈限的新概念。在他们看
来，传统的心理物理学中严格确定阈限的
临界点是不符合实际的。他们的研究说明，
对信号产生感觉或不产生感觉、对信号与
信号之间的变化产生感觉或不产生感觉，
这之间并没有明确的界限，而是一个或大
或小的区域。

在知觉研究方面，苏联心理学家指出，
信号的意义、本质特征以及人对信号的主
观态度对人的行为都具有极其重要的意义，
而对信息的接收与加工的单纯的数量观却
远不如信息的价值观重要。20 世纪 60 年
代以来，苏联心理学家从心理物理学、心
理生理学、发生学、信息论、控制论等角
度研究感觉和知觉，一些人还进一步研究
了知觉映象的产生过程与知觉对人的活动
的调节作用。

3. 斯米尔诺夫等人对记忆的研究

斯米尔诺夫（Smirnov，1894—1980），
苏联教育科学院院士、《心理学问题》杂志
主编。20 世纪 60 年代以来，斯米尔诺夫
等人首先对记忆过程中的识记环节进行了
实验研究，结果表明，识记工程包括四种不
同功能的操作：了解要识记的材料、使识记

材料纳入识记者的经验之中、将识记材料加以分组归类、确定每组识记材料之间的关系。其次，斯米尔诺夫还对不同年龄儿童的逻辑识记的方法进行了实验研究，结果表明，有目的的指导的识记效果大大优于无目的的识记。此外，斯米尔诺夫还对记忆的年龄差异与个体差异进行了大量研究，揭示了活动的性质对记忆效果的影响。

4. 普希金等人对思维研究的新进展

普希金（Puxiqin，1930—1979）是苏联心理学博士、教授、苏联教育科学院启发法实验室主任。以普希金为代表的苏联心理学界针对西方认知心理学用计算机类比的方法研究思维从而过分夸大人工智能对人的思维的优越性这一取向进行了广泛讨论，揭示了机器的信息逻辑与人的思维间的原则性差异，进一步对解决问题的思维过程进行了大量研究。他们将问题所处的情景称为问题情景，问题情景是以各种已知和未知的矛盾为特征的，这种问题情景是一种客观存在但却经常带有主观的性质。

此外，其他苏联心理学家还对诸如直觉问题、概念形成问题、思维与语言的关系问题、思维中的直觉形象成分与词的逻辑成分的关系问题以及技术思维问题进行了广泛研究。

（四）个性研究的新动向

1. 以包若维奇为代表的心理学家对个性研究的新成果

包若维奇（Bozhovich，1908—1980）是苏联研究个性心理学与教育心理学的著名学者、教授，在苏联教育科学院创建了个性心理学实验室，并长期担任该实验室的领导工作。她深受维果茨基思想的影响，对个性和教育问题进行了综合研究，采用了独特的形成性的自然实验方法，为解决心理学和教育实践的结合这一极为重要的问题作出了突出贡献。其研究的最大特点是科学与实践的紧密结合，以人量的实际材料丰富了苏联的个性心理学。

2. 个性结构的系统观

20世纪60年代以后，波果斯洛夫斯基等人受洛莫夫系统观点的影响，从哲学中引进结构的概念，将个性心理结构总结为四种成分系统：个性倾向性系统，决定人对现实的选择性态度；能力系统，保证人的活动获得成功的重要心理条件；性格系统，人在社会环境中的行为方式系统；自我调节系统。

3. 社会心理学研究的复兴

十月革命前，俄国的社会心理学可以忽略，几乎没有什么传统。十月革命后到20世纪30年代曾经活跃了一段时间，20世纪30年代后期到20世纪50年代末，社会心理学经历了一个挫折时期。1962年联席会议之后，社会心理学活跃起来，成为苏联心理学的研究中心。苏联的社会心理学自成体系，与西方的社会心理学不同，它的研究对象是人们在群体的相互交往过程中所产生的各种社会心理现象。研究范围包括：①大型群体，即宏观社会共同体的社会心理现象；②小型群体，即微观社会群体中的社会心理现象；③个性心理现象。总体而言，苏联社会心理学是以重点研究集体的社会心理学问题为特点的。彼得罗夫斯基在集体形成、结构、层次、水平等方面进行了大量研究，他提出的"群体层次测量观"受到国际心理学界的重视。此外，安德烈也娃从马克思主义方法论和建立苏联社会心理学整个体系的角度出发，研究社会心理学的发展，分析了西方现代社会心理学理论的现状。

（五）心理学教材内容体系的变化

1. 普通心理学教材的变化

20 世纪 50 年代苏联高校采用的心理学教科书是斯米尔诺夫主编的《心理学》，20 世纪 70 年代后采用的是彼得罗夫斯基主编的《普通心理学》（1980 年人民教育出版社曾出中译本）。这本书反映了 20 世纪 70 年代中期以前苏联心理学的新成就，是当时苏联最主要的教材，与原来的教材相比，大大扩充了《个性》的篇章，加深了关于活动的研究，减少了《感觉》《知觉》等章节中有关生理学方面的材料。

2. 儿童与教育心理学教材的变化

1979 年由彼得罗夫斯基主编的《年龄与教育心理学》与 1958 年出版的列维托夫著的《儿童教育心理学》相比，前者把维果茨基的高级心理机能发展理论与马卡连柯的教育心理学思想——关于在集体中个性形成的理论——提到作为教育心理学的理论基础的高度，把维果茨基的"教育创造学生的心理发展"的思想贯穿到各章的论述中，同时，该书把社会心理的研究成果渗透到儿童与教学的研究中。尤其需要指出的是，《年龄与教育心理学》强调，个性形成的最正确的途径就是在集体中形成个性，集体的价值观对个性形成起着决定性作用。

第二节 苏俄心理学的主要代表人物

一、十月革命前俄国心理学的主要代表人物

（一）唯物主义自然科学传统的代表人物

1. 谢切诺夫

谢切诺夫（Sechenov，1829—1905）是俄国生理学家、心理学家，俄国生理学和心理学中自然科学学派的奠基人。1856 年谢切诺夫毕业于莫斯科大学，1860—1870 年任彼得堡医学外科学院教授，1871—1876 年任新俄罗斯大学教授，1876—1888 年任彼得堡大学教授，1891—1901 年任莫斯科大学教授，后来成为彼得堡科学院名誉院士。

谢切诺夫最主要的著作有《脑的反射》（1863）、《神经中枢生理学》（1891）等。

苏联编辑出版的他的著作主要有《哲学和心理学选集》《谢切诺夫选集》等。谢切诺夫深受其好友车尔尼雪夫斯基唯物主义世界观的影响，长期从事神经系统生理学的实验研究，致力于寻求认识人的心理的正确途径，力图通过生理学的研究探索心理学的问题。他通过对大脑的实验研究，发现了中枢抑制现象，彻底改造了传统的反射概念，建立了新的反射理论。谢切诺夫把反射理解为有机体与环境相互作用的复杂动作，包括外界对有机体的作用、反射的中枢部分——脑内进行的神经过程与机体的应答活动。由此，否定了心理学中的内省方法，否定了对心理的内省主义观点以及关于两种经验（内部经验与外部经验）的观点。

谢切诺夫的心理学观点建立在自然科学的唯物主义基础之上，为别赫捷列夫创立的反射学说和巴甫洛夫创立的高级神经活动学说奠定了基础。然而，谢切诺夫的观点也有局限性，如他忽视了生理现象与心理现象的本质区别，没有看到社会文化对人的心理的制约性，其研究没有涉及大脑的神经过程本身。

2. 巴甫洛夫

巴甫洛夫 1879 年毕业于彼得堡大学与军医学院，在血液循环与消化系统研究方面成绩斐然，获得诺贝尔奖金。此后，他转向心理学研究，这一转变促使他对动物和人的高级神经活动进行研究，从而揭示了高级神经活动的规律。巴甫洛夫的主要著作有《动物高级神经活动（行为）客观研究二十年经验：条件反射》（1923）和《大脑两半球机能讲义》等。

巴甫洛夫进一步发展了谢切诺夫的反射理论。他用条件反射的实验方法研究大脑皮层的机能，从而创立了高级神经活动学说。高级神经活动学说包括条件反射和暂时神经联系两个基本概念。条件反射是巴甫洛夫的重要发现。条件反射是通过条件刺激物与无条件刺激物的结合而形成的暂时神经联系，条件反射形成的基本条件是无关刺激物和无条件刺激物在时间上的叠合，从而使本来无关的刺激物具有无条件刺激的信号作用。

条件反射形成的神经机制是在大脑皮层上形成的暂时神经联系，暂时联系的基本过程是兴奋和抑制，这两种过程的扩散、集中及其相互诱导是巴甫洛夫经过长期实验所揭示的高级神经活动的基本规律。巴甫洛夫还把大脑皮层的功能分为第一信号系统的活动和第二信号系统的活动。具体刺激物所引起的条件反射系统称为第一信号系统，语言和词作为条件刺激物形成的条件反射系统称为第二信号系统；第一信号系统是动物和人共有的，而第二信号系统则是人所特有的。

巴甫洛夫关于高级神经活动的学说对苏联心理学的建设具有重要意义，是苏联心理学的自然科学基础。高级神经活动学说将心理和大脑紧密联系在一起，进一步论证了"心理是脑的机能"的马克思主义观点，他的创造活动给世界心理学增添了宝贵财富。然而，巴甫洛夫学说也有其历史局限性，如他的反射弧概念无法解释有机体如何从正在进行的动作结果获得信息从而立即调节自身的行为，再如巴甫洛夫拒绝使用"心理学"这个术语，而代之以"高级神经活动学说"，容易使人把心理现象与高级神经活动等同起来。尽管如此，巴甫洛夫的高级神经活动学说是人类科学宝库中的珍品，为唯物主义的心理观提供了宝贵的自然科学依据。

（二）唯心主义内省心理学的主要代表人物

1. 格罗特

格罗特（Gelot，1852—1899）是俄国著名的唯心主义内省心理学学派的主要代表之一。他认为心理学的研究对象是不依赖于物理与生理过程的纯心理内容，只有内省法才是心理学的基础。在他看来，心理学的使命就是论证宗教与唯心主义。格罗特心理学思想中另一重要内容是他关于心理能量的观点。格罗特认为能量守恒与转化规律同样适用于心理学。他从唯心主义的立场出发，认为能量不依赖于物质，只有低级形式的能量才是与物质相联系的，而心理能量则是高级形式的能量，是不依赖于物质的。

冯特的实验心理学是脱离大脑的纯心理元素的内省实验，其哲学渊源是主观唯心主义，格罗特乃是冯特心理学派在俄国的代表人物。格罗特认为，心理学的目的就是要研究"不伴随生理与物理过程的纯心理内容"，纯心理实验必须基于群体的自我观察才有可能完成。同时，格罗特也批评了谢切诺夫的"真正的实验心理学家只能是生理学家"的观点。虽然他的批评不

无道理，但在当时俄国的历史条件下作为唯心主义心理学路线的代表人物，他与谢切诺夫之间的论战是关系到心理学是否需要有自己的自然科学基础的重大问题，因此，这次论战归根结底是唯物主义与唯心主义两个根本不同的发展方向之间的斗争。

2. 切尔班诺夫

切尔班诺夫（Chelpanov，1862—1936）于1882—1887年就读于敖德萨的新俄罗斯大学，其间他成为格罗特的得意门生，后来被派往德国在冯特的心理学实验室工作和学习，深受冯特和斯顿夫的影响。十月革命前，切尔班诺夫在政治上和一些反动的心理学家一道反对革命，宣扬通向新俄罗斯的唯一道路就是改造人的灵魂以及人的灵魂的内在完善。在心理学的教学与研究中他始终顽固地坚持唯心主义立场，认为大脑与心理是毫无关联的，心理活动是独立进行的。他从根本上反对谢切诺夫把心理看成是大脑的机能这一唯物主义命题。切尔班诺夫从德国回来之后，极力在俄国宣扬冯特的内省主义心理观，坚持自我观察是"认识心理现象的唯一源泉"，实验仅仅起一种辅助作用，对简单的低级过程可以按照冯特的实验方法进行研究，对高级的智力过程则只能依靠内省的途径进行研究。

十月革命后初期，切尔班诺夫仍然担任莫斯科心理研究所的所长，依旧像革命前那样坚持心理学中的内省主义方向，认为心理学是一门独立于一般世界观之外的经验科学。因此，他公开反对马克思主义哲学对心理学的指导作用。这种排斥马克

思主义的观点，首先受到了他的学生布隆斯基以及柯尔尼洛夫等人的反对，最终使切尔班诺夫被撤去莫斯科心理研究所所长的职位。

二、向传统心理学开战的早期著名心理学家

（一）布隆斯基

布隆斯基（Blosky，1884—1941），苏联心理学初创时期的主要人物。他于1907年毕业于基辅大学历史文学系。革命前，他在哲学上信奉新柏拉图主义并推崇马赫的主观唯心主义观点。十月革命后，他在立场上发生了根本转变，深刻反省了自己的错误，积极投身于改造传统心理学与建设马克思主义心理学的工作，对苏联心理学的初创起过重要作用。他的主要心理学著作有《科学的改革》（1920）、《科学心理学概论》（1921）、《心理学概论》（1927）、《记忆与思维》（1935）等。

针对当时切尔班诺夫认为实验心理学不需要马列主义的错误观点，布隆斯基明确指出，人的所有形式的活动都具有深刻的社会性，不能离开人的社会生活孤立进行考察，应该在历史发展中来研究人的社会行为。在强调上述观点的同时，布隆斯基还指出，必须用发展和变化的观点来研究人的行为，人类行为的历史仅仅是全部生物行为历史的一部分，人的心理与动物的心理是有联系的，应当用比较—发生的方法研究心理学。

关于心理发展，布隆斯基认为心理的发展是从"沉睡的生命"向"完全清醒的生命"的转化，生命的发展是"清醒对睡眠的优势的逐渐增长"。原始清醒生命的出现是心理发展的第二个时期，第三个时期则是不完全清醒的生物行为。完全清醒生活是心理发展的高级阶段。

布隆斯基代表了第一批站在辩证唯物主义与历史唯物主义立场上尝试建立新的心理学体系的哲学家、心理学家与教育家的呼声。他从广泛的方面系统考察心理发展问题，将发展视为质上不同阶段的更替，力求辩证唯物地理解发展问题。但布隆斯基的观点也存在一定不足，如在具体分析人的心理的各个方面时存在生物学化的倾向，把马克思主义心理学与反射学等同起来；反对把心理学作为研究意识的科学，把意识排斥在心理学的对象之外；把个体心理学与社会心理学完全融合在一起，否认社会心理学是心理学研究的一个重要领域。

（二）科尔尼洛夫

科尔尼洛夫（Kolnilov，1879—1957），1910年从莫斯科大学毕业后留校担任切尔班诺夫的助教，从事教学与研究工作，1915年担任莫斯科大学心理研究所的高级助理研究员。1921年，人民教育委员会委托他在国立第二莫斯科大学创办教育系，并任命他为该系主任与心理学教授。科尔尼洛夫长期担任心理学界的领导工作，1923—1930年以及1938—1940年都任心理研究所所长。1943年苏联教育科学院成立，他便任该院副院长与院长。他的主要

著作有《现代心理学与马克思主义》(1925)、《关于人的反应的学说》(1927)等。

科尔尼洛夫阐明了心理学与哲学的关系。他在1923年全俄第一次精神神经病学代表大会的报告中指出:"从古到今,心理学多半总是被看成是哲学的一个分支……既然如此,我们就有充分的理由运用马克思主义——这一严格科学的,或者像人们所说的那样,科学内部的哲学世界观对心理学加以重新估计。"(斯米尔诺夫,1984,p.260)科尔尼洛夫明确指出,心理是高度组织起来的物质即人脑的机能,尤为可贵的是,科尔尼洛夫在指出心理是脑的物质属性时并没有把主观的东西、意识和心理的存在归结为生理过程,坚持心理现象与生理过程是统一的,但又不能混为一谈。此外,在阐述人的心理生活时,科尔尼洛夫特别注意运用辩证法,如量变与质变、对立与统一、否定之否定等。

科尔尼洛夫最早认识到辩证唯物主义哲学应当是科学心理学的基础,最早提出要解决心理学的核心问题,首先要澄清心理学的对象、心理的本质及其研究的途径等基本理论问题,他的历史功绩是应该肯定的。当然,年轻的科尔尼洛夫在科学的道路上也犯了机械论的错误。

三、维果茨基学派的主要成员

维果茨基学派是苏俄心理学发展史上一个举足轻重的学派,不但对苏俄心理学的发展产生了重要影响,在世界心理学的理论宝库中也占有一席之地。它所倡导的文化历史理论、活动理论等独树一帜、别开生面,揭示了人的心理发展的文化历史内涵,突出了人的心理发展的社会起源,辩证地解释了人的心理发展过程。该学派引入心理学的独特的方法论,对心理过程、心理发展尤其是人的高级心理机能发展的创造性见解及其提出的一系列概念,如中介、内化、最近发展区、活动等,永远载入了心理学的史册。

(一) 维果茨基

维果茨基(Vygotsky,1896—1934)是维果茨基学派的创立者、组织者、领导者。他以独特的人格魅力和才华将一批优秀的学者团结在自己周围,形成了著名的文化历史学派,在批判性分析传统心理学理论的基础上提出了一系列创新性观点与学说。维果茨基一生笔耕不辍,硕果累累,撰写了180部(项)论文及论著,奠定了文化历史学说的理论基础。文化历史理论并非维果茨基一人之力所完成,而是集体智慧的结晶,当然维果茨基作出的贡献与付出的努力是最为突出的。这一理论的核心内容集中体现在维果茨基的一系列文章与著作中,其代表作主要有《思维和语言》(1934)、《教育心理学》(1926)、《艺术心理学》(1965年出版)、《心理学危机的历史内涵》(1927)、《心理学中的工具性方法》(1981b)、《儿童发展中的工具和符号》(1960)、《儿童文化发展的问题》(1928d)、《缺陷学原理》(1983)、《高级心理机能的发展历史》(1931)等。

1. 文化历史理论的核心

维果茨基主张，心理学应该坚持科学的、决定论的、因果性的解释原则研究高级心理机能，反对将复杂的形式分解成简单的成分，认为这样就失去了整体的属性。他坚信马克思主义关于"人的实质由社会关系构成"之论断的正确性，拒绝从大脑深处解释高级心理过程。维果茨基文化历史理论的核心可以总结为四个方面。

（1）个体心理机能的社会起源

维果茨基在《高级心理机能的起源》一文中明确阐述了包括高级心理机能在内的个体发展的社会起源。"在儿童的文化发展中，每种机能都是在两个方面两次登台，首先是社会的，作为一种心理间范畴的人与人之间的关系，其次是心理的，儿童内部的心理内范畴……所有高级心理机能都是社会关系的内化。"（Vygotsky，1988）学习者通过参与广泛的共同活动并将共同活动的结果内化，获得了有关生活与文化的知识与策略。

内化是维果茨基提出的一个关键概念，与社会决定论相关，是高级心理过程发展的机制。维果茨基指出，人的心理发展的第一条客观规律是人所特有的中介性的，心理机能不是从内部自发产生的，只能产生于人们的协同活动和人与人的交往之中；与此相关的第二条客观规律是人所特有的新的心理过程结构最初必须在人的外部活动中形成，随后才可能转移至内部，成为人的内部心理过程结构。据此，维果茨基阐明了儿童文化发展的总的发生学规律。维果茨基指出，"任何高级心理机能在其发展过程中必然经历一个外部阶段，因为起初它是一种社会机能"。（Vygotsky，1988）内化过程不是外部活动向事先存在的内部意识的转移，而是通过它形成了内部意识。起初，心理机能存在于儿童与成人互动的水平上，是心理间的。当这些过程被内化而存在于儿童内部的时候，它们就变成心理内的了。

（2）高级心理机能是由工具与符号中介的

维果茨基将人的心理机能区分为两种形式：低级心理机能和高级心理机能。前者具有自然的、直接的形式，后者具有社会的、间接的形式。区别人与动物最根本的东西就是工具和符号。人所特有的高级心理机能是以社会文化的产物——符号——为中介的。人类文化随人自身的发展而增长与变化，并对人的一切产生越来越大的影响，正是通过工具的使用和符号的中介，人才有可能实现从低级心理机能向高级心理机能的转化。

人生活在一个符号世界之中，人的行为不是由对象本身决定的，而是由与对象联结在一起的符号决定的，赋予客体意义并按照那些意义行动。语言是人类为了组织思维而创造的一种最关键的工具，概念和知识都寓于语言之中。语言是思考与认知的工具，一个人在学习语言时，不仅仅在学习语词，同时还在学习与这些语词相关的思想；语言可用于社会性的互动与活动，儿童可以凭借语言与他人相互作用，进行文化与思想的交流；语言是自我调节和反思的工具。语言也是通过历史而发展的。符号中介是知识建构的所有方面的关键，维果茨基认为，符号机制（包括心理工具）中介了社会机能和个体机能，连接了内部意识和外部现实。

（3）心理发展的活动说

维果茨基依据马克思的活动观，通过对人的实践活动的深入分析后指出，人的心理是在活动中发展起来的，是在人与人之间相互交往的过程中发展起来的。维果茨基提出的心理发展的文化历史学说有一个重要的理论假设，心理过程的变化与实践活动过程的变化是同步的。维果茨基早在 1920 年就注意到活动在高级心理机能形成中的重要作用，认识到意识与活动的统一性，即意识不是与世隔绝、与活动分离的内部封闭系统，活动是意识的客观表现，因此可以通过活动对意识进行客观研究，把意识的内容加以物化，转换成客观的语言，转换成客观存在的东西。由此，维果茨基明确区分了"意识"与"心理"。这是两个本质上不同的概念。"心理"概念适用于动物也适用于人，是人与动物共有的反映形式，而"意识"则是人所特有的最高级的反映形式。

维果茨基提出活动与意识统一的心理学原则，强调意识从来都是某种整体，是一个完整的系统结构，坚持将意识看作由理智与激情、认知与情绪—意志两个不可分割的部分构成的统一的、动态的意义系统。他明确指出，意识与高级心理机能之间的关系是整体与部分之间的关系。这意味着各种心理机能是相互联系、相互影响、相互制约的，心理的发展不仅表现为各种心理机能的变化，而且更重要地表现为它们之间的联系与相互关系的变化。这一切正是人的意识所特有的，决定了意识的系统结构性。

（4）最近发展区概念

"最近发展区"是维果茨基在 1931—1932 年将总的发生学规律应用于儿童的学习与发展问题时提出来的。维果茨基将最近发展区定义为"实际的发展水平与潜在的发展水平之间的差距。前者由儿童独立解决问题的能力而定，后者则是指在成人的指导下或是与能力较强的同伴合作时，儿童能够解决问题的能力"。（Vygotsky，1978，p. 86）维果茨基将学生解决问题的能力分成了三种类别：学生能独立进行的、即使借助帮助也不能表现出来的、处于这两个极端之间的借助他人帮助可以表现出来的。维果茨基明确指出了教学与发展之间的关系，教学促进发展，教学应该走在发展的前面，"良好的教学走在发展前面并引导之"。（Vygotsky，1978，p. 188）

最近发展区是社会文化理论的核心概念之一，阐明了个体心理发展的社会起源，突出了教学的作用；教学应走在发展前面，彰显了教师的主导地位；教师是学生心理发展的促进者，明确了同伴影响与合作学习对儿童心理发展的重要意义，启发了对儿童学习潜能的动态评估。

2. 方法论

维果茨基不仅是一位具体的心理学理论研究者，而且是一位方法论研究者。他的思想之所以到今天还具有重要影响，不仅是因为他提出了一些独具特色的理论观点，更重要的是他提出并践行了一种研究心理学的方法论路线，这条路线为传统心理学的改造带来了一股清新的变革之风。

（1）研究人的心理发展的辩证方法

维果茨基早在青年时期就开始接触马克思主义。20世纪20年代，他率先提出建立一种新心理学方法论的构想，并明确主张应当把马克思主义作为心理学研究的哲学方法论。维果茨基在运用辩证方法研究人的心理发展的过程中，并不是企图将辩证原理简单地强加于现存的心理学理论，而是力求运用辩证原理科学地调查和分析特定心理学研究中的具体问题。维果茨基在他的许多著作中反复强调辩证方法的中心地位，认为对方法的探寻是理解人类心理活动形式的一个最为重要的问题。维果茨基试图在更新方法论的前提下，运用辩证方法构建一种统一的科学体系，将现代心理学的一切知识统一起来。由此，维果茨基迈出了超越其同时代心理学家的关键一步。

维果茨基根据马克思主义哲学区分出方法论原则的三种层次：①作为所有科学方法论基础的马克思主义（辩证唯物主义）的总的方法论原则；②具体科学即心理学的方法论原则；③心理学特殊分支需要的独特的研究方法。作为整个科学包括心理学在内的一般方法论，它主要表现为决定论原则、系统性原则、发展性原则、质量互变原则；作为心理学的具体方法论，它可表述为心理发展的文化历史起源理论；作为建立在文化历史理论基础之上的更为

具体的方法论的形式，它表现为因果分析法与单元分析法。按照维果茨基的分析，只有上述这些方法论的分析层次彼此紧密地相互配合，方可建构心理学方法论的整栋大厦。这些思想使维果茨基当之无愧地成为苏俄心理学方法论奠基者之一。

（2）发生学分析方法

维果茨基主张，要理解心理机能的任何方面都必须理解其起源与历史。在处理这一问题时，维果茨基超越了发展心理学家惯常的做法，即关注儿童个体的发生与发展，探讨了种族发生与社会文化历史。维果茨基使用了发生学的分析方法，考察人的发展的起源和历史。他认为，对发展的分析涉及四种分析水平的相互交织：第一种分析水平是种族发生分析，种族发生分析将人与其他动物区分开来，其标志是工具的使用，尤其是符号形式的心理工具；第二种分析水平是文化历史分析，关注特定文化和同一文化群体的实践在发展中所起的重要作用，不同文化环境中的人与不同历史时期的人所具有的心理过程是迥然不同的；第三种分析水平是个体发生分析，主要关注个体特征，如个体的生理或心理需求、年龄、气质等；第四种分析水平是微观发生学分析，关注个体与其所处环境之间真实的互动过程，同时考虑到个体、人际之间与社会文化因素的相互作用。

（3）因果分析法和单元分析法

维果茨基在应用辩证方法建立科学心理学理论的过程中，与其同事一起进行了系统的实验研究。在实验研究领域，维果茨基采用了新的研究方法——因果发生分

析法。因果发生分析法关注的焦点是心理现象的起源与历史，着重研究事物的发展过程而不是发展的产物，在运动中揭示其本质。新方法的使用使研究者有可能结束传统的、孤立与静止的研究方法，真正对心理形成与发展的过程本身做动态的、整体的、相互联系的研究。

在运用发生分析法研究心理现象的过程中，维果茨基从"意识是统一整体"的观点出发，提出以"单元分析法"取代将复杂心理整体肢解成丧失整体固有特性的各个成分的"成分分析法"。作为分析产物的单元，它不同于成分，具有整体所固有的一切属性，是整体无法进一步分解的活的部分。正如保持着活的有机体所固有的生命特性的活细胞是生物学分析的单元一样，心理学也应该发现自己的分析单元。维果茨基认为，用单元分析法取代成分分析法，进一步为研究者敞开了心理学理论研究的大门，指明了解决复杂的心理学理论问题的研究道路。

维果茨基在心理学研究中采取的正确的方法论取向，促进了他在该领域中取得了举世瞩目的成就。他以辩证方法为指导具体解释了语言与其他语义符号形式在人的心理发展中扮演的角色、心理发展中社会互动的作用、概念思维中词义的作用、心理发展过程中初级心理机能与高级心理机能之间的关系、学习与教学的最近发展区等一系列概念和理论问题。

维果茨基以其渊博的学识、高深的科学素养、高尚的人格和非凡的创造力吸引了一批富有才华的青年学者集结在他的学术旗帜之下，形成了苏俄心理学历史上人数最多、影响最大的学派——社会文化历史学派。维果茨基不仅是一位卓越的心理学理论家与实验者，还是一位出色的心理学方法论者。这就是说，维果茨基不仅致力于解决心理学发展中出现的具体问题，而且更为关注对心理学具有重大意义的哲学方法论问题，并将后者视为未来心理科学大厦的基石。

由于维果茨基短暂的一生充满紧张的探索，不断提出新的思想，急于建构自己的理论，更由于他英年早逝，未能像冯特、弗洛伊德等心理学家一样到晚年有足够的时间对自己的早期理论做进一步的修改、补充与完善，因此，维果茨基的理论不可避免地存在一些缺点，如有些词语的使用缺乏准确性，有的假设未能用实验证明，有的理论不够完善。维果茨基思想的局限性突出体现为：其一，维果茨基的文化历史理论早期也曾出现过自然主义的倾向；其二，维果茨基过于武断地认为高级心理机能的发展与有机体结构的生物变化无关。发展与变化是永无止境的，维果茨基把心理机能的自然发展过程与文化历史发展过程对立起来是没有充分的科学根据的。

（二）列昂捷夫

列昂捷夫（Leontiev，1930—1979）是苏联著名心理学家，苏联教育科学院院士，曾任莫斯科大学心理系主任、全苏心理学会主席、国际心联副主席等职务。他是一位享誉世界的心理学家。

列昂捷夫既是维果茨基的同事，又是

维果茨基的学生，是文化历史学派的骨干成员，也是文化历史学派的重要奠基者之一。他创立的活动理论后来成为苏联心理学赖以发展的基础性理论。

1924 年，列昂捷夫毕业于莫斯科大学社会科学系，同年进入莫斯科大学心理学研究所工作。最初他和鲁利亚一起研究"激情"，不久他们共同受维果茨基学术思想的影响转而在维果茨基领导下研究人的高级心理机能的文化历史发展理论。

列昂捷夫创造性地将马克思主义理解的活动范畴引入心理学，对于理解人的意识的产生、发展、结构、历史等问题具有真正关键性的意义，显示了在活动基础上建立统一的、科学心理学系统的可能性。列昂捷夫的活动学说的基本观点可以概括为以下几点。

1. 活动的对象性

活动总是要指向一定的对象的。对象有两种：一是制约着活动的客观事物，二是调节活动的客观事物的心理映象。离开对象的活动是不存在的。

2. 活动的需要性

活动总是由特定的需要来推动的，当相应的客体出现时，需要便立即转化为动机，由动机推动人的活动改变客体使其满足自身的需要。

3. 活动的中介性

正是在活动中实现着对客观现实的心理反映，被反映的东西转化为主观映象、观念的东西，而观念的东西转化为活动的客观产物、物质的东西。人对客观现实的积极反映以及主体与客体的关系都是通过

活动而实现的，活动在主客体相互转化过程中起着极其重要的中介桥梁作用。内省心理学脱离活动去研究意识，行为主义心理学则脱离意识去研究行为，都不能得出科学的结论。

4. 内部活动和外部活动

活动可以分为外部活动与内部活动。从发生学上来说，外部活动是活动的原初的、基本的形式，内部活动起源于外部活动，是外部活动内化的结果。内化是内部活动形成的机制，内部活动又通过外部活动而外化，这两种活动具有共同的结构，可以相互转化。列昂捷夫认为，心理学既要研究内部的心理活动，也要研究外部的实践活动，两种活动都应成为心理学的研究对象。

5. 活动和意识的统一

心理和活动的统一意味着每一个心理过程都是在某种实践或理论活动中进行的。人的心理、意识是在活动中形成与发展起来的。通过活动，人认识周围世界，形成各种个性品质。与此同时，活动本身也受人的心理、意识的调节。心理过程本身也指向于达成一定的目的，借助不同的方式而实现，其自身也表现为心理活动。

6. 主导活动观

在人的心理发展的不同阶段，总有一种活动起着主导作用，根据主导作用的不同可以对人的心理发展进行阶段划分。学龄前儿童的主导活动是游戏，学龄期儿童的主导活动是学习，到了成人期，劳动便成为人的主导活动。

列昂捷夫是文化历史学派的主要成员，

他所创立的活动理论进一步发展了维果茨基的思想。"活动"一词已成为苏俄心理学的基本概念，活动理论成为苏俄心理学的基本理论。"活动"作为专门的一章被纳入了全苏高等院校的心理学教材，列昂捷夫的活动理论的基本内容已为苏俄心理学界普遍接受。列昂捷夫的研究成果无论对苏俄心理学的发展还是对社会文化历史学派的进一步完善，都做出了巨大的贡献。然而在一些具体问题上，诸如活动概念的内涵和外延、将内化作为心理活动产生的机制等，也还有不少的争论。

（三）鲁利亚

鲁利亚（Luria，1902—1977）是苏联著名心理学家，心理学与医学教授，苏联教育科学院院士，苏联社会文化历史学派的创始人之一，苏联神经心理学的奠基人。鲁利亚也是维果茨基的学生兼同事，是"维—列—鲁"三人小组的成员之一。他出生于喀山的一个医生家庭，1921年毕业于喀山大学社会科学系，之后又进入莫斯科第一医学院就读，先后获得了教育科学与医学博士学位。从1924年起，他作为"三人小组"核心成员之一与维果茨基、列昂捷夫一起共同研究文化—历史发展理论。他通过大量的实验论证了文化—历史发展理论的基本原理的科学性。

鲁利亚著作等身，成果丰厚，有30多本专著，300多篇论文，代表作有《创伤性失语症》（1947）、《脑外伤及其机能的恢复》（1947）、《人的高级皮层机能及其在局部脑损伤下的障碍》（1962）、《人脑和心理

过程》（1970）、《神经心理学原理》（1973）、《神经语言学原理》（1975）以及《语言和意识》（1975）等。他的著作被译成了多种文字。鲁利亚在神经心理学方面取得的巨大成就引起了国际心理学界的高度关注，获得了国际学术界一系列的荣誉称号，在国际学术界享有崇高威望。1967—1968年，他被选为国际心理学联合会副主席。

鲁利亚认为，把心理看成是某一皮层的局部定位的机能是错误的，任何一种心理现象都是脑的各部位协同活动的结果。根据这一原理，鲁利亚把大脑分成三个联合区，其中每一联合区在高级心理机能的产生过程中既执行自身特定的功能，又彼此协同工作。第一个机能联合区定位在脑干和皮层下部位，包括上、下行网状系统，其功能是激活皮层，调节其紧张度，使其处于觉醒状态。第二个机能联合区位于大脑皮层的后部，包括枕叶、顶叶和颞叶以及相应的皮层下组织，这个联合区的作用是接受、加工与保存信息。第三个机能联合区位于大脑皮层的前部，主要是前额叶，这是大脑皮层在种系发展过程中最晚出现的组织结构，与脑的其余部位以及网状组织均有双向联系。第二个机能联合区把经过粗略加工的信息送往这里以实现高级的分析与综合，因此，这一机能联合区执行着高级的整合、规划、调节与监督行为的功能。额叶是人的高级心理活动主要的物质本体。鲁利亚认为，人的随意行为有赖于言语系统的形成，在社会生活条件的影响下，人的言语系统与动作系统在额叶这个机能联合区中加以整合，从而保证了人

的行为的自我调节。

鲁利亚以自己的实证研究支持了文化历史理论的基本原理,对神经心理学的创立和发展作出了巨大贡献。然而,对人的心理活动机制的探索是一个不断深化的过程,不可能一蹴而就,因此神经心理学的结论尚需进一步证实,研究尚需深化。鲁利亚在其代表作《神经心理学原理》中坦言,该书由于作者手头资料不足还"缺少许多篇章",尤其是对脑的深层结构还有待进一步的研究,如下丘脑和丘脑在心理过程中的作用、梦和情绪活动的脑机制以及大脑右半球对人的心理活动的意义等。

(四)艾利康宁

艾利康宁(El'konin,1904—1984)是苏俄老一辈著名的心理学家、心理学博士、教授,维果茨基的学生与合作伙伴,社会文化历史学派的重要成员之一。他在列宁格勒赫尔岑师范学院毕业后留校任教,并在列宁格勒克鲁普斯卡娅师范学院讲授儿童心理学,还担任过小学低年级的教师。卫国战争期间,艾利康宁志愿参军上了前线,在列宁格勒保卫战中荣获红旗勋章。战争结束后,他继续从事心理学教学工作,在苏军军事师范学院担任高级教员,后来担任苏俄教育科学院高级科研人员并兼任该院心理研究所所长。多年来一他直兼任莫斯科大学心理学系教授。

艾利康宁的学术著作超过100种,专著13本,其代表作《儿童心理学》(1960)、《游戏心理学》(1978)被译成多种文字,在国际上受到普遍重视。

多年来,艾利康宁一直和维果茨基的其他许多学生,如列昂捷夫、加里培林(Gal'perlin)等人,并肩进行研究。艾利康宁系统地研究了儿童个性的发展、思维、言语的形成以及对书写、阅读的掌握等心理学问题,特别重视研究不同年龄期的各种形式的主导活动的形成问题。"主导活动"这一概念是由他与列昂捷夫共同提出来的,如婴幼儿期的各种对象动作、学龄前期的游戏活动、学龄初期儿童的学习活动、少年期的交往活动等。他提出的关于儿童心理发展的年龄分期的理论成了后来许多具体心理学研究的依据。

艾利康宁积极发展与宣传了维果茨基的观点,在整理出版维果茨基六卷心理学文集的过程中他担任编委和其中一卷的主编。

(五)赞科夫

赞科夫(1900—1977)是苏联著名心理学家、教育家和缺陷学家,维—列—鲁学派的重要成员之一,苏联"学生的教学与发展"实验室的领导人。赞科夫在维果茨基的领导下开始了自己的科学研究工作,其著述颇丰,达150多种,主要有《学生的记忆》(1944)、《记忆》(1949)、《教学中词与直观相互作用的实验研究》(1954)、《论小学教学》(1963)、《教学与发展》等。

从1950年开始,赞科夫就着手研究教学与学生的发展问题。他深入教育实际,用心理学的方法对学生、教学乃至整个教学过程进行研究,建立了新教学论体系。1957年,由他领导的"学生的教学与发

展"实验室正式成立。他结合对传统教学
法的分析批判，提出了小学教学新体制结
构和新教学论原则，并在广泛的范围内进
行实验。赞科夫的研究对苏联的教育产生
了重大影响，现在俄罗斯的小学学习年限
已全部缩短为三年。

赞科夫具体实践和发展了维果茨基关
于教学与发展的关系的思想，具体探讨了
怎样利用最近发展区思想探求学生最优发
展的教学途径与手段，并着重研究了观察
力、抽象思维能力与实际操作能力。赞科
夫认为，这三方面的能力是心理活动的各
种形式中最有代表性的并且是说明学生一
般发展的最有意义的方面。他进一步指出，
不能把发展的内部过程归结为受学习的直
接影响而产生的新的心理结构，儿童发展
的实质乃是各种内外因素进行复杂的相互
作用的结果。

赞科夫是一位充满了创造力和科学理
想的学者，他在许多领域实践与发展了维
果茨基的教育心理学思想，为充实社会文
化历史学派的理论作出了很大贡献。他在
自己创建的"学生的教学与发展问题"实
验室工作了二十多年，培养了大批科研骨
干，获得了列宁勋章、劳动红旗勋章和各
种苏联奖章。

除了上述提到的人物以外，维果茨基
学派还有许多成员，如加里培林、扎波罗
热茨、达维多夫等，他们沿着维果茨基开
创的研究路线从不同方面和层次丰富、发
展了文化历史理论。

四、鲁宾斯坦学派

(一) 鲁宾斯坦

鲁宾斯坦（Rubinstein，1889—1960），
苏联杰出的心理学家、哲学家和苏联心理
学理论体系的重要奠基人，1889 年 6 月 18
日出生于敖德萨的一个律师家庭。1913
年，他在马尔堡大学出色地完成了博士论
文《方法论问题的研究》的答辩，获得博
士学位。为了揭示对人文科学来说具有关
键性的因果性类型，鲁宾斯坦提出了自己
的哲学——对心理学观念有重大价值的思
想——主体性思想。他一生发表、出版了
50 多种论文和著作，主要有《普通心理学
原理》（1940）、《存在和意识》（1957）、
《心理学的原则和发展道路》（1959）、《人
和世界》（1969）等。

鲁宾斯坦对心理学的贡献主要体现在
心理学的基本理论建设方面。他坚持认为
苏联心理学应该在马克思列宁主义哲
学——辩证唯物主义和历史唯物主义——
的基础上建立自己的思想体系。他在心理
学的方法论、基本理论和实验研究方面做
了大量工作，为建立苏联心理学提出了以
下三个主要原则。

1. 意识与活动统一原则

在鲁宾斯坦看来，人的心理、意识是
在活动中形成起来的，活动是检验心理、
意识正确与否的客观标准，心理、意识反
过来又调节、制约着活动的进行。意识和
活动统一的原则作为苏联心理学重要的方
法论基础，作为鲁宾斯坦主体心理学思想
的具体体现之一，它的出现是与克服世界

心理学的危机联系在一起的。鲁宾斯坦通过批判当时的意识心理学和行为主义心理学，揭示出这一危机的关键问题是意识和活动的问题，指出必须通过主体范畴深入地研究它们的统一性，揭示出它们的内在联系。鲁宾斯坦写道："关于意识与活动的统一性的论点的基本的积极的内容在于肯定它们的相互联系和相互制约性。人的活动制约着他的意识、他的心理的联系过程和特性的形成，人的意识、他的心理的联系过程和特性则实现着对人的活动的调节，而成为它们的完全符合的完成的条件。"（鲁宾斯坦，1956，p.251）

这一原则表明，意识与活动不是对立的，也不是等同的，而是统一的。以这一原则为基础，鲁宾斯坦第一次提出了把心理学作为一个系统，建立现代心理学的科学知识体系。鲁宾斯坦的《心理学原理》（1935）和《普通心理学原理》（1940，1946）两部专著，就是以意识和活动统一原则为基础的，并成功地尝试了建立心理学的科学知识体系，全面论述了各种心理学的问题以及它们之间的相互关系。这样，就把新型的苏联心理学与传统心理学从根本上区别开来，成为苏联心理学的主要原则，从而奠定了苏联心理学的理论基础。

2. 辩证决定论原则

鲁宾斯坦在《存在和意识》一书中把主体心理学思想应用于主体与客体的相互作用。他从马克思主义哲学关于物质对精神的决定作用以及精神对物质的反作用这个一般原理出发，研究了心理、意识和客观现实的辩证关系，提出了心理与物质世界的两个关系系统的特征，第一是心理与脑的关系系统的特征，第二是心理与外部世界的关系系统的特征，从而确定了苏联心理学的辩证决定论原则。

鲁宾斯坦的决定论原则体现了辩证唯物主义的反映论，强调心理的社会性、实践性和主观能动性，克服了传统心理学的机械决定论。鲁宾斯坦在自己生命的最后15年间与自己的学生一道在理论和实验中深入研究了作为过程的心理的东西，提出了重要的决定论原则，实际上这是他的主体和活动的方法论原则运用于心理学的新阶段。

3. 发展原则

鲁宾斯坦把辩证唯物主义关于世界万物都处在不断的运动、发展与变化过程之中的基本原理用于探讨、研究心理和意识的规律，从而确立了苏联心理学的发展原则。这一原则表明，人的心理、意识既不是自然成熟的过程，也不是由外力机械推动的，而是在社会环境的影响下特别是在教育的影响下通过人的自身活动而发展起来的，只有把心理看作发展的产物、活动的结果，才能正确地了解与解释它。

鲁宾斯坦对苏联心理学基本体系形成的历史功绩主要在于他把被传统心理学割裂开来的意识和行为辩证地统一起来。为了避免误会，鲁宾斯坦用"活动"一词代替"行为"，这一传统一直被苏联心理学家所沿用。除此之外，他对一些具体的心理过程特别是思维问题研究作出了重要贡献，深入研究了思维与活动的关系、思维过程及其结构等问题。

在评价鲁宾斯坦时，既要肯定他对苏联心理学的巨大历史贡献，也要指出其局限与不足。由于当时的主客观条件的限制，鲁宾斯坦的主体心理学思想还有不够完善的方面，如鲁宾斯坦没有完整地揭示心理学的主体方法论，没有完整地提出主体心理学思想的整体系统观点，在心理学具体问题研究方面不够深入等。

（二）布鲁斯林斯基

布鲁斯林斯基（Brushlisky，1933—2002），俄罗斯科学院心理学研究所所长、教授、心理科学博士、俄罗斯教育科学院院士、俄罗斯科学院通讯院士、《心理学杂志》主编。

布鲁斯林斯基 1933 年出生于俄罗斯的一个知识分子家庭。1951 年中学毕业后布鲁斯林斯基考上了莫斯科大学心理学系，当时鼎鼎大名的鲁宾斯坦教授担任他们年级的科学指导教师。后来布鲁斯林斯基做了鲁宾斯坦的研究生并与导师一起研究思维问题。在思维研究方面，布鲁斯林斯基的主要成果有《思维的文化—历史理论》(1968)、《思维心理学与控制论》(1970)等论文，《思维与预测》(1979)、《思维心理学与问题教学》(1983)、《思维心理学》(1989)、《思维与交往》(1990)等著作。进入 20 世纪 90 年代，布鲁斯林斯基转向研究主体的心理学问题，1991—1993 年连续发表了有关主体心理学的论文。1994年，他以前两年发表的论文为基础写成了专著《主体心理学》，该书标志着心理学的一个新的分支学科主体心理学的诞生。

布鲁斯林斯基不仅继承了导师鲁宾斯坦的主体心理学思想，而且走出了新的一步，揭示了主体心理学的科学原理，在以下几个方面形成了自己的特色。第一，心理学的研究对象是作为主体的人。针对普遍认可的"心理学是研究心理现象及其规律的科学"的定义，布鲁斯林斯明确指出：心理学的对象不是人的心理，而是人，是具有心理的人；心理学的对象不是各种心理特点和各种积极性，而是人本身，即活动着和进行交往的人；人和他的心理不是两个系统，而是一个统一的系统，在这个系统中，主体是所有心理品质和全部积极性的基础。第二，关于心理学的学科性质。按照布鲁斯林斯基的观点，心理学首先是自然科学与人文科学的统一。人的心理从个体出生的那一刻（个体发生）就不是只有自然属性而没有社会属性，或只有社会属性而没有自然属性的，它永远是自然属性和社会属性牢不可破的统一。第三，主体的活动是心理学理论、实验和实践统一的基础。在布鲁斯林斯基看来，①主体及其活动是心理学理论、实验和实践有机统一的真正源泉。心理学分裂的重要原因是主流心理学采取的自然科学方法论导致心理学学科不断分化，心理现象划分得越来越细，各自为政，心理学缺乏一个共同的基础和出发点。按照俄罗斯主体心理学的观点，主体及其活动就是心理学的共同基础和出发点，是心理学理论、实验和实践有机统一的真正源泉。②主体的整体性决定着心理学研究的系统性。整体性是主体的基础，一方面，它概括地揭示出人的自然性、社会性、个别性等所有特性系统整体的不断发展的统一；另一方面，主体的整体性意味着个体从胎儿期开始的整个发展阶段的统一。

布鲁斯林斯基主体心理学继续发展了以马克思主义哲学为基础的心理学体系，他的主体心理学就是以马克思主义哲学为指导的最新研究成果，是在新的历史时期对世界马克思主义心理学的新发展。布鲁斯林斯基主体心理学促进了心理学主体研究的回归。主体心理学关注对主体的研究既是心理学诞生时冯特所关注的主体研究的回归，也符合当今时代精神的要求。只有确立人的主体地位，在研究中让研究方法服从于研究内容，才有助于心理学知识的整合，不会使整个心理学的研究只看到心理现象而看不到人。布鲁斯林斯基主体心理学思想有助于整合分散或分裂的心理学知识和理论。主体心理学思想认为，无论多么分散的或具体的知识，都可以纳入主体的概念并放在一个适当的位置上，从而告诉人们一种完整的心理学知识。只有从主体的概念去研究人的心理，才不会只看到心理现象而看不到人。

当然，布鲁斯林斯基的主体心理学也存在一定局限性。一方面，布鲁斯林斯基的主体心理学虽然很重视实验研究，但它的许多观点还有待实验的验证。布鲁斯林斯基的主体心理学在感知觉、思维、人际交往、心理物理关系等方面进行了具体的实验研究，但是许多方面还有待实验的检验，如关于主体的标准、主体心理发展年龄阶段划分的具体指数、群体主体与非群体主体的区分标准、主体积极性的水平等方面都缺乏实验数据的验证，因而不能找到适当的标准判断某一个体的积极性水平或主体性水平的高低。另一方面，布鲁斯林斯基不够重视文化与心理问题研究。布鲁斯林斯基对心理发展的社会文化因素显得不够重视，虽然他高举着心理科学人文性的大旗（他所理解的心理科学的人义性只是从强调心理发展的主体积极性来考虑的）。他所研究的主体心理学是否适合于其他文化？人的主体性、主体积极性是否存在文化差异？这些问题在他的主体心理学中都没有涉及，不能不说是它的一个不足之处。

五、人学学派

（一）安纳耶夫

安纳耶夫（Annaev，1907—1972），苏联心理学家、教育科学博士、教授。1955年起任教育科学学院院士，人学学派奠基人。安纳耶夫1928年毕业于符拉基高加索市矿山师范学院历史系。对心理学的浓厚兴趣，使他毕业后到了别赫捷列夫研究所从事科研工作。从1949年起安纳耶夫任列宁格勒大学教授，是列宁格勒大学心理系的创始人。他研究的范围很广，涉及了心理学史、儿童心理学、年龄心理学、教育心理学与普通心理学等方面。20世纪60年代，在他的倡议和领导下，苏联开拓了一个新的研究领域，即关于人的统一的基础学说——人学。安纳耶夫的主要著作有《人是认识的对象》（1969）、《教育评语心理学》(1935)、《中小学生观察的培养》(1940)、《谈心理学的内部言语的理论》(1946)、《空间辨别》(1955)等。

《人是认识的对象》一书为人学奠定了基础，概括了该学派自20世纪50年代以来在人学领域的理论与实验成果。人学由以下基本内容构成：对作为生物实体的人的研究；对人类起源与演化以及历史发展的研究；对人的个体发生发展的研究；对人的个性即作为社会成员的人的研究。关于人学理论的一般问题可以总结为以下几个方面。

1. 创立人学的必要性

科学认识的进步使得有关人本身各个方面的知识日益增多，人的问题成了全部科学的一切分支中带有普遍性的问题，而且对人的科学研究的日益分化，形成了一系列研究人的学说。这些学说与方法趋向于联合成各种不同的综合系统，由此产生了各种边缘科学。安纳耶夫认为，由于不同社会实践的需要，应该有一门关于人的统一的基础学说，以便克服人在实际工作中表现出来的局部性与片面性。

2. 人学的方法论基础

要使人学成为一门能够阐明整个人的问题的科学，安纳耶夫说："对人进行研究的极其复杂的系统包括着几乎全部认识领域（从物理—数学科学到人文科学），它对关于人的哲学学说提出了各种新的要求，只有马克思列宁主义哲学才能满足这些要求。"（安纳耶夫，1993，p.12）马克思列宁主义是人学的哲学基础。

3. 心理学与人学的关系

安纳耶夫认为："由于把人的问题提到现代科学的中心地位这一重要的进展，心理学在整个科学知识体系中的地位发生了本质的变化。"（安纳耶夫，1993，p.34）也就是说，正是心理学将自然科学与社会科学的各个不同分支联合成了新的综合性的人学。正如安纳耶夫在《人是现代科学共同的问题》一文中说的："对人的心理活动的规律性的认识，可以揭示人的发展的各种基本的自然源泉与社会历史源泉，这些源泉的相互联系便产生人的整体性及其与客观现实的关系的多样性。"（安纳耶夫，1993，p.35）

4. 人的个体发展和生活道路

人是自然和历史共同的产物，是生物因素与社会因素相互渗透的结果。安纳耶夫指出："人的生活道路——就是在一定的社会中某个个性形成和发展的历史，是一定的时代中某个同时代人和一定的时代中某个同龄人的历史。"（安纳耶夫，1993，p.115）安纳耶夫区别并分析了个体、个性与个别性的概念，他说："人的个别性的形成以及受其制约的个体、个性和主体在人的一般结构中的同一发展方向使这个结构得以保持稳定，并且是充沛的生命活力和长寿的两个重要因素。"（安纳耶夫，1993，p.316）

5. 两性异形及人类生理心理的演变

安纳耶夫认为，两性异形属于人的个体发育演变的固有特性，主要表现为性成熟现象的潜在状态及其逐步展开、性成熟状态的不稳定与多阶段变化以及各种性衰竭现象等。但两性差异并非只局限于性发育和性成熟阶段，存在于生命开始至生命结束，只是程度强弱不同而已。接着，安纳耶夫引用了国内外生理学、心理学研究的大量资料说明人的感觉运动机能的分化，并对人的年龄性别属性和神经动力属性在个性发展中的相互关系以及人的个体发展中的神经心理调节问题做了详细研究。

6. 关于个性的研究

关于个性，安纳耶夫提出了两个基本观点：①个性的形成与发展是由该历史时期社会存在的全部条件决定的；②个性既是社会影响的客体也是社会发展的主体，永远具有历史性。从历史的、社会学的、社会心理学的角度研究个性是一条主要的道路。为此，安纳耶夫十分重视社会情境对个性形成和发展的作用，社会情境不断变化，对个性的影响也不断变化。为了解释人在社会情境中接受影响的程度以及对社会情境反作用的程度，安纳耶夫研究了人的社会地位、社会职能以及角色、价值定向等问题。对微社会环境的中介作用，他引用库兹明等人的研究："客观环境、微环境和个性之间复杂的相互关系是评价个性的社会发展的重要方面。"（安纳耶夫，1993，p.333）

关于个性的结构，他赞成普拉托诺夫提出的个性动态结构理论，即个性结构包括四个方面：由生物因素制约的个性特点、个性的个别生理过程特点、个性的成熟水平以及社会制约的个性品质。另外，安纳耶夫还讨论了活动主体的结构、符号系统在交往中的作用、外部动作的内化以及个

性内部生活的外化等问题。

安纳耶夫是人学学派公认的领袖，在苏俄心理学中占有特殊的地位。他顺应世界心理学发展的潮流，首次提出人学理论，把"人"的范畴引入心理学的概念系统中，将人列为心理学研究的对象；他提出和发展了个体生理机能、心理过程、个性、活动主体、人的生活道路等一系列重要观点，注重在动态、发展、关系中研究人的各种存在的方式；他把研究人的主要坐标系置于具体的社会历史环境、一定的社会空间和国家的生活之中，力图通过个性研究的综合方法解决有关人的科学的整体性问题。然而他的理论同大多数心理学理论一样存在不完善的方面。安纳耶夫创立的人学毕竟是一门很年轻的边缘科学，人学体系的形成和发展还有赖于许多理论科学与应用科学特别是心理科学的新的研究成果。

（二）洛莫夫

洛莫夫（Lomov，1927—1990）是苏联著名心理学家、心理科学博士、教授，苏联科学院通讯院士和苏联教育科学院院士，曾任列宁格勒大学心理学系主任（1966）、苏联科学院心理学研究所所长（1972）、苏联心理学会主席（1976，1984）、国际心理科学联合会副主席（1976—1984）、苏联《心理学杂志》创办人和主编等职，是苏联人学学派的主要倡导人之一。

洛莫夫1951年毕业于列宁格勒大学，毕业后留校，曾经从事过触觉问题、空间表象、想象、制图技能等问题的实验研究。

20 世纪 50 年代后期开始研究工程心理学问题，1959 年建立了苏联第一个工程心理学实验室。洛莫夫对普通心理学、社会心理学、工程心理学、管理心理学的许多基本理论问题都有广泛的研究，他的主要著作有《人和技术》(1963)、《管理系统中的人》(1967)、《军事工程心理学》(1970)、《论心理学中的系统观》(1975)、《心理学的方法论问题和理论问题》(1981)、《工程心理学原理》(1986) 等。

洛莫夫心理系统理论的基本观点可从以下几个方面进行描述。①用系统观点整合心理学的众多分支领域。任何现象都应当放在整体系统中来考察，心理现象也是如此。②心理学研究的基本对象是人，而人本身就是一个系统。人不仅具有复杂的社会系统，还具有一个复杂的生物系统和物理系统，这就决定了人的心理特点和发展过程的多样性、多面性以及多水平性。③人的心理处于不同序列的关系系统中。在对所反映客体的关系上，人的心理是客体的反映；在对生理机制的关系上，人的心理是脑的机能；在对行为的关系上，人的心理是行为的调节者。洛莫夫指出，这三个方面又是在统一的过程中实现的。④心理学的理论包括许多层次。洛莫夫认为，在心理学的研究中至少可以分为三种分析水平：社会系统、心理机能系统和神经生理系统。⑤心理现象的系统是多水平、多层次的。心理现象系统包括三种基本的、不可分割的子系统：认知子系统、调节子系统和交际子系统。⑥心理特性具有不同级别。感受性特点、神经系统和气质特点是心理特征的生理基础，是初级的，能力特点是高一级的，性格特点则是受生物系统和社会系统所制约，更为复杂高级。⑦对心理现象进行系统分析时，应遵循一些基本原则和要求。第一，心理现象是多维度、多侧面的，因此研究心理的某一方面时应把它看作某种协调系统的一个方面，并从多维度上研究它。第二，心理现象是多水平、多层次、多功能的，因此研究心理现象时应从不同水平、不同层次、不同功能去接近它。第三，心理现象存在的关系是众多的，不同的关系决定了心理的不同性质。因此在心理学研究中应当揭露它的各种关系，从而确定其不同的性质。第四，心理现象是动态的，这就要求在心理现象的发展过程中，在不同阶段上，对它的性质进行系统分析。

除了上面论述的心理系统观之外，洛莫夫运用系统论的观点进一步发展了安纳耶夫关于人学的理论。1986 年，苏联科学院成立了以洛莫夫为首的人的因素综合研究委员会，把人学的研究推向了一个新阶段。此外，洛莫夫还对交往问题、个性问题、工程心理学问题以及心理学的许多基本理论问题有过重要的建树。他以高度的组织能力为苏联心理学特别是人学学派的发展作出了贡献。当然，洛莫夫理论中的一些不足也不容回避，如他对心理的特殊性问题重视不够，忽视了心理的本质特点。在洛莫夫的系统观点中，人的心理就是一种处于多种关系之中的、多水平、多侧面、多层次、多序列的系统，其实，在这里洛莫夫只是不分主次、不加区分地罗列了人的心理的各个方面的一些特点，但实际上恰恰回避了"人的心理的特殊本质究竟是什么"这个根本性的问题，实质上也就模糊、歪曲了人的心理的本质特点。

六、定势学派奠基人——乌兹纳捷

乌兹纳捷（Wuzinajie，1886—1950）是定势学派奠基人，格鲁吉亚科学院院士及格鲁吉亚心理研究所的创始人。乌兹纳捷的科学活动可以分两个阶段：第一阶段始于1923年，乌兹纳捷发现了知觉的定势现象，进行了大量实验，并逐步把实验推广到注意、思维、想象等领域；第二阶段是1940年到1950年乌兹纳捷去世，这一阶段他着重探索了人与社会现实的关系，社会现实对人的影响以及人对社会的积极反作用。其代表作主要有《实验心理学原理》(1925)、《关于定势的基本转换规律问题》(1930)、《定势心理学研究》(1938)、《定势心理学的实验原理》(1949)等。

在心理学的研究历史上，虽然艾宾浩斯、缪勒等德国心理学家曾经发现过定势现象，但他们却认为这仅仅是属于记忆、知觉范围的局部现象。乌兹纳捷及其学派通过大量的实验证明，定势是存在于一切认识过程、个性乃至人际关系中的普遍现象。定势理论成为这个学派建立的基础。

乌兹纳捷的定势理论可以总结为以下几个方面。①定势产生的条件。定势产生需要两个基本条件：一是主体具有某种现实需要，二是具有满足这种需要的情景。

在具备了这两个条件的情况下，主体就会产生一定的积极定势。②定势的分类。定势可以分为弥散性定势与分化性定势两类。弥散性定势往往是某一情境初次作用于主体时产生的，具有某种程度的不确定性，不能将主体的行为引向严格确定的方向；分化性定势是由于满足需要的情景多次重复作用于主体而形成的。③定势可以分为无意识与意识两种水平。

乌兹纳捷及其学派的贡献是巨大的，进一步充实与推动了苏联心理学的发展，是苏联心理学乃至世界心理学宝贵的科学财富。定势理论是建立在辩证唯物主义的决定论原则基础之上的，把个性的内部状态提到了极其重要的地位，认为一切外部的影响都要通过个性——当时的内部心理状态而起作用。这一理论的提出击中了当时风靡全球的行为主义的"刺激—反应"的二项图式的要害，从一个特殊领域进一步发展了苏联心理学关于认识过程的学说。然而定势理论的有些方面尚值得商榷，如定势与意识的关系、定势的生理基础等问题都引起了不少的异议，有待进一步深入研究。

七、当代俄罗斯的其他著名心理学家

（一）彼得罗夫斯基

彼得罗夫斯基（Petrovsky，1924—　）是俄罗斯联邦教育科学院院长、院士，心理科学博士、教授，俄罗斯当代著名心理学家。

彼得罗夫斯基 1950 年获心理学的副博士学位，1952 年晋升为副教授，1956 年应我国中央教育部的邀请来北京师范大学讲学，回国后于 1965 年获心理学博士学位，1976 年任全苏教育科学院副院长。彼得罗夫斯基一生兼任了多种行政职务，培养了七十多位心理学的博士与硕士。他撰写并出版了大量的心理学著作，其中比较著名的有《年龄与教育心理学》(1973)、《社会心理学》(1987)、《集体的社会心理学》(1978)、《集体的心理学理论》(1982)、《个性、活动、集体》(1982)、《苏联心理学史》(1967)、《彼得罗夫斯基选集：心理学的历史与理论问题》(1984)、《发展中的个性心理学》(1987) 等，主编并三次修订《普通心理学》(1970，1976 及 1986)。

彼得罗夫斯基对个性与集体的研究表现出了浓厚兴趣，他根据长期的实验研究结果提出了一整套关于群体发展及其最高阶段（集体）的心理学理论，即人际关系的活动中介理论。彼得罗夫斯基认为，在群体的发展过程中，人际关系是以该群体所从事的具有社会意义的共同活动内容、目的和人物为中介的，群体共同活动及其人际关系的价值取向决定着群体的发展水平，当群体发展到最高阶段（集体）时，其中人际关系的结构便具有多层次性。个性是通过它在群体中的适应、表露与整合三个阶段不断地社会化而发展起来的，集体是培养良好个性的摇篮。

(二) 达维多夫

达维多夫（Davydov, 1930— ），俄罗斯当代著名的教育心理学专家，心理学博士、教授，俄联邦教育科学院院士、副院长，《心理学问题》及《心理学杂志》编委，曾获"劳动英雄""劳动老将"等奖章。达维多夫初期一直追随其师艾利康宁学习与工作，研究并设计制定了儿童心理发展的新年龄常模。达维多夫在他的教育实践中进一步发展了以维果茨基为首的社会文化历史学派的基本理论。他通过实验证明儿童心理发展并不是在他与实物的自然性相互作用过程中实现的，而是在"儿童—社会"系统中亦即儿童与社会的联系系统中实现的。这就是说，儿童的心理是在两种类型的关系中发展起来的：第一，儿童—实物—成人；第二，儿童—成人—实物。在后一种情况下，儿童与实物的关系是以成人为中介的。达维多夫提出了"发展性教学"的概念，其实质就是教师通过教学引导儿童使其达到最大限度的心理发展，这一观点的心理学理论基础源于维果茨基关于教学必须走在发展的前面引导发展的思想。

达维多夫的著作很多，代表作主要有《分析计算结构是制定算术教学大纲的前提》(1962)、《掌握知识的年龄可能性》(1966)、《概括理论同程序教学的联系》(1966)、《乘法的心理分析》(1969)、《在解决心理教学论问题时运用辩证逻辑的可能性》(1970)、《关于教学和教育的若干迫切的心理学问题》(1975)、《唯物主义心理学范畴的研究》(1976)、《教育发展的哲学—心理学问题》(1981)、《发展性教学问题》(1986)、《教学活动：研究现状与问题》(1991)、《童年期个性的起源与发展》(1992) 等。其专著与论文达 200 多种。达维多夫的许多著作已被译成多国文字，在世界不少国家公开出版，他的科学成就在俄罗斯内外都享有盛誉。

(三) 雅鲁舍夫斯基

雅鲁舍夫斯基 (Yaroshevsky, 1915—2001)，俄罗斯当代著名心理学史专家、心理科学博士、教授、俄联邦教育科学院荣誉院士、俄联邦科学院科学技术史研究所主要研究员、美国纽约科学院院士。

雅鲁舍夫斯基 1937 年毕业于列宁格勒师范学院，之后考入莫斯科心理研究所研究生班，毕业后一直在苏联科学院哲学研究所心理学部工作，1961 年被授予心理科学博士学位，1965 年担任苏联科学院科学技术史研究工作。

雅鲁舍夫斯基撰写并出版了近 200 种著作，主要著作有《19 世纪生理心理学中的决定论问题》(1961)、《心理学史》(1966)、《学者与科学集体的活动》(1969)、《论生理心理学的历史道路》(1970)、《20 世纪的心理学》(1971)、《现代心理学中的科学创造问题》(1971)、《科学的社会心理学问题》(1973) 等。

雅鲁舍夫斯基在以上系列著作中站在马克思主义的立场，对从古到今心理学知识的发展以及其中的各种基本范畴与原则做了深刻的分析，加深了对心理科学形成的基本规律的认识。他十分重视对维果茨基的科学遗产的研究，高度评价了研究维果茨基的遗产对于现代心理学的重要意义。

雅鲁舍夫斯基创立了一个新的心理学领域，即关于科学方面的社会心理学。他从马克思主义的观点出发创立了关于科学活动的三维度及纲领—角色理论，第一次提出了"科学交往中的伙伴圈"以及在解决创造性任务时的特殊积极水平的"上意识"概念，为心理学史与科学学的发展作出了重要贡献。

(四) 安德烈也娃

安德烈也娃 (Andreeva, 1924—)，俄罗斯当代著名心理学家，莫斯科大学社会心理学教研室主任，哲学博士，教授。苏联卫国战争开始时，只有 17 岁的安德烈也娃参军到了前线，在战斗中荣获了红旗勋章和各种奖章。1945 年，她进入莫斯科大学哲学系，1953 年研究生毕业，1965 年获得博士学位。

安德烈也娃出版、发表的著作和论文超过 130 种，主要有《现代资产阶级的经验社会学》(1965)、《具体的社会研究方法》(1972)、《外国社会心理学问题》(1978)、《西方现代社会心理学》(1978)、《社会心理学》(1980) 等。

安德烈也娃的学术活动主要集中在以马克思主义方法论为基础研究与发展社会心理学的一般理论，从而建立本国的社会心理学体系。她撰写的《社会心理学》一书经苏联教育部批准作为苏联大学必修课的第一本社会心理学教科书。书中对社会心理学的历史、在科学知识体系中的地位、社会心理学的方法论问题、人际交往与相互作用的规律、群体的社会心理学等问题进行了系统研究。

安德烈也娃曾当选实验社会心理学欧洲联合会的成员，曾多次参加过关于社会心理学的国际会议，应邀到多国高校讲学。她是一位熟练的教育家、出色的教师和研究工作者、教学与科研工作的优秀组织者。

（五）肖罗霍娃

肖罗霍娃（Shorokhova，1922—2004），俄罗斯当代著名理论心理学家、哲学博士、教授，曾任苏联科学院心理研究所副所长、全苏心理学会副主席。

肖罗霍娃 1947 年毕业于列宁格勒大学哲学系心理学专业，之后在苏联科学院哲学研究所心理学部攻读研究生，毕业后留在心理部从事心理学研究工作。她的主要著作有《哲学与自然科学中的意识问题》(1962)、《人的发展中的生物因素与社会因素》（1975）、《心理学和医学》（1978）、《个性的道德稳定性的心理分析》（1983）等。她在哲学和心理学的各种刊物上发表了一系列有关个性、管理、群体及心理气氛等社会心理学问题的文章，连同与他人合著的文章、著作达 200 多种。

肖罗霍娃是苏俄内外享有盛誉的一位学者。在鲁宾斯坦逝世之后，肖罗霍娃一直是苏联和俄罗斯科学院心理研究所重要的理论支柱之一。她着重研究了社会历史对心理的决定作用、心理的反映实质、人的意识的特点和个性以及在人的发展过程中自然因素与社会因素的关系、生理与心理的关系、意识与无意识的关系等心理学问题，为奠定苏俄心理学的方法论基础作出了重要贡献。

（六）塔雷津娜

塔雷津娜（Taleijinna，1923—   ），俄罗斯当代著名教育心理学家、心理科学博士、教授，莫斯科大学心理学系教育学与教育心理学教研室主任，俄罗斯教育科学院院士。出身世代农民家庭的她于 1947 年从雅罗斯拉夫师范学院数理系毕业后进入俄罗斯教育科学院心理研究所的研究生班，1950 年获得硕士学位，同年进入莫斯科大学哲学系心理学专业工作，跟随加里培林教授进行智力活动按阶段形成的理论问题研究，后来又转为重点研究有关学习问题的活动理论。从 1963 年起，她一直担任莫斯科大学教育学与教育心理学教研室主任，致力于推动心理学为中小学的教育实践服务。

塔雷津娜的著作很多，主要有《程序教学的理论问题》(1969)、《在学生有组织的动作的基础上初等集合概念的形成》(1957)、《控制教育过程问题》（1971）、《谈掌握初等几何概念问题》(1975)、《掌握知识过程的控制》(1975)、《列昂捷夫著作中的活动理论》(1982)等。

第三节 苏俄心理学的现状和未来

一、俄罗斯心理学的概况

(一) 心理学日益成为俄罗斯的热门科学

苏联解体之后，由于社会实践的需要，心理学已成为当今俄罗斯社会普及程度最高的学科之一，受到俄罗斯人民的关注。心理学以其独有的特色，不仅与教育、医疗、婚姻家庭、文化、艺术、法律、商贸、宇航、军事有着传统的紧密联系，而且在当前俄罗斯的多元化政治以及经济领域的改革过程中发挥着重要作用。传统心理学把研究重点放在了研究个体上，当前俄罗斯的现实要求现代心理学重点研究群体心理，关注与国计民生密切相关的交往、民意、舆论、决策、角色、心态等，与此相关的心理学分支迅速发展起来，如政治心理学、经济心理学、民族心理学、信息心理学、宗教心理学以及创造心理学等。

(二) 社会实践对俄罗斯心理学的冲击

20 世纪 50 年代之前，苏联心理学建立在以鲁宾斯坦为代表的基本理论体系的基础之上，片面追求理论建设，忽视对实际问题的解决。苏联解体后，俄罗斯的心理科学受到来自实践部门的巨大冲击。

近些年来，俄罗斯心理科学的研究人员开始大批地深入社会改革的各个领域中从事研究工作。在鲁宾斯坦和布鲁斯林斯基主体心理学思想的指导下，他们对俄罗斯经济体制和政治体制改革过程中不同社会群体调节自己经济行为的社会心理因素进行了专门的研究，特别探讨了经济活动主体的各种积极性和心理态度问题。

1996 年 1 月 31 日，全俄心理学会召开了题为"今日心理学"的学术会议，会上扎布罗金做了题为《俄罗斯的改革与心理学发展的前景》的长篇学术报告，重点阐述了俄罗斯心理学如何参与俄罗斯民主化运动的研究，如何参与俄市场经济以及俄罗斯社会改革的各个方面的研究，如选举工作问题、民族矛盾问题、家庭问题、教育改革问题、青少年违法犯罪问题、宗教信仰问题以及社会安定问题等，大量的实践问题正在推动着俄罗斯心理学各个分支迅速发展。

二、维果茨基心理学思想与俄罗斯心理学的变化

(一) 维果茨基的心理学思想日益受到苏俄人民的重视

20 世纪 30—50 年代，由于苏联的极

"左"路线和个人迷信的统治，维果茨基的学术思想长期遭受打击和压制。从 20 世纪 60 年代开始，随着政治形势的变化，维果茨基的科学遗产重放光芒，日益受到苏俄人民的重视，维果茨基的一系列著作得到整理和出版，如《维果茨基心理学文选》《高级心理机能的发展》《艺术心理学》《教育心理学》等。随着俄罗斯国际交流的加强，维果茨基的许多著作被译成多国文字，学习与研究维果茨基科学思想的热潮蔓延至全世界许多国家，形成了世界范围内的"维果茨基现象"。美国学者托尔明赞誉他是"心理学中的莫扎特"。美国著名教育家布鲁纳在《认知心理学》的序言中写道："在过去四分之一世纪中从事认知过程及其发展研究的每一位心理学家都应该承认维果茨基的著作对自己的巨大影响。"（布鲁纳，1997）

（二）从两次国际会议看维果茨基思想的影响

苏联解体之后，俄罗斯教育科学院于 1992 年 12 月 1 日至 5 日主持召开了题为"维果茨基的文化—历史理论的过去、现在和未来"的国际学术会议，来自不同国家的 200 多名代表参加了会议。1996 年，当这位天才的心理学家诞辰 100 周年之际，俄罗斯联邦于 10 月 21 日至 29 日在莫斯科与戈麦里市等地为纪念他召开了国际学术会议，来自 20 多个国家的 500 多名代表出席了会议。与会代表指出，维果茨基的科学著作虽然是在 20 世纪 20—30 年代撰写的，但是与其他著作相比，问题的提出、

对问题的分析以及解决问题的观点与方法都具有极其新颖、深刻和独创的性质，是世界心理学史上从未有过的。心理学史家雅罗舍夫斯基在全体会议上做了关于维果茨基科学遗产的长篇报告，他指出："维果茨基的著作对俄罗斯的心理学与西方心理学都具有在历史前景中的现代意义，他的科学遗产不仅属于历史，而且也是我国科学与世界科学的财富。"（雅罗舍夫斯基，1996）与会者一致认为，当前研究维果茨基决不是研究历史人物的历史作用，而是在研究一位活生生的现代人对现代心理学的现实意义。

维果茨基在心理学的基本理论与方法论方面为现代心理学提出了一系列创造性的思想。他从辩证唯物主义的原则出发研究改造古典心理学并使之向现代心理学过渡的发展方向与途径，为现代心理学走出困境寻找出路。

以上两次国际会议足以说明维果茨基的科学思想正在照耀着俄罗斯心理科学今天的发展道路，不了解维果茨基就无法真正了解今日俄罗斯心理科学的变化。

（三）俄罗斯心理学的变化

1. 分支学科的发展

苏联解体后，俄罗斯心理学的最显著与最重要的变化乃是心理学应用分支学科的发展，其主要推动因素是社会改革实践的需要。随着俄罗斯经济的私有化以及市场经济的发展，许多新的机构与社会实践部门出现了。应这些实践活动领域的需求，各类应用心理学分支蓬勃发展，如经济心

理学、法律心理学、心理人类学、生态心
理学等。这些应用心理学的兴起推动了社
会改革的不断深入，充分调动了人的活动
的积极性。

2. 实践——心理学摆脱危机的出路

随着对维果茨基思想的重视，俄罗斯
心理学突出了实践的重要性。在维果茨基
看来，摆脱古典心理学危机的出路在于实
践，实践应成为现代心理学的基石。苏联
解体后，俄罗斯的心理科学受到来自社会
实践的巨大冲击，这就要求心理学工作者
走出实验室，走出书斋，到实践的大课堂
中去。

俄罗斯科学院心理学研究所成立了以
菇拉夫列夫、肖罗霍娃、巴孜尼亚科夫等
人为首的课题组。在鲁宾斯坦和布鲁斯林
斯基主体心理学思想的指导下，他们在俄
罗斯经济体制向市场经济过渡的条件下对
不同社会群体调节自己经济行为的社会心
理因素进行了专门研究，特别探讨了经济
活动主体的各种积极性和心理态度问题。
这方面的研究成果主要有《经济变化条件
下的社会心理动力》（菇拉夫列夫，肖罗霍
娃，1998）、《经济行为的社会心理学》（菇
拉夫列夫，肖罗霍娃，1999）、《不同所有
制条件下经济活动主体的工作积极性和心
理态度》（巴孜尼亚科夫，2000）等。

苏联解体后，俄罗斯社会发生了巨大
变化，特别是在私有化过程中企业改组、
破产数量增多，使得俄罗斯社会已十分严
峻的就业形势更加恶化，尤其是在一些工
业企业较多的地区和城市失业人口急剧增
长。仅 1996 年俄罗斯失业人口数就为 670

万，约占社会有劳动能力人口的 9.1%。
（张树华，2001，p.226）对于这一新的社
会问题，俄罗斯心理学界很快做出了反应，
帮助失业人员克服危机的心理状态，寻找
解决问题的途径和方法。代表俄罗斯心理
学发展方向的主体心理学积极深入地对这
一问题进行研究，探讨失业状态下主体积
极性的自我调节问题。

3. 心理技术学重新受到重视

为了克服传统心理学脱离实际的危机，
维果茨基曾大力倡导心理技术学。他把心
理技术学看作摆脱危机的重要出路，并且
认为新的心理学的种子应植根于心理技术
学之中。心理技术学是一门使心理学密切
联系社会实践的学科，在 20 世纪 20 年代
和 20 世纪 30 年代初期曾在苏联风行一时，
对当时开展的军事心理、航空心理、教育
心理等起了积极的促进作用。1931 年在莫
斯科召开了国际心理技术学会议，建立了
心理技术学实验室。随着俄罗斯对维果茨
基科学思想的重视，心理技术学又重新恢
复，并获得了进一步的发展。

4. 儿童学的恢复与发展

由于维果茨基、布隆斯基等人的大力
倡导，儿童学在 20 世纪 20—30 年代曾在
苏联教育界兴盛一时。儿童学是研究儿童
身心发展的综合学科，从心理学、生物学、
解剖学、生理学、社会学、教育学等多学
科角度研究儿童。十月革命后，儿童学在
苏联得到广泛的发展。1930 年 12 月 9 日
斯大林与红色教授学院党支部谈话之后，
苏联意识形态的政治化给思想战线打下了
深深的烙印。1936 年 7 月 4 日，联共

（布）中央《关于人民教育系统中儿童学的谬论》的决定发出后，儿童学受到了批判，从事儿童学工作的学者也受到了各种行政处分，从此，儿童学被长期禁止。20 世纪 60 年代后，苏联心理学界开始反思对儿童学的批判，苏联教育科学院心理研究所所长斯米尔诺夫写道："必须指出，从这一批判中所做出的某些结论是不正确的，从而导致了对儿童年龄特征问题的估计不足，从当时广泛开展的对测验法的批判所得出的无条件否定任何一种心理学诊断的必要性，以及相应地，对新的、有科学根据和经过实践检验的心理学诊断方法的需要估计不足，也是不正确的。"（斯米尔诺夫，1984，p. 383）

苏联解体之后，随着对维果茨基儿童心理学思想研究的加强，新的儿童学正在俄罗斯逐步形成与发展。

5. 主体心理学的形成

主体性教育思想是维果茨基科学遗产的重要内容。他曾明确指出："教育过程乃是三方面的积极过程，即学生的积极性、教师的积极性以及处于他们两者之间的环境的积极性。"（维果茨基，1978，p. 91）可见，维果茨基的主体性教育思想的内涵不仅在于教育过程中教师和学生的双主体的积极作用，还包括学生群体这一小环境的主体的积极作用。维果茨基主体性教育思想的实质不是双主体，而是三主体，即教师↔班级↔学生的教育模式。维果茨基的主体性教育思想遭到了以凯洛夫为首的权威教育派的冷遇。

苏联解体之后，随着俄罗斯社会的民主化运动，以俄罗斯科学院心理研究所所长布鲁斯林斯基院士为首的一班人致力于主体心理学的研究。布鲁斯林斯基认为，心理学是一门研究人的最权威的科学，随着主体心理学基本问题的深入开展，心理科学将会有力地促进整个社会的进步。当前俄罗斯科学院心理研究所的科研人员对心理学的各种问题都进行了深入探索，从而形成了一个新的心理学分支——主体心理学。

三、俄罗斯心理学研究的三大中心

（一）全俄心理学科研中心

1. 俄罗斯科学院心理研究所

俄罗斯科学院心理研究所是今日俄罗斯心理学最主要的研究中心之一，是从原苏联科学院哲学研究所心理学部分化出来而成为直属科学院的独立的心理研究所。原苏联科学院哲学研究所心理学部下设普通心理学、生理心理学、发生心理学与心理学史四个组，罗宾斯坦、彼得罗夫斯基、肖罗霍娃分别担任心理学部的领导。1971 年 12 月 16 日，苏联科学院主席团通过决议，在原心理学部的基础上组建直属苏联科学院的新的心理研究所，由人学学派的领导人洛莫夫担任第一任所长，肖罗霍娃任副所长。随着苏联的解体以及洛莫夫的去世，苏联心理研究所更名为俄罗斯心理研究所，由布鲁斯林斯基通讯院士接任该所所长。

虽屡经更名与人员交替，该所的科研工作从未中止。作为哲学研究所下的一个部的时候，心理学部就对克服苏联心理学生理学化的错误与恢复社会心理学的地位作出过重要贡献：洛莫夫任所长的时候，主张采用多层次、多角度的系统观点去研究人的心理现象，推动了心理学研究的进展；布鲁斯林斯基接任所长后，进一步扩大了心理学基础研究与应用研究的领域，突出了对主体心理学的研究，使主体心理学成为当前俄罗斯心理学共同的研究任务。

2. 俄罗斯教育科学院心理研究所

俄罗斯教育科学院是在原苏联教育科学院的基础上于 1991 年 12 月 19 日由联邦政府决定组建的，由彼得罗夫斯基院士担任第一任所长。苏联教育科学院是全苏教育科学最大的研究中心，下设五个所：教育理论与教育史研究所、学前教育研究所、教学法研究所、心理学研究所、缺陷学研究所。它吸引了一大批理论与实践工作者对教育科学各学科领域开展了科学研究。从 20 世纪 50 年代末开始，苏联教育科学院组成了以维果茨基的弟子赞可夫、艾利康宁等人为首的心理科学工作组，对初等教育进行了以教学与发展为主题的大规模的自然实验，并取得了丰硕成果。

苏联解体之后，俄罗斯在原苏联教育科学院的基础上新组建了俄罗斯教育科学院，制定了新的章程，在教育科研方面特别重视贯彻维果茨基和苏霍姆林斯基的主体性教育思想。原苏联教育科学院下设的心理研究所，后改为普通心理学与教育心理学研究所，苏联解体后俄罗斯教育科学院又重新将它改为心理研究所，由罗布错夫担任所长，沿袭了主体性教育思想和合作教育路线，将学生个性发展问题作为研究的当务之急。

（二）俄罗斯心理学最大的人才培训中心——莫斯科大学心理系

莫斯科大学是以罗蒙诺索夫命名的国立大学，是全俄规模最大、最古老的高等学府，是根据俄罗斯伟大科学家罗蒙诺索夫的倡议于 1775 年创立的。

莫斯科大学是苏俄心理学的发源地。早在冯特创立世界上第一个心理学实验室开始，沙皇政府便派切尔班诺夫去莱比锡跟冯特学习，回国后在莫斯科大学创办了第一个心理研究所，并由他任所长。这里培养了科尔尼洛夫、斯米尔诺夫、捷普洛夫、克拉夫科夫等许多著名的心理学家。十月革命后，切尔班诺夫的唯心主义观点遭到了批判，他被解除了所长职务，由其学生科尔尼洛夫继任。后来莫斯科心理研究所从莫斯科大学分了出来，隶属俄罗斯联邦教育科学院。

1942 年，莫斯科大学在哲学系创建了以鲁宾斯坦为首的心理学教研室，在反法西斯战争的艰苦年代，派遣了列昂捷夫、鲁利亚以及查包罗赛次等许多专家开赴前线为受脑外伤而引起的心理机能障碍的官兵治疗。战后莫斯科大学的心理学工作一直由列昂捷夫领导。他把哲学系的心理学研究所扩大为心理学专业。1996 年心理学专业又扩大为独立的心理学系。这时，心理学系集中了一大批知名度很高的专家，如神经心理学奠基人鲁利亚、儿童心理学家艾利康宁、儿童智力内化阶段学说创始人加里培林、社会心理学著名专家安德烈也娃、教育心理学著名专家塔雷津娜、生理心理学家索科洛夫等，列昂捷夫任主任。

20 世纪 50—80 年代，莫斯科大学心理系最突出的工作是在列昂捷夫的领导下发展了由维果茨基奠定基础的活动理论，意识与活动的统一成为苏联心理学乃至今日俄罗斯心理学的一条不可动摇的基本原则。1966 年，以列昂捷夫领导的心理系为核心筹备并举办了第十八届国际心联大会。这次大会扩大了心理学系的影响，促进了苏俄心理学的进一步发展与国际交流。此后在苏联和俄罗斯的许多大学相继设立了心理学系或心理学专业。今日俄罗斯莫斯科大学心理学系依然是全俄心理学专业人才的培训中心。

（三）全俄心理学会——俄罗斯心理学的学术交流中心

苏联解体之后，1994 年 12 月 22 日—24 日在莫斯科青年学院召开了一次全俄心理学工作者代表大会。大会讨论了心理科学的发展趋势以及人与世界的变化等重大问题，并以无记名投票的方式选举了以莫斯科大学心理学系主任克里莫夫教授为首的主席、副主席和作为执行机构的协调委员会的委员并通过了学会的章程，从此全俄心理学会成为俄罗斯心理学的学术交流中心。学会成立不久，为了观察全俄各地区心理科学各分支的基础与应用研究的状况，交流经验与活跃学术气氛，提高学术水平，1996 年 1 月 31 日—2 月 2 日在莫斯科大学召开了主题为"今日心理学"的学术会议，独立国家联合体各成员国的心理学工作者和其他领域的一些专家应邀参加了会议。会议广泛地涉及了现代社会的变化与多极化的形成而引出的许多心理学问题，其中既有大量的实际问题，也有不少的理论问题，推动心理学工作者进行深入的探索。

本章思考题

1. 苏俄心理学的发展经历了哪些主要阶段？

2. 简述 20 世纪 60 年代以后苏联心理学的发展。

3. 十月革命前俄国心理学的主要代表人物有哪些？

4. 简述维果茨基文化历史理论的核心内容。

5. 述评维果茨基的方法论思想。

6. 列昂捷夫活动学说的基本观点是什么？

7. 鲁宾斯坦提出的建立苏联心理学的基本原则是什么？

8. 安纳耶夫人学理论的核心观点是什么？

9. 分析俄罗斯心理学发展的现状与变化。

10. 简述俄罗斯研究的三大中心。

第十八章
认知神经科学

认知神经科学是近 10 年来迅速成长并充满希望的一个新的研究领域，是由众多学科、大量原理和各类研究技术整合起来的相对松散的学科群，其真正的边缘界定并不十分明确。一般认为，认知神经科学是由认知科学与神经科学相互渗透而形成的一门交叉边缘学科。

来自不同学科或领域的研究者对这一定义的理解不尽相同。例如，Albright 和 Neville（1999）在《认知科学百科全书》中指出：认知神经科学研究的基本问题与认知科学类似，在于探查知识及知识在脑内的表征，因此是一门研究信息加工的科学。认知神经科学研究的关键问题与主要研究领域包括信息如何获取（感觉）、如何解释或赋予意义（知觉和辨认）、如何储存或改变（学习和记忆）、如何用于冥思（思维和意识）、如何预计未来环境状态和动作结果（决策）、如何指导行为（运动控制）和进行交流（语言）等。他们还强调，认知科学当初建立的基础就是假定实现认知加工过程的软件（认知内容）与硬件（物理材料，如大脑）之间存在着本质区别，而认知神经科学则既要考虑这种生物学硬件，也要考虑其对软件有一定程度的制约。这样，我们便可以探讨根植于这种生物元件系统中的认知科学问题了。因此，他们认为认知神经科学特别注重解释有关认知功能的神经系统结构与功能信号的活动规律。认知神经科学所面临的挑战是如何解释脑这一多水平生物系统——从细胞、分子的变化到整体的复杂行为，即确认不同水平间的关系及其相互间的因果关联。这一定义的要义在于认为认知神经科学应该是研究认知过程或信息加工过程神经机制或脑机制的一门新的认知科学分支。

神经科学研究者也许并不同意这一看法，他们会认为认知神经科学应该是一门当代神经科学的分支学科，因为这一科学的主要研究技术都来源于当代神经科学，只是研究的对象是高级的认知功能而已。因此，认知神经科学作为当代神经科学的前沿是当之无愧的。

朱滢等人（2002）的观点也许代表了部分心理学家的观点。他们在阐述认知神经科学对心理学发展的影响时指出：越来越多的心理学家已认识到，人类的信息加工的角色在功能上几乎每一个重要方面都不像是一个标准数字计算机，我们应该而且必须放弃认知研究可以与脑研究相互分离的想法。现在，脑认知成像技术的出现与发展为认知过程提供了大脑数据，心理学与脑科学结合而诞生的认知神经科学，正取代认知心理学成为心理学发展的新阶段。

介绍以上三种有代表性的观点也许会有助于我们了解认知神经科学的研究对象和任务，也会加深对其交叉边缘学科特点的理解。正如索拉索在《21世纪的心理科学与脑科学》一书中所评价的那样：假如科学的发展就在那些关系密切的分门专科中，那么新的学科就可能在其中出现……社会心理学既属于社会学，也属于心理学，而不是心理学与社会学各有一个不同的社会心理学；又如认知神经科学，既属于神经科学，也属于认知科学，也可能归属于脑科学。（索拉索，2002）不过，心理学家们会更加关注认知神经科学对心理科学带来的影响和冲击，它如何可以取代认知心理学将成为心理学发展的新阶段？以下我们将通过这一学科产生的条件、学科分支与理论发展、主要方法与技术，以及问题与展望的简要介绍和论述来试图认识这个问题。

第一节 认知神经科学产生的条件

20 世纪 50 年代前后，两个学科领域发生了具有重大意义的变革与发展。其一是在心理学发展史发生了一场"认知革命"，从此认知心理学作为心理学的主要流派统治心理学约 25 年之久。另一是当代神经科学的产生和其后的迅猛发展。这两方面的变化在当时看起来也许并没有什么必然的内在关联，可共同之处都出于对人类自身了解的不懈追求。前者在于试图解释人类认知能力的奥秘，后者在于了解掌控人类身心活动物质存在（神经系统与脑）的活动规律。30 多年后，认知科学尤其是认知心理学与神经科学的跨学科"联姻"，孕育出了一门新的具有无限生命力的交叉学科——认知神经科学。

一、认知心理学的发展与困惑

以信息加工理论为研究取向的认知心理学自 20 世纪 50 年代以来在视知觉、注意、记忆、语言和问题解决等领域中都取得了明显进展。但这些研究还只停留在现象水平上，人们还难以解释许多令人困扰的实验现象。20 世纪 80 年代以来，联结理论和多功能理论日渐成熟，认知符号的信息加工理论面临着严峻的挑战，认知心理学家们开始反思自己的理论概念和研究路线，认知科学的核心学科分支——认知心理学、心理语言学、人工智能和人工神经网络的研究发现许多问题都必须在人脑认知活动机制中寻求答案。例如，信息的并行或系列加工、外显机制和内隐机制，基于知识经验的认知活动和依靠灵感、顿悟的认知活动等，其脑机制有什么不同？随着人工智能和人工神经网络研究的深入，物理符号的离散表征和运算原理与亚符号连续运算原理之间存在着什么关系？人工神经网络的学习为什么需要十万次训练，而人类的观察学习为什么能一蹴而就？认知科学迫切需要重新审视自己的研究取向，需要有新的学科分支来促使认知机制的研究向纵深推进。

二、神经科学方兴未艾

神经科学在过去 30 年中也取得了令人瞩目的进步。生物医学构像技术，尤其是正电子放射断层扫描（PET）和近期采用的功能性磁共振成像（fMRI）可以更为直接地检查正常人认知过程的脑功能变化。脑事件相关电位（ERP）、高分辨率脑电成像和脑磁图（EMG）等技术的使用为人脑认知功能研究提供了许多新的数据。此外，细胞神经生物和分子神经生物学新技术与新方法的采用也为研究人类认知障碍和动物认知行为的脑内细胞与分子机制提供了有效的手段。这些都使神经科学有条件产生一个径直研究认知活动脑机制的新学科，进而为认知心理学的发展提供一个坚实的脑科学基础。当前，认知心理学对人类认知过程的研究已经从与现代数字计算机运行软件的类比向与神经计算机、神经计算和神经网络进行全面类比的方向发展，对认知微结构的人脑多功能系统的探索已成为认知心理学发展的必然趋势，认知科学的基础理论也正在迅速向神经科学靠近。

三、认知神经科学的兴起

认知神经科学这一名词出自当代认知心理学之父米勒（Miller）和割裂脑研究专家加扎里加（Gazzaniga）之手，那时他们正去出席 20 世纪 70 年代末美国洛克菲大学的系科俱乐部鸡尾酒会。其后，欧洲认知科学界由 35 位著名科学家组成的科学技术发展预测和评估委员会（FAST）经研究讨论，建议于 1987—1988 年出版一套认知科学研究指南，倡导五个领域的研究工作：认知心理学、逻辑和语言学、认知神经科学、人—机接口和人工智能。认知神经科学作为该系列出版物的第四卷于 1991 年出版，标志着认知神经科学在欧洲作为一门科学分支得到认可。美国 1989 年也发行了名为《认知神经科学》的专业期刊，次年出版了《认知神经科学》专著。从此，认知神经科学得到了前所未有的发展。

第二节 认知神经科学的分支

认知神经科学来源于认知科学和神经科学的结合。神经心理学、心理生理学、生理心理学、神经生物学等这些传统的神经科学分支，在吸收了认知科学和神经科学的新理论与新技术后而得以新生，逐渐演变成认知神经心理学、认知生理心理学、认知心理生理学、认知神经生物学和计算神经科学等分支学科，成为认知神经科学的重要组成部分。

一、认知神经心理学

认知神经心理学是在传统的神经心理学基础上逐渐发展而来的。神经心理学是心理学与神经病学和神经外科学之间的交叉学科，主要采用神经心理测验和神经检查的方法，研究脑损伤病人心理障碍与脑损伤定位和性质之间的关系。

1973 年，俄罗斯科学家鲁利亚发表了他的专著《神经心理学原理》，标志着这一学科的正式形成。20 世纪 80 年代中期以前，神经心理学主要沿着临床医学和心理学的道路前进。这一时期，神经病学家和脑外科专家极为重视神经心理测验方法，因为它对脑损伤的定位问题能给出满意的回答。在理论上主要是继续发展大脑两半球功能一侧化的学说。20 世纪 80 年代以后，由于计算机断层扫描术（CT）在临床检查中的普遍应用为脑损伤定位提供了科学手段，临床神经心理学测验的热潮才开始逐渐降温。20世纪80年代以后，神经心理学吸收了认知心理学的精细实验手段和理论概念以后，逐渐沿着认知神经心理学的方向发展。在理论上除了扩展大脑两半球功能一侧化的理论之外，还出现了多重功能系统理论和多重编码的信息加工理论。在方法学上，对脑损伤病人进行神经心理测验外，还采用双重任务法和双分离的分析原则进行认知心理学实验。所研究的被试也从脑损伤病人扩展为正常人类被试，甚至动物。即使是病人被试，也不再仅限于脑器质性疾患的病人，还对精神分裂症和神经症病人进行认知功能的实验研究。此外，在研究中它并不像传统的神经心理学以神经心理测验为主要方法，依靠病例的积累，强调研究报告中的例数。即使对一例脑损伤病人的精细实验分析，也能作为其科学的论据。可见，认知神经心理学无论是理论上，还是方法上都大大超越了传统神经心理学的范围。一方面，认知神经心理学从认知心理学中吸收了许多有意义的心理模型，用于研究脑损伤病人的认知功能变化规律；另一方面，也借助于对这些病人脑功能成像资料来分析脑功能改变，以阐释人类认知活动的规律。

二、认知心理生理学

认知心理生理学是近10年来在传统心理生理学基础上逐渐发展起来的认知神经科学的重要分支学科。传统的心理生理学以心理参数为自变量，分析和记录生理参数随心理活动而发生变化的规律，以研究心理现象的生理机制。心理生理学通常对人类被试施以不同的心理负荷，观察和记录身体反应的6种主要指标——心率、血压、血容量、肌电、脑电、皮肤电和5种次要指标——呼吸、瞳孔、体温、唾液分泌以及胃肠活动等因变量的变化规律。心理生理学诞生于20世纪40年代，早期的著名研究主要借助于多导生理记录仪。20世纪60年代，应激引起的心理生理问题和工程心理学关于工作负荷与心理负荷关系问题极大地促进了心理生理学的发展。20世纪80年代以来，心理生理学逐渐沿着认知科学的方向迅猛发展。认知心理学的许多理论和研究方法为认知心理生理学提供了理论基础，生理信号的采集与分析技术的改进，特别是脑事件相关电位（ERP）分析技术的新进展，为认知心理生理学提供了方法学基础。此外，认知科学对人类智能活动脑机制研究的迫切要求与关注，也促进了传统心理生理学向认知心理学的方向迅速发展，认知心理生理学逐渐形成了以时序心理学原理和容量心理学观点为理论基础的一门交叉学科。

三、认知生理心理学

认知生理心理学在生理心理学的基础上发展起来。传统的生理心理学主要以对脑功能和生理参数的控制为自变量，探索心理或行为的生理机制。对脑功能及其生理参数的控制通常采用刺激法、切除法和药物法等损伤性研究手段，因此生理心理学大都以低等动物为研究对象。然而低等动物的认知行为与人类相差甚远。认知生理心理学则十分注意高等灵长类动物较复杂的认知功能研究，一方面，脑细胞微电极技术的发展，为认知过程的慢性研究提供了有力的手段，同时微机控制的各种认知实验模式对于慢性行为研究提供了便利的条件；另一方面，现代神经组织学和组织化学为认知生理心理学提供了检查脑形态变化的精细手段。正是在这些技术条件的基础上，认知生理心理学获得了前所未有的发展，目前已形成了三个研究热点：前额叶皮层功能研究、颞叶认知功能研究和复杂视觉及运动功能的研究。这些研究，大都是以灵长类动物为对象，运用当代神经科学新技术，试图查明脑功能对认知过程的制约规律。

四、认知神经生物学

认知神经生物学是新近发展起来的认知神经科学的分支，神经生物学是其得以形成和发展的母体。按照美国神经科学学会所下的定义："神经生物学是为了了解神经系统内分子、细胞水平及细胞间的变化过程，以及这些过程在中枢功能控制系统内的整合作用而进行的研究。"这一定义清晰地反映了神经生物学在过去的发展历程中，随着细胞生物学和分子生物学的崛起，神经科学家们一方面努力把对神经活动机制的研究迅速推向细胞和分子水平，另一方面又在强调脑活动的整合性。认知的脑机制的研究具有不同层次，不同层次的研

究互相启示、互相推动。低层次（细胞、分子水平）上的工作为较高层次的观察提供分析的基础，而较高层次的观察又有助于引导低层次工作的方向和体现功能意义，从而更深入地揭示出认知活动的神经机制。因此，从生物学和生物化学的角度、从最低层次上深入研究各种认知过程的细胞、分子学基础，是认知神经科学的基本任务。认知神经生物学的实验材料是多种多样的，从原生动物到哺乳动物，只要对揭露认知过程生物物理和生物化学机制有利的动物和离体标本都可采用。美国神经生物学家肯德尔（Kandel）以低等动物海兔为材料研究了学习与记忆神经生物学机制，因其取得的杰出成就而获得了 2000 年诺贝尔生理和医学奖。可见，在认知神经科学的各个分支中，认知神经生物学不同于以人类为主要对象的认知神经心理学和认知心理生理学，也不同于主要以灵长类为对象的认知生理心理学。认知机制的研究深度自然制约着研究对象、材料与方法。因此，认知神经生物学在认知神经科学中有着独特的地位和学科特点。

五、计算神经科学

计算神经科学的先期研究始于 20 世纪 40 年代初，McCulloch 和 Pitts 首先利用布尔逻辑函数模拟神经过程。1961 年，Caianiello 采用神经元方程对神经元的生理功能加以模拟，形成了神经元的有限自动机模型。现代计算神经科学的理论概念出现在 20 世纪 80 年代初，20 世纪 80 年代末计

算神经科学才成为一门公认的认知神经科学分支。这是由于当代智能计算机、智能化机器人和智能化武器的研究，比以往任何时候都迫切希望从人类智能活动中寻找新的启迪。20 世纪 50 年代黑箱子方法学原则建立的人工智能，曾使自动化科学和计算机软件的发展受益匪浅。20 世纪 80 年代初，对认知微结构探索的人工神经网络理论，不但提出研究和模拟人脑的迫切要求，还为它的发展提出了并行分布式的理论概念。另一方面，随着神经科学的发展，在各层次上的研究工作都积累了许多新科学事实和大批数据。计算机理论和当代计算机技术的运用，已经可以帮助神经科学研究者们预见实验研究结果，添补利用生物学实验难以得到的数据。这些都使

神经科学家们乐于把计算神经科学家作为自己的伙伴。正是在这种历史条件下，1988 年，Sejnowski 等人在美国的科学杂志上发表了专论，标题为《计算神经科学》，阐明这一学科的研究目标、方法和意义。计算神经科学主要采用并行分布的计算原理，对脑与神经系统智能活动过程以整体、细胞和分子等不同层次的神经科学实验研究数据为基础，进行多层次、多学科间相互沟通的计算与摸拟。它的主要任务是要解释人脑电信号和化学信号如何表达和处理信息，并在智能活动中发生变化的规律。1989—1992 年许多专业刊物、出版社都刊登和出版有关计算神经科学的论著，形成了计算神经科学发展的热潮。

第三节 认知神经科学的理论发展

神经科学发端于 19 世纪 60 年代的脑功能定位论和 19 世纪末神经元学说的建立。随着 100 多年来研究方法与技术的不断进步，一方面这两个经典学说对认知神经科学的研究和解释认知过程的脑机制仍然具有基石的作用，另一方面，认知科学在阐明认知过程中先后出现了四种理论取向：物理符号论、联结理论、模块论和生态现实理论，这四个理论分别与当代认知

神经科学的检测器与功能柱理论、群编码理论、多功能系统理论和基于环境的脑认知功能理论相适应，给认知神经科学的许多分支学科产生了巨大影响。

一、经典理论的基石作用

（一）功能定位论

认知功能的定位问题是神经科学历史上最早争论的命题，也是当代认知神经科学的中心论题。除了亚里士多德主张心脏是心理活动的器官之外，古代学者们也认

为脑是心理的器官。直到 18 世纪，解剖学家盖尔（Gall，1758—1828）才以他的"颅相说"明确提出了功能定位的观点。他的贡献在于将人们的注意引到了大脑皮层，并将机能定位的观点带到了 19 世纪有关意识的心理与生理学研究的前台，随之也出现了功能定位与功能等位论之间的激烈争论。这种争论奇迹般地被法国的精神病医生布罗卡（Broca，1824—1880）打破。他在 1861 年报道了对左脑额叶"言语中枢"损伤将导致言语功能丧失，这是第一个有关大脑功能定位的证据。另外，19 世纪早期英国生理学家贝尔（Bell，1774—1842）和马让迪（Magendie，1783—1855）也在外周发现了感觉与运动神经纤维从脊髓的背侧与腹部分别传入与传出，这种功能上的分工被称为著名的贝尔-马让迪定律。这一发现也为德国生理学家缪勒（Muller，1801—1858）1838 年提出特殊神经能量学说铺平了道路，该定律认为不同神经带着不同类型的感觉信息终止在不同的大脑区域，也包括大脑皮质。

到了 20 世纪初，广泛采用损伤法（包括临床损伤和实验中故意损伤）研究所积累的证据似乎倾向于支持功能定位论。值得注意的是，这一时期英国的生理心理学家拉胥黎（Lashlay，1890—1958）是一位旗帜鲜明的反对功能定位论者。他根据大白鼠皮层损伤对学习与记忆影响的研究结果提出了所谓"等势原则"与"整体作用定律"，这经常也被认为是反对定位论的信条。但拉胥黎的追随者雅各布森（Jacobsen）、福尔顿（Fulton）、布雷勃朗（Pri-

bram）、米斯金（Mishkin）、威斯克伦茨（Weiskrantz）和格罗斯（Gross）等人的研究成果，为我们当今理解额叶和颞叶的认知功能奠定了基础。20 世纪 30 年代，神经外科专家潘菲尔德（Penfield，1891—1976）开创了在癫痫病人外科手术时对大脑皮层进行直接电刺激的方法，他和贾斯泊尔（Jasper）、米尔勒（Milner）在著名的蒙特利尔神经研究所开始确定参与语言、记忆、情绪和知觉等活动的特殊皮质脑区。20 世纪 50—60 年代，斯佩里（Sperry）割裂脑实验所引发的关于大脑两半球机能不对称的研究也是脑功能定位理论的进一步发展，由此他获得了 1981 年诺贝尔生理学或医学奖。近 20 年来由于认知脑功能成像技术的普遍使用，研究者可以较为直接地观察正常人认知活动中脑活动的动态变化，这为认知神经科学的研究带来了前所未有的发展。但试图寻找某一认知加工任务或任务加工的不同成分与特定脑结构或皮层局部区域之间的功能关系，仍然是目前常用的基本分析策略之一。

（二）神经元学说

尽管当代认知神经科学的先驱们把研究重点放在脑与心理机能的宏观关系上，近 50 多年的研究也强调局部的神经元环路和单个细胞活动与认知或行为的因果联系。早在 19 世纪，在神经系统的基本结构单元与功能关系上存在两种相反的理论观点：整体论认为大脑组织是一个巨大的网状结构，人脑是作为一个整体起作用的；而神经元理论假设神经元是一种特殊类型的细胞，是神经系统的基本功能单位。1873年，意大利解剖学与病理学家高尔基（Golgi，1843—1926）发明了用亚硝酸银给单个神经元选择性染色的方法，借此人们首次观察到了神经元。西班牙动物学家科哈尔（Cajal，1852—1934）创造性地用该方法描绘了神经系统的完整结构特征，根据积累的丰富资料指出神经系统是由不连续的神经元组成的。从此神经元学说开始流行了，他与高尔基分享了1906年诺贝尔生理学或医学奖。当代认知神经科学也十分强调检查不同神经元的形态结构、它们在不同脑区间的连接模式、神经元的生物化学特性、单个神经元的行为生理学特点和神经元的突触联结与认知功能之间的关系。

神经元的发现也引起了对它们之间交流方式的研究。虽然 S. 科哈尔提到了神经元之间交流的问题，但是是谢灵顿（Sherrington，1857—1952）在19世纪末用突触（synapse）的概念描述它们之间的关系。洛维（Loewi，1873—1961）1921年实验证明了信息可以通过化学方式在突触之间传递。随后几十年有关突触传递的研究取得了爆炸性的发展，主要包括大量神经递质的发现、受体激活的反应机制、一系列引起神经递质释放和受体结构分子变化的机制等。这些发现为当代认知神经科学理解神经元如何计算和存贮信息提供了有用的手段。

采用神经元染色技术可以细致观察细胞构筑和示踪神经结构之间的纤维联系，这大大推动了脑功能组织的研究。细胞构筑的研究开始于19世纪末和20世纪初，动物学家沃格特（Vogt，1870—1950）、沃格特（Vogt，1875—1962）和勃罗德曼（Brodmann，1868—1918）都是积极的倡导者。有关初级视觉皮质和运动皮质与周围皮层组织存在细胞结构明显差异的发现极大地鼓舞了功能定位主义者。19世纪末，随着各种组织染色技术的发展，示踪大脑不同区域间的神经联系成为可能。借此，人们可以确定不同神经组织结构在加工相关信息过程中的等级水平及其关联。近些年采用的追踪神经元联系和确定特定解剖联系生理效能的新方法在视皮层细胞类型与连接的研究中显示了自己的价值。

神经元学说也为理解神经元如何通过其电特征来表征信息铺平了道路，这在20世纪后叶成为了认知神经科学的重要基石。19世纪初，随着加尔伐里（Galvani，1737—1798）在1791年提出动物电理论，人们普遍认可了神经组织的电性质。博易斯-莱门特（Bois-Reymond，1818—1896）、马特乌斯（Matteucci，1811—1862）和赫尔姆霍茨（Helmholtz，1821—1894）随后确认了神经传导中电位的扩散特性、神经膜在维持与传播电荷（负电位波）中的作用以及神经传导的速度。到了20世纪20年代，阿德里安（Lord Edgar Douglas Adrian，1889—1977）运用阴极射线管和放大技术发明了记录单个神经元"动作电位"的方法，发现动作电位的"全或无"特性，证明了神经元通过动作电位的频率特性传播信息。由于这些发现的重要性，阿德里安和谢灵顿分享了1932年诺贝尔生理学或医学奖。不久，芬兰生理学家格拉尼特（Granit）发明了在皮肤表面记录神经元电活动的方法（发现了视网膜电图，ERG）。这些技术成为了脑功能活动无损伤测量的基础，在过去50多年的人类认知神经科学研究中起了重要作用。

随着单神经元记录和大范围电生理技术的掌握，中枢神经系统生理特性的研究在20世纪中期迅速发展。人们首先研究了感觉和运动功能在大脑皮层中央区的拓扑分布图（类似于视网膜在初级视觉皮层上的分布图）和特殊感觉或运动活动与动作电位频率改变的关系。虽然贝凯西（Bekesy，1889—1976）早先建立了理解听觉生理的耳蜗功能物理模型，但视觉系统已经成为当今研究神经元信息加工的主要生理模型。

视觉加工的单神经元研究时代开始于20世纪30年代。首先，哈特林（Hartline，1903—1983）从鲨眼睛记录到了对光刺激反应的神经元，观察到了亮度模式引起的不同反应。这一里程碑式的进步使他成为1967年诺贝尔生理学或医学奖得主。哺乳动物视觉系统单个神经元的研究开始于20世纪50年代，考夫勒尔（Kuffler，1913—1980）和巴洛（Barlow）记录到了视网膜神经节细胞的电活动，因此促进了中心—周边感受野概念的发展，以及强调了视觉早期加工中空间对比检测的关键作用。巴洛和利特文（Lettvin）的后继研究导致了有行为意义感觉输入神经元特征检测器的发现，这便促成了休贝尔（Hubel）和威塞尔（Wiesel）始于20世纪50年代

后期的视觉皮质生理学研究，他们的发现从根本上改变了我们对神经元与感觉事件之间关系的理解。

二、当代理论发展

（一）物理符号论、信息加工学说和特征检测理论

20世纪50年代计算机科学和人工智能诞生不久，研究者就试图把人类的智能用物理符号加以表达，再转化为机器语言的编程，以便在机器运行这些程序过程中实现人工智能。认知心理学家们吸收了物理符号论的原理，把人类认知活动视为信息加工过程。20世纪60年代，人工智能中的产生式系统成为认知心理学家研究人类心理活动中信息加工的基础，心理学家用它来建立人类认知的模型。著名心理学家奈瑟（Neisser）认为，认知指感觉输入的变换、简约、加工、存储和使用的全过程。按照这种观点，认知可以分解为一系列阶段，每个阶段可以假定为一个单元，对输入的信息进行某种特定的操作，反应乃是这一系列阶段和操作的产物。信息加工的理论基于这样一种观点：许多认知过程是以系列和序列的方式进行的。20世纪80年代，完整的认知心理学体系已形成。与此同时，人们对信息的特征也有了进一步的认识，对信息的概念做了重新的诠释。尽管人们把人脑比附于计算机，但计算机所处理的信息是数据或文本，是来自外部输入的离散的物理符号，而人类认知过程的信息加工则是对内外刺激进行决策与选

择所得到的内部表征，人类认知加工的信息寓于认知主体之中，人类认知活动所加工的信息远比离散的信息复杂，并不能简单地使用信息论"熵"进行计算。此外，心理学家们还将人类认知活动中信息加工区分为两种性质不同的过程，即自动过程与控制过程，与此相适应，还提出了信息加工的时序性、心理资源的有限性和心理资源的分配等概念。除了描述心理加工的性质之外，还在分析加工形式上使用了串行加工、并行加工、连续加工、离散加工、底—顶加工和顶—底加工等基本概念。但是，认知心理学对认知结构的研究和构建都是在严格控制的认知实验条件下，以上述基本概念为基础，依靠行为或操作数据来进行的。但很少考虑结构的生理、生化机制，认知过程脑结构与功能问题则由神经生理学研究。

20 世纪 50—80 年代，神经生理学家运用细胞微电极记录方法在研究视觉神经元功能中，逐渐形成了特征检测器和功能柱理论，为智能的物理符号论和信息加工的心理学理论提供了生理学基础。视觉生理心理学研究发现，在视网膜、外侧膝状体和大脑皮层中存在着一些专门对线段方位、颜色、眼优势和空间频率等敏感的细胞，这些细胞被称为特征检测器。这些不同的特征检测细胞在大脑皮层上聚集在一起，形成垂直于皮层表面的柱状结构，被称为功能柱。利用脱氧葡萄糖组织化学技术可以证明一些功能柱的存在。

由此可见，人工智能中的物理符号论、认知心理学中的信息加工理论和神经生理

学中的特征检测与功能柱理论，大体都产生于 20 世纪 50 年代，20 世纪 80 年代初到达鼎盛期。其中，特征检测器和功能柱理论的代表人物休贝尔和威塞尔于 1981 年获得诺贝尔生理学或医学奖。人工智能的创始人之一西蒙（Simon）于 1986 年获得了美国总统颁发的国家科学奖。根据这三个理论的系统观点可以这样认为，知识或认知活动就是以物理符号表征的，认知主体对这些符号进行并行或系列加工，人脑中的许多特征检测器和功能柱，对外部世界的相应物理特性进行检测，然后再把这些特征加以整合或捆绑起来，形成知觉和记忆以及在此基础之上的复杂认知活动。这种认知理论至今仍是认知神经科学的主导思想。然而，它正不断地受到另外两个理论的冲击，即联结理论和模块理论。

（二）联结理论、并行分布处理和群编码理论

人工智能研究中的联结理论始于 20 世纪 40 年代的人工神经网络研究，兴起于 20 世纪 80 年代中期。这一理论把认知过程和神经网络的结构与功能加以类比，认为认知活动的本质在于神经元间联结强度不断发生的动态变化，它对信息进行着并行分布式的处理，这种联结与处理是连续变化的模拟计算，不同于人工智能中的离散符号计算，因此又被称为亚符号的微推理过程。联结理论的亚符号系统是由许多神经网络组成的，而每个网络又由许多单元组成，各种神经元间联结强度（权重）是连续可变的，因此，每一瞬间网络的构

型都随各单元间联结权重的变化而变化，在此基础上就形成了一定数量神经元的并行分布式的群编码。认知心理学从人工神经网络研究中的联结理论吸收其信息加工的并行分布式处理的概念，神经生理学则吸收了神经元间群编码的理论概念，使三个领域的理论融会贯通，以便在神经元活动的时空构型中找出认知活动的神经基础。

过去 20 年间心理学取得的重大研究进展当推内隐认知过程的实验分析，包括内隐知觉、内隐学习、内隐记忆和内隐思维等。这些无意识的自动加工过程似乎比外显陈述性知识操作更适宜用联结理论加以解释。与之相比，似乎外显知识的控制性加工过程以离散物理符号表征为主。在认知神经科学吸收并行分布处理的学术思想并形成群编码概念之前，神经元理论特别是祖母细胞的概念占主导地位，即对物体和对象的识别和记忆均由特化的相应神经细胞作为生理基础。尽管群编码概念与之相比更令人信服并与联结理论的思潮合拍，但神经元理论也获得了一些新的事实，证明单个神经元的激活的阈值与主观知觉形成的阈强度间存在着精确的平行关系。因此，单个神经元编码和群编码的意义还有待进一步研究的确认。

（三）模块论或多功能系统论

受计算机编程和硬件模块的启发，认知科学家福多（Fodor，1983）发现结构与功能模块的概念不仅在机器智能，在人脑功能中也具有重要的理论意义。他定义模块具有三个属性，即域特异性、信息封装

性和浅输出性，并提出认知功能的模块性是指人脑在结构和功能上都是由高度专门化并相对独立的模块组成的，这些模块复杂而巧妙的结合是实现复杂精细认知功能的基础。最近十多年，由于计算机技术和人脑功能生物成像技术的发展，人们得以直接窥视脑功能动态变化过程，获取脑功能动态变化的生理参数。脑损伤病人的认知神经心理学研究，特别是双分离技术和双重任务法的研究范式，使得心理学家可以假定认知过程可能是由多种功能系统或功能组块以不同方式组合的过程，各种功能系统又彼此相互独立，可以通过认知实验的方法把它们分离出来，进行精细的实验分析。来自记忆领域的研究显示至少可以分为五大功能系统，模块思想已发展为多功能的系统理论。多功能系统理论不同于传统的信息加工观点，它不再把认知过程看成是统一的信息加工过程，也不认为信息加工深度和阶段性制约着不同的认知过程，而是认为认知过程受制于不同的功能系统，不同的功能模块进行动态重组是信息加工的基础。

（四）基于环境的生态现实理论

20 世纪 50 年代以来，认知科学家们一直把认知过程看成是发生在每个人头脑或智能机体内部的信息加工过程。1993 年，认知科学杂志进行了有关环境作用与物理符号理论之间的激烈争论，一批年轻的心理学家与人工智能物理符号理论大师西蒙之间展开了论战。以已故认知心理学家吉布森（Gibson，1966，1979）为代表

的生态现实学派认为，生物演化中外界环境为其生存提供了足够的信息，知觉只具有直接性质，自然界的刺激是完整的，可以提供非常丰富的信息，人完全可以利用这些信息，直接产生与作用于感官刺激相对应的知觉经验，知觉系统是从流动的系列中抽取不变性，根本不需要在过去经验基础上形成假设并进行考验。他的理论被称作知觉的生态学理论，强调信息加工是直接而简单的，没有中间阶段和过程，是一种无算法的过程。由于传统人工智能理论采用物理符号离散计算方法遇到了许多

难题无法克服，而亚符号微推理的并行分布模拟计算理论也没有带来突破性的进展，因此，基于环境的生态现实论无疑将为认知神经科学的研究提供新的理论依据。

由此可见，在当代认知神经科学中明显存在多元化的理论观点。围绕脑功能定位论与等位论，它们有的互相包容或交叉，但有的却对立或排斥。不同理论分别适用于对认知活动做不同层次的分析。所以，如何建立统一的认知神经科学理论将是今后认知神经科学发展的重大问题。

第四节 认知神经科学的研究方法与技术

认知神经科学的研究方法与技术主要包括两类：一类是正常人无创性脑功能成像技术，如事件相关电位（ERP）及其高分辨脑电成像技术、脑磁图（EMG）、正电子放射断层扫描（PET）和功能性磁共振成像（fMRI）等；另一类是清醒动物认知生理心理学研究方法，包括单细胞记录、多细胞记录、多维（阵列）电极记录法和其他生理心理学方法（手术法、冷却法、药物法等）。以下将主要介绍目前流行的几种对正常人进行无创伤性功能成像的方法与技术及其进展。

一、事件相关电位和高分辨脑电成像技术

1925 年，德国精神病科医生伯格（Berger）首先从安静闭目的人头上记录到 8～13 次/s 的自发脑电变化，后来这被称为 α 节律。由于脑的自发电活动节律大约在 $25～100\mu V$ 范围随机波动，而人的认知过程或外部刺激诱发的电活动小于 $1\mu V$，被淹没在自发的 α 节律之中。因此，20 世纪 60 年代以前还无法在正常人类被试的认知活动中观察脑的诱发电变化。随着信号处理技术的发展，利用时间锁定叠加的办法，多次重复同一刺激，使诱发反应逐渐加在一起，而自发活动由于其本质是随机变化的，叠加中相互抵消。这种时间锁定叠加技术可以大大提高信号与噪声的比例，

使自发脑电活动背景上的诱发活动能够检测出来，这就是平均诱发电位。平均诱发电位是一组复合波，用组成成分的潜伏期和波幅对其进行分析。刺激之后 1～10ms 的一些小波称早成分，10～50ms 的波称中成分，50ms 以后的成分称晚成分。早、中成分主要反映感觉器官和传入神经通路的活动，晚成分才是认知过程脑功能变化的生理指标。对于认知活动来说，可以把其诱发的内外刺激看作事件，而这些晚成分就是事件引起的脑电活动变化，故被称之为事件相关电位（event-related potentials, ERP）。

由于脑事件相关电位的变化与被试接受的刺激和脑功能变化的时间坐标能精确一致，因此这一技术所记录的脑电活动的时间分辨率很高，可以实时记录认知过程的脑功能变化。但其空间分辨能力较差，头皮外记录的脑电活动很难分析出是脑内哪些结构或细胞群活动的结果。为了克服事件相关电位分析的这一弱点，20 世纪 80 年代中期以来逐渐增加头皮上记录的点数，从原来常用的 8 导增加为 12 导、21 导、32 导、64 导、128 导和 256 导。随记录部位的增加，得到较多的数据，就可以通过偶极子算法求解出每一电活动成分由脑内发出的位置。把这种分析的结果变换成断层扫描图，就是高分辨率或高密度脑电成像技术。通过这种成像技术所得到的空间分辨率在头皮记录电极为 19 个时为 6cm，41 个时为 4cm，120 个时为 2.25cm，256 个时为 1.0cm。

二、脑磁图（MEG）

人脑电的活动还能引起微弱的磁变化，其强度约为 $200×10^{-15}$ 斯太勒，这仅仅是地磁强度的亿分之一。这样微弱的磁变化必须有非常灵敏的检测器件才能测定，同时又要排除强度比其大亿倍的地磁干扰。研究发现，采用低温超导体加上一些抗外部强磁场的器件制成的低温超导体量子干涉装置，可以灵敏地测出极微弱的电磁改变。把这一装置架在被试的头上，可以记录到脑磁场变化的曲线。这一技术可以精确地检测出脑内磁场的发源地（图 18-1，图 18-2）。由于 ERP 的时间分辨率较高，但空间分辨率较低，MEG 与 ERP 配合使用可以相互优势互补。

真空

液氮

超导体

磁通量

感应线圈

磁场
曲线

电流偶极

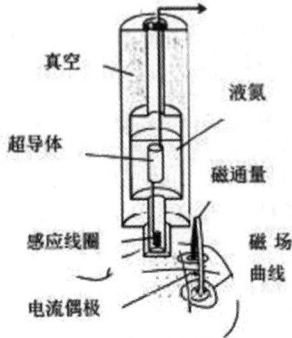

图 18-1　低温超导量子干涉装置的结构　　图 18-2　用脑仪对被试进行检查

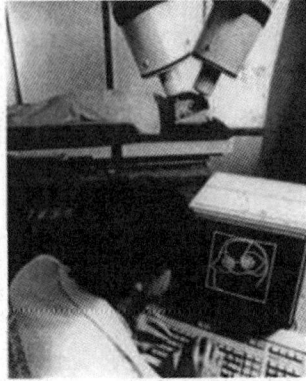

三、正电子放射断层扫描（PET）

PET 是 20 世纪 70 年代末 80 年代初出现的一种脑功能成像技术。这种成像仪器的价格昂贵，由半衰期很短的放射核素产生并合成到葡萄糖分子中去的放射化学装置和放射性检测系统组成，可以测定认知活动中脑不同区域葡萄糖吸收率和血流量等的变化。当给被试注射一种放射性半衰期只有几十分钟的 ^{18}F-D-脱氧葡萄糖之后，PET 的放射性探测系统就开始工作。脑吸收的 ^{18}F D 脱氧葡萄糖分子放射出正电子，在遇到脑内的负电子发生对撞而被湮没时，化成一对 180°反方向的强光子发射出来。它们可以以光束穿出头皮，被两个放射性检测器检测出来。这种检测系统可以沿着被试头的不同平面进行扫描，扫描的结果经过计算机处理后制成各个平面的断层图。

由此可以了解 ^{18}F-D-脱氧葡萄糖在脑的各个区域被吸收相对量的动态变化情况。如果在某一认知任务加工中脑的一些局部区域放射性较强，则提示其 ^{18}F-D-脱氧葡萄糖吸收率较高，即这些脑区有较强的激活，可以推测它们较多地参与了这项认知加工活动。PET 的研究结果显示，不同语言加工任务激活了大脑左半球皮层的不同脑区（图 18-3）。被动听词减去简单视觉注视条件的激活脑区位于左颞上回的后部和角回，被动看词减去简单视觉注视条件的激活脑区位于左枕叶后部和左颞下回后部，出声复述语词减去别动看词条件的激活脑区位于左额下回后部（布洛卡区）和相关的运动区，名词产生动词减去出声复述的激活脑区位于左额下回中部和左额叶的背外侧区。

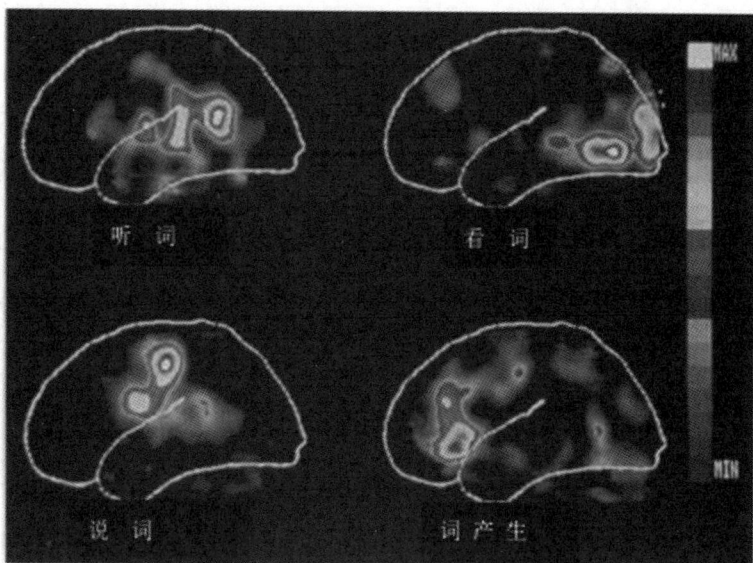

图 18-3　不同语言加工任务中 PET 显示的左半球激活脑区（自 Petersen 等，1989）

四、功能性磁共振成像

功能性磁共振成像（fMRI 技术是在传统的磁共振成像（MRI）技术的基础上于 1990—1992 年发展起来的。磁共振现象是指在均匀分布在磁场中的某些原子核受到射频脉冲的激发时其不同磁能级之间发生的共振跳跃。当射频脉冲停止后，原子核群又自发恢复到原来的平衡状态，并以一短束微弱的高频脉冲释放出能量。在磁场中，每一微小变化都由计算机采集数据，并可以用于构成图像。原子核从激发状态恢复到平衡状态的共振过程分别用 T1 和 T2 舒张时间来描述。T1 是脉冲停止后系统回到平衡状态的时间，T2 是磁共振信号的衰减时间。通常用于磁共振成像的原子核是氢原子，体内不同组织具有不同的氢核密度和 T1、T2，若在大脑或身体其他

部位某一断面上施加一个梯度磁场，就可以获得该断面上的组织发射出的一系列电磁波信号。通过计算机处理，即可把电磁波信号转换成大脑或身体其他部位断层图像。这就是传统的磁共振成像。

大脑组织的氢原子核的磁共振信号强度会受到血氧浓度的影响。当大脑某一区域的神经活动增强时，该区域的血流量也随之增加。利用血流量增强、脑功能静脉血氧成分增加的生物学特征，可以测量脑活动时的 T1 和 T2 变化。血流量的增加发生在氧消耗的增加之前，因此静脉血中的氧浓度在短时间内升高。血氧浓度的升高使得大脑这一区域的磁共振信号明显强于其他非活动的区域。应用快速 MRI 技术，可以把这一短时间内发生的变化检测出来，这就是功能性磁共振成像技术。图 18-4 为字母辨认与字母位置确认加工中采用功能

性磁共振成像（fMRI）技术所检测的大脑
左右半球不对称的激活脑区。

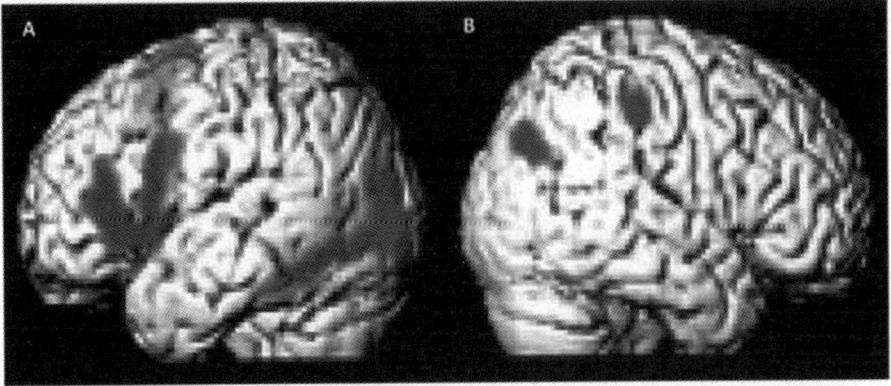

A. 字母辨认＞字母位置确认（左半球优势）　B. 字母位置确认＞字母辨认（右半球优势）

图 18-4　字母辨认与字母位置确认的功能性磁共振成像（fMRI）研究，

示左右半球的不对称激活脑区（自 Stephan 等．Science，2003）

五、方法学问题

（一）时间分辨率与空间分辨率

在以上所介绍的无创伤性脑功能成像
技术中，ERP 及其高分辨率脑电成像技术
具有很高的时间分辨率，但空间分辨率最
高仅为厘米级。PET 的空间分辨率在 20
世纪 80 年代为 1.75cm，90 年代提高为
6～7mm，其时间分辨率由分钟数量级提
高为秒数量级，现在 40～60 秒可给出一幅
清晰图像。fMRI 的空间分辨为毫米水平，
时间分辨率最高可达 50ms，一般 100ms
即 0.1s 就可给出一幅清晰图像。可见，
fMRI 无论就其空间分辨率还是时间分辨
率均优于 PET。图 18-5 显示认知神经科学
中常用的几种研究方法与技术的时间分辨
率与空间分辨率。近期，研究者正在尝试
将时间分辨率高的技术与空间分辨率高的
技术结合起来应用，如将 ERP 与 MEG，
ERP 与 PET 或 ERP 与 fMRI 联合运用，
取各自之长以满足空间与时间分辨率的
要求。

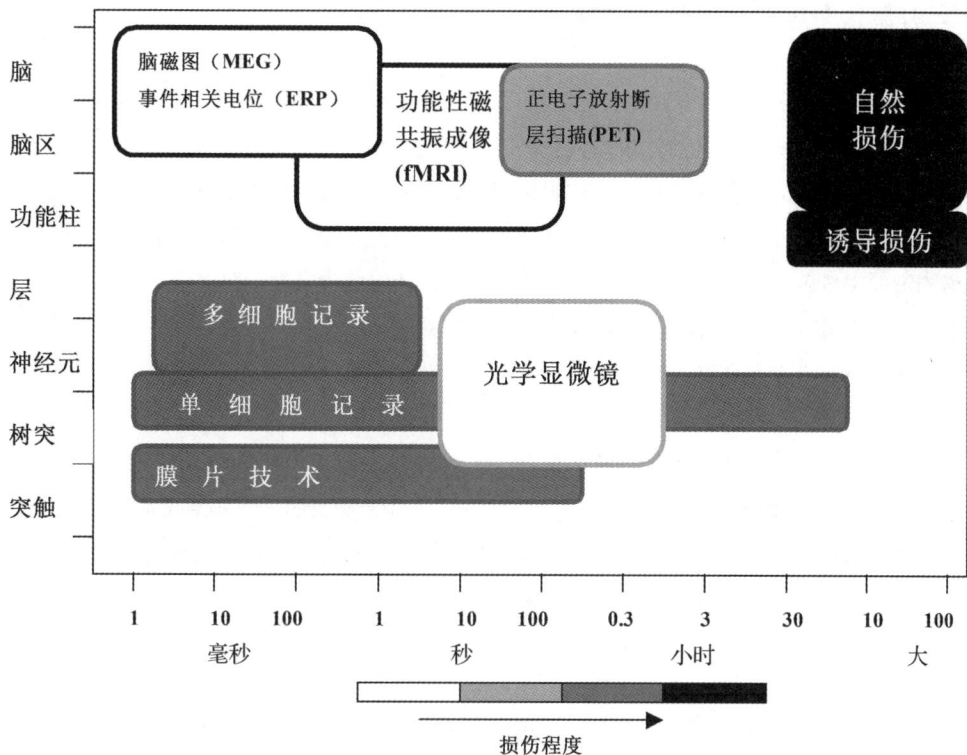

图 18-5　认知神经科学中常用研究方法的时间与空间分辨率

（二）fMRI 研究中的事件相关设计

PET 是过去二十年中主要的脑成像技术。fMRI 不需注射放射性同位素，又有较好的时间与空间分辨率，已迅速成为认知神经科学研究的一种新的有效工具。近期，fMRI 研究中不断发展和完善的事件相关实验设计已取代了传统的区块设计方法。由于事件相关设计可以操纵的最小刺激单元是单个事件，而不是一个区块，它比区块设计更为灵活地安排刺激的呈现，对刺激的控制性也更强。同时，事件相关设计和相应的统计方法本身能够对血氧水平依赖信号进行更好的描述。另外，事件相关实验设计可以更好地减少心理学研究中经常遇到的期望、练习和疲劳效应，还能够更好地综合和比较 fMRI 与 ERP 以及各种行为实验等的研究结果。由于这些研究手段各有所长，因而一方面可以综合运用这些手段，另一方面可以对结果进行相互验证和比较。由于这些研究手段中往往采用类似于事件相关的设计，因此通过在 fMRI 研究中采用事件相关实验设计，可以和其他研究采用相同或者相似的实验材料和实验设计方式，以避免其他因素的干扰。因此，采用事件相关实验设计可以大大提高这一技术运用的范围和研究问题的深度，现已广泛用于认知神经科学对各种认知活动的研究。

（三）脑代谢功能成像技术的方法学困难

脑代谢功能成像（PET 和 fMRI 等）在目前的时间分辨率还无法对快速变化的认知活动做到实时跟踪和成像。研究中常用积分法将数十秒数据积分起来以形成清晰的图像。然后进行对照的认知实验，将两种认知条件不同的图像采用减法处理，即完成 A 认知任务的图像减无 A 任务的对照图像，所得差值为 A 任务操作的脑代谢功能差异。还可以采用一致性分析，即将 A 任务减 A 对照组的差值与 B 任务减 B 对照组之差值再相减，以作为完成不同认知任务的脑代谢功能的特异性变化的代谢基础参数。但是，相减法和一致性分析均需要在一定前提下才可靠。首先应用相减法法则意味着脑内的认知过程信息加工是串行的，按一定方向进行层次性顺序处理；被试在完成认知作业时，忠诚执行指示语要求，并毫不分心地完成作业；此时参与这项认知任务的脑结构与其他心理活动的脑结构分立而不相干。只有这样，其减法所得结果才与所进行的认知活动完全相关。显然，这种约束条件在实现认知测量中是很难满足的。

另外，脑代谢功能成像的激活区反映出脑代谢率或脑区域性血流量的增加，与神经元的兴奋性水平并非总是平行性变化，特别是对于抑制性神经元而言，代谢率增高，导致神经元单位活动的降低。因此，代谢功能成像的激活区并不一定表明区域内神经元的功能活性水平高。其次，在代谢功能成像分析中，每个场激活区至少为 $0.8cm^3$，即使假设为 $1mm^3$，则至少含有数以万计皮层神经元（10^5 细胞/mm^3 皮层），不能设想这么多神经元都是在同步性发放，功能均一地发挥生理心理功能。总之，脑认知成像技术可以为我们对认知过程的脑功能形成直观的图像。然而这种图像仅可能提供结构或区域性功能关系，对细胞水平的机制显然过分粗糙。因此，认知神经科学研究的更多新科学事实仍然来自清醒动物，特别是清醒猴的认知生理心理学研究。细胞电活动的微电极记录迄今仍是最常用的方法。此外，利用荧光组织化学、酶组织化学和电压敏感染料等新方法在认知作业前后进行组织化学和生理参数测量的研究也逐渐增多。

第五节 认知神经科学的现状与意义

综上所述，认知神经科学虽然才经历了短短几十年的历史，但已经表现出了强大的生命力和蓬勃发展的势头。一方面，随着多种新方法与技术的采用，对不同认知加工过程的脑机制研究已经积累了相当多的研究资料；另一方面，随着新理论的出现，认知神经科学呈现出多种理论并存的局面，目前还没有一种理论体系能够统一认知神经科学对不同问题的研究。但是，由于认知与脑的关系对于人类的生存与社会的发展具有举足轻重的作用，这一问题在全世界范围内比过去任何时候都受到重视，尤其在一些发达国家的政府资金投入都是空前的，这显然为认知神经科学的研究提供了大好机遇。因此，可以乐观地预计在不久的将来，人类将有望解开人脑认知活动的奥秘。

一、热点研究领域

（一）感知觉

研究借助于对视觉的研究，研究者发现了感知觉信息加工中存在着等级加工和平行加工。前者可以使输入感觉信息的表征逐渐复杂化或抽象化，后者的加工中不同类型的传入信息通过不同的通道向中枢传入，各自负责一种独特的功能。

视网膜就有六种信息流投射到不同的脑区，如膝状体纹状投射负责图式视觉，视网膜中脑上丘投射对视觉定向反应、眼动控制和多重感觉整合起重要作用，视网膜下丘脑投射参与维持自然光循环引起昼夜节律。在膝状体纹状通道中视觉信息存在更为精细的并行加工。解剖和生理证据支持这一通道至少存在三个子系统：小细胞、大细胞和粒细胞。每一个子系统传输视觉影像信息的特殊区段光谱，并维持这些信息以相互隔离的形式直至进入初级视

觉皮层。在 V1 区之后，上传投射分为两个不同的信息流，一个下行到腹侧的颞叶，另一个上行到背侧的顶叶。损伤后行为结果分析和神经元反应的电生理研究提示，腹侧流表征信息的形态和表面视觉特征（如颜色或质地），被称为"是什么"（what）通道；背侧流表征信息的运动、距离和环境表面之间的空间关系，被称为"在哪里"（where）通道。这两条并行视觉加工通道及其功能见图 18-6。但是，有关早期通道（小细胞、大细胞和粒细胞）与这些高级皮质流之间的确切关系还有待进一步研究。

（二）学习与记忆

学习与记忆过程的神经机制是当代认知神经科学的核心课题，目前的研究已经取得了丰富的成果。事实上，记忆对知觉、情绪和意识等认知过程都有影响。根据记忆与其他认知功能的联系、在情境中被外显编码和可利用的程度以及它们存在的时间长短，可以将其分为不同类型。目前的研究结果提示不同记忆类型可能存在不同的大脑机制，图 18-7 显示参与各种长时记忆类型的脑结构系统。当今和未来的记忆认知神经科学研究在以下三方面的可能是充满希望的：①灵长类外显记忆的神经心理和神经生理研究；②突触易化或抑制现象与学习和记忆的关系；③通过分子基因干预选择性破坏参与学习和记忆的分子结构和反应过程。

（三）灵长类外显记忆的大脑机制

这类研究源于拉胥黎等的研究，他们用毁损法来评价特定脑区对不同认知功能（包括记忆）所起的作用。20 世纪 50 年代，米尔勒等发现人类颞叶（尤其是海马）毁损会破坏记忆的形成，这对该领域产生了巨大影响。接着，米斯金等开始用毁损法来建立健忘症的动物模型。近期，左拉（Stuart Zola）和斯克维尔（Larry Squire）等人用同样的方法将记忆巩固的神经基础定位于灵长类的颞叶。对单个皮层神经元记忆作用的电生理研究始于 20 世纪 70 年代格罗斯和福斯特（Fuster）的工作；德斯蒙（Desimone）和高尔德曼拉切克（Goldmanrakic）的电生理研究证明灵长类颞叶和额叶存在工作记忆的单细胞基础。这些灵长类外显记忆的传统研究方法正在人类脑成像研究中进一步得到完善。

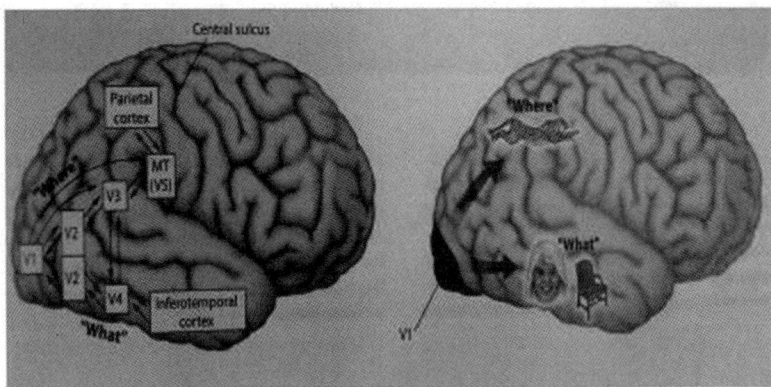

图 18-6　视觉信息加工中的腹侧

（"what"："是什么"）通道和背侧（"where"："在哪里"）通道。（自 Gazzaniga 等，2002）

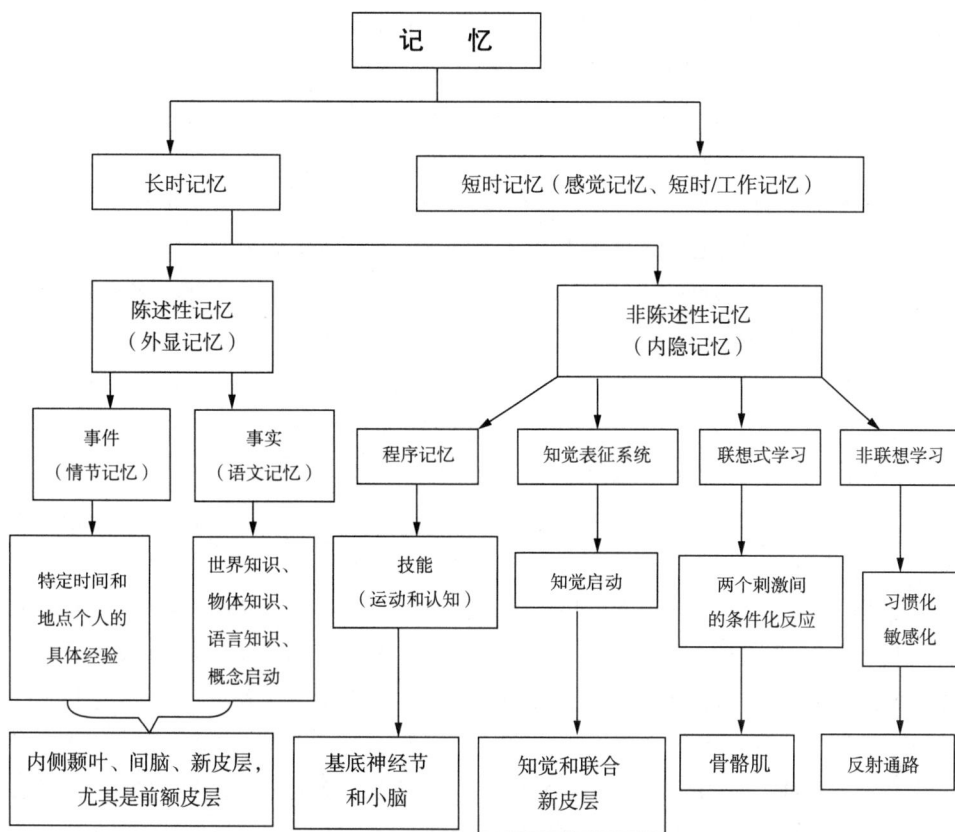

图 18-7　参与长时记忆的脑功能系统（自 Gazzaniga 等，2002）

（四）突触变化调节记忆的形成

20 世纪 70 年代发现的长时程增强效应（long-term potentiation，LTP）以及相关的长时程压抑效应（long-term depression，LTD）是目前对神经元之间突触联结强度进行生理测量的两种有效手段。突触前和突触后神经元的同时活动一般均可以在实验室条件下引发 LTP，而它的发生又依赖于突触后膜上的 N 位甲基右旋门冬氨酸敏感型兴奋性谷氨酸（NMDA）受体的活动，这种同时激活的方式与赫布（Hebb，1904—1985）的理论预期是一致的。由于突触功效的改变会成为学习和记忆的基础，而且在参与记忆形成的脑结构（如海马、小脑和大脑皮层）常常发现 LTP，所以它很可能就是记忆的形成机制。对这种假设的验证性研究是记忆认知神经科学关注的热点课题。

（五）记忆的分子基因研究

既然 NMDA 受体对 LTP 的形成至关重要，如果去除了这种受体，估计会干扰记忆的形成。这种假设可以在老鼠身上通过基因突变选择性破坏 NMDA 受体来实现。尽管该技术存在困难，因为很难在某一具体时间段将影响控制在某一具体脑区。

最近，威尔逊（Wilson）和图讷贾瓦（Tonegawa）成功地在大脑发育成熟之后仅仅破坏海马 CA1 区的 NMDA 受体。与 NMDA 调节突触可塑性的假设一致，这些动物在记忆形成的行为和生理反应上都有缺陷。进一步的研究有必要将这种技术选择性地作用于某一细胞群，或对其他动物（如猴子）施行这种遗传干预。

（六）语言

语言是最早确认其生物学特性的一种认知功能。19 世纪的内科医生就观察到不同脑区受损后的不同后果，并描述了语言产生和理解中左右半球的不对称作用。此后，研究者们又发现语言的语音、句法结构以及心理词典等各自都依赖不同的神经结构。现代神经成像技术，包括事件相关电位技术（ERP）、正电子放射层描术（PET）和功能磁共振成像术（fMRI）已经肯定了经典语言区的作用，同时也指出其他脑区对语言的贡献。这些研究也发现存在一些所谓"通道中立"区，当语言在任何一个通道（听觉、书面以及手势语言）加工时这些区域都活跃。可以这样认为，损伤研究可以确定语言产生必要的神经组织，而对健康人的神经成像研究能揭示所有与语言产生和理解相关的活动。多方面证据提示，各种语言如果是在儿童早期获得就都会表现出强的左半球脑区活动偏侧化，然而习得的语言种类以及获得语言的年龄也会影响大脑语言系统的建构。

（七）意识

皮层损伤致盲的患者用非言语方式能清楚地表现出对呈现在他们视野盲区的刺激物确实存在感知能力；一些报告对特定训练事件丧失记忆的病人却能够正常习得那些技能。这些无意识感知与记忆现象的再发现重新唤起了人们对意识及其神经基础相关问题的好奇。研究者正在试图采用神经成像技术对人类和灵长类动物进行视觉意识的系统研究，以检查意识是相互作用的巨大神经元集合的特征，还是由某些神经元的特殊活动或发生在一组神经元内的时间活动模式所致。

另外，睡眠与梦的详尽神经生物学机制研究可以为今后探索认知和意识神经机制提供重要契机。借助于人类和动物睡眠与梦的研究，研究者发现一些神经递质系统对认知与意识、判断与行动有重要作用，如胆碱能与氨基酸类神经递质系统的神经调节作用可以维持觉醒状态下有意识的认知加工、评价和计划，也可以使睡眠过程中认知、情绪和记忆功能相互分离。

（八）情绪

长久以来，情绪一直被排斥在认知科学的研究领域之外。然而，在输入事件和反应准备之间情绪处于中介地位，最近的认知神经科学已经把情绪摆在了该领域研究的中心位置。采用动物模型的研究已经阐明了害怕反应详尽的解剖和生理机制，强调杏仁核、边缘系统及其神经传入的作用。人类脑损伤研究表明，对有潜在情绪意义刺激物的感知、评价和对其进行合适反应的组织中，不同的神经系统有其独特作用。大脑前额叶的眶额皮层（OFC）可能是情绪信息的高级整合中枢。它与其他皮层与皮层下结构相互作用，实现对情绪刺激的动机和情绪意义评价，并组织和实施适当的情绪反应。情绪的神经化学机制是未来研究的一个重要领域。动物和人类研究已经表明，真实或想象的威胁会引起多种生理反应，其中最受紧张与压力影响的一些神经系统在情绪和认知功能中起着关键作用。出生前和出生后的早期经验对形成这些系统的活动以及个体老年化的速度是重要的。紧张与压力相关的激素对包括海马在内的记忆相关脑结构的影响、对中风和疾病发作后神经损伤的调节作用以及对老化过程的影响都是未来认知神经科学研究的重要课题。

二、认知神经科学的现实意义

认知神经科学研究的理论意义是不言而喻的，更重要的是认知神经科学的研究成果也可以直接应用到现实社会的医疗及生产生活领域中，不断提高人类社会的生产力水平与生活质量。

（一）神经与精神疾病的治疗

早老性痴呆、帕金森综合征、功能性神经错乱等中枢神经系统病变以及中风、高位截瘫等神经系统损伤，均会给病人的身心健康带来破坏性后果。认知神经科学的研究将使攻克这些疾病成为可能。日本"脑科学时代计划"明确提出要在 2007 年

之前找到早老性痴呆的治疗和预防手段，寻求对帕金森综合征、癫痫、唐氏综合征的病理机制的全面了解并开发出最终的治疗方法，探索出促进脑功能恢复的技术以及诊断和治疗功能性精神失常的方法。欧洲黛娜大脑联盟提出的未来大脑科学研究的临床应用目标包括：开发促进中枢神经系统伤后再生的新方法；识别造成家族式精神分裂症、狂躁抑郁症的基因及其致病机理；开发减小中风对大脑造成的损伤的方法，设计新的康复和恢复治疗手段；开发新的多发性硬化、癫痫症、运动神经元疾病和早老性痴呆症的早期诊断及治疗方法。北京大学脑与认知科学国家重点实验室也将脑与认知功能障碍防治的理论与方法研究作为主要目标，包括阐明神经退行性疾病和心境障碍的发病机制并为其防治提供新的思路，以及针对某些脑与认知功能衰退和障碍的防治提出有效方法。此外，认知科学领域的研究还将促进人类对成瘾性、药物滥用及其机理的理解，从而为有效地解决毒品问题提供有力的科学支持。其他医学应用领域还包括了疼痛及其控制、新药设计与开发等。

（二）智能机器和机器人的制造

人类一直梦想制造智能机器和机器人。现实却是人工智能经过初期的飞速发展后似乎也陷入了瓶颈，应用到生产中的机器人及智能设备仍然处于初级阶段。认知科学一直把大脑比作标准意义上的计算机器，这在很大程度上阻碍了人工智能的研究和智能机器的生产。当代认知神经科学的研

究表明大脑的工作无法用简单的计算机原理来描述，认知神经科学有关大脑认知机制的研究成果可以为此注入新的活力，而使得智能机器的出现变得不再遥远。美国在四大科学技术领域的会聚技术报告中提出了"人工仆人"（artificialservants）全新的智能体概念，人类需求、感情、信仰、态度和价值观都将会渗透到这种新型智能机器中。日本"脑科学时代计划"的模拟大脑主题瞄向的是从理论和工程的角度来揭示大脑的机制，从而为大脑式计算机以及能够对处理知识和情感的计算机和机器人的最终开发奠定坚实基础。加拿大不列颠哥伦比亚大学计算机科学系的计算智能实验室研究的是使智能推理、行动和知觉成为可能的计算方式并把已有成果应用到了被称为"柏拉图野兽"（Platonic Beasts）的新一代高自由度机器人的开发中。北京大学脑与认知科学国家重点实验室把建立高级认知功能的理论模型及其在新一代机器智能系统的设计中的应用列入实验室的目标。

（三）学习和教育

进入信息社会，人类面临信息和知识爆炸，怎样从大量的数据中提取出信息并加以吸收和理解，如何快速有效地传播迅速积累的知识，是亟待解决的重大难题。利用认知科学理论和规律来帮助人们更为有效地学习，把实验室的成果应用到具体的教育实践和知识传递中，是应对这种挑战的最佳解决方案。美国四大科学技术领域融合技术报告中提出利用 NBIC（纳米—生物—信息—认知）科学的知识来探索新的教育方式以帮助人们学习如何学习是扩展人类认知和交流的必要前提之一。欧洲黛娜大脑联盟希望推动大脑科学研究知识的应用从而促进儿童的发展，帮助儿童挖掘他们的潜能。北京师范大学认知神经科学与学习国家重点实验室提出以国家人才培养与教育改革的重大需求为基本立足点，从心理学、认知科学、认知神经科学、教育科学等多学科结合的角度来开展科研以促进对教育实践问题的科学解决。上海生科院人口与健康创新基地也把增强青少年的学习记忆能力以及改善学习记忆障碍者的状况提供新的思路和方法作为研究目标之一。可见，认知神经科学对人脑认知机制的最终揭示有望极大提高人类的学习潜能和科学教育的水平。

本章思考题

1. 认知神经科学兴起的原因是什么？
2. 简述当前认知神经科学的主要学科分支。
3. 评述认知神经科学研究的主要技术方法。
4. 介绍认知神经科学的理论发展。
5. 如何正确评价神经影像技术对当代心理学发展的影响？

第十九章
进化心理学

进化心理学是近年来西方心理学出现的一种新的研究取向。一般认为，1989 年美国人类行为和进化协会成立并出版《进化与人类行为杂志》，标志进化心理学的诞生。其创始人主要有布斯（David Buss）、巴科（Jerome Barkow）、考斯米兹（Leda Cosmides）、图比（John Tooby）等。进化心理学试图运用进化的观点来解释人类心理的起源、本质以及心理与行为活动的现象和规律。它建之于对西方主流心理学存在的问题和缺陷的反思，并积极汲取生物、神经科学研究的研究成果，从适应和自然选择的角度探索人的心理与行为。该研究取向不仅吸引了许多心理学家的注意，而且其强调进化的思维方式也在整个社会科学领域引起了强烈的反响，并招致了正反两个方面截然不同的评价。

第一节 进化心理学的产生背景

进化心理学的产生有其深刻的心理学和生物学背景。毫无疑问，达尔文的进化论是进化心理学的产生理论基石，心理学经典理论中渗透的有关心理机制的进化思想客观上也为其产生起到了一定的铺垫作用，而现代生物学尤其是社会生物学的发展则为进化心理学的产生提供了重要的理论基础。

一、进化论的理论基石

进化论认为，自然界的一切生物都遵循着"物竞天择、适者生存"的基本法则。生物的变异性和适应性是进化论的两个重要概念：地球上的物种在繁衍过程中，由于受到环境因素的影响而不断发生着变化，这就是所谓的变异性；发生变异的物种能否成功地生存和繁衍则取决于这些物种的性状，即所谓的适应性。只有那些能够适应自然环境的个体或物种才可能得以存活和繁殖，最终得以壮大并扩散开来；而那些不能适应自然环境的个体或物种则最终为自然所淘汰。自然界中的一切生物便是沿着这一轨迹不断变化和发展着的，这就是所谓进化。可见，生物的变异性是物种进化的基础，而适应性则是进化的关键。

本章所论及的研究取向既然被冠之以进化心理学，说明其与达尔文的进化论存在深刻渊源。从一定意义上说，进化心理学就是从进化论的角度来研究和探索心理

学问题的一种研究取向，进化论中使用的变异性、选择性、适应性等概念，都是进化心理学在论及人的心理机制时借以使用的重要概念。

尽管进化论主要是阐释物种起源的一种学说，强调物种的产生和发展源于进化，是突变、适应和自然选择的结果，但进化论同时也暗示人类心理机能的环境适应性本质，强调选择性对于动物乃至人类心理进化的重要性。换句话说，从进化论的角度看待心理学的思想观点其实早在19世纪下半叶生物进化论创立的时候就出现了。实际上，进化论的创始人、生物学家达尔文在《物种起源》一书中就曾大胆地指出："我看到了将来更为重要的广阔的研究领域。心理学将稳固地建立在斯宾塞先生已充分奠定的基础上，即每一种智力和智能必由梯级途径获得。"（达尔文，1955，p.320）他在进化论中明确指出人的心理活动是由动物演化而来的，认为各种感觉、情绪官能，如好奇、注意、记忆、模仿、推理等，在人和动物之间只有程度上的不同，而无本质上的差异。他还以表情、情绪为例，阐明了人类心理的适应与进化实质。进化论的这些观点对进化心理学的产生具有直接推动作用。从某种意义上说，进化心理学就是达尔文及其现代追随者所倡导的进化论在当代心理学研究中的运用和发展。

二、心理学的思想源起

由于受到进化论的影响，美国心理学

的创始人威廉·詹姆斯在他的经典著作《心理学原理》一书中，专门论述了人与动物的本能问题。他认为从进化论的观点来看，人的行为之所以充满智慧并不是因为人具有更多的理性，而是因为人比其他动物有更多的本能。这些本能运行得如此完善，对我们的思维产生如此大的影响力，以至于我们根本就无法换一种方式进行思维，也无法意识到本能对我们行为的控制。"我们可以确信，无论动物的本能对我们来说有多么地神秘，我们的本能对于动物来说似乎一点也不逊色……其他任何哺乳动物，即便是猴类，也没有如此众多的本能。"（James，1890/1962，p.406）詹姆斯的观点体现了进化论对心理学最初的影响。

同样是在 19 世纪下半叶，精神分析创始人弗洛伊德的本能论也显示出进化论思维的痕迹。弗洛伊德早期的理论把人的本能分为两类：一类是生命保存本能，另一类是性本能。弗洛伊德的本能理论明显受到了达尔文进化论的影响。达尔文曾经假定了两种进化的途径，即通过自然选择的进化和通过性选择的进化。通过自然选择的进化强调的是个体的生存，通过性选择的进化强调的是种族的繁衍，而弗洛伊德两类本能恰恰与此相一致，显示出进化思想的深刻痕迹。

进入 20 世纪之后，行为主义的产生终结了本能论的兴盛。进化论的影响也逐渐让位于极端的经验主义观点。一直到 20 世纪 70 年代之后，行为主义的极端环境决定论又受到了新的挑战。哈洛有关猴子的研究证实，实验室中喂养的小猴子在受到惊吓之后并不是奔向给它提供食物的铁丝网状母猴，而是选择了另一个同是铁丝网状但罩了一层厚绒布的母猴。这说明小猴子天性中存在着某种行为倾向，而这种行为倾向是不能用环境强化理论来解释的。在另一项研究中，加利福尼亚大学的加西娅发现，通过训练，老鼠更容易在呕吐和食物之间建立条件联系，而不容易在呕吐和声音、灯光之间建立联系。在以人为对象的实验中，舍里曼也证实，通过条件反射的训练，人很容易形成对蛇、高空的恐惧，但却不易形成对另外一些自然物，如对汽车、电路板的恐惧。这些研究都说明动物和人天生就具有一种"预成性的"机制，证明了两个结论：第一，老鼠、猴子，甚至人类似乎天生很容易学习某些东西，而不易学习其他东西；第二，外部环境并不是行为的唯一决定因素。当考察行为时，有机体的大脑和心灵中所发生的事件必须纳入考虑的范围。在这里，行为主义的环境决定论受到了空前的挑战，心理学又逐步为生物、遗传、进化等研究取向打开了一扇窗户。

三、现代生物学的理论基础

进化论之所以被今天的学者全面应用于心理学的研究中去，并成为一种颇有影响的研究取向，与 20 世纪后期生物科学的快速发展存在直接关系。自 20 世纪 80 年代以来，神经科学和基因科学得到了迅猛发展，克隆技术的诞生引发了世界范围内对于生物科学、基因工程的热烈讨论和高度关注，有人甚至认为 21 世纪是属于生物学的世纪。心理学作为一门与生物学，尤其是一门与神经、基因科学具有直接关系的学科，理应借助生物学等相关学科的飞速发展和已取得的成就，尝试探索人类心理和行为的生物学基础。进化心理学正是在基于心理学与生物学趋于整合的过程中诞生的。

当然，进化心理学产生的最为直接的现代生物学的理论基础是习性学和社会生物学。习性学是研究动物在其自然环境中的习惯或行为的科学。习性学强调决定行为的根本因素源自进化，是基因和自然选择的结果。譬如劳伦兹有关印刻现象的经典实验证实鸟类动物在出生后的第一时间里将跟随任何移动的物体。这种倾向是预成性的，是这类动物在进化的过程中形成的倾向。因为通常出生后母亲是它见到的第一对象，跟随母亲有重要的生存价值。换言之，自然选择促成了动物的跟随行为，否则就面临着生存的危机，印刻行为有着适应性的价值和目的。习性学的研究既促使生物学家关注适应的重要性，也迫使心理学家重新考虑行为研究中的生物学因素，从进化的角度看待人的心理和行为，预示了进化心理学的产生。

在 20 世纪 70 年代之后，习性学逐步被社会生物学所取代。社会生物学把在动物行为研究中使用的一系列新技术运用于人类，从进化的角度来解释人类的社会行为，认为吸引、养育、互助、攻击等行为是为了生存和繁衍而进化产生的，行为的目的在于基因的延续。换言之，社会生物

学试图依据达尔文的自然选择理论，用人的生物特征，特别是用基因的保持和延续来解释人的社会行为，认为所有的社会行为都能找出进化的渊源，人的社会行为也是由其进化目的而得到传递的。例如，父母对儿女的牺牲行为被看成是有利于基因保持的，由进化决定的基因决定了人们的亲族选择，决定了人们更愿意与亲属而不是陌生人合作。利他行为也同样如此。它具有生物学的基础，因为人类祖先在寻求生存的活动中，发现合作、帮助他人比纯粹的利己有更大的生存价值。因此，社会生物学家要使心理学的知识更加"野蛮化"，要把心理学建立在进化论和遗传学的基础上，寻求现代行为的种族遗传学特征。

社会生物学的研究方法、研究成果在许多方面都构成了进化心理学的理论和方法论基础。两者最大的不同可能在于前者提出了进化的心理机制，从而将对于人类行为的适应性本质的研究深入认知水平。尽管如此，由于社会生物学在学术界受到的广泛批评和指责，进化心理学家一般都不承认社会生物学和进化心理学之间存在这种关系。他们认为社会生物学缺乏科学的基础，其理论建立在对进化论的错误理解上。进化心理学家认为自己的学科既不同于社会生物学，也不同于行为遗传学。"它是现代进化生物学与现代心理学的新综合。它利用了进化生物学的最新理论进展……同时，它也吸收了心理学中最新理论和经验发现……"（Buss，2004，p. 37）

第二节 进化心理学的基本观点

什么是进化心理学？即使在进化心理学研究者内部目前也尚未达成共识。但就其研究的内容和重心看，进化心理学是心理学研究的一种新的思维方式，是探索人心理机制形成及其影响的一种研究取向。进化心理学是对传统有关心理机制理论和观点的反动，但它同时又继承了传统心理学的主要研究内容、概念和方法，试图用进化、适应和自然选择来解释人类信息加工机制的形成与发展过程。

一、"过去式"的思维方式

进化心理学的目标是揭示并理解心灵的构造和实质。与人格心理学、认知心理学、学习心理学、教育心理学等学科是一个具体的研究领域不同，进化心理学是心理学的一种思维方式，可以运用到心理学的一切领域。

同现代西方主流心理学不同的是，进化心理学对心灵的理解采取的是"过去式"的思维方式。进化心理学认为，心理学的中心任务就是去发现、描述或解释人的心理机制。而对于心理机制的了解，仅靠对现存心理和行为现象的社会文化层面的表层分析是远远不够的，过去才是了解现在的关键。这里所谓的过去，不只是指个体的成长发展经历，更主要的是指人类的种系进化史。进化心理学者强调指出，在人类进化过程中，过去不仅在人类行为、身体和生存策略方面刻下了很深的烙印，同样也在人的心理和相互作用策略方面留下印记。因为外在环境输入是通过认知过程来产生外显行为的，所以进化与行为之间偶然的联系也是通过心理机制来完成的。换言之，自然选择不仅发生在身体、器官和行为层面，而且也发生在认知层面上，信息加工过程为了解决现实的问题而不断地进化。

进化心理学者认为，过去在对有关人类行为的进化过程的研究中，心理机制是被丢失的环节。因此，心理学最主要的研究内容在于探索进化的心理机制是如何在行为与进化之间起中介作用的。换言之，进化心理学关心心灵产生和发展的历史。

对于心灵的解释可以采取两种观点：一是邻近的解释，二是终极的解释。邻近解释寻找时间或空间上接近的原因，而终极解释寻求的是最终的、根本的原因。例如，为什么人们（特别是年轻人）喜欢时尚？邻近解释的观点可能认为这种倾向是人们想合群，欲与群体保持一致，但是终极解释的观点会询问"为什么人们想合群""为什么人们想与群体保持一致"。进化心理学采取的是终极解释的观点。它认为人们与群体保持一致的愿望实际上反映了他们对生存和生殖的关心。在人类种族进化史上，成为群体的一分子并不是一种选择，而是生存的必需。如果不能为群体接纳，就意味着死亡。因为在当时恶劣的自然条件下，单独生存是不可能的。被群体接纳才能有生存的机会，也才有可能寻找到性伴侣，生育子孙后代。因此，与群体保持一致、成为群体中受人尊重的成员已经深深植根于人类的心理特性，只不过现代人意识不到罢了。这就是说，要充分理解人的心灵，就必须了解其起源以及适应功能，即心理机制的产生及其作用。

进化心理学者认为，一切心灵问题的终极解释最终归结于遗传的，生物、神经结构或装置。他们认为，人类的祖先在漫长的进化过程中为了适应复杂的生存环境，已经形成了形态各异的神经回路。从心理学的角度来看，这些神经回路就表现为各种心理机制。而人的所有行为都是由特定的心理机制决定的。面对同一刺激，人的反应为什么不同于其他动物，就是因为人的心理机制不同于动物的心理机制；面对同一事件，男性和女性有不同的反应，这也是因为男性和女性的心理机制具有明显的差异。为什么有人性格刚毅，有人优柔寡断？这也是因为心理机制不同。一句话，所有的行为都以一定的心理机制为基础。正如布斯所言："所有的心理学理论，无论是认知的、社会的、发展的、人格的或临床的，都蕴含了内部心理机制的存在。不幸的是，这些机制的精确特性经常没有得到清楚的阐明。然而，尽管缺乏明晰性，但人们都清楚地意识到，没有这些心理机制就没有行为。"（Buss, 1995, p. 2）

二、对现代心理起源观的反思

西方主流心理学的心理起源观主要有两种倾向，即内源决定论与外源决定论。进化心理学者对两者都持批评态度。首先，进化心理学反对内源决定论，主张尽管心理机制是社会行为的前提，但并不是如某些内源决定论者所言——受某种盲目的本能或内驱力驱使，而是心理机制和环境相互作用的结果。其次，相对于内源决定论，进化心理学更反对外源决定论。外源决定论对于心理机制的基本预设是人生来是一个"白板"，后天社会、文化环境是人的心理和行为产生和发展的决定因素。行为主义以及由其衍生而来的许多教育心理学、社会心理学理论是这种"白板"预设的代表。进化心理学者（Tooby & Cosmides, 1992）称之为标准的社会科学模式。这一模式认为，演化形成的人类心理结构不可能是成人心理组织、社会系统、文化历史变化的原因，只有文化才能解释人类行为、思想等方面的群体间差异和内群体相似性。其理由是：①儿童与成人心理结构的复杂性不同；②跨群体心理与行为在儿童期表现出相似性而到了成人期才表现出差异性。

进化心理学坚决反对这种所谓的标准的社会科学模式，认为该模式仅从儿童与成人心理结构的复杂性不同以及跨群体心理与行为在儿童期表现出的相似性与成人期表现出的差异性就断定人的心理源于社会文化或社会学习的结论是错误的。图比和考斯米兹认为，因为某种在出生时不存在却在人成长过程中发展起来的东西就被认作文化影响的结果乃是一种荒谬的推理，这就如同认定成年女性乳房的发育是本地群体其他成员的行为和公众表征影响的结果一样可笑（Tooby & Cosmides, 1992）。事实上，人类的许多心理机制与生理机制并不都是与人类的出现而一同出现的，相反是在人类发展的某个时期出现的，是进化的结果。

进化心理学把自己界定为认知科学阵营中的一个门类，考斯米兹和图比主张："进化心理学是认知科学的一种方法，在这种方法中，进化生物学与认知的、神经的和行为的科学得以整合起来以指导系统性地测定动物物种——包括人类——的物种独特的计算的和神经的构架。"（Cosmides & Tooby，1999，p. 295）但是进化心理学并不认同认知心理学（即信息加工认知心理学）关于心理、意识内在机制的预设。在认知心理学那里，人从被看作"白板"到被看作具有普遍适应性的"计算机"。进化心理学在吸取了认知心理学的信息加工原则的同时，舍弃了有关所有的心理过程都是按照同样的信息加工原则进行反映的预设，主张人的心理是由通过自然选择形成的，由大量的功能专门化的信息加工机制组成的。从这个意义上说，进化心理学并非仅仅反对所谓标准的社会科学模式，其实也包含对认知心理学的扬弃和批判。

进化心理学认为，现代心理学取向常常采取二分法，把遗传与环境、先天与后天、生理与文化、本能与推理等对立起来，从而强调某种因素而否定另一种因素的作用。这显然是一种武断的、与实际情况不符的思维模式。有机体的任何表现都是基因和环境共同作用的产物，任何群体间差异和内群体相似性都是基因和为基因提供输入的环境两者相互作用的结果。他们还进一步指出，环境和基因一样也是进化的

产物，有机体的遗传素质是环境因素起作用的前提。

三、关于心理机制的核心观点

如上所述，进化心理学是一种以人的心理机制为主要内容的心理学研究取向。因此，尽管不同进化心理学者的观点不尽相同，但他们都主张心理机制是进化的产物，而心理进化的根本动力源自压力与适应，心理机制是"达尔文模块"构成的"瑞士军刀"结构，人的行为是心理机制和环境互动的结果。

（一）心理机制是进化的产物

进化心理学视心理学为生物学的一个分支。它从种族进化的角度，用遗传学的观点解释心理的构造和意识的机能，主张心理机制是进化的产物。简单地说，进化心理学是有关种系进化过程留给我们的印记的研究，或者更为精确地说，进化心理学运用达尔文的进化论方法于人性的理解，其中心论点认为心灵是一种进化的、适应的器官，而不是一块白板，心灵由进化形成的各种先天倾向组成，如语言学习的倾向、鉴别不同面孔的倾向、喜欢甜食的倾向、厌恶粪便的倾向等，这些先天倾向都是由于种系进化史而形成的。（Rossane，2003，pp. 23—24）

那么，这些心理机制是如何进化的呢？进化心理学家采用达尔文自然选择的理论来阐释这一问题。他们主张通过自然选择的进化是复杂的神经回路和相应的心理机

制产生和发展的动力源泉。心理机制的物质基础神经回路的建立有着生存的目的。任何一种神经回路或者心理机制，如果它有利于有机体的生存和繁衍，那么它就会被自然"选中"，具备这一机制的有机体就比没有这种神经回路或心理机制的有机体有更大的生存机遇。换言之，自然选择用特殊的决策支持了特定的神经回路和心理机制，其结果是造成了现代人复杂的神经系统和众多功能专门化的心理机制。因此，我们之所以具备了这些心理机制而不是另外一些心理机制，是因为这些心理机制帮助了我们的祖先在进化的过程中成功地解决了生存或繁衍方面的适应性问题。这些机制是自然选择的结果，是人类适应环境的产物。

前面我们曾经谈到舍里曼的实验。舍里曼发现，相对于汽车、电路板等一些自然物，通过条件反射的训练更容易使人形成对蛇、高空的恐惧。造成这种现象的原因是对蛇和高空的恐惧帮助了我们的祖先解决了生存中的一个重要问题。正是因为有了这种恐惧，人们才避开蛇和高空，从而增加了生存的可能性。相比较而言，汽车和电路板是现代的事物，我们祖先的经验中没有这类事物，因此不存在恐惧这类事物的心理机制，所以即使通过条件反射的训练，也很难形成这类恐惧。

这也就是说，心理机制的形成与人类的祖先面临的生存环境有关，这些心理机制因为有助于人类的祖先适应复杂多变的自然环境，因而在进化的过程中被保留了下来。在进化心理学者看来，现代人的大部分心理机制都是通过这种方式产生的。当然，现代人要解决的问题比原始的人类祖先要解决的问题复杂得多，但是现代人的这种能力是人类祖先原始心理机制的延伸，是原始人解决生存和繁衍问题的副产品或副作用。例如，当人类的祖先开始直立行走以后，为了保持行走的稳定，它们不得不形成了良好的平衡感。现代人则不仅可以稳定地直立行走，而且可以走钢丝、玩平衡木、溜冰、滑雪等。这些运动所要求的机制比原始人的直立行走复杂得多，但是它们是直立行走能力的延伸，是直立行走的副产品。

（二）心理进化源自压力与适应

既然心理机制是进化的结果，那么进化的动力是什么？进化心理学认为，这种动力源自生存与环境的压力——生态学压力和社会压力。心理机制是在人对压力的适应与选择中形成和发展起来的。

首先，生存压力与适应是心理机制进化的首要动力。食物的获得对任何一个物种而言，都是最主要的选择压力之一，对人类而言也不例外。可以设想，为了搜寻食物，早期人类可能就已经拥有了某些基本的心智机能以适应对食物的搜寻，诸如认识、辨别食物，寻找食物以及加工和处理食物等的技能。而自打人类祖先从丛林转移到草原，人类祖先就将面临一种全新的生活方式：狩猎与采集。狩猎、采集与自保迫使人类学会直立行走、使用和制造工具，同时对更加完善的知觉能力系统、记忆系统、逻辑思维系统的要求也迫使人的神经、感官、骨骼、肌肉乃至循环、呼吸、分泌等系统和器官不断进化、选择和适应，与之相依托的心理机能也随之得到进化和发展。

其次，社会压力与适应是心理机制进化的环境动力。进化心理学认为，稳定的社会群体的出现为早期人类带来了强大的选择压力，并直接导致自我意识的进化和发展。群体生活对于人类而言意义重大：群体生活有利于捕猎活动和对资源的保护，减轻捕食者的压力，使性别的二态性得到表现，使得群体成员的地位不断分化。然而群体生活同时又为人类带来压力——合作与竞争的压力。从合作的层面看，群体中的一些个体因为具备对于合作的出色认知与适当的个性品质，从而得以获得食物、配偶以及免于捕食者的伤害等，进而具有了再生产的优势，而那些对于合作表现逊色者就可能被排斥于群体边缘而遭淘汰。从竞争的层面看，成功的竞争可能增强群体繁衍后代、保卫领土资源、提高子孙后代达到再生产的成熟期的机会。一句话，早期人类的群体生活以及合作与竞争使得群体或个人面临的问题和压力急剧上升，对于这种压力的适应与选择的结果，使人类的自我意识和心理机制日趋复杂化和专门化。

最后，生殖和繁衍的压力与适应是心理机制进化的核心动力。从进化的角度看，生存只是一个前提，繁殖后代比生存更为重要。进化心理学认为，人的许多生理和心理机制实际上都是在解决这类问题中形成和发展起来的。要成功地繁殖后代，就必须解决同性内的竞争、配偶选择、怀孕、配偶保持、亲本投入、额外的亲本投入等问题。早期人类在面临和适应这种生殖与繁衍压力的历程中，历经大浪淘沙、自然选择，使得那些生殖能力突出、体能体魄强健、智慧出色、个性适宜的个体或族群得以延续和壮大，同时也使相对优越的心理机能随之得到遗传性或获得性进化。

（三）心理机制是"达尔文模块"构成的"瑞士军刀"结构

心理学家长期以来一直认为心理机制是一般性的。如同存在一个一般智力一样，心理机制独立于它的内容，可以适用于多种目的。但进化心理学反对主流心理学有关心理机制的这种假定，认为心理机制主要不是某种通用的、具有普遍意义的运作机制，而是由大量特殊但功能上整合设计的处理有机体面临的某种适应问题的机制——"达尔文模块"——构成的"瑞士军刀"结构。

用考斯米兹和图比的话说，人类的心理是"一簇特殊化的机制——即具有领域特殊的程序，对领域特殊的表征进行操作，或同时这两者——所构成的"，（Cosmides & Tooby，1994）"我们的认知构架类似于成百或上千个功能上专门的计算机（常称为模块）的联盟，被设计来解决对我们狩猎—采集的祖先来说是特有的适应问题。每一个这样的装置有其自己的程序，并对这个世界的不同部分施加自己特有的组织。存在着为语法归纳、面孔识别、船位推算、解释物体以及从面部来识别情绪的特化系统。存在着探测生命体、眼睛注视方向和欺骗的机制。存在着'心理理论'模块，……多种多样的社会参照模块"。(Toob & cosmides, 1995) 每一个领域特殊的达尔文模块都致力于解决在我们祖先得以进化的环境中的信息处理问题。

考斯米兹形象地把各种心理模块间的关系比喻为"端士军刀"，即人的心理由一些认知工具（模块）装配而成，每种心理模块都有特定的功能。当然，特定范围的心理机制的存在并不排除性质上更一般意义的机制存在。但高层次执行机制本身也是特定范围的，它们的特定功能是去命令、安排或监视其他心理机制的操作。

进化心理学还认为，达尔文模块是一种天赋的计算机制，即支配人类认知结构的许多达尔文模块是自然选择的产物。它们是在人类进化历程中由自然选择所发明的类型，是人类面临和解决种种问题和压力状态下适应与进化的结果。进化心理学家发现，所有功能正常的人类都具有一组同样特殊的模块。这充分表明达尔文模块不仅是天赋的、自然选择的，而且是功能分化的和普遍的计算机制。

批评者指出，如果一种问题的解决需要一种心理机制，那么人类解决问题的能力是否会因此而变得僵化呢？进化心理学者则认为，机制的特殊性并不影响解决问题的灵活性。恰恰因为心理机制是特殊的，而人类的心理机制又是为数众多的，所以人的行为才表现出如此的灵活性。技能娴熟的木匠之所以能任意制作出各式各样的家具，并不是因为他有一个万能的或通用的工具，而是因为他具备服务于各种目的的特殊工具。人类也是如此，其行为的灵活性并不是因为有一个通用的心理机制，而是因为存在着大量的、复杂的、特殊的、具体的和机能性的心理机制。儿童在生命的早期，由于许多心理机制还没有成熟，所以难以完成复杂的活动和任务，随着发展过程的展开，每一种心理机制日臻成熟，行为的灵活性就大大增强了。

（四）行为是心理机制和环境互动的结果

进化心理学反对外源决定论，但它并不认为自己是一个内源决定论或遗传决定论者。进化心理学者认为，人的行为并不是如一些内源决定论者（如弗洛伊德）所言——受某种盲目的本能或内驱力驱使，而是心理机制和环境相互作用的结果。当然，心理机制是社会行为的前提，但它对于来自社会环境的影响高度敏感。社会背景影响心理机制的表现方式、强度以及频率。

心理机制与环境的互动性可以从以下两个方面理解。其一，从历史的角度看，心理机制进化的动力之一就是人类所面临的社会环境的压力。自然选择以及人对于这种压力的适当反应所带来的遗传性或获得性进化本身就充分显示出心理机制的环境制约性。进化心理学认为人类心理模块的高度分化及其复杂性就已充分表明人类生活以及社会环境对心理机制的影响力。其二，从现实的角度看，环境因素对心理机制的表现也会产生一定影响：首先，文化背景影响心理机制表现的阈限；其次，个体的发展经历使个体采取不同的行为策略，例如，一些研究表明，在儿童期缺少父亲会导致个体采取乱交的策略，而有父亲会使个体更多地采取一夫一妻的策略；

最后，情境输入影响心理机制的激活。如同产生茧的机制只有在个体经历对皮肤的反复摩擦才能被激活一样，性嫉妒、觉察骗子的机制也只有在出现不忠诚、没有回报时才出现。

第三节 进化心理学的主要研究

进化心理学作为新近出现的一种新的研究取向，其关注点几乎涉及心理学的每个具体研究领域。目前，进化的思维方式在西方正逐步向心理学的许多分支渗透，一大批学者尝试以适应和进化的视角重新审视认知、社会、人格、发展以及文化等心理学研究的问题，在诸多传统的研究领域提出了一些不同于以往的、新的理论与假设。

一、关于认知心理问题的研究

主流认知心理学（信息加工的认知心理学）理论建立在这样一个基本预设之上：人的认知结构在目标上具有普适性，在内容上具有非特异性。这也就是说，不同的认知目标和内容，其内在的机制是同一的。换言之，人使用一种普遍适用的机制对不同的认知对象和内容做出相应的反应。这也就意味着，那些负责配偶选择的信息加工机制同负责食物选择的信息加工机制是一样的。这些普遍的机制包括推理能力、学习能力、模仿能力、计算手段与目的的关系的能力、计算相似性的能力、形成概念的能力和记忆事情的能力。但是，进化心理学者反对这一基本预设。他们认为，整个认知系统是一种各个不同信息加工机制共同组成的、复杂的集合体，尽管它们具有内在相关性，但对解决特定类别的适应性问题而言，其在功能上是特殊的，而非同一的、普适的。这是因为心理机制是人类在解决特定适应性问题的过程中进化而来的信息加工装置，不同类型的适应性问题进化而来的是不同的信息加工装置。每种装置本身在本质上具有特异性。生存问题和繁衍问题是两个截然不同的适应性问题，一种认知模块和神经回路不可能同时解决这两类不同的问题。（许波，2004，pp. 90—91）

进化心理学者认为，传统的认知心理学之所以认定心理机制具有普适性和非特异性，一个重要的原因是他们的研究建立于功能不可知论的假定基础之上，即研究人的信息加工机制可以忽略其具体的适应功能。基于这种假设，他们在研究过程中，通常采用的是一些脱离现实生活的无意义材料或一些极易操作和表征的刺激，如圆形、三角形、正方形等。运用这些实验材料得出的理论假设尽管证实了心理机制的普适性，但却未必反映了人的信息加工机制本身。因此，进化心理学主张信息加工机制的研究决不能脱离其具体的适应功能。实际上，功能分析在人类认知研究中具有独特的意义和地位。换言之，要了解人的某种认知活动或现象的适应功能，只有追溯其在人类祖先生存环境中的适应、选择和进化的历程，才能真正理解其内在机制。进化心理学者坚持认为，功能分析研究结果将会证明，这种内在机制在功能上具有特异性，是专门化了的适应装置或神经回路。

譬如，在有关空间定向能力的研究中，传统的研究侧重对该能力构成及其个体差异的探索，而进化心理学则主张从进化与适应的角度对之进行研究。从功能分析的视角看，空间定向能力存在性别差异——这是由我们狩猎与采集的祖先的性别选择决定的。在人类进化史中，狩猎主要由男性来完成，而女性则主要负责采集。这两种不同的性别分工对两者的空间定向能力的要求不同，从而使得男性和女性在该能力上沿着不同的方向获得进化。许多研究表明，男性的某些空间定向能力，如心理旋转、阅读地图、迷宫学习等，比女性显示出更大的优越性；而女性则在定向记忆、物体记忆等方面的成绩明显优于男性。进

化心理学者塞弗曼（Irwin Silverman）等人认为，将这些差异解释为性别选择、适应与进化的结果是适当的。因为心理旋转、阅读地图和迷宫学习能力及其相关技能与能否有效捕获猎物密切相关，而定向记忆、物体记忆等能力及其相关机能则有助于采集。

总之，进化心理学有关认知的研究力图表明，人类认知源自不确定条件下的问题解决历程。特定类型的问题以特定的认知模块或神经回路予以解决。人的认知系统具有多模块性，是由一系列"达尔文模块"构成的、用以解决不同适应性问题的"瑞士军刀"结构。

二、关于社会心理问题的研究

作为一种研究思路，进化的取向也为社会心理学的研究提供了一种新的视角。一些社会心理学者已开始从进化的视野审视社会心理学的相关研究课题，在诸如性别角色意识、自我意识、群体意识、社会态度等研究领域，提出了一些很不相同的理论或假设。

关于性别角色意识，过去的心理学家们已经提出了许多理论和假设对之给予了解释和说明。其中比较有影响的是精神分析的解释、文化人类学的解释、社会学习论的解释、认知社会化理论的解释以及性别发展阶段论的解释。概括而言，这些理论对性别角色意识和性别心理差异的解释大体可以分为三类：以精神分析为代表的理论强调自然生理因素的影响，以社会学

习论为代表的理论强调社会环境的重要性，认知社会化理论则强调两者的交互作用。

进化心理学主张从适应的角度审视性别角色意识的差异，认为这种差异主要是由于男性和女性面临不同的适应问题所引发的。这种适应问题的差异古已有之，一直延续至今。在人类解决这类问题的漫长历程中，性别角色意识逐渐获得进化。

男性和女性所面临的适应问题的不同根源于生殖和繁衍。布斯（1996）认为，生殖和繁衍对男性和女性都是极端重要的，但在此过程中，男性和女性面临的适应问题很不一样。第一，男性和女性的繁殖成本不同。对于男性而言，往往只需一次性接触就可完成繁殖活动；而对于女性而言，繁殖过程要经历 9 月怀胎，产后还要经历一个较长的哺乳和抚育期方可结束。第二，男性和女性的生殖能力不同。大多数男性进入青春期后，其生殖能力差不多会保持一生，而女性的生殖能力则在达到一个年龄阶段后急剧衰退，直至丧失。男女两性在这两点上的差异，使得处于生殖期的女性成为更富价值的性别，从而也使得男性之间为获得生殖优势而展开的竞争远大于女性。由此，男性便会形成一些特殊的心理机制以增强其繁殖机会，表现为勇猛、好斗、富于挑战性和竞争力，倾向于寻求与多个女性进行性接触。第三，对于男性而言，父亲身份比女性的母亲身份具有更大的不确定性。女性是受精卵的携带者，她们完全可以肯定自己所生的孩子是自己的，而男性则很难完全确认自己绝对是孩子的父亲。因此，男性发展出特定的心理

机制以确认自身的父亲身份是现实而必要的。一些进化心理学者认为，男性比女性更富忌妒心、对性伴侣更富独占性，便是这种心理机制的具体表现。第四，对于女性而言，成功的繁殖和抚育后代在很大程度上仰赖于其对性伴侣的成功选择。如上所述，女性繁殖成本很高，承担怀孕、哺乳和抚育等重任。能否提高繁殖成功率的一个关键，是能否成功选择具有亲本投资能力和意向的男性来分担繁殖任务。这一点对于女性和男性都具有明显的适应意义。一方面，男性必须积聚足够的资源用于亲本投入，方可在同性竞争中取得优势，以获得女性的青睐，从而得到更多的繁殖机会；另一方面，女性必须有足够的觉察能力以洞悉潜在性伴侣的亲本投资能力和投资意愿。显然，女性的这种觉察能力具有更大的适应意义和价值：与一个缺乏投资能力的男性发生性行为，对女性来说是危险的，而与一个有投资能力而不愿意在孕期和哺乳期提供援助和保护的男性发生性行为，风险一样很大。在那些为获得更多繁殖机会而倾向于与较多女性发生性行为的男性中间，能够敏锐地觉察和发掘对自己和孩子具有援助和保护能力与意向的男性为伴，比那些对此一无所知的女性具有更大的适应优势。

简单地说，在进化心理学者看来，男性和女性所面临的适应问题的差异是导致两者性别意识、择偶取向乃至人格特征差异的重要因素。他们由此对两性差异进行了一些大胆的推测，如男性比女性更倾向于寻求更多的性伙伴，更倾向于采取短期

配偶策略，更倾向于选择比自己更年轻的配偶等，而女性则倾向于选择比自己年长且具有经济实力的男性为伴，更倾向于采取长期配偶策略等。这些假设似乎已经部分得到了实证研究的证实。

三、关于人格心理问题的研究

进化心理学者主张应以进化的视角审视和研究人格课题。他们认为，人格特征及其行为表现归根结底是以心理机制为物质基础的，人格的心理机制同其他机制一样，也是人类长期进化的产物。这也就是说，人格特征及其成因并非简单地起因于现实社会生活环境因素，而是人类祖先漫长的适应与进化的沉淀。

目前，进化心理学在人格心理学领域的研究主要集中于人格特征的性别差异及其形成原因的探索。另外，也有一些研究致力于对人格特征的传统理论作进化论的阐释。进化心理学认为，男性和女性对于配偶选择的人格特点上的差异主要表现为男性更喜欢依据生理特点来选择婚姻伴侣，而女性则更看重能为后代提供保障的男性。

从进化的观点看，男性要满足种族延续的需要，最简单也是最好的方法就是尽可能多地繁殖。这也就意味着，对男性最有吸引力的是那些具有较高生育潜力的女性。那么，具备这种潜力的女性的标志有哪些呢？一些进化心理学者预测，年龄以及其他与之相关的生理特点，如身材、肤色、长相等，是提供女性具有较强繁殖能力的重要线索。换言之，男性更喜欢那些

外表有吸引力的、比自己年轻的女性，更倾向于根据繁殖能力的生理指标选择婚姻伴侣。

这些推测似乎得到了一些实证研究的支持。（许波，2004，pp. 112—113）例如，在美国的一项对全国未婚成人的调查研究中发现，男性更喜欢年轻女性作为未来的伴侣，而女性表示她们更喜欢年龄更大一些的男性。在另一些研究中，询问已婚夫妇，他们当初选择配偶时认为哪些特点更重要。正如研究者预料的那样，在选择自己喜欢的婚姻伴侣时，丈夫们比妻子们更看重生理上的吸引力和姣好的容貌。另外的一些实验研究和跨文化研究似乎更进一步验证了上述假设。

同男性一样，女性种族延续需要的满足也是通过繁殖来实现的。但女性在配偶选择的人格特点上，同男性相比有很大的不同。进化心理学认为，女性更希望选择那些具有为后代提供生存保障能力的男性为偶。

类似的研究似乎也证明了这种设想。例如，一项有关大学生的性吸引调查中，女生倾向于认为支配型的男生比那些驯顺型的男生更具性吸引力，并更希望与之约会。根据进化心理学的人格观，支配型的男人更可能居于社会上层并由此获得更多的社会与经济财富，当然也更具有潜在的繁殖优势。再如，多项类似的实证调查都表明，女性在描述那些富有吸引力的男性时，大多会使用诸如有抱负、可依赖、能挣钱、事业心强等字眼，她们更愿意嫁给那些比自己年长、有足够经济保障、受教

育程度高的男性。在进化心理学看来，这样的男性无疑是更具适应性和繁殖优势的人群，他们比居于社会底层的男性更可能满足家庭的各种需要。

除了对男女配偶选择的人格特点做了大量研究之外，进化心理学还尝试对一些传统的人格理论做进化论的阐释。（刘继亮，孔克勤，2000）如一些进化心理学者认为，目前人格心理学领域十分流行的所谓大五人格模型中的五大人格构成因素（外倾性、宜人性、公正性、神经质、开放性），实际是对人类适应的"社会图景"的各大维度的概括和总结。这些维度从不同侧面反映了社会中不同个体的社会地位、发展前景、人际关系、利益分配等线索。在人类进化历程中，只有那些能够准确识别并做出适当反应的个体，方能有效地解决适应性问题，于是也就具备了选择优势，从而才可能获得更多的繁殖优势。

四、关于发展心理问题的研究

发展心理学涉及种系及个体心理发展等研究领域。因此，重新审视和重构发展心理学的传统理论和假设必然是进化心理学需要优先解决的问题。

尽管进化心理学之前的许多发展心理学家们已开始将达尔文的进化论思想贯穿于有关种系心理发展的诸多理论之中，但在进化心理学者看来，那些受进化论观点影响的发展心理学家们误用了进化理论，并创建了种系发生谬论，认为"个体外显的特征是由设计其遗传程序的历史事件和

其发展过程中所存在的环境压力塑造的"（许波，2004，p. 120）。李克里特和伯瑞等一些进化心理学者认为，一个更适当的观点就是要把发展看作在从遗传到文化的各级组织间的连续、复杂的相互作用基础上的特质、属性的建构。换言之，进化的历程在种系心理发展史上是一个连续不断的过程。这个发展过程是族群与环境、个体与文化相互影响、相互作用，经历选择、适应并逐步进化的、复杂的动态历程。它既是一个生物学的递进过程，也是一个心理、认知的递进过程。历史事件和环境压力是进化的外部动因，而个体和族群的选择性、适应性则是进化，尤其是心理进化的内在动力（Lickliter & Berry，1990）。

在进化心理学之前的个体心理发展领域（主要是儿童心理学），进化论思想的影响则鲜有涉及。因此，进化心理学的思维方式对于当今儿童心理学研究无疑具有突出的冲击力。实际上，承认种系心理发展的连续性，也就很容易将遗传的、适应的心理机制运用于人类心灵发生发展的研究中去。但是，当代儿童心理学研究者在运用进化的思维方式研究儿童心理发展问题时，虽然接受了进化心理学的许多观点、假设，但他们似乎更强调发展过程中遗传与环境的复杂的相互作用，主张领域普遍性和领域特殊性机制之于自然选择的同等重要性，强调个体差异的重要性。

进化的发展心理观尚处于发展和完善阶段，目前有关这方面有影响的观点主要有以下三个方面。一是有关心理发展的渐成性。进化的发展心理学主张心理发展和

行为表现是有机体与环境交互作用的结果。任何事务都不存在单纯的遗传或环境影响，人的心理是随着持续出现的结构和机能之间的双向交互作用而不断发展的。从这个意义上说，进化心理学并非纯粹意义上的遗传决定论。这是因为进化心理学者并不认为如果环境适宜，进化形成的遗传基因程序就一定会在适当的时刻表现出来，遗传素质体现与否以及遗传素质体现的个体差异主要受到个体所面临的内外因素的共同作用。二是有关人类童年期延长的理论解释。进化的发展心理学主张人类童年期延长的主要功能依然是适应性的。这也就是说，延长的童年期对儿童掌握社会的复杂性异常重要。童年期延长的结果使儿童的大脑有足够的时间接受大量的经验，能弹性地掌握人类文化的各种社会与技术技能，从而更有利于人类的生存和繁衍。三是有关认知机制的领域普遍性和领域特殊性的关系问题。如前所述，领域特殊性的认知机制使进化心理学内部已取得高度一致的观点。但是，进化的发展心理学者主张，尽管心理机制在本质上是领域特殊的，但在某些方面，如智力，则包括领域普遍性和领域特殊性机制。这两种机制相互作用，产生适应的行为模式。

第四节 对进化心理学的评价

进化心理学作为一种最新研究取向，在西方心理学领域越来越引起人们广泛的兴趣和关注。有些心理学家甚至断言进化心理学将取代所有的心理学，成为心理学的元理论基础。实际上，正如前面已经阐述的那样，许多学者已经开始接受进化心理学的观点，从进化的角度看待人的心理与行为问题。从当今最新研究进展情况看，人们的关注点已不仅限于对心理机制的研究上，还试图站在进化心理学的立场上对儿童心理、人格心理、社会心理、发展心理等问题做出新的解释，形成了不少研究成果，对学界造成了较大的影响，以至于在西方已经演变成一种心理学的新运动或新浪潮。

进化心理学带来的最大冲击无疑是其对心理实质的界定。进化心理学主张心理是人类在漫长的历史演进中，面对生态学和社会压力，经由自然选择、适应和进化而来的一种机能。这种机能是由"达尔文模块"构成的"瑞士军刀"结构，即诸多通过进化得来的模块一方面高度分化、各司其职，另一方面又相互契合、共同构成一个整体。这一主张有别于西方传统心理学流派有关心理的已有的认识和界定：既不同于以行为主义为代表的外源决定论，也不同于各种内源决定论。尽管进化心理学者称自己的理论隶属于认知科学范畴，但同认知心理学在对心理实质的理解以及研究的内容、视角、方式、方法等方面都存在着本质的不同。也许正因为如此，在一片叫好声中，批评与指责也纷至沓来。事实上，进化心理学既对心理学有着积极的意义，可以促进心理学的进步，同时，进化心理学也有着严重的缺陷，给心理学带来消极的影响。

一、贡献

撇开门户之见来审视进化心理学，其积极意义是相当明显的。自冯特创立科学心理学以来，心理学中出现了众多的流派和理论。这些流派和理论都从不同的视角认识心理与行为，表现出迥然相反的方法论和认识论：构造心理学吸收化学研究的模式，以探索化学元素的方式探讨意识的构造；机能心理学受到进化论的影响，把意识看作适应环境的产物，并且从实用主义的观点出发，探讨意识的功用；行为主义心理学从经验论的观点出发，认为心灵类似于"白板"，行为是后天环境的产物，否认了任何先天因素的存在；精神分析心理学站在本能论的立场上，发掘意识背后的力量，拓展了意识研究的范围和层次；人本主义心理学把人看成是积极的、健康的和向上的，试图发掘人的潜能，促进意识的提升和人格的整合；进化心理学则另辟蹊径，利用进化生物学的知识，研究人类种族进化进程中留下的心理痕迹，探讨嫉妒、伴侣选择、攻击、社会交换、语言等社会行为的种族遗传基础。虽然在信奉进化论这一点上继承的是机能主义的观点，但是它更多地利用了进化生物学的知识，超越了机能心理学的工具主义意识观。因此，进化心理学为心理学的研究开辟了一个新的视角，促进了心理学家更为全面地认识心理和行为。

进化心理学的研究已开始由心理机制的元理论探讨向一些具体研究领域渗透。这种渗透首先表现在认知科学领域。尽管进化心理学受到认知心理学的诸多指责，但其"达尔文模块"假设对认知科学家们研究语义知识在头脑中的组织结构很有启发意义，有助于细化对于概念知识组织的研究。实际上，有关大脑功能是特异性还是非特异性的争论由来已久，而且双方都有一定的实验证据支持。尽管目前心理学界对于领域特异性假说仍然存在很大争议，但这正可以说明这种领域特异性所代表的大脑功能的约束性已经带给认知科学巨大的影响。其次是其对发展心理学的影响。进化心理学的适应性有助于我们理解发展的目的，而对于发展目的的理解自然可以帮助研究者更好地理解发展的过程和内容。再次是对社会及人格心理学研究的影响，如探讨性别角色行为、性别人格特征的差异及其形成的适应性动力，探讨性别择偶心理的生存与生殖成因，等等，都有助于我们重新审视和反思心理学的这些传统研究领域可能存在的问题以及寻求可能的创新思路。

在认识论方面，进化心理学不满足于近因的探讨，把目光指向心理和行为的终极和根本原因，有效弥补了传统心理学在这方面研究的不足，对于全面深入地认识心理和行为的原因具有积极的意义。寻求心理和行为的直接原因或近因一直是心理学家努力的方向。在心理学成为科学之后的一百多年时间里，大部分心理学家所探求的都是行为的近因和直接原因。行为主义是这一趋势的典型代表。行为主义的创始人华生从环境决定论的观点出发，认为决定行为的是直接的环境刺激，甚至认为控制环境就可以控制人的行为。精神分析关注了行为的潜意识因素，考虑到本能冲动在决定行为中的重要作用，但是潜意识和本能冲动仍然是近因，因为这些因素是个体生活史中的影响因素。人本主义心理学所强调的潜能及其自我实现的动机也没有摆脱个体生活史的限制，因而也属于近因的范畴。进化心理学认为经由自然选择的进化是行为的根本原因。行为的决定因素并不局限于个体生活史，社会行为的大部分因素是由种族进化史决定的。换言之，从根本意义上来说，现代人的行为是我们狩猎和采集时代的祖先适应环境行为的遗留物，带有我们的原始祖先为生存和生殖而奋斗的深刻烙印。进化心理学的这一主张是有着积极意义的。虽然未必所有的行为都是种族进化的遗留物，所有的社会行为的根本目标也未必都是生存和生殖，但探究行为的终极原因是必需的，是全面理解行为必须迈出的一步。如果不了解行为的种族进化原因，对行为的理解就是片面的和不完整的。因此，从这种意义上来说，进化心理学的主张是有着积极意义的。

二、缺陷

但是，作为一种新的研究取向，进化心理学自身存在许多问题和缺陷，因而遭遇到的批评和指责甚多，而其中受到批评最多的是方法论问题。虽然进化心理学者坚持认为自己是认知科学阵营中的一个门类，采用的是发展了的认知科学的方法。但许多学者认为，所谓进化心理学方法，其实质不过是一种进化史的研究，是一系列的循环推论：进化心理学首先假定人类祖先可能面临种种进化的压力，由压力推知选择与适应问题，从适应问题推知适应器的功能，再从适应器的功能进一步推知人类认知能力的塑造。沧海桑田、大浪淘沙，研究者既不可能回到过去，也不可能借助实验来验证这一系列推论。但在科学主义仍处于主流地位的心理学领域，任何缺乏实证、实验证据支持而仅靠现象观察与推论的研究都会招致置疑。进化心理学亦不可幸免。

方法论层面遭受的置疑必然会殃及理论本身。进化心理学的一个基本预设是心理机制是古人类对于压力的适应与选择。但批评者则认为，有机体许多机能都并非是适应和选择的结果。对生物体目前的生存与繁衍发挥特定功能作用的机制并不都是自然选择的结果：这些机制既包括先前通过自然选择才行使某种功能而现在却行使了新的功能的那些机制，也包括那些原本只是进化的副产品但现在具有了某种功能的机制。如鸟的羽毛最初是由于其保暖的功能在进化过程中通过自然选择而被确定下来的，但后来这些羽毛却具有了帮助鸟类飞行的功能。

另外，自然选择的机制不能解释现代文化的新颖性和多样性。进化心理学家把达尔文模块的功能限定在我们祖先在其生存环境中所面临的适应问题上，但现代文化的新颖性和多样性显然与我们祖先所面临的适应问题无关。换言之，即使承认心理机制的进化假设，进化心理学单纯强调源于生存和繁衍在适应和进化中的作用而忽视文化之于心理机制及其进化的影响，将无法很好地解释文化差异以及现代文化高速演进的事实。何况心理机制如果仅靠间接的、效率低下的自然选择而获得进化将是难以想象的。

尽管进化心理学面临的批评和质疑不少，其目前的进展也未能有效地整合基因、环境和经验因素的关系，但以进化的视角审视心理的起源和本质，是以往心理学研究未曾重视但实际上是十分重要的课题。相信随着生物科学、生命科学的进展，作为一个具有较强开放性的研究取向，进化心理学在整合心理学与生命科学，乃至推动心理学各分支的发展等方面都将产生更为积极的影响。

本章思考题

1. 什么是进化心理学？进化心理学的理论基础是什么？

2. 进化心理学的特色是什么？

3. 进化心理学怎样看待"心理机制"？

4. 怎样看待心理的模块性？

5. 进化心理学家怎样解释现代人的心理的起源？

6. 怎样评价进化心理学？

第二十章
生态心理学

20世纪以来，心理学界就逐渐呈现一派热闹非凡的景象：各种新的取向不断涌现，冲击着传统心理学；新取向之间因其各自的背景和视角不同，也在相互碰撞和交流。其中，生态心理学在20世纪中期异军突起，成为某一两个领域中与传统心理学对立的新取向，发展到现在已经出现在心理学界的各个研究领域，成为它们新的生长点。

生态心理学既是当前心理学的一种改造运动，又是日益受到关注的一种心理学方法论。它主张在真实环境中研究人的心理和行为，即研究人的现实行为和自然发生的心理过程，并且它认为这种行为和心理过程是在环境和人的动态交互过程中实现的，因此它把心理学的研究对象界定为动物（包括人）——环境交互体的动态交互过程。它在方法上采用的技术要求尽量保持心理和行为发生的自然性，如采用准实验设计、自然主义方法等。这种取向在心理学研究中的出现，与心理学自身发展中出现的问题有关。心理学的历史发展与其他传统科学和哲学不同，它借助于近现代科学成果和方法，直接从哲学中分离出来而成为实验科学，从哲学思辨的"扶手椅"跳到了自然科学的实验室，省去了在真实环境中缓慢推进的研究阶段。这种跳跃式发展的结果是，心理学概念与有机体的内部特性有关，却与外部世界相对立，这种与外部对立的、在实验室中进行的心理学研究就有了许多人为性因素，心理学研究与现实的脱节使人们对心理学存在的必要性产生了怀疑。心理学因此具有了存在的危机，为走出危机，需要引入与现实结合紧密的观点，生态心理学在心理学研究中的出现正迎合了这种学科发展的需要。

第一节 生态心理学的背景分析

任何一个新的研究取向的出现都不是偶然的，都有着它的历史必然性，造就这种历史必然性的推动力就是它所在的时代背景。这种时代背景包括当时的学术氛围的酝酿、萌生这种取向的哲学思想的指引、相关思想变革和学科发展的影响和启发、心理学理论思路上的延续和发展。

一、哲学背景

（一）实用主义的学术氛围

生态心理学的形成背景大约是在 20 世纪 40—60 年代的美国。那时，实用主义思想作为一种代表美国生活方式的哲学，在美国各个领域一直起着主要或潜在的指引作用，使得以后的美国整个学术界都浸润在一种很浓厚的实用主义氛围当中。在那种氛围中诞生的生态心理学当然也不例外地受到了很深的影响。

"实用主义强调立足于现实生活，把人的行动、信念、价值当作哲学研究的中心，把获得'效果'当作最高的目的。其中，行动、实践在他们的哲学中具有决定性的意义，故又称它为'实践哲学''行动哲学'。"（车文博，1998，p. 303）生态心理学就是一种提倡心理学研究必须立足于现实生活的研究取向，它的整个研究基调与实用主义的精神是完全吻合的。

生态心理学思想的最早倡导人之一布伦瑞克是一位倡导生态心理学的机能主义者。实用主义的倡导者詹姆斯本人就是心理学机能主义学派的带头人，所以说机能主义心理学的整个观点就是建立在实用主义哲学基础之上的，而布伦瑞克这位介于机能主义和生态心理学之间的心理学家的思想也深受实用主义精神的影响，他富含生态心理学意味的机能主义心理学处处折射出这种影响的光芒。生态心理学家吉布森的老师霍尔特是实用主义的创始人詹姆斯的学生，吉布森不可避免地通过霍尔特受到实用主义的影响。

正是实用主义精神引导生态心理学往现实生活的心理学方向上发展。

（二）现象学与存在主义

现象学对生态心理学的影响是通过格式塔心理学间接完成的，而存在主义与生态心理学兴起和发展大致处于同一时代，存在主义与现象学之间有着内在的思想联系，因此，生态心理学也不可避免地受到存在主义的影响。

现象学的整体主义思想通过格式塔心理学深深影响了生态心理学。现象学强调研究人的经验的意义结构，强调从整体上来研究经验，反对对经验做分解式的研究。而生态心理学将人—环境作为一个统一体来研究，强调把心理现象放在人和环境、心理和环境等相互作用的关系对子中研究，并反对把人的心理和行为与真实环境相剥离的严格实验室研究方法，而倡导具有生态效度的实验法和自然研究法，这些都透露出现象学的整体主义思想对生态心理学研究对象和研究方法的深入影响。现象学大师胡塞尔晚年的"生活世界"研究对生态心理学也有重要启示作用。生活世界的研究关注人的生存，关注真实状态中的人的生活意义，而生态心理学倡导心理学应面向真实生活的研究原则也与现象学的这种转向是合拍的。

存在主义哲学中海德格尔的思想与生态心理学关系最为密切。海德格尔采用胡塞尔的现象学方法提出一套研究存在——"此在"哲学思想。他认为"此在"——作为人的基本存在状态的基本存在方式就是"在世"，也就是它不是一种孤立的、单独的存在，总是处于世界之中。此在与其他世界是不可分割的，人（此在）总是与世界（事物和他人）同时出现、同时在此。（刘放桐，等，1981，p. 596）而生态心理学也认为人与其环境密不可分，这种总体观念的一致性导致他们对一些具体概念的解读也是一致的。生态心理学家吉布森直接知觉理论中的一个基本概念——事物的"可获得性"，就与海德格尔关于用具的"手头性"概念类似。

（三）反二元论思潮

整个哲学思想史都有着深厚的二元论传统，把世界二分化的二分模式与哲学思维的历史同样古老。任何事物的存在与发展都是在与矛盾的对立面斗争的过程中进行的。二元论也不例外，反二元论思想从二元论诞生后就与之对抗着，并伴随着它的成长而成长。以笛卡尔为早期代表、以实证主义为高潮的二元论者认为一切事物都一分为二地对立着，世界是二元的，诸如人与自然、心理和物质、心理和身体、主观和客观等的关系都是独立存在且彼此互不依赖的，进而在研究方法上崇尚绝对客观主义的研究原则，把研究者的主观性排除在研究客体之外。而反二元论者从亚里士多德到莱布尼兹、康德、黑格尔，乃至达尔文和实用主义哲学家们都认为认识的心灵或"主体"和被认知的"客体"是不可分离的，强调关系的重要性，倡导整体并非部分的串联，抨击绝对的元素和物质，在研究方法上主张多元论。

在生态心理学家中，最明确地从哲学层面上反二元论的是吉布森，而在研究观念和模式中透出反二元论精神的是巴克等人。吉布森认为，解决二元论和反二元论之争的最好办法就是通过自己的心理学实践研究来验证认识论的假设。吉布森关于直接知觉是有机体和环境的交互过程中实现的理论，对建立在感觉主义之上的间接知觉论的反对，就是吉布森反二元论的最好证明，也是贯彻"在心理学研究中解决哲学问题"这一思想的体现。巴克的反二元论思想体现在他的具体研究中。他倡导一种从交互关系的角度对环境和行为进行定义的做法，他自己创造出"行为—背景同形体"这一概念来形容两者的交互关系，都是他反二元论的例证。但是由于他不是自觉地反二元论，表明他不是那么激烈地排斥二元论，因而在巴克的思想中有些许二元论思想的残余影响，如他对不干涉观察被试的做法的支持，就是客观主义思想的反映。

二、科学背景

（一）进化论革命带来的影响

进化论引发的智力革命转变了生命科学对自然世界的看法。进化论带来的观点是，自然世界是自然实体在相互依存的网络中共同进化的动态领域。自然实体的结构和功能特征以及共享的相互依存性，反映了它们正在进行的相互影响的历史。这种观点包含着一种生态学取向，成为现代生命科学的中心。进化论对心理学的影响最早是通过斯宾塞实现的。斯宾塞是进化联想主义心理学的创始人，他"用生物进化的观点解释心理现象的本质，将研究重心从机器构造的有机体转移到有机体同环境适应的关系"，并且认为心理学的研究对象"既不是内部现象间的相互关系，也不是外部现象间的相互关系，而是这两种相互关系间的相互关系"。（车文博，1998，p. 305）而生态心理学把心理学的研究对象恰恰也是定位于斯宾塞所说的最后一种相互关系上。从这里，我们可以看出生态心理学与进化论思想的渊源关系。进化论的思想使得倡导生态学取向的心理学家重新定义了环境、动物以及环境和动物的关系并且把心理学的研究对象转向了这两者交互关系上。

（二）人类学研究引起的反思

20 世纪 20 年代以后，人类学蓬勃发展。人类学家通过现场研究所提供的民族志材料为心理学提供了非西方背景和非实验室情境下的素材，使得心理学家开始意识到实验室研究过于简单化，心理学的内容和形式都必须在一定的文化背景和具体环境中研究。正是包含人类学研究在内的当时整个思想背景，使得心理学在那时开始滋生两种与心理的现实性研究相关的取向：一种就是生态心理学，另一种就是跨文化心理学取向。

（三）现代生态学的跨学科发展趋势

生态心理学与生态学的关系可谓是最直接的。生态心理学家直接从生态学那里借鉴了名称、思想和方法。

第一，生态学为生态心理学研究提供了指导原则。整体观、综合观、层次观、系统观和进化观，作为生态学的总体原则，（常杰，等，2001）都已经成为生态心理学研究的指导原则。生态学的整体论要求始终把不同层次的研究对象作为一个生态整体来对待，注意其整体的生态特征。可以说生态心理学研究处处都透出整体观的思想。从个人的理论，如巴克的行为背景理论和布朗芬布伦纳的多元系统理论，到生态心理学对心理学的研究对象和方法论的看法，都渗透着整体论的思想。综合观是生态学处理复杂问题的学问。任何一个生态过程都不仅仅是某一个或几个因素起作用，而是多个因素共同作用，所以在考虑任何问题都要用综合的观点。当然，找关键因素同样也是生态学最重要的观点。这种观点在生态心理学解释心理现象的时候特别突出。生态心理学不同意用单向线性因果模式来解释心理现象，而采用多元的、循环的多种方式来解释心理现象。生态学的层次观认为，由于生命物质存在着从小到大不同的结构层次，因此生态学需要研究各个层次系统与环境的关系。布朗芬布伦纳的多元系统理论就是依此来解释微系统、中系统、外系统和宏系统之间的关系的。生态学的系统观认为，整个生态环境是一个生态系统，而生态系统是指具有特定功能的、相互间具有有机联系的许多要素所构成的一个整体。巴克的行为背景既是一个整体，又是一个生态系统，还是一个有着层次的整体或系统。同理，布朗芬布伦纳的微系统既是一个整体，又是一个小生态系统，本身又是个体的生活背景的一个层次，和其他系统一起构成个体的整个生态系统。生态学的进化观认为，所有生物都必须适应环境，且有趋向完美的进化倾向。生态心理学家正是依据进化观来解读作为心理学研究对象的动物和环境以及它们之间的相互关系的。

第二，生态学还为生态心理学研究提供了具体方法。生态学的主要方法是野外观测方法，包括野外考察、定位观测和实验室观察两大类。在生态心理学产生以前即 20 世纪中叶以前，生态学主要是一门描述性科学，因此前者是主要方法。巴克的中西部现场研究站就是典型的野外观测方法，而且巴克还主张心理学目前处于描述性科学阶段，应该用描述性学科的方法来帮助心理学积累丰富的资料。(Heft, 2001, p. 247)

生态学不仅作为一门具体的学科影响着生态心理学家，而且当生态学上升为一种哲学时，这种生态哲学也成为生态心理学的主要哲学基础。这种生态哲学是一种新实在论，这种实在观可以用生态学术语来表述，世界是"人—社会—自然"复合生态系统。它是一个活的系统，……系统内部是相互联系、相互作用、不可分割的整体。(余谋昌，2001) 这种思想深深浸润在生态心理学的整个思想中。

三、心理学背景

当时心理学界的主流心理学——构造主义——已经暴露出它的许多弱点，人为性和二元分立的思想就是生态心理学深感不满的地方。与构造主义心理学思想的对立不是始于生态心理学，在这之前的机能主义和格式塔心理学已经在它们的思想中做出了反应。而且哲学上的二元论和反二元论的对立在当时心理学的体现和延伸就是构造主义与机能主义、格式塔心理学的对立。后两者也恰恰是影响生态心理学的两种主要的心理学思想。

(一) 机能主义心理学

利用达尔文的适应观念，机能主义心理学发展了一种相似的心理学理论，认为心理学研究"机能"：心理活动适应世界的目的是保持有机体的生活。心理是活跃的并且与它的认知对象关联着。进化理论的观点，如将生命（包括心理）作为一种适应环境的过程、将心理与环境动态地联系在一起等，为生态心理学提供了一种台阶。机能主义心理学与生态心理学的渊源，从下面这段话中可见一斑。生态心理学家吉布森被他的朋友兼同事麦克劳德（Mac-leod）形容为"在某种意义上，吉布森是一位前行为主义（pre-behaviourist）学派中的机能主义者"。 （Gordonn，1989，p.146）

（二）格式塔心理学

格式塔心理学对构造主义强调绝对的心理元素和元素联合观点进行了非常强烈的批评。利用莱布尼兹和黑格尔等人开创的德国反二元论传统，格式塔心理学提出有组织的形式不能还原为它的部分。关系的重要性优于将世界分析为原子论的元素。

机能主义心理学将生态心理学引向了心理和环境动态联系的研究上，而格式塔心理学为生态心理学提供了整体主义的研究思路。我们不能因此就认为生态心理学是机能主义和格式塔心理学的综合或大杂烩。生态心理学与它们还是有区别的。

从对环境的关注点来说，机能主义把环境看作一种与理解生命相关的独立标准，不同的环境标准意味着不同的生命阶段，而且达尔文和机能主义者将生命和心理的存在和本质归于环境。对于吉布森等生态心理学家来说，将环境看作一种自给自足的本源或已知事物是错误的，环境的存在与生命的存在是交互依存的。格式塔心理学把真实环境之前的心理环境看成是决定行为的主要因素，而生态心理学家巴克虽然认同生活空间或心理环境，但是在实际研究中并没有去关注它。吉布森比巴克更加激进，认为只有与人交互作用的真实环境才是研究对象中的一个组成部分，把心理环境从认识论上就根本去除。从研究对象上来说，机能主义和格式塔心理学都偏重于研究心理的机能或活动，而生态心理学研究的是环境和心理的交互作用。生态心理学家认为环境和心理、统一和分离、永恒和变化都是相互影响的对子，至少在生态水平上，自然是既统一又分离的，既永恒又变化的。

第二节 生态心理学的基本主张

生态心理学作为一门学科还没有统一，但是随着生态心理学的队伍和研究的发展，逐渐有了被大家认同的较稳定的观点群，标志着生态心理学在心理学中的地位得到较普遍的承认。生态心理学在研究之初呈现出几种不同的、松散关联的观点共存的状况。这是因为它将心理学研究的对象复归现实生活，还心理学对象之复杂的本来面貌，故此，这种情况是可以理解的。相信生态心理学在逐渐发展的过程中，还会出现百花齐放的现象，但是它们会在研究资料和研究结果越来越多的时候加深对共同主张的认识,在更加广泛的范围中形成观点之间的有机整合,使得共享的东西在不同层面上出现。目前生态心理学在以下几个方面达成了较一致的共识,形成了比较统一的生态心理学的理论体系。

一、心理学研究对象的重新界定

传统心理学的各个流派对心理学对象的界定都是从人自身的角度上来定义的:作为前科学心理学研究对象的灵魂或心灵或意识,将人作为自然界的最高物种、最能与其他物种相区别的特征来界定;构造主义心理学、意动心理学以及机能主义心理学所研究的经验或意动或机能,是指人的心理或心理活动或心理功能;行为主义心理学和认知心理学在研究行为和认知时都是在实验室里,通过把环境还原为刺激或输入来分析它们的运作机制。这些研究对象都是从人自身的角度出发,基本上脱离真实的环境来定义研究对象的。生态心理学与以上传统流派最大的区别,就是在对动物和环境的重新界定基础之上,把心理学的研究对象定位在人或有机体与环境的交互关系之上。

(一) 对动物的重新界定

生态心理学首先恢复被传统心理学所分离的所有动物和它们的环境之间的直接关联性。这种关联性在存在方式上表现为相互依存,在功能上表现为相互作用。这种关联性不同于机械决定论的关联性,其

中一个不是机械地决定另一个因素,而是它们的交互关系作为解释的原因。因此,生态心理学认为,动物是在与它们的环境的交互作用的进化过程中存在的实体,即动物不能脱离它们的环境而存在。这种对动物的界定包含着几层关系:①动物的存在是与环境联系在一起的;②动物相对于植物和非生物,至少是能知觉和行动的;③动物的知觉和行动也是与环境联系在一起的;④这种环境不能等同于全部的物理世界,它是与动物生存相适宜的物理世界,也就是能被动物感知到的物理世界。总体来说,动物的存在是在与它的环境交互作用中体现的,而这种交互作用体现在它与环境的功能联系上。

另外,生态心理学并不像行为主义那样抹杀动物的物种差异性。生态心理学所说的环境都是具有物种特异性的,而不是泛泛地谈论动物和环境之间的关联的。与生态心理学对动物本质的看法相联系的是,生态心理学认为在心理学中对动物的分类不同于动物学的分类。在动物学上,是根据动物的遗传和解剖特征来分类的;在心理学上,是根据它的生活方式来分类的,而这种生活方式也是与作为起居地的环境紧密联系在一起的。动物的生活方式就是在适合它的环境中形成的,并且在与这种环境的交互作用的过程中进化。

(二) 对环境的重新界定

在动物和环境的交互关系中常常被心理学忽视的是环境。传统心理学中即使涉及环境或环境相关的概念,其含义也与生

态心理学的不同。环境在主流心理学那里是一堆刺激的堆积，在研究的时候根据研究需要从中抽取某种刺激，如果有时不好抽取，就人为制造一种人工情境作为替代。在人本主义心理学那里，环境是作为一种抽象的意义，是由文化、社会和道德以及宗教等组成的综合背景，而且这种背景对个体或抽象的人来说，就是作为一种意识到个体存在的对比物或凸显人的价值的背景或分析人的潜能发挥的因果推理手段。在弗洛伊德的精神分析学中，环境（主要指社会文化）是作为一种本能的对立面的，它压抑本能，从而成为导致焦虑的一个因素。环境在他那里根本是被忽视的。

对于环境的界定和理解是生态心理学花大力气来阐述的。吉布森在长达 300 多页的代表作《视知觉的生态心理学》中，几乎用了一半的篇幅来阐述他对环境的重新界定。巴克关于环境的看法形成了行为背景理论。布朗芬布伦纳的多元系统理论也是对环境系统研究的成果。奈瑟的环境就是指认知发生的真实背景和日常生活。他们对环境概念的一些基本看法是一致的。

（三）环境是与动物以及动物的行为联系在一起的

环境与动物的联系既体现在存在上的相互依存性，又体现在功能上的相互作用。环境是包含着动物的世界，是动物生活的真实环境。在本体论上，它不能离开与动物的关系而独立存在，不能理解为一个空的环境，也不能还原为动物—神经的物理变量，而是一个有差别的、允许动物生活

的环境。

环境和动物的相互联系还表现在他们之间功能上的交互作用。吉布森发明了"可获得性"一词来描述环境和动物之间的这种功能联系。可获得性是相对于动物生活方式来定义的，是环境的相关特性，是环境提供给动物可以利用的某种特性，如椅子提供"可坐的"特性，苹果提供"可吃的"特性等。它通过向动物提供功能来体现价值。因为环境的可获得性概念使得环境不仅仅是传统二元论意义上的物理环境，对动物—知觉者是有功能意义的。在巴克的行为背景中，环境和动物之间的功能交互作用是行为背景制约着成员的行为，而成员通过调整自己的行为来适应某一种行为背景。

（四）环境是有结构的和有秩序的生态系统

动物本身作为环境的成员或单位被嵌入这种结构中，并遵守着这种秩序。这种结构化和秩序化的思想为生态心理学系统考察动物（行为）和环境的关系提供了一种理论支持。巴克的背景理论就是将行为背景看成是一种有结构的、有秩序的以及能自动调节的生态系统。行为背景是由人和非人的成员组成，成员之间的相互作用以及成员与整个行为背景的相互作用形成了这个系统的秩序，整个背景可以自动调节该行为背景中成员的行为特征。吉布森（Gibson, 1979）认为，动物（人）的环境在不同水平上被结构化，水平与水平之间是嵌套的，构成水平的单位之间也是嵌套

的。所有这些嵌套的单位和水平又组成了一种等级系统。吉布森认为人们不可能在原本无结构的世界强加上一个结构，对于有结构有秩序的世界来说，人是直接知觉到的。这就是吉布森直接知觉的主要思想。布朗芬布伦纳提出的微系统、中系统、外系统和宏系统就是环境的结构化和有序化的最好体现。传统心理学中的环境被还原为单一的刺激，而生态心理学尽可能地还它复杂的本来面貌，但是环境的复杂性在大多数生态心理学家那里不是混乱的，而是有结构的和有秩序的。

（五）环境是动态平衡的

生态心理学认为，环境是持久和变化的混合物，环境中的持久和变化都不是绝对的。环境既不能用巴门尼德的绝对的永恒和变化的二元论来刻画，也不能用赫拉克利特的绝对的流动来刻画。简单地说，变化和稳定在环境中是交互性的。在吉布森的生态环境理论中，时间和空间都不是原有的概念。在历史上，时间常常被认为与变化同一，空间被认为与持久同一。而吉布森认为空间结构是会变化的，在某些方面时间结构也会表现出规律性和不变性。吉布森在他的知觉理论中，清楚地强调了时间规律性的观点。空间结构的变化性为吉布森提出与传统知觉心理学的速拍视觉和小孔视觉不同的周围视觉和运动视觉打下了基础。

（六）环境是在与动物和行为的交互作用中进化的

环境是进化的生态系统。环境被生态心理学家理解为与动物的生活方式有关。动物在它的生活中，不断地与它的环境进行物质、能量和信息的交换，通过这种交换的过程动物和环境不断进化。与此相关，生态心理学家把动物的心理也描述为适应环境生活的功能体现。

动物和环境之间的交互性试图从底部挖除二元论和还原论，环境的"物质"和身体的"心理"在本体论上和在认识论上通过生态系统的信息单位和功能联系在一起，动物和环境不再被看成是脱节的实体。现代心理学所缺乏的是对与一套环境条件一起进化并与这些条件保持一种动态的交互关系的有机体以及其功能的解释。在传统中，心理学解释是从动物本身或心理内部开始的。生态心理学却开始于外部，而且常常用动物和环境的关系来描述生命存在的周围环境。环境在传统心理学上是研究的参照对象，但是生态心理学却把环境作为研究对象之一，通过分析环境的适当水平并且在功能上将物理环境与动物生命连在一起，这样就避免了传统的还原性质的环境主义和物理主义。

二、心理学方法论的修正和更新

如果要与上面这种把动物和环境的交互作用作为研究对象的观点保持一致的话，那么生态心理学的研究就不可能沿用原来适用于传统研究对象的研究原则和方法了，必然有与这种研究对象一致的研究原则和方法。

（一）研究的基本原则——交互作用原则

传统心理学承袭笛卡尔的机械二元论，总是从事物的一个方面来认识事物，由一个事物来决定另一个事物。例如，经典行为主义在认识人的心理和行为的时候，拒绝任何不可观察的心理实体的存在，并且认为所有的存在都是物理实体，都在原则上是可以观察的。经典行为主义通过否认一个方面来肯定另一个方面，在认识论上仍然是二元论的一种极端表现。

与行为主义同时存在和并行发展的生态心理学反对这种认识论上的二元论。生态心理学家认为被传统心理学家所分离的两个方面的东西，如行为和心理、行为和环境，在本体论上都是相互依赖和相互作用的对子，因而在认识论上和方法论上，都不能对它们进行分离的研究和解释。因此从方法论上，生态心理学家把交互作用原则作为首要原则运用于他们的研究之中。前面我们谈到生态心理学对动物和环境的重新界定，所依据的主要原则就是交互作用原则。交互作用原则包含了三个重要的含义。①动物（包括人）—环境交互作用不仅是心理学的研究对象，而且是生态心理学的中心原则。②生态心理学与生态学概念的通约性就在于"生态的"的含义是指动物—环境的交互作用，它能最突出地反映这种新取向与传统取向视角的根本转换：从一种人和环境的二元分离到人—环境的相互影响的视角转换。③有机体和环境都是生态系统，它们的组合也是生态系统。交互作用原则不仅在总体思路上起着很大的作用，而且在个人的具体研究理论中，也是一个主要的原则。

（二）研究的具体技术、策略和方法

没有技术与方法支撑的原则，是不能在研究实践中实施的，换句话说，理论的生态心理学必须由方法上的生态心理学来补充和支持。为了能更好地实践生态心理学的原则，一批生态心理学家在具体研究中，根据不同的研究对象和要求，选用不同的方法组合，以便能尽可能地在接近或等同于真实背景或就在真实背景中实施研究，从而在具体方法层面上形成了一种多元方法并存的趋势。

1. 具有生态效度的研究设计

生态效度的研究设计要求每一个环节尽可能围绕着生态效度来安排，但是一种心理学的实验设计是否具有生态效度，从某种意义上说，主要取决于被研究的对象和实验情境的取样的性质。从研究对象上来说，刺激变量在多大程度上是个体生活的典型性样本。从研究情境上说，"通过取样或相关方法获得的情境必须是代表被研究的有机体发挥功能的一般或特殊的情境"。（Brunswik，1952）这要求取样的时候要注意被试和实验情境的取样。

在被试取样上，生态心理学认为在任何复杂的自然背景中发生的心理过程比在实验室的抽象背景中发生的心理过程都更加具有背景特异性或典型性，因此它要求将广泛取样作为一条主要的取样原则，但是由于研究的复杂性，他们又补充说明这条原则不是同等地适合于每一个研究，如它就不适用于个案研究。生态心理学的实验或准实验研究设计中，比较组的取样也不要求是一种代表性的样本，过去的实验设计常常要求比较组具有代表性来获取比较组和实验组的心理过程的差异信息。另外，出于研究目的的特异性考虑，某种实验设计可能会有特殊要求，因而也会要求使用特殊的样本。

自然条件下的情境取样，也不能沿用原来的方法，需要方法上的进一步发展。因此，生态心理学家提出经验取样方法。其具体做法是，为了在自然情境中对一个人的经验随机取样，研究参与者携带一个信号器，它会在一天的日程中随机地提醒研究者报告当信号发出时他们的经历。通过这种方法可以对思维、经验、心境或自我报告行为随意取样。这种直接从个体生活情境的某个时刻随机取样也许更加符合生态效度的实验设计，这比另一种做法要强得多：从个体生活情境中取一些刺激变量，再依据这些刺激变量来重新创立一种实验情境。

除了取样上的一些改变，生态心理学的研究者还在整体上改造了实验设计，创立了准实验设计和现场实验设计。准实验设计的方法和现场实验设计都是实验设计和生态效度结合的产物，即都是具有生态效度的实验设计。准实验设计是指实验设计不是建立在实验组和控制组的随意分派的基础之上。相反，准实验设计依靠许多

方法，主要使用非等同的控制组和观察的多元次数，目的是确定变化是否发生和描述控制的结果以及为观察到的变化提供解释。（Hormuth & Fitzgerald，1985）现场实验的设计与准实验设计差不多，所不同的是在真实的生活环境中进行的实验，而它们共同之处在于都是选取研究的最佳条件来达到既满足内部效度义满足外部效度，包括生态效度。而且对于现场实验设计等非经典性实验设计所面临的解释难题，即对研究变量之间的因果关系的不易推断的问题，研究人员也提出了一些新的方法，如短期因果关系推断所使用的基线水平分析以及长期因果关系推断所使用的交叉滞后平面分析技术（CLPA）、路径分析技术以及验证性因素分析技术（LISREL），这些技术使得在真实的环境中实施观察和实验并做出有效解释成为可能。

2. 个体特质研究法和一般规律研究法结合的研究策略

一般规律研究是指通过考察个体的相似性来寻找一般规律。其研究策略是把个体内和个体外的差异作为实验设计误差变量的来源。它所运用的具体技术如在目标总体中随机选择被试的大样本技术，并运用统计方法如方差分析和协方差分析来控制这些误差变量来源。一般规律研究抹杀了个体差异性。用一般规律研究法很难获得对心理过程及其发展的准确把握，这是因为不同的个体会表现出不同的过程，还因为一般规律研究的具体方法如方差分析是静态的，它只关注在某一时间点的平均计算出的结果。个体特质研究法是与一般

规律研究法相对的。个体特质研究是研究个体的独特复杂性，而对一般规律的发现却不热心。个体之间的差异可以导致同样的研究呈现不同的意义或不同的个体拥有不同的特性，而同一个体内的变化可以使得同样的环境被同样的个体在不同时间视为不同。拿生态效度来说，如果研究者假设生态效度在个体间是不变化的并且忽视个体差异和环境特性之间交互作用，就会产生生态效度的一种肤浅的标准。但是，仅仅采用个体特质技术研究个体也不能保证研究具有个体的生态效度或者将研究的结果推广到个体生活的其他场合中去。被个体特质研究所揭示的行为模型或心理规律也可能是人为的，因为它的数据收集过程有可能具有很大的主观臆断性，它的实验任务有可能太过独特。所以，生态心理学家认为最好的办法是将个体特质研究和一般规律研究理解为研究心理过程和行为的连续步骤。在一般规律研究中不要将背景因素和个体因素看成是误差来源，而是将它们作为有用的变量。个体特质研究法是帮助理解一般心理过程的发生和发展的有用工具，提供了个体方面的信息。在具体做法上，既考虑个体内的历时的稳定性和变化，又考虑个体间的一致性和差异；在对环境的取样上，既考虑跨时间因素，又考虑跨个体的因素；在技术选择上，既考虑个案研究的技术，如 ABAB 设计和多元基线设计，又考虑一般规律研究的技术。

3. 自然研究法

在生态心理学的研究中，这种方法属于一种纯粹的生态学方法，包括自然观察和生态学的调查法。最著名的自然研究案例就是巴克和他的同事们对一个美国小镇所做的为期 25 年的观察研究。他们为此在当地建立了心理学界第一个研究人类行为的现场研究站，并且实施了一种完全自然的观察方法即行为样本记录法，和一种生态学的调查法即行为背景调查法。

行为样本记录法的具体做法是当被研究的儿童在早上醒来的时候，儿童认识的观察者就出现了，然后这个观察者就紧跟着这个儿童并用笔详细记录儿童一天中在不同场合中的所作所为以及每一种行为事件发生的背景特征，直到儿童的就寝时间这种观察才结束。在整个观察过程中，观察者与儿童之间不能有任何语言和行为交流，一开始儿童会忍不住向身边这个人说话，但是观察者一律不予任何反应，久而久之，儿童就习惯了这种状况，忽略身边观察者的存在而如常生活。这种方法的主要优点是它提供了"用一种通俗语言对正在发生的行为所作的最好描述"。（Barker，1987）它完全不改变所记录的观察事件，与去掉了前后背景的拍照记录或一份抽象的行为分析相比，最大的好处是保留了行为的内容和行为背景的原始社会氛围。这里充分体现了巴克的不干扰被试的研究思想。

通过对这种行为样本记录的分析，巴克他们发现了行为背景的存在，从而引出了如何来确定和区别行为背景的一种生态学方法：行为背景调查法。巴克和赖特的第一次行为背景调查是在 1951 年 7 月—1952 年 6 月进行的。那时，他们已经形成了确定和描述行为背景的标准程序。当时，他们认为确定一个小镇的行为背景的三个基本步骤是：①确定所选定的时间/地点之内的每一个可能的公共行为背景；②从可能行为背景的列表中剔除那些不能满足行为背景标准的项目；③用多种方法来描述剩下的背景，如它们多久发生一次以及它们持续多长时间。第一步是通过观察和比较来确认和列举调查范围内的所有行为/环境同形体，也就是说，必须在确定的范围内和特殊的时间内寻找行为与物理特征之间的相互匹配的背景。例如，餐馆就是一个行为/环境同形体，包含系统安排的物体如桌椅、柜台和收银机等来配合人们在那里发生的进餐和缴费行为等。第二步是用测量法从所有可能的背景中排查出真的行为背景。一般来说，一个小镇所有的同形体都在某种程度上相互联系，但是联系的程度不一样。为了确定两个同形体之间的依存性的程度，可以分别在 7 个维度对它们进行 1 点到 7 点评定，然后累加 7 个分数获得一个总分数 K。如果 K 值超过 21 分，两个同形体被认为是不同的行为背景；如果 K 值低于 20 分，两个同形体被认为是同一个行为背影的部分。7 个评定维度分别是：①行为依存性评定；②人口依存性评定；③领导关系的依存性评定；④空间依存性评定；⑤时间接近性的依存性评定；⑥行为物体的依存性评定；⑦行为机制相似性的依存性评定。第三步是描述行为背景。一般可以按照以下的方式来描述：行为背景的时间和地点边界，背景的持续时间，在调查时间内背景发生的次数，背景中所包含的人数，在背景中人们所承担责任的位置和人们所属的亚群体的数量，背景中反映如下功能如宗教、教养、生活、个人外表、教育、身体健康以及其他的行为模式，发生在背景中的行为如交谈、思考和露出表情等，提供儿童福利的程度，等等。这种行为背景调查法也体现了多元主义的方法论思想。为了能达到调查目的，生态心理学家运用了不同的研究方法如观察法、测量法和描述法。

第三节 生态心理学的主要理论

生态心理学是心理学研究的总的趋势，在各种实践研究中有着广泛的支持和深远的应用前景，并且在这些实践研究的基础上形成了许多有影响力的理论。最有代表性的理论是巴克的行为背景理论、吉布森的直接知觉理论、布朗芬布伦纳的多元系统理论和奈瑟的自我层次理论。

一、行为背景理论

行为背景理论是以巴克为首的一批生态心理学家提出的。巴克等人在中西部现场研究站的研究让他们彻底放弃了从个体本身去寻找解释和预测行为的传统研究模式，而转向了在与行为交互作用的行为背景中研究行为和背景关系的模式。与某种行为特征相连的背景就被巴克称之为行为背景。行为背景的功能本质和心理学意义成为巴克研究的最重要的理论贡献，也成为社会心理学的生态学研究的基本理论。

行为背景是由行为和环境的持久模式组成的动态结构。它们的动态结构是集体的、有目的的行为与支持它们的环境的特性相结合的一个特性。这种更高秩序的模式是由行为背景中的参与者产生的，但它反过来又构成参与者们共同的行为，因为个体在社会背景中容易扮演与某种集体功能相关的成员角色。行为背景具有以下几个特征：首先，行为背景是真实的；其次，一个行为背景的成员——行为着的人和非人的成员——相互有着一种同形的关系，即行为和对象相互配合；第三，在一个行为背景内部的成员关系比一个行为背景中的成员和另一个行为背景中的成员关系有更紧密的联系，且更相互依存；第四，行为背景的人员的可替代性；第五，背景活动的完成有赖于人员数量的特定最小值；第六，行为背景是自动调节的、主动的系统。(Wicker，1979)

通过行为背景的发现，巴克他们揭示了"超个体的"生态现象在日常生活中所扮演的中心作用：个体都是在具有一定结构性和动态性的生态结构（即行为背景）中进行他们日常生活的。他们还发现了这种更高秩序的生态结构成为一些管理个体行为秩序的基础。

行为背景的发现使得巴克他们从儿童人格的研究过渡到开始对行为背景的研究，而促使他们转变的原因是他们发现用传统的方法和概念不能很好地解释自然背景中发生的行为。为了实现这种转变，他们研发了两种生态学研究方法，从而使得巴克的整个学说既具有理论创新意义又有方法上的指导意义。

二、直接知觉理论

直接知觉理论建立在对传统知觉理论的批判之上。传统知觉理论是一种间接知觉论，换句话说，我们对世界的意识是间接的，知觉是建立在感觉基础之上的心理建构物。间接知觉理论的假设是由一个著名的镜片失真实验来证明的。当被试戴上歪曲世界景象的镜片一段时间之后，便能导致一定程度的恢复。例如，如果镜片致使直线看起来是弯曲的，一段时间的练习之后直线又会变直。对于这种对歪曲的适应的传统解释是：大脑会逐渐减少这种歪曲视觉输入和正常触觉输入之间的差异。这个实验验证了传统知觉假设即知觉是需要内部加工才能获得的。可是，生态心理学研究的创立者吉布森发现，甚至当被试只是坐在那里盯着直线而不去触摸它的时候，这种适应都会发生。另外，没有戴这种镜片而盯着曲线看也会引起它们的曲度慢慢降低。这些结果使得吉布森相信传统解释是错误的。特别是在吉布森参加第二次世界大战的选拔飞行员的测试期间，他通过对飞行的实际情境中的知觉研究发现，飞行员的知觉是直接利用了来自地面和天空的信息，换句话说，知觉可以直接获取外部世界的信息。经过多年在真实生活条件下对知觉的研究后，吉布森用以下假设代替了间接知觉理论的假设：知觉是知觉者直接在与环境的交互过程中获得的。这就是直接知觉的假设。

关于知觉是间接的还是直接的争论，换句话说，知觉要不要依赖过去的经验经过内部推理过程的组织才能产生的问题，目前大多数人倾向于认为知觉既有直接的性质又有间接的性质。（王甦，汪安圣，1992）对于直接知觉和间接知觉都有实例佐证。直接知觉的实例如距离知觉就是我们直接知觉到的实例，而间接知觉的实例如双关图知觉，同一刺激可以引起不同知觉的产生，说明感觉输入是模糊的，不能对外部刺激提供完整的描述。因此，两种知觉理论在心理学中都占有相当的地位，在一段时期内，这种争论还会持续下去。

三、多元系统理论

布朗芬布伦纳运用交互性原则对社会环境做了深入的理论研究，从而在巴克的行为背景理论的基础上，发展成独具特色的多元系统理论模式。

他将巴克关于环境和成员之间的嵌套关系的思想用一个层级化的多元系统谱表现了出来。这个系统谱有四层系统，从小到大分别是微系统、中系统、外系统和宏系统，每一个层次或水平的系统都与上级和下级系统相互包含、交互作用。这种模式将直接经验的微系统放在了由两个或更多的微系统组成的中系统中，按照次序又嵌套在非直接的社会联系的外系统之中，每一个水平的系统又嵌套在社会文化的风俗、价值和成规的宏系统中。例如，对于一个上学的儿童来说，中系统包含家庭、学校熟人和邻里这些微系统之间的交互作用。布朗芬布伦纳认为中系统是一个合并微系统的系统。外系统将中系统延伸到包括其他特定的社会结构，包括正式的社会网络（邻里关系，大众媒体，政府机构，公共交通服务等）和非正式的社会网络（桥牌俱乐部或宴会等）。宏系统指文化或亚文化的横跨机构的模式，其他系统是它的具体展现。宏系统担任着给特定的更低级系统传递信息以及给意识形态赋予意义与动机的任务。

布朗芬布伦纳更多的是从理论层面上和概念上补充、修改与扩大了巴克的生态心理学主张，为具体的生态心理学研究提供指导。布朗芬布伦纳的生态学理论概念和理论的意义比方法论的意义要大得多，它更是一种系统的思想而不是操作性的或者说研究方法上的指导。

四、自我层次理论

在自我认知的生态学研究中，最具有

影响力的就是奈瑟的自我层次理论。奈瑟（1988）认为人们可以获得五种不同的关于自己的知识。这五个层次是生态自我、人际自我、概念自我或自我概念、暂时性外延的自我和私有的自我。前两个是建立在知觉基础上，后三个建立在内省和思维之上。

生态自我和人际自我在知觉中形成和表现，与事物的真实状态紧密联系。生态自我被认为是位于和作用于直接物理环境的个体，从生态学角度上说，我能够看见、听到和感觉到我确实在那里以及我正在做什么。人际自我是忙于和其他人进行社会交互作用的个体，从人际角度上说，我能够看见、听到和感觉到跟我在一起的人正在注视我、回应我。人际自我像生态自我一样，从婴儿早期开始在概念上就被给予和获得。概念自我或自我概念是一个人关于他自己（或多或少永久性）特质和特性的心理表象。概念自我更少地受到环境约束。自我概念形成依赖于口头形式，并且在生命的第二年可能开始发展。暂时性外延的自我是当个体认识自己、回忆自己、

讲述自己，将自己联系到未来的时候的个体自己的生活故事。这种叙述性自我似乎出现在四岁。私有的自我在内省中形成。私有的自我，当然，也许与一个人实际的情况完全脱节。只有当儿童逐渐理解意识生命的私有性，当儿童理解没有人可获得他自己的思想和梦想之时，私有的自我才可能形成，这必须发生在儿童时期的晚期。奈瑟认为，拥有几种来源的自我认知不会导致个体破碎或解体。自我意识的这些方面是一致的，因为这里只有一个真实的可感知的人——在一个环境中这些自我意识的五个方面都指向他。将个体联在一起的不是大脑中的一些终端的神经中枢而是他们与环境的交互作用：他们知道什么和他们在做什么。

从这个理论中看到，奈瑟既注意了有机体与他的环境的交互作用的一面（生态自我和人际自我中体现），同时也注意有机体内部机制的发展（暂时性外延自我和私有的自我中表现）。我们发现，他并没有像吉布森那样完全拒绝传统心理学对内部机制发展和运作的关注。

第四节 对生态心理学的评价与展望

生态心理学立足现实生活，从研究取材，到研究对象，再到研究策略和方法，

都离不开现实生活这个中心。它既有一套不同于传统心理学的哲学基础和理论假设，又有一套在自己的研究实践中发明和改进的技术和方法，为心理学研究提供了一种新的思路和模式。但是这并不是说生态心

理学就是完美无缺的，它也有自身的一些缺陷和不足。如何看待它的优势和不足，在今后的心理学研究中扬长避短，以及与其他取向一起取长补短，是值得我们深思的。

一、生态心理学的贡献

（一）为解决心理学现阶段的重大理论问题提供了一种正确的方向

生态心理学既有科学主义精神，又有人文主义精神。它的出现可以缓和两大取向的对立，并为它们的融合提供平台。

生态心理学是与崇尚科学精神的主流科学主义心理学同时发展的，必然受到一些现代精神的影响。它保留着科学精神的一些主要特征，即仍然在生态心理学的各种研究中运用实证方法和因果分析。它将实验室研究固有的严格性移植到自然真实的环境中去，其因果分析也由原来的线性分析向多元分析转变，但其主旨还是想揭示变量之间、现象之间的因果关系，寻找心理和行为发生的原因。生态心理学既强调研究的真实性（生态化的表现），又重视研究的严密性（科学性的表现）。这样，它既保留了主流科学主义在心理学发展中的积极作用，又祛除了它给心理学带来的弊端，如方法中心论、普适性原则、价值中立原则等。生态心理学主张在日常生活的实际状态中研究人的心理和行为，要求将心理现象与整个环境联系起来考察。它既包含着一种整体观，即"整体关系比简洁的、有限的、用实验室方法加以验证的关

系更重要，人的整体状况比某一个因素更重要，人与自然的和谐发展比单一人的发展更重要"，（Berry，1980）又强调人和环境的差异性或地域性，认为不同的环境对人的影响是不同的。这就在一定程度上消解了绝对的普适性原则，而与人文主义的整体性、历史性的特征相吻合。

但是生态心理学决不是要消解人文主义和主流科学主义，它只是有助于消除两种取向对立所造成的心理学分裂恶果。它使得科学技术在运用的时候更加人性化，更加具有现实性，改变过去人们用科学技术的客观化来取代对研究对象的人文关怀的状况。但它不因为过去人们对科学技术的极端化运用，就抛弃科学技术和实证方法，因为扼杀人性的不是科学技术和实证方法，而是人们对这两者的盲目崇拜，以致过分夸大这两者的作用，甚至滥用它们。从心理学的研究对象的特殊性和人们认识事物的规律来说，心理学既需要人文主义的研究方法和思维方式，也需要主流科学主义对事物的科学探究精神、技术和方法。

（二）为理解和研究心理学的对象提供了新的视角

生态心理学的研究对象与传统心理学的研究对象相比，有两个较明显的改变。一是生态心理学把心理学的研究对象定位于动物（人）—环境交互对子，而不是定位于单纯的人身上，使得心理学研究可以在更加真实的背景中研究传统的心理学主题如知觉、记忆、思维等心理现象和行为，并因此对于这些主题的认识也更加符合它

们真实的状态。二是生态心理学的研究使得心理学的研究内容从个体定位研究（个体倾向性特征、个体结构和个体内部过程）或者内部机制研究即皮肤内心理学或者布伦瑞克所说的"被包裹的心理学"转向人—环境交互性的研究。这种改变扩大了心理学的研究思路和研究模式，使得心理学研究不仅要考虑个人内部等自身因素，而且要考虑个人与环境的关系，在研究模式上将许多问题放入一个更加宽广的背景中思考和研究。

（三）为心理学研究提供了新的方法论

实证主义作为主流心理学的方法论基础，几度引起心理学的危机，因而受到了来自各个方面的抨击，其中以现象学为基础的心理学流派对实证主义的批评为最。但是由于前者所研究的领域大多数没有与后者的领域有交集，因此呈现"公说公有理，婆说婆有理"的局面。而生态心理学的研究对于实证主义心理学的批评，是立足于祛除了实证主义的缺点的新的方法论基础即生态交互论之上的，在同样的研究领域中，通过改进了的研究技术、方法和思路以及新的技术和方法所得出的研究成果来说服大家，因而能够使得主流心理学正视自己的弊端，并由此反思问题所在。例如，在认知科学研究领域，生态心理学看到了信息加工取向的短处，而把这些短处变成生态心理学研究中的长处，从而使得主流心理学的研究领域的各项研究多了一种选择途径和可资利用的具体研究技术、

策略和方法。

二、生态心理学的局限

任何新生事物都有它维持生存和发展的优势，但同时可能潜藏着它的缺陷，如果这种优势过度发展就暴露其缺陷。生态心理学也不例外。

从整体上说，生态心理学最大的缺陷就是忽视对有机体本身的研究。生态心理学由于发现传统心理学对环境研究的忽视所带来的种种缺陷，因而生态心理学在研究中非常重视有机体和环境这对关系中的环境，乃至矫枉过正，反而忽视这对关系中另一半即有机体本身的研究。

由于生态心理学忽视有机体本身的研究，生态心理学也比较忽视个体差异和主观行为的研究。巴克、布朗芬布伦纳等主要人物的研究都比较忽视这两个问题。他们在这方面的忽视也与他们过于关注有机体与环境之间的关系有关。巴克在他们的现场研究站所得出的观察结论就是儿童的行为受到行为背景的影响比个体特性的影响更大。从那以后，巴克基本上就比较忽视个体特性的因素研究，而把重点放在研究行为背景之上，致力研究行为背景对群体行为的影响和调控。布朗芬布伦纳的多元系统理论的核心还是个体的各种环境与人的相互作用以及对人的行为的影响，个体的因素只在其中起到很小的作用。吉布森的直接知觉理论，虽然注意了人的能动性，但是也忽视了个体差异性。

总体来说，生态心理学和传统心理学

在研究倾向和解释倾向等问题上是互补的，生态心理学的优势正是传统心理学的缺陷，而传统心理学的优势也正是生态心理学的缺陷，因而两者需要进一步的合作与交流。

三、生态心理学的未来

从发展趋势上来说，生态心理学是一种有生命力、有发展潜力的研究取向，那么在未来的心理学研究中如何继续进行生态心理学的研究呢？大体要注意解决以下三个大的问题：第一，针对生态心理学自身的不足和缺陷，如何对生态心理学本身进行修正和改进的问题；第二，如何处理好生态心理学与主流科学主义心理学的关系问题，更好地利用生态心理学来修正主流科学主义心理学，以便促进生态心理学自身的发展的问题；第三，生态心理学如何吸取新的血液，为自身的发展积蓄更多力量的问题。

生态心理学自身存在的问题主要是对有机体本身研究的忽视的问题。因此，今后的生态心理学应该加强对有机体本身的研究，并且这种研究与它的特色研究即重视对有机体所处环境的研究应结合在一起，这也是将生态交互作用原则进行到底的表现。

在当今心理学以实验室研究范式为主的背景下，有关生态心理学的未来发展问题的讨论势必要处理好生态心理学与当今主流心理学在未来的发展关系。从总体上来说，生态心理学可以在保持自身特有的理论框架下，考虑如何吸纳主流心理学的

合理思想和做法。例如，生态心理学如何利用主流心理学的实验法的问题，就在于用生态效度改造它的问题，即在运用实验法的过程中不断修正和改造它。目前，生态心理学所使用的技术如准实验技术、经验取样法、自拍法等都被广泛地应用于现阶段的各种实证研究中，用来提高实验方法的实效性和实用价值。一点水可以见大海，从生态心理学与实验法的关系，可以推测出生态心理学在未来发展中与主流心理学的关系：在不断修正主流心理学的过程中，吸收主流心理学的长处，生长出比现阶段的研究模式更加适合心理学发展的理论模式、策略和方法，从而也促进了生态心理学自身的发展。这也是生态心理学的未来发展方向之一。

由于自身所存在的问题，生态心理学需要吸取新鲜的血液，以拓宽自身在解释心理现象时的思路。因此，生态心理学在未来发展中还需要进一步加强与其他取向和其他学科的合作与交流。目前，生态心理学就已经与跨文化取向进行了很好的合作，贝里的多元弧模型理论和德松的生态—文化模型理论就属于两者结合的产物。除此之外，针对生态心理学忽视个体或有机体的研究这个缺陷，生态心理学还可以和传统的个体心理学多交流和合作。生态心理学的诞生和发展一直受到其他学科的影响，并且善于将其他学科的有益思想和方法灵活地运用到心理学研究中，这是一种很好的传统。虽然我们不主张一味效仿和照搬其他学科的做法，但是并不排除对其他学科思想的借鉴和吸收。"他山之石，

可以攻玉",我们应该鼓励生态心理学研究继续这种良好的传统。这也是生态心理学的未来发展方向之一。

本章思考题

1. 什么是生态心理学?

2. 阐述生态心理学与机能主义、格式塔心理学的关系。

3. 如何理解生态心理学的研究对象中的环境?

4. 生态心理学的研究方法有什么特色?

5. 评述生态心理学的几种主要理论。

6. 如何评价生态心理学的历史贡献和局限?

7. 谈谈你对生态心理学的未来发展的看法。

第二十一章
文化心理学取向

　　20 世纪末，在以实证理念和现代西方哲学为基础的整个世界心理学尤其是西方心理学面临着新的困境情况下，文化心理学以一种完全不同于主流心理学的新的姿态迅速崛起。它是在后现代思潮和哲学中的文化转向以及包括自然科学和人文社会科学在内的所有学科的文化研究模式的形成与发展的影响下形成和发展起来的新的心理学取向，具有完全不同于传统心理学的独特的特征。那么文化心理学是如何产生的？主要研究什么？有哪些基本理论观点？它在心理学发展中究竟会起到什么作用？本章将对这些问题加以探讨，并在此基础上对文化心理学加以评述。

第一节 文化心理学兴起的背景

文化心理学并不是凭空产生的，它的兴起既是心理学发展的内在必然，也是社会发展对心理学的要求，同时哲学和科学的发展也为其产生做好了思想和方法论乃至技术准备。

一、哲学基础

文化心理学以文化意义作为研究对象，研究文化与心理和行为的关系，凸显心理学的人文性质与人的心理和行为的文化性质，强调以人为中心来进行心理学研究和构建心理学理论大厦。其源头可以追溯到古希腊，近代渊源可追溯到西欧文艺复兴时期对人性的彰显，当今则与文化哲学、建构论、新解释学、后现代思潮密切相关。这里主要阐述文化心理学的当代哲学基础。

（一）文化心理学的诞生与文化哲学的兴起直接相关

20世纪80年代，世界哲学发展出现了一次重大的历史转折——哲学研究的重心从科学哲学转向文化哲学。自16世纪以来，绵延了300多年的经验—理性的科学主义范式不得不逐渐地让出其主流地位。20世纪末，伴随着多学科的"韦伯热"在欧洲的兴起和由此引发的精神心理方面的文化背景，被作为社会文化发展的前提。1984年，第17届世界哲学会议闭幕词宣布，当代世界哲学的重点已由科学哲学转向文化哲学。

20世纪初，伴随着自然科学的迅猛发展，以物理学为代表的自然科学面临着一场危机，从而引发了一场深刻的科学革命。19世纪末20世纪初，物理学研究中出现了越来越多的用古典物理学理论无法解释的新发现的实验事实，从而导致了一场严重的物理学危机。为消除这场危机，科学家们不得不对古典物理学的理论基础进行根本性的变革。这场危机与变革令人无可辩驳地展现出任何科学理论都不是绝对正确、不可更改的，随着科学研究的进展，理论必然会不断发展，甚至彻底更新。由此引发了哲学领域的巨大震动。第一，这场自然科学革命导致对科学研究中主体因素的肯定和重视，凸显了"人"在科学研究中的主导地位和辩证作用。"人"对客观对象的观测结果，依赖于人所创造的研究工具和方法、手段以及研究者对其他的安排与使用。在研究中，主客体构成了一个相互关联的整体。第二，人们认识到宇宙是人的宇宙、人的选择，而同时人又是宇宙的人，人只能有以地球或自身为中心的科学。人正是通过自己有意识有目的的对象性活动来理解、认识和改造自然，人的观测、研究以及所构建的理论等都依赖于人的认识、理解与解释以及所使用的方法、工具、概念等。由此，科学家和思想家们终于意识到并不断地告诫世人，确实在看同一东西的人未必能够看到同样的东西——这完全取决于他们是否具有相同的心理态势、经验积累和所依托的理论背景等。换言之，具有不同文化、心理特征和知识理论水平的人对同一对象的观察并不一定相同。由此，作为现代科学高度发展的一种反思和补偿，文化研究迅速开展起来。

在自然科学变革的同时，人文社会科学也经历着深刻的反思与变革。19世纪后期迅速崛起的人类学、东方学、社会学等的研究结果和所获取的材料日益与科学主义理念格格不入，从而引发了对用科学主义范式或实证范式构建人文社会科学的不满与反思。第二次世界大战后，历史学与其他人文社会科学的相互融合，以及不同学科间的相互渗透、交叉，使人们越来越认识到人文社会科学的价值或作用，从而导致文化研究的兴起。

由上述分析来看，文化研究实际上已经统摄了自然科学与人文社会科学的研究。在这种情况下，文化哲学迅速发展，并随其发展逐渐取代科学哲学，成为世界哲学发展的主流。正是在世界哲学的这种变化和自然科学与社会科学的文化转向影响下，心理学发展也开始出现文化转向。文化心理学就是在这种文化转向中诞生出来的新的心理学取向或学科。从文化研究和文化哲学的发展历程来看，一些心理学家和心理学理论在它们的发展中发挥重要作用，如弗洛伊德和荣格的精神分析文化哲学、弗洛姆的生理心理主义文化哲学、斯普兰格的心灵性文化哲学等，不仅是重要的文化哲学理论，并且对其他文化哲学思潮和文化研究产生了重要影响。由此可以说，心理学尤其是精神分析学说与文化研究、文化人类学和哲学相互促进，从而使得心

理学日益走向文化和文化走向心理学，最终促发了文化心理学的诞生。

（二）科学哲学的影响

自然科学的发展，引发了科学哲学的变革。20世纪，科学哲学的发展大致经历了经验论（实证论）、新经验论（历史主义）和反经验论三个阶段。在以物理学为首的自然科学危机和革命的影响下，在科学哲学界长期占据主流地位的实证主义，在经历了新旧三代的演变后逐渐开始衰落，其主流地位在其他新发展起来的科学哲学思想的冲击下逐渐动摇。波普尔首先对逻辑实证主义的可证实性原则进行责难，提出了可证伪性原则，并将其作为判定科学的标准。其后，一些科学哲学家强调人的主观因素和非理性因素的作用，要求把历史与科学哲学结合起来，以科学史家和社会学家所收集的关于科学生活的观察资料为基础阐明科学理论的历史发展，由此形成了历史主义科学哲学。其代表人物有汉森、图尔明、库恩、拉卡托斯、夏佩尔和费耶阿本德等人。汉森对实证主义的客观性、可证实性和价值中立的原则加以责难，提出了"观察负载理论"的思想，认为人的任何观察都渗透着人的知识、文化背景、以往历史经验、生活习惯等主观因素的影响。库恩提出了"范式论"，认为科学研究渗透着非理性因素，科学革命只不过是科学共同体的信仰等主观因素所构成的范式的转变。在20世纪90年代，库恩在修正自己的理论时，把典型的人文学科的研究方法——解释学方法——作为其理论的方

法论基础，认为解释学方法是包括自然科学在内的所有科学的共同的方法论基础，科学研究只不过是科学家参与其中的实践活动，科学发展像生物进化那样受历史文化因素和当前语境影响，科学理论并不是对客观对象的反映，而只是科学家主观建构的结果。他指出："迄今为止，我仍然认为任何阶段的自然科学都基于一套概念体系，这些概念是现代研究者从他们直接的祖先那里继承下来的。那套概念体系是历史的产物，根植于文化，现在的研究者通过训练而入门，并且只有通过历史学家和人类学家用来理解其他思维模式的解释学方法才能被非成员所理解。有时，我称它为"特定阶段科学的解释学基础"。（kuhn，1991）费耶阿本德进一步把非理性因素凸显出来，提出认识论无政府主义思想，把科学哲学中的相对主义、主体主义向前推进了一大步，在很大程度上把历史主义科学哲学中的非理性因素贯彻到极端程度，把历史主义科学哲学推到巅峰，成为由历史主义向后现代主义过渡的不可或缺的重要环节。他认为"怎样都行"，要对一切方法、一切理论甚至宗教迷信都应宽容、接纳，不要轻易地否定或拒绝任何理论与方法，任何理论都是主观建构的结果，不存在什么正误之分，都有其特定的适用范围和有限的价值。但是，历史主义也不过是以偏纠偏，仍没有很好地解决科学哲学的根本问题。反经验论正是针对历史主义科学哲学存在的问题而发展起来的思潮。其代表人物是劳斯。他把科学理解为我们都参与其中的实践，乃至理解为维特根斯坦

意义上的自己正参与其中的"语言游戏"。他指出：由于科学知识本身所具有的"实践性"和"物质性"，它必定也带有"区域性"。只有用文化这个词才能包容各种异质的东西，它不仅能表现社会实践、语言传统、认同与交往以及一致性组织，甚至是"物质文化"的意思，而且还蕴含着构造该词的情境。因此不选择"文化"这样的词便不足以贯彻某种通达、开放乃至全方位的科学观。"通过实践使科学的理解条理化，使之适合于特定的文化情景，并通过转译向新的文化情景扩张。"（Rouse，1996，p. 328）由此可看出反经验论与经验论的根本差异和其基本观点：强调实践是事实显现自身于语境中的途径；承认实际存在的东西随科学实践的改变而改变；认为理论并非是单纯的描述和说明现象，而是用以操作和控制现象的模型；否认有可用于评价我们自称为知识的主张的超然的理论。

从上述科学哲学的发展历程来看，人的因素尤其是历史文化因素越来越受到重视。由此逐渐向文化哲学转化。由于心理学深受科学哲学的影响，甚至可以说心理学是以科学哲学作为其指导思想的，如主流心理学一直以实证论为理论基础，科学哲学对人的因素尤其是历史文化因素的重视以及逐渐向文化哲学的转变必然对心理学产生影响，引起心理学对这些因素的重视。特别是劳斯的科学实践观和新解释学思想，更易使心理学家从新的视角去审视文化与心理的关系，从而对文化心理学的兴起有一定的影响。这可以从两者基本观

点和思想的相似性上反映出来。

（三）后现代主义是文化心理学的直接哲学基础

20世纪中后期，西方哲学界掀起了一场后现代主义思潮。它以逆向思维分析方法批判、否定、超越近现代主流文化的理论基础、思维方式、价值取向等为基本特征，具有强烈的反传统性、反现代性、解构性、否定性和破坏性。这一思潮弘扬多元论、相对主义，反对基础主义、本质主义和归因论。表现在文化观上，这一思潮反对文化中心或文化霸权，认为文化具有不可通约性，每种文化都是有差异的，都有自己的存在理由，主张文化不存在先进与落后之分，每种文化都有其独特的存在价值或作用，也都有各自的局限性。其基本观点是：每一种情况都是不同的，应对具体情况做出特殊的理解，"此知识与彼知识的基础是不一样的"。（Harland & Richard，1987，pp.106—107）科学知识总是在特定历史和具体文化背景下产生和发挥作用的，不能简单地从自然中读取，由此应强调"差异性"。后现代主义的这些观点对心理学产生了很大影响。现在，来自不同国家、不同民族和不同阶层的心理学研究者已明确意识到心理学知识及其对人的心理和行为的理解建立在特定的文化背景上（Sampson，1993）。"后现代主义不仅意指对过去开放，而且也意指对那些曾被忽视的观点开放。后现代主义是多元性和多元文化的。后现代心理学敞开了这样一种可能性——所有的心理学取向都是合法

的，没有什么心理学取向必定比其他任何取向优越。当一些人为被他们视为的由采取后现代态度引起的心理学分裂感到悲哀时，其他一些人，如格根等则把后现代主义看作一个'与其他人更少攻击性、更加容忍甚至更富创造性地生活在此世界上'的机会。"（Benjafield，1996，p.329）

受后现代思潮的影响，一些具有后现代理念的心理学工作者，运用后现代主义的理论观点、思维方式和研究方法等对主流的实证心理学加以批判、否定、解构，力图建构后现代心理学的理论与方法体系，由此形成了心理学的后现代取向。这一取向包括许多相互联系的小的取向，如社会建构论、话语心理学、女性心理学等。文化心理学是其中之一。从文化心理学的基本观点来看，它基本上承袭了后现代主义的基本思想，由此可以说，它直接来源于后现代主义，后现代主义是其最为直接的哲学方法论基础。事实上，很多人，包括许多文化心理学家都认为文化心理学是一种后现代的心理学体系。

二、心理学背景

任何事物或学科的产生与发展，都既有外因，也有内因，是内外因交互作用的结果。文化心理学也不例外。它的兴起，在很大程度上是心理学发展中存在的问题或矛盾使然。换言之，文化心理学首先是为了解决心理学发展中存在的问题或矛盾，使心理学摆脱所处的困境与危机。由此可以说，文化心理学是心理学发展的需要，

是心理学发展的必然结果。

(一) 精神分析学派等非主流心理学取向或流派的发展对文化心理学的影响

主流心理学忽视文化，在很大程度上影响了心理学研究的广度和深度，使得许多心理学问题得不到解决。正因为如此，一些非主流心理学取向或流派，如精神分析、人本主义等，转而开始注意并逐渐重视文化。

在以往有影响的心理学各流派中，与文化关系最为密切的要数精神分析学说了。"可以说，精神分析是在文化的土壤里产生的。这里包含着两重意义。首先，心理分析的效果，正如我们所看到的，决定于构成文化（人种学所理解的文化）基础的语言符号的运用；其次，自1900年起，心理分析对我们的文化（就这个词的最广泛的含义而言）开始了广泛的进攻。"（C. 克莱芒，P. 布律诺，L. 塞弗，1985，pp.55—56）就第一个方面而言，实际上表明了文化是精神分析学的基础；就第二个方面而言，精神分析学家普遍把自己的理论与文化联系起来，用精神分析的理论去解释或说明文化现象。在所有精神分析中，分析者的任务是分析符号的多义性，从而排除"误读"。而符号的多义性及其实效是同作为"符号体系"的文化本身分不开的。这就要求分析者必须具有宽泛的文化学识，了解自己和患者的文化，否则分析效果不好。正因为如此，精神分析学派越来越重视文化，最终导致了精神分析社会文化学

派的诞生。该学派把社会文化因素作为理论核心，认为人是社会文化环境的产物，人格是个体对社会环境的适应。这样就把精神分析理论和治疗实践的重心从个体内部转移到人与人、人与文化、人与环境的关系上。该学派之后兴起的后现代精神分析的代表人物拉康更加重视文化研究的重要性，她认为精神分析的任何治疗方法和文化活动一样不可避免地受社会文化的影响，对社会文化因素的研究是精神分析不可或缺的工作。在精神分析学派的影响下，文化人类学家，如马林诺夫斯基、玛格丽特·米德、本尼迪克特等人，从心理学角度对文化进行了深入的探讨。他们的研究又反过来影响心理学，引发心理学对文化研究的重视。

除精神分析学派外，在20世纪50年代行为主义心理学危机之时兴起的人本主义心理学，把人置于理论和研究的核心地位，强调心理学研究的整体性，要求对现实生活中的正常人进行研究，认为心理学应研究人的潜能与价值，从而必然把心理学研究与文化结合起来。人本主义心理学的先驱狄尔泰、斯特恩、斯普兰格等人强调从整体上研究人格和价值观，主张用现象学的方法研究人的内部经验。狄尔泰的解释心理学和历史文化解释学突出了历史文化之作用，对人文学科尤其是人类学和精神分析的社会文化学派产生了重大影响。人本主义心理学的代表人物马斯洛、罗杰斯、罗洛·梅等人突出人性，要求心理学研究以人为中心。所有这些都与自然科学研究愈益突出人的地位或作用相一致。在

人本主义心理学基础上发展起来的超个人心理学吸收了东方文化的因素，将东方的智慧和西方的科学结合起来，主张研究超个人体验，提倡心理学整合，从而自觉不自觉地把文化与心理学研究结合起来。这就为文化心理学的兴起做了一定的准备。文化心理学正是在人本主义心理学等非主流心埋学流派对主流心理学的不足的认识、批判和以此为基础构建的理论的基础上得以产生的。

（二）主流心理学的困境与文化心理学的兴起

主流心理学片面模仿自然科学，使心理学发展面临着一定的困境和危机，迫使人们重新审视与反思心理学的发展。通过反思与审视，人们逐渐认识到，心理学不是纯然的自然科学，不能完全用自然科学标准来要求它，不可能也没有必要以自然科学的模式来构建心理学。相反，心理学应突出人性，以人为中心，以人的存在为出发点和归宿。由于人是文化的人，文化是人的存在方式和使人成为人的前提条件，是人的对象化活动的始点和结果，即实际上是人通过自己的心理活动重新规整和构建世界的过程及其结果。因此，心理学研究不能脱离文化，不能抛开文化研究范式。这样，心理学的发展就逐渐呈现出一种文化转向。当然，这一转向包括了许多心理学发展方向。有的是在坚持主流的实证心理学的基本原则的基础上用文化研究范式来修正和发展原有的心理学研究范式的，如跨文化心理学；有的则是要求突破主流

心理学范式，采用新的研究范式，构建新的心理学理论体系，文化心理学就是如此。由此可以说，文化心理学的兴起有助于克服主流心理学的不足，使心理学摆脱目前的困境。其主要做法是复兴冯特的第二心理学，并将其作为心理学发展的一条重要途径。

自20世纪50年代以来，文化在心理学研究中的地位开始逐渐复苏，其原因主要有以下几点。①心理学家们已逐渐认识到文化与人的心理和行为的关系密切，不研究文化，就不足以真正弄清人的心理和行为。从20世纪40年代开始，行为主义为了证明其理论的普遍性，转而开始重视对社会行为的研究。由于文化是社会的最为重要的构成要素，因而在研究社会行为时必然要涉及文化。②随着方法论的演变和研究方法、技术和手段的演进，人们越来越具有用科学方法研究文化等宏观现象的能力，因此文化自然逐渐被纳入科学心理学研究的议事日程上来。③心理学对普遍性的追求受阻，心理学家们按严格的科学程式进行研究不仅没有获得普遍性的知识，而且形成了差异很大的理论，为此就重新对心理学研究进行审视，要求在更大的范围和更多因素上进行心理学研究。④心理学家把已经建构的理论应用到其他文化背景中时出现了问题，由此想在考虑到文化差异的基础上构建更具包容性和普适性的心理学知识或理论：心理学家以普适性假设为出发点，积极主动地把在西方语境中构建的理论应用到其他文化语境中。但在这一过程中，心理学家们发现其理论

并不像想象的那样具有普适性，由此引发了他们研究文化的兴趣，企图通过对文化的研究，分析、明了导致文化差异的因素，以此为基础，对已有理论加以修正，使其更具包容性，由此导致跨文化心理学兴起。⑤心理学家们对心理学的学科性质的看法发生了些许变化，不再把心理学看作纯然的自然科学，而逐渐认识到心理学的社会科学性质。⑥非主流心理学和其他学科的影响。精神分析、文化人类学、语言学、社会学等的研究表明人的心理和行为存在一定的文化差异，就连一些被人们认为最具普遍性的东西如青春期危机也具有文化差异性，在这种情况下，心理学家们不得不研究文化。⑦为解决主流心理学内在固有的自身无法解决的问题，兴起了一些新的重视文化的心理学运动或取向，如本土心理学。自 20 世纪 60 年代以来，本土与本土化逐渐风靡世界各地，形成了一场声势浩大的本土化运动，给以美国为主导的主流心理学造成很大冲击。本土心理学泛指以当地人的心理和行为为研究对象的心理学，其目的是描述、说明、解释、预测和利用当地人的心理和行为。由于当地人的心理和行为与当地的文化密切联系，因而文化就成为本土心理学研究的重要方面。

正是这些研究，为文化心理学的兴起准备好了条件，逐渐形成、明晰并确立了文化心理学的研究对象、方法、内容和领域。

三、社会历史基础

文化心理学的兴起有着深刻的社会历史基础。首先从世界范围来看，随着经济全球化进程的加快，世界范围内的人口迁徙越来越频繁，散居于世界各地的各国社团和多国身份的公民大量出现。在这种情况下，人们本来预想处于别的文化语境中的人对所迁徙到的新文化有四种反应或适应策略，即同化、整合、分离和边际化，其中最佳的策略是整合。但事实上，散居世界各地的社团明显地努力保持（真实的和/或想象的）与他们自己祖国的联系和认同。把他们自己视为"一个共同的侨民社团并以此行动"（Bhatia，2002）。换言之，他们试图保持他们原有的文化身份，并由此可能引发不同的文化身份的冲突。这样，在同一社会中就有可能存在多种差异很大的文化。在这种情况下，人们原有的习以为常、司空见惯、自认为理所当然的文化现象和行为在其他文化中被认为是不合理的，心理和行为的文化差异明显地突出出来，导致了文化间的冲突与矛盾以及个体的不适应。这就要求人们不能仅认为自己的心理和行为合理，而排斥其他文化心理和行为，用自己的文化行为准则要求其他文化中的人。否则，就有可能导致世界各民族、各文化不能并存或和睦相处。因此，为了协调社会各方面，保持社会的稳定，并维护处于两种及以上文化境遇中的人的身心健康，促进不同文化的人更好发展，有必要研究不同的文化或文化心理和行为。另外，在经济全球化的进程中，十几年前，人们还普遍认为个体将取代种族部落，科学理解将取代宗教信仰或意义，社会将朝着所有人都说一种世界语的一个同质的世界文化方向发展，但现在，不再有人相信这样的论断。当今世界，逐渐呈现出越来越广泛的全球性的对原有种族和文化的认同，文化差异不仅没有消失，而且愈益突出。这使人们不得不承认文化差异，并且意识到存在文化差异并不必然意味着社会有缺陷或处于低级的发展阶段，全世界不存在唯一最佳的社会和心理模式，各文化语境中的心理和行为模式各有其特点。因此，要更好地了解、解释人的心理与行为，就有必要对文化差异和其语境中的心理和行为进行研究。这就对心理学研究提出了新的要求，从而促成了文化心理学的诞生。

从占世界主导或中心地位的美国的情况看，人们愈益认识到没有任何单一移民社会和心理可以作为美国整个社会和心理与人的发展的标准，因而也就无法选取其中之一作为样本或研究维度来研究，而必须对各种有差异的文化都进行研究。由此极大地激发了研究工作者和政府决策人员对人种和文化差异的兴趣与注意。自20世纪60年代中期起，美国的移民政策导致美国许多城市中的族群及其人口比例的巨大变化，从而对地方文化变化产生深远影响。1970—1990年，纽约市的非拉美白种人从占总人口的63%下降到43%。而这期间，来自亚洲、非洲和加勒比海的非本国出生的人口比例有较大增长。这些移民一般还保持自己原有的文化传统，并形成以国家

和种族为标记的社群，每一社群都有自己独特的生活和行为方式。例如，从洛杉矶到亚特兰大，从芝加哥到波士顿，美国各主要城市都有十分活跃的加纳阿珊特人的部落种群，每一种群都有一个国王和皇后以及推选出来的长老团，所有这些人都要经过由加纳本国的加纳阿珊国王实施的涂油仪式而神圣化。再如，如今南亚重要的宗教人士在匹兹堡和昆斯的寺庙过宗教生活及从事宗教活动的时间比在传统的印度宗教圣地长。许多国家或种族的人都有类似的情况。这表明，美国正在逐渐成为一个全世界而不是某个国家或地区的人的地方，一个国际性的联系着各种文化和种族差异的国土。

上述文化与种族差异导致了一些问题或矛盾。例如，各种族或国家的文化与美国已形成的独特的文化语境不一致，从而导致亚文化与主流文化的矛盾。美国是一个个体本位性社会，法律、政治等社会许多方面都是以个人为中心的，个体而不是群体是社会权利和特权的承受者，它强调个人自由和人人平等。在这样一个国度里，不可能给予种族集团（派别）正式的地位和权利。这样，这些种族集团只能以非正式的社会程序而存在，进而导致广泛、剧烈和预期的种族分裂。这些分裂表现在婚姻、家庭、邻里关系、职业与工作场所、学校、社会化和社会支持模式等方面及其水平上。例如，纽约工会中，40%的管道工、电工和木工从其亲戚（通常是其父亲）或邻居那里学得技能。纽约市消防部门的工作人员主要是北欧血统（爱尔兰、英格

兰、德国）的人，而服装业从业人员主要是波多黎各和多米尼加血统的美国人和国外出生的移民。1991 年 5 月的美国《国家地理学杂志》刊登的一幅地图明显地展示出以种族或人种为基础的生活区和居住方式，如亚洲人居住区、非洲人居住区、拉美人居住区和非拉美欧洲白人居住区。

上述情况表明，美国社会已具有种族与文化多重性。无论该多重性在社会和政治上意味着什么，种族的自我意识和介于个体与国家之间的中等层次的社会组织的存在，引发了许多值得研究的问题。这些问题包括心理和种族差异的现实和社会起源，一般的心理机能、健康和人的发展具有普遍性的假设的合适性限度等。这些问题都不是以往的心理学能够解决的，从而需要发展出一种新的心理学去解决这些问题。文化心理学正是这样的一种心理学，它以学科的形式描述、解释这些问题，帮助人们克服许多社会的和心理学的理论无意涉猎的种族中心和各种用以研究的思辨的方法或方法论的局限性。

第二节 文化心理学形成与发展的历史

按照学者们的一般观点，文化心理学的发展历程分为三个时期（余安邦，1996）。但从文化心理学的整个过程和文化心理学家的理论观点来看，应将其分为五个时期，即初步构建期、潜伏期、萌发期、形成期和发展成熟期。初步构建期主要是指冯特等人对文化心理学的构建；潜伏期是冯特之后心理学的发展对文化心理学的忽视；萌发期则是在跨文化心理学中，一些学者逐渐认识到文化心理学研究的必要，由此开始提出并着手进行一些文化心理学研究；形成期是文化心理学的理论观点和知识体系逐步具有自己的独特性；发展成熟期是指文化心理学研究蓬勃开展起来，理论观点日趋成熟完善。之所以这样说，是因为许多文化心理学家都认为文化心理学实际上是对冯特的民族心理学的复兴。而在冯特之后，这样的研究几乎被主流心理学否定和拒绝。

一、初步构建期

对于心理学如何发展，心理学史上存在着三种看法：第一种认为应以自然科学的模式发展，这是冯特之后的心理学发展的主流方向；第二种认为心理学是人文学科，应以人文学科的模式发展；第三种则是折衷观点，认为心理学既不完全是自然科学，也不完全是人文学科，具有双重特性，因此应有自己的发展道路，两方面都应发展。冯特就是持第三种观点并力图构建两种性质的心理学。冯特的心理学研究生涯可分为前后两部分。前期致力于实验心理学的建立，力图使心理学从哲学中脱离出来，成为一门真正的科学。这被人们认为开辟了心理学的自然科学传统。这一传统主要研究的是个体心理和行为，因而可以说是个体心理学。后期，冯特致力于民族心理学的创立和建设，研究语言、艺术、神话、宗教、风俗习惯等文化历史产物，探索高级心理机能。人们认为这是冯特继承和发展了心理学的人文科学传统。冯特认为，上述两种心理学是心理学的两个必不可少的组成部分，真正的心理学研究必须同时包括个体心理学与民族心理学的研究。他指出，"个体意识不足以展现人类思想发展的历史，因为它是以早期历史为条件，无法单独地提供任何知识"。(Cole，1996，p. 21)冯特的民族心理学的研究内容、方法和知识体系，实际上就是一种文化心理学。包括科尔、希维德尔等文化心理学家在内的许多心理学家都持这种观点。在某种意义上可以说冯特已初步构建了文化心理学体系。据此我们把这一时期称为文化心理学的初步构建期。具体时限可以说是 19 世纪末至 20 世纪 20 年代。

这一时期，除冯特外，许多人都从事这一方面的研究或探索，并取得了令人欣喜的成果。在哲学领域，德国的历史哲学家们如狄尔泰用质化方法对文化进行了探讨。狄尔泰从其生命哲学出发构建的描述心理学就非常重视历史文化因素。在他看来，生命是人类生活世界的本质，是人的

心理要素的内在经验，其精神本体贯穿于人类全部历史和每个人的内在心理和外在活动。他用"生命"把语法、心理和历史文化背景三个方面加以融贯，把心理学置于历史文化之中。在人类学和社会学领域，许多学者也进行了这方面的研究。在 20 世纪前 30 年，有关文化心理的有影响的研究成果有冯特的《民族心理学》、维果茨基的社会历史心理学、罗伯特（Robert）和林德（Lynd）的《中镇》、托马斯（Thomas）和兹纳尼兹基（Znaniecki）的《欧洲和美国的波兰农民》等，(Ratner，1997，pp. 6—7)这些研究力图全面地理解涉及广泛文化的心理现象。这一时期的研究都比较关注心理活动的文化语境，把文化语境理解为相互联系的风俗习惯的网络，其复杂性只有通过推理才能得以理解。这些研究的目标是理解心理体验的社会特征和意义，力图解释博大的社会对心理机能的影响。

二、潜伏期

冯特之后，心理学家们为了使心理学真正步入科学的殿堂，成为堂而皇之的真正的科学，开始主要关注冯特的个体心理学，而忽视了冯特心理学体系的另一半——民族心理学。特别是世界心理学的研究中心从德国转到美国后更是如此。此时，心理学家们大力发展自然科学性质的心理学，以自然科学模式构建心理学，从而导致了对文化问题的忽视以及对于文化历史方法的遗弃。因此可称这一时期为潜

伏期，时限为 20 世纪 30—60 年代。

20 世纪初，西方尤其是美国心理学界日益表现出对意识心理学的不满，心理学家日益认识到心理学研究不符合科学研究的客观性原则。行为主义的产生，似乎使心理学家们找到了心理学研究的方向和路径，心理学研究者都自觉不自觉地依照行为主义的基本原则进行研究。在行为主义的极大影响和强烈冲击下，许多社会和人文学科的研究者放弃对文化和社会特征的研究，而滑入行为主义阵营中，就连前述的托马斯也是如此。行为主义者把心理现象看作相离散的变量，而把变量界定为简单的、分离的实体。由于文化与社会是由相互联系的风俗习惯形成的网络，不具有行为主义所说的变量特征，满足不了行为主义的研究原则的要求，招致行为主义者的强烈反对与排斥。这就使得心理学研究越来越忽视宏观社会和文化性质，扼杀了文化心理学方法的发展。（Ratner, 1997, p.9）这种状况到 20 世纪 50 年代时发展到极致，绝大多数社会科学家都屈从于行为主义取向，执行实证主义路线。

当然，我们说文化心理学处于潜伏期，并不是说这一时期心理学中根本没有有关文化心理学的研究。这一期间，一些人经受住行为主义的攻击，继续开展对宏观的文化和社会性质的研究。在社会学领域，林德、兹纳尼兹基、布拉姆尔（Blumer）、索若肯（Sorokin）和米尔斯（Mills）等人坚持使用质化的文化方法进行研究；在心理人类学领域，心理人类学家继续坚持他们传统的研究领域，继续创作和利用人种

志；在心理学领域，闵斯特伯格曾力图说服美国心理学界保持两种心理学的存在。他提出了与实验心理学不同的目的心理学，认为这种心理学主要研究和探讨意义与自我，其基本研究方法是解释学方法。李凯尔特（Likert）倡导自由回答式访谈。在苏联，维果茨基等许多心理学家关注文化，形成了社会—文化—历史学派。这一学派的理论、思想对许多文化心理学家都产生了重要影响，奠定了他们的文化心理学的理论基础。

三、萌发期

萌发期的时限为 20 世纪 50 年代末到 20 世纪 70 年代以前。这一时期总的特点是提出了文化心理学的概念，注意到文化的重要作用，并开始对文化进行研究。不过，这一时期的文化心理学研究主要是探讨共同的普遍的心理机制，实际上还是属于客观主义心理学范畴，是一种跨文化心理学。该时期的主要代表人物是戴渥斯（Devos）和黑普勒（Hippler）。他们于 1969 年提出了文化心理学的概念，但他们将文化心理学等同于心理人类学和文化人格学派，主要关注文化与人格的关系，主要研究文化与人格对人类的心理活动和行为的影响，亦即由文化和人格决定或影响的人类心理和行为。其主要研究领域有：文化对生理和行为的影响；文化对认知的影响；用精神分析的方法对符号表达行为的分析；在儿童的社会化过程中，文化对儿童的模塑、社会角色期待、智力和情绪

发展的影响；社会与文化变迁对人格发展的影响；文化与心理健康和社会偏差之间的关系研究等。其方法论主要是主流心理学的实证方法论，通常采用适用于跨文化比较的理论概念和研究工具，这种对人类心理与行为的文化比较或跨文化研究，目的在于寻找不同文化语境下的心理的共性和普遍性。

四、形成期

时限是 20 世纪 70 年代到 20 世纪 80 年代中期。这一时期主要特点是对文化敏感性的关注，主要研究社会文化语境和语言的意义，并在此基础上形成了文化心理学的独特的研究对象、研究领域、理论观点和方法等。这一时期主要代表人物有皮瑞斯-维廉姆斯（Price-Williams）等人。他们的研究一方面继承跨文化心理学和心理人类学的传统，同时又对跨文化心理学与心理人类学提出质疑与批判，更加强调文化语境的作用。这种对文化语境的重视，一方面迎合了主流心理学的发展，另一方面也与社会心理学对情境的重视产生共鸣。这样就逐渐发展出文化心理学自己的研究领域。皮瑞斯-维廉姆斯指出，文化心理学是跨文化心理学、心理人类学、文化人类学等学科交叉而形成的一门中间学科，从人类学语境来探讨自我观念的本质，是未来文化心理学的重要研究课题。这一研究至少蕴含了两个含义：①文化心理学的研究不能脱离被研究者的社会文化语境或情境；②从地方性的观点和概念探讨当地人的自我取向、特征与本质及其形成、发展与变迁。在研究方法上，文化心理学主要重视两种方法：案例研究法和现场研究法。这一时期，文化心理学虽然开展了一系列富有文化心理学特色的研究，并取得了较为丰硕的成果，但并未发展出一个较为成熟的正式的系统的文化心理学理论。

五、发展成熟期

20 世纪 80 年代中期以后，是文化心理学的建立与蓬勃发展时期。这一时期的主要特点是明确确立了文化心理学的研究对象，用建构论来解释文化和心理的关系。自 20 世纪 80 年代中期尤其是进入 20 世纪 90 年代以后，文化心理学不仅在研究的广度和深度上都有大大的拓展，而且逐渐形成了自己独特的研究领域和方法，同时更形成了较为系统的成熟的理论。1990 年，斯迪格勒等人主编出版了《文化心理学：人类发展的比较研究》，该书被认为是文化心理学真正诞生的标志。科尔、希维德尔、拉特讷等人以文化心理学为题发表了一系列文章，出版了许多著作，构建了各有特色的文化心理学理论。这一时期形成的主要文化心理学理论有坎特尔（Kantor）的主观意义与社会实践理论、科尔的生态文化理论、波伊斯奇（Boesch）学派的象征行动理论和希维德尔的多元客观世界观与主观建构论。

第三节 文化心理学的基本内涵

目前，人们主要从两个方面来界定文化心理学的内涵：其一是从研究对象和内容上，其二是从研究方法上。前者实际上是要求拓宽心理学的研究范围和内容，从新的角度对人的心理进行研究；后者实际上是要突破传统心理学的立场观点和方法或方法论，克服原有心理学研究方法的不足。

一、有关学者对文化心理学的界定

什么是文化心理学？不同学者从不同的角度出发提出了不同的观点。

希维德尔对文化心理学解释主要表现在以下相互联系的、本质上没什么差异的两个方面。其一，"文化心理学的目的是寻求永不会忘记的、不可分离地镶嵌在意义和资源中的心理，这些意义和资源既是它的产物，同时也构成了它"。（Shweder，1990，p.3）这一概念包含了两种基本含义：一是文化心理学的研究对象问题，二是意义与心理的关系问题。对第一个问题，希维德尔认为文化心理学研究的是人的心理，不过这种心理与主流心理学所说的并不相同，即不是简单的对刺激的反应以及刺激所引发的内部状态，而是与刺激的意义相联系的或者说表现在刺激的意义之中的心理。这样，文化心理学在研究心理时就首先必须研究意义，由此可以说其研究对象是心理与意义。既然如此，那么心理与意义的关系如何，即两者究竟是一种什么样的关系呢？这就自然引出了第二个问题。对这一问题，希维德尔也给予了明确的回答。他认为两者是一种相互建构的关系。既然是这样一种关系，我们就可以说研究心理就是研究意义，反过来说，研究了意义，也就研究了心理。其二，文化心理学是研究"近经验概念"的一门学科。在这一概念中，他把文化心理学的研究对象说成是"近经验概念"。那么，何为"近经验概念"呢？他认为近经验概念是指人所获得的隐藏在其行为背后的一般不为其所意识或觉察的但支配其行为的经验或观念。用通俗的话讲，实际上就是文化规范、价值、理论观念等，而这些东西本质上是文化意义和资源。

坎特尔主张文化心理学是研究人类对制度性刺激的反应的一门学科。制度性刺激具有获得或生成性意义，是人类有意义之行动所伴随的结果。换句话说，这一意义是人的意向性行动的结果。由此看来，坎特尔认为文化心理学的研究对象是人的主观世界，一切刺激，包括社会制度、社会组织或社会结构等只有放在人的主观世界中即人如何去认识、诠释它时才会取得自身的意义。从该理论来看，它是想把人、社会与文化看似不同、分裂的概念联系起来，试图以人的有意义的行为和实践为基础，在人、文化与社会间建立起桥梁，以期解决个人与社会、主体与集体、主体与客体、主体与群体之间的对立或分裂。他的这一思想对 20 世纪 80 年代后期的文化心理学工作者影响很大。

科尔认为文化心理学是研究以人的创造物（工具或媒介）为中介的文化与心理的相互建构。他强调人类历史发展的重要性，认为人的心理是由文化实践发展而来的。科尔深受原苏联维列鲁学派理论的影响，重视工具、媒介的作用。他用生态文化模式分析文化怎样塑造人的心理，认为人类不同的文化媒介改变了人的心理条件，从而诱发了不同的生物或生理结构。由于不同的历史、遗传的累积以及不同的生态环境，人不仅仅对世界有不同的主观建构，而且人的生物结构也因此被模塑。他指出，每一时代特定种群的发展，承袭其历代先辈发展中成功适应与修正行为后所累积的文化创造，并以此为中介，继续不断地进行各种表征，创造工具或媒体，进而使用这些工具或媒介的不断生产和再生产的循环演进过程。在这一过程中，人不只是创造和使用工具或媒介，并且通过它们改变人的生存状况对人的心理的影响。文化是人类活动的独特媒介在历史中的累积，是人类心理建构的中心角色，参与并模塑人

类心理的历程，不能被分割成一些独立的文化变量而独立于人的心理之外。文化与心理相互依赖、密切联系、相互建构。心理是文化的充要条件，文化是心理的外化（外在表现）；同时，文化又是心理的充要条件，心理又是文化的内化（内在形式）。

波伊斯奇认为文化心理学是研究行动场域或行动范围的一门学科，以人的行动或实践为经，以人对生活世界的结构化、意义化为纬。他认为文化是行动的场域，既是结构，也是过程，在人的心理建构和发展过程中，活动发挥着关键作用。波伊斯奇指出：文化场域不仅包括地理环境、自然物，也包括人工环境、人造物。它们都与人的行动密切相关，并以人的家为中心而聚合起来。家是行动文化场域的核心和人的行动的始点和终点，构成了行动的起始与计划的基础。人不断地从家开始向外延伸而了解到其所遇到的环境的结构，并最终返回到家这个场域。在"从家延伸"和"返回家"的不断循环运动中，这些运动具有了特定的价位。这也就是说，任何行动场域的物质内容都具有内在的意义，物质内容只要被人所知，就成为心理内容。因为它们虽存在于人之外，但其意义对一个文化或一个人来说都是特殊或独特的。简言之，文化心理学聚焦的是人的意义行动，即人在认识世界是负于世界意义或是世界意义化的过程。意义化的世界不仅渠道化人的活动，而且活动又反过来展现、保持、修正和改变世界对人的意义。于是活动与意义或活动与世界构成一种相互界定的辩证和持续发展的结构化过程。文化

界定了行动的可能性和行动的条件，同时它们也反过来界定了文化的范围与内容。由此，文化结构变迁与个体心理结构和结构化活动的变迁之间构成了一个循环发展与变迁的历史实在。

二、从研究对象或内容上对文化心理学的界定

上述学者的观点尽管各不相同，但在一些基本方面是一致的。首先他们都强调文化心理学研究的是意义，而意义是相对于某一文化语境中的人来说的意义，制约着人对刺激的反应或人的行为。其次都强调文化是内在于人的，文化与心理相互建构。这些方面是文化心理学的基本内涵和核心，它们相互联系，互为说明。意义反映了文化与心理的相互建构性，而相互建构又说明了意义的产生与存在，即刺激如何具有了对人的意义和价值，具有何种意义和价值，意义和价值如何演变和修正。

（一）文化心理学以文化意义为研究对象

文化是什么？文化是怎样的或文化以什么样的方式存在？这些问题是研究与文化有关的学科必然要面临并加以回答的，文化心理学也不例外。从词源上讲：在中国，其词形是《易传》"观乎人文，以化成天下"中的"文"和"化"的合成词，其基本含义是"人文化成"，即"文治与教化"的意思。按汉字的古义解释，"文"同"纹"，而"纹"既是动词也是名词。从名词上讲指花纹、纹路、纹样等。从动词上看，是指在物体上做记号，留下痕迹。用文化来指人，其原初含义是男女结合就如同不同的色彩交织而成的花纹，并由此化生出其他人文，如父子、长幼等，并进一步衍生出生存和活动规则（道德规范）或方式。（杨启光，1999，p.20）在西方，文化一词源于拉丁文"cultura"，是动词"colere"的派生词，原义是对土地的耕作，也引申为耕种的农作物。后来，随着人从认识自然向认识自己的逻辑转折，文化就有了培育人参加公共生活所必需的品质和能力的意蕴。文化由此具有了两层含义：外在自然的人化和内在自然的人化。

从上述词源的基本含义来看，无论东方还是西方，文化作为人的活动主要有三层含义：一是人的有意识活动，是人"有意识地""改变"或"改造""原有"的自然物，包括自然的人；二是在这一过程中，"原有的"自然物在人的活动作用下改变了面貌和秩序，变成了"文化物"，成为"属于人的"，具有了"文化秩序"；（李鹏程，1994，p.36）三是说明文化与人是相互界定、互为前提、相互建构的。

由上述分析可以得出这样的结论，"文化"是有意识的人类活动，因而也就具有人的意义。人在从事文化活动之前，只是自然界中的一个物种，还算不上是真正的人。正是文化使人成为人，使世界成为人的世界，使自然物或自然现象具有了人的意义。人在自己的实践活动中，逐步地运用符号进行抽象的心理活动，在促使外在自然人化的同时，也使自己的内在自然人

化，从而创造出一个意义或价值的世界，通过意义或价值把人与自然、人与他人等联系起来，构建自己的观念、生活方式、制度等，并根据这些意义对它们反应、解释和表现出相应行为。例如，伊斯兰教教徒与其他人对猪的生物特征有共同的知觉或认识，但却有差异很大的文化反应，其文化反应与他们各自的文化意义系统相对应。(余安邦，1996，p.13)由此可见，文化心理和行为的差异并不是刺激本身的差异，而是刺激所具有的意义或含义的差异。文化心理学的"一个重要特征或标记是它对意识过程的文化和种族差异的关注。文化心理学致力于理解这些差异怎样与解释活动和社会所结构化的刺激事件的意义或表征相关联"。(Shweder，1993，p.506)

(二) 心理与文化的相互建构是文化心理学的基本观点和研究内容

究竟是人的心理赋予自然物以意义，使文化得以产生，还是文化使得人的心理得以形成或可能，即心理与文化何者为先？这是一个类似于鸡和蛋孰先孰后的发生学悖论。正是这个悖论，使得"心物关系"成为人类思想史上一个长期争论不休的问题。西方的归因论和还原论传统使得对这个问题的论争愈演愈烈。文化心理学在解决这一问题时，抛开传统的二元对立观，不为世界设置本原或第一因，而是对之进行一种切身（有在场感）的现实观照和言说，以心理和文化的相互建构观解决两者的关系问题。它认为，文化与心理是一体两面（同一现象的两个方面）的，文化是

人的世界的基本特征，人的世界是文化的。"人既是文化世界大厦的建筑师，同时又是这个大厦的砖瓦。"(李鹏程，1994，p.15)文化是人用自己的心灵（心理）构筑或规整的世界图景，而心理在构筑和规整活动中被改造，从而进化为人的心理，具有新的意义、结构和功能。具体地说，人在实践活动中，一方面依据自己的心理（意志、需要、认识等）来改造世界，赋予世界新的图景（如梅花在中国人看来就不只是一种植物的花，它更意味着坚强），使它文化化，适合于人；另一方面，人又运用心理来认识和体验世界，获得有关世界的知识和心灵把握。在这一过程中，世界和人本身都文化化了。世界转化为主体化了的世界，成为文化的组成部分；人的生理和心理也在活动中在刺激的不断作用下形成、发展和深化，具有文化特征，成为文化世界的重要组成部分，并又将它转化为进一步的文化创造活动。由此可以说，心理是与外在文化世界相应的内在世界，而外在文化世界是心理这一内在世界的表达或展现。换言之，既可以说人的心理是文化的，在某种意义上也可以说文化是人的心理的表现，两者是相互构成或建构的。打个比方来说，"我们的心理好比是计算机的硬件，文化就像是软件。依靠下载软件的种类，计算机可进行差异很大的操作"。(Kim，2001，p.58)

三、作为一种新的心理学研究思路或方法论的文化心理学

文化心理学对主流心理学的突破与发展明显地体现在研究思路或方法论上，因此有人认为它首先是一种方法或方法论。文化心理学要求突破主流的实证心理学研究的基本原则和方法论框架，从新的视角进行心理学研究。从这一意义上可以说，文化心理学是心理学研究的一种新的思路或方法论。它包括以下几个方面的含义。

（一）心理学研究必须以实际的文化语境为出发点和归宿

以往的主流心理学为了达到研究的可控性、客观性和可重复性，确立明确的因果关系，常对条件加以控制，把复杂的研究情境加以简化，把研究对象从实际环境中抽出来。这样就使其研究脱离实际，影响研究结果的信度和效度尤其是生态效度。为克服这一不足，文化心理学要求在实际的语境中研究。由于人生活在一定的文化中，文化是人的生存或存在方式，因此心理学研究必须以文化语境为出发点和归宿，在具体的文化语境中进行研究。

文化心理学认为：①文化与心理和行为的关系是一种相互建构的关系，并不是你因我果的因果关系，因此不能把文化看作为一种变量；②任何研究都是文化负载的，即都是在一定的文化语境中进行的，都要受到研究者和研究对象的语境的影响，研究者通常用自己的文化作为判断其他文化的标准；③每种文化都应当从它自己的

参照系，包括它自己的生态、哲学和宗教语境中去理解；④一切知识都是相对的，不存在普遍性或普适性的心理学知识；⑤心理总有文化差异，文化是一种富有的媒体，其中不可避免地镶嵌着不同的心理过程和心理结构。从文化心理学的基本观点来看，它认为以往的心理学研究和心理学知识是单文化或西方文化中心的。

有人曾得出这样的统计结果：在世界心理学文献中，英文文献占绝对优势，大约93％的概括成摘要的文献用英文出版，97％的心理学论文引用的参考资料来自于英文原始资料，全世界的心理学家要想使自己的研究受到他人的注意，就不得不放弃在本土的期刊上发表，而选择用英语出版的国际性期刊。（Kim & Berry, 1987）这在很大程度上限制了心理学的研究与发展。倘若我们把目光从狭隘的西方转向全世界时，我们会看到原来的心理学是站在西方文化和地域立场上的心理学，这种心理学不可能关注和理解文化现象，也不可能真正理解人的心理和行为。因为人的心理植根于不同的文化土壤，并且既是文化的构成要素，也由文化来构成。

（二）采用主位研究方略

文化心理学使用的主位研究，通常包含两层密切联系的含义：其一是把文化看作像人一样的主体而不是客体，从所研究文化的角度或立场去理解、解释或研究文化心理和文化行为；其二是研究者深入研究对象的文化中，了解、获得并被同化，从而与研究对象具有文化相似性，以当地

人、当地社会、当地文化为主体。这样研究者才能比较容易体认、理解、推断和解释被研究者的文化心理和文化行为，使自己的研究活动和理论建构更适合被研究者的心理和行为。Fiske 认为，"如果人们获得文化在很大程度上是通过观察、模仿和逐渐增多的参与，那么，研究者也必须做同样的事情——不是请他们解释这些规则或知觉结构——而是通过观察他们的行为和学习他们的文化，而这是他们获得文化技能和经验的相同方式"。　（Harris & Johnson，2000，p.256）从这两层含义来看，主位研究实际上是认为文化心理和行为与当地的社会、文化背景、地理环境和历史语境等有密切的关系，对它的研究应以此为出发点和归宿。这就在很大程度上突破了以往心理学研究尤其是客位研究的基本框架，提高了心理学研究的真实性、有效性。具体地说，其积极作用主要表现在以下两个方面：①增强文化契合性；②避免强加式客位研究策略或假性客位研究策略。这种研究策略是指，来自某一文化的心理学者将其所发展的一套理论（包括心理和行为的概念）与方法先应用于自己的文化研究，再用于其他文化的研究，然后在此基础上把所得结果加以比较。这种策略的一个根本特点就是不考虑所研究文化的特殊性，不管是否适合，把自己的思想观念和方法强加在研究对象上。这实际上是强行把研究对象变为研究主体（研究者）的一部分，把研究对象主体化，以研究主体的标准去认识、分析、理解和解释研究对象。这种策略不仅不利于得出正

确的有价值的研究结果，而且还容易导致学术和文化霸权以及文化中心主义，并给人以误导。正因为这些局限性，它已受到很多严厉批评。而主位研究则相反，把所研究文化作为主体，以它为出发点和归属，因而自然就可避免这些问题。

当然，主位研究策略也有局限性，如无法避免文化主体的偏见与盲点，难以把知识或理论提炼出来、提高概括程度、扩展应用范围，解决的问题有限，研究结果的应用弹性不大。

（三）注重同文化研究策略

同文化研究是相对于异文化研究而言的，强调或突出研究者与研究对象的文化同质性。在文化心理学的研究中，人们通常有这样的假设：研究自身所处的文化通常比研究异己文化容易。这一假设基于：自己对所处的文化比较熟悉，对它的了解、理解一定比非本文化的人更多、更正确、更深刻；对异己文化了解和理解一定赶不上自己的文化，就像我们平时所说的只有自己最了解自己。因此，研究自己的文化心理相对来说更容易，更易得出正确的结论。这种假设有一定的道理。人是在一定的文化中模塑出来的，文化制约着人的心理和行为方式以及人对事物或现象的解释，因此，相对来说，生活在某一文化中的人更能认同、理解该文化。有些在外人看来是不可理解的现象，在该文化的人看来却是合理的。因此，这样的研究，研究者与被研究的对象更能达到心灵的相通——共情。由此看来，同文化研究具有其独特的

特征和优势，可以克服主流心理学的异文化研究不足，具体来说，主要表现在以下几个方面。①避免文化差异所造成的研究偏差。由于每一文化都有自己的特色，文化间差异很大；再由于每个个体都是在自己所处文化熏陶或潜移默化下长大成人，因此，研究者在研究时，通常自觉不自觉地运用所处文化的立场、观点等去看待研究对象。这样，倘若研究者与被研究者不具有文化同质性，就很容易因文化差异而导致研究偏差，而同文化研究就不会如此。②避免研究方法或方法论的文化差异所造成的研究结果偏差。每种文化都有自己看问题和解决问题的方式和思维习惯，它们运用和表现在科学研究中，就逐渐演化成各文化独具特色的研究方法或方法论。这样，研究者在研究不同文化时，就易受所处文化的影响，从而不易得出客观、公正、有效的结论。而同文化研究中研究者与被研究者具有文化同质性，因而可避免上述问题。③避免文化震撼和自我文化中心。文化震撼和自我文化中心是异文化研究中经常出现的问题。研究者都是"文化负载"的，同时不同的文化间存在着程度不同的差异。当研究者的文化经验或背景与所研究的文化经验或背景的差异超过研究者的理解阈限时，研究者就难免出现认知失调等心理问题，即"文化震撼"。倘若研究者从自身的文化角度去理解、解释所研究的文化，就难免产生理解、解释不确切或偏差等问题，即"自我文化中心"的问题。由此看来，无论是对研究者自身来说，还是对研究结果来说，异文化研究都有可能带来某些问题。而由于同文化研究中研究者与研究对象具有同质文化，因而就可避免上述问题的发生。

当然，同文化研究也存在着不足，如常会导致"不识庐山真面目，只缘身在此山中"或"鱼在水中不知水"的现象，有可能产生"文化识盲"和"文化纠结"问题，研究难以超越生活。

（四）强调解释学方法

文化心理学之所以重视解释学方法，是因为文化心理学研究的是事件、事实或事物的意义，而不是它们本身。而意义需要的是解释，而不是描述或认知。这样它就必然强调解释学方法。不过，文化心理学所采用的解释学不是方法论解释学，而是本体论解释学。哲学解释学分为两种：一是以施莱尔马赫、狄尔泰为代表的方法论解释学，即古典解释学或浪漫主义解释学；另一是海德格尔和伽达默尔开创的新解释学，即本体论解释学。前者受自然科学的影响，继承了科学主义的基本观点，从本质主义、基础主义出发，把解释学看作避免误解的学问，认为解释学的任务是揭示文本的真正含义，旨在追求绝对的客观性，以客体为中心，树立对象在分析或理解中的绝对地位，抹杀分析或解释主体的主观能动性或文化历史性。其方法是分离主客体，在分离中实现主体对客体的理解。弗洛伊德的精神分析理论明显受其影响。后者则认为解释不能以理解作者原意为目标，文本的意义只能在解释者的自我理解中实现，而这一过程是视域融合过程，其间，文本经验到一种存在意义的增长，同时解释者的视域也在不断地扩大并修正。这种解释学以海德格尔的"在世说"为基础，强调历史的此在与历史的文本的交互作用，从而将事情本身和读者与文本的对话过程联系起来，无所谓逻辑和判断意义上的循环，有的只是"此在"与世界的相互缘起。在这个根本时间化了的本体域中，传统形而上学所偏执的主客二元对立已不复存在，认识中的彼此之分已被打破。文化心理学以此为基础，突破了原有的方法论解释学，把心理学研究进一步引向深入。

正是采用了本体论解释学，文化心理学把研究者和研究对象都看作主体，强调双方的互动，把心理学研究理解为参与其中的实践活动。依据本体解释学的看法，科学研究过程是动态发展的视域融合过程：任何一种解释或理解首先应移置到一个更广阔的视域中，这一视域包含了理解双方的历史视域；其次，在理解过程中，理解者总是不断地扩大并修正自己原有的视域，而这一新视域又成为更新、更大一轮理解的起点。这样，理解的视域将逐渐扩展，既包括原有两个视域，又超越它们，依次达到更高的层次或水平。由此，研究对象没有固定的客观意义，其意义只能存在于具有历史性的不同理解中。这样，就排除了中立的、纯客观研究的可能性与必要性，把心理学研究镶嵌在以人为中心的意义语境中，从而要求把客观与主观、实证方法与非实证方法结合起来，在研究思路与方法、方式上有很大突破。这是因为：首先，研究既非由研究者决定，也非由研究对象决定，而是由两者共同来决定；其次，解释虽是非实证方法，但对意义的解释必须以事实、事件或事物的认知为基础，而这就需要实证方法。由此可以说，心理学研究是以人为中心的，研究过程既是研究者的探究过程，也是事物自身的展露过程。不仅研究者的知识或认识会随研究的进展而扩展、深化，而且研究对象也会包谷并逐渐展露更多的东西，即其内容不断丰富、深刻。因此，心理学研究必须以研究双方的互动为出发点。

四、文化心理学的不同理论取向

不同的人的文化心理学理论各不相同，但对它们加以归纳概括可以做如下划分：①根据其来源，可将其分为心理学的文化心理学和人类学的文化心理学；②根据其研究的内容，可将它分为静态论或结构论和动态论或功能论。

静态论或结构论，亦称系统定向论。也就是说它是从已有的文化结构或系统上分析或看待文化，即从名词文化的意义上（角度）来分析文化心理和文化行为的。这样就把文化心理和行为看作一种产物和状态，从静态或横向的角度分析文化心理和行为的结构。由此它强调文化或文化心理和行为的稳定性，突出在绝对的、永久的、连续不断的文化或文化心理和行为的演变和发展过程中积淀或保留下来的那些方面或内容。这种理论把文化或文化心理和行为看作一个相对持久或比较稳定的意义系统，因此它也被称为意义文化系统观。这种理论认为，文化是由一个种群的人所共享的由符号来编码的意义贮存器，为该种群的人的经验提供组织结构。"文化不仅作为共享的表征而存在，而且还包括诸如风俗习惯、日常规范、话语模式和人造物等行为和物质方面。"（Miller，2001，p.165）其代表人物有坎特尔和希维德尔。坎特尔的理论被称为主观意义理论，而希维德尔的理论被称为多元意向（意义）世界理论。

动态论又被称为功能论、过程论或实践定向论。它从动词"文化"概念的角度来看待文化心理和文化行为，即把文化看作一个动态的实践活动过程，从文化如何形成和演变的角度去研究人的文化心理和行为，这实际上是对文化作动态的纵向的分析研究。由此它注重文化的变化或演变性，强调对文化或文化心理和行为的建构和演变过程的研究。这种理论认为，文化是一个意义生成和表征过程。在这一过程中，意义通过具体的特殊语境中的个体活动被不断地生成和再生成。由此，该理论以处于不断变化中的文化的不确定性、易变性等特征为焦点，力图阐明文化意义的取得和演变过程，在动态上把握文化。因此这种理论又被称为意义过程文化观。这一理论是在苏联的社会历史文化学派的理论观点的基础上构建起来的，深受鲁利亚、维果茨基、列昂节夫等社会文化历史学家的影响。虽然他们的理论都对维果茨基等人的理论有不同程度的超越，但他们都把文化看作发生在日常生活中的具体的日常

实践的集合的基本观点与维果茨基的理论观点是一致的。该理论派别的主要理论观点主要有以下几个方面。第一，相互建构观。文化意义的生成与演变是文化与人的心理和行为的相互建构过程。通过建构，个体既从文化中获取人所赋予事物的意义和对刺激的反应模式，同时又深化、发展、改变它们以及生成新的意义。第二，实践活动观。这种理论强调实践或活动的作用，认为是实践或活动把文化和人的心理和行为联系起来，从而使两者在相互作用中演变和发展。第三，语境观。该理论认为，人的心理和行为以及刺激的文化意义都是在具体的环境或语境中形成和发展的。环境或语境不同，在其中生成的刺激的意义和人们对刺激的反应模式等也各不相同。另外，环境或语境发生改变，刺激的意义和由之引起的人的反应模式也会有相应的变更。由于环境或语境的变化是绝对的、恒定的，因此，文化或文化心理和行为也是不断演变和发展的。第四，文化相对论。与上述观点相联系，该理论认为，由于不同的环境或语境导致了处于其中的人的实践或活动不同，由此所形成的文化或文化心理和行为也就有所差异。各文化和其中的人的心理和行为都是与其所处的环境或语境相适应的，它们都有其各自存在的理由或合理性，因此不存在着优劣、好坏之分。正因为如此，在描述、理解或解释特定文化中的人的心理和行为时，应以该文化为主体，从该文化的角度去分析，否则易产生理解偏差或对研究对象的误读。

第四节 文化心理学的基本理论观点

尽管不同文化心理学理论存在一定的差异，其来源和所受影响也各不相同，但作为同一个家族的成员，必然具有一定的家族类似性。这些家族类似性构成了这一取向共有的理论观点。这些理论观点主要有以下几个方面。

一、生态语境观

文化心理学强调生态语境的作用，认为生态语境是文化形成和演进的首要条件和必要基础，人是在与自然界的对象化关系以及这一关系的演变中构建和发展文化的。在文化的形成和发展过程中，人与生态语境的关系是一种双向互动的关系。其中既有人对生态语境的投射，也有生态语境对人的投射。由于不同的人或不同的种群所处的生态语境的特殊性，所构成的对象化关系也就具有了特殊性和差异性，由此所建构的文化也就有所差异。另外，人的心理和行为总是特定生态语境中的心理和行为，生态语境不同，刺激对人的意义也就不同，由此所决定的人的心理和行为也就不同。希维德尔认为，人总是具体语境之存有，其观念、方法、行为与知识无

法独立于它所存在的具体语境之外。科尔非常重视生态语境的作用，认为不同的生态语境迫使人们表现出不同的适应行为，制造出不同的人造物，对世界作出不同的解释，并因此赋予刺激不同的意义。以此为中介，人不断地修正或改变自己的行为或活动，延续不断地进行文化生产和再生产。

二、多元文化观与文化相对论

文化心理学认为文化是多元的，即世界上存在着许多不同的文化，文化间存在着一定的乃至很大的差异。各文化都有其存在的理由和独特的存在方式或表现形式。换言之，文化心理和行为没有根本性的或本质的差异。人的心理和行为总是与当地人所处的语境和经常从事的活动相一致。我们不能主观片面地说何种文化先进，何种文化落后，仅对文化作主观的价值判断。Cole 指出，由于存在被认识的和体现在不同社会的文化实践中的问题种类之差异，人们必须在逻辑上采取文化相对主义的立场——非普遍性的单一的一般的心理特征之观念。这种普遍性的观念声称"思维水平"或某些替代者是普遍合适的。希维德尔认为：任何个体总是存在于一定的文化之中，他及其心理活动都随他对文化意义

的学习与掌握而变化与发展；每一文化成员都享有共同的习俗、意义、规范和语言等文化因子，而这些文化因子又与其他文化因子不同；不同文化成员所构建的世界或对世界的主观映象各不相同。他指出："文化心理学的理论目标是发展一种心理多元主义或种族差异心理学之构想。"

三、文化意义观

文化心理学认为，心理学的研究对象应是事物所具有的对人的意义，正是文化意义而不是客观刺激本身决定了人的行为。坎特尔认为，文化是意义，即人赋予对象（事物、现象等）的意义。对象意义的取得，是人类活动或行为的结果。由于不同种族所处的环境（包括自然环境和社会环境）等不同，人与世界所发生的对象化关系以及由此产生的对象化活动也不同，由此决定了他们所赋予的对象的意义也各不相同。即使是同一事物，虽然各文化中的人对它的自然特征（物理特征、生理特征、结构特征等）的认识相同，但对它的文化认识以及由此做出的文化反应或它所引起的人的心理感受和所表现出的行为并不相同。希维德尔认为，人们从其所生存的社会文化环境中捕捉和使用意义与资源的过程会影响、改变每个人的主体性及心理活动，而这种改变又反过来影响意义的捕捉与使用。波伊斯奇认为，文化心理学聚焦的是人的意义行动，即人在认识世界时赋予世界意义或使世界意义化的过程。任何行动场域的物质内容都具有内在固有的意义，物质内容只要被人所知，就成为心理内容。

四、建构观

文化心理学认为，人的心理和行为与文化的关系是一种相互建构的关系，一切东西包括人的心理都是人的建构的结果。由于人们生活在不同的社会和文化中，因而他们描述、解释或说明他们自己和他们生活于其中的世界的方式不同；即使是在同一社会和文化之内，不同的历史时代有关世界的知识和描述也存在着差异。由此可以说，不存在独立于人之外的世界之本原，一切知识都是人的认识和建构的结果，以人为中心，都具有（文化）相对性。不同文化中的人对世界的看法不同，因此所建构的主观世界也就各不相同。人的心理与文化相互建构、相互界定，心理与文化是它们自己本身的原因和根据，是自足、自我生成、自我运动、自我发展的，心理学研究不必到人的心理特性和文化性质之外去寻求什么本原，它在很大程度上是人从自己的角度对自身的特性所做的探讨，是对自己的心理活动所做的描述和验证，人的心理总是人所理解和运用的心理。由此，文化心理学认为心理学研究和心理学知识都是文化负载的，都渗透着人的主观假设与价值选择，不可能排除主体的旨趣等的影响，因此价值中立是根本不可能做到的，也就不存在什么普遍性的客观知识或真理。

第五节 对文化心理学的评价

在世界主流心理学由于自身无法克服的局限性陷入发展困境之时，文化心理学家独辟蹊径，积极开辟新的心理学发展方向和道路，建构新的心理学体系，以克服以往心理学的不足，促进心理学的发展。从文化心理学的基本观点来看，它认识到了以往尤其是主流心理学的困境，对之进行了中肯的、击中要害的批评，并在此基础上提出了心理学发展的新思路。所有这些都必将对心理学的发展产生积极影响。但是，文化心理学也有其内在固有的不足，对之也应当有恰当的认识，实事求是地加以评价。

一、文化心理学的积极意义

第一，分析并力图解决主流的科学心理学存在的问题，促进心理学的发展。文化心理学的理论观点主要表现在以下两个方面。一是文化心理学对主流心理学的"破"，即批判、否定和反动，是指文化心理学自觉揭示以往传统心理学的不足或局限性，指出它所面临的困境，以不同于它的新视角审视心理学，对其内在固有的问题给予批判、反思，并对其原因进行批判

性、创新性剖析。"破"体现了文化心理学的批判精神和心理学自身的自觉意识，说明心理学在其发展过程中能够积极主动地认识自己所存在的问题或局限性，从而为解决它们奠定良好基础。二是文化心理学的"立"，是指对心理学知识或理论的重新建构，即文化心理学积极主动地去解决心理学发展中存在的问题，构建它认为恰当、合理的心理学知识或理论体系。"立"体现了文化心理学的建设性。文化心理学对传统心理学的批判、反动是全面彻底的，涉及传统心理学的硬核和保护层，即从理论基础到基本理论假设再到具体的理论观点和方法。文化心理学的"立"也是多方位的，它涉及心理学的哲学基础、一般理论、方法论和具体的研究方法。文化心理学的破与立主要体现在："破""物性"，"立""人性"；"破""经验—理性"理论模式，"立""文化研究"范式；"破"传统心理学的本体论和普遍知识观或真理观，"立"文化相对主义与建构主义；"破"二分主义和以此为基础的本质主义、基础主义和归因主义，"立"整体主义、非本质主义、非基础主义；"破"主流心理学的自然科学模式和研究方法，"立"人文科学模式及其研究方法。(李炳全，叶浩生，2005)

第二，复兴了心理学中的人文主义取向，使心理学体系更加完整。自冯特构建

科学心理学之初起，心理学就被分为两个部分：科学心理学和民族心理学。科学心理学又被称为第一心理学，它代表了心理学的科学主义方向，是冯特之后的心理学发展主流；民族心理学又被称为第二心理学，它代表了心理学的人文主义方向。但当心理学在美国得以确立并成为世界心理学的主流之时，心理学家们普遍主张心理学研究应以获得人的行为的一般通则为其基本任务，由此，他们仿效自然科学，采取了自然科学传统，确定客观的实验范式为心理学取向。这样，心理学的学科性质逐渐被改造成适合实证论和操作主义的狭隘的科学。由此，人文主义心理学取向在心理学发展中逐渐被忽视，被拱手让给人类学、文化学和社会学，以至于使心理学成为不完整（残缺）的心理学。从文化心理学家的基本观点和他们所构建的文化心理学的知识或理论体系来看，它实质上是冯特的民族心理学的发展，甚至有人认为把冯特的第二心理学翻译成民族心理学是错误的，而应将其翻译成文化心理学。美国著名心理学史家罗伯特·华生指出，冯特的 Volker Psychologie 不应被译为英文 Folk Psychology（民族心理学），而应译成 Culture Psychology（文化心理学）。（叶浩生，1998，p. 88）文化心理学所研究的正是不能用客观方法研究的内容，其研究主要是通过对人类历史上积淀下来的能够表现或显示出并制约人的心理和行为的语言、神话、风俗习惯、理论公设等的分析综合来实现。这样，其理论就克服了心理学发展中科学心理学单条腿走路的不足。

第三，突出心理和行为的宏观性质，拓宽了心理学的研究领域，使心理学理论更加切合社会实际，促进了心理学的应用。主流心理学的本体论可以说是原子论的，这种本体论把心理现象看作被称为元素或变量的单独的实体，它们是内在固有的、独立的、不变的、均质的和简单的，具有不可分、可观察、可量化、自主、自足等特性，不能从其他现象中衍生出来，不受外部的质的影响。它们对于心理现象来说是基本的东西，构成了心理现象。这正如物理学上假定物质是由原子构成的，原子是物质的最小的基本构成单位一样。由此，它假定心理现象以行为或某种可观察、可证实的、可分解的形态而存在。换言之，心理现象明显是单一的、简单的、可操作的东西。由于文化与社会是相互联系的风俗习惯形成的网络，不具有主流心理学所说的变量特征，满足不了其研究原则的要求，因此遭到主流的科学心理学的排斥。由此就不可避免地导致心理学理论与社会现实不同程度的脱节，降低其应用或实践价值。而文化心理学恰恰与此不同，突出对心理和行为的文化性质的研究，强调实际语境研究，倡导心理学研究的生态化。所有这些，都扩展了心理学的研究范围，使心理学与社会实践结合得更为紧密，增强心理学的理论和应用价值。

二、文化心理学理论的局限性

第一，影响对心理和行为规律的探讨和普适性心理学理论的构建。文化心理学坚持相对主义立场，认为人的心理和行为存在着文化差异，由此通过对其研究所获得的心理学知识和所建构的心理学理论必然也存在文化差异。质言之，不可能获得普遍性或普适性的心理学知识或理论。果真如此吗？答案当然是否定的。事实上，人类的心理和行为既存在差异性、特殊性和间性，也有共同性、一般性和通性。对它们心理学都应研究，而不应有所偏废。但是，文化心理学对多元论和相对主义的坚持，必然会导致对后者的忽视，从而不利于自然科学模式的心理学即科学主义心理学取向发展。

第二，不利于对人的心理的客观性部分和刺激的客观性反应的研究。文化心理学家认为文化心理学研究的是刺激的意义，而不是刺激本身。意义是由人来赋予的，尽管它是由刺激来表征和蕴含的，但与刺激本身不同，同一刺激可以有不同的意义，同一意义可以有不同的刺激来表征和负载，因此它们所引起的人的反应也有所不同。正因为如此，为了全面地说明和解释人的心理和行为，有必要对刺激的特性及其所蕴含的意义都进行研究。这就像历史学研究一样，既要收集、描述历史事实，同时又要解读和理解其意义。文化心理学对意义的突出和强调虽然有助于后者，并因此弥补了主流心理学的不足，但却忽视了前者，不利于对心理的客观性部分和与刺激本身内在固有的属性有关的心理活动的研究。由此要求我们在以后的心理学研究中，应把两者恰当地结合起来，既重视量化方法，又重视质化方法，既研究心理和行为的客观性部分，又探讨其主观性部分。

本章思考题

1. 试述文化心理学兴起的原因。

2. 简述文化心理学发展的历史阶段。

3. 介绍文化心理学的基本内涵。

4. 简述当前文化心理学研究的主要方法。

5. 试述文化心理学的基本理论观点。

6. 如何评价文化心理学的贡献及局限？

第二十二章
社会建构论心理学

随着后现代思潮的影响不断扩大，"话语心理学""叙事研究""话语分析""女性主义心理学""解构主义心理学""后结构主义心理学""批判心理学"等越来越多地撞击着我们的耳膜。

社会建构论可视为一种理论取向，在不同程度上支撑着这些新的理论研究，如同在其他社会和人文科学中一样，后者正在心理学、社会心理学中提供一种激进的、批判性的选择。（Burr，2003，p.1）

上述各种后现代心理学的理论形态既相互交叉渗透，又各有侧重。批判心理学、后结构主义和解构主义心理学侧重于对现代心理学的基本信念或基础预设的批判；话语心理学和叙事研究则在否认心理的反映性和主客二元思维的基础上，强调话语和叙事对于人的心理的建构力，致力于分析话语和叙事的结构及其对人的心理的建构过程；女性主义心理学从性别心理差异出发，揭示性别心理的非本质性和社会建构性。社会建构论心理学是在上述各种后现代心理学形态背后起支撑作用的东西。正因为社会建构论是后现代心理学的元理论，对它的研究必将深化我们对后现代心理学的认识与理解。

第一节 社会建构论心理学产生的背景与原因

一、社会建构论心理学产生的社会背景

社会建构论心理学的产生是西方社会正在发生着的后现代、后工业社会的生产和生活方式在心理学中的反映。现代科学技术，特别是信息技术的发展导致社会生活方式的改变，进而引发人自身——作为心理学研究对象——的心理和行为的变异，此种社会存在是导致社会建构论心理学产生的根本原因和决定因素。

现代信息技术的迅猛发展将人类带入"饱和的社会"（the saturated society）：技术饱和、知识与信息饱和。尤其重要的是关系的饱和。随着信息时代的来临，人活动和影响的范围和领域不断扩大，社会关系不再限于家庭、邻里、同学、同事，工作环境不再限于田间地头、厂矿车间、办公室、写字楼等狭小范围。不同文化、不同种族、不同语言、不同职业、不同角色的人沟通和交流的机会逐渐增多，每个人介入其中的关系无论数量还是形态都呈几何级数增长，各种关系日渐充斥着当代人的社会生活。交往的增多、关系的饱和使人们有机会感受到不同文化中的人在价值理念和认知情感方面的差异，从而对跨文化的绝对理性或真理产生怀疑。通过观察不同人的行为方式和日常习惯，人们逐渐学会并习惯于在不同的话语情境中遵从不同的游戏规则行事，行为的出发点由原来的"我是谁""我是（应该是）怎样一个人"转变为"我和谁在一起"、"我在做什么"以及"我为什么要做"。

伴随着社会饱和的进程，人的自我正在变成"混成曲"。每个人的记忆中都储存或携带着不同类型的他人的"存在型"（the patterns of being），并在不同的条件下将不同的"存在型"付诸实施。"我"在不同场合成了不同的"他人"（the other）的代表或替代品。这种自我之间通过彼此模仿而相互植入的现象在后现代心理学中被称为"拟态席卷"（mimetic engulfment）。其结果是人的自我越来越多地成为他人自我的组装或"拼盘"，最终裂变成众多的碎片。现代人的内心充满了矛盾，对于其中任何一种观念，都存在与之对立着的强烈反抗趋势：不能忍受别人的偏见，却坚持自己的偏见是公正的；承认人人平等，但对等级制度也能随遇而安；相信人都是相同的，又处心积虑地张扬个性。任何一种价值、目标和观念都同时存在着对立面。矛盾与冲突是当代文化的典型特征，而容忍、接受和妥善处理这些矛盾冲突，成为个体适应当代生活所必须具备的心理品质。

现代自我是以自主、理性的"主体"身份与外界对象或"客体"打交道的。其中，每个人的自我都是对内统合、对外有着清晰边界的独立完整的心理结构。保持自我的同一性在现代社会的文化生活中是健康或心理正常的标志。而自我内部同时存在多种不协调的声音，这不仅打破了现代自我的同一性承诺，而且最终将导致自

我完全解体，使越来越多的人再也找不着现代意义上真实自我的感觉。那些现代文化意义上的"理性行为"饱受质疑，因为在某一种关系情境中被视为理性的东西，换一种关系情境会感觉很荒谬。社会饱和使人听到各种不同的声音，导致对宏大叙事、宏大理论的信念崩溃。而一旦客观真理成为不可能，现代理性的自我便告隐退。现代文化意义上的稳定而统一的自我将不复存在，取而代之的"多重心灵"将成为人的心理常态。新人类的自我将普遍具有"溶解的（dissolvable）""被灌注的（infused）""被植入的（populated）""饱和的（saturated）""关系的（relative）"特征。

二、社会建构论心理学产生的直接动因

社会生活方式的转变及由此引发的人自身的变异是社会建构论心理学产生与发展的根本原因，忽视这个层面会导致历史唯心主义。但社会存在对社会意识的制约不是直接的，它们之间还存在社会文化的中介。文化的变迁与时代精神的变革构成社会建构论心理学产生与发展的直接动因。当代文化的变迁主要表现为以下几个特征。

第一，超越主客思维。现代文化的典型特征是主客思维。世界被一分为二，外在于人的客观物质世界和人内在主观的精神世界。主观是对客观的反映。胡塞尔最先引领现代哲学走上由主客二分的科学世界向主客统一的生活世界的回归之途。胡

塞尔认为，一切经验都带有意向性，总是指向外在世界的某些东西，或被这些东西所吸收。换句话说，主体的经验需要客体作为它的内容，而客体也只有在主体的经验与它相关的情况下，才称其为客体。超越于人之外而独立存在的东西是没有意义的，外在的、独立于人的自然的世界和抽象的概念的世界统一于现实的生活世界。当代哲学的解释学同样要求摈弃主客思维。伽德默尔否认任何文本或对象具有某种客观、确定、现成的意义，认为解释者不可能超越自己的历史性或主观性实现对文本客观的、无前提的理解或把握。"解释"是解释者与文本之间的对话，"意义"是在对话途中生成的，"理解"和"解释"是人类生存的基本方式和条件。现代主客思维一方面引发经验主义和理性主义长期无休止的争论，另一方面带来现代社会生态、伦理、政治等一系列严重的社会问题。因此，超越主客思维已成为当代哲学和文化发展的大势所趋。

第二，语言观的转变。在现代语境中，语言是指代特定事物或抽象概念的符号系统，语言与它所指代的事物之间具有特定的对应关系。事物是语言之外的客观存在，语言作为被指涉事物的"标签"（labels），是对事物的反映或表征。当代文化发展的另一重要指征是语言观的转变，表现为将语言的意义延伸至极限。自从索绪尔（Saussure）指出语言的"能指"与"所指"之间关系的任意性，符号系统受其内在的逻辑支配之后，列维－施特劳斯（Lévi-Strauss）等人探寻潜藏于各种文化

的符号、习俗、风格中的结构，发展了语言学的结构主义。维特根斯坦（Wittgenstein）则用语言的"游戏隐喻"取代了"图画隐喻"，指出语词的意义取决于它由之而来的语言游戏，否认语言与外在现实之间的对应关系。德里达的话语解构主义进一步促进了当代语言观的转变。他指出，语言是一个封闭、自足的系统，其中，任一符号与其他符号"互指"。意义具有漂流性，而不是固定于文本之外某种特定的"现实"。语词的歧义性由此备受关注，语词与现实之间的关系渐行渐远。当代哲学和文化的发展倾向于人为，语言和它所"反映"的现实没有直接、必然的联系，之间永远存在着解释的距离。不仅如此，在现代语境中被作为反映客体的工具而使用的语言，被当代哲学赋予了"先在于人"的地位。语言不再是由人说出来的东西，相反，语言不仅构成了现实，而且构成了人本身。

第三，关注知识的社会建构性。从日常语言出发，当代文化进一步怀疑科学语言的客观性。这种怀疑较早出现在库恩《科学革命的结构》中。库恩借助于科学史上的大量实例证明"观察渗透着理论"，知识是特定的科学家共同体内部社会交往过程的结果，所谓真理的客观性很令人怀疑。20世纪60年代以后，从知识社会学中发展出一门新的学科分支即科学知识社会学。它采用人种学的田野调查方法研究知识从实验室中被生产出来的过程，对当代文化产生了重要影响。例如，拉图尔（Latour）通过对科学家在实验室中的谈话做话语分

析认为，由实验室产生出来的"科学事实"是科学家根据科学仪器的标记而构造出来的"人工事实"。塞蒂纳（Knorr Cetina）在《制造知识——建构主义与科学的与境性》中表达了相同的观点："对实验室的研究已经表明，科学对象不仅技术性地在实验室被创造出来，而且符号性、政治性地被建构。……科学成果已终于被看作是文化实体而非由科学'发现'的、纯粹由自然所赋予人们的东西。如果从实验室中所观察的实践是文化性的，即它们不能简化为方法论规则的应用，那么，由这些实践而产生出来的'事实'，也必须被看作是经由文化形成的东西。"承认科学知识的社会历史性与文化建构性，是对建立在主客思维基础上的现代科学观、知识观、自我观、心理观的全面挑战，其后果直接导致反科学主义、反本质主义、反客观主义、反基础主义的后现代思维方式以及倡导相对主义、视角主义、多元价值、本土化研究等的当代文化思潮的蓬勃兴起。

三、社会建构论心理学产生的学科内部原因

社会建构论心理学产生和发展的内部动因在于，在当代文化变革大潮的冲击下，现代心理学的实证主义方法论渐成痼疾，心理学面临严重的生存危机。

现代心理学的历史发展经历了三个时期：1879年到第二次世界大战前为学科形成阶段；第二次世界大战以后到20世纪60年代为学科发展阶段；从20世纪60年

代末开始，心理学的学科发展开始陷入危机。这场危机反映了纯自然科学研究模式运用于现代心理学的失败。在自然科学观的统摄下，心理学长期以来将研究的重点放在"经验事实的积累"上，心理学家纷纷遵照实证主义科学研究的程式：在观察基础上形成假设，然后通过设计精巧的实验验证这些假设，得出的结论被作为规律性知识构成心理学理论体系的组成部分。现代本质主义的思维方式使心理学将抽象的现实当成真实，真实的人及现实生活在心理学中销声匿迹。当心理学家将人作为心理的主体加以研究时，他们面对的"人"其实是一个类概念，是抽象的人，而不是现实的人。正因为严重脱离现实生活，无法对人的社会行为提供任何现实的指导，导致心理学研究价值的严重缺损。

现代心理学发展史是在内源论与外成论之间两极摇摆的历史。冯特的内容心理学是一种外成论，关注那些受自然环境变化驱动并依赖于自然环境变化的心理机制。格式塔心理学从属于现象学范式，强调知觉组织的原发性趋势，具有内源取向的特点。行为主义者认为，环境是人类心理的主要决定因素，有机体若要成功地适应环境，其知识必须能够充分地代表或准确地反映环境，表现出强烈的外源性特点。尽管认知心理学在观念上强调人类行为批判性地依赖于被认知的世界而不是世界本身，似乎偏向于内成论，但它坚持心理是对外部世界的反映，致力于"发现"和"描述"认知过程的内在心理机制，又符合外成论。因此，认知心理学在方法论上是矛盾的。

它一边寻找客观规律或真理，一边又相信，什么是真的依赖于人的认知结构。这一信念诋毁了它自身的价值，颠覆了它自身存在的合法性。

经历了人本主义对科学主义心理学的批判和第一次认知革命，内成论终究没有在心理学中获得支配性地位。无论是人本主义心理学还是认知心理学，都没能彻底推翻构成现代心理学的元理论基础的外源论。内源论与外源论之间的争论还在继续。任何时候强调外在客观事实的重要性，都不能否认这一事实，即不同主体针对同一个对象会产生不同的认识。反之，强调人的理性的作用也不可能完全否定外在现实的作用，因为如果没有认识的对象，理性还有什么价值？认知主义不可能解决思想或概念的起源以及认识以何种方式影响人的行为等问题，不仅如此，认知主义的不断扩展很可能演变为一场唯我论的复归。

社会建构论的出现作为心理学史上第二次认知革命，正是为了摆脱现代心理学外成论与内源论两极摇摆的困境。社会建构论心理学试图超越外源论、内成论所隐含的主、客二元局限，发展出一套新的替代性分析框架，由此结束两种取向之间长期无休止的争论。社会建构论心理学不再将知识作为一种单纯的精神表征——对客观事实的经验性描述——或一种先验的结构性存在，而是将知识的产生置于社会互动过程，将其作为一种文化建构加以理解。基于此，心理学将"不再尝试探索支配人类思想和行为的规律，而是转向研究我们用以建构世界和建构我们自己的话语实

践"。(Gergen，1985，pp. 269—271)

第二节 社会建构论心理学的纲领与内容体系

一、社会建构论心理学的基本纲领

社会建构论是多种建构主义理论形态中的一种。如果我们接受建构主义作为一种新的认识论，甚至是新的本体论，那么，社会建构论可视为一种新的社会科学、人文科学的研究取向或研究范式。英国心理学家贝尔（Burr）概括了社会建构论者的共有信念，包括：①对被我们视为理所当然的知识持批判的态度；②相信我们理解世界的方式、所使用的概念及分类都具有历史和文化的特性；③认为知识产生于社会过程；④认为知识与社会行动同步共振。基于上述信念，社会建构论心理学表现出以下主要特征：第一，反本质主义；第二，反实在论；第三，坚持知识的历史文化特殊性；第四，认为语言构成思维的"前见"（pre-condition）；第五，将语言作为社会行动的一种形式；第六，关注社会实践与互动；第七，关注建构过程。这些特征构成社会建构论心理学同现代心理学的差异所在。

社会建构论心理学是社会建构论作为一种新的社会科学研究范式在心理学中的反映。心理学中的社会建构论始于 20 世纪 70 年代的社会心理学批判。格根一直是社会建构论心理学的领军人物。他 1985 年发表于《美国心理学家》杂志上的《现代心理学中的社会建构论运动》一文，被视为社会建构论心理学正式形成的标志，也是社会建构论心理学的宣言书。该文中，格根将社会建构论心理学的基本立场从元理论层面概括为四个基本假设。这四个假设不仅在此后格根的许多论文和著作中反复出现，也是社会建构论心理学的批判者最常用的靶子，是社会建构论心理学的基本纲领：

第一，我们用于理解这一世界的术语（terms）并非由我们对世界的经验本身所规定。我们关于世界的知识并非归纳的产物，也不是对基本假设之建构和检验的产物，堆积如山的对实证—经验主义的知识概念的批评，严重动摇了这样一种传统观念：科学理论是以任何直接的或非情境化的方式映射或摹写着现实。（Gergen，1985）

正如格根所言，社会建构论"是被不满催生的"。它开始于对科学领域和日常生活中被认定为理所当然的那些事物的不信或怀疑。它强烈要求悬置一切现有信念，挑战传统知识的客观基础，因此被认为是"批判主义的一种特殊形式"。"社会建构论主要阐释人类（如何）描述、解释、说明他们生活于其中的世界（包括他们自己）的过程。"（Gergen，1985）过去的、现存的以及将来可能出现的对这一过程的共识性理解始终是社会建构论的中心话题。经验主义的认识论认为，个体内在的主观世界与外在的客观世界之间具有对应关系，主观世界是对客观世界的"反映"或"摹写"。知识是这些反映的固化，而语词、概念——格根所谓的"术语"，作为知识的物质载体，是对客观的主观反映的表现形式。社会建构论对此指出，我们用以理解这个世界的语词、概念等，既非客观现实所要求的，也不是由我们的经验直接决定的。这一命题无疑是对传统的主客关系的否定。与此同时被否定的，还有经验主义的认识论和传统的知识观。

第二，被我们用以理解这个世界的术语，是社会的人造物，植根于人与人之间的互动过程，是历史的产物。从建构主义者的立场看，理解过程不是自然力量自发驱动的结果，而是处于一定关系中的人们积极主动共同合作的事业。根据这一观点，研究被导入各种不同类型的世界建构的文化和历史基础。（Gergen，1985）

批判性是社会建构论的重要特色之一，但社会建构论同时也是一种建设性理论。在解构了传统的主客关系以后，社会建构论的观照点仍未离开"我们用以理解这个世界的术语"。因为人总是借助于语言理解

和把握世界。如果说，二元认识论中的主客关系是一道无解的题，就像"上帝能否造出一块连自己也搬不动的大石头"，那么语言和世界之间的关系则相对明确得多。于是，社会建构论把关注的焦点从二元认识论的心灵与现实的关系转移到语词与世界的关系，从我们头脑中的命题转移到我们所写所说的语言中的命题。这样，社会建构论就把二元认识论所面临的那些纠缠不清的问题放到一边，而把焦点集中在我们所使用的语词在我们生活实践中产生和存在的方式之上。社会建构论启发人们思考那些在广为接受的观念背后起作用的社会文化根源，将注意力从主观如何反映客观的内在心理过程转移到隐藏于人的心理和行为背后的基本假设，以及对后者起支持作用的社会政治、经济、法律、道德、文化制度方面来。

第三，某种特定的理解方式被人们接受、认可或支持的程度，从根本上说，并不取决于其观点的经验有效性，而是取决于社会过程（如沟通、协商、冲突、修辞等）的变迁。……事实上，这种变化是从经验的到社会的认识论。（Gergen，1985）

传统心理学的方法论一直在客观决定主观的经验主义和主观决定客观的理性主义之间徘徊。社会建构论跳出了这样一个历史性的封闭圈，落脚于主观与客观相联系的中介或桥梁——社会实践。如果说，人对世界的理解和认识受制于社会历史文化因素，那么，社会、历史、文化又是如何形成与发展的？社会建构论必须对此做出解释。回到文化历史主义已不可能，它

最终无法摆脱主客关系的图圄。社会建构论于是放弃决定论,选择了一种新的认识论——建构主义。"建构论"不同于"决定论"之处在于,它将人的认识与观念视为一个复杂的社会过程的产物。各种因素(主观与客观、主体与客体、个人与社会、观念与现实等)在这一过程中不断相互作用——沟通、协商、冲突、修辞……社会建构论心理学因此放弃对个体内在心理结构或心理过程的研究,转向人与人之间沟通、互动、对话、协商、冲突、修辞等社会性过程。这种转变,正如格根所言,是一种认识论的转变,从经验认识论到社会认识论。

第四,经由协商产生的理解方式对于社会生活具有重要的意义,因为它们与许多人们参与其中的其他活动之间存在固有的联系,对世界的描述与解释本身构成了社会行为。如此它们与人类的一切活动相纠结……沿着这条支脉,许多研究者对心理学中流行的观念及有关人类行为的隐喻进行了思考。将人视同为机器、视为自足的个体或视为社会关系中的交易者等许多观点,越来越多地受到质疑。(Gergen, K., 1985)

经验主义的认识论追求研究和知识的客观性,排斥价值问题。而在社会建构论看来,对世界所做的叙述(account)是包含在社会实践中的。每一种叙述都蕴含着对某些社会实践的支持和对另一些社会实践的贬黜。因此,放在对世界的各种不同叙述面前的一个关键问题便是:这种叙述所支持的是什么样的实践?它们是否使我们得以按某些我们认为有价值、有意义的方式生活?或者,它们是否威胁到某种我们珍视的社会模式?价值问题遂成为不可回避的问题。顺着这条思路,社会建构论对当前社会多数人共享的话语模式以及心理学领域中流行的理解方式(话语、叙事、隐喻等)做了大量深入的研究。将人视为机器、视为自足的个体或视为利己主义的贸易者等许多观点受到批评。社会建构论心理学希望通过对话语和叙事的改造,通过改变人们共享的理解方式,影响人的社会行动,从而发挥对理想化的和谐社会的建构作用。

二、社会建构论心理学的内容体系

社会建构论心理学是一个包含思想、理论、实践等多层面的驳杂的体系。正如 *Theory & Psychology* 杂志主编斯坦姆(Stam)所言,如同后现代主义一样,社会建构论对它的批判者来说不是一个单一的靶子,对于它的同情者而言,也不是一场单一的运动。即便限制在心理学的范围内,由旦兹格(Danziger)、爱德华滋(Edwards)、格根(Gergen)、黑尔(Harre)、莫瑞斯基(Morawski)、珀特(Potter)等人所表述的社会建构论立场之间的差异,也使得我们不可能描述出一种单一的社会建构论立场。此外,社会建构论心理学目前还处于快速发展期,很难对它形成一种稳定性的认识。所以,目前的研究还只是相对临时性的"快照"。

我们选择了两部最具权威性的社会建构论心理学专著，它们也是迄今为止仅有的两部系统综述社会建构论的著作，在一定程度上能够反映社会建构论心理学研究的主要领域和内容。其中之一是英国 Routledge 公司出版的贝尔（Burr）的《社会建构论引论》（1995），另一本是由美国 Sage 公司出版的格根的著作《社会建构论导引》（1999）。贝尔的《社会建构主义引论》是心理学中首次对社会建构论的系统介绍。该书出版后连年加印，2003 年第二版更名为《社会建构论》。新版的结构有些调整，但内容变化并不很大。格根的《社会建构论导引》被认为是社会建构论发展的一个里程碑。以作者在该领域的权威地位，该书无论就所涉及的范围还是可理解性而言，都堪称对社会建构论的"最佳俯瞰"，对近几年社会建构论心理学的教学、研究与实践产生了深刻的影响。

对这两部书的内容进行概括，社会建构论心理学的研究领域或内容主要涉及四个方面：①对传统的批判；②新的社会认识论的建构；③自我和人格；④语言和话语。作为一种心理学的研究体系，社会建构论心理学对传统的批判及对新的社会认识论的建构不同于单纯的哲学或认识论研究，多数时候，批判和建构都是蕴含在自我和话语问题的研究中进行的。"自我"和"话语"因此构成社会建构论心理学两个最主要的研究领域。在社会建构论心理学现已出版的著述中，"自我"始终是中心议题之一。以格根本人的著作为例，《人的社会建构》（1985）、《重塑自我与心理学》（1993）、《现实与关系》（1994）、《饱和的自我》（1991）、《关系的责任》（1999）等都是以对现代自我的批判和后现代自我的重构为核心或主题。有一些社会建构论心理学家相对更多地关注语言和话语问题，其中包括贝尔。在他的《社会建构论引论》中，几乎每一章都围绕语言或话语这一中心线索展开。

第三节 社会建构论心理学的理论观点

一、自我理论

"自我"的概念是心理学研究的基石。

社会建构论心理学作为后现代心理学的元理论，首先是一种自我理论。"自我"在社会建构论心理学中的意义不同于现代心理学，不是指个体的自我意识或人格，而是对"人"认识——"作为人，我们是谁？我们是什么？"的回答或反映，是人性层面上的"大我"。（Gergen，1999，序言）社会建构论心理学的自我理论包含两个层面：首先是对现代心理学中有关自我的基础信念的反省和批判，反映了后现代文化对人的本质、对人与世界关系的新的认识；其后是以关系的、建构的、对话的自我全面取代现代心理学中独立的、本质的、独白的自我，实现对现代自我的超越。

（一）对现代自我的批判

现代自我基于三个既相互独立又相互连锁的假设：其一，知者与"被知"分离、对立，假设客观世界"存在在那儿"，而内心世界是对外部世界的反映；其二，假设人在说话或写作时，是对其内心世界的表达；其三，基于前两个假设，语词的意义构成对外在客观世界的表征。其中，第一个假设涉及人的内心世界与外部世界的关系，第二个假设涉及概念与内心世界的关系，第三个假设涉及人的语言与外在客观世界的关系。社会建构论心理学对现代自我的批判集中针对这些假设。

人们一般不会怀疑世界独立于人的意识而存在。因为不管谁睡着了、去世了，哪怕全世界的人都灭绝，地球仍在转动。世界确实存在"在那儿"，人类只是过客。"被知"（对象）与"知者"（主体）的分离因此是"自明的"（self-evident）。社会建构论心理学提出的问题是，"如果离开人的经验，还会有'被知'存在吗""如果没有人的耳朵，客观事物会发出'声音'吗""如果没有人的眼睛，客观事物会有任何'颜色'吗""如果离开人的经验，'云、雨、雷、电'以及我们所知的任何东西还

有什么意义吗"。由此得出结论是"在'被知'与'知者'之间，消除一方等于同时消除另一方"。而"既然我们每个人都生活在自己的经验中，既然我们面对的就只有一个经验的世界，为什么非要将它视为两个不同的存在领域，而不是一个？为什么一定要假设存在一个与客观事物相对立的'内在心灵'？"（Gergen，1999，p. 9）

"被知"与"知者"的分离源于笛卡尔对两种实体的划分。笛卡尔说：人兼有两种实体，一种是机械的占有空间的物质实体，另一种是自由而不占有空间的精神实体。笛卡尔这样说，其实只是表达自己对于人的身体与心灵的不同特性的一种理解。这种表达是一种隐喻，而不是一种客观描述。只是后人把隐喻当成了真实，有关知识的各种问题才被制造出来两个由世界的对立带来一系列无法解决的问题。例如，被知的世界如何在知者的心里被表征？我们如何判断什么时候、什么地方发生知觉错误？个体的知觉如何影响他的行为？……社会建构论心理学认为，所有这些问题都是由主客分离、对立的假设"制造"出来的。于是，质疑接踵而至：为什么一定要假设两个世界，"客观—主观""外边—里边"？社会建构论心理学并不绝对否认两个世界的对立，或者说这肯定是一个错误的假设。这里不是"证实"或"证伪"的问题，而是固守主客分离的"唯一真理"，还是为其他可能的假设留有余地的问题。社会建构论立场是，既然哲学家无法证明真实世界和经验世界的分离，无法证明独立于经验之外的真实世界的存在，就

应该允许别人做出另类的假设。后现代建构主义、关系主义的自我观由此进入议程，它最主要的特征就在于消弭主客体，将"世界"和"心灵"同时去本质，将视点移向日常生活、社会互动或话语实践。

图 22-1　羚羊与鸟

经验主义的反映论是社会建构论心理学反省和批判的重中之重。现代心理学认为，人的内心世界像一面镜子，外在事物从中得到反映。在这种镜喻关系中，外在有一个事物，内部相应地有一个影像，内心世界（心理）与外在世界（现实）之间是对应的。格根本人曾多次借用"羚羊与鸟"（图 22-1）的例证对此给予反驳。针对该图，格根说："如果某个人是鸟类学家，他可能倾向于把它理解为一只饥饿的、张着喙的鸟，正在等着喂虫；而一个动物学家，则可能会认为它是一只警觉的羚羊。鸟的喙变成了羚羊的角。可见，同一个对象，由于观察者具有不同的概念或知识背景，被以完全不同的方式识别。"（Gergen，1991，p. 91）所以，人总是带着特定的知觉方式，并在知觉的过程中生成事实。心理的本质不是对客观现实的反映，而是社会文化的建构。

现代自我的第二个假设，是假设一个人能通过言语表达自己的内心世界。通过理解他人的言语，能够进入对方的心灵或意识。问题在于，人是如何知道，又是怎样表达自己内心世界的？用言语表达自己的内心，首先必须准确地识别各种不同的心理状态。物质世界具有大小、形状、重量等属性，借以相互区分。思想没有色彩，需要没有形状，我们以什么为标准识别它们？此外，还有表达的问题。尽管我们在日常生活或在学科研究中使用共同的心理语汇如幸福或需要等，却不能保证我们使用某个概念所表达的心理状态与他人完全一致。人无法进入彼此的内心，心理活动也不可能摆在桌面上研究。当我们识别某种内心感觉并试图用概念表达的时候，无法确定这种表达是真是假，是对是错。现代心理学研究主要通过人的行为反应和言语表达反推人的心理，纸笔测验、口头报告等研究方法都基于言语与内心世界的一致性。如果言语、概念不能准确地表征内心世界，现代心理学研究方法的合法性必然陷入危境。

现代自我的第三个假设被称为言语符合论，即语言是对世界的描述。语言的价值取决于与事实的相符程度，知识必须是符合事实的陈述，越符合事实越科学。社会建构论对言语符合论的批判最先借助于索绪尔的语言学。索绪尔有两个观点非常重要。第一，"能指"与"所指"之间的关系是任意（arbitrary）的。一个事物可以用任何符号指代，反过来一个符号也可以用于指代任何事物，它们之间的关系是随意的。对同一个东西，你可以称它为 A，我却可能叫它 B。反过来，我们都在使用 A 这个概念，却未必指的是同一种东西。第二，索绪尔指出，"符号系统受其内在的逻辑支配"。任何一个语言或符号系统都有自己特定的词法、句法、语法规则，即有自己的内在逻辑。德里达发展了这种观点，认为语言是一个自足的系统，任何词都不可能走出语言系统之外去遭遇"现实"。我们出生于特定的话语传统，每一种话语都是一个意义系统，对于"人是什么""活着为什么""应该怎么活着""什么是幸福"等已经给予了一系列的"约定"。人生长于话语之中，话语构成了人的思维，人因此追求话语让人追求的东西，讨厌话语让人讨厌的东西，最终为话语所建构。现代心理学认为，语言是供我们使用的工具，我们用语言描述外在和内心世界。社会建构论则认为，不是人在用语言，而是话语通过我们、借我们之口在言说。

（二）对现代自我的超越

社会建构论心理学对现代自我的超越主要表现在以下四个方面。

第一，自我从本质到建构。现代心理学认为，每个人都有自己特定的内心结构或"人格结构"，每个人的内心结构都拥有独一无二的特质组合与独特构造，决定了一个人行为和思想的独特性。这种内在自我的预设带有本质主义的特点，即每个人都有不同于他人的本质，这种本质反映在人的"自我"结构中。现代心理学认为，

人的内在自我是遗传基因和外在环境共同作用的结果，它一经形成，便具有相对的稳定性。社会建构论心理学对于是否真有这样一种稳定的、结构性的内在自我提出质疑。社会建构论认为，能够观察到的只有人的行为，"心理结构""自我""人格"都是为了说明、解释人的行为而构想出来、对人的行为起制约作用的内在因素。不存在一个固定不变的本质的自我。人的心理是一个流动的舞台。与其说人有本质，不如说自我被社会、文化、关系所建构，并永远处在被建构的"途中"。

第二，自我从独立到关系。现代自我是独立的，每一个自我都是一个本质的、自足的单元，是具有理性而独立的"主体"，其他一切均构成"客体"。主体凭借对客体的本质、规律的认识征服客体，使后者为我所用。这是典型的主客思维，它以人具有独立性、自主性、能动性以及对客体的反映和认识能力为前提预设。与此相对立，社会建构论心理学提出一种新的自我观：自我并非存在于个体内部，而是存在于人与人之间。社会建构论认为，人的自我不是一个自足的单元，而是关系的对应物，是社会身份的体现。"从当前的立场看，没有一个独立的被称为'心理'的领域需要关注。行为确实存在，但行为存在于关系中，并通过关系被理解。"（Gergen，1994，p.133）社会建构论认为，生活就是随时准备好"一张脸"，去面对那些你将要见到的"脸"。至于你应该准备怎样一张"脸"，取决于你将要面对的是怎样一张"脸"。换句话说，人具有怎样一个自

我，很大程度上取决于他所面对的是怎样一些人。

第三，自我由"知者"到"建构者"。现代自我的身份是"反映者"，或"知者"。现代自我的"知"或"反映"来自两种可能的渠道：或者来自被反映的客体，作为对客观对象的主观镜射；或者来自某些先验范畴，如康德的"知性范畴"、胡塞尔"纯粹经验"或某种性质的"格式塔"。还有一种两者结合的方式，即"主客观相互作用"。不论哪一条途径，对于"知"到底是如何发生的、其内在过程和机制怎样均未明了。社会建构论解构了"知者"与"被知"关系。它认为，正如胡塞尔所言，一切经验都带有意向性，人的意识经验从根本上说就是关系性的，不存在客观的对象，也没有离开"被知"而能知的人。人的经验既不是"知者"对"被知"的反映，也不是"知者"的主观创造，而是在"知者"与"被知"的关系之外，取决于语言或话语。心理学因此需要关注这样几个问题：一种话语如何通过复杂的社会过程被建构起来？个体如何通过与他人的互动掌握语言？语言究竟如何影响日常生活中人的行动？此中包含着两种要素之间双向建构的社会过程：个体心理如何构成社会性话语？社会性话语如何内化为个体心理并影响其行为？

第四，自我由"独白者"到"对话者"。现代自我是"独白者"。在现代人的心目中，世界由简单的两部分组成，"我"和我周围的世界，"我"在其中是核心。由于每个人都相信自己的观察和判断，而真理又只能是唯一的，那么，在"我"相信的真理之外不可能存在另一种真理。所以，现代文化从根子上说是一种"自恋者文化"或"独白文化"，其特征是"表达"和"倾听"严重失衡。当代语言哲学和其他领域的研究已显示，语言不是关于世界的影像、镜射或图画，语词与它所代表的所谓"客观事实"之间的关系并非直线对应。当越来越多的人认识到，对一件事情能够有多种不同的"反映"时，社会生活便开始失去了它的同质性。"客观真理"让位于"不同意见"；"视角"代替"事实"成为人们关注的中心。社会建构论心理学因此尝试以另一种新的方式重构人的自我，那就是将人建构为"对话者"。对于社会建构论，"对话"与其说是一种"你最好接受"或最终"不得不接受"的先进理念，不如说是人自身的一种生存状态或生活方式。

二、话语理论

社会建构论心理学的"话语理论"是"自我理论"的逻辑延续，它进一步讨论人的心理是"通过什么"以及"怎样"被建构起来的问题。社会建构论认为，人的心理不是对客观现实的反映，而是来自话语的建构。"话语"顺理成为社会建构论关注的又一个焦点。社会建构论不仅要揭示现存的真理、道德、自我、心理等宏大话语怎样在社会生活中起作用，而且进一步揭示这些话语如何在社会互动过程中生成，以及它们参与建构人的心理、建构社会生活的内在机制。

（一）两种取向的话语理论

社会建构论心理学的话语理论分为两种取向。

一种是结构主义取向，主要针对话语本身的话语分析。这类话语理论将话语理解为反映日常惯习、常识和生活方式的一系列文本（texts），其中潜藏着大量"隐喻"和"叙事"，正是这些隐喻、叙事构造了我们对自己和世界的定义。"话语心理学家用'话语'作为说明语言的立场作用的实例。话语常常是指会话或言语互动，也可以是其他形式的文本。这些说出或写出来的文本被话语心理学家拿来分析，研究说话者或写作者如何使用语言建构某种成功的描述的方式。"（Burr，2003，p. 63）结构主义取向的话语理论以人们的日常谈话或写作中的隐喻和叙事为分析重点，较多关涉世俗生活中的趣事、家庭或朋友间的非正式评价、个人或群体间的沟通与矛盾冲突等，旨在揭示日常和科学话语背后隐藏着的"潜台词"，说明"人们似乎是在自主地表达内在的认识或感受"，而其实"在我们开始说话之前，我们已经被预先存在的结构（话语叙事）'言说'了"。（Gergen，1999，p. 64）

另一种取向的话语理论属于后结构主义取向，偏于动态研究，也称宏大社会建构论（macro social constructionism）。它强调语言不仅对我们的所思、所言设限，而且决定我们能够做什么，或者对我们而言"什么事情能做"。在此"话语"不仅指语言，也包括实践。换言之，话语不仅建

构了人的思想，也建构了人的行动。这一类话语理论突破了日常人际互动的界限，将话语置于社会整体框架中，关注不同话语间的对立及争夺话语权的冲突和斗争，借以说明话语如何既作为建构的资源，又在同样的社会过程中被建构。其中包含着大量对人的情感、性别、知识、越轨等心理和行为的社会建构过程的深入剖析，揭示了话语如何以特定的方式构成人们的社会生活，并包含对实现对话的可能性与现实性问题的考虑。

（二）话语定义与话语分析

结构主义取向的话语研究将话语定义为建构某个对象的陈述系统。"话语指涉一套意义、隐喻、表征、影像、故事或陈述系统。它们以某种方式共同生成对事物的一种特定看法。它们是对某个事件、某个人或某个阶层的人的一幅画像，是以某种特定的眼光看待或表征事物的一种方式。围绕着任何一个对象、事件或人，可能存在多种不同的话语，其中每一种话语都在讲述有关这一对象的不同的故事，每一种话语都以不同的方式向世界表征着这一对象。"（Burr，1995，p. 48）后结构主义取向对"话语"的理解是动态的，倾向于研究语言的"使用"问题。其中，话语即"做事"，话语即"行动"。由这种话语定义所引导的话语研究以"说话者"之间的相互作用为主要的研究对象，关注文本的产生与解释过程，亦即话语在不同的语境下，如何以某种特定的方式建构某一对象，而同时自身又被重构的过程。结构主义取向

的话语研究将人的"言语"和"行动"视为话语显现于其中的文本，主要针对文本做话语分析。而后结构主义取向的话语研究将话语视为"做事"或"行动"，更多关注话语的建构性和建构过程。但结构主义与后结构主义两种取向的划分只是我们对话语心理学的一种建构方式，两者并无绝对界限。从整体上看，社会建构论的话语研究为静态的内容分析和动态的过程探索的有机结合。

最初进入话语研究领域，人们常犯的错误之一是将话语分析单纯作为一种研究方法。而实际上，话语分析首先是一种研究立场，其次才是一种研究方法。作为研究立场的话语分析以现象学、解释学、人种志、符号学以及言语行动理论作为主要的哲学和理论基础。它反对传统心理学将人的行为控制点内置于"心理过程"或"精神实体"，强调语言对于人的心理和行为的立场或"定位"作用。话语分析以谈话和行动（文本）为研究对象，其主要研究兴趣，一是关注各种社会实践产生的根源，即人的心理和行为如何为某种特定的话语所建构；二是关心"说话者"如何利用话语策略，建构某种主导社会实践的描述，或为自己建构某种特殊身份，并使之合法化。话语分析作为社会建构论心理学偏好的一种研究方法，究竟应该怎么做尚未形成统一的认识，也没有确定的原则和程序。珀特和维斯瑞尔（Potter& Wetherell，1987，pp. 160—176）在《话语与社会心理学》一书中将话语分析的具体过程划分为选题、取样、录音与文档的收集、访谈、记录、编码、分析、确认、报告、应用十个环节。

第四节 社会建构论心理学的意义与问题

一、反思与批判的价值

社会建构论心理学最鲜明的特征在于它的反思性和批判性，最重要的价值是它对现代心理学一系列基础信念的深刻批判。心理学一直是由"批判"和"革命"推动着向前发展的，如行为主义革命、人本主义革命、认知主义革命等。但以往的任何一次批判，都是现代文化阵营内部的批判。如两种文化斗争中人本主义对科学主义心理学的批判，其焦点针对的是后者实证主义的哲学基础，是理性主义对经验主义的批判。经验主义强调主观"反映"客观或现实对于心理的决定作用，理性主义则强调主观"解释"客观，认为"现实是什么"取决于主观对它的解释。人本主义与科学主义、理性主义与经验主义各自都有致命的弱点，因为如果承认客观决定主观，主观反映客观，无法解释主观是"怎样"反映客观的；如果接受主观决定论，那么主观又是从哪儿来的呢？所以，理性主义与经验主义谁也无法赢得这场旷日持久的斗争的最后胜利。

社会建构论心理学同样批判科学主义，但却是站在后现代文化立场上对现代文化的批判。这意味着它不仅反对科学主义，同时也反对人本主义。社会建构论心理学与以前的批判相比，在两个方面有重大突破。其一，以大量的事实说明，主体与客体或主观与客观不可能分离，从而以主客统一的生活世界取代了主观与客观两个世界的对立。其二，是对现代心理学中语言与现实、语言与心理之间关系的批判。现代心理学认为，语言体现了人类格物致知的成果，是对客观实在的图画和表征。社会建构论心理学广泛吸收了索绪尔的语言学、维特根斯坦的语言哲学、德里达的话语解构主义及福科的知识考古学思想，强调语言的"能指"与"所指"之间的任意性关系和语言受系统自身内在的逻辑性的支配，否定了语言的符号作用和表征性，相信语言的意义来自某种"生活游戏"的约定。

有一点需要特别指出，社会建构论批判的目的并不是要以后现代的心理学思想和理论体系取代现代心理学主流地位。社会建构论所进行的是对大写意义上的"人"，包括各种人的思维方式、生存方式、人与外部世界关系的最彻底的和最根本性的批判。随着现代主客关系的终结，人的

心理、认识、知识纷纷失去了"反映"的性质。与此同时，社会建构论心理学作为人的认识成果，同样失去了作为真理而存在的可能性。社会建构论的批判并没有给自己预留容身之地。它的批判既针对别人，又反观自身。就此而言，社会建构论心理学的批判不是一种是非判断，而是一种哲学沉思，是人类文化史上又一次最具彻底性的自我反省。

二、对后现代心理学元理论的建构

（一）对心理本质的重构

现代心理学认为心理是人对客观现实的反映，是人脑的机能，这是典型的主客思维。社会建构论心理学是对主客反映论的超越，认为"意义"或"心理"既非附着于客体，也不是来自主体内心，而是存在于"之间"，存在于解释者与对象、主体和客体的关系和互动之中。心理不是主体对客观现实的"反映"，而是一个复杂的社会建构过程的结果。感觉不仅是人脑的生理功能，更是"传统"的一部分；记忆不完全是个体内部的心理过程，更是一种"社会事件"或"集体行为"；情感并非人或有机体对于刺激的"自然反应"，而是对某种社会文化背景中的"情感剧本"的表演。超越主客思维，重点在于恢复被现代心理学对象化了的"客体"或"他者"的主体身份，以互主体共同参与的对意义的建构过程取代主体对客体的反映过程。

（二）研究对象由内在心理向外部社会过程的转移

现代心理学以人的内在心理为研究对象，包括人的心理结构、心理活动、心理状态等。社会建构论抓住一点不放：那就是心理的存在不仅无法证明，而且其中所蕴含着的主客思维，不仅使心理学陷入困境，而且带来大量的社会问题。社会建构论因此要求悬置人的心理，既然心理只是一种可能的存在，可以不去讨论这个没有答案的问题。既然心理是经过一个复杂的社会过程被建构起来的，心理学可以将研究的重点由个体内部的心理结构、心理活动、心理状态向外转移，以对个体外部社会过程的研究取代对内在心理结构和过程的研究。在被社会建构论心理学视为主要研究对象的社会建构过程中，心理主体与对象的关系产生了质的变化。"建构"是一种"互动"，它没有主体，也可以说参与建构的每一种要素都是主体。"建构"发生在特定的时空场域，是多种因素相互交织和共同作用的过程。

（三）倡导多元方法论

在研究方法上，现代心理学坚持以主客关系和人的理性为基础的实证主义方法论。具体表现为：坚持真理的客观唯一；强调事物之间单向度的因果关系；要求消除文化和主观因素的干扰，实现事实与价值的剥离。主客关系的消解，从根本上动摇了实证主义的哲学基础。如果主客体不能分离，如果主观不是对客观的反映，如果一切反映都带有解释性，心理学家以实证方法生产出来的知识也就同样不能作为客观知识，而只能作为一种观点、一种可能或一种建构。实证不再是第一位的研究方法，甚至不再是唯一合法有效的方法，而只能屈尊降贵成为众多研究方法中的一种。社会建构论心理学因此倡导多元方法论，表现为：第一，承认多种研究方法（包括实证方法以及各种不同类型的质性研究方法）的合法性，接受在研究方法上的百花齐放，方法不再作为判断研究价值的标准；第二，重构研究者与研究对象之间的关系，在研究中注重倾听被研究者的声音，甚至于以此为目的；第三，不再坚持价值中立，转而将研究者本人作为研究工具，承认研究是研究者与被研究者共同参与的对意义的建构过程。除继续使用观察、实验、调查等实证方法以外，社会建构论心理学的研究大量采用了新的研究方法，包括现场研究或常人生活方法、话语分析和行动研究、合作性研究与争鸣性研究等。

三、社会建构论心理学的问题

对社会建构论心理学的批评主要来自两方面。

其一，有导致心理学社会学化的危险。社会建构论心理学认为，人不是"理性的存在"，而是"关系的存在"，因此，它主张将对人的行为解释的焦点从内部心理结构转向人与人之间的互动过程，转移到"支持当前我们关于人的行为的假设而同时又被后者所支持的社会、道德、政治和经济制度方面来"。（Gergen，1985）这种将研究对象由内在心理向外部社会过程的转移，使社会建构论心理学被贴上了"社会行为主义"的标签。一种带有普遍性的观点认为，社会建构论心理学作为"又一种没有心理的心理学"，有导致心理学"社会学化"的危险。

其二，可能引发相对主义的泛滥。社会建构论心理学强调一切知识或现实都是社会的建构，这种立场对于消除政治霸权与科学垄断的意义，以及对受压迫者及边缘文化的扶持都是显在的。但问题在于，一旦取消了真理的客观性，把什么都看作"仅仅是一种建构"，也就没有了对错之分，一切便都具有了合理合法性。而一切都合法了也就意味着没有什么合法。那么，以什么为标准来判断一种立场或观点的优与劣？以什么为标准评价一个人的行为道德或不道德？"社会的"建构解脱或淡化了个体的责任，个人是否还能为自己的言行负责？是否会造成个体道德的沦丧？是否会陷入虚无主义、怀疑论的泥潭，导致相对主义的劫掠？社会建构论在所有这些问题上受到最猛烈的攻击。当然，任何一种理论都有自己的弱点。对此，贴上一个标签炮轰一通，无助于问题的解决。重要的是，理解它为什么以及怎样成为现在这样，以及理解这些弱点是如何被社会地建构起来的过程。

本章思考题

1. 什么是社会建构论心理学？

2. 简述社会建构论心理学产生的背景与原因。

3. 社会建构论心理学与现代心理学有哪些差异？

4. 简述社会建构论心理学的基本纲领。

5. 社会建构论心理学有哪些主要的研究领域？

6. 社会建构论心理学是怎样对现代自我进行批判的？

7. 社会建构论心理学对现代自我的超越表现在哪些方面？

8. 什么是话语分析？简述两种取向的话语理论。

9. 社会建构论心理学从哪些方面实现了对后现代心理学的元理论建构？

10. 社会建构论心理学受到了哪些批评？

第二十三章
积极心理学

　　积极心理学是 20 世纪末最早在西方（主要是美国）兴起的一场重要的心理学运动。在 2004 年出版的《现代心理学史》（第八版），美国心理学史家舒尔茨称积极心理学和进化心理学是当代心理学的最新进展。积极心理学的创始人是当代著名心理学家、美国心理学会（APA）前主席塞里格曼（Seligman）。什么是积极心理学? 谢尔顿（Sheldon）和劳拉·金（Laura King）的定义道出了积极心理学的本质："积极心理学是致力于研究人的发展潜力和美德等积极方面的科学。"（Sheldon & King，2001，p. 216）

第一节 积极心理学的产生

积极心理学的思想早已存在，最早萌芽在社会心理学和心理健康领域，但积极心理学作为一场正式的心理学运动产生于1998年1月的艾库玛尔（Akumal）会议。当时塞里格曼邀请了西卡森特米哈伊（Csikszentmihalyi）、弗勒（Fowler）等人到墨西哥尤卡坦半岛的艾库玛尔共商积极心理学的有关内容、方法和基本结构等问题。经过一个星期的努力，他们最终确定了积极心理学的三大研究内容，并分别指定了相应的负责人。第一大研究内容是积极体验，负责人是狄纳（Diener）；第二大研究内容是积极人格，负责人是西卡森特米哈伊；第三大研究内容是积极的社会环境系统，负责人是贾米森（Jamieson）。另外诺扎克（Nozick）负责有关积极心理学的一些哲学问题的研究。在这次会议期间，他们还决定成立一个积极心理学网站来宣传积极心理学理论和思想，网站由塞里格曼本人直接负责和领导，斯库尔曼（Schulman）协助做一些具体工作。

积极心理学正式为世人熟悉的标志是2000年1月塞里格曼（Seligman）和西卡森特米哈伊（Csikszentmihalyi）在世界著名的心理学杂志《美国心理学家》（第55卷第1期）上共同发表了《积极心理学导论》一文。该文章具体介绍了积极心理学兴起的主要原因、主要研究内容以及将来的发展方向。同一期的《美国心理学家》杂志还同时刊载了一个积极心理学专辑，

这一专辑共有15篇文章（除导论之外），都是由当时一些最著名的心理学家所写。这些文章从积极体验、积极人格和积极的社会环境系统三个相互关联的方面详细论述了积极心理学的研究成果。2003年3月，《美国心理学家》杂志又发了一个积极心理学研究专栏，进一步介绍了积极心理学（特别是一些年青心理学家们）的最新研究成果。2001年的冬天，美国《人本主义心理学杂志》也出了一个积极心理学的专辑，这一专辑总共有7篇文章，其中有6篇文章从多个角度论述了人本主义心理学与积极心理学之间的渊源关系。

一、社会背景

积极心理学产生的第一个历史背景是当前社会愈演愈烈的种族和宗教冲突。尽管进入21世纪的人类创造了高度发达的物质文明，但社会在种族和宗教方面的冲突却丝毫不比几个世纪前有所缓解。无论是在欧洲、亚洲、非洲，还是在美洲，到处都可以看见种族和宗教冲突的例子，一些冲突甚至酿成了人间悲剧。这些悲剧促使人们去思考：种族和宗教冲突的根源到底在哪里？为什么同样存在着种族和宗教的矛盾，有的地区会酿成悲剧而有的地方却能和平相处呢？这也许是一个复杂的问题，需要社会各方面的共同努力才能解决。但有一点却是明显的，那就是人类只有从人性共同的部分才能真正寻找到解决这一问题的最终办法。在这里，人性的共同部分就是人性的积极，也就是说不论哪个民族、

哪个宗教信仰的人，他们都有自尊、满意、快乐等，并把这些看作自己追求的生活目标。当世界的各个民族、各个宗教信仰的人都在努力实现自己的这些积极品质，都在过着相同或类似的幸福生活时，这种冲突和争端也许就会停止。

积极心理学产生的第二个历史背景是社会经济的发展所带来的困惑，即人类社会在经济方面所取得的发展和进步并没有给人类带来想象中的幸福。第二次世界大战以后，人类经过 50 多年的和平建设，社会的许多方面都出现了令人瞩目的进步，如婴儿死亡率明显下降、儿童受教育水平得到了大幅度提高、生活贫困人口的绝对数量显著缩小等，但人类社会的某些领域却并没有随着这 50 年来经济的发展而发展，有些甚至还倒退了。以美国为例，近 40 年来美国的经济增长很快，但其国民的生活幸福度指数却几乎没有什么增加，(Ed Diener, 2000, pp. 34—43) 而在这一时期美国的抑郁症患者的数量却增加了，几乎是 40 年前的 10 倍多，而且抑郁症患者也正呈现低龄化的倾向，出现了许多十几岁的抑郁症小患者。同样的状况还表现在社会稳定和安全方面，在这一时期美国感觉不安全的人数增加了，青少年性犯罪、儿童自杀、吸毒等都出现了增长。(Keyes & Haidt, 2003, p. 5)

积极心理学产生的第三个历史背景是当前社会民主运动的发展和人类自我认识的提高，从而使得民众对自己的生活要求越来越高，社会一般民众比以前更渴望过有意义的幸福生活。美国《纽约时代杂志》曾对成年人进行过一个很有意义的调查，问卷题目是"假如每一天会多出 3 小时（有 27 小时），你会怎么过这三个小时来使自己更满意？"结果约 2/3 的人说要和家人待在一起，另外 11％的人说要和朋友待在一起。(Egan, 2000, pp. 86—90) 尽管这是一个反事实问题，但从人们对这个问题的回答我们不难发现，大多数人希望有更多的时间和自己的亲人、朋友待在一起而不是去挣更多的金钱或物质，并把这看作幸福和有意义的生活享受。生活中有一句俗语：幸福的生活都是相似的，不幸的生活却各有各的不幸。如果我们只是一味地研究各种生活不幸，那我们面临的任务也许就是成千上万的，到人类灭亡时都可能解决不了这些问题。而如果我们反过来研究幸福时，人类面临的任务就会轻松许多。积极心理学正是以帮助所有人追求自己的幸福生活为主题，因此它的兴起也就顺应了时代的要求。

二、心理学渊源

积极心理学虽然是兴起于 20 世纪末的一场心理学运动，但它和过去的心理学有着或多或少的联系。从积极心理学的主要观点及内容来看，它是在总结了人格心理学、人本主义心理学和 20 世纪五六十年代心理健康运动的研究成果基础上而兴起的。

（一）积极心理学与人格心理学

塞里格曼自认为积极心理学渊源于阿尔波特的人格特质理论和马斯洛的人本主

义心理学，（Seligman，2002，p. 7）事实确实如此。

1967 年，宾夕法尼亚大学 21 岁的大学生塞里格曼第一次去自己教授的实验室时发现了一个奇怪的现象。当时教授和他的助手们正在做一个实验，他们在一个大笼子里用一排矮栅栏隔断（狗可以轻易跨越过去）成两个小笼子，其中一个有电击，另一个则没有。教授和他的助手希望狗在受到电击之后或在听到某个和电击相关联的声音之后能很快逃到另一个小笼子去躲避电击。但是，实验进行得很不成功，狗在受电击后或在听到那个和电击相关联的声音时却一动不动地蹲在那，发出呜呜的叫声。这令在场的所有人都不知所措，谁也不能解释这个现象。年轻的塞里格曼却由这一现象受到了启发，他发现这些狗在此之前已经学会了把某个声音和电击联系在一起的条件反射。也就是说狗在此之前已经接受过多次的电击，不管声音在什么时候响起，也不管它做怎样的挣扎，它从来就没有逃脱过电击，这种再怎么努力也逃不脱电击的经历逐渐使狗形成了一种习得性无助的特性。现在换了一个新的情景条件，它们能够通过自己的努力来逃脱电击，但习得性无助的特性使它们还是像以前一样，依然认为自己无论干些什么也都逃不脱电击的厄运。依据这个发现，塞里格曼对人格做出了一个大胆的假设：许多人存在诸如压抑等心理问题的主要原因可能就是形成了习得性无助类人格特质——对现实具有了一种无可奈何的信念，而不是他们真的无法解决自己的问题，随后的

一系列的调查研究证实了塞里格曼的这个人格假设。

到了 20 世纪 80 年代，塞里格曼又在习得性无助人格理论基础上做出了一个新的推论：既然压抑、退缩等消极人格特质能够通过一定的学习而获得，那么乐观、高兴等积极人格特质也一定可以通过学习而获得。于是他又进一步将其理论进行了修改和扩展，把修改和扩展后的理论命名为解释风格理论。塞里格曼认为，后天不同的学习体验使个体形成了不同的人格特征。他用"解释风格"来对人格进行描述，把人格分为乐观型解释风格和悲观型解释风格。乐观型解释风格的人会认为失败和挫折是暂时的、特定性的情境事件，是由外部原因引起的，而且这种失败和挫折只限于此时此地；悲观型解释风格的人则会把失败和挫折归咎于自身的原因，并认为这种失败和挫折是长期的、永久的，会影响到自己所做的其他事情，因而悲观型解释风格的人更容易形成压抑。到了 20 世纪 90 年代末，塞里格曼终于在这些观点的基础上提出了自己的积极心理学主张。在这里我们可以简单地概括出积极心理学的形成过程：动物习得性无助的发现—推论 1（人也具有习得性无助）—推论 2（人也可以习得性乐观）—积极心理学理论的提出。

（二）积极心理学与人本主义心理学

积极心理学的一个重要心理学渊源是人本主义心理学，尽管积极心理学的创始人塞里格曼曾在多个场合几次指责人本主义心理学，认为人本主义心理学"没有形

成产生任何研究传统、具有自恋主义倾向、是反科学的"。（Taylop，2001，p. 13）但从积极心理学的研究主题来看，它明显受到了人本主义心理学的影响。人本主义心理学有着一个充分体现人性意义的主题——使人生活得更像个人，这恰恰也是积极心理学的研究主题，在这一点上积极心理学和人本主义心理学几乎有着完全的重合。不过在另一方面，始终没有汇入心理学主流的人本主义心理学却又似乎更多地是以经验教训的方式影响着积极心理学的发展。

人本主义心理学提出了一个吸引眼球的美好主题，但它却不恰当地选择了实现这种美好主题的途径和方法。它在实际的研究中把这种主题松散的、激进的和抽象的人性"存在"完全和现象学的方法论相结合，以致使它的这一主题难以从抽象回到现实。现象学方法确实有它的合理之处，但它过于抽象和过于描述化，它在对个案进行研究时也许有着重要的作用，但它在普遍规律的证明上有时却显得力不从心。人的心理本身就是一个多元现象，受文化、遗传和个人生活经验等因素的影响甚大，任何时候某种单一的方法论都不可能穷其全貌。不仅如此，人本主义心理学还使自己在批判行为主义心理学的道路上走过了头，它的过于激烈的批判使自己走到了所有实证主义倾向心理学（而不仅仅是行为主义心理学）的对立面。众所周知，不管是 20 世纪的五六十年代还是 21 世纪的今天，主流心理学一直表现出明显的实证主义倾向，因此，人本主义心理学的美好主

题自然也就汇入不了主流心理学的洪流。

也许是人本主义心理学的遭遇使积极心理学变得更聪明了，积极心理学在这些方面就和人本主义心理学表现出了明显的不同。积极心理学从一开始就不承认自己是一场对传统主流心理学的革命，它只自称自己是一种心理学的纯粹变化，一种从研究生命中最不幸的事件到研究生命中最幸福的事件的变化。在研究方法上，积极心理学吸收了传统主流心理学的绝大多数研究方法和研究手段（量表法、问卷法、访谈法和实验法等），并把这些研究方法和研究手段与人本主义的现象学方法、经验分析法等有机地结合起来，甚至一度想模仿传统主流心理学的 DSM 而建立幸福的诊断和统计标准。这使得积极心理学从一开始就让心理学界看到了一张熟悉而又亲切的脸，同时又最大程度地把人本主义心理学的美好主题具体化了，从而使每一个普通的人都能亲身感受到这一主题的积极意义。

（三）积极心理学与心理健康运动

就积极心理学的直接起源来看，它似乎和 20 世纪 50 年代末、60 年代初心理学界出现的初级预防和增进健康等心理健康运动的观点一脉相承。有人就认为早期的初级预防和增进健康这两个心理健康运动是当代积极心理学的"嫡亲堂兄"。（Cowen & Kilmer，2002，p. 451）初级预防和增进健康这两个心理健康运动始于 20 世纪 50 年代末的美国，当时美国心理健康联合委员会为了在国内推动心理健康运动而

推出了一套关于心理健康方面的系列丛书，其中心理学家贾霍达（Jahoda）的《积极心理健康的当代理解》一书，是这套丛书的第一本。艾沃特（Ewalt）在这本书的前言里写道："行为主义科学家们已经加入到了心理健康运动的行列并正在为这一运动的发展做出重要的贡献，他们对心理学过分关注人类的'病态行为'感到不满。他们认为假如我们把兴趣放在心理的健康方面，我们就会有一个新的更宽阔的视野。心理的健康方面作为一种积极力量，它正在被我们理解的同时也在发挥着实际的作用。"（Jahoda，1958，p. ix）贾霍达在此书里第一次在心理学界提出了"积极"的概念，并认为积极心理健康要从 6 个方面来加以定义其性质。这 6 个方面是：①积极的自我态度；②全面的成长、发展和自我实现；③整合性——一种集中统合的心理功能；④自主发挥功能的能力；⑤对现实的准确认知；⑥能掌控自己周围的环境。（Cowen & Kilmer，2002，p. 453）

在谈到初级预防和增进健康等心理健康运动对积极心理学的影响时，我们不得不提起心理学家霍力斯特（Hollister），他也一直反对心理学——特别是心理健康领域过分关注消极的东西。他认为英语中有一个专门用来描述身体或心理感受到消极打击时的单词——"trauma"，但却没有一个专门用来描述身体和心理感受到积极体验时的单词，他于是就创造了一个新的英语单词——"stren"，（stren 其实是 strength 的变形词）并以此来表示人的积极体验。（Hollister，1965，pp. 30—35）

从目前来看，"stren"这个概念似乎很有用，"stren"及其形成过程几乎就成了积极心理的研究核心。同样，心理学家安东诺维斯基（Antonovsky）在 1979 年也指出，心理学研究中存在描述病人致病机理的专门术语"pathogenesis"，却不存在描述健康人健康机理的专门术语，为此他也仿照霍力斯特的做法，在著作《健康、压力和应对》中创造了健康机理（salutogenesis）一词。从某种程度上说，"stren"和"salutogenesis"的出现可以被看作今天积极心理学产生的最直接先驱。

三、哲学基础

积极心理学运动产生于 20 世纪末，但其思想根源比较复杂。我们在积极心理学的观点中既可以看到功利主义哲学影响的结果，也可以看到实证主义哲学的影响的影子。但总的来说，积极心理学的哲学基础主要有两个方面：远可以追溯到古老的东方哲学，主要是佛教文化；近可以从建构主义哲学，主要是社会建构主义中找到其理论依据。

（一）东方传统哲学与积极心理学

佛教文化虽然是一种宗教文化，但它并没有在其文化里出现太多的神性概念，如灵魂、上帝等。相反，在佛教文化里更多出现的是今天常讲到的感觉、情感和欲望等心理学概念。"涅槃"的获得也不是什么神的作用，而只是人们改变自己欲望的一种结果，因而人们常把佛教称为"无神论宗教"。（Levine，2000，p. 20）苦难（Dukkha）、灵魂（Atman）、轮回（Reincarnation）、因果报应（Karma）等概念构成了佛教哲学文化的基本框架，佛教的一切哲学思想都是在这个框架中建构起来的。概括起来说，佛教文化思想的核心主要包含了四条基本原理，在佛教里被称为四条高尚箴言，它们分别是 Dukkha 箴言（人的苦难）、Tanha 箴言（人的欲望）、Nirvana 箴言（苦难中的涅槃）和 Magga 箴言（摆脱苦难的路径）。（Levine，2000，pp. 19—21）佛教的这四条基本原理对当代积极心理学有着重要的影响，积极心理学的许多思想都可以在这里找到出处。

1. Dukkha 箴言——关于苦难的理解

Dukkha 箴言主要是对苦难的分析和理解，每个人在面对饥饿、痛苦、害怕、孤独和厌倦等苦难经历时都是脆弱的，会暴露出自己天生的一些弱点。但在佛教文化里，所谓苦难有两个方面的含义。首先，Dukkha 箴言认为这个世界有许多让人不快乐的事件，如个人的生活不幸、孤独、焦虑、饥饿等，这些事件会使我们产生长期的或即时的不愉快情绪体验，我们也因此而面临了苦难。苦难的大爆发就形成了战争、自然灾害，但大多数情况下苦难是以一种常见的方式在我们的生活中出现，如生活挫折、失望和受侮辱等。其次，Dukkha 箴言强调变化的理念，认为在这个世界没有什么东西是永久的，一切都会发生变化。这就意味着一个人只要是生活在这个世界上，他的苦难或幸福都有可能随时发生变化，苦难或幸福不会永远是原来的样子，正所谓在一个人死之前永远不要说他是幸福的或是不幸的，因为这还为时过早，实际上这强调了苦难与幸福的轮回思想。

2. Tanha 箴言——关于人内心的欲望

人类有弱点是因为人的本性使然，从本性上说，每个人在内心深处都有许多欲望，这些欲望才使我们处于苦难的境地，并使我们变得脆弱。这些欲望有两种：一种是想获得的欲望，如食物、性、交往和友谊等；另一种是想逃避的欲望，如痛苦、烦恼、伤心等。如果用当代心理学的术语来具体描述的话，人的欲望可以分为三个方面：第一是基本的生理需要欲望，如食物、水和性等；第二是自我需要的欲望，如渴望成功、害怕失败等；第三是社会文化方面的需要，这主要是指人都需要得到社会价值的认同。每个人都生活在一定的社会文化环境中，人在发展过程中会逐渐地把他所在的社会价值观内化为自己的思想，从而使自己产生相应的追求欲望。这就是昆德拉所说的"时代情结"：要跟上时代，要不惜一切代价地取得所在时代社会的认同。

佛教的这一思想其实是把人类苦难的原因由外在而转向了内在，强调苦难是由于人自身的原因，不要老是去怨天尤人。例如，饥饿时我们会感到难受，但人的这种难受并不完全是由饥饿造成的，更主要的是人心中的欲望——想获得食物的欲望——使我们感到痛苦。饥饿并不完全能决定我们的痛苦，世界上有一些民族的人在斋戒时非但不感到痛苦，反而会感到幸福。中国文化中也有"辟谷"的传统，一些人会有意地几天几夜不吃饭，这些人在"辟谷"时也会饿，但他们并不感到痛苦，相反他们会很高兴，因为他们相信"辟谷"对他们有好处。佛教的这一强调人幸福与否不在于外在条件而在于人内心的思想其实是突出了人的主体性，它对积极心理学有着深刻的影响：事件是客观的，但对它的体验却是我们可以把握的，我们可以用积极的态度去对待生活中的任何事件。

3. Nirvana 箴言——关于涅槃

既然我们知道了人类苦难的原因，我们就可以想办法来结束这种苦难，为此佛教提出了涅槃的思想。涅槃思想的核心就是改变自己，改变自己内心的欲望，包括减少、缩小直至取消这些欲望，并以此来摆脱苦难。其实，当我们用一种客观的态度来仔细审视内心的欲望时，今发现许多欲望实际上超过了我们的需要，事实上我们是为超过了自身需要的欲望在受苦难。这里佛教文化提出的改变欲望和现代心理学常说的控制欲望不同，改变欲望是指我们把欲望本身缩小了或取消了，这样欲望就不再有力量来驱动我们，而控制欲望则是指欲望本身还在，我们只是运用心理能量把它们压制住，使它们不爆发。例如，一个人受到了别人的侮辱，他想要发怒，现代心理学就告诉他可以通过咬紧牙关或握紧拳头来控制住自己的消极情绪的爆发，自然这一控制过程要消耗掉他极大的心理能量。佛教的 Nirvana 箴言则认为当你受到侮辱时，你可以用你的智力、良好的幽默甚至主动的关心来应对他，这一过程不

需要人付出太多的心理能量。当然要真正做到通过改变欲望来使自己获得涅槃是有一定困难的，这也是一种能力，要通过多年的修行才能获得。事实上，佛教修行的最终目的就是为了获得这种能力。

4. Magga 箴言——获得涅槃的八条路径

要想脱离苦难，人就要改变自己的欲望，那么人怎样才能改变自身的欲望呢？Magga 箴言提出了改变人自身欲望的 8 条途径（在某种程度上也可以说是修行的 8 条准则）。①对事物或事件要正确地理解，这就是说一个人不要被周围事物的表面现象所迷惑，要努力地在理解的基础上看到事物的本质。②要有正确的思想，也即我们不要有损害他人的想法，即使在别人出现了冒犯的言行时，我们也不要有报复的思想，我们要冷静地善待周围的事和人，多从好的一面去想别人。Magga 箴言把①②两条合起来看作一个人修行的智慧（wisdom）部分。③要有正确的表达方式，这一条强调我们即使在有可能伤害到我们自身利益的时候也要敢于说真话，我们要诚恳地、温和地和别人交流，要使自己成为一个值得别人信赖的人，不要说别人的坏话或冒犯别人的话。④要正确地行为，正确行为的一个核心是不杀生、非暴力，同时一个人要多做善事、多做有利于别人的事，不要去由着自己的欲望行事，更不要惹是生非。⑤要正确地谋生，一个人是要生存，但人并不能为了生存而不择手段，要靠自己的劳动来获得生存，不要靠欺骗、剥削、行贿和损害他人利益的行为来维持

生计，要选择那些有利于服务他人的职业（教书、种植、建筑和医生等职业）而不要选择那些能损害他人的职业（酿酒、卷烟、制造武器等职业），工作中要尽心尽力，不能投机取巧，最简单的工作也要认真去做，不能总盯着金钱或报酬。Magga 箴言把③④⑤三条看作一个人的道德伦理规范（Ethics）部分。⑥要正确地努力，每个人的精力是有限的，因此，人要把自己的精力用在正确的地方——即把自己的精力用在控制自己的欲望上。一个人要想控制自己的欲望就必须要克服五个障碍——懒惰、过分焦虑、疑心、恶意和对财富的贪婪，只有克服了这五个方面的障碍，个体才能使自己变得更沉着和更有耐心。⑦要小心谨慎地多反省，一个人要小心谨慎地生活，要时时反省自己。要谨慎地说，即留心自己平时的说话不要伤害了他人；要谨慎地想，即留心自己不要有非分的想法；要谨慎地做，即要谦逊地做各种日常行为，包括洗脸、刷牙和吃饭等。⑧要经常地沉思冥想，人要经常静坐深思，这是东方传统中最重要的一种修身养性的方式，在东方传统中有时也称为"打坐"。东方的一些民族对静坐深思很推崇，认为它有利于人的身心健康，并进而形成了两种典型的东方运动——中国的气功和印度的瑜伽。Magga 箴言把⑥⑦⑧三条看作一个人修行的心理训练（mental discipline）部分。

（二）社会建构主义与积极心理学

建构主义已成为一种重要的哲学思潮，它的思想已逐渐渗透到社会科学的多个领域。"建"和"构"在其字里行间都带有一种人力而为的含义，它其中暗含了一个重要的隐喻：人类可以对自然事物的构成或结构进行重新加工，可以采取一种积极的态度，这本身既体现了现代人的一种浪漫主义情怀，更体现了现代人所拥有的一份乐观和自信。

建构主义思想在心理学中有着很悠久的传统，德国心理学家凡辛格（Vaihinger）早在 20 世纪初就提出，人的生活都是个人或集体的功能性编构所致，"你的心理不纯粹是你所特有的，它也是一种同化和建构的结果"。（Mahoney，2002，p.746）继凡辛格之后，许多心理学家都开始把建构主义的思想应用到心理学的研究中，如巴特莱特、皮亚杰和凯莉等。巴特莱特是继艾宾浩斯之后又一个对记忆研究作出重大贡献的心理学家，他在一系列的实验研究后得出结论：人的记忆过程其实是一个建构和重构过程。皮亚杰则通过他的临床法研究认为，儿童的生活是一种自我组织的生活，他通过组织自己来建构他的生活世界，而在这一过程中又主要依靠儿童主动的同化作用。凯莉强调个体人格的形成过程就是一个建构过程，他的《个人建构心理学》更是建构主义思想在心理学发展史上的一个里程碑。但早期心理学中的这些建构主义观还只是一种自发的行为，没有成为一种系统的方法论，也不是一种潮流。

社会建构主义的思想对积极心理学的影响是显而易见的。第一，积极心理学也强调意义的重要性，在积极心理学看来，意义寻求是人类的一种基本需要，反映了人类渴求秩序、交往、快乐和希望等的本能。因此，积极心理学强调心理学不能光致力于病理性的心理学研究，更需要关注人积极力量和积极潜力的研究，因为这些才是人类生活意义的真正所在。人不是为了没有问题而存在，人是为了生活幸福而活着，这是人类生存的永恒主题。心理学只有以这样的主题为价值核心，才能真正实现其价值的平衡。第二，人类的这些意义需要的满足必须借助于主体积极主动的寻求和合适的外在社会条件的帮助，人类心灵深处确实有着积极的种子，这是不用怀疑的，但如果要让这粒种子开花结果，我们还必须小心主动地为它浇水施肥，在这一点上积极心理学和建构主义有着太多的共同点。

第二节　积极心理学的主要观点

积极心理学倡导心理学不仅要研究人的各种心理问题，更要研究人自身所具有的种种积极品质，主张心理学要以人固有的、实际的和潜在的具有建设性的力量、美德和善端为出发点，用一种积极的心态来对人的许多心理现象包括心理问题做出新的解读，从而帮助普通人或具有一定天赋的人最大限度地挖掘自己的潜力并获得良好的生活。概括起来说，其主要观点包括以下几个方面。

一、挑战传统的病理性心理学

心理学自从1879年取得独立地位以后就面临三项主要使命（Faller，2001，p.7）：治疗人的精神或心理疾病、帮助普通人生活得更充实幸福、发现并培养具有非凡才能的人。这三项使命在第二次世界大战以前均得到了心理学工作者的同等程度的关注。但在第二次世界大战以后，心理学却逐渐放弃了后两项任务而把自己的注意力过分集中在了第一项任务上，即变成了专门致力于纠正人生命中所存在的问题（外显的或潜在的）的科学。在这种情况下，心理学把自己的工作重点主要放在了对心理问题的评估和矫正上，侧重于研究一些外在的紧张性刺激给人心理所带来的消极影响及其消解方法，同时又把人的心理问题纳入病理学的框架之中，以医生治疗病人身体疾病的模式来对待人类的心理问题。这种病理式心理学暗含着一个前提或预设，即心理学是"治问题"的科学，而人的各种心理问题等同于人的身体疾病，去除人的心理问题就如同去除人的身体疾病一样。因此，这一时期心理学的核心任务就在于对问题的修复，修复个体损坏的习惯、损坏的动机、损坏的童年，甚至于损坏的思想，期望通过修复人类的损坏部分来达到心理健康。我们把这种带有病理性特点的心理学称为消极心理学（pathology psychology）。

从本质上说，消极心理学存在以下几个问题。

第一，消极心理学感兴趣的不是人类社会，而是人类社会中所存在的问题，同样消极心理学情景条件下的心理学研究者眼里也没有人，而只有去而又生的人身上所存在的各种问题，这就使得这种消极心理学表现出了典型的非人性化特征，从而违背了社会必须以人为本的基本原则。生物适应性是每个生物都有的，而进化之后的人的发展则主要是建立在学习基础上的自我主动发展，即通过学习人类已发明的物体、符号等来使自己已有的积极力量得到发展。人类生物因素的进化已为人类通过学习而获得主动发展做好了充分准备，生命过程在今天已经变成了一个不间断的主动学习和主动发展的过程。消极心理学把人看作一种被动的只会对外界强化刺激做出反应的物——只有当你指出并纠正了他的缺点和问题时，他才会做出相应的反应（改正并取得发展）。消极心理学存在着一个潜在的信念：人不是一个自在的人，不是一个能自己决定自己、自己发展自己的人。

第二，消极心理学的理论导向也使人对这种社会文化的不平衡（总是偏向于问题的一面）所产生的危险逐渐变得麻木不仁，人在这种社会文化氛围中变得被动而因循守旧，社会及其成员也逐渐失去了创新和创造的精神。在另一方面，这种不平衡的社会文化氛围也会使其成员产生受害的感觉，因为人处在这种社会文化氛围中总是被呈现问题，这无形中增加了人自身的紧张状态。如果我们做进一步的分析推理的话，我们就会发现，这种不平衡的社会文化氛围还破坏了人的生理组织与他的个性、性格之间的平衡，其结果反而导致了人的不安全感，并可能会使其社会成员产生诸多的反社会行为。

第三，消极心理学过分强调了自己的矫治功能，习惯于从社会问题入手来开展工作，消极心理学的这一研究范式的传统使许多心理学家们学会了如何在困境中帮助其社会成员得到改变并生活幸福，但却不知道如何对待良好条件下的社会成员。心理学工作者的这种单一的矫治技能有时反而使问题本身变得更糟糕，因为他会用问题的眼光去审察他碰到的每一个社会成员，最好的社会成员在他眼里也只能被看到问题，所谓"有则改之，无则加勉"，所有的人在这样的社会生活氛围里只能被看到问题并遭受到各种各样的"修理"。同时，消极心理学的工作重心只在少部分问题社会成员身上，而把促使全体成员主动发展并生活幸福的功能放了一边，也即忽视了心理学在培育全体社会成员的勇气、乐观、理想、人际和睦、信念、工作热情、诚实、坚定性和从容不迫性等方面的作用。事实上，每一个社会成员都是一个独立的自我决定者和自我实现者，他们都有为自己做出合适选择的愿望和能力。社会要改善和发展所有的人，而不仅仅是只针对那些有问题的社会成员，大多数正常健康的社会成员也需要指导，和所有人一样，他们也需要心理学的指导来使自己的生活变得更完美而不是更普通。

也许我们经常可以听到这样的言论，消极心理学之所以能生存下去，是因为包含了某种重要的真理性东西。对于消极心理学的价值意义，我们可以借用一个形象的比喻来加以说明："爬山的盲人也许对他经过部分的不同陡峭程度具有相当准确的估计，他甚至可能合理地述说他当时正在站立之处的确定坡度，但是这个斜坡直接通向险峻的悬崖呢，还是实际上就是峰顶呢，他对此无话可说。"（卡尔·皮尔逊，1999，p.6）这就是说消极心理学的许多做法也许是对的，有些甚至是相当有价值的，但它在导向上却出了问题。

二、实现心理学研究价值的重新回归

首先，从一定意义上说，积极心理学充分体现了以人为本的思想，提倡积极人性论。它消解了消极心理学过于偏重问题的片面性，真正恢复了心理学本来应有的功能和使命——使所有人的潜力得到充分的发挥并生活幸福，这体现了一种社会意义上的博爱和人性。如果心理学能集中力量于利用人积极的本性来使人更像个人，而人又能在个人和集体的解放中表现出充分的积极，那么，心理学在使社会更具有

人性方面就能做出巨大的贡献。人类现在的生存环境已大大不同于人类祖先生活的环境，人类的奋斗目的不再是生存而是享受。今天的社会已达成一个共识：使一切生命过得更有积极意义，更有人性，即全社会都要以人的良好生活为追求目标，让所有人都过上幸福的生活。就目前我国的实际现状来说，随着现代化建设的进展，我们的社会已经能够为每一个人提供良好的生活条件，如何在良好的条件下使普通人生活得更幸福就自然成了当代心理学最迫切的任务。

其次，积极心理学不把人的优点仅当作克服其缺点的工具，而是把培育社会成员的积极品质作为社会科学研究本身的根本目标，这对人和社会的和谐发展都是有利的。其实，人类的一些消极品质的发展总是有其特定的功能的，如嫉妒可以削弱个体自身的快乐，并可能导致一些不良品质的产生，但它却是人类进取的原动力之一，社会有时候在保存其成员的某些缺点方面的重要性要远远大于克服这些缺点。同时，过分致力于克服缺点的心理学也易导致人与其所在的社会出现对立，而积极社会科学则由于其工作目标与人性目标高度一致，因此，它能使人与社会和睦相处。不仅如此，积极心理学还有助于培养社会成员的一种积极的归属感：使他感到他是属于一个国家和一个社会的，从而使每个人都能很好地同化于他自己所在环境和社会。

最后，消极心理学过分致力于克服缺点，用一种快餐式的工作方式来应对社会

问题，这种没有经过心灵反思的、即时的工作方式很难适应我们今天的社会。克服缺点本身并没有任何问题，但心理学把自身的工作重心完全放在克服缺点上则不仅失之偏颇，而且也太急功近利，更不用说克服缺点也有一个适当性的问题。一个事物总是具有两个方面，并不是所有的缺点都可以被克服的，有些缺点被克服了，与其相关的优点也就消失了。对于一个社会来说，社会的发展主要是靠这个社会所拥有的积极的累积，而不仅仅是靠对消极东西的纠正，因此，我们的社会科学应主动引导人们去积极向上，去累积自己的优秀。让所有人生活幸福是我们当代社会的主旋律，积极的心理学正是达到这一目标的一个有力保证。

很多人可能认为积极心理学概念的提出似乎意味着在此之前的心理学都是消极心理学，这种理解其实是错误的，并非积极心理学的本意。积极心理学只是想告诉世界，心理学在长期的发展过程中出现了一种不平衡，"临床心理学关注心理疾病；社会心理学关注社会偏见、种族主义和侵犯行为等；认知心理学关注影响人做出正确结论的偏见和误差。……积极心理学是现实主义的，它从不声称人类的本性都是美好而光明的，它只提出了一种更平衡的观点。这个世界的绝大多数人都在过着有理性的生活而且有能力使自己活得更美好和更旺盛，即使当他们——尤其是当他们——面对各种挑战、挫折和困境的时候"。（Keyes & Haidt，2003，pp. 3—4）

三、研究人心理的积极方面和人所具有的积极品质

第二次世界大战以后的心理学以问题为中心，这在一定程度上背离了心理学研究的本意，因为心理学的根本目的并不仅仅在于去掉人心理或行为上的问题，而是要帮助人形成一种良好的心理或行为模式。没有问题的人并不意味着就一定是一个健康的人、生活幸福的人，同样去掉心理或行为上的问题也并不意味着人就能自然形成一种良好的心理或行为模式。人的生命系统不是由问题构成的，而是一个开放的、自我决定的系统。他既有潜在的自我内心冲突，也有潜在的自我完善的内在能力，个体一般都能自己决定自己的最终发展状态。因此，心理学应改变这种偏向问题的价值取向，把自己的工作重心放在培养人固有的积极能力和积极潜力上，通过培养或扩大人固有的积极力量而使人真正成为一个健康并生活幸福的人，积极心理学正是以这种新的价值取向为核心而逐渐成长起来的一种新的研究范式。生活中有一句名言：幸福的生活都是相似的，不幸的生活各有各的不幸。我们与其花大气力去探寻不幸的各不相同，还不如先想想幸福的普遍相似，这也许对我们更有启发。同情、理解、宽容、利他、乐观、坚持等，这些都是幸福具备的普遍共性，我们为何不把研究这些问题来当作帮助人类获得幸福的有效途径呢？

心理学在过去过分关注人和社会所存在的各种问题，这带来了两个问题。首先，

它缩小了心理学的研究范围。心理学应该是研究人类的一切心理现象而不仅仅只是问题性心理现象。心理问题只是心理现象的一个组成部分，而且是一个很小的、不具有代表性的特例。当心理学鼓励所有聪明的心理学工作者们都只把自己的精力放在研究一部分心理现象——心理疾病、问题和缺陷等方面时，这显然是不明智的。因为即使就以摆脱问题本身来说，当我们只研究问题本身时，就可能会使我们失去了另一条有效的摆脱问题的途径，有些问题也许只有通过研究人性或社会的积极方面才能得到更好的解决。其次，它限制了人自身正常的积极功能的发挥。我们说人既有产生问题的可能也有追求卓越的能力，如果我们只是掌握了人类产生问题的病理性机理而对人类追求卓越的积极机理一无所知的话，那我们就把人在进化过程中保存下来的最有价值的东西丢失了。事实上，心理学过去50多年的"病理性"实践已经使事情变得很清楚，人类正常的积极心理功能不可能通过纯粹的消极性框架得到充分的发挥。

积极心理学在研究人心理的积极方面取得了引人注目的成绩。如狄纳（Diener）研究了人为什么及在什么时候具有主观幸福感，并指出主观幸福感应成为人类社会发展的行动指南；马西米尼和凡弗（Massimini & Fave, 2000, pp. 24—33）从生物进化和文化进化的角度认为人类的快乐体验这一积极品质是影响人心理选择的一个重要因素，并且直接影响着人类的行为模式；彼德森（Peterson, 2000, pp. 44—

45）研究了乐观主义的培养途径、与现实及悲观主义的关系等，指出乐观主义这一积极品质是社会发展的一个重要条件；梅耶斯从人类是怎样幸福的以及谁是幸福的人着手，用实证的方法证明了年龄、性别和收入等不是幸福的来源，只有社会性支持、对未来充满希望、有明确的生活目标等集体层面和个体层面的积极品质才是幸福的真正来源。梅耶斯的这一研究成果正好和英国著名学者巴克莱在《花香满径》开篇所指出的幸福生活的三个因素（一是充满希望，二是有事做，三是能爱人）不约而同；布思（Buss, 2000, pp. 15—23）则从进化论的角度对人类的幸福做了分析，指出幸福既是人类追求的目标，但更是人类进化过程中所形成的一种心理机制，人类只有对其充分关注，才能真正改善人类自身的生活质量；雷安和戴茨（Ryan & Deci, 2000, pp. 68—78）从人的本质出发研究了自我决定这一积极品质，认为个体的自我决定对内部动机、社会发展和人生幸福具有重大的促进作用；泰勒（Taylor），凯梅尼（Kemeny）、里德（Reed）、鲍尔（Bower）和格林沃德（Gruenwald）等人用实证等方法研究了积极情感（positive emotions）与身体健康的关系，最终得出结论：积极情感不仅能帮助人消解生活中的压力，而且也能增进人的身体健康。（Taylor & Gruenwald, 2000, pp. 99—109）

四、对个体或社会所具有的问题要做出积极的解释

积极心理学认为心理问题本身虽然不能为人类增添力量和优秀品质，但问题的出现也为人类提供了一个展现自己优秀品质和潜在能力的机会。我们生活在一个并不总是安全的世界里，因此，我们不可避免地会出现这样或那样的问题。但当问题出现后，作为一个自在的人，每个人都有自己的自由来选择自己的思想，也就是说可以对问题做出各种自己的理解。如面对一件我们所谓办砸了的事，我们既可以去看到它好的一面，也可以去看到它坏的一面，因此，从某种程度上说积极与消极是我们自找的。

例如，如果你是个学生，在一次考试中你一门学科考了 50 分，另一门学科考了 90 分，那么接下来的一天时间，你会总是想到 50 分的这一科还是 90 分的这一科？又如，如果你到外地去旅游，你在旅游目的地玩得很开心，吃得好、住得好再加上那里景色宜人，可当你回家时，你下飞机后却发现自己的行李不见了。第二天，当你的朋友们问你玩得怎样时，你是告诉他们自己愉快的旅游经历呢，还是向他们抱怨自己倒霉的行李丢失的不幸遭遇呢？如果我们仔细想想我们生活中最近所发生的一些事，我们就能发现自己是在用一种积极的方式还是在用一种消极的方式来表达自己。

因此，积极心理学主张从两个方面来寻求问题的积极意义：一是探寻问题为什么会产生的根本原因，二是从问题本身去获得积极的体验。（Miller，2001，p. 315）为了达到以上目的，积极心理学常常从另一个角度对问题做出新的解释和理解，见表 23-1。（佩塞施基安，1998，pp. 2—8）

表 23-1　积极心理学与传统的解释比较

	传统解释	积极的解释
性欲缺乏	无法达到性快感	能不以身委人
抑郁	被动的情绪低落	能对冲突做出深刻的情绪反应
懒惰	没志气、不勤奋、性格软弱	能避免争强好胜
怕独处	跟自己都处不来	说明要求与他人相处
神经性呕吐	食欲缺乏、青春期过分地追求苗条	能约束自己；能用饥饿摆脱女性角色；能分担世界饥荒

从长远来说，用积极的方式来对人的心理障碍等问题做出解释是最切合实际的。因为对问题本身做出积极的理解会更有助于问题本身的解决，不懂或不善积极的人就像是一部没有装上弹簧的汽车，碰到任何小的障碍它都会颠簸得厉害，使人总是处于不舒服的状态。而积极的人就像是装有弹簧的车子，即使在最崎岖的山路上，你除了感受到一种舒服的左右、前后的晃动之外，再没有任何其他的不适感觉。正

如马斯洛所说："心理学应当成为一门具有更多积极和较少消极的科学，它应当具有一个较高的主题，不要对人类所具有的种种崇高潜力有所顾虑。"（Maslow, 1965, p.27）

第三节 对积极心理学的评价

积极心理学的宗旨在于帮助人生活得更美好而不仅仅只是普普通通地活着。每个人活着的真正意义在于生活，在于生活幸福。积极心理学以一种平衡的观点来研究人、研究人类社会的积极潜力和积极品质，从而把人摆到了一个至高无上的地位，这对我们今天具有重要的现实意义。

一、积极意义

（一）在测量和评估方面

早期的心理测量和评估主要是围绕着各种心理问题而展开的，积极心理学则提倡心理测量和心理评估要以人的积极品质、积极力量和积极潜力为核心来开展。积极心理学运动很早就与盖洛普基金会合作，共同编制了一个关于测量积极品质的量表，叫作心理健康的源泉。这是世界上第一个专门用来测量个体、集体甚至一个国家全体民众心理健康程度（不是问题程度）的量表，总共由107个条目组成，目前这一量表已成为积极心理学实证研究最重要的工具之一，也是积极心理学研究的一个代表性成果。积极心理学所提出的这个量表的最大特点在于它能告诉我们已在幸福的道路上走了有多远，我们已经具有了多少积极品质，而传统主流心理学的测量和评估则总是告诉我们已在消极的道路上走了多远，我们已经具有了哪些消极品质。这是两种性质完全不同的描述。正如你在生活中打保龄球，当你一击之后打倒了7个，一个人说："真不错，打倒了7个！"另一个人则说："怎么还有3个没倒？"虽然都正确地描述了同一个事实，但前一种是积极的描述，显然更具有人性意义，也更能激励我们，而后一种则是消极的描述，它只会使我们心中产生一些不愉快。

（二）在心理或行为干预方面

积极心理治疗是积极心理学在心理或行为干预方面的集中体现，积极心理治疗致力于人自身固有的积极力量，提倡用积极的心态来对个体的心理问题或行为问题做出新的解读，并在此基础上通过激发个体自身的内在积极潜力和优秀品质来使个体成为一个健康人，它的核心是让病人自己通过累积或发展自己已有的积极力量来达到摆脱各种问题。因此，和其他模式的心理治疗相比，积极心理治疗就体现出了较好的人性意义。例如，2001 年美国"9·11"事件发生后，据随后的调查发现：63％的普通美国人具有焦虑和担心的情绪，害怕自己的人生安全得不到保障；54％的人担心自己的家人或亲人成为恐怖分子的牺牲品，而在"9·11"之前这一担心比例只有 24％。面对这种情况，积极心理学家们运用积极心理学的"情感扩建理论"，通过培养个体本身的积极情感来阻止危机或减缓对人们的影响，从而有效地帮助许多人摆脱了危机所带来的阴影。

（三）在个体终身可持续发展方面

社会的发展已赋予了健康新的含义，去掉问题的人并不一定意味着是一个健康的人，也并不意味着已经是一个得到了发展的人。事实上，人的生命系统是一个开放的、自我决定的系统，他既有潜在的自我内心冲突机制，也有潜在的自我完善的内在能力机制。从目前的研究来看，这两套机制是相互独立起作用的，是一个系统的两个独立子系统，彼此并不存在着必然的因果关系。也就是说，人心理或行为问题去掉的本身并不一定意味着个体就能自然形成一种良好的心理或行为模式。因此，当我们把工作的重心完全放在研究潜在的自我内心冲突机制上时，我们其实忘记了人还有求得发展、求得自我实现的本性。积极心理学认为，心理学在致力于帮助人

们去除各种问题的同时，还要致力于研究人的各种积极力量和积极品质，特别是研究各种积极力量和积极品质在人一生中的发展状况，因为对一个人来说，发展主要还是靠自身所具有的积极的累积，而不仅仅是靠问题的消除。因此，积极心理学在这里也表现出了很好的人性意义。但就积极心理学目前的研究现状来看，它还存在着许多尚待克服的问题。

二、存在的问题

（一）积极心理学和早期的一些相关研究存在着一定的脱节

如早期的原始预防、增进幸福等的研究成果就没有很好地被整合到积极心理学的理论之中。同样的情况还包括积极心理学的一个核心概念——主观幸福感。主观幸福感其实早就是社会心理学的研究对象，斯达克（Strack）、阿杰勒（Argyle）和斯沃茨（Schwarz）等人早在 1991 年就出版了一个主观幸福感的专辑，这一专辑的书名就叫作《主观幸福感》，其中包含 12 篇极有价值的研究论文，但积极心理学在近期的研究中却很少提到。不管怎么样，积极心理学的这种脱离早期研究的做法使它既显得基础单薄，又显得内容不够丰富。

（二）积极心理学缺少一个完整有效的理论框架

积极心理学的许多概念总是散落于各种文章之中，缺少一条把它们串联起来的红线，这就使得积极心理学理论显得散乱

而不成系统，同时也缺乏可操作性。这一现象典型地表现在积极心理学理论在心理治疗中的应用中。积极心理治疗在一定程度上似乎只是行为疗法、人本主义疗法等的补充，甚至有人认为积极心理治疗只是一种对现实歪曲理解的非理性手段，是对人心理防御机制的一种简单放大。

（三）积极心理学表现出典型的成人化取向

其研究对象绝大多数都是成年人，而且主要是美国社会的成年人，以致科文（Cowen）等人称积极心理学是"纽约成年人眼中的世界地图"。这种成人化研究的价值取向使得积极心理学不能很好地对个体的积极结果的发展历程、发展途径和一些的相关影响因素做出客观而公正的分析。事实上，一个人的幸福、快乐等与其价值观、生活背景、社会文化和生理特点等因素错综复杂地联系在一起，我们不能用一种人的幸福涵盖其他人的幸福。

（四）积极心理学对传统心理学的批评过于苛刻，也过于武断

其实，如果我们对积极心理学做一个仔细而全面的分析的话，我们就会发现，积极心理学在很大程度上和传统心理学的主张有着很大的相似，只不过各自研究的出发点或落脚点不同。积极心理学的理论主张主要有三个方面：一是如何看待心理学的发展和人的发展，二是如何预防心理问题，三是如何看待和治疗心理问题。其中，后两个问题本身也是传统心理学的研究核心，因此我们说积极心理学对传统心理学是贬损有加、继承不足，这也许会影响到它的进一步发展。

当然，积极心理学的发展并不会因其尚存有许多问题而停止。应该承认，我们对人类心理的无知要比对它的有知要广阔得多，然而正是这种无知的勇敢坦白，我们才能不断寻找到社会未来进步的保证。也许有人会质疑积极心理学只是一种一厢情愿的空想。但我们说没有空想的预见，就不会有好的策略和目标，任何旨在改变人类命运的多数事业都势必包含一些空想的成分，人类历史上的许多真知灼见都曾被指责为空想主义。积极心理学也许有那么一点幻想或空想的成分，但事实是：产生这种积极变化的条件也恰巧具备了，它是符合当前社会发展需要的，也能很好地诠释当前的许多社会困惑，那我们就应该在理论上探讨它并在实践中践行它。有人说积极心理学是一种使人幸福的心理学，也许这是积极心理学的最佳定义。尽管生活中的幸福是每个人的一种非常个性化的体验，有时可能是想象，有时又可能是感受，但我们可以说，幸福其实离我们不远，它常常是一种平淡，是一种心境，我们周围的平凡之中也许就隐藏着极度的幸福。只要我们寻找到了幸福的落脚点，幸福是无须刻意追求的，积极心理学也许正是帮助我们寻找到这种幸福落脚点的最好选择。

本章思考题

1. 积极心理学运动是一种什么性质的运动？

2. 积极心理学运动仅仅是一场心理健康领域的运动吗？

3. 怎样评价积极心理学运动对心理学发展的贡献？

4. 积极心理学的主要研究内容是什么？它们之间的关系如何？

参考文献

Jane Milton, Caroline Polmear, Julia Fabricius. 精神分析导论. 施琪嘉, 曾奇峰, 等, 译. 北京: 中国轻工业出版社, 2005.

Jane, M., Caroline, P., Julia, F. 精神分析导论. 施琪嘉, 等, 译. 北京: 中国轻工业出版社, 2005.

John, B. Best. 认知心理学. 黄希庭, 译. 北京: 中国轻工业出版社, 2000.

J. B. Best. 认知心理学. 黄希庭, 译. 北京: 中国轻工业出版社, 2000.

安纳耶夫. 人学未来世纪的热点. 北京: 北京广播学院出版社, 1993.

鲍尔, 希尔加德. 学习论: 学习活动的规律探索. 上海: 上海教育出版社, 1987.

鲍尔, 希尔加德. 学习论——学习活动的规律探索. 上海: 上海教育出版社, 1987.

北京大学哲学系外国哲学史教研室编译. 西方哲学原著选读. 北京: 商务印书馆, 1981.

彼得罗夫斯基. 心理学文选. 张世臣, 译. 北京: 人民教育出版社, 1986.

波林. 实验心理学史 (二). 高觉敷, 译. 北京: 商务印书馆, 1950.

波林. 实验心理学史 (卜册). 高觉敷, 译. 北京: 商务印书馆, 1981.

查普林, 克拉威克. 心理学的体系和理论. 林方, 译. 北京: 商务印书馆, 1984.

常杰, 葛滢. 生态学. 杭州: 浙江大学出版社, 2001.

车文博. 西方心理学史. 杭州: 浙江教育出版社, 1998.

达尔文. 物种起源. 北京: 科学出版社, 1955.

道伊斯, 等. 现代社会心理学中的最新问题. 1987 年英文版, 1987.

董奇. 心理与教育研究方法. 广州: 广东教育出版社, 1992.

杜·舒尔兹. 现代心理学. 杨立能, 等, 译. 北京: 人民教育出版社, 1982.

恩格斯. 自然辩证法. 北京: 人民出版社, 1971.

方冠晴. 有一种情感永不泯灭. 读者, 2008 (1).

冯克诚. 世界通史全编. 西宁: 青海人民出版社, 1998.

弗罗姆. 逃避自由. 陈学明, 译. 北京: 工人出版社, 1987.

弗洛伊德后期著作选. 上海: 上海译

文出版社，1986.

富尔. 文艺复兴. 北京：商务印书馆，1995.

高峰强，秦金亮. 行为奥秘透视：华生的行为主义. 武汉：湖北教育出版社，2000.

高觉敷. 西方近代心理学史. 北京：人民教育出版社，1982.

高觉敷. 西方心理学的新发展. 北京：人民教育出版社，1987.

高觉敷. 中国心理学史（第二版）. 北京：人民教育出版社，2005.

高觉敷. 中国心理学史. 北京：人民教育出版社，1985.

高新民. 现代西方心灵哲学. 武汉：武汉出版社，1996.

戈布尔. 第三思潮——马斯洛心理学. 上海：上海译文出版社，1987.

葛鲁嘉. 心理文化论要——中西心理学传统跨文化解析. 大连：辽宁师范大学出版社，1995.

龚浩然. 外国心理学流派. 载杨鑫辉主编《心理学通史》（第五卷）. 济南：山东教育出版社，2000.

郭任远. 心理学与遗传. 上海：商务印书馆，1929.

赫根汉. 心理学史导论. 郭本禹，等，译. 上海：华东师范大学出版社，2004.

华德生. 行为主义的心理学. 臧玉淦，译. 上海：商务印书馆，1925.

华德生. 行为主义的心理学（一）. 臧玉淦，译. 北京：商务印书馆，1925.

华生. 华生氏行为主义. 陈德荣，译.

上海：商务印书馆，1935.

华生. 华生氏行为主义. 陈德荣，译. 北京：商务印书馆，1935.

黄美来. 现代西方哲学思潮述评. 北京：清华大学出版社，1990.

加扎里加. 认知神经科学. 沈政，等，译. 上海：上海教育出版社，1998.

贾林祥. 试论新联结主义的方法论. 南京师范大学学报（社会科学版），2004（2）.

贾林祥. 新联结主义产生的心理学背景. 心理科学，2004，27（1）.

贾林祥. 一种新的学习和记忆理论：联结主义论学习和记忆. 宁波大学学报，2002，24（6）.

卡尔·皮尔逊. 科学的规范. 北京：华夏出版社，1999.

卡米洛夫·史密斯. 超越模块性——认知科学的发展观. 缪小春，译. 上海：华东师范大学出版社，2001.

克莱芒，布律诺，塞弗. 马克思主义对精神分析学说的批评. 金初高，译. 北京：商务印书馆，1985.

克莱门特. 马克思主义对心理分析学说的批评. 金初高，译. 北京：商务印书馆，1985.

莱斯利·P. 斯特弗，杰里·盖尔. 教育中的建构主义. 高文，等，译. 上海：华东师范大学出版社，2002.

乐国安. 论现代认知心理学. 哈尔滨：黑龙江人民出版社，1986.

黎黑. 心理学史. 李维，译. 杭州：浙江教育出版社，1998.

黎黑. 心理学史——心理学思想的主要趋势. 刘恩久, 等, 译. 上海: 上海译文出版社, 1990.

李炳全, 叶浩生. 主流心理学的困境与文化心理学的兴起——文化心理学能否成为心理学的新主流?. 国外社会科学, 2005 (1).

李炳全. 对后现代主义反主流心理学整合观的理性思考. 山东师范大学学报 (人文社会科学版), 2003 (1).

李炳全. 库恩的后达尔文式康德主义中的心理学方法论探析. 心理学探新, 2003 (3).

李炳全. 论法伊尔阿本德认识论无政府主义的心理学方法论意义. 赣南师范学院学报, 2003 (1).

李鹏程. 当代文化哲学沉思. 北京: 人民出版社, 1994.

李其维. 破解 "智慧胚胎学" 之谜——皮亚杰的发生认识论. 武汉: 湖北教育出版社, 1999.

列宁. 列宁全集 (第18卷). 北京: 人民出版社, 1988.

林方. 人的潜能和价值. 北京: 华夏出版社, 1987.

刘恩久. 心理学简史. 兰州: 甘肃人民出版社, 1986.

刘放桐, 等. 现代西方哲学. 北京: 人民出版社, 1981.

刘华. 人性: 建构心理学统一范式的逻辑起点. 南京: 南京师大学报 (社会科学版), 2001 (5).

刘继亮, 孔克勤. 进化人格心理学的

概念和理论. 心理科学, 2000 (6).

卢浚选译. 教育论著选. 北京: 人民教育出版社, 1990, 3.

鲁宾斯坦. 心理学的原则和发展道路. 北京: 生活·读书·新知三联书店, 1956.

罗洛·梅. 罗洛·梅文集. 冯川, 等, 译. 北京: 中国言实出版社, 1996.

罗森布拉特, 等. 行为、目的和目的论. 载控制论哲学问题译文集 (第一辑). 北京: 商务印书馆, 1965.

罗素. 西方哲学史 (上). 北京: 商务印书馆, 1963.

马克思恩格斯全集 (第三卷). 北京: 人民出版社, 1972.

马克思恩格斯全集 (第一卷). 北京: 人民出版社, 1996.

马克思恩格斯选集 (第二卷). 中共中央翻译局, 译. 北京: 人民出版社, 1995.

马克思恩格斯选集 (第四卷). 中共中央翻译局, 译. 北京: 人民出版社, 1995.

马斯洛. 人性能达到的境界. 林方, 译. 北京: 世界图书北京出版公司, 2014.

曼弗雷德·弗兰克. 个体的不可消逝性——反思主体、人格和个体, 以回应 "后现代" 对它们所作的死亡宣告. 北京: 华夏出版社, 2001.

墨顿·亨特. 心理学的故事. 李斯, 王月瑞, 译. 海口: 海南出版社, 2006.

墨顿·亨特. 心理学的故事 (上卷). 李斯, 译. 海口: 海南出版社, 1999.

墨菲, 柯瓦奇. 近代心理学历史导引. 林方, 等, 译. 北京: 商务印书馆, 1980.

潘菽, 高觉敷. 中国古代心理学思想

研究. 南昌：江西人民出版社，1983.

培根. 新工具. 北京：商务印书馆，1984.

佩塞施基安. 积极心理治疗——一种新方法的理论和实践. 白锡方，译. 北京：社会科学文献出版社，1998.

皮亚杰，卢睿. 外国教育名著丛书：皮亚杰教育论著选. 北京：人民教育出版社，1990.

皮亚杰. 认识发生论. 范祖珠，译. 北京：商务印书馆，1990.

皮亚杰. 儿童的心理发展. 济南：山东教育出版社，1982.

皮亚杰. 儿童的语言与思维. 傅统先，译. 北京：文化教育出版社，1980.

皮亚杰. 儿童心理学. 北京：商务印书馆，1980.

皮亚杰. 发生认识论原理. 王宪钿，译. 北京：商务印书馆，1981.

皮亚杰. 结构主义. 倪连生，王琳，译. 北京：商务印书馆，1984.

皮亚杰. 皮亚杰教育论著选. 卢浚选，译. 北京：人民教育出版社，1990.

任俊，叶浩生. 积极：当代心理学研究的价值核心. 陕西师范大学学报（哲学社会科学版），2004（33）.

盛宁. 人文困惑与反思——西方后现代主义思潮批判. 北京：生活·读书·新知三联书店，1997.

舒尔茨. 现代心理学史. 沈德灿，等，译. 北京：生活·读书·新知三联书店，1981.

斯米尔诺夫. 苏联心理科学的发展与现状. 北京：人民教育出版社，1984.

索拉索. 21世纪的心理科学与脑科学. 北京：北京大学出版社，2002.

索拉索. 21世纪的心理科学与脑科学. 朱滢，等，译. 北京大学出版社，2002.

托马斯·H. 黎黑. 20世纪心理学通览——心理学史（上册）. 李维，译. 杭州：浙江教育出版社，1998.

托尼·哈姆弗莱斯. "消极"思维的力量. 北京：中国轻工业出版社，2002.

王甦，汪安圣. 认知心理学. 北京：北京大学出版社，1992.

王政，杜芳琴. 社会性别研究选译. 北京：生活·读书·新知三联书店，1998.

威廉·詹姆斯. 心理学简编. 伍况甫，译. 上海：商务印书馆，1930.

威廉·詹姆斯. 心理学原理. 田平，译. 北京：中国城市出版社，2003.

韦特海默. 创造性思维. 林宗基，译. 北京：教育科学出版社，1987.

吴小英. 科学、文化与性别——女性主义的诠释. 北京：中国社会科学出版社，2000.

熊哲宏，李其维. "达尔文模块"与认知的"瑞士军刀"模型. 心理科学，2002（2）.

许波. 进化心理学：心理学发展的一种新取向. 北京：中国社会科学出版社，2004.

雅罗舍夫斯基. 心理学史. 陆嘉玉，等，译. 上海：上海译文出版社，1997.

燕国材. 中国古代心理学思想史. 香

港：远流出版事业股份有限公司，1999.

燕国材. 中国心理学史. 杭州：浙江教育出版社，1998.

杨莉萍. 社会建构论心理学思想与理论研究. 南京：南京师范大学出版社，2004.

杨启光. 文化哲学导论. 广州：暨南大学出版社，1999.

杨鑫辉. 心理学通史（第3卷）. 济南：山东教育出版社，2000.

杨鑫辉. 心理学通史（第4卷）. 济南：山东教育出版社，2000.

杨鑫辉. 心理学通史（第5卷）. 济南：山东教育出版社，2000.

杨鑫辉. 新编心理学史. 广州：暨南大学出版社，2003.

杨鑫辉. 西方心理学名著提要. 南昌：江西人民出版社，2000.

杨鑫辉. 心理学通史（第1卷）. 济南：山东教育出版社，2000.

杨鑫辉. 中国心理学思想史. 南昌：江西教育出版社，1994.

杨治良. 记忆心理学. 上海：华东师范大学出版社，1994.

叶浩生. 女权心理学及其对西方主流心理学的挑战. 南京师大学报（社会科学版），2000（6）.

叶浩生. 文化模式及其对心理与行为的影响. 心理科学，2004，27（5）.

叶浩生. 西方心理学的历史与体系.

北京：人民教育出版社，1998.

叶浩生. 西方心理学理论与流派. 广州：广东高等教育出版社，2004.

叶浩生. 现代西方心理学流派. 南京：江苏教育出版社，1994.

余安邦. 文化心理学的历史发展与研究进路：兼论其与心态史学的关系. 本土心理学研究，1996（6）.

余谋昌. 生态哲学：可持续发展的哲学诠释. 中国人口·资源与环境，2001（3）.

张厚粲. 行为主义心理学. 杭州：浙江教育出版社，2003.

张述祖. 西方心理学家文选. 北京：人民教育出版社，1983.

张树华. 过渡时期的俄罗斯社会. 北京：新华出版社，2001.

张文新. 儿童社会性发展. 北京：北京师范大学出版社，1999.

章益. 新行为主义学习论. 济南：山东教育出版社，1983.

赵万里. 科学的社会建构——科学知识社会学的理论与实践. 天津：天津人民出版社，2002.

中国大百科全书出版社编辑部. 中国大百科全书·哲学卷. 北京：中国大百科全书出版社，1987.

周昊天，傅小兰. 认知科学——新千年的前沿领域，心理科学进展，2005（4）.

英文文献

Albright, T. D. Neville, H. J. Neuroscience. In R. A. Wilson, F. C. Kiel. The MIT Encyclopedia of The Cognitive Sciences. Cambridge, MA: The MIT Press, 1999.

Anderson, J. R. Language, memory and thought. Hillsdale: Erlbaum Associates, 1976.

Anderson, R. B. Proving programs correct. John Wiley, 1980.

Andy Clark, Rudi Lutz. Connectionism in Context, Springer-Verlag, 1992.

Arnett, J. J. The psychology of globalization, American Psychologist, 2002, 57 (10).

Bacal, H. A. , Newman, K. M. Theories of object relations: bridges to self psychology. New York: Columbia University Press, 1990.

Bandura, A. Self-Regulation of Motivation and Action Through Goal Systems. Cognitive Perspectives on Emotion and Motivation. Springer Netherlands, 1988.

Bandura, A. Social Foundations of Thought and Action: A Social Cognitive Theory. Journal of Applied Psychology, 1986.

Barker, R. G. Prospecting in environmental psychology: Oskaloosa revisited, In Altman, I. , & Stokols, D. (Eds), Handbook of environmental psycholog. New York: Wiley, 1987.

Benjafield, J. G. A history of psychology, Needham Heights: A Simon & Schuster Company, 1996.

Bernstein, M. D. , Russo, N. F. The history of psychology revisited: Or, up with our foremothers. American Psychologist, 1974 (29).

Berry, J. W. , Kim, U. , Thomas, M. , et al. Comparative studies of acculturative stress. International migration review, 1987.

Berry, J. W. Ecological Analyses for Cross-cultural Psychology, In Studies in Cross-cultural Psychology. London: Academic Press, 1980.

Bhatia, S. Acculturation, Dialogical Voices and the Construction of the Diasporic Self, Theory & Psychology, 2002, 12 (1).

Boring, E. G. A history of experimental psychology. Now York: Appleton-

Century-Cofts, 1950.

Brennan, J. F. History and Systems of Psychology (6th Edition.). Reking: Peking University Press, 2002.

Brunswik, E. The conceptual framework of psychology, Int. Encycl. unified Sci. , 1952, 1 (10).

Burr, Vivien. An introduction to social constructionism. Routledge, 1995.

Burr, Vivien. Social constructionism. Routledge, 2003.

Buss, D. M. Evolutionary Psychology. Pearson: Boston New York, 2004.

Buss, D. M. Evolutionary psychology: A new paradigm for psychological science. Psychological Inquiry, 1995, 6 (1).

Buss, D. M. Evolutionary Psychology: the new science of the mind. Pearson: Boston New York, 1999.

Buss, D. M. The evolutionary of human social strategies. In Higgins, E. T & Kruuglanski, A. W. (Eds.), Social psychology: Handbook of basic principle. Now York: Guiford Press, 1996.

Buss. D. M. The Evolution of Happiness. American Psychologist, 2000, 55 (1).

Clair, M. St. Object relations and self psychology: an introduction. Monterry, CA: Brooks, 1986.

Cole, M. Cultural psychology: A Once and Future Discipline. The Belknap Press of Harvard University Press, 1996.

Connel, A. N. , Russo, N. F. Women's heritage in psychology. : Past and present. Psychology of Women Quarterly, 1991 (15).

Cosgrove, L. Feminism, postmodern, and psychological research. Hypatia, 2003, 18 (3).

Cosmides, L. , Tooby, J. In Wilson, R. A. & Keil, F. C. (Eds.), The MIT encyclopedia of cognitive science, Cambridge: The MIT Press, 1999.

Cosmides, L. , Tooby, J. Origins of domain specificity: the evolution of functional organization, In Hirschfeld, & Gelman, (Eds.), Mapping the mind, Cambridge: Cambridge University Press, 1994.

Cowen, E. L. , Kilmer, R. P. "Positive Psychology": Some Plusses and Some Open Issues. Journal of Community Psychology, 2002, 30 (4).

Dasen, P. R. Piagetian psychology : cross-cultural contributions. Piagetian psychology : cross-cultural, 1977.

David, G. M. The Funds, Friends, and Faith of Happy People. The American Psychologist, 2000, 55 (1).

Diener, E. Subjective well-being. the science of happiness and a proposal for a national index. American Psychologist, 2000.

Diener, E. Subjective Well-Being. The Science of Happiness and a Proposal for a National Index. American Psychologist, 2000, 55 (1).

Miller, E. D. & Harvey, J. H. The Interface of Positive Psychology with a Psychology of Loss: A Brave New World? American Journal of Psychotherapy, 2001, 55 (3).

Egan, J. Walking Toward Mindfulness. New York Times Magazine, 2000.

Ericsson, K. A, Simon, H. A. Verbal reports as data. Psychological review, 1980.

Eugene Taylor. Positive Psychology and Humanistic Psychology: A Reply to Seligman. Journal of Humanistic Psychology, 2001, 41 (1).

Evans, R. B. E. B. Titchener and his lost system. Journal of the History of the Behavioral Sciences, 1972 (3).

F. Massimini, A. Delle Fave. Individual Development in a Bio-Cultural Perspective. American Psychologist, 2000, 55 (1).

Fine, M. K. A History of Psychoanalysis. Columbia University Press, 1979.

Fodor, J. A., Pylyshyn, Z. W. Connectionism and cognitive architecture. The MIT Press, Cambridge, 1988.

Fredrickson, B. L., Tugade, M. M., Waugh, C. E., What Good Are Positive Emotions in Crises? A Prospective Study of Resilience and Emotions Following the Terrorist Attacks on the United States on September 11, 2001, Journal of Personality and Social Psychology, 2003, 84 (2).

Fromm, E. , Knight, F. H. Escape from freedom. American Journal of Sociology, 1941.

Furomoto L. (1989). The New History of Psychology. In T. S. Cohen. Ed, The G. Stanley Hall Lecture Series (Vol. 9). Washington, DC: American Psychological Association.

Furomoto, L. The New History of Psychology. American Psychological Association. 1989.

Georage Faller. Positive Psychology: A Paradigm Shift. Journal of Pastoral Counseling, 2001, 36.

Gergen, Kenneth J. An invitation to Social Construction (2nd ed.). London: Sage, 1999.

Gergen, Kenneth J. The Saturated Self: Dilemmas of Identity in Contemporary Life. Basic books, 1991.

Gergen, Kenneth J. The social Constructionist Movement in Modern Psychology. American Psychologist, 1985, 40 (3).

Gergen, M. M. Feminist reconstructions in psychology: Narrative, gender, and performance. Sage Publications, Inc, 2001.

Gibson, J. J. The ecological approach to visual perception. Boston: Houghton Mifflin, 1979.

Gielen, U. P. , Jeshmaridians, S.

S. Vygotsky: the man and the era. International Journal of Group Tensions, 1999, 28 (3/4).

Gordon, L. E. Theories of visual perception. Great British: John Wiley, Sons Ltd, 1989.

Greenberg, Jay R. , Mitchell, S. A. Object Relations in Psychoanalytic Theory. Harvard University Press, 1983.

Harding, S. The science question in feminism. Ithaca: Cornell University Press, 1986.

Harland, & Richard. Superstructuralism: The philosophy of structuralism and post-structuralism, London: Methuen, 1987.

Harris, M. , Johnson, O. Culture Anthropology, Allyn & Bacon A Person Education Company, 2000.

Heft, H. Ecological psychology in context: James Gibson, Roger Barker, and the legacy of William James's Radical Empiricism. Mahwah NJ: Lawrence Erlbaum Assicates publishers, 2001.

Hoffman, E. The right to be human: A biography of Abraham Maslow. Los Angeles: Tarcher, 1988.

Hollister, W. G. The Concept of "Strens" in Preventive Interventions and Ego Strength Building in The Schools. Bethesda, MD: U. S. Dept. of Health, Education and Welfare, 1965.

Hormuth, E. C. , Fitzgerald, N. M. , Cook, T. D. Quasi-experimental methods for community-based research, In Susskind, E. C. , & Klein, D. C. (Eds.), Community research: methods, paradigms, and applications, New York: Praeger, 1985.

Humphreys, G. W. , Evett, L. J. , Quinlan, P. T. Orthographic processing in visual word identification. Cognitive Psychology, 1990 (22).

Jahoda, M. Current Concepts of Positive Mental Health. New York: Basic Books, 1958.

James. W. The Principles of Psychology. Now York: Henry Holt and Comdany, 1890.

Jonathan Potter Margaret Wetherell Discourse and Social psychology: Beyond Attitudes and Behaviour. Sage Publications, 1987.

Kennon, M. Sheldon, & Laura King. Why Positive Psychology Is Necessary. American Psychologist, 2001, 56 (3).

Kernberg, O. F. Object-Relations theory and clinical psychoanalysis. New York: Jason Aronson, 1976.

Keyes, C. L. M. , & Haidt, J. Introduction: Human Flourishing-The Study of That Which Kim, U. , Berry, J. W. Indigenous Psychology: Research and Experience in Cultural Context, Psyccritiques, 1993.

Kim, U. Culture, Science, and Indigenous Psychologies: An integrated analysis. In: David Matsumoto (Ed.), The handbook of cultue & psychology, Oxford University Press, 2001.

Kintsch, W. The role of knowledge in discourse comprehension: A Construction-Integration Model. Psychological Review, 1988, 95 (2).

Klein, M. The Psycho-Analysis of Children. London: Vintage, 1997.

Kuhn T. Natural and human sciences, David R. Hiley/James F. Boham/Richard Shusterman (eds): Shifts in interpretation: philosophy, science, culture, Cornell Uni. Press, 1991.

Landrine, H., Klonoff, E. A., Brown-Colloms, A. Cultural diversity and methodology in feminist psychology: Critique, proposal, empirical example. Psychology of Women Quarterly, 1992 (16).

Landrine, H. E. Bringing cultural diversity to feminist psychology: Theory, research and practice. Washington, DC: American Psychological Association, 1995.

Levine, M. The positive psychology of Buddhism and yoga. New Jersey: Lawerence Erlbaum Associates Publish, 2000.

Lickliter, R., Berry, T. D. The phylogeny fallacy: development psychology's misapplication of evolutionary theory. Development Review, 1990 (10).

Lott, B. The potential enrichment of social/personality psychology through feminist research and vice versa. American Psychologist, 1985. 40 (2).

Mackay, N. Psychotherapy and the idea of meaning, Theory & Psychology, 2003, 13 (3).

Mahoney, M. J. Constructivism and positive psychology. Handbook of positive psychology, 2002.

Makes Life Worthwhile. In Keyes, C. L. M., & Haidt, J. Flourishing: Positive Psychology and The Life Well-Lived (Ed). Washington DC: APA, 2002.

Martin, E. P., Seligman. Positive Psychology, Positive Prevention, and Positive Therapy. From Snyder, C. R., &Shane, J. Lopez. Handbook of Positive Psychology (Ed). New York, NY, US: Oxford University Press, 2002.

Martin, E. P. Seligman, Foreword: The Past and Future of Positive Psychology. From Keyes, C. L. M., & Haidt, J. Flourishing: Positive Psychology and The Life Marvin Levine. The Positive Psychology of Buddhism and Yoga. New Jersey: Lawerence Erlbaum Associates Publish, 2000.

Maslow, A. H. A Philosophy of Psychology: The Need for A Mature Science of Human Nature. Severin, F. T (Ed), Humanistic Viewpoints in Psychology. New York: McGraw-Hill, 1965.

Massaro, D. W. Letter information and orthographic context in word perception. Journal of Experimental Psychology. Human Perception and Performance, 1979 (5).

McHugh, M. C. , R. D. Koeske, IH Frieze. Issues to consider in conducting nonsexist psychological research: A guide for researchers. American Psychologist, 1986, 41 (8).

Mcnamee, S. Bridging Incommensurate discourses, Theory & Psychology, vol. 2003, 13 (3).

Michael, J. Mahoney. constructivism and Positive Psychology. From Snyder, C. R. , & Shane, J. Lopez, Handbook of Positive Psychology. Oxford University Press, 2002.

Miller, J. G. Culture and moraldevelopment, In David Matsumoto (Ed.). The handbook of culture & psychology, 2001.

Moll, Luis, C. Vygotsky and education: instructional implications and applications of sociohistorical psychology. New York: Cambridge University Press, 1990.

Morris, R. G. Parallel Distributed Processing: Inplication for Psychology and Neurobiology, Oxford University Press, 1989.

Neisser, U. Five kinds of self-knowledge. Philosophical Psychology, 1988.

Neisser, U. Cognitive Psychology. Scierce, 1977 (198).

Nini Praetorius. Inconsistencies in the

Assumptions of Constructivism and Naturalism: An Alternative View, Theory & Psychology, 2003, 13 (4).

Peplau, L. A. , Conrad, E. Beyond nonsexist research: The perils of Feminist methods in psychology. Psychology of Women Quarterly, 1989 (13) 379-400.

Peter Lioyd, Charles Fernyhough, Lev Vygotsky Critical Assessments, New York: Routledge, 1999 (1).

Peterson. The Future of Optimal. American Psychologist, 2000, 55 (1).

Philip, T. Quinlan. Connectionism and Psychology: A Psychological Perspective on New Connectionist Research. University of Chicago Press, 1991.

Raskin, J. D. , Neimeyer, R. A. Coherent constructivism, Theory & Psychology, 2003, 13 (3).

Ratner, C. Cultural psychology and qualitative methodology, New york: Plenum Press, 1997.

Reed, S. K. psychological processes in pattern recognition. New York: Academic Press, 1973.

Reicher, G. M. Perceptual recognition as a function of meaningfulness of stimulus materials. Journal of Experimental Psychology, 1969 (81).

Riebert, R. W. The collected works of Vygotsky. New York: Plendum press, 1997.

Riger, S. Epistemological debates,

feminist voices: science, social values, and the study of women. American Psychologist, 1992, 47 (6).

Roberson, S. P. , Weber, K. , Ullman, J. D. , & Metha, A. (1993) Parallel question parsing and memory retrieval, Journal of Memory and Language, 1993 (32).

Robert Audi. (edited). The Cambridge Dictionary of Philosophy. Cambridge: Cambridge University Press, 1999.

Rogers, C. R. Freedom to learn. Columbus, Ohio: Merrill, 1969.

Rossane, M. T. Evolutionary Psychology. John Willey & Sons Inc, 2003.

Rouse, J. Engaging science: How to understand its practices philosophically. Cornell Uni. Press, 1996.

Rumelh, D. E. , &McClelland, J. L. Paralell Distributed Processing: Explorations in the Microstructure of Cognition. Cambridge, MA: MIT Press, 1986.

Ryan & Deci. Self-Determination Theory and the Facilitation of Intrinsice, Motivation, SocialDevelopment, andWell-Being. American Psychologist, 2000, 55 (1).

Sampson, E. E. Identity Politics: challenges to psychology's understanding. American Psychologist, 1993, 48 (12).

Sechenov, I. M. (1871). Refleksy golovnago mozga. Tip. KV Trubnikova.

Sechenov, I. M. Refleksy golovnago mozga. Tip. KV Trubnikova. 1871.

Seligman, M. E. P. Positive psychology, positive prevention, and positive therapy. Handbook of positive psychology, 2002.

Sheldon, K. M. , King L. Why positive psychology is necessary. American Psychologist, 2001.

Shweder, R. A. Cultural Psychology: Who needs it?, Annu. Rev. Psychol. 1993 (44).

Shweder, R. A. Cultural psychology-what is it?, New York: New York University Press, 199.

Skinner, B. F. The behavior of organisms: an experimental analysis. Appleton Century New York Smith A, 1938.

Smolensky, P. On the Proper Treatment of Connectionism, Behaw. Brain Science, 1998 (11).

Springer, S. P. , Deutsch G. Left brain, Right brain: perspectives from cognitive neuroscience (5th ed.). New York: W. H. Freeman and Company, 1998.

Stephan, K. E. , Marshall, J. C. & Friston, K. J. et al. Lateralized cognitive processes and lateralized task control in the human brian. Science, 2003 (301).

Taylor, E. Positive psychology and humanistic psychology: a reply to seligman. Journal of Humanistic Psychology, 2001.

Taylor, emeny, eed, et, al. Psychological Resources, Positive Illusions, and Health. American Psychologist, 2000, 55 (1).

Thorndike, E. L. Educational Psychology. New York: Teachers College, 1993.

Titchener, E. B. A textbook of psychology. New York: Macmillan, 1909.

Tooby, J., Cosmides, L. Foreword to Baron-Cohen, In Baron-Cohen, Sl., Mindblindness. Cambridge, MA: MIT Press, 1995.

Tooby, J., Cosmides, L. The psychological foundations of culture. In The Adapted Mind: Evolutionary psychology and the Generation of culture, New York: Oxford university Press, 1992.

Tweed, R., Lelehman, D. Learning considered within a cultural context: a Confucian and Socratis approaches. American Psychologist, 2002, 57 (2).

Unger, R. K. Psychological, feminist, and personal epistemology: Transcending contradiction. In Gergen, M. M. (Ed.), Feminist thought and the structure of knowledge. New York: New York University Press, 1988.

Veresov, & Nikolai, N. Undiscovered Vygotsky: Etudes on the pre-history of cultural- historial psychology. Berlin: Peter Lang, 1999.

Vygotsky, L. S. Mind in Society: The Development of Higher Psychological Processes. MA: Harvard University Press, 1978.

Vygotsky, L. S. The genesis of higher mental functions. University Of Wisconsin-Madison School Of Education Department, 1988.

Wason, P. C., Johnson-Laird, P. N. Psychology of reasoning: Structure and Content. London: Batsford, 1972,.

Waston, J. B. Behaviorism. Harpers, New York, 1924.

Waston, J. B. Psycho-logy from the standpoint of a behaviorist. Lippincott, Philadelphia, 1919.

Watson, J. B. An Elementary Psychology. Lippincott Company. 1913.

Well-Lived (Ed). Washington DC: APA, xvii, 2003.

Wheeler, D. Processes in word recognition. Cognitive Psychology. 1970 (1).

Wicker, A. W. An introduction to ecological psychology. New York: Cambridge University Press, 1979.

Wicker, A. W. Ecological psychology: some recent and prospective developments. American Psychologist, 1979.

Worell, J., Etaugh, C. Transformation theory and research with women. Psychology of women Quarterly, 1994 (18).

Worell, J. Opening doors to feminism research. Psychology of Women Quarterly, 1996 (20).